PREMIÈRE GUERRE M… IALE

de la Fland… tale (Belgi… sace

…e guide

casterman
LE GUIDE

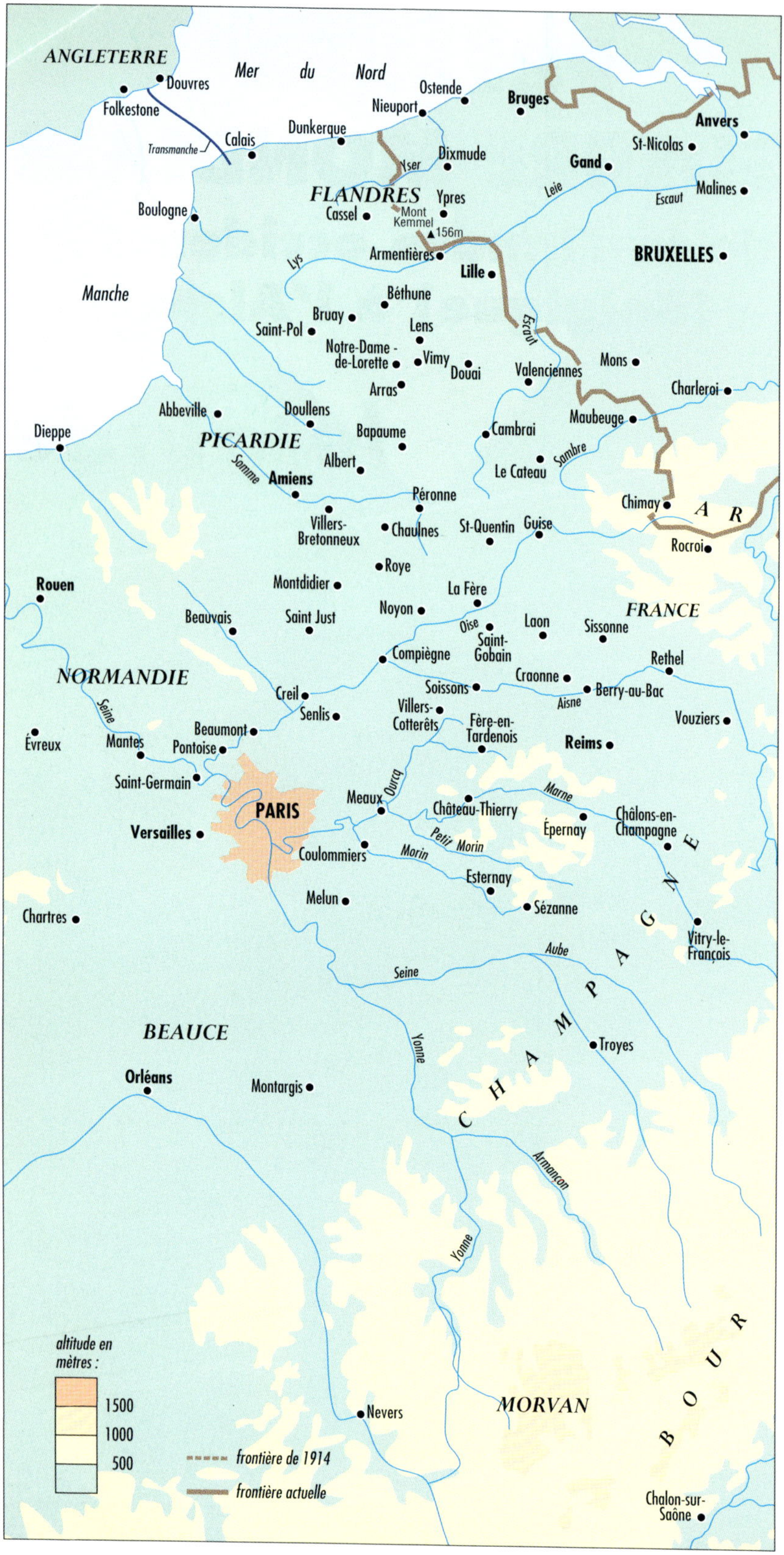
ANGLETERRE
Mer du Nord
Douvres
Folkestone
Transmanche
Calais
Dunkerque
Nieuport
Ostende
Bruges
Anvers
St-Nicolas
Gand
Dixmude
Yser
FLANDRES
Ypres
Mont Kemmel
156m
Cassel
Leie
Escaut
Malines
Boulogne
Armentières
Lille
BRUXELLES
Lys
Manche
Béthune
Bruay
Saint-Pol
Lens
Notre-Dame - de-Lorette
Vimy
Douai
Escaut
Valenciennes
Mons
Arras
Charleroi
Abbeville
Doullens
Maubeuge
Dieppe
PICARDIE
Bapaume
Cambrai
Sambre
Le Cateau
Albert
Somme
Amiens
Péronne
Chimay
AR
Villers-Bretonneux
Chaulnes
St-Quentin
Guise
Rocroi
Roye
Rouen
Montdidier
La Fère
FRANCE
Noyon
Beauvais
Saint Just
Oise
Laon
Sissonne
Saint-Gobain
Compiègne
Rethel
NORMANDIE
Craonne
Soissons
Berry-au-Bac
Creil
Aisne
Seine
Senlis
Villers-Cotterêts
Vouziers
Fère-en-Tardenois
Évreux
Mantes
Beaumont
Pontoise
Reims
Saint-Germain
Ourcq
Marne
Meaux
Château-Thierry
PARIS
Châlons-en-Champagne
Épernay
Versailles
Petit Morin
Coulommiers
Morin
Esternay
Melun
Sézanne
Chartres
Vitry-le-François
Aube
Seine
CHAMPAGNE
Yonne
BEAUCE
Troyes
Orléans
Montargis
Armançon
Yonne
altitude en mètres :
1500
1000
500
Nevers
MORVAN
BOUR
frontière de 1914
frontière actuelle
Chalon-sur-Saône

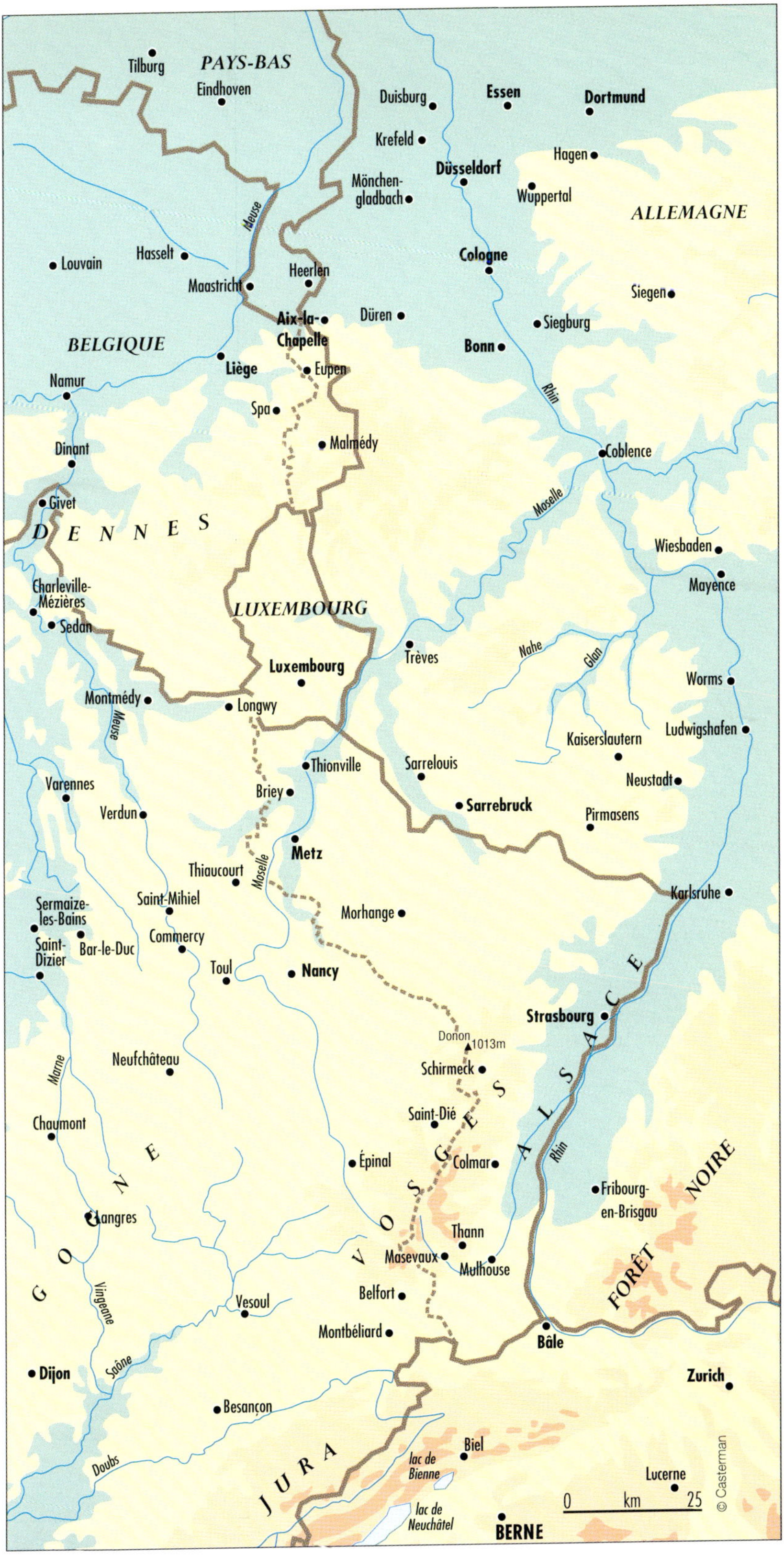

PAYS-BAS
Tilburg
Eindhoven
Duisburg
Essen
Dortmund
Krefeld
Hagen
Düsseldorf
Mönchen-
gladbach
Wuppertal
ALLEMAGNE
Meuse
Hasselt
Louvain
Maastricht
Heerlen
Cologne
Siegen
Aix-la-
Chapelle
Düren
Siegburg
BELGIQUE
Bonn
Liège
Eupen
Namur
Spa
Rhin
Malmédy
Dinant
Coblence
Givet
Moselle
DENNES
Wiesbaden
Mayence
Charleville-
Mézières
Sedan
LUXEMBOURG
Trèves
Nahe
Glan
Luxembourg
Worms
Montmédy
Longwy
Ludwigshafen
Meuse
Kaiserslautern
Thionville
Sarrelouis
Neustadt
Varennes
Briey
Sarrebruck
Verdun
Pirmasens
Metz
Thiaucourt
Moselle
Karlsruhe
Sermaize-
les-Bains
Saint-Mihiel
Morhange
Saint-
Dizier
Bar-le-Duc
Commercy
Toul
Nancy
Strasbourg
Donon
1013m
Neufchâteau
Schirmeck
Marne
Saint-Dié
Chaumont
Épinal
Colmar
Rhin
Fribourg-
en-Brisgau
Langres
Thann
Masevaux
Mulhouse
FORÊT NOIRE
Vingeanne
Belfort
Vesoul
Montbéliard
Bâle
Dijon
Saône
Zurich
Besançon
Biel
Doubs
lac de
Bienne
Lucerne
JURA
lac de
Neuchâtel
BERNE
VOSGES
ALSACE
GONE
0
km
25
© Casterman

Les auteurs

Serge Barcellini
Inspecteur général au ministère
des Anciens Combattants et Victimes de guerre.
A écrit en collaboration avec Annette Wieviorka
"Passant, souviens-toi." Les lieux du souvenir de la Seconde Guerre mondiale en France, éd. Plon, 1995.

Père René Courtois
Attaché culturel au comité départemental
du Tourisme de l'Aisne.

Patrice Marcilloux
Directeur des Archives départementales du Pas-de-Calais.

Marc Neuville
Colonel d'infanterie en retraite et président de la Société des amis du Vieux-Reims ; a été professeur à l'École spéciale militaire de Saint-Cyr, au collège militaire royal du Canada et à l'école du Louvre ; a également été conservateur au musée de l'Armée à Paris.

Jean-Luc Pamart
Président de l'association Soissonnais 14-18.

Guy Pedroncini
Historien, professeur à la Sorbonne et directeur de l'institut d'histoire des conflits contemporains, il est l'auteur d'une thèse sur *Les Mutineries de 1917* et de *Pétain, le soldat et la gloire* (éd. Perrin, 1989), premier volume d'une biographie complète sur Pétain.

Jean-Pierre Thierry
Conseiller technique à l'historial de la Grande Guerre
à Péronne (Somme).

Jean-Yves Vincent
Rédacteur en chef de l'*Écho rural du Pas-de-Calais*. A participé notamment à l'édition des guides *Pas-de-Calais* (éd. Casterman, 1994) et *Côte d'Opale* (éd. Casterman, 1996).

Bart Wemaere
Journaliste à *Het Nieuwsblad.*

Avec la collaboration de Martine Riboux.

Collaborateurs

Anne Hauttecœur : assistante d'édition.
Marie Vanesse : maquette.
Études et Cartographie (Lille) : cartes.
Didier Cry : photographies.

Remerciements

Offices de tourisme et mairies des villes concernées
(de la Flandre-Occidentale à l'Alsace).
Comités départementaux du Tourisme
des départements du Nord, de la Somme,
de l'Aisne, de l'Oise, de la Marne
et de la Meuse.
Province de Flandre-Occidentale.
Ministère des Anciens Combattants et Victimes de guerre.

Bagatelle (Marne), 30 juin 1915. Pendant l'attaque, deux hommes jettent les cadavres sur le parapet.

S O M M

RÉDACTION DES TEXTES

Les textes non affectés aux différents auteurs ont été rédigés par les éditions Casterman.

Serge Barcellini
Le tourisme du souvenir; la Première Guerre mondiale en Argonne, dans le saillant de Saint-Mihiel, dans la Meuse, en Lorraine et en Alsace.

Patrice Marcilloux et René Courtois
La Première Guerre mondiale dans l'Aisne.

Marc Neuville
La Première Guerre mondiale dans la Marne.

Jean-Luc Pamart (Association Soissonnais 14-18) et Association Patrimoine de la Grande Guerre
La Première Guerre mondiale dans l'Oise.

Guy Pedroncini
Portraits de la Première Guerre mondiale; comprendre la Première Guerre mondiale; encadrés; chronologie commentée; bibliographie.

Jean-Pierre Thierry
La Première Guerre mondiale dans la Somme.

Jean-Yves Vincent (avec la collaboration de J.-L. Hodicq)
La Première Guerre mondiale dans le Nord et le Pas-de-Calais.

Bart Wemaere
La Première Guerre mondiale dans la Flandre-Occidentale.

MAIRE

Province de Flandre-Occidentale
Autour de la Première Guerre mondiale en Flandre-Occidentale.

Comité départemental du Tourisme du Nord
Autour de la Première Guerre mondiale dans le Nord.

Comité départemental du Tourisme de la Somme
Autour de la Première Guerre mondiale dans la Somme.

Comité départemental du Tourisme de l'Oise
Autour de la Première Guerre mondiale dans l'Oise.

Comité départemental du Tourisme de l'Aisne
Autour de la Première Guerre mondiale dans l'Aisne.

Comité départemental du Tourisme de la Marne
Autour de la Première Guerre mondiale dans la Marne.

Comité départemental du Tourisme de la Meuse
Autour de la Première Guerre mondiale dans la Meuse.

28, rue des Sœurs-Noires, 7500 Tournai (Belgique).
ISBN 2-20361211-8

François Flameng, Soldats français en route vers le front.

Portraits de la Première Guerre mondiale...

Comprendre la Première Guerre mondiale, c'est tout d'abord aller à la rencontre de quelques-unes des grandes figures qui ont pris une part active au déroulement du conflit. À côté des chefs d'État – le roi Albert Ier de Belgique, l'empereur François-Joseph et son successeur Charles Ier d'Autriche, le tsar Nicolas II de Russie, Guillaume II empereur d'Allemagne –, ce sont également les figures de Clemenceau, de Poincaré ou des grands généraux qui sont évoquées en ouverture de la Première Guerre mondiale.

Steinlen,
Le Poilu.

ALBERT Ier

Né à Bruxelles en 1875, le "roi chevalier" a réussi à s'identifier à la Belgique.

Albert n'est pas destiné à régner. Ce sont les décès du fils du roi Léopold II et de son frère aîné qui lui ouvrent la route du trône. Le 17 décembre 1909 donc, son oncle paternel Léopold II meurt et, le 23 décembre, Albert prête serment de "maintenir l'indépendance nationale et l'intégrité du territoire". Le capitaine Jungbluth que le jeune roi a eu comme gouverneur exerce une grande influence sur lui et devient son ami. C'est lui qui l'aide à faire son apprentissage de roi aussitôt après la mort de son frère aîné Baudouin, le 25 janvier 1891.

Albert Ier s'intéresse surtout à l'économie, cherchant à développer les industries de son pays et privilégiant l'exportation. Pour cela, il n'hésite pas à parcourir le monde. En 1898, par exemple, il effectue un voyage à New York en compagnie de Jungbluth, alors colonel. Homme cultivé et appliqué au travail – son enfance a été studieuse –, Albert Ier possède au plus haut degré le sens du devoir et de l'honneur, mais il est timide et souffre de myopie. Il

Albert Ier, roi de Belgique.

partage avec sa femme, Élisabeth de Bavière, épousée par amour, la volonté et le courage de faire triompher ses idées.

Très rapidement, Albert Ier, qui redoute la violation de la Belgique après l'adoption du plan Schlieffen, se préoccupe de la défense de son pays. Il est conscient des faiblesses de son armée, mais aussi des moyens limités dont il dispose pour y remédier.

La violation de la neutralité belge par l'Allemagne ne surprend pas le roi, qui se résout à s'y opposer par la force. Sa résolution ne traduit pas une volonté de panache, comme pourrait le faire croire son image de "roi chevalier", mais seulement le souci d'accomplir son devoir. En acceptant les propositions allemandes, Albert Ier sacrifierait "l'honneur de la nation" et "en même temps trahirait ses obligations vis-à-vis de l'Europe". Toutefois, sa décision est héroïque car il porte un regard lucide sur les conséquences immédiates qu'elle entraînerait – l'invasion – et les autres plus lointaines : une longue guerre qui ravagerait son pays. C'est sous les acclamations de la population qu'Albert Ier quitte Bruxelles pour prendre la tête de ses armées. Ainsi le veut la Constitution, mais c'est aussi la volonté royale de compenser, par le prestige du commandant, la faiblesse des forces militaires. Quel que soit son héroïsme, l'armée belge ne peut que ralentir l'avance allemande. Grâce à la résistance de Liège et au repli sur Anvers, les troupes allemandes sont retardées de près de deux semaines dans leur progression vers la frontière française. La résistance d'Anvers, quant à elle, immobilise les forces ennemies qui font défaut lors de la bataille de la Marne, et ce n'est qu'après le départ des troupes belges que la cité, écrasée sous les bombardements, capitule finalement le 9 octobre 1914. Le roi se préoccupe, dès lors, d'épargner à son pays une lente et destructrice reconquête. Il mène d'ailleurs des négociations secrètes, d'août 1915 à février 1916, par l'intermédiaire de son

L'archiduc Charles et sa femme Zita en compagnie de l'empereur d'Autriche François-Joseph.

beau-frère, le comte Toerring. Sans succès... Tout au long de la guerre, l'armée belge tient le secteur nord du front interallié, le roi n'hésitant jamais à engager ses divisions dans les opérations militaires aussi bien que pendant les offensives finales.

Le 25 octobre 1918, Albert Ier rentre à Bruges sous les ovations de son peuple. Mais il est très rapidement confronté au problème complexe du rétablissement de la cohésion nationale dont les entretiens de Lophem donnent une idée. Il parvient à les surmonter avant de trouver la mort accidentellement dans l'ascension des rochers de Marche-les-Dames, le 17 février 1934.

CHARLES Ier

Son règne a été aussi bref que celui de François-Joseph a été long. Né le 17 août 1887 au château de Persenberg, Charles Ier monte sur le trône à l'issue d'une série de drames : le suicide de Rodolphe à Mayerling, la mort prématurée de son père le 1er novembre 1906 et l'assassinat de l'archiduc François-Ferdinand en 1914. Il a épousé en 1911 Zita de Bourbon-Parme. Le nouvel empereur est un homme cordial, franc et très sobre, qui se préoccupe du bien-être de ses peuples et souffre des malheurs que la guerre leur apporte. Il est tout de suite conscient de l'épuisement de l'Autriche-Hongrie et des menaces d'effondrement et de dislocation qui pèsent sur son empire. Dès son accession au trône, le 21 novembre 1916, à la mort de François-Joseph, il déclare : "Je ferai tout pour bannir dans le plus bref délai les horreurs et les sacrifices de la guerre."

Charles Ier entame aussitôt des négociations secrètes (voir p. 77). Mais la rupture avec l'alliance allemande, dont il sent peser la tutelle militaire, pourrait nuire aux intérêts autrichiens et lui paraît difficile. Après l'échec des négociations avec la France, il tente, sans plus de succès, de nouer des contacts avec le président Wilson pendant l'hiver 1917-1918. Il doit abdiquer en 1918 et meurt en exil en 1922 à Funchal, dans l'île de Madère.

Si Charles Ier avait réussi à rétablir la paix en 1917, la grande puissance qu'était l'Autriche n'aurait pas disparu après la guerre et aurait contribué à l'équilibre européen. On ne refait pas l'Histoire, mais on peut penser qu'elle eût été, dans ce cas, fort différente.

CLEMENCEAU

Clemenceau naît à Mouilleron-en-Pareds en 1841 et meurt à Paris en 1929. C'est un homme politique parmi les autres jusqu'en novembre 1917, date à laquelle il devient président du Conseil après la chute du ministère Painlevé. Une infime partie des combattants (3 %) se sent réconfortée par son arrivée au pouvoir. Ce n'est qu'au cours de ce second gouvernement qu'on l'auréole du surnom de "Père la Victoire" et que "le Tigre" apparaît.

Né en Vendée, Clemenceau n'est ni catholique ni royaliste. En 1869, il a terminé ses études de médecine. Puis la guerre franco-prussienne éclate et le renversement du Second Empire le conduit à la mairie de Montmartre, en septembre 1870. Président du conseil municipal de Paris en 1875, il est élu député du XVIIIe arrondissement grâce à un programme qui comporte, notamment, la séparation de l'Église et de l'État et l'instruction primaire obligatoire. Il est partisan de réformes profondes, radicales, et fonde, en 1880, un journal, *La Justice,* qui devient l'organe officiel des radicaux. Il critique la politique coloniale de Jules Ferry car il est plus tourné vers "la ligne bleue" des Vosges que vers les colonies.

En 1885, les élections marquent un net recul des opportunistes et une forte progression des radicaux et de la droite. Après avoir soutenu la candidature de Boulanger au ministère de la Guerre, Clemenceau ne tarde pas à s'en séparer et, lors du suicide du général, il prononce un de ces mots féroces dont il avait la spécialité et qui le faisaient craindre : "Il est mort comme il a vécu, en sous-lieutenant." Mais il connaît, à son tour, des revers politiques et mène une vie dispendieuse. Il est battu aux élections de 1893, ayant été compromis dans le scandale de Panama. Son journal lui coûte cher et il a eu comme commanditaire le docteur Cornélius Herz. Or, celui-ci se trouve au cœur de l'affaire de Panama, ce que

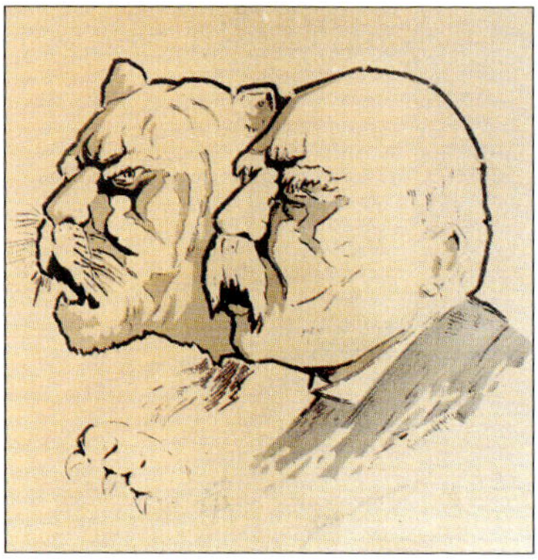

Clemenceau, surnommé "le Tigre".

Déroulède dénonce à la tribune de la Chambre le 20 décembre 1892.

Dès lors, Clemenceau se tourne vers le journalisme, sans renoncer cependant à jouer un rôle politique. En 1897, il est éditorialiste à *L'Aurore* puis, en 1901, à l'hebdomadaire *Le Bloc.* Il est élu sénateur du Var en 1902 et entre comme ministre de l'Intérieur dans le cabinet Sarrien en 1906. Président du Conseil, d'octobre 1906 à juillet 1909, après la démission de Sarrien, il dirige l'un des plus longs ministères de la IIIe République. Il doit faire face aux graves remous qu'a suscités la séparation de l'Église et de l'État. Les inventaires entraînent des manifestations et des démissions d'officiers. Clemenceau cherche l'apaisement et assure qu'il ne veut pas "risquer une vie humaine pour compter les chandeliers d'une église". Il décide de réagir avec vigueur aux mouvements sociaux. Il refuse le droit de grève aux fonctionnaires, prononce des révocations et réprime certaines grèves par la force, comme celle de Draveil en 1908, où il y a trois morts. C'est alors qu'il se brouille avec Jean Jaurès, auquel il s'oppose en joutes oratoires demeurées célèbres. Il assure, dans le style incisif qui lui est propre, qu'il reconnaît un article de Jaurès à ce que "tous les verbes y sont au futur". Plus que jamais, il apparaît comme un être impulsif qui obéit à ses sentiments, aimant les formules-chocs et les mots qui font mouche. C'est aussi un homme sensible à l'art, à la poésie, qui écrit des petites pièces de théâtre. Il se lie avec des artistes comme Monet, mais demeure un sceptique qui méprise les hommes.

Clemenceau laisse un souvenir mitigé lorsque son gouvernement est renversé en 1909... Puis survient la Grande Guerre. Il appartient à la Commission de l'armée au Sénat et ne se prive pas de critiquer avec virulence la politique menée. Il estime que la conduite des opérations n'est ni assez énergique ni assez efficace et rêve d'une offensive massive qui percerait les lignes ennemies et mettrait fin à la guerre. Comme on lui oppose qu'elle pourrait échouer et déboucher sur une nouvelle défaite, il riposte qu'il a encore assez d'énergie "pour se faire sauter le caisson". Quand la crise du moral et de la discipline disparaît sur le front, ce sont les remous de l'intérieur qui occupent le devant de la scène. Les combattants s'indignent. Ils exigent une répression énergique contre les défaitistes et les traîtres. Le président Poincaré passant outre aux virulentes attaques de Clemenceau contre sa personne et son action l'appelle à la tête du gouvernement. Il estime, en effet, que son énergie est nécessaire pour mettre un terme à "l'année trouble". Clemenceau résume son programme en une formule célèbre : "Je fais la guerre." Il lutte contre toutes les formes de défaitisme, traque les espions et les espionnes, fait arrêter Caillaux ou porte le fer dans des intrigues suspectes. Il refuse toutefois d'interdire certains journaux jugés démoralisateurs, au nom de la liberté de la presse. Il cherche à concentrer entre ses mains le plus de pouvoirs possible et parvient à obtenir du Parlement l'application du système peu constitutionnel des décrets-lois, dans le domaine du ravitaillement et de l'économie. L'impulsion énergique qu'il donne à l'effort de guerre et le dynamisme dont il fait preuve (il a pourtant 77 ans !) le rendent irremplaçable et inattaquable jusqu'à l'armistice. Mais le péril conjuré, les critiques reparaissent. Elles sont souvent vives. Foch ne demande-t-il pas en décembre 1917 à Poincaré que Clemenceau abandonne le ministère de la Guerre car, assure-t-il, "tout y va à vau-l'eau" ?

L'émotion suscitée par l'attentat dont il sort indemne est très vive. Toutefois, Poincaré s'inquiète de la manière dont il conduit les négociations de paix. Son talent de polémiste et sa volonté de défendre les intérêts français ne suffisent pas à obtenir toutes les garanties souhaitées. Il doit faire face au mécontentement des Français qui, d'après des sondages d'opinion, accordent plus de confiance à Foch et à Pétain pour défendre les intérêts du pays, et il échoue à l'élection présidentielle en 1920. Une polémique avec Foch assombrit ses dernières années, cependant éclairées par un ultime amour...

En 1929, sa mort suscite encore un grand mouvement émotionnel. Clemenceau demeure le symbole de l'énergie de l'homme d'État dans des moments difficiles.

FOCH

Le maréchal Foch naît à Tarbes le 2 octobre 1851. Sa mère est la fille d'un ancien officier de l'armée de Napoléon et son père conseiller de préfecture puis payeur à Rodez, avant d'être percepteur à Saint-Étienne. Après des études au collège des Jésuites de Saint-Étienne (toute sa vie il

Foch.

gardera une foi profonde), Foch prépare l'École polytechnique à Metz où naît sa vocation pour la carrière militaire. Le 1er novembre 1871, il entre à Polytechnique puis, en février 1873, à l'École de Fontainebleau qui forme les officiers d'artillerie et du génie. À sa sortie en octobre 1874, il est sous-lieutenant et affecté au 24e régiment d'artillerie de Tarbes. Après un stage à Saumur, le capitaine Foch intègre le 10e régiment d'artillerie de Rennes. C'est alors qu'il épouse Julie Bienvenue et acquiert son domaine breton de *Trofeunteniou,* près de Morlaix. À Paris, il élargit le cercle de ses relations grâce à Gustave Doré avec qui il noue une relation d'amitié. Il rencontre des artistes et des compositeurs, comme Saint-Saëns. Cette ouverture vers les milieux artistiques est un point commun avec Clemenceau.

À l'instar de nombreux officiers, Foch doit orienter sa carrière vers l'aventure coloniale ou la préparation à la revanche. Il décide de rester en France afin de contribuer à la formation de l'armée française et entre à l'École supérieure de guerre en 1885. Il s'y lie d'amitié avec le général Millet qui le prend comme chef d'état-major et favorisera plus tard sa carrière. En 1893, Foch entre au 3e bureau de l'état-major de l'armée et, en octobre 1895, il est nommé professeur adjoint au cours d'histoire et de tactique générale de l'Ecole de guerre. Il y expose ses conceptions stratégiques en s'inspirant à la fois de Napoléon et du maréchal de Moltke. Lieutenant-colonel, il commande le régiment d'artillerie de Vannes. Promu général de brigade à 55 ans, il est nommé commandant de l'École de guerre en 1908, non sans quelques réticences de la part de Clemenceau.

En 1910, Foch est invité par le tsar Nicolas II à assister aux grandes manœuvres russes. Son horizon européen s'élargit également à la Grande-Bretagne par l'intermédiaire des relations amicales qu'il entretient avec le général sir Henry Wilson, ce qui facilitera ses rapports avec les Anglais durant la Grande Guerre. En 1913, celui-ci vient assister en Lorraine aux manœuvres du 20e corps d'armée, avec lequel le général Foch commencera la guerre. Dès le 28 août, Joffre appelle Foch au G.Q.G. (grand quartier général) à Vitry-le-François et lui confie le commandement de la IXe armée. Celle-ci, placée au centre du front lors de la bataille de la Marne, résistera dans les marais de Saint-Gond. Devant les menaces de la "course à la mer" et la nécessité de coordonner l'action des armées alliées dans les Flandres, Joffre l'envoie dans le Nord comme "adjoint au général en chef". C'est sa première confrontation aux problèmes posés par une guerre de coalition. Son allant et son optimisme lui permettent d'obtenir d'importants résultats. Avec un jeu médiocre et sans atout, Foch persuade ses interlocuteurs qu'il a déjà gagné. Mais son langage brusque et tranchant, ses formules percutantes et audacieuses ne sont pas sans inconvénient : il froisse Castelnau durablement. En 1915, Foch dirige les opérations en Artois et, en 1916, la confiance de Joffre l'appelle à la coordination franco-anglaise lors de la bataille de la Somme. Les résultats qui paraissent décevants et des erreurs dans les offensives, comme à Barleux, entraînent sa disgrâce. Le 16 décembre, il est "remis à la disposition du ministre". Le général Nivelle lui confie alors la mission de préparer une riposte, au cas où les Allemands violeraient la neutralité suisse. L'échec de Nivelle et la nomination de Pétain comme commandant en chef lui ouvrent de nouvelles perspectives d'action. Foch succède alors à Pétain comme chef d'état-major général. Son action en Italie après la défaite de Caporetto et ses nouvelles fonctions lui permettent d'accéder au poste de commandant en chef des armées alliées. C'est lui qui signe l'armistice de la victoire, mais il regrettera son caractère prématuré dans sa correspondance privée.

Le caractère du maréchal Foch explique largement ses succès et sa réputation. Grâce à son élan dans l'action et son optimisme, il exerce une grande influence dans les réunions interalliées. Ses réactions après le désastre du Chemin des Dames qu'il n'avait pas prévu – à trois reprises, il laisse entrevoir la perte de la guerre – sont des exceptions. Il sait forcer la conviction. Pour lui, "bataille égale lutte de deux volontés" et "victoire égale supériorité morale chez le vainqueur et dépression morale chez le vaincu". Mais la volonté ne peut rien sans moyens. Son échec pour faire triompher ses idées sur la paix et la sécurité de la France après la victoire lui a justement montré les limites de la volonté. Et de la gloire.

Après la guerre, le maréchal Foch essaie d'influer sur l'évolution de l'armée au sein des hautes instances de la Défense nationale. À partir de juillet 1928, sa santé décline. Foch meurt le 20 mars 1929, onze ans presque jour pour jour après le déclenchement de la première offensive allemande du printemps de 1918 qui l'a conduit au commandement en chef des armées alliées. Le 26 mars, onze ans jour pour jour cette fois après la conférence de Doullens, est enterré l'un des plus grands chefs militaires de la Première Guerre mondiale.

FRANÇOIS-JOSEPH

Le règne de François-Joseph est l'un des plus longs de l'Histoire : il accède au trône le 2 décembre 1848 à l'âge de 18 ans et meurt 68 ans plus tard, le 21 novembre 1916. Bénéficiant d'une santé robuste, cavalier infatigable et excellent danseur, il a les qualités physiques que requiert son état. Il semble moins favorisé sur le plan des qualités intellectuelles, mais il est polyglotte. Outre les langues de l'Empire austro-hongrois, il parle et écrit le français.

Sa force d'âme lui permet d'affronter les revers infligés à son pays et les épreuves de sa vie privée. Il perd la guerre d'Italie contre Napoléon III et ses armées sont battues par la Prusse à Sadowa. Après ces

Jubilé de l'empereur François-Joseph.

défaites, l'Autriche doit renoncer à l'Allemagne. La guerre franco-prussienne de 1870-1871 l'engage à accepter l'entente des trois empereurs. Puis, à la suite de la guerre russo-turque, il choisit l'alliance avec l'Allemagne. Jusqu'à la mort de l'empereur, cette alliance sera le pivot indestructible de la situation internationale en Europe.

À l'occasion du 60e anniversaire de l'avènement de son empereur en 1908, l'Autriche, qui administrait la Bosnie-Herzégovine depuis le Congrès de Berlin, annexe ce territoire. Lorsque l'archiduc François-Ferdinand est assassiné à Sarajevo, elle déclare la guerre à la Serbie.

La vie personnelle de François-Joseph n'est pas épargnée par les épreuves. Il a épousé Élisabeth de Wittelsbach qui, très indépendante, fuit l'étouffante étiquette de la cour de Vienne en voyageant fréquemment. Mais le suicide de son fils Rodolphe avec Marie Vetsera à Mayerling, le 30 janvier 1889, est le premier grand drame auquel il doit faire face. Le second est l'assassinat de l'archiduc François-Ferdinand en 1914.

C'est dans la tristesse de la guerre que s'achève ce règne interminable. L'empereur s'éteint alors que monte la lassitude et que le destin hésite encore dans le choix des vainqueurs. L'issue des combats demeure incertaine et Charles Ier, successeur de François-Joseph, estime que son pays est trop meurtri par le conflit. Aussi, dès son accession au trône, cherche-t-il à engager des négociations secrètes avec la France afin d'arrêter les hostilités.

GALLIENI

Né le 24 avril 1849, Joseph Simon Gallieni réussit brillamment le concours d'entrée à Saint-Cyr après avoir été un élève studieux au Prytanée de La Flèche. Il n'a pas encore terminé ses études que la guerre de 1870 éclate. Envoyé au front, il se bat avec vaillance et il est un des rares survivants de la maison des Dernières Cartouches de Bazeilles. Prisonnier sur parole en Bavière, il apprend rapidement l'allemand.

Après sa libération, il choisit la carrière coloniale. Les éclatants succès qu'il remporte à la Réunion, au Sénégal, au Soudan et au Tonkin le désignent pour mener à bien la pacification de Madagascar. C'est au cours de cette mission qu'il noue des liens avec Lyautey. Partout, il manifeste d'éminentes qualités d'organisateur, de négociateur et de chef militaire au coup d'œil rapide et sûr. De retour en France en 1905, il commence, alors âgé de 56 ans, une carrière métropolitaine. Nommé gouverneur militaire de Lyon et commandant en chef d'une éventuelle armée sur les Alpes, il entre au Conseil supérieur de la guerre, le C.S.G., en août 1908. Très rapidement, il s'oppose aux idées d'offensive à outrance qui lui paraissent irréalistes. Le 29 juin 1911, à la veille de la crise d'Agadir, le nouveau ministre de la Guerre, Messimy, lui offre la succession du général Michel à la tête de l'armée française. Gallieni, dont la carrière a été essentiellement coloniale, pense que sa nomination pourrait heurter l'armée métropolitaine et suggère au ministre les noms de Pau et de Joffre. Il reçoit alors le commandement de la Ve armée qui, en cas de guerre, affronterait une invasion limitée de la Belgique par les armées allemandes. Conscient de l'importance de l'aviation dans un conflit moderne, Gallieni n'hésite pas à l'utiliser au cours des grandes

Gallieni.

manœuvres de 1912 pour se renseigner sur les mouvements du parti adverse. Mis au cadre de réserve le 24 avril 1914, il est rappelé d'urgence à Paris le 31 juillet. Une lettre de commandement en fait le remplaçant éventuel de Joffre auquel il est "adjoint à titre de successeur". Écarté du G.Q.G. par celui-ci, Gallieni est nommé, le 26 août, gouverneur militaire de Paris avec mission d'assurer la défense de la capitale. Devant l'aggravation de la situation et le départ du gouvernement pour Bordeaux, il lance sa célèbre proclamation : "Je défendrai Paris !" Outre cette déclaration et son intervention dans l'épisode des taxis de la Marne, Gallieni joue un rôle de premier plan dans le redressement militaire que constitue la bataille de la Marne. Grâce à l'observation aérienne notamment, il découvre que l'armée allemande se déplace vers le sud-est en délaissant Paris. Il lance aussitôt une contre-offensive dans le flanc de l'armée de Kluck, ce qui entraîne Joffre à décider une offensive d'ensemble et oriente son attaque au nord et non au sud de la Marne. Certes, Gallieni n'a pas eu le pouvoir de relancer toutes les armées françaises dans la bataille de la Marne, mais son rôle reste décisif. C'est son coup d'œil stratégique qui a permis de fixer le moment, le lieu et l'axe de la surprise, contraignant von Kluck à faire face à l'ouest au lieu de poursuivre sa redoutable manœuvre.

Gallieni achève sa carrière comme ministre de la Guerre. Sa dernière intervention militaire concerne Verdun dont la situation l'inquiète à la veille de l'offensive allemande du 21 février 1916, mais son état de santé le contraint à démissionner et il meurt peu après, le 27 mai 1916. Il sera fait maréchal à titre posthume en 1921.

GUILLAUME II

Il naît en 1859 à Potsdam et connaîtra les trois guerres franco-allemandes, tout comme les maréchaux Pétain et Franchet d'Espérey. Son règne commence en juin 1888, à l'ombre du chancelier Bismarck. Mais, contrairement à Louis XIV attendant la mort de Mazarin, il ne supporte pas longtemps l'autorité et le charisme du grand chancelier qu'il contraint à démissionner, dès mars 1890.

Petit-fils de Guillaume Ier et de la reine Victoria par sa mère, il naît avec un bras atrophié, une infirmité qu'il s'efforcera de dissimuler toute sa vie. Il reçoit une formation militaire et s'intéresse de près aux forces armées allemandes, notamment à la Marine. Il soutient d'ailleurs l'amiral Tirpitz dans la création d'une puissante flotte de guerre. Dans ce domaine, ses connaissances techniques sont étendues et ses vues sur l'avenir très justes. Il est tout à fait capable de gouverner l'Allemagne. Toutefois, à cause de certains défauts, Guillaume II prête le flanc à la critique : son orgueil et le sentiment de sa puissance le conduisent à des gestes excessifs, théâtraux et à des déclarations trop fréquentes, plus impulsives que calculées. Ses commentaires sur les documents diplomatiques traduisent les mêmes tendances. Une anecdote paraît résumer le caractère de Guillaume II ; à son médecin qui évoquait un petit rhume, il aurait répondu : "Non, un grand rhume. Chez moi tout est grandeur !" Mais ce navigateur accompli, ce cavalier qui cache l'appui dont il a besoin pour monter à cheval, ce politique habile qui manœuvre mieux qu'on ne le pense, peut faire preuve de compréhension humaine. Il gagne la reconnaissance et l'amitié de l'archiduc François-Joseph en traitant son épouse morganatique avec les égards dus à une archiduchesse, épouse d'un futur empereur.

Pour la gloire de son pays, il désire mener une *Weltpolitik*. C'est ainsi qu'il intervient en Afrique, en Turquie et en Extrême-Orient, sans reculer devant les risques des deux crises marocaines avec la France. L'empereur conduit souvent personnellement d'importantes actions diplomatiques. Il pousse au renforcement de l'alliance avec l'Autriche, recherche un modus vivendi avec l'Angleterre et use de ses rapports familiaux avec le tsar Nicolas II. Il rencontre régulièrement ce dernier et lui propose une redistribution du monde (on songe à la bulle de marcation du pape Alexandre VI Borgia : "Tu seras le grand amiral du Pacifique et moi le grand amiral de l'Atlantique."). Lors de leur entrevue à Björko, il obtient un traité qui entraînerait la France dans une coalition à trois où elle ne jouerait qu'un rôle secondaire.

Depuis la constitution du 16 avril 1871, l'empereur possède des pouvoirs

Guillaume II lors des manœuvres de 1910.

considérables dans le domaine de la guerre et les ordres se donnent en son nom. Guillaume II intervient fréquemment dans la conduite des opérations. Ce n'est qu'à partir de la nomination de Hindenburg et de Ludendorff à la tête des armées allemandes, et pratiquement de la coalition, qu'il remet les décisions entre leurs mains. Et, lorsqu'à la fin de l'été 1918 ils exigent l'armistice pour sauver l'armée allemande, c'est sans hésitation qu'il s'incline devant leur résolution. Quelques jours après, il abdique et se réfugie aux Pays-Bas. Il meurt à Dorn en 1941.

Avant de mourir, Guillaume II, qui a joué un grand rôle dans la politique intérieure et sociale de son pays, voit enfin la victoire de l'Allemagne sur la France, dont il a tant rêvé. Il ignorera la défaite finale de 1945.

Haig.

HAIG

Le commandant en chef de l'armée britannique, du 17 décembre 1915 à la fin de la Grande Guerre, est issu d'une longue lignée de soldats. Né en juin 1861, il perd tout jeune ses parents, son père en 1878 et sa mère l'année suivante. Cette dernière l'aura profondément marqué en lui inculquant des principes rigides de moralité. Haig est un enfant difficile, volontaire et facilement coléreux. En 1883, lorsqu'il entre comme cadet à Sandhurst, c'est un grand cavalier, joueur de polo. Il apparaît comme peu influençable et doté d'un esprit essentiellement pratique. Sorti de l'école en première place, il reste timide et peu éloquent. Tout au long de sa vie, il éprouve d'ailleurs les plus grandes difficultés à s'exprimer oralement alors que ses écrits sont des modèles du genre. Il étudie le français et l'allemand. Admis à l'École d'état-major, il apprend à contrôler ses mouvements de colère et à apprécier le point de vue des autres, tout en gardant jalousement son indépendance de jugement. Ses supérieurs voient en lui un futur grand chef. Cependant, à 35 ans, ce capitaine élégant qui évite tout excès, mange avec mesure, boit avec sobriété et ne fume pas ne semble plus promis à un haut commandement.

La chance se présente à lui lorsque, à la fin de 1897, Kitchener demande des officiers sortis de l'École d'état-major pour intervenir au Soudan. Haig s'y distingue rapidement et participe ensuite avec le général French aux opérations menées en Afrique du Sud. Promu colonel, il rentre en Angleterre pour prendre le commandement du prestigieux 17e lanciers, le plus célèbre régiment de cavalerie. Le roi Édouard VII le prend comme aide de camp tandis que Kitchener le nomme inspecteur général de la cavalerie aux Indes en 1903 et major général l'année suivante. Haig entraîne et réorganise la cavalerie. Au cours d'une permission en Angleterre, il rencontre une des filles d'honneur de la reine. Il l'épouse en 1905. Son mariage célébré dans la chapelle privée de Buckingham montre l'estime que lui porte le roi. Désormais, la carrière de Haig est assurée. Il est appelé au War Office où il collabore avec lord Haldane. Les deux hommes s'apprécient mutuellement et tissent bientôt les liens d'une amitié à laquelle Haig restera fidèle. Devenu le bras droit de Haldane, Haig accorde une grande attention à l'aviation naissante mais, surtout, s'occupe de la création du corps expéditionnaire en Europe. Avec son soutien, il obtient que le corps expéditionnaire devienne une force appréciable de six divisions d'infanterie et une division de cavalerie, soit environ 120 000 hommes (en 1914, les forces anglaises représentent environ le septième des forces françaises). Haig ne pense pas que son pays puisse être envahi. Il est convaincu que la partie se jouera sur le continent et qu'il est nécessaire de mettre en œuvre une stratégie victorieuse. Lorsqu'une armée est puissante, il faut l'épuiser avant de frapper un coup décisif.

En 1909, Haig revient aux Indes comme chef d'état-major général. Il y étudie dans le plus grand secret le plan de 1910 sur la formation d'un corps expéditionnaire indien. En 1911, Haldane le rappelle en Angleterre pour y prendre le plus haut commandement, celui d'Aldershot. En cas d'intervention sur le continent, Haig aurait un haut commandement dans le corps expéditionnaire.

Lorsque la guerre éclate en août 1914, Haig dont la position est originale – il croit à une guerre longue de plusieurs années – quitte Aldershot. Son destin se confond désormais avec celui la Grande Guerre. S'il regrette que la bataille de la Marne ne soit pas poussée plus à fond, il s'y distingue par sa grande maîtrise dans la retraite et ses qualités manœuvrières tandis que sa fermeté et son réalisme lors de la bataille d'Ypres contribuent au succès final. En 1915, il livre la bataille de Neuve-Chapelle avec un sang-froid qui impressionne Joffre lui-même. Durant toute la guerre, Haig se montre un allié sûr, mais critique. Il estime que les généraux français devraient mieux connaître la situation des tranchées avancées et mieux adapter leurs ordres aux conditions de la bataille. Ni optimiste ni pessimiste, il ne veut tenir compte que de la réalité. Après avoir mené en septembre 1915 la bataille de Loos lors de l'offensive de Champagne, il se heurte à French en ce qui concerne l'intervention des réserves après le premier assaut. Nommé commandant en chef des armées anglaises le 17 décembre 1915, il est désormais libre de conduire les opérations et la guerre. Jusqu'au bout, son souci est de préserver les intérêts de l'Angleterre et d'y adapter sa stratégie.

Dans ses écrits d'après guerre, le maréchal Haig, resté cavalier dans l'âme, persiste à prédire à la cavalerie un grand rôle dans les conflits à venir. Et c'est couvert de gloire et d'honneurs qu'il meurt brutalement, le 30 janvier 1928. Il repose à l'abbaye de Dryburgh, non loin de Bemersyde où il s'était retiré.

VON HINDENBURG

Il naît à Posen en 1847 et meurt à Neudeck en 1934. Ses premières années se passent au sein d'une famille très unie et dans une atmosphère religieuse. À 11 ans, il entre à l'École des cadets de Wahlstatt,

Von Hindenburg.

en Silésie. Le 7 avril 1866, il est lieutenant au 3e régiment à pied de la garde, régiment particulièrement glorieux en garnison à Dantzig. Il participe à la guerre de 1866 qui lui laisse des impressions mitigées, car il doit ensevelir les morts et convoyer les prisonniers. Lui-même blessé à la tête, il reçoit la décoration de l'ordre de l'Aigle rouge avec glaives. Après une brève période de garnison à Hanovre, c'est la guerre de 1870-1871 qui le voit participer à de nombreux combats à Vionville, Saint-Privat et Sedan où son unité reste en réserve. Il marche ensuite vers Paris, participe au siège de la capitale et assiste au mouvement de la Commune après la signature de l'armistice. De retour en Allemagne, il est admis à l'Académie de guerre en 1873. Il y rencontre de futurs grands chefs comme von Bülow ou von Bernhardi avec lesquels il se lie d'amitié. Admis dans le cercle du prince Alexandre de Prusse, il est détaché puis affecté au grand état-major en 1885. Il y fait la connaissance du maréchal von Moltke à qui il voue une grande admiration.

En 1896, Hindenburg est nommé chef d'état-major du VIIIe corps d'armée, ce qui lui donne l'occasion d'être en contact avec la région rhénane. Après un dernier poste de commandement à Karlsruhe, il sollicite sa mise à la retraite en 1911. Il laisse le souvenir d'un officier d'une grande prestance et d'une grande rigueur morale, qui possède le sens du commandement et une autorité naturelle. Toutefois, c'est la Grande Guerre qui révèle son aptitude aux plus hauts commandements.

Dès le 23 août 1914, Hindenburg, âgé de 65 ans, est rappelé au service. Avec l'aide de Ludendorff, il doit redresser la situation difficile laissée en Prusse-Orientale par la poussée des armées russes et la défaite de Prittwitz, les 19 et 20 août à Gumbinnen. Il remporte les victoires de Tannenberg et des lacs Mazures et obtient le commandant du front de l'est le 1er novembre 1914. Considéré comme le meilleur général dont dispose le pays après les grandes victoires de 1915 et son succès face à l'offensive Broussilov en 1916, il succède à Falkenhayn à la tête des armées allemandes. La défaite qu'il inflige à l'armée roumaine facilite l'offre de paix imposée par Guillaume II en décembre 1916, tandis que la décision du "repli Alberich" contribue à la résistance victorieuse lors de l'attaque du général Nivelle. En même temps, le développement de la situation russe le soulage du front de l'est. En 1918, Hindenburg lance ses armées à l'ouest dans des offensives qui n'aboutissent pas à des succès décisifs. La situation des armées allemandes en France s'aggrave et Hindenburg doit admettre la nécessité d'un armistice. Le 26 octobre, Guillaume II accepte la démission de Ludendorff remplacé par Groner, mais celle de Hindenburg est refusée. Devenu président de l'Allemagne en 1925, Hindenburg pose un dernier acte politique : désigner Hitler comme chancelier en 1933.

Il est difficile de séparer son œuvre militaire de celle de Ludendorff, les deux hommes surnommés "les Dioscures" ayant toujours mené la guerre et ses opérations dans une totale communauté de vues.

JOFFRE

Le futur vainqueur de la bataille de la Marne naît le 12 janvier 1852 à Rivesaltes, dans une famille de la petite bourgeoisie. Ce bon élève obtient trois prix au Concours général et entre 14e sur 132 à Polytechnique. À sa sortie, il choisit l'arme du génie. Ses qualités s'affirment déjà. C'est un travailleur infatigable, sage et énergique qui possède le sens des responsabilités et une humeur égale. Il travaille aux fortifications de Paris (forts de Domont et de Monlignon) avant de quitter la France à la suite de la mort de sa femme. À Formose, il fortifie avec l'amiral Courbet la capitale Keelong et organise les défenses du Haut-Tonkin. Rentré en France, il est affecté au régiment des chemins de fer de

Joffre.

Versailles. C'est à cette époque qu'il traverse une grave crise sentimentale démentant l'insensibilité qu'on lui prête habituellement. En effet, la France manque bien d'y perdre un de ses grands chefs militaires. En septembre 1892, Joffre repart au Soudan afin de prolonger la ligne de chemin de fer de Kayes à Bamako. Fin décembre 1893, il est appelé à commander une opération militaire d'envergure. Nonobstant les ordres inadaptés du gouverneur général et surmontant tous les obstacles, il parvient à Tombouctou le 12 février 1894 après avoir parcouru plus de 800 km. Il garde dès lors une certaine méfiance à l'égard des intrusions civiles dans les opérations militaires. Il a toujours entendu exercer pleinement ses responsabilités, il les revendique même avec force, mais il entend les exercer seul. Et s'il adhère à la franc-maçonnerie, c'est pour s'en écarter rapidement. De retour en France, il est nommé colonel en 1899 et affecté au 5e régiment du génie à Versailles. Mais une nouvelle tâche l'appelle : Gallieni le demande à Madagascar, et c'est avec le grade de général de brigade (obtenu lors d'une mission en France) qu'il achève les puissantes fortifications de Diégo-Suarez (aujourd'hui Antseranana). L'année 1905 est favorable à Joffre : il rentre en France, est nommé général de division et se remarie. Soutenu par ses amis Gaston Doumergue, Albert Sarraut et Arthur Huc, il poursuit sa carrière militaire dans la métropole. En mai 1908, il devient général de Corps d'armée et, un an plus tard, le généralissime Trémeau lui propose d'entrer au Conseil supérieur de la guerre. Son influence s'y exerce dans le domaine ferroviaire. Il réussit la rénovation qu'il souhaite, mais se heurte en ce qui concerne l'artillerie lourde au général Michel et au général Brun, ministre de la Guerre.

Le 28 juillet 1911, huit ans après son retour en France, Joffre devient chef d'état-major général de l'armée. La responsabilité de la préparation d'un éventuel conflit lui incombe. Il conçoit le plan XVII largement conditionné par des contraintes diplomatiques, car Londres refuse toute opération en Belgique qui entraînerait la violation par l'Allemagne de la neutralité belge. Son plan échoue, mais le destin de Joffre se confond désormais avec la Grande Guerre. La publication de son *Journal de marche* a récemment complété ce qu'on savait de lui. Il meurt le 3 janvier 1931.

NICOLAS II

Né en 1868 à Tsarskoïe Selo, il meurt tragiquement, en 1918, à Iekaterinbourg. Fils aîné d'Alexandre III, il devient tsar en 1894. Dès 1895, il marque son opposition formelle à la poursuite des réformes d'Alexandre II et annonce qu'il maintiendra le principe de l'autocratie. Cet homme qu'on présente souvent comme un faible a en réalité défendu jusqu'au bout ses droits de tsar autocrate. Ses comportements sont souvent surprenants (il ne peut dormir que dans une pièce brillamment éclairée). Il aime s'isoler. Cependant, très amoureux de sa femme, Aleksandra Fedorovna, il apprécie d'être en famille, entouré de ses quatre filles et de son fils Alexis, né en 1904 et atteint d'hémophilie. Or, la Russie évolue. Elle connaît un développe-

Nicolas II.

ment démographique et industriel que favorisent les emprunts faits en France. Le ministre de Witte tente de régler les problèmes posés par les paysans, mais Nicolas II s'en sépare en 1903 et se laisse entraîner dans la guerre avec le Japon. C'est une grave défaite aux lourdes conséquences intérieures : le "dimanche rouge" du 9 janvier 1905 conduit à la révolution de 1905. Le tsar doit céder. Il rappelle de Witte et accorde une Douma tout en s'opposant à ce qu'elle se transforme en Assemblée constituante. Au fond, il se refuse à transformer le régime russe en monarchie constitutionnelle.

En politique extérieure, le tsar n'est pas toujours un diplomate de premier ordre. Il ne semble pas avoir vu le piège que lui tendait son cousin Guillaume II lors de l'entrevue de Björko. Le chancelier Lamsdorff réussit à dégager son souverain de ses engagements imprudents, et Nicolas II en tire des leçons de prudence. En particulier pendant le conflit de 1914-1917, il se refusera à toute négociation secrète.

En 1907, il comprend la nécessité de s'entendre avec l'Angleterre et il permettra ainsi la consolidation de la Triple-Entente. Il veille à la reconstitution de l'armée russe et, en 1914, il comprend qu'il est nécessaire de soutenir la Serbie, mais il semble avoir hésité avant de décréter la mobilisation générale. La guerre est difficile, d'autant plus que Nicolas II est mal entouré et que sa femme est trop influencée par Raspoutine. Les grandes défaites de 1915 le décident à prendre le commandement de l'armée. Il perd alors l'appui du grand duc Nicolas Nikolalevitch, petit-fils de Nicolas Ier et commandant en chef des armées russes depuis le 2 août 1914. La destitution, le 6 septembre, de celui qui avait réussi à éviter un désastre total en arrêtant l'avance austro-allemande fin août, place

Nicolas II en première ligne. Le tsar s'isole dans son quartier général de Mohilev, se coupant du pays et laissant le champ libre à l'influence de sa femme. Le sursaut, en 1916, de l'offensive Broussilov est insuffisant pour arrêter l'aggravation de la situation intérieure qui conduit à la première révolution russe. Impuissant à dominer les troubles, le tsar se résigne à abdiquer le 2 mars 1917 en faveur de son frère le grand-duc Michel. Mais celui-ci renonce à son tour. La seconde révolution russe bouleverse l'équilibre des forces et débouche sur l'armistice et la paix de Brest-Litovsk. Puis, c'est l'assassinat de Nicolas II et de sa famille dans la nuit du 16 au 17 juillet 1918, alors que la cinquième offensive allemande tente d'arracher la décision à l'ouest.

Le dernier tsar, dont le mérite a été de ne pas céder aux offres de négociations secrètes et de rester fidèle à l'alliance avec la France et l'Angleterre, demeure une figure complexe et attachante, rendue plus émouvante par sa fin tragique. Sa disparition signifie pour la France la perte de ses investissements en Russie (dans une note du 12 novembre 1918, Foch estimait nécessaire d'intervenir contre le nouveau régime). C'est également le début d'un effort obstiné pour étendre la révolution russe à l'Europe et au monde. Le visage légèrement mélancolique du dernier des Romanov apparaît comme le symbole d'un monde évanoui et évoque l'inquiétude face à un monde nouveau et menaçant dont il a largement favorisé la naissance.

Pétain.

PÉTAIN

Le maréchal Pétain naît à Cauchy-à-la-Tour le 24 avril 1856 et meurt à l'île d'Yeu le 23 juillet 1951. Sa longue vie est une suite de paradoxes. Pétain s'éteint à 95 ans alors que, à l'époque, la durée moyenne de vie est d'une trentaine d'années. Il a cinq ans lorsque la guerre de Sécession commence à déchirer les États-Unis et douze lors de la révolution japonaise. Son adolescence coïncide avec l'unification de l'Allemagne et de l'Italie. Le Japon sort victorieux de son conflit avec la Russie quand Pétain atteint sa cinquantième année, et c'est au moment où le maréchal prend sa retraite, nanti du grade de colonel, que la Grande Guerre bouleverse sa destinée. Son procès, à 89 ans, se déroule avec, en toile de fond, le bombardement atomique d'Hiroshima. Pétain meurt alors que la guerre fait rage en Corée. Sa vie – qui a été marquée par les trois guerres franco-allemandes de 1870, 1914 et 1940 – s'achève alors que se dessine la réconciliation des deux pays.

Maréchal de France, sa carrière militaire a été très lente et son ascension fulgurante. Il met trente-quatre ans pour devenir colonel alors que trente-quatre mois lui suffisent pour devenir commandant en chef. Il accède aux plus hautes responsabilités militaires en tant que fantassin à une époque où le rôle de l'infanterie connaît une éclipse et où, comme il l'écrit, "l'industrialisation de la guerre" s'impose.

Il comprend mieux que Joffre et Foch la révolution du matériel et du moteur, et demande 3 500 chars dès le 20 juin 1917. Jugeant que l'aviation peut être "l'arme de la décision", il crée les escadres aériennes en février 1918 et imagine une tactique offensive fondée sur l'action conjuguée des chars et des avions. Il est également paradoxal de constater que cet homme, considéré après guerre comme un défensif, s'est imposé entre 1914 et 1916 comme le général réussissant toutes ses offensives. C'est lui qui, en novembre 1918, veut lancer la bataille en Lorraine, alors que Clemenceau et Foch arrêtent les hostilités.

Mais les évidences historiques cèdent souvent la place au mythe. À Verdun, le général Pétain mène la plus grande bataille défensive de la guerre, et sans doute de l'Histoire. La bataille de Stalingrad et celle de Saragosse lors du Premier Empire sont différentes : elles se déroulent en ville. Mais c'est autour de Verdun que la bataille fait rage et que les armées françaises doivent tenir leurs positions afin que la ville ne tombe aux mains de l'ennemi. Verdun résume et, en même temps, symbolise la Grande Guerre. Le général Pétain est aussi celui dont la maîtrise de l'action défensive a permis l'arrêt des offensives allemandes du printemps de 1918 et sauvé, une fois encore, la victoire. Enfin, n'est-il pas étonnant de voir confier par trois fois (à Verdun en 1916, lors des mutineries de 1917 et en 1940 après l'un des plus grands désastres de l'histoire de France) à cet homme réputé pessimiste la mission de rendre espoir et confiance au pays et à l'armée ?

Quelques traits de son caractère permettent de comprendre son rôle souvent décisif au cours de la Grande Guerre. Une enfance difficile en raison de la mort de sa mère et du remariage de son père ne l'empêche pas d'apparaître comme un écolier doué. Grâce à son oncle, l'abbé Legrand, il est admis au collège de Jésuites de Saint-Bertin, à Saint-Omer, où ses qualités de clarté d'esprit, de précision dans l'expression et d'amour des choses bien faites lui apportent la réussite, notamment en version latine et en géométrie. Marqué par la guerre de 1870-1871, Pétain décide de préparer Saint-Cyr. Entré en 1876 au rang bien modeste de 403e sur 412, il mène à terme ses études et sort classé 229e sur 336. Il exerce son premier commandement au 24e B.C.P. de Villefranche avec le grade de sous-lieutenant. Il n'hésite pas à s'entraîner physiquement – il fait preuve d'une endurance exceptionnelle à la marche et à la natation – et effectue un stage à l'école de tir de Valbonne (toute sa vie, il se montre fier d'être un bon tireur). Affecté à Menton en 1881, il y fait la connaissance d'une petite fille, Eugénie Hardon, qui, à quatre ans et demi, n'imagine évidemment pas qu'elle sera un jour la maréchale Pétain. Mais Pétain est affecté en 1883 à Besançon et y rencontre Marie-Louise Regard, une très jolie jeune fille, qui sera le grand amour de sa vie… Il prépare alors l'École de guerre où il est reçu en novembre 1888. Il en sort en 1890 et, nommé capitaine, se voit affecté à l'état-major du 15e C.A. à Marseille avant d'être appelé à l'état-major du gouverneur militaire de Paris. Il sert successivement sous les ordres des généraux Saussier, Zurlinden et Brugère. Pétain connaît ainsi deux généralissimes et s'en fait apprécier. Nommé commandant en juillet 1910, il est envoyé à l'école de tir de Châlons où il n'effectue qu'un bref passage, car ses conceptions du tir s'opposent à celles du directeur pour qui l'essentiel réside dans l'intensité du tir et non dans les qualités de précision du tireur. Il revient à Paris au 5e R.I. mais, encore une fois, pour peu de temps. En 1901, il est nommé professeur chargé d'enseigner la tactique de l'infanterie. Dès lors, il alterne les périodes d'enseignement et de commandement. C'est d'ailleurs au cours de grandes manœuvres que le général de Maud'huy constate sa maîtrise dans l'action et impose son retour à l'École de guerre comme titulaire de la chaire de tactique de l'infanterie. Dans son cours de 1911, Pétain insiste sur l'aspect meurtrier des armes modernes et sur la nécessité de s'y adapter afin d'éviter les pertes. Il estime que "l'offensive seule peut conduire à la victoire" si elle associe le feu, le mouvement et la manœuvre, et qu'il faut laisser de larges initiatives aux exécutants. Au fond, l'attaque ne doit pas être lancée à tout prix mais au bon moment et avec des moyens de feu supérieurs à ceux de l'ennemi.

Ces idées ne cadrent pas avec les conceptions généralement admises à l'époque. Ces divergences de vues ne sont pas sans conséquence sur la carrière du colonel Pétain dont les répliques acerbes ne suscitent guère la sympathie. À preuve, le jugement que porte Pétain sur le général Gallet lors des manœuvres de 1913. Celui-ci ayant attaqué un village en une charge héroïque et au son des clairons, Pétain déclare : "Le général Gallet s'est proposé de nous présenter toutes les fautes qu'il ne faut pas commettre." Il est probable que cette critique a retardé sa promotion au grade de général, malgré les interventions de Lanrezac et Franchet d'Esperey en sa faveur. Le 24 juillet 1914, le ministre de la Guerre, Messimy, lui refuse encore sa nomination alors qu'il vient de recevoir par intérim le commandement de la 4e brigade de Saint-Omer.

Il laisse l'image d'un officier de premier ordre, d'un professeur à l'esprit indépendant et d'un chef complet (au 33e R.I., il a sous ses ordres le futur général de Gaulle). Il a participé par exemple à certaines missions secrètes. Ainsi, en 1912, il accompagne le général Léon Durand en Belgique pour étudier secrètement les problèmes que poserait la défense de la France en cas de violation de la neutralité belge ; c'est là qu'il acquiert la certitude que des fortifications seraient largement inutiles, la défense de la Belgique devant se faire à la frontière germano-belge. C'est alors que le coup de feu de Princip le précipite, comme des millions d'autres hommes, dans la tourmente de la Grande Guerre…

POINCARÉ

Le futur président de la République naît le 20 août 1860 à Bar-le-Duc et meurt à Paris en 1934.

Dès l'enfance, il manifeste un goût prononcé pour le travail approfondi et bien fait. Sa réussite est rapide. À 27 ans, Poincaré est élu député de la Meuse et, à ceux qui s'étonnent de sa jeunesse, il répond qu' "il s'engage à vieillir chaque année" ! Pourvu d'un portefeuille de ministre dès l'âge de 33 ans, il exerce ses fonctions au ministère de l'Instruction publique, puis aux Finances avant de revenir à l'Instruction en 1895. Dans la génération politique qui apparaît après le scandale de Panama et compte dans ses rangs Deschanel et Louis Barthou, Poincaré s'impose par sa grande rigueur d'esprit et se révèle un grand orateur. Il consacre ensuite sa carrière au barreau où il acquiert rapidement la réputation d'un brillant avocat.

Après avoir été élu sénateur de la Meuse en 1903, il entre dans le cabinet Sarrien comme ministre des Finances en 1906. Lorsque Caillaux démissionne à l'issue de la crise d'Agadir, il devient président du Conseil tout en se réservant le portefeuille

Poincaré.

des Affaires étrangères. En cette année 1912, il est préoccupé par la situation européenne et se propose de consolider le système d'alliances de la France. Il repousse la solution d'une intervention des forces françaises en Belgique que lui suggère Joffre afin de gagner rapidement et sûrement la guerre, préservant ainsi l'alliance anglaise. Le refus de Londres montre d'ailleurs que Poincaré a apprécié la situation à sa juste mesure. En août, Poincaré accomplit son premier voyage en Russie dans le but de renforcer la coopération franco-russe.

Cet homme, froid en apparence mais sensible en réalité, apparaît de plus en plus comme un homme d'État. En janvier 1913, à la veille de la Grande Guerre, il est élu président de la République. C'est à la tête de l'État qu'il manifeste plus encore ses qualités d'analyse, sachant trouver des solutions et les appliquer. Il se heurte cependant aux limites constitutionnelles des pouvoirs du président de la République. Pendant toute la guerre, il joue de sa stabilité face aux remous de la politique consécutifs à "l'Union sacrée", le grand élan de 1914 qu'il avait suscité. Et, s'il ne cherche pas à profiter des tentatives de Joffre de limiter au seul président de la République les informations sur la situation militaire, il n'hésite pas à faire sentir le poids de son autorité morale et politique dès que le destin du pays lui semble engagé. C'est notamment le cas lors d'un voyage en Russie, en juin 1914, où il assure le tsar Nicolas II de l'appui de la France. Sans intervenir directement dans la bataille de Verdun, il déplore que Joffre ait enlevé à Pétain le commandement direct de la bataille. En décembre 1917, il soutient ce dernier contre Clemenceau et Foch dont il craint que leur stratégie n'aboutisse à jouer le destin du pays sur un coup de dés. De plus, adversaire résolu d'un armistice prématuré, il se heurte vivement à Clemenceau qu'il a appelé au pouvoir un an plus tôt. Poincaré partage les mêmes vues que Joffre, Pétain et Pershing, mais il ne peut déclencher une crise politique majeure. L'Histoire lui a cependant donné raison. Récemment publié, le dernier volume de ses mémoires *Au service de la France* révèle également ses inquiétudes et sa perspicacité tout au long des négociations qui ont précédé les traités de paix. C'est sans doute le président de la IIIe République qui fut le plus clairvoyant en matière de politique extérieure.

Mais ce grand président souffre d'une certaine difficulté à être chaleureux, spontané. Ses nombreuses visites au front le montrent assez distant, ne trouvant pas les mots qu'il faut. L'anecdote d'un Pétain disant aux officiers qui redescendaient du front à Verdun : "Messieurs, le président de la République n'a rien à vous dire", traduit bien les déceptions qui accompagnent les visites de Poincaré. La tenue vestimentaire de l'homme ajoute à son apparente distance. Sans doute Poincaré veut-il éviter que ses sentiments n'influent sur sa fonction… Il appelle Clemenceau lorsque l'intérêt supérieur du pays lui semble l'imposer. Il soutient Pétain en décembre 1917, oubliant la remarque sévère de ce dernier à Verdun : "Nous ne sommes ni gouvernés, ni commandés."

Après avoir quitté la présidence de la République, Poincaré n'hésite pas à redevenir président du Conseil et à prendre la décision de l'occupation de la Ruhr, le 11 janvier 1923. Il ne se dérobe pas davantage en 1926 lorsqu'il apparaît, une fois encore, comme le seul capable de redresser une situation financière délabrée. Son seul nom inspire la confiance et semble synonyme de succès. C'est la maladie qui l'oblige à se retirer définitivement.

Avec le recul, Poincaré se révèle comme un homme d'État complet. Il a joué un rôle décisif dans les circonstances les plus graves pour la France, chaque fois qu'il a pu imposer son point de vue. On ne refait pas l'Histoire, mais l'échec de sa tentative lors de l'armistice de 1918, pour repousser la signature jusqu'à ce que l'offensive de Lorraine ait parachevé la victoire, a été lourd de malheureuses conséquences.

À lire

Albert Ier, Carnets et correspondances de guerre 1914-1918, présenté par Marie-Thérèse Thielemans, documents Duculot, 1991.

CLEMENCEAU (G.), *Grandeurs et misères d'une victoire*, Plon, 1930.

FOCH (maréchal), *Mémoires*, Plon, 1931.

HAIG (maréchal), *Rapport de fin de campagne*, Fournier, Paris, 1919.

JOFFRE (maréchal), *Mémoires du maréchal Joffre*, Plon, 1932 ; *Journal de marche*, présenté par G. Pedroncini, 1990, SHAT, IHCC et FEDN.

LUDENDORFF (général E.), *Souvenirs de guerre*, 2 vol., Payot, 1920 ; *Documents du grand quartier général*, 2 vol., Payot, 1922.

PEDRONCINI (G.), *Pétain, général en chef*, P.U.F., 1974 ; *Pétain, le soldat et la gloire*, Perrin, 1989.

PÉTAIN (maréchal), *Rapport du maréchal commandant en chef les armées françaises du Nord et du Nord-Est sur les opérations de 1918*, 15 vol., Paris, 1920 ; *La Bataille de Verdun*, Payot, 1929.

POINCARÉ (R.), *La France*, 10 vol., Plon, 1926-1933. Un onzième tome a été publié par J. Bariéty.

Comprendre la Première Guerre mondiale

Neuf millions de morts... C'est le bilan de la Première Guerre mondiale, la Grande Guerre.

Grande, elle l'est par le nombre des nations belligérantes, l'étendue des régions touchées et la multitude des combattants.
L'importance des pertes humaines est telle qu'on a pu parler à ce propos de "génération perdue".
De ce conflit émerge une nouvelle forme de guerre totale qui annonce les guerres du futur avec l'utilisation du char, du sous-marin et de l'aviation. Grandes sont aussi les traces indélébiles qu'elle a gravées dans les mentalités. Cette guerre bouleverse toutes les données, politiques, économiques et culturelles. Des empires disparaissent, des pays prennent conscience de leur puissance ou se transforment. Les campagnes sont dévastées, les villes et les villages détruits, et les régions exsangues mettent de longues années à retrouver leur identité.

On peut dire que la guerre 14-18 domine l'histoire du XXe siècle et que son influence a été déterminante sur la suite de l'histoire du monde.

La Première Guerre mondiale est retracée dans son évolution et ses conséquences à travers une synthèse complétée d'encadrés sur des aspects originaux, d'une chronologie commentée et d'une bibliographie générale.

Jeune soldat allemand, juin 1916.

La Grande Guerre

La Grande Guerre qui s'inscrivit entre les deux illusions d'une guerre courte et d'une paix longue fut une guerre de surprises.

Surprise de sa durée. Le progrès des armements, l'exemple de la plupart des guerres du XIXe et du début du XXe siècle, la paralysie de la production due aux mobilisations générales (une syncope économique), le coût du conflit, les plans des états-majors… tout concourut à faire croire à un conflit relativement bref. La guerre dura quatre années.

Surprise des formes de la lutte. Jusqu'alors, les champs de bataille étaient limités à la surface du sol et de la mer. Ils s'étendaient désormais à l'air et aux profondeurs des océans,

"Pourvu qu'ils tiennent ! Qui ça ? Les civils."
Dessin de Jean-Louis Forain.

annonçant ceux de la Deuxième Guerre mondiale. Depuis les guerres napoléoniennes, hormis quelques sièges – Sébastopol, Metz, Paris, Pleven –, le mouvement avait dominé les affrontements des armées qui balayaient l'espace. Il suffit de citer Austerlitz, Iéna, Solferino, Sedan, Le Mans. Or, pendant quatre ans, exception faite du front russe plus mouvant, les mêmes noms revinrent sans cesse : la Marne, l'Artois, la Somme, la Champagne, Verdun, le Chemin des Dames, Vauquois, les Éparges, l'Isonzo. Le mouvement réapparut avec la révolution du moteur : camions, chars, avions.

La guerre immobile

La Grande Guerre fut dominée par le phénomène omniprésent et insolite des tranchées, comme si les pays en guerre étaient devenus des forteresses assiégées. Toutes les forces vives des pays (humaines, psychologiques, financières et économiques) convergeaient vers les fronts quasi immobiles qui entraînaient une industrialisation de la guerre, suivant le mot du général Pétain, et une recherche des espaces encore libres pour retrouver des possibilités de mouvement. Les fronts exigeaient une résistance exceptionnelle du moral. Dès lors que fléchissent la production, les ressources financières, la détermination politique (la révolution russe, l'état-major allemand en août 1918), que les ressources humaines se tarissent et que le pétrole risque de manquer (Clemenceau menaça d'une paix séparée en décembre 1917), la guerre pouvait être perdue. Les nations étaient comme arc-boutées aux fronts. En effet, les tranchées donnaient la primauté à la puissance du feu sur l'élan. Le pourcentage de l'infanterie diminua constamment au cours des années 1914-1918. En 1918, en France, le nombre des fantassins tomba à 1 000 000 contre 600 000 artilleurs. L'immobilité conduisit à l'épuisement des hommes, qu'ils fussent combattants ou civils à l'arrière ("Pourvu qu'ils tiennent !"). La guerre d'usure plus que toute autre devint une guerre psychologique. Comme l'écrivit en janvier 1918 le général Anthoine : "La guerre actuelle a montré qu'il n'était plus nécessaire d'avoir une victoire militaire pour que l'adversaire s'avoue hors de cause." C'est que les tranchées entraînaient des combats souvent incessants, une tension permanente, des dangers constants sans que ces sacrifices n'aboutissent à d'autres résultats qu'à cette immobilité désespérante, à ces attaques qui grignotaient quelques centaines de mètres quand elles n'étaient pas arrêtées par les mitrailleuses et les canons sur la ligne même de départ. Une telle situation finissait par engendrer la lassitude, le désespoir, voire l'indiscipline et, stade suprême, les refus collectifs d'obéissance de 1917, appelés mutineries.

La stagnation et la fortification du front, les offensives multipliées entraînèrent une consommation inattendue de munitions. Le premier jour de l'offensive du 26 septembre 1918, la consommation d'obus de "75" représenta le tiers de tous les stocks prévus en 1914 pour alimenter ce canon pendant la durée de la guerre. Les deux tiers des pertes en 1914-1918 furent causées par les canons alors que, avant la Grande Guerre, les balles de fusils étaient à l'origine de la même proportion de pertes. Les exigences nouvelles des combats conduisirent au développement d'une puissante industrie de guerre où, souvent, les femmes remplacèrent les hommes. Un seul exemple est symptomatique et révélateur : l'industrie aéronautique française occupait 180 000 travailleurs et produisait à la fin de la guerre 3 000 avions par mois. L'approvisionnement de ces industries supposait l'arrivée des sources d'énergie et des matières premières et, par conséquent, d'importants moyens de transport terrestres et maritimes. La liberté et la sécurité des mers étaient devenues vitales.

Une guerre mondiale

Ce fut, en partie, la raison d'une autre surprise de la Grande Guerre : l'extension du champ des hostilités au monde entier. Les Alliés attaquèrent et conquirent les colonies allemandes en Afrique, le Japon fit de même en Asie. De petits pays d'Amérique déclarèrent la guerre à l'Allemagne. L'entrée en guerre de la Turquie étendit la lutte au Moyen-Orient. L'ensemble des océans et des mers était touché par la guerre navale et sous-marine : le Pacifique, l'Atlantique (la bataille des Falkland), l'océan Indien, la mer du Nord (la mer de la décision et de la bataille du Jutland) et la Méditerranée. La Grande Guerre provoqua ainsi un changement dans l'équilibre mondial. Les États-Unis intervinrent pour la première fois en Europe, alors que la Russie

Usine d'armement anglaise.

tombait sous le joug d'une révolution qui la conduisit à jouer un rôle mondial. Mais le repli des États-Unis et les grandes difficultés que traversait l'Union soviétique naissante donnèrent à l'Europe occidentale l'illusion de son importance et de sa puissance pour quelques années encore.

Pourtant, le recul de l'Europe était sensible dans tous les domaines. En 1914, elle assurait les deux tiers du commerce mondial, en 1919 les deux cinquièmes. Sa production de charbon avait diminué de 30 %. Les dettes publiques étaient multipliées par 6 à 10 et même par 20 en Allemagne. Les États-Unis avaient ravi à l'Europe son premier rôle dans la vie financière mondiale. L'Europe dut faire face à d'énormes destructions, à l'usure des machines, de ses usines, des moyens de transport ferroviaires, et à des pertes humaines plus dramatiques encore que ne le révèlent les chiffres globaux. La France perdit 10 % de sa population active, l'Allemagne 9,8, l'Autriche 9,5, l'Italie 6,2 et la Grande-Bretagne 5,1. Le bilan économique et financier ne fut pas moins grave. Aux destructions (la production de charbon tomba, entre 1913 et 1919, de 40 800 000 t à 22 400 000 t) s'ajoutèrent les dettes de guerre (25 milliards de francs-or aux États-Unis et 19 à l'Angleterre). La fortune métropolitaine estimée à 302 milliards en 1914 était tombée à 227 en 1918. À tout cela s'ajoutaient les difficultés coloniales au moment où la doctrine wilsonienne et la stratégie léniniste rencontraient un certain écho parmi les peuples colonisés. Au total, il apparaît que les gouvernements qui acceptèrent la guerre en 1914 n'en prévirent ni la durée ni les conséquences. "Je n'ai pas voulu cela", dira Guillaume II. Comment cela fut-il possible ?

À Tergnier (Aisne), une voie ferrée détruite par les Allemands (30 mars 1917).

La crise de l'été 1914

Débutant le 28 juin par l'assassinat à Sarajevo de l'archiduc héritier d'Autriche, François-Ferdinand, cette crise s'acheva le 12 août par la déclaration de guerre de la Grande-Bretagne à l'Autriche-Hongrie. L'Europe était entrée dans la Grande Guerre. Pourquoi cette nouvelle crise, qui venait après bien d'autres et s'inscrivait dans leurs cadres habituels (rivalités entre les grandes puissances et les systèmes d'alliances), ne fut-elle pas réglée par des compromis diplomatiques ? Quels mécanismes, quels facteurs nouveaux conduisirent les gouvernements à accepter un conflit généralisé ? Comme l'a écrit Raymond Poidevin à propos des rivalités financières, les rivalités entre les grandes puissances et les tensions entre les systèmes d'alliances avaient souvent "alourdi les relations internationales". Mais elles n'avaient jamais entraîné un conflit. Étaient-elles différentes en 1914 ?

Le cadre des rivalités

Des événements aussi importants que la Grande Guerre ont toujours des causes multiples. Aucune des rivalités économiques, financières, coloniales ou politiques n'eût à elle seule conduit à l'affrontement armé. Les rivalités économiques les plus importantes opposaient l'Angleterre à l'Allemagne. En 1900, l'Allemagne était devenue la seconde puissance économique du monde après les Etats-Unis. Elle représentait 16 % de la production industrielle mondiale et l'Angleterre 14 % (32 % en 1870). Ce recul était ressenti en Grande-Bretagne, mais le développement allemand n'était pas seul en cause. Le recul anglais s'expliquait principalement par la diminution des investissements due à une baisse des prix et au vieillissement des industries, notamment textiles. Dans certains domaines, il existait même une certaine collaboration. Les chantiers navals anglais restaient concurrentiels grâce aux produits métallurgiques importés d'Allemagne. Après 1900, la production anglaise augmenta sensiblement et atteignit 121 % pour les objets manufacturés (239 % en Allemagne, 563 % aux États-Unis). Enfin l'Angleterre bénéficiait d'atouts de premier ordre. Elle possédait la première flotte de commerce du monde, deux fois plus importante que celle de l'Allemagne (12 millions de tonneaux contre 5,2) et son empire absorbait 37 % de ses exportations. Son système bancaire était le premier du monde. En conséquence, les milieux économiques et financiers se montraient hostiles à une issue militaire lors des crises internationales. De plus, il faut remarquer qu'en 1914 l'Angleterre était le meilleur client de l'Allemagne. Entre la France et l'Allemagne, il n'existait pas de réelle rivalité économique car l'industrie française était loin de concurrencer l'allemande. Il en allait de même entre l'Allemagne et la Russie, par ailleurs principal fournisseur de l'Allemagne. Le vrai problème entre la France et l'Allemagne résidait dans les rivalités financières.

Usine Krupp, symbole de la puissance industrielle allemande.

Les rivalités financières

Les rapports financiers franco-allemands étaient particulièrement symptomatiques et révélateurs, comme l'a montré Raymond Poidevin dans *Les rapports franco-allemands 1898-1914,* Colin, 1969. Avant la crise marocaine de 1905-1906, la France plaçait en Allemagne des capitaux à court terme (un milliard par an), tandis que les sociétés industrielles allemandes investissaient en France (métallurgie, chimie). Les banques des deux pays faisaient des placements en commun en Roumanie, en Serbie, et le commerce franco-allemand se développait. Sur la base d'un indice 100 en 1898, les échanges dans le sens France-Allemagne atteignirent 159 en 1904, et dans le sens Allemagne-France 128. La première crise marocaine resta pratiquement sans effet car les indices étaient respectivement de 153 et de 143 en 1905. Jusqu'à la seconde crise marocaine, on assista à une extension de la collaboration franco-allemande. Les banques coopéraient en Turquie, en Serbie, en Bulgarie, en Amérique du Sud, et les filiales industrielles allemandes se multipliaient en France dans les domaines de la sidérurgie, de l'électricité, de la soierie... Les Allemands achetaient du minerai de fer en France (ils ne couvraient que 75 % de leurs besoins) tandis que les sidérurgistes français s'approvisionnaient en coke allemand en quantités de plus en plus importantes. En effet, le coke français ne couvrait plus que la moitié des besoins en 1910, contre deux tiers en 1905. Pour s'assurer un approvisionnement régulier, les sidérurgistes français investissaient dans les charbonnages allemands.

Le commerce reflétait la montée des échanges. Les exportations françaises vers l'Allemagne passèrent de 511 millions en 1905 à 600 en 1910, et celles de l'Allemagne vers la France de 477 à 661. Les industriels, les financiers et les viticulteurs du Midi voulaient une entente économique franco-allemande mais se heurtaient au Quai d'Orsay qui se refusait à des négociations officielles. Pourtant, un accord sur le Maroc – le premier accord gouvernemental depuis la guerre franco-prussienne – fut conclu le 9 février 1909. Mais ce processus de resserrement des liens économiques et financiers fut brutalement freiné voire interrompu après la seconde crise marocaine. On assista au retrait des capitaux français en Allemagne, alors que les Allemands restaient demandeurs et offraient des intérêts plus élevés qu'en France. Une lutte financière s'engagea dans les Balkans : la France élimina l'Allemagne en Serbie et en Grèce, l'Allemagne de son côté l'emporta en Roumanie et en Bulgarie (leur attitude respective fut différente pendant la guerre). Ce revirement fut imposé par le gouvernement pour des raisons politiques et ses effets restèrent limités. Les entreprises allemandes en France résistèrent au gouvernement qui ne réussit pas à les rejeter de France (elles représentaient encore un milliard de francs en 1914). “Le monde de l'économie souhaite l'épanouissement d'une atmosphère de paix”, conclut R. Poidevin. Certes, les capitaux français faisaient obstacle à l'expansion économique allemande en Russie, mais là encore dominaient les raisons politiques.

Les rivalités coloniales

Cette explication de la Grande Guerre fut longtemps privilégiée en raison de la thèse léniniste et de celle de certains libéraux. Les contemporains ont en effet été frappés par le nombre et l'importance des crises coloniales entre les grandes puissances, mais cette thèse est aujourd'hui dépassée (depuis les travaux de Pierre Guillen, *L'Allemagne et le Maroc de 1870 à 1905*, P.U.F., 1967, et Jean-Claude Allain, *Agadir 1911*, publications de la Sorbonne, 1976). À partir de 1850, l'expansion coloniale fut importante : les territoires colonisés de l'Afrique passèrent de 11 à 90 %, ceux de l'Océanie de 54 à 96 %. En 1914, l'Europe dominait les deux tiers des terres émergées et la moitié de la population du monde, mais de manière inégale. La Grande-Bretagne contrô-

Tirailleur sénégalais au repos, à Trémont-sur-Saulx dans la Meuse.

lait 30 millions de kilomètres carrés et 354 millions d'habitants, la France près de 9 millions de kilomètres carrés et 42 millions d'habitants, alors que l'Allemagne, tard venue, n'avait étendu son empire que sur 2,6 millions de kilomètres carrés et 12 millions d'habitants. Les rivalités furent inévitables et les crises nombreuses. Mais les grandes puissances ne considéraient pas que les colonies valaient une guerre européenne. Naturellement, la victoire ou la défaite en Europe n'auraient pas été sans conséquences pour le vainqueur et le vaincu. Mais lors des graves crises de Fachoda, Tanger et Agadir, la guerre n'avait pas été envisagée comme solution suprême. Il faut convenir que les intérêts économiques de l'Allemagne étaient très faibles au Maroc et ne représentaient que 0,07 % du commerce allemand. Inférieur à ses échanges avec le Danemark, le commerce colonial total de l'Allemagne était de 0,5 %. S'il s'accrût entre 1907 et 1914, son pourcentage global ne varia cependant pas. Des projets de partage anglo-allemand des colonies belges ou portugaises furent envisagés, mais ils n'aboutirent pas. La Grande Guerre n'eut pas pour cause les rivalités coloniales et la volonté de redistribuer les colonies. Une nouvelle répartition pouvait être une des conséquences de la guerre, mais non une cause.

Les rivalités politiques

Elles naquirent dans des zones différentes et s'exprimèrent à travers les systèmes d'alliances. Trois zones de rivalités étaient apparues en Europe.

L'Europe occidentale : la défaite de 1871 avait réglé les différends franco-anglais et privé la France de toute possibilité d'action. Mais cette défaite avait fait surgir la question de l'Alsace-Lorraine qui, en 1914, se présentait d'ailleurs différemment. Elle marquait la psychologie collective, mais la France n'envisageait pas une guerre de reconquête : au début parce qu'elle était isolée en Europe et ensuite parce que l'alliance russe ne le lui permettait pas.

Halte d'un convoi de tirailleurs en route pour le front.

L'espace méditerranéen : les tensions y restaient vives (à la veille de la Grande Guerre, les empires centraux promettaient encore la Tunisie à l'Italie en cas de victoire), mais de faible portée. Aussi bien la France, l'Italie et l'Espagne n'envisageaient pas de mener une guerre pour le Maroc ou la Tunisie.

L'espace balkanique : c'était une zone polémogène. Le recul de la Turquie au XVIIe siècle (trêve de Karlowitz en 1699 et paix de Passarowitz en 1718) avait ouvert un vide politique où se heurtaient les ambitions et les intérêts russes et autrichiens. À la moindre occasion, recul nouveau de la Turquie ou défaite russe, les crises éclataient. Il s'agissait d'une région de manœuvres diplomatiques où les tensions internationales étaient fortes. Mais entre 1870 et 1914, malgré les tensions, voire même les conflits armés, aucune guerre entre l'Autriche et la Russie n'avait eu lieu. Ces tensions influèrent cependant sur les systèmes d'alliances, en particulier les trois systèmes bismarckiens.

Le jeu des systèmes d'alliances qui conduisit à la guerre existait déjà lors des crises précédentes. Leurs rouages étaient complexes, aussi faut-il se limiter à l'essentiel. Le plus ancien système fut la Triple-Alliance. La crise balkanique de 1875-1878 avait mis à mal l'Entente des trois empereurs. Le 7 octobre 1879, Bismarck avait conclu avec l'Autriche un traité d'alliance qui se maintint jusqu'en 1918. Il réussit à obtenir de la Russie qu'elle revînt au sein d'une nouvelle Entente des trois empereurs, mais bien différente de la première. Le 20 mai 1882, l'alliance germano-autrichienne s'étendit à l'Italie. Ce fut la naissance de la Triplice ou Triple-Alliance, défensive à l'origine, et offensive après la crise de Bulgarie en 1886 et l'affaire Schnæbélé en 1887. Entre 1900 et 1902, l'Italie se rapprocha de la France, affaiblissant ainsi la Triplice. Les renforcements de cette alliance en 1913-1914 ne suffirent pas à entraîner l'Italie dans la guerre. À la dernière minute, un des deux systèmes d'alliances ne fonctionna pas.

Après le départ de Bismarck, le 18 mars 1890, la politique allemande changea d'orientation. L'Allemagne se dégagea de la Russie et ne renouvela pas le traité secret de réassurance. La voie était libre pour un rapprochement franco-russe. Celui-ci fut toutefois difficile. Après un accord politique en 1891, il fallut attendre deux ans pour aboutir à une convention militaire secrète. Cette alliance fut délicate à faire fonctionner. "L'impétueux élé-

L'Europe avant 1914

phant russe", selon le mot de Bismarck, ne s'était pas assagi. La France dut supporter les initiatives russes : la conférence du désarmement de La Haye en 1898, la guerre russo-japonaise, l'entrevue et l'accord de Björko de juillet 1905 et l'accord commercial russo-allemand de 1911 en pleine crise d'Agadir. Toutefois, l'alliance résista. Gage d'un équilibre européen, elle assura une certaine sécurité aux deux Alliés. De plus, la France était très engagée financièrement en raison des emprunts russes. Le 8 avril 1904, l'alliance se renforça du rapprochement franco-britannique, l'Entente cordiale, qui élimina les différends entre les deux pays et ouvrit la voie à des rapprochements ultérieurs, notamment militaires. Le 31 août 1907, la Triple-Entente fut entérinée par un accord anglo-russe qui mettait fin aux rivalités entre les deux pays

Emprunt russe.

Otto von Bismarck (1815-1898).

en Asie. Mais les engagements entre la France, la Russie et l'Angleterre différaient, et l'Allemagne pouvait espérer manœuvrer. Elle échoua cependant. Björko resta sans suite, la mission de lord Haldane en février-mars 1912 n'aboutit pas : l'Angleterre ne put s'engager à la neutralité en cas de conflit armé en échange d'un ralentissement du programme naval allemand. Les systèmes d'alliances semblaient renforcés en 1914. Mais l'Italie resta neutre et, jusqu'au bout, la France craignit que l'Angleterre ne s'engageât pas. En 1914, il n'y avait pas de guerre en vue à cause des alliances européennes. La Grande Guerre serait-elle due au hasard ?

Les mécanismes de la guerre en 1914

Trois facteurs jouèrent en 1914 pour conduire à l'acceptation de la guerre. Ce furent l'aggravation des tensions militaires engendrant le lent déplacement de la balance des forces, l'absence de forces capables de s'opposer au conflit et la croyance à une guerre courte.

L'aggravation des tensions militaires et le lent déplacement de la balance des forces

La rivalité navale anglo-allemande amena progressivement l'Angleterre à se rapprocher militairement de la France. Depuis 1897, l'amiral Tirpitz soutenu par Guillaume II développait une puissante flotte allemande (lois de 1898, de 1900, de 1906 et de 1908) qui, en 1912, atteignait les deux tiers de la flotte anglaise. Afin de garder une marge de sécurité, l'Angleterre avait besoin de la flotte française. Dès 1906, Londres s'engagea dans un lent rapprochement militaire avec Paris. Les deux pays prévirent une collaboration militaire éventuelle. En mars 1911, le War Office envisageait l'envoi de six divisions en France en cas de guerre. En novembre 1912, les deux gouvernements acceptèrent

Mobilisation en Allemagne.

les projets des états-majors. En janvier-février 1913, trois conventions navales furent signées (la Grande Flotte anglaise se concentrerait en mer du Nord, la mer de la décision, et la flotte française contrôlerait la Méditerranée occidentale). La recherche d'une sécurité maritime assurée en commun n'impliquait pas l'engagement formel de Londres d'intervenir dans un conflit, mais elle constituait une contrainte nouvelle sur la décision finale anglaise. En mars 1913, un accord militaire terrestre s'ajouta à ces conventions. Un corps expéditionnaire anglais de six divisions d'infanterie et une division de cavalerie serait envoyé en France dans les seize jours suivant la déclaration de guerre et participerait à une action commune sous la direction du général Joffre. C'était une nouvelle contrainte appelée à peser sur les décisions suprêmes de Londres, d'autant plus que nous savons maintenant qu'en 1912 Londres avait refusé catégoriquement le projet stratégique de

Joffre de pénétrer le premier en Belgique, ce qui l'avait conduit au plan XVII qui échoua dramatiquement.

Parallèlement, les obligations militaires franco-russes furent précisées par les accords Joffre-Jilinsky du 13 juillet 1912. L'état-major français cherchait, depuis la convention militaire de 1893, à pallier la lenteur de la mobilisation russe. Joffre finit par obtenir l'entrée en action de l'armée russe dès le quinzième jour et réussit même à faire prendre à la Russie l'orientation stratégique d'une attaque en Prusse-Orientale, plus susceptible de soulager le front français qu'une offensive contre l'Autriche. À la veille de la crise de 1914, les accords militaires étaient devenus plus précis, plus étroits, plus impératifs. Les états-majors se sen-

Gare de l'Est à Paris : deuxième jour de mobilisation.

taient mieux assurés pour prendre position en cas de crise internationale grave. Lors de la crise d'Agadir, Joffre avait donné un avis négatif à Caillaux sur les chances de gagner la guerre. En 1914, il en acceptait le risque. Il en fut de même en Allemagne où l'on constatait que la balance des forces devenait favorable à la Triple-Entente : l'armée russe était largement reconstituée, les séquelles de la défaite face au Japon avaient pratiquement disparu et la loi de Trois ans adoptée par la France permettait de combler une grande partie de l'infériorité numérique de l'armée française face à l'armée allemande. La marge de la supériorité allemande s'amenuisait. Désormais, tout ce qui pouvait affaiblir l'Autriche menaçait l'équilibre des forces. Or, les guerres balkaniques de 1912-1913 aboutirent à renforcer la Serbie. Cette situation générale explique la gravité de l'attentat de Sarajevo. Des forces de paix puissantes auraient peut-être pu freiner la marche à la guerre, mais elles s'évanouissaient.

Les forces de paix inefficaces

Des espoirs de paix étaient apparus avec la montée en puissance des partis socialistes qui étaient hostiles à la guerre. À la veille de 1914, les socialistes obtenaient 20 % des suffrages en France et le tiers en Allemagne. Pourquoi ne firent-ils pas sentir leur action en 1914 ? Parmi les raisons complexes pouvant expliquer leur inefficacité, trois dominent. Les socialistes ne purent jamais aboutir à un accord précis sur les moyens de préserver la paix (au congrès de Stuttgart de 1907, ils décidèrent à l'unanimité que chaque parti agirait au mieux dans son contexte national). Ils firent une analyse insuffisante de la situation (les guerres ne pouvaient sortir que des rivalités économiques) et surestimèrent leurs forces alors qu'ils sous-estimaient leurs divisions

Hommage rendu au leader socialiste Jean Jaurès, assassiné le 31 juillet 1914 à Paris.

et le poids du fait national. Sauf quelques rares exceptions individuelles, les socialistes se rallièrent aux décisions gouvernementales. Enfin, la croyance à la guerre courte acheva de lever les dernières hésitations.

La guerre courte

En effet, on pensait alors que la mobilisation générale paralyserait l'économie, que les stocks de matériels et de munitions seraient rapidement épuisés, que les pertes très élevées deviendraient vite insupportables. De leur côté, les états-majors avaient été persuadés que les premiers combats seraient décisifs et le sort de la guerre tranché dès les premières semaines. Le plan Schlieffen et le plan XVII traduisaient cette vision. La Grande

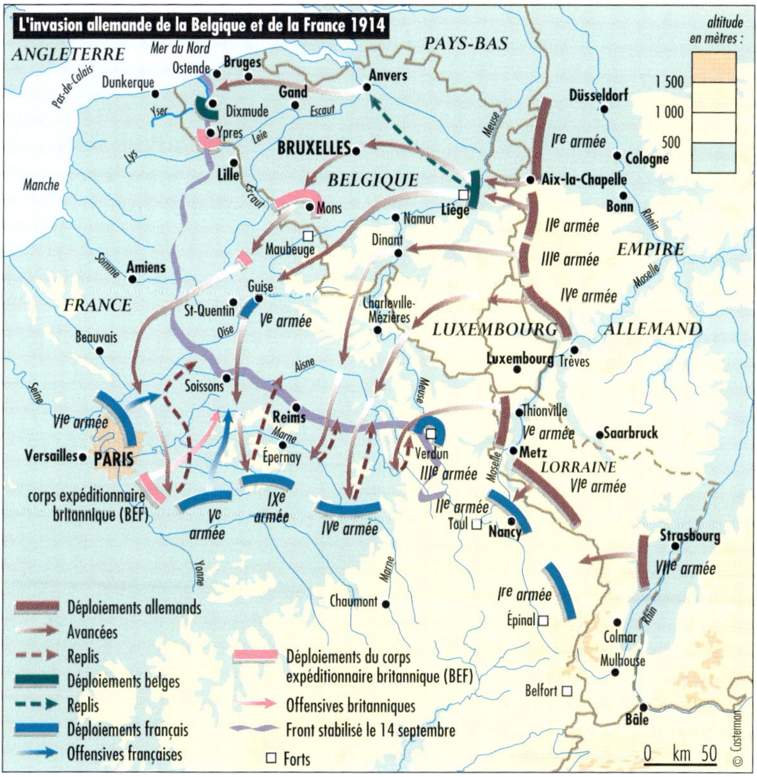

Guerre démentit constamment ces prévisions. L'année 1914 vit l'effondrement de l'illusion d'une guerre courte fondée sur les plans des états-majors français et allemands. En quatre jours, du 19 au 23 août, les espoirs mis dans le plan XVII (voir encadré p. 74) s'évanouirent et, si le plan Schlieffen (voir encadré p. 72) permit dans un premier temps une invasion foudroyante (le 18 août, l'aile droite allemande dépasse Liège ; le 4 septembre, elle est en vue de Paris. Dix-sept jours ont suffi. En 1940, entre le 10 mai et le 14 juin, trente-cinq jours s'écouleront), il échoua à son tour en une semaine lors de la bataille de la Marne, du 6 au 13 septembre. Aussitôt, les deux armées française et allemande ainsi que les forces anglaises et belges s'enterrèrent. Moins de deux mois après le début de la guerre, le mouvement disparut du front ouest. Les manœuvres de débordement par les ailes, appelées "course à la mer", représentèrent les ultimes efforts vainement tentés contre l'immobilisation du front. Comment cela fut-il possible ?

Le général Joffre avait concentré ses armées vers l'est et le nord-est, et la Ve armée située à la gauche de son dispositif faisait seule face à une éventuelle invasion allemande limitée à la zone orientale de la Belgique. Il avait sous-estimé la puissance de l'aile droite allemande. De ce fait existait au nord de Thionville un important déséquilibre des forces en présence. Les Allemands ayant mis en lignes leurs divisions de réserve (le corps de cavalerie

Sordet avait fourni un renseignement important : au moins 23 C.A. allemands auraient pénétré en Belgique), 32 divisions françaises se trouvaient en face de 52 divisions allemandes. Joffre avait cependant maintenu l'exécution de son plan, l'invasion de la Belgique devant contribuer à affaiblir les forces allemandes de Lorraine et faciliter la réussite des offensives françaises. Le 19 août, la IIe armée du général de Castelnau se lançait dans la première offensive. Arrêtée et contre-attaquée dans la région de Morhange, elle dut reculer vers le Grand Couronné de Nancy. Le 22 août, la IVe armée du général de Langle de Cary échoua à son tour dans son offensive ardennaise qui devait séparer en deux les armées allemandes et déboucher sur une victoire rapide. Ces échecs avaient provoqué des paniques et un recul sensible. Mais le rétablissement sur le Grand Couronné et la Meuse fut rapide. Il y eut recul mais non déroute. Cet échec fut cependant lourd de

Le front oriental (1914-1917)

conséquences. En effet, l'offensive allemande put se développer largement, d'autant plus que, le 25 août, la bataille de Charleroi était perdue (au cours de cette bataille, le rôle capital des forces placées sous le commandement du colonel Pétain valut à ce dernier les étoiles de général). Mais le coup d'œil de Lanrezac avait sauvé la Ve armée de l'enveloppement. À son tour, le plan allemand échoua. Von Moltke avait affaibli l'aile marchante allemande et ramené le rapport des forces entre elle et les armées de défensive de 7 à 1 voulu par Schlieffen à 3 à 1. Il dut l'affaiblir encore par l'envoi de renforts en Prusse-Orientale menacée d'invasion par les armées russes. Celles-ci furent finalement battues à Tannenberg (26-31 août) et aux lacs Mazures (7-9 septembre). Par ailleurs, l'importance du recul français étira les lignes de communication dont la protection exigeait de nombreuses troupes. Le résultat fut que Joffre réussit, en faisant glisser vers l'ouest des renforts venus de l'est, à renverser la balance des forces à son aile gauche.

Il restait à engager la bataille décisive. Le général Gallieni qui croyait à l'observation aérienne avait vu l'armée de von Kluck s'infléchir vers le sud-est en négligeant Paris. Le 5 septembre, il lançait une contre-offensive dans le flanc de la I[e] armée allemande et il l'orientait au nord de la Marne. Il déterminait ainsi le moment et le lieu de la reprise de l'offensive que Joffre, naturellement, avait seul le pouvoir de rendre générale. Ce que celui-ci décida pour le 6 et non pour le 7, comme envisagé. Gallieni engagea dans les meilleures conditions la bataille dont dépendait le salut du pays. Il avait repris en main son armée – il n'avait pas hésité à limoger 9 généraux de C A. sur 22, 39 généraux de D.I. sur 72, 3 généraux de D.C. et 155 de brigade – et il avait réussi à entraîner le maréchal French dans sa contre-offensive. Il est le vainqueur de la Marne : “Je ne sais pas qui l'a gagnée, disait-il, mais je sais bien qui l'aurait perdue.”

Cette bataille était double : offensive et française à l'ouest du front, offensive et allemande au centre – où von Moltke voulait percer – et à l'est où Verdun était le pivot. C'était une bataille de “course contre la montre” : les Français allaient-ils enfoncer l'aile droite allemande avant que ne cédât leur centre soutenu par l'énergie de Foch ? C'était une bataille d'épuisement : les troupes étaient harassées et les munitions commençaient à manquer. C'était une bataille de commandement : Joffre tenait ses hommes alors que von Moltke était souvent placé devant les initiatives mal coordonnées de ses commandants d'armée. Mais avant tout, la Marne fut une bataille décisive qui permit à la France et à ses alliés de continuer la guerre. Comme Joffre l'écrivait le 5 septembre à Millerand, une défaite aurait eu “pour le pays les conséquences les plus graves” au moment où, de surcroît, les Russes étaient battus.

Cette grande victoire restait cependant limitée : “Bataille gagnée, victoire perdue”. Les Allemands restaient sur l'Aisne et occupaient une large fraction du territoire français comprenant d'importantes régions agricoles et industrielles. La Belgique, gage essentiel, demeurait entre leurs mains. La partie n'était pas nulle car la carte de guerre leur était favorable. Le fait que le grand mouvement allemand vers Paris ne fut suivi d'aucun grand mouvement vers Berlin entraîna l'apparition et le développement des tranchées. La Grande Guerre prit d'emblée un de ses caractères essentiels. Elle se présentait comme un retour aux guerres de siège, mais étendues cette fois aux nations.

Cependant, le mouvement demeurait possible dans une zone qui s'étendait de l'Oise à la mer. “La course à la mer” fut marquée par les deux batailles de la Somme et d'Arras (20 septembre-7 octobre) qui débouchèrent de la même façon sur la stabilisation du front. Lorsque Falkenhayn, qui remplaça von Moltke à la tête de l'armée allemande, tenta de s'emparer de Calais, principale base britannique, et de séparer les Belges des Français et des Anglais, il échoua. Les Belges évacuèrent Anvers (7-9 octobre), et les Alliés arrêtèrent les forces allemandes au cours de deux batailles d'une extrême âpreté – l'Yser du 18 au 26 octobre et Ypres du 27 octobre au 4 novembre. De la mer du Nord à la frontière suisse, le front s'immobilisait et se fortifiait. C'en était fini, la guerre devenait une guerre de siège et, jusqu'au 21 mars 1918, si l'on excepte le “repli Alberich”, le front ne bougea

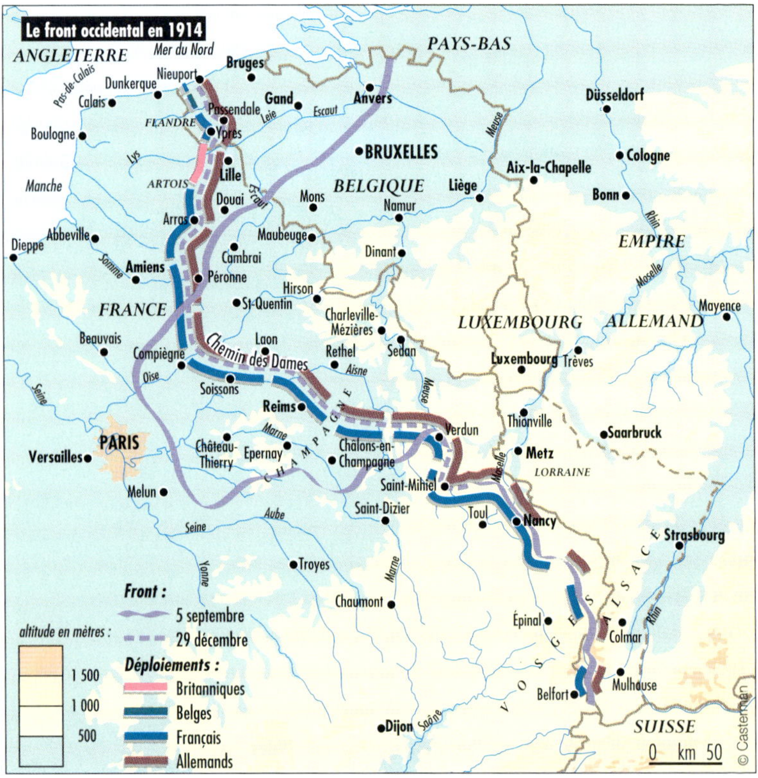

À bord d'un avion d'observation sur le front de Champagne en 1917.

pratiquement plus. En dépit des pertes énormes (seule l'année 1915 compta plus de pertes que ces cinq mois de 1914), aucune décision n'était apparue à l'ouest. Ni à l'est. On s'orientait vers une guerre longue.

Dans cette perspective, la France et la Grande-Bretagne avaient l'avantage d'avoir conservé la maîtrise de la mer. Les croiseurs allemands *Goeben* et *Breslau* avaient été contraints de se réfugier en Turquie, et la flotte de l'amiral von Spee, menaçante après sa victoire du Coronel (1er novembre), avait été détruite aux Falkland le 8 décembre. Cette maîtrise ouvrait la voie à la conquête des colonies allemandes. Mais l'entrée en guerre de la Turquie, que ne compensait pas celle du Japon aux côtés des Alliés, créa de nouveaux fronts pour l'armée russe et des menaces au Moyen-Orient pour les Britanniques. Certes, la Russie disposait d'un potentiel humain considérable, mais elle n'avait pas les moyens de doter ses armées de l'équipement et de l'artillerie nécessaires. En fin de compte, la Marne avait sauvé la France d'un désastre pire que Sedan et elle permettait aux Alliés de mettre en

Le croiseur allemand Breslau *dans le port d'Istanbul, en août 1914.*

œuvre leur potentiel humain, économique et impérial. La supériorité militaire momentanée et relative des empires centraux pouvait-elle durer encore longtemps ? En attendant une modification des rapports de forces, les empires centraux gardaient une liberté d'action qui mettra souvent leurs adversaires en fâcheuse posture jusqu'au 21 mars 1918.

La recherche du mouvement et l'adaptation à la guerre longue jusqu'en mars 1918

Le passage d'une guerre courte de mouvement à une guerre longue de position est un fait d'une exceptionnelle importance. Il marqua profondément la psychologie collective – la Grande Guerre, les tranchées – et eut des conséquences sur la tactique et la stratégie. Les peuples furent mis à l'épreuve dans leur profondeur et dans leur capacité de résistance aux sacrifices, aux deuils et aux restrictions. Ce changement mit aussi en cause la capacité des États à faire face à des problèmes inattendus et à s'adapter aux exigences économiques, financières, industrielles et monétaires du conflit. L'adaptation à la guerre longue engendra progressivement des solutions nouvelles dans tous les domaines et dans tous les pays. La France en fut un bon exemple. Dès la fin de 1914, la recherche du mouvement caractérisa le conflit. Comment percer les fronts continus ? Comment exploiter les éventuelles percées ? Comment sortir d'une gigantesque guerre de siège ?

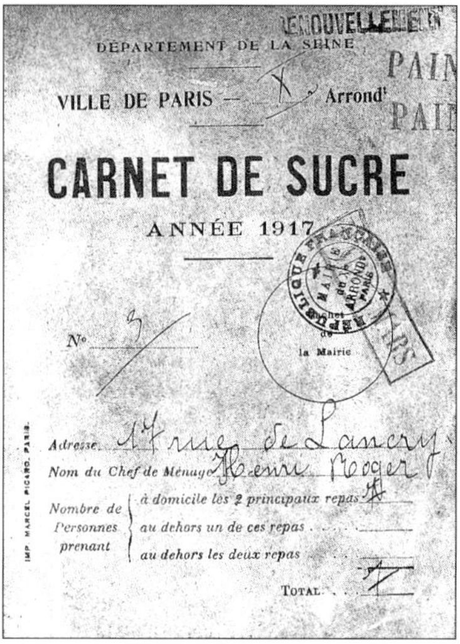
DÉPARTEMENT DE LA SEINE
VILLE DE PARIS — X Arrond^t
CARNET DE SUCRE
ANNÉE 1917
N° 3
Cachet de la Mairie
Adresse 17 rue de Lancry
Nom du Chef de Ménage Henri Roger
Nombre de Personnes prenant
à domicile les 2 principaux repas 4
au dehors un de ces repas
au dehors les deux repas
TOTAL 4
IMP. MARCEL PICARD. PARIS.

Carnet de sucre, 1917.

Il est vrai que le mouvement n'avait pas totalement disparu sur l'ensemble des fronts. Ainsi, sur le front oriental qui demeurait mouvant, l'armée allemande réalisa de spectaculaires victoires en 1915 et rompit le front italien avec la percée de Caporetto en 1917. Mais, dans les deux cas, les victoires allemandes ne furent pas décisives. Les Alliés tentèrent, par l'expédition des Dardanelles et ensuite par le front de Salonique, une stratégie d'approche indirecte mais, d'une part l'échec des Dardanelles et d'autre part l'immobilisation du front est n'entraînèrent pas davantage la décision avant 1918. L'extension de la guerre à l'Italie et à la Bulgarie en 1915, puis à la Roumanie en 1916 ne modifia pas sensiblement l'équilibre des forces. Ce furent l'effondrement du régime tsariste et la volonté de paix du gouvernement soviétique qui mirent fin aux combats à l'est, tandis que l'entrée en guerre des États-Unis en avril 1917 laissa espérer le rétablissement de l'équilibre des forces qui avait été rompu en Europe.

En revanche, à l'ouest, le front de la décision, les efforts des adversaires pour ouvrir le front se soldèrent par des échecs. En 1915, les résultats territoriaux des offensives de l'Artois et de la Champagne furent trop faibles. En 1916, les "enfers" de Verdun et de la Somme n'obtinrent pas davantage les résultats escomptés et, en 1917, l'offensive du 16 avril fut un grave échec par rapport aux objectifs.

Cependant, le mouvement revint, à petits pas et à petit bruit, grâce à l'évolution des engins de guerre et à l'appari-

Durant le terrible hiver 1917, ces Parisiens font la queue devant l'Opéra pour toucher leur ration de charbon.

tion de nouvelles tactiques. C'est le moteur qui ressuscita le mouvement. Les camions de la Voie sacrée permirent la résistance victorieuse des soldats héroïques, les avions se livrèrent de plus en plus de batailles aériennes pour la maîtrise de l'air, ce qui facilita le renseignement, le réglage de l'artillerie et la démoralisation de l'adversaire. "L'action du canon sera prolongée par toute l'aviation disponible : à coups de bombes et de mitrailleuses, nos avions s'acharneront de jour et de nuit sur les colonnes en marche, les convois, les bivouacs et les parcs. Les commandants des groupes d'armées assureront les concentrations de moyens aéronautiques nécessaires pour exercer une puissante action de démoralisation sur les troupes destinées à mener et à alimenter l'attaque." (Pétain dans une note datée du 15 février 1918). Comme il l'avait écrit à Pershing en décembre 1917, le général Pétain estimait que "l'aviation pourrait être l'arme de la décision". Il y eut enfin les premiers tanks, "l'artillerie d'assaut", qui s'imposèrent lors de la bataille de la Malmaison, puis à Cambrai avec les Britanniques. Les chars, quelles qu'aient été leurs faiblesses et leurs limites, représentaient le retour du mouvement dans la guerre des tranchées. Le 20 juin 1917, le général Pétain demandait au gouvernement que 3 500 chars fussent fabriqués pour avril 1918. Leur avenir était désormais assuré, d'autant plus que la coopération char-avion avait été envisagée et organisée par Pétain et le général Estienne. Enfin, de nouveaux procédés tactiques d'offensive à la Malmaison par Pétain, à Riga par les Allemands (von Hutier) et à Cambrai permirent de progresser, de percer à moindres pertes et, le cas échéant, d'exploiter les résultats de l'attaque. Ce sera aussi l'objet de la Directive offensive de juillet 1918 du général Pétain. Mais la

Campement d'une colonne autrichienne dans les Carpates, en 1915.

guerre de mouvement de 1918 ne durera pas assez longtemps : ses leçons seront oubliées par les politiques soucieux de désarmement et englués dans les difficultés financières.

Ainsi, entre le début de 1915 et mars 1918, quatre faits dominèrent la guerre : les fronts continus et leurs problèmes, les tentatives de percée de 1915, les batailles d'usure de 1916 et les innovations de 1917 après l'échec du 16 avril.

L'année 1915

Après la stabilisation du front occidental, l'année 1915 fut marquée par les efforts du général Joffre pour percer le front allemand et retrouver les conditions de la guerre de mouvement. Joffre estimait qu'à la guerre l'inaction est infamante. De plus, tout le poussait à attaquer même si ses moyens étaient insuffisants. Son objectif stratégique étant la libération du territoire français, toute avance répondait à cette exigence suprême. La guerre qu'il menait était une guerre de coalition. Il fallait aider les Alliés et garder la direction générale de l'Entente en emportant des victoires. Or, en 1915, outre les attaques pour reconquérir pied à pied le territoire, Joffre devait soutenir l'entrée en action de l'armée italienne et soulager l'armée russe écrasée par les offensives allemandes. L'hiver fut décevant. En effet, la première offensive d'Artois conduite par Foch ne donna que des résultats insignifiants, tandis que les attaques sans cesse renouvelées dans l'Argonne, dans la Woëvre et dans les Vosges ne faisaient qu'accumuler les pertes.

La première bataille de Champagne du 16 février au 18 mars ne prit que quelques tranchées malgré "le martyre de

Un mortier de 210 en action sur le front italien en 1916.

l'infanterie". Partout firent défaut les moyens nécessaires en artillerie et en munitions. Joffre abandonna "le grignotage" et concentra ses moyens pour réussir la "percée" qui devait permettre de retrouver le terrain libre et de manœuvrer. L'offensive lancée à partir du 9 mai en Artois n'obtint que des résultats limités, une avance de 3 km. Cependant à Ablain-Saint-Nazzaire et à Carency, le 33e C.A. du général Pétain réussit un moment à percer. Dans *Les chênes qu'on abat,* De Gaulle avait dit à Malraux que, dans un destin, il y a un moment où tout commence. Pour Napoléon, ce fut Lodi. Pour le colonel de 1914 devenu général de corps d'armée, le destin militaire commença à Ablain Carency. Pétain fut nommé commandant de la IIe armée. Les espoirs de Joffre étaient déçus tandis que la défaite russe (le 2 mai, l'attaque allemande entre la Vistule et les Carpates avait enfoncé le front russe dans la région de Gorlice) et le piétinement de l'armée italienne après l'entrée en guerre du 26 mai lui posaient de délicats problèmes. Il lui fallait soulager l'armée russe dont la défaite allait grandissant. Fin septembre, l'armée russe comptait 150 000 tués, près de 700 000 blessés et 900 000 prisonniers, soit près de la moitié de ses effectifs combattants. Les Allemands avaient conquis la Pologne et la Galicie.

Le 25 septembre, Joffre lançait l'offensive de Champagne avec deux armées, celles de Langle de Cary et de Pétain. Une fois encore, l'armée de Pétain réussit à enlever la première position allemande, puis la seconde sur une douzaine de kilomètres le 26 septembre, mais la IVe armée, après avoir emporté la butte de Souain, dut s'arrêter épuisée. Les Allemands se reprirent et, le 29 septembre, l'offensive fut arrêtée. Les tentatives de percée échouaient. Le bilan de 1915 était décevant : les faibles résultats obtenus ne correspondaient pas aux pertes (l'année la plus sanglante de la guerre pour la France a été 1915, suivie de 1914, 1916, 1918 et 1917). Quelle forme de guerre adopter alors ? Il fallait manifestement renoncer à la percée et s'orienter soit vers une longue bataille martelant le front adverse jusqu'à ce qu'il cédât, soit vers la recherche d'espaces libres. Le repli à Salonique après l'échec de Gallipoli semblait condamner cette seconde solution. En 1916, ce furent les batailles d'usure qui l'emportèrent : Verdun et la Somme. Une troisième solution avait été proposée par le général Pétain : lancer des attaques ne visant "qu'à la conquête d'objectifs limités en profondeur, leur conquête étant due au canon et aux engins appelés à jouer le rôle principal, et non aux fantassins", le résultat étant d'exercer économiquement une pression sur tout le front.

Le chancelier Bethmann Hollweg (à gauche) à la sortie du Reichstag, le 9 novembre 1916.

L'année 1916

Ce fut l'année des "enfers" de Verdun et de la Somme. Ces batailles retinrent l'attention des contemporains et laissèrent des traces indélébiles et profondes dans la psychologie collective, Verdun surtout qui fut essentiellement française alors que la Somme fut une bataille interalliée. Mais la mer qui, dès 1915, avait fait sentir son poids dans le conflit, vit se dérouler une grande bataille navale dont l'issue fut capitale pour les belligérants.

Le choc de la Grande Flotte britannique et de la Flotte de Haute Mer allemande au cours de la bataille du Jutland (31 mai-1er juin) confirma la suprématie anglaise, mais au prix de pertes plus lourdes que celles subies par la flotte allemande. Celle-ci se borna à cette sortie et se claquemura ensuite dans ses ports. Si le redressement relatif de l'armée russe (l'offensive Broussilov) contraignit les Autrichiens à accepter le commandement unique d'Hindenburg, l'armée russe resta cependant au second plan. D'août à novembre, les 6e, 7e, 8e et 9e batailles de l'Isonzo sur le front italien réalisèrent une lente progression dans une région au relief difficile mais, en décembre, des contre-attaques autrichiennes marquèrent des points. L'entrée en guerre de la Roumanie déçut également. Le 6 décembre, les Allemands pénétrèrent dans

Félix Vallotton, Verdun, 1917, *musée de l'Armée, Paris.*

Bucarest et les armées roumaines défaites durent s'appuyer sur les Russes pour constituer un nouveau front. Guillaume II utilisa ce grand succès pour lancer en décembre un appel pour la paix que les Alliés repoussèrent. Et lorsque le président Wilson, réélu le 7 novembre, demanda le 18 décembre leurs buts de guerre aux belligérants, les réponses alliée et allemande montrent combien les points de vue étaient peu conciliables.

Toutefois, il faut constater que l'année 1916 fut, dans l'ensemble, plus favorable aux Alliés. La bataille de Verdun remportée au prix de lourds sacrifices – si le glas sonnait une minute pour chacun des Français morts, il retentirait jour et nuit pendant environ 4 mois – s'acheva par une victoire. De son côté, la bataille de la Somme lancée le 1er juillet avant l'ultime assaut allemand contre Verdun, fut la première bataille franco-britannique importante. Menée au nord et au sud de la Somme, cette bataille n'avait cependant pu être dotée de tous les moyens prévus en raison de celle de Verdun. La participation française fut réduite de 40 à 24 divisions, et les forces engagées n'atteignirent que 40 divisions au lieu de 70. Le front d'attaque fut réduit de 70 à 40 km. La bataille montée en puissance et en durée fut "lourde" : la surprise causée par l'avance plus rapide au sud qu'au nord, où l'essentiel était attendu, ne put être rapidement exploitée, et la puissance de la résistance allemande fondée sur sa mobilité freina la progression. Mais la durée et l'intensité de cette attaque avaient entraîné une évidente usure de l'armée allemande et un choc psychologique certain. Malheureusement, les pertes alliées paraissaient lourdes pour les résultats territoriaux obtenus : 200 000 Français et 400 000 Anglais. L'offensive avait manqué d'artillerie : le 24 mai 1916, Foch estimait que l'artillerie lourde courte réglait "la mesure de toute attaque" et jugeait que huit pièces au kilomètre étaient suffisantes. À Verdun, en août 1917, trente-quatre pièces couvriront un kilomètre.

Le général Joffre pensait que l'armée allemande avait beaucoup souffert et que, en 1917, il fallait profiter des infrastructures créées pour reprendre l'offensive sur le même front, dès le mois de février. Mais la faiblesse des résultats apparents obtenus provoqua la mise à l'écart de Foch puis celle de Joffre, au profit du général Nivelle qui venait de réussir deux contre-attaques à Verdun. Le 15 décembre, Joffre, vainqueur de la Marne, s'en allait sous les fleurs du maréchalat. L'épuisement des belligérants à la fin de 1916 était évident. En Angleterre, le 13 novembre, lord Lansdowne avait exprimé, dans un mémorandum, ses doutes quant à la possibilité d'une victoire décisive et avait suggéré l'idée d'une paix négociée. Après la mort de François-Joseph, le 21 novembre, Charles Ier s'était engagé dans des négociations secrètes. Mais cet épuisement n'était pas encore tel qu'il imposât une paix prochaine. Il expliquait par contre la recherche d'une victoire rapide, que ce soit par la guerre sous-marine en Allemagne ou par l'offensive Nivelle en France. Comme l'a écrit Pierre Renouvin : "Après deux ans et demi de guerre, au moment où la lassitude commence, l'imagination exerce sa séduction."

L'année 1917

La première année du XXe siècle. Ce fut une année troublée et une "année trouble", comme la qualifiait Poincaré. L'année 1917 fut en effet troublée par différents événements comme la guerre sous-marine à outrance, la première révolution russe, l'entrée en guerre des États-Unis qui annonçait leur rôle grandissant dans les affaires du monde et de l'Europe, l'effondrement des espoirs d'une victoire rapide avec l'échec du 16 avril et la disparition de l'armée russe avec la seconde révolution russe qui marquait le point de départ d'un effort menaçant d'expansion idéologique. La multiplication des sondages de paix et des négociations secrètes – qui laissaient apparaître des divergences au sein de la coalition alliée et qui annonçaient, d'une part, les difficultés d'établissement de la paix et, d'autre part, les intrigues intérieures et les luttes politiques qui renaissaient ainsi que les troubles du printemps – interférait, donnant toute sa complexité à l'année 1917 qui fut lourde de conséquences.

Le véritable commencement d'une profonde transformation dans le domaine militaire apparut parallèlement. En créant les conditions d'un retour à une guerre de mouvement, l'avion, le char, le sous-marin apparaissaient déjà largement comme les armes de l'avenir. Les changements dans la balance des forces (l'effacement de l'armée russe n'était pas encore compensé

Révolution d'octobre 1917 à Petrograd (aujourd'hui Saint-Pétersbourg). Photo extraite du film Octobre *réalisé en 1927 par Eisenstein.*

par l'entrée en guerre des États-Unis et, après Caporetto, le soutien à l'armée italienne était indispensable pour éviter le risque d'une défection de l'Italie) placèrent l'armée française au cœur du conflit en 1917. Si l'armée britannique avait grandi, l'armée française restait toutefois la principale force de la coalition. Or, elle s'affaiblissait et dut dissoudre des divisions en raison de la crise des effectifs. En 1918, l'armée française ne constituera plus que 37 % des forces alliées. Cette situation d'ensemble donne toute leur importance aux trois phases de cette année décisive pour la France et ses alliés : la phase des illusions, la phase des crises (avril-juin) et la phase du redressement militaire qui sauve la victoire.

La phase des illusions

Après la recherche officielle de la paix qui n'avait pas abouti (Guillaume II et Wilson), les négociations secrètes ne réussirent pas davantage (voir encadré p. 77). La recherche de la victoire terrestre rapide par l'offensive du général Nivelle se solda à son tour par un échec. Le printemps de 1917 était sombre. Nivelle avait proposé de finir la guerre des tranchées d'un seul coup par une bataille à visées décisives. Il s'était refusé à recommencer une bataille de la Somme et voulait une large rupture du front qui aurait permis une exploitation latérale en même temps qu'une poussée irrésistible au centre de la zone de rupture. Cette offensive en éventail aurait permis la reprise de la guerre de mouvement. Nivelle se portait garant du succès. Le 15 janvier 1917, il déclarait à la conférence interalliée de Londres : "Nous romprons le front allemand quand nous voudrons à condition de ne pas nous attaquer au point le plus fort et de faire l'opération par surprise en 24 ou 48 heures. Cela fait, le terrain sera libre pour aller où l'on voudra, à la côte belge comme à la capitale, sur la Meuse et sur le Rhin. Il y aura alors une splendide moisson de gloire pour les armées britannique et française." Le 26 février, Nivelle recevait la direction stratégique du front occidental. Le 4 avril, une directive confirmait que l'objectif de l'offensive restait "… la destruction de la masse principale des forces ennemies sur le front occidental". Où remporter cette victoire décisive ? Sur le front de l'Aisne. Or, ce front était puissamment fortifié et son relief accidenté. L'attaque aurait donc lieu de fort à fort, contrairement aux affirmations du 15 janvier. C'était le groupe d'armées, le G.A.R., placé sous le commandement du général Micheler et fort de trois armées – les Ve, VIe et X^{e} – qui devrait réaliser la rupture et mener l'exploitation. Mais, à partir des 24-25 février, les Allemands opéraient le "repli Alberich" d'Arras à Soissons qui surprit le G.Q.G.

Affiche américaine pour l'entrée en guerre des États-Unis, en 1917.

Une partie de l'offensive tombait dans le vide. Or, dans la zone évacuée par les Allemands et largement détruite, les armées française et britannique ne pouvaient avancer que lentement. Après deux ans et demi de guerre de tranchées, les troupes manifestaient une certaine inaptitude à une progression rapide, compte tenu naturellement de la prudence nécessaire pour se garantir des mines et des pièges. Le général Nivelle n'en maintint pas moins son offensive avec quelques adaptations de détail. Alors que la première révolution russe diminuait la pression exercée à l'Est sur l'armée allemande, ce qui ne facilitait guère l'offensive de Nivelle, l'entrée en guerre des États-Unis à quelques jours du début de la bataille décisive n'influença pas les opérations (cette intervention provoqua même quelques inquiétudes parmi les combattants : si les États-Unis intervenaient, cela voulait dire que la guerre allait durer car il faudrait du temps pour que armée et matériel arrivassent).

Pourquoi dès lors Nivelle s'obstina-t-il ? Il semble que trois raisons générales et une raison personnelle aient joué en faveur du maintien de l'offensive du 16 avril 1917. Il fallait vaincre avant que la guerre sous-marine menaçante n'étranglât les Alliés (voir encadré p. 87) et profiter de leur supériorité momentanée à l'Ouest tout en espérant qu'une victoire provoquerait un sursaut en Russie. Et puis, le général Nivelle était certain de la réussite de son plan. Mais des inquiétudes se firent jour y compris parmi les exécutants. Le gouvernement dans lequel Painlevé avait remplacé Lyautey à la Guerre le 15 mars décida d'intervenir. Le 6 avril, le Conseil de Compiègne admit la nécessité de l'offensive après une séance qui montrait la dégradation de la position du général en chef. Seule la victoire aurait pu la rétablir.

Les offensives préalables des Anglais le 9 avril et de la IIIe armée le 13 avril n'avaient obtenu que des avances locales. Le 16 avril, la grande offensive qui aurait dû atteindre notamment la plaine de Laon dans les vingt-quatre heures piétinait, l'armée Mangin n'avait progressé que de 4 à 7 kilomètres, la Ve armée de 4. Cet échec fut durement ressenti. Quel espoir restait-il d'effectuer une percée alors que Nivelle et Mangin se trouvaient au commandement sans y parvenir ? Le gouvernement voulut sauver la face. Il fit comme le gouvernement allemand après la Marne et ne releva pas immédiatement Nivelle de son commandement. Ç'aurait été avouer l'effondrement des espoirs. Le gouvernement créa un chef d'état-major général et confia le poste au général Pétain. Une reprise partielle des attaques début mai ne donna pas de résultats plus nets. Le décor nivellien s'effondrait et la victoire rapide s'évanouissait. La crise commençait.

La phase de la crise

La crise fut majeure et multiforme : morale, tactique, stratégique. Elle fut par ailleurs aggravée par les menaces de la guerre sous-marine, l'évanouissement du front russe et la baisse de prestige du Haut Commandement. L'armée française, qui – suivant la formule du contrôle postal – venait de livrer "la partie des armes avant d'avouer sa lassitude", fut secouée par une crise d'indiscipline sous forme d'actes collectifs baptisés mutineries. Cette crise aurait pu devenir irréversible si les mesures prises par le nouveau commandant en chef, le général Pétain, n'avaient permis de l'arrêter rapidement (lors de l'enquête faite par la commission Brugère, cette raison avait été avancée par le général Pétain) en adoptant en particulier une autre tactique. Les poilus acceptaient la mort, mais non la mort inutile au cours d'offensives qui n'aboutissaient jamais qu'à des résultats disproportionnés avec les pertes subies. Par la Directive n° 1, le général Pétain renonçait aux offensives inutiles au profit d'attaques à objectifs limités appuyées sur de puissantes concentrations d'artillerie, de chars et d'avions. À Verdun en août et surtout à La Malmaison en octobre, sa méthode fut couronnée de succès. Il faut rappeler qu'il avait auparavant réussi toutes ses offensives. Au Chemin des Dames, principale zone des mutineries, là où Nivelle et Mangin avaient échoué, Pétain avait triomphé au prix de très faibles pertes. L'armée française retrouvait la discipline et la victoire.

Le redressement était spectaculaire, mais l'échec de Nivelle et les maladresses du gouvernement français avaient incité les Britanniques à demander la conduite stratégique de la guerre. Allait-on vers une crise de renoncement ? Le général Pétain écarta cette menace. Il modifia l'axe stratégique français de la guerre en s'orientant vers la Lorraine et surtout l'Alsace où il voulait obtenir la décision de la guerre en 1918. Pour cela, il conclut avec les Américains l'accord du 11 octobre : l'armée des États-Unis entrerait en ligne en Lorraine, au centre du front français. L'armée française regroupée en deux grandes masses ayant ainsi retrouvé sa puissance offensive aurait été à même de porter aux Allemands le coup final, ce qui aurait facilité la défense des intérêts français lors des discussions de paix. Pour assurer le succès de ce plan, Pétain demanda en octobre le commandement en chef des armées alliées. Il aurait pu réussir, les Anglais étant épuisés et les Italiens défaits. Mais les gouvernements français Painlevé puis Clemenceau ne soutinrent pas sa demande, et les Américains, qui auraient accepté un généralissime, refusaient qu'il commande en même temps une des armées alliées. Or, à l'automne 1917, Pétain était aussi indispensable que Joffre après la victoire de la Marne car il avait la confiance des combattants. À l'automne, la crise multiforme était finalement surmontée et la victoire sauvée. Elle le fut une seconde fois le 12 décembre lorsque Poincaré aida le général Pétain à écarter “le coup de dé” proposé pour 1918 par Foch et Clemenceau. Ceux-ci avaient envisagé de lancer une offensive générale avec les forces dont on disposait encore en espérant que les Allemands céderaient avant qu'elles ne soient épuisées.

Restait à obtenir la victoire le plus rapidement possible avec le concours des Américains et l'apport des armes nouvelles qui devaient compenser l'affaiblissement numérique des armées françaises. Une lutte contre la montre était en réalité engagée. Si l'Italie avait surmonté la crise de Caporetto, le front de l'Est avait rapidement cessé de jouer un rôle réel dans le conflit. L'armistice demandé par la Russie le 26 novembre fut signé le 15 décembre à Brest-Litovsk. Il délivrait les Allemands de toute menace jusqu'à la signature le 3 mars 1918 de la paix de Brest-Litovsk. La Roumanie, qui avait signé le 9 décembre l'armistice de Focsani, signa le 5 mars 1918 les préliminaires de paix de Buftea. Il est bien certain que l'entrée en guerre du Panama le 10 décembre 1917 contre l'Autriche-Hongrie ne compensait pas la défection roumaine. Il fallait donc vaincre et, si possible, avant le retour du front de l'est des divisions allemandes que le 2e Bureau estimait à 40 environ. Le mouvement était en train de s'accélérer...

L'arrivée des Américains était en revanche plus lente que prévue et surtout espérée, d'où la nécessité impérieuse de tenir jusqu'au rétablissement de l'équilibre numérique par les forces américaines. Si les Allemands ne choisissaient pas d'exploi-

Clemenceau visite fréquemment les combattants sur le front.

ter leur victoire par défaut à l'est et voulaient obtenir la décision à l'ouest avant l'arrivée des troupes américaines, il était aisé de prévoir que l'année 1918 serait dure pour les Alliés. Le 11 novembre 1917 au conseil de guerre de Mons, Ludendorff avait justement fait prévaloir pour 1918 un plan offensif de rupture de la liaison entre les deux armées française et britannique dans la région de Saint-Quentin. Comment tenir ? Le 22 décembre, le général Pétain définit, par la Directive n° 4, une tactique défensive dite de la seconde position, dont il pensait qu'elle empêcherait une rupture catastrophique du front. Toutefois, il aura bien du mal à la faire accepter par des esprits orientés depuis 1914 vers l'offensive et la religion du terrain.

Quant à la crise politique, l'arrivée de Clemenceau au pouvoir (son gouvernement fut constitué le 16 novembre 1917) ne suscita pas un choc psychologique au sein des troupes dans l'immédiat : 3 % seulement des combattants s'en dirent heureusement influencés pour leur moral. Cependant, elle permit de mettre fin aux intrigues et au découragement à l'intérieur. Le 28 novembre, la Chambre vota le renvoi de l'ancien ministre de l'Intérieur Malvy devant la Haute Cour. La première audience eut lieu le 21 janvier 1918 devant le Sénat. Le 22 décembre 1917 fut levée l'immunité parlementaire de Caillaux et du député Loustalot qui furent arrêtés respectivement le 14 et le 16 janvier 1918. Enfin, le 15 décembre 1917, le général Guillaumat remplaçait le général Sarrail à la tête de l'armée d'Orient.

Après des épisodes dramatiques, l'année 1917 s'achevait pour les Alliés sans catastrophe majeure. Mais si les Alliés avaient évolué dans le domaine du blocus et dans celui des transports (bien qu'en décembre 1917, Clemenceau avait parlé de paix séparée si les Américains n'envoyaient pas davantage de pétrole), ils n'avaient pas encore résolu certaines questions comme le commandement unique ou la réserve générale interalliée dont pouvait dépendre le sort de la guerre en 1918 (plus de 70 ans après, ce sont là des questions essentielles qui se posent au cours de la période d'expectative, de la phase des offensives allemandes suivie des offensives alliées et de leur victoire finale).

L'année 1918

Ce fut l'année de la fin de la guerre et de la victoire des Alliés. Cet aspect masqua longtemps d'autres réalités. Comment fut finalement obtenue la victoire ? Comment fut-elle préparée ? De quelle manière les empires centraux furent-ils vaincus ? Qu'attendaient les Alliés de cette victoire ? Au cours de l'hiver 1917-1918, il faut constater que la situation restait préoccupante. Les Américains arrivaient plus lentement que prévu. En juillet 1917, on avait compté sur 13 divisions américaines pour le 1er avril 1918. Ces espoirs étaient réduits à 6 en septembre. Or, en février, une seule division était en ligne et, le 1er avril, 8 divisions seulement furent transportées. Au cours de la bataille de mars, Pershing ne put offrir que 4 divisions en état d'apporter une aide. Le général Pétain, quant à lui, ne pouvait compter que sur ses propres divisions dont 5 venaient d'être dissoutes. Il fallait donc éviter toute atteinte à leur moral et renforcer leur armement, la puissance de feu et des engins compensant la diminution des effectifs. Le moral était bon : près de 90 % des soldats étaient satisfaits des permissions, 93 des repos, 87 de la nourriture. En janvier 1918, 96 % des divisions possédaient un bon ou très bon moral. Mais 50 % des combattants étaient très frappés par la défection russe, et l'arrivée des Américains n'avait pas encore eu suffisamment d'impact (en décembre, 27 % des combattants reconnaissaient l'effet qu'elle exerçait sur leur moral). Par contre, 86 % des soldats étaient indignés par les scandales intérieurs et exigeaient une répression sévère.

L'équipement de l'armée était rendu difficile par les retards qui s'accumulaient dans certaines fabrications. Sur les

3 500 chars que le général en chef avait demandés le 20 juin 1917 pour le 1er avril 1918, un seul char Renault était en état de fonctionner le 21 mars 1918 (il existe 245 Schneider et 222 Saint-Chamond). Entre le 21 mars et le 22 avril, 204 chars supplémentaires étaient livrés. Le général Pétain protesta, pensant qu'il n'en aurait pas plus de 500 le 1er juillet. Selon lui, les chars pouvaient obtenir la décision "... grâce à leur capacité à percer rapidement le front et à avancer avant l'arrivée des réserves ennemies". Quant à l'aviation, 2 400 avions sur lesquels seulement 500 étaient "modernes" étaient opérationnels en octobre 1917.

Le 21 novembre, le général Pétain attirait l'attention de Clemenceau "sur l'importance capitale de l'aviation dans la guerre actuelle, importance qui ne fera qu'aller croissant". Au

Groupe de permissionnaires en gare de l'Est à Paris.

printemps 1918, l'aviation française reçut de nouveaux modèles plus perfectionnés et de meilleure qualité. Le 4 février furent créées les escadres aériennes de combat et, le 13, celles de bombardement. L'artillerie s'était de son côté développée en nombre et en qualité.

Il restait à assurer la conduite supérieure des opérations. Le général Pétain s'était orienté vers la Lorraine et l'Alsace, alors que le maréchal Haig avait pour objectif les Flandres. Même si le regroupement de l'armée française en deux grandes masses permettait de livrer également une bataille franco-britannique, était-ce concevable après Caporetto ? Mais d'âpres méfiances freinaient les solutions nettes d'un commandement unique et d'une réserve générale interalliée. Qui prendrait le commandement et pour quelle stratégie ?

Trois compromis insuffisants apparurent au

cours de la phase d'expectative. Après Caporetto, la conférence de Rapallo avait fondé un comité militaire permanent interallié aux pouvoirs limités. Le 18 novembre, au Comité de guerre, le général Pétain protestait : "Dans les circonstances présentes, il faut, plus que par le passé, un commandement unique dans les mains d'un chef. C'est l'une des conditions du succès." Mais le 26 novembre, Clemenceau refusait de remettre le corps français d'Italie sous le commandement de Pétain. Lors de sa réunion du 30 janvier au 2 février, le Conseil interallié se tournait vers le deuxième compromis et décidait la création d'une réserve générale interalliée. Mais il y avait désaccord sur son commandement. Pour Pétain, il fallait un généralissime, pour Foch, un organisme interallié. Le 2 février, Lloyd George imposait sa solution : c'était Foch qui devait commander la R.G.I. avec un comité exécutif. Mais la conférence de Londres des 14 et 15 mars mit la R.G.I. en veilleuse car Haig et Pétain refusaient les trente divisions demandées et se dressaient contre les conditions de son utilisation. Elles obligeaient en effet "dans tous les cas" à consulter le comité exécutif, condition incompatible avec des décisions rapides. Lloyd George soutenait les refus de Haig de donner même une division. À la veille de l'attaque allemande du 21 mars ne restait que le troisième compromis, c'est-à-dire les accords d'assistance mutuelle de Nesle et de Compiègne des 21 et 22 février entre Haig et Pétain. En cas d'offensive ennemie sur le front de l'armée anglaise, 12 divisions françaises seraient envoyées en aide directe et 20 seraient lancées dans une offensive de dégagement. Ces forces représentaient les trois quarts de la réserve stratégique générale constituée progressivement depuis l'été 1917 (cette réserve était de 12 divisions au 15 mai 1917). Cette force considérable devrait permettre à la limite de prendre la direction de la bataille. Cette entente n'était pas le commandement unique, mais une conduite commune de la bataille était alors possible. C'était le moins aléatoire des compromis.

Au conseil de guerre interallié en 1918. De gauche à droite : Pétain, Clemenceau et Weygand, chef d'état-major de Foch.

Brusquement, le 21 mars 1918, commença la première des cinq offensives allemandes du printemps. Entre le 21 et le 26 mars, le front anglais fut enfoncé, la Ve armée britannique mise hors de combat. Du 21 au 23, l'accord Haig-Pétain fonctionna, mais le 23 Haig demandait la relève par les troupes françaises de 40 km de front. Le G.A.R. était alors constitué sous le commandement du général Fayolle qui reçut autorité sur les forces anglaises qu'il venait secourir. Le 23 au soir, 21 divisions françaises étaient envoyées à la bataille, mais les Allemands disposaient encore de 55 divisions de réserve. Le 24, l'aggravation de la situation était telle que 6 nouvelles divisions françaises partaient au front en renfort. Mais le général Pétain, dont l'autorité ne s'étendait pas à l'armée anglaise, estimait qu'un repli sur la Somme deviendrait nécessaire si le péril grandissait encore. Haig ne pouvait accepter cette stratégie qui aurait traduit la défaite de ses forces et aurait posé la question des ports et de la maîtrise de la mer.

Quelle solution apporter à cette crise ? Un chef unique. Mais lequel ? Foch ou Pétain ? Pétain qui connaissait bien la bataille avait finalement mis en route 40 divisions pour arrêter l'avance allemande. Le choisir impliquait de lui subordonner Haig. Foch, moins au fait de la bataille, était plus interallié que Pétain et favorable à une stratégie orientée vers la Belgique. À la conférence de Doullens le 26 mars, Foch emportait la décision et était chargé de coordonner l'action des armées alliées. Le 3 avril, à la conférence de Beauvais, la direction stratégique unique lui était confiée tandis que Pétain et Haig gardaient la conduite tactique de leurs armées, avec le droit de faire appel à leurs gouvernements s'ils estimaient que les ordres de Foch mettaient leurs armées en péril. En apparence claire, la solution tenait compte des réserves de Lloyd George qui souhaitait limiter les pouvoirs de Foch car, après la conférence de Beauvais, des réticences étaient apparues en Grande-Bretagne. C'est la suite de la bataille qui déciderait des pouvoirs réels du généralissime.

Le 9 avril, la seconde offensive allemande enfonçait le front anglais dans les Flandres. Haig s'inquiétait, estimant que Foch réagissait trop lentement et n'envoyait des renforts que trop parcimonieusement. L'armée britannique était fatiguée et l'armée française se trouvait déséquilibrée stratégiquement avec des divisions plus nombreuses à l'ouest de l'Oise qu'à l'est. Une nouvelle conférence interalliée s'imposait. Elle se tint à Abbeville les 1er et 2 mai. Lloyd George mit Foch en demeure de révéler sa stratégie en cas de menace de séparation des deux armées. Foch se rallia à la solution préconisée par Pétain lors de la bataille de mars, c'est-à-dire le repli de l'armée anglaise sur la Somme en cas de péril. Mais, brusquement, Ludendorff cessa ses attaques contre l'armée britannique et, le 27 mai, ce fut le désastre du Chemin des Dames. Dès le 30 mai, les Allemands avaient atteint la Marne. C'était le “Caporetto français”. Le retentissement fut immense car l'armée française était battue pour la première fois depuis 1914, et cette défaite intervenait alors que venait d'être créé le commandement unique.

Le général Foch était placé dans une position difficile. Tactiquement, il avait soutenu le général Duchêne qui était plus que réticent à appliquer la Directive n° 4 de Pétain. Il avait choisi la défense sur la première ligne enlevant ainsi le recours à la seconde. Or, comment une division tenant 13 km de front et recevant l'assaut de 7 divisions allemandes aurait-elle pu résister ? Foch s'était trompé sur la stratégie de Ludendorff. Il avait prévu une nouvelle offensive allemande contre l'armée anglaise et, donc, le regroupement des réserves françaises en arrière du front britannique et de la jonction des deux armées. L'habileté défensive de Pétain avait fini par arrêter la progression allemande. La situation au cours de la bataille avait été si grave que, par trois fois, Foch avait averti que la guerre pouvait être perdue (dans une lettre à Clemenceau le 31 mai, il écrit que les forces alliées manquent, qu'elles s'affaiblissent et que “cette conséquence est d'une gravité

Artillerie lourde à longue portée.

exceptionnelle. Elle peut entraîner la perte de la guerre”). Aussi, lorsque le 9 juin la quatrième offensive allemande se déclencha sur le Matz, la tactique de la seconde position put être partiellement appliquée, permettant un arrêt rapide de l'avance allemande.

C'est alors que commença dans l'ombre une partie secrète jusqu'à la cinquième attaque allemande à visées décisives du 15 juillet. Le général Pétain, qui avait stoppé l'offensive du 27 mai et proposé, le 4 juin, le seul plan stratégique connu susceptible de faire face à de nouvelles victoires allemandes, se heurta nettement au général Foch. Pétain prévoyait que la nouvelle attaque allemande serait lancée contre le front français alors que Foch persistait à l'envisager contre les Anglais. Pétain fit alors appel à son gouvernement. Une conférence interalliée aboutit à un compromis après que Foch eut été vivement critiqué par Lloyd George. Pétain était désormais placé sous les ordres directs de Foch, mais celui-ci devait accepter la tactique de la seconde position et admettre que le front français était prioritaire. Au fond, les ordres de Foch devaient être exécutés mais sans conflit avec Pétain. Dès lors, seule la victoire pouvait rendre à Foch son autorité. Le 15 juillet, l'ultime attaque allemande fut rapidement arrêtée et, le 18 juillet, la dernière phase de la guerre commençait avec la contre-offensive de Villers-Cotterêts.

La situation avait évolué en profondeur. L'arrêt du 15 juillet traduisait l'efficacité de la seconde position, l'entrée grandissante en action des troupes américaines fournissait le volant de réserves nécessaires (5 divisions américaines étaient en ligne le 1er juin et 11 divisions le 1er juillet), tandis que le matériel, la puissance de feu et le mouvement se renforçaient. En juillet 1918, les divisions françaises furent équipées de l'artillerie lourde courte moderne prévue par le plan du 30 mai 1916 enfin réalisé, ainsi que de canons modernes longs. On put aussi répondre à la spectaculaire augmentation de la consommation d'obus. À Verdun, en août 1917, 3 millions d'obus avaient été lancés sur le champ de bataille : du 15 au 18 juillet 1918, 4 millions. Le 17 juillet 1918, 540 chars *Renault* légers étaient opérationnels au moment où, entre avril et juillet, l'aviation voyait passer le pourcentage de ses avions modernes de 61 à 87 %. Une modification de la balance générale des forces s'opérait également en profondeur. Conjuguée avec l'entrée en ligne d'un nombre de plus en plus important de forces américaines, elle explique largement la marche vers la victoire finale.

Les offensives alliées et la victoire

Après le succès de la contre-offensive Mangin-Degoutte du 18 juillet contre la poche allemande du 27 mai commençait, le 8 août, la réduction de celle formée après le 21 mars. Cela permit au maréchal Haig qui commandait les forces françaises et anglaises d'avancer de 15 km le premier jour et de rejeter progressivement les Allemands sur leurs lignes de départ du 21 mars. Il semble qu'en ce "jour de deuil de l'armé allemande", Ludendorff ait jugé que la guerre était perdue.

Les 3 et 8 septembre, Foch décidait de lancer trois offensives entre le 25 et le 28 septembre : franco-américaine entre Meuse et Suippes, franco-britannique de Cambrai à Saint-Quentin, franco-anglo-belge en Flandres. Ces offensives obtinrent d'importants résultats. L'offensive franco-américaine (IVe armée Gouraud) emportait les buttes de Souain, de Tahure et du Mesnil, tandis que l'armée américaine enlevait Varennes, Montfaucon et Vauquois. L'attaque sur Cambrai à laquelle coopéraient les forces canadiennes forçait la ligne Hindenburg. Quant à l'offensive des Flandres, elle aboutissait à la prise de Dixmude et à l'évacuation de Cambrai par les Allemands le 30 septembre. Le 2 octobre, Armentières était aux mains des Alliés.

Sur les fronts lointains, les succès se multipliaient pendant ce temps. Le 15 septembre, au moment où commençait la

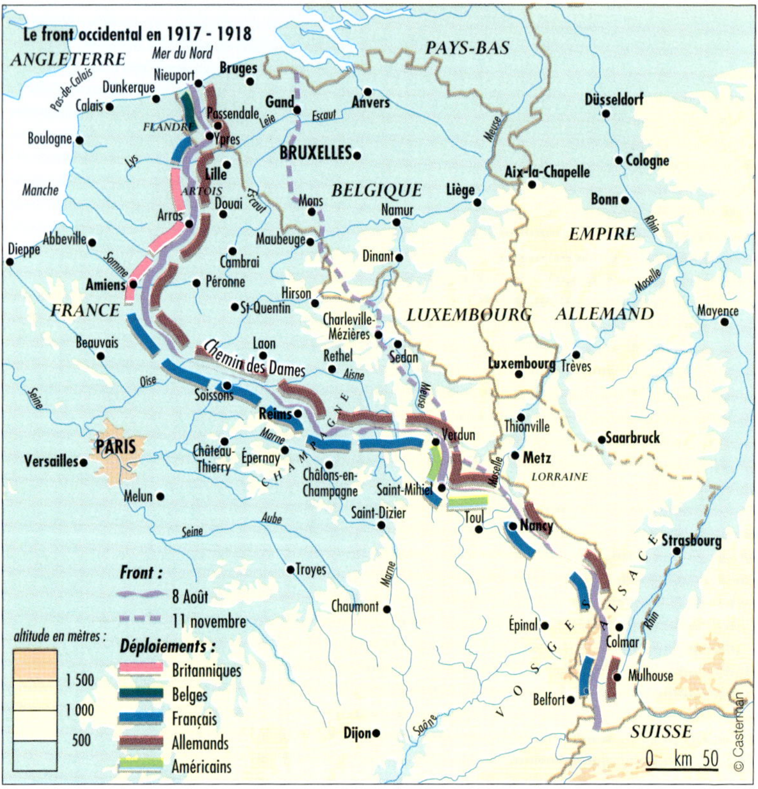

réduction du saillant de Saint-Mihiel, Franchet d'Espèrey lançait l'offensive qui allait rompre le front bulgare et contraindre la Bulgarie à demander l'armistice le 26 septembre. Celui-ci est signé le 29. En Palestine, le général Allenby, après avoir enfoncé le front turc le 19 septembre, progressait rapidement. En 15 jours, il forçait le général Liman von Sanders à se replier sur Alep.

Quant à l'Autriche-Hongrie, l'empereur Charles Ier affirmait le 15 août à Spa que son pays ne tiendrait pas jusqu'à l'hiver. Partout, les empires centraux paraissaient hors d'état de soutenir encore longtemps la lutte. Le 29 septembre à Spa, Hindenburg et Ludendorff demandaient un armistice immédiat : "Toute heure de retard aggrave le danger." Dans la nuit du 3 au 4 octobre, le nouveau chancelier, le prince Max de Bade, signait la note qui devait être envoyée au président Wilson. L'Allemagne avouait être au bout de ses forces. Le 11 octobre, le gouvernement allemand acceptait les conditions du président Wilson.

L'avance sur le front ouest se poursuivait. Le 13 octobre, les forces françaises prenaient Laon et le 17, le roi Albert Ier entrait à Ostende le jour où les Anglais pénétraient à Lille et à Douai. Le 19 octobre, les Belges étaient maîtres de Zeebrugge. Le 20 octobre, dans une troisième note à Wilson, l'Allemagne renonçait à la guerre sous-marine.

Hindenburg et Ludendorff, les deux généraux allemands à qui avait été confiée la direction suprême de la guerre, demandent un armistice immédiat le 29 septembre 1918.

C'était le jour où Foch acceptait le plan du G.Q.G. français. En effet, une ultime divergence avait opposé Foch et Pétain. Dès le début août, le G.Q.G. inclinait vers une manœuvre sur les arrières allemands consistant à couper les lignes de communications et de retraite, qui lui semblait plus efficace et plus rapide qu'un refoulement en puissance. C'était également un moyen d'offrir à l'armée française l'occasion de porter le coup final à l'armée allemande en l'acculant à une sorte de Sedan. Ces idées existaient depuis l'automne 1917, et elles reparaissaient au cœur des calculs du G.Q.G. Mais, du 10 au 20 octobre, Foch avait reporté sa décision. Et il avait ensuite estimé devoir encore modifier l'organisation de l'offensive dite de Lorraine qui aurait dû être lancée le 14 novembre.

Guillaume II et le roi de Saxe en juin 1918.

Mais les événements s'étaient précipités. Le 23 octobre, Albert Ier était entré à Bruges. Le 29 octobre, Charles Ier avait demandé l'armistice après la victoire italienne de Vittorio Veneto ; le 31 octobre, la révolution éclatait à Vienne et le 3 novembre était signé l'armistice entre l'Italie et l'Autriche à

Villa Giusti. Au même moment, les mutineries s'étendaient à Kiel. Le 5 novembre, Wilson invitait le gouvernement allemand à signer l'armistice alors que la progression alliée se poursuivait. Le 8 novembre, Maubeuge et Condé étaient aux mains des Anglais et, la veille de l'armistice, les forces franco-américaines s'emparaient de Charleville et de Mézières. Dès le 9 novembre, Guillaume II avait abdiqué et s'était réfugié en Hollande.

Des divergences de vues précédèrent l'armistice : le maréchal Haig souhaitait signer rapidement, Pershing et Pétain voulaient d'abord obtenir une victoire militaire totale et un désarmement complet de l'armée allemande. Pour Foch, il fallait arrêter la guerre dès que l'adversaire reconnaissait sa défaite. Poincaré et Clemenceau se heurtèrent vivement sur la question de l'armistice qui fut finalement signé le 11 novembre à 11 heures. C'était la fin de la Grande Guerre.

Les femmes occupent les emplois laissés vacants par les hommes partis au front.

Pour la France, le bilan était tragique mais il était momentanément dissimulé derrière l'écran de la victoire. Huit millions d'hommes avaient été mobilisés, environ 1 350 000 étaient morts. Ils représentaient 27 % des hommes entre 18 et 27 ans et 10 % de la population active. Le retour de l'Alsace-Lorraine ne compensait pas ces pertes humaines. La France dont la population atteignait 39 790 000 habitants en 1913 ne comptait plus avec le retour de l'Alsace-Lorraine que 39 210 000 habitants en 1921. À ce lourd bilan s'ajoutaient les blessés : 2 800 000 dont la moitié l'avait été deux fois. La France entrait dans une crise démographique grave et durable.

Sur le plan matériel, la dette publique avait été multipliée par 7. Les zones ravagées par la guerre couvraient 7 % du territoire qui constituaient avant guerre d'importantes régions agricoles et industrielles. La production de blé était passée de près de 9 000 000 t à 5 200 000 t, celle des pommes de terre de 13 000 000 t à 6 000 000 t. Au moins 2 200 000 ha de terres labourables étaient inutilisables. Tout cela était aggravé par la dégradation du matériel ferroviaire, 5 000 km de voies ferrées étaient hors d'usage ainsi que 5 000 ponts. La reconstruction s'annonçait comme un effort gigantesque, notamment dans les zones du front où certains villages avaient même totalement disparu, comme Fleury-sous-Douaumont.

Enfin, la Grande Guerre avait profondément marqué la société, entre autres le rôle des femmes, et laissé des traces importantes dans les mentalités. Dans le domaine politique, elle avait conduit au renforcement de l'exécutif, plus apte que le Parlement à prendre des décisions rapides. Ce fut avec le ministère Clemenceau qu'apparut la pratique des décrets-lois.

Devant un tel bouleversement, la question essentielle qui se posait était de savoir comment serait reconstruite l'Europe qui avait vu disparaître nombre de monarchies et d'Etats. La réponse était en partie liée aux désaccords entre les intentions du président Wilson et celles des Alliés. À peine le feu avait-il

Le président des États-Unis, Woodrow Wilson, est accueilli à la gare du bois de Boulogne par Raymond Poincaré, le 14 décembre 1918.

cessé que surgirent les problèmes écrasants de l'après-guerre. Dans une note du 12 novembre, Foch estimait que les armées alliées devaient alors délivrer la Russie de sa révolution. En parodiant une formule célèbre de Clausewitz, on pourrait affirmer que, au lendemain de la Grande Guerre, la paix était la poursuite de la guerre sous une autre forme. Suivant le jugement lapidaire de Foch, la paix fut un armistice de vingt ans.

Comme la stratégie française, la stratégie allemande reflète l'évolution de la situation diplomatique. Et d'autant plus que, depuis la Constitution d'avril 1871, l'empereur d'Allemagne commande directement les forces armées. Il dirige les opérations par l'intermédiaire d'un état-major d'armée en campagne et d'un chef de l'Amirauté pour la marine. Il existe donc une réelle cohésion entre la diplomatie et la stratégie.

Après 1871, von Moltke croit devoir préparer une guerre à la fois contre la France et la Russie. Il pense gagner en prenant l'offensive sur les deux fronts. Mais, à partir de 1875, le relèvement de la France et la reconstitution rapide de son armée l'entraînent à modifier ses plans : il faut battre l'armée française avant l'entrée en action de l'armée russe qui mobilise lentement. Mais, après 1880, il change une nouvelle fois de stratégie : von Moltke se prépare à battre d'abord l'armée russe en cas de conflit. Une raison militaire – la ligne Séré de Rivières – et une raison diplomatique – le renforcement de l'alliance avec l'Autriche qui offre de bien meilleures conditions de lutte contre la Russie – expliquent ce revirement. Son successeur, le comte von Waldersee (1888-1891), modifie son plan sur deux points seulement. Il augmente les forces destinées à opérer contre la Russie et prend les mesures nécessaires à un éventuel changement de stratégie de dernière minute, c'est-à-dire s'il fallait battre l'armée française avant l'armée russe. Dans cette perspective, von Waldersee développe l'artillerie lourde afin de forcer la ligne Séré de Rivières entre Toul et Épinal. En 1891, Waldersee quitte son commandement. C'est le comte von Schlieffen qui le remplace jusqu'en 1905. Pour celui-ci, l'essentiel de toute stratégie réside dans l'anéantissement des forces adverses. Il considère que la France est le principal adversaire et qu'il faut tenter de détruire son armée en priorité en la débordant par le nord. La situation générale lui est favorable : depuis 1887, la Triplice est devenue offensive. L'armée italienne obligerait la France à maintenir des forces importantes sur les Alpes, pendant que l'armée autrichienne immobiliserait d'importantes forces russes. Dans certains plans, on prévoit même l'engagement de forces italiennes en Alsace. Dès 1900, von Schlieffen met au point un premier plan. Il pense que l'aile gauche française prendra position entre Stenay et Sedan lors de son déploiement initial et décide de concentrer six armées allemandes de Strasbourg à Saint-With, tandis qu'une septième prendrait position dans la région d'Aix-la-Chapelle. Trois armées forceraient la Meuse entre Donchery et Verdun, couvertes au nord par la VIIe armée. Deux armées attaqueraient au centre vers Nancy et Frouard et marcheraient sur Neufchâteau protégées au sud par la VIe armée. Mais trois faits interviennent qui modifient ce plan ; ils aboutissent en 1905 au grand plan Schlieffen.

Les Allemands, sûrs de leur victoire, font frapper cette médaille célébrant leur entrée à Paris.

L'Entente cordiale dispense désormais de ménager la Belgique puisque l'Angleterre serait sûrement aux côtés de la France ; la défaite de l'armée russe face au Japon lui enlève toute efficacité : l'armée autrichienne suffirait à la contenir. Enfin, les renseignements parvenus à l'état-major allemand montrent que l'aile gauche française monterait au nord de Stenay. La manœuvre par la Belgique s'impose désormais. Schlieffen considère que : "La France doit être regardée dans son ensemble comme une grande place. De l'enceinte extérieure, le secteur Belfort-Verdun est presque imprenable." C'est donc sur le front Dunkerque-Mézières "… que nous devons tenter de faire irruption dans la forteresse". Schlieffen étend le théâtre de la guerre franco-allemande au nord de la Belgique – comme l'avait écrit le général Michel – et à toute la France. Il ne laisse que 5 C.A. (corps d'armée) et 3 D.C. (divisions de cavalerie) en Lorraine, dans les Vosges et en Alsace, tandis que la masse offensive comportant 35 C.A. et demi et 8 D.C. marchera contre le front Dunkerque-Verdun. Pour empêcher tout rétablissement français après le choc initial, le comte Schlieffen envisage de déborder Paris par l'ouest et de se rabattre dans un gigantesque mouvement de faux jusqu'à la frontière suisse. Les armées françaises seront encerclées et réduites à la capitulation. Ainsi se réaliserait la conclusion de Schlieffen :

"L'armée française doit être anéantie." C'est donc vers une sorte de guerre éclair que s'oriente la stratégie allemande. Après la défaite française, que pèserait la Russie ? Que représenterait le risque belge ? L'Angleterre privée de l'armée française serait réduite à l'impuissance et contrainte à une paix de compromis… L'évolution ultérieure infléchit progressivement le plan de 1905. Le successeur de Schlieffen, le comte von Moltke, neveu du vainqueur de 1870, conserve d'abord le plan de 1905, mais il est bientôt conduit à le modifier. Certes, ce plan est moins audacieux que celui du comte Schlieffen, mais la situation a changé. Craignant une puissante offensive française en Alsace-Lorraine qui, en cas de victoire, aurait un grand retentissement, von Moltke renforce les troupes d'Alsace-Lorraine et le rapport entre masse offensive et masse défensive (de 7 à 1 dans le plan de 1905, il n'est plus que de 3 à 1 en 1914). À partir de 1909-1910, la menace réapparaît à l'est, l'armée russe se reconstituant. Désormais, il devient nécessaire de soutenir l'armée autrichienne qui serait amenée à lutter sur deux fronts si, comme on pourrait le penser, la question serbe était à l'origine du conflit. En 1914, le plan final de Moltke comporte 5 armées d'offensive fortes de 26 C.A. et de 7 D.C. – au lieu de 35 C.A. et demi et de 8 D.C. – et 2 armées en Alsace-Lorraine.

C'est accepter un décalage entre la politique et la stratégie. Dans le plan de 1905, les risques politiques de la violation de la Belgique sont compensés par les probabilités de victoire que représente la masse d'attaque. Ces probabilités sont diminuées dans le plan de Moltke alors que les risques politiques demeurent les mêmes. Cette stratégie permet cependant aux Allemands d'arriver rapidement en vue de Paris car le plan XVII n'est pas à la hauteur des risques militaires d'une violation totale de la Belgique. L'issue de ce premier choc entre deux grandes armées et deux stratégies dépendit finalement de l'habileté de manœuvre et de commandement de Joffre et de von Moltke.

Comme l'écrira Foch après Caporetto : "Les événements dominent les raisonnements."

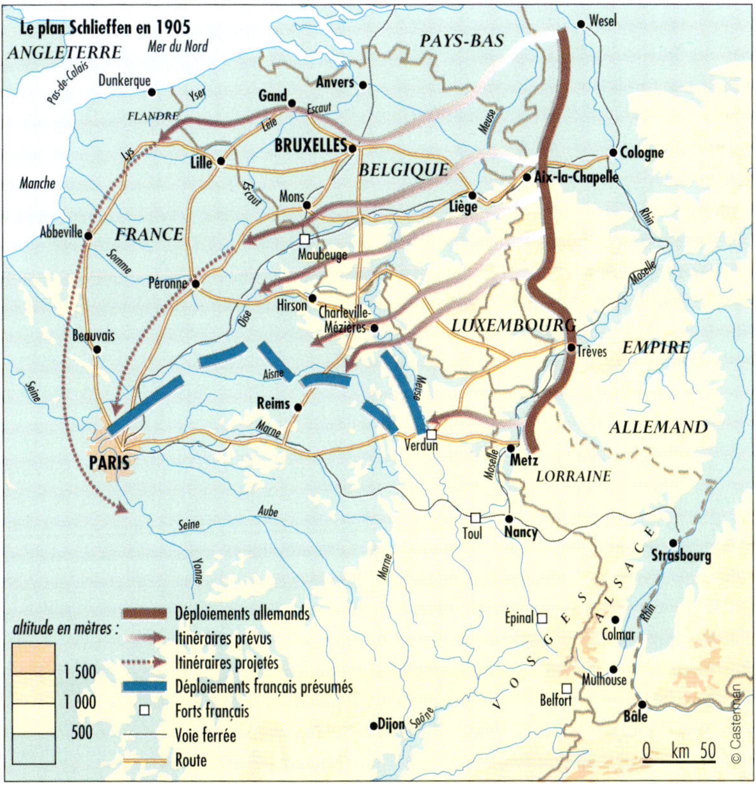

Le plan XVII est le dix-septième plan établi depuis 1875 pour la défense de la France. Depuis la guerre de 1870-1871, l'état-major français est confronté à un double problème : protéger la France d'une invasion et réussir la revanche en gagnant la guerre. La stratégie choisie est d'abord défensive, avec l'établissement d'un système de fortifications dû au général Séré de Rivières. Puis elle devient offensive au fur et à mesure que l'armée se reconstitue et que des alliances se concluent. Il faut tenir compte de la neutralité belge, aussi les plans français s'orientent-ils vers une bataille décisive en Lorraine. En mai 1909, le plan XVI répondait à cet impératif puisque la quasi-totalité des forces françaises qui ne seraient couvertes au nord dans la région de Rethel que par trois divisions de cavalerie seraient concentrées de la frontière suisse à la frontière luxembourgeoise. Mais le général Séré de Rivières avait attiré l'attention de l'état-major français sur le point faible de ce plan : et si les Allemands ne respectaient pas la neutralité belge ? En 1882, un historien, Eugène Ténot, avait déjà souligné dans son ouvrage intitulé *Nouvelles défenses de la France* que la neutralité belge "... ne repose que sur des conventions diplomatiques... et des événements peuvent surgir qui fassent de cette neutralité une fiction décevante". D'autant plus que "la barrière des côtes de Meuse est trop forte pour être abordée de front". Dès lors "de très bons juges militaires considèrent l'attaque par la Belgique comme désormais inséparable de tout plan rationnel d'offensive allemande". Les coups décisifs seraient "portés par une grande armée – 12 C.A. sur 18 – lancée sur la ligne Liège-Namur-Laon".

Après l'Entente cordiale et les premières négociations militaires franco-britanniques, la menace allemande en Belgique se précise. Si l'Angleterre doit intervenir aux côtés de la France, Berlin n'a plus le même intérêt à ménager Londres en Belgique, d'autant que des tensions apparaissent entre les deux nations avec le développement de la flotte allemande. Le rapprochement franco-britannique fait se lever dans l'ombre la plus formidable menace stratégique pour la France : le plan Schlieffen. L'état-major français ne reste pas indifférent à cette question de la neutralité belge et luxembourgeoise. Le général Michel, généralissime en cas de guerre, écrit au ministre de la Guerre en février 1911 : "Il ne semble pas douteux que la Belgique entière ne soit le théâtre des opérations futures entre la France et l'Allemagne." Il estime même qu'une guerre européenne peut surgir d'un conflit anglo-allemand. Il propose de concentrer les deux tiers de l'armée française face à la Belgique. Mais cette solution qui nécessiterait l'entrée en ligne des réserves est rejetée, et le général Michel doit céder le commandement au général Joffre. Sans écarter l'idée d'une menace allemande en Belgique, celui-ci ne l'envisage ni aussi vaste ni aussi importante. Cependant, ce problème est de nouveau évoqué, et de manière inattendue, au cours des délibérations des hautes instances de la Défense nationale.

Le général Joffre, qui est parvenu malgré les réticences du Quai d'Orsay à avoir une vue d'ensemble assez satisfaisante des engagements internationaux français, soulève, lors d'une réunion du Conseil supérieur de la Défense nationale le 9 janvier 1912, la question de l'engagement initial de l'armée française dans un conflit éventuel. À ses yeux, la Lorraine, les Vosges ou l'Alsace n'offrent pas les terrains suffisants au déploiement d'armées comptant des millions d'hommes, et favorables à un résultat décisif. Une offensive en direction de Strasbourg ne conduirait qu'à "des résultats limités", car elle serait "arrêtée de front, menacée de flanc". Il en irait de même en Lorraine "entre Metz et Dieuze d'une part et les Vosges d'autre part", où l'offensive ne disposerait que de deux étroits couloirs pour progresser. Joffre avance une solution : étendre la gauche de l'armée française "au-delà de nos frontières dans le grand-duché de Luxembourg et sur le territoire belge", là où il serait possible de déployer tous les moyens d'action. Il y a tout intérêt pour la France à ce que ses armées "puissent dans tous les cas pénétrer sur le territoire belge au sud de la ligne Namur-Liège". Cette solution stratégique devra être soumise pour examen au gouvernement anglais. Poincaré indique aussitôt les graves inconvénients, voire les dangers d'une telle solution : "Une invasion de la Belgique par la France risquerait d'indisposer contre elle non seulement l'Europe mais les Wallons eux-mêmes, et il faudrait à tout le moins qu'elle fût justifiée par une menace positive d'invasion alleman-

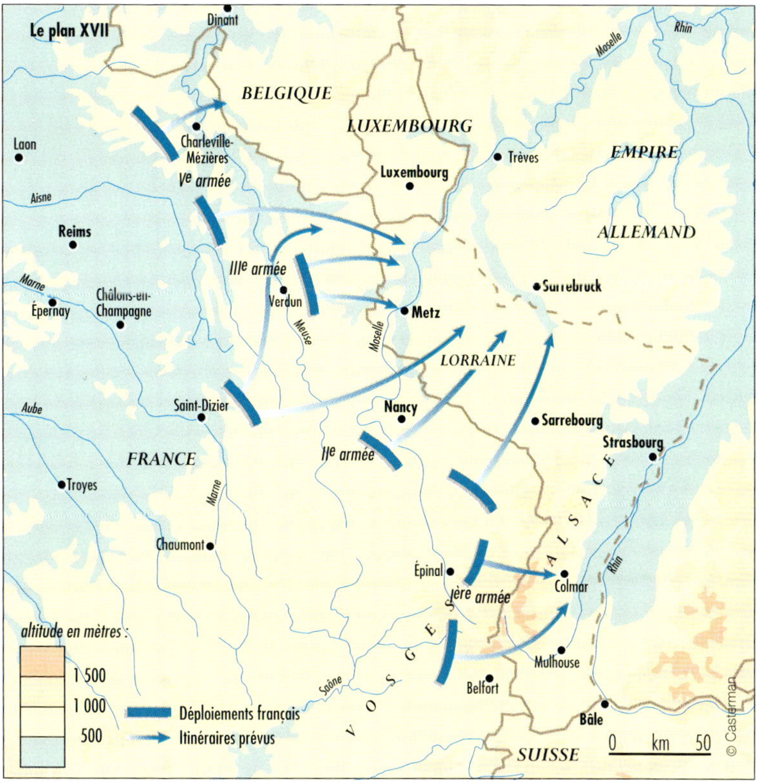

de." Poincaré craint de voir, dans cette éventualité, l'Angleterre rompre son alliance avec la France. Il est lucide, mais ses préoccupations ne sont pas partagées par Millerand et Delcassé qui apportent leur appui à Joffre. Le soutien britannique est toutefois indispensable, et c'est Londres qui entraîne la décision finale en refusant de donner son accord.

De ce fait, le général Joffre renonce à ses projets et bâtit un plan compatible avec les obligations diplomatiques de la France. C'est le plan XVII dont la préparation a commencé en juin 1912. Les études préliminaires sont terminées en avril 1913. Le plan est présenté le 18 avril au Conseil supérieur de la guerre, le C.S.G., et communiqué au ministre le 2 mai. Il permettait une concentration plus rapide des forces françaises : grâce à un emploi précis des chemins de fer, quarante-huit heures étaient gagnées. Il renforçait la couverture et maintenait la concentration des forces entre le Luxembourg et la Suisse. C'était un plan offensif. En décembre 1913, Joffre révélait ses intentions concernant les principes des opérations : "L'armée française revenue à ses traditions n'admet plus dans la conduite des opérations d'autre loi que l'offensive qui parvient seule à briser la volonté de l'adversaire." L'instruction pour la concentration de février 1914 prévoyait que l'offensive serait prise dans deux directions. À droite du dispositif entre les Vosges et la Moselle, les Ire et IIe armées mèneraient l'attaque. À gauche, au nord de la ligne Verdun-Metz, la Ve armée lancerait son offensive en direction du Luxembourg et de Thionville. La IIIe armée assurerait la sécurité au centre et la IVe serait mise en réserve. Ce plan devient définitif le 2 août 1914 lorsque Joffre décide de faire entrer en ligne la IVe armée entre les IIIe et Ve armées. Pour réaliser ses ambitions d'une guerre courte grâce à une victoire décisive et rapide, il dispose de 84 divisions d'infanterie (47 d'active, 25 de réserve, 12 de territoriale) et de 10 divisions de cavalerie. Mais, dans son désir d'aller à la bataille "toutes forces réunies" en engageant la IVe armée, il se prive d'une marge de manœuvre, et c'est plus que jamais l'idée d'une guerre courte qui l'emporte. Il est

Joffre.

frappant de constater que la contrainte diplomatique a conduit le général Joffre à adopter un plan dont il a par deux fois montré les limites et les faiblesses, en janvier 1912 et lors d'une réunion secrète au ministère des Affaires étrangères, le 21 février 1912. Finalement, ce plan recevra le brutal démenti des faits et favorisera l'invasion rapide et profonde de la France.

Compte tenu des contraintes diplomatiques, était-il possible de concevoir un autre plan plus souple et mieux adapté aux menaces allemandes ? Le général Demange estimait qu'un plan "intégralement offensif, c'est l'aléa le plus complet, c'est la lutte à pile ou face, la bataille de rencontre. C'est l'abandon de l'idée de manœuvre (...) Une rupture stratégique à l'heure actuelle constitue une opération d'une difficulté équivalent à une impossibilité". Pour lui, on ne peut rompre entre les Vosges et Metz ou dans le Luxembourg belge. Demange propose en conséquence de ne maintenir en Alsace et en Lorraine que le minimum de forces compatibles avec la sécurité du front et de réunir la masse principale des armées françaises contre l'aile droite allemande "en vue de l'envelopper et de se rabattre finalement sur ses communications au nord de Metz". Dans ce but, Demange juge nécessaire de grouper les forces françaises en six armées : deux en Alsace-Lorraine de Toul à Belfort, la troisième entre Toul et Verdun afin d'arrêter l'ennemi, tandis que les autres formeraient les armées de mouvement. Il ne dissimule pas les objections que soulève son plan. Si les initiatives allemandes peuvent en troubler l'ordonnance, ce plan apparaît surtout comme défensif. Le plan de Demange parvient cependant au général de Castelnau qui l'examine au début de l'été 1914. Face au plan Schlieffen, il offre l'avantage de réduire le déséquilibre initial entre l'aile gauche française et l'aile droite allemande et, à l'inverse du plan XVII, il permet une souplesse de manœuvre entre une menace vers l'Oise et une attaque à l'est.

Il montre surtout que, face à une situation donnée, face à une contrainte diplomatique, plusieurs stratégies sont concevables. La limite des contraintes, c'est l'imagination.

À lire

PEDRONCINI (G.), *Communication au colloque international de Téhéran*, 1976.

L'année 1917 est fertile en négociations secrètes en vue de rétablir la paix. Certes, depuis le début de la guerre, elles ont toujours existé, mais à aucun moment elles n'ont présenté une telle importance et ne se sont déroulées à un aussi haut niveau. Elles traduisent la lassitude devant la durée et la dureté insolites de la guerre et révèlent, au sein des coalitions, des divergences qui apparaîtront à la fin des hostilités.

Les négociations voulues par Charles Ier sont sans doute les plus importantes et les plus révélatrices. Le jeune empereur est inquiet des capacités de l'Autriche et de la Hongrie à supporter encore longtemps les charges de la guerre. Après la nomination de Hindenburg comme commandant en chef de l'armée allemande et de Ludendorff comme quartier-maître général, Charles Ier craint une subordination grandissante de l'armée autrichienne. Aussi se décide-t-il à connaître quelles seraient les conditions du rétablissement de la paix. Pour cette difficile entreprise, il dispose d'un intermédiaire exceptionnel, son beau-frère le prince Sixte de Bourbon-Parme. Tombé sous le coup des lois d'exil de 1889 en tant que prince de France, il n'a pu s'engager dans l'armée française et sert comme sous-lieutenant d'artillerie dans la 5e division belge.

C'est là qu'il reçoit deux lettres les 5 et 14 décembre 1916 envoyées par sa mère, la duchesse de Parme, qui souhaite le voir ainsi que son frère Xavier. Les deux hommes arrivent à Paris le 24 janvier 1917. Ils s'entretiennent avec leurs amis du quai de Béthune – qui espéraient détacher l'Autriche de l'Allemagne et étaient en liaison avec William Martin, chef du protocole et chargé de liaison entre Poincaré et le G.Q.G. – avant de retrouver leur mère à Neuchâtel. Au cours de cette rencontre, la duchesse informe Sixte que Charles Ier et l'impératrice Zita demandent son concours pour tenter de rapprocher la France et l'Autriche et souhaitent une entrevue avec lui le plus rapidement possible. Dans une note à sa mère, le prince Sixte indique quels seraient les pourparlers qui auraient une chance d'aboutir : le retour de l'Alsace-Lorraine à la France ; le rétablissement intégral de la Belgique et de la Serbie ; la cession de Constantinople à la Russie. Ce sont là les conditions du rétablissement d'une paix générale et non d'une paix séparée de l'Autriche. Le prince Sixte regagne alors Paris le 10 février et, le lendemain, il rencontre Jules Cambon auquel il remet une note destinée au président Poincaré.

Ce qui frappe dans ces premiers contacts, c'est évidemment le moment où ils se produisent et la forme qu'ils prennent. Les lettres de la duchesse de Parme encadrent la démarche de paix de Guillaume II à laquelle l'Autriche s'est résignée à se rallier après que ses propres projets ont été écartés par l'Allemagne. Charles Ier, en effet, n'a qu'une confiance limitée dans l'initiative de Guillaume II. En raison des circonstances, il pense connaître plus facilement les buts de guerre alliés et, en cas de réussite de ses démarches, avoir un moyen de pression sur l'Allemagne (comment eût-elle négligé dans ses calculs la difficile situation de l'Autriche ?), voire l'entraîner dans une paix générale. Quant à la forme, il est évident que pour entrer en contact avec la France, il est indispensable que le messager de l'empereur ait un rang assez élevé pour situer d'emblée les négociations au plus haut niveau et assurer par ses liens familiaux avec Charles Ier,

Pour Charles Ier, le retour de l'Alsace-Lorraine à la France est une des conditions du rétablissement d'une paix générale.

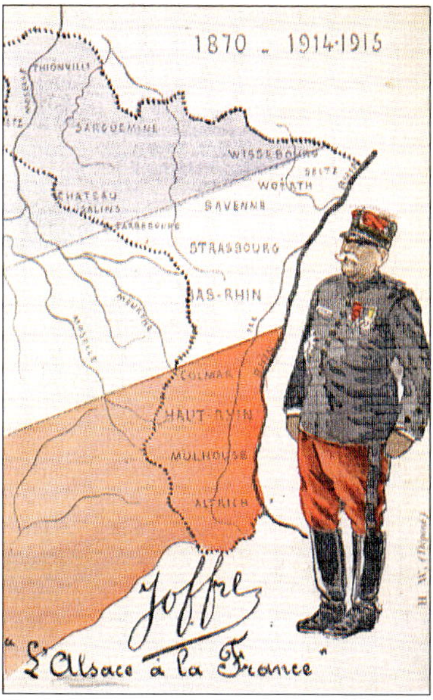

Le ministre autrichien des Affaires étrangères, le comte Czernin (à gauche), et son homologue allemand von Kuhlmann, en décembre 1917.

d'une part le secret et d'autre part la facilité des déplacements.

Après ces premières démarches, il incombe désormais à Charles Ier de communiquer des propositions précises. C'est le 13 février que le comte Erdödy, ami d'enfance de l'empereur, les transmet à Sixte de Bourbon-Parme, à Neuchâtel. Charles Ier propose que l'Alsace-Lorraine soit rendue à la France, que la Belgique soit restaurée et que Constantinople revienne aux Russes. Quant à la Serbie, elle ferait partie d'un royaume yougoslave ayant à sa tête un archiduc autrichien. À la lecture de ce programme, Sixte estime qu'on se heurtera à un refus de la France et que des concessions supplémentaires sont nécessaires. Informé des réticences du prince Sixte, Charles Ier croit devoir s'ouvrir de ses intentions au comte Czernin (ministre des Affaires étrangères). Celui-ci rédige une note exposant son point de vue : l'alliance avec l'Allemagne, la Turquie et la Bulgarie est indissoluble, et une paix séparée ainsi que le maintien de la Serbie comme État ne sont pas envisageables. Charles Ier s'oppose aussi à tout abandon de Constantinople aux Russes. En revanche, il admet la restitution de l'Alsace-Lorraine à la France et l'indépendance de la Belgique. Charles Ier juge que cette note ne permet pas d'ouvrir des négociations et décide de passer outre. Le 21 février, au cours d'une nouvelle rencontre à Neuchâtel, Erdödy remet à Sixte la note de Czernin et celles de l'empereur. Après les avoir lues, Sixte les brûle. Le 5 mars, il rencontre Poincaré et lui remet un mémorandum sur ses contacts en Suisse et la note de Czernin. Le président estime aussitôt que celle-ci ne permet pas de poursuivre les contacts, mais il se ravise lorsque Sixte lui fait part des notes complémentaires de l'empereur dont les vues permettent, à son avis, d'engager des conversations. Il semble que Poincaré fasse confiance à l'excellente mémoire de Sixte qui a communiqué oralement les propositions de Charles Ier. Mais aurait-il eu une autre impression à la lecture ? Le 8 mars a lieu une nouvelle entrevue avec Poincaré assisté cette fois d'Aristide Briand et, le 16 mars, un mémorandum de Sixte résume pour Charles Ier les deux entretiens. Sixte estime que, pour obtenir un résultat, il faut que l'empereur écrive une lettre à Poincaré où quatre conditions seraient exposées : le retour de l'Alsace-Lorraine à la France, l'indépendance de la Belgique, l'indépendance de la Serbie et l'abandon de Constantinople à la Russie.

Mais, entre-temps, la situation a évolué et l'on s'éloigne de tout espoir d'aboutir. En effet, le 16 mars, au cours d'une rencontre à Vienne, Czernin avertit Bethmann-Hollweg que des ouvertures de paix avec la France ne sont pas à écarter. Pour Bethmann-Hollweg, cette hypothèse n'est envisageable que dans le cas où la France abandonnerait le canton de Briey contre la restitution de quelques cantons en Alsace-Lorraine. On s'oriente donc vers une impasse totale. Charles Ier propose une autre solution : pourquoi ne pas offrir la Pologne à l'Allemagne, l'Autriche ayant en compensation les mains libres en Roumanie ? C'est dans cette conjoncture que, le 23 mars, Charles Ier et Sixte se rencontrent au château de Laxenburg. La négociation est difficile. Elle bute sur l'Alsace-Lorraine, la question de l'Italie et le peu d'enthousiasme de Czernin.

Une nouvelle fois, Charles Ier va de l'avant. Le 24 mars au soir, il confie à Sixte sa première lettre autographe pour Poincaré. Après avoir exalté les sacrifices de ses peuples et "… la résistance et l'élan magnifiques" de la France, il prie Sixte "… de transmettre secrètement et inofficiellement à M. Poincaré, président de la République française, que j'appuierai par tous les moyens et en usant de toute mon influence personnelle auprès de mes alliés les justes revendications françaises relatives à l'Alsace-Lorraine". La Belgique "... doit être rétablie entièrement dans sa souveraineté". Charles Ier s'engage également à rétablir la Serbie "dans sa souveraineté". Enfin, l'empereur propose d'élargir à l'Angleterre les négociations secrètes engagées. Le 31 mars, Poincaré reçoit Sixte, et il semble qu'à la lecture de la lettre de Charles Ier il ait eu l'impression qu'il s'agissait d'une offre de paix séparée. Poincaré juge nécessaire d'avertir le roi d'Angleterre, estimant qu'une pression conjuguée franco-britannique est indispensable pour obtenir le consentement de l'Italie. Mais, une nouvelle fois, la situation générale a changé. La révolution russe progresse, l'entrée en guerre des États-Unis est imminente et l'on espère que l'offensive de Nivelle sera décisive.

Du côté des empires centraux, Czernin rencontre Bethmann-Hollweg à Berlin le 27 mars. Tout en proposant la restauration de la Belgique et de la Serbie, et la cession d'une partie de l'Alsace-Lorraine, il refuse toute concession à l'Italie dans le Trentin. Le 3 avril, Charles Ier et Guillaume II se rencontrent à Hombourg. Outre la Pologne, Charles Ier offre la Galicie à l'Allemagne, mais il se heurte au refus de Guillaume II de troquer l'Alsace-Lorraine contre cette dernière. Au nouvel argument de l'empereur d'Autriche qui soutient que son pays est trop affaibli pour continuer la lutte, Guillaume II rétorque que la Russie s'effondre et que la guerre sous-marine bat son plein. C'est la route ouverte à la victoire. Dans ces conditions, la négociation menée par Charles Ier et Sixte de Bourbon-Parme semble bien compromise, surtout lorsque s'affirme la volonté française d'inclure l'Italie dans la négociation, le 22 avril. Or, dans une seconde lettre du 9 mai, les concessions de Charles Ier à l'égard de l'Italie sont insuffisantes. Ribot ne répond pas à cette lettre. Le 20 mai, il assiste à la dernière entrevue entre le prince Sixte et Poincaré. Il y affirme que les revendications italiennes ne peuvent être abandonnées par la France et l'Angleterre. D'ultimes démarches de Sixte auprès de George V et Lloyd George ne permettent pas de sauver les pourparlers. Aucune autre réponse de l'Entente ne parvient plus à Laxenburg.

Ces pourparlers ont donné naissance à une polémique : ne pouvait-on signer la paix dès 1917 ? C'est peu probable. La possibilité de négocier secrètement a existé, mais non celle d'aboutir. L'Allemagne envisageait en effet de poursuivre seule la guerre en cas de paix séparée de l'Autriche et Czernin, s'il admettait une paix générale, refusait cette paix séparée. Enfin, comment sous-estimer l'importance de la révolution russe et l'entrée en guerre des États-Unis qui ont profondément changé les conditions générales de la lutte ? Dans l'état actuel de nos connaissances, la paix des renoncements était impossible en 1917. Les négociations secrètes ultérieures l'ont d'ailleurs confirmé, même si elles ont fait naître des inquiétudes au sein des deux coalitions.

Les hommes ont toujours rêvé ou imaginé de bousculer les obstacles et de vaincre la résistance de l'adversaire en l'écrasant sous une masse en mouvement irrésistible : ce furent les chars égyptiens, les éléphants d'Hannibal, les charges de cavalerie. Pendant la guerre 1914-1918, à la différence de l'arme aérienne, les chars ont été essentiellement une arme française et britannique, et ils ne sont apparus sur les champs de bataille que deux ans après le début des hostilités.

Dès l'hiver 1914-1915 – l'hiver des bricolages –, des automitrailleuses sont livrées au front. Leur valeur opérationnelle est nulle. Le général Pétain réclame leur blindage et fait démonter leurs mitrailleuses pour les installer dans les tranchées. On imagine même des brouettes blindées dont le destin est identique. Pour surmonter les obstacles des terrains ravagés et franchir les tranchées, il faut orienter la recherche vers les engins chenillés. En Grande-Bretagne, le colonel Swinton imagine le char ; en France, c'est le futur général Estienne. Swinton, soutenu par Churchill, réalise avec l'ingénieur sir Eustache d'Eynecourt le char *Mark I* qu'il présente le 1er février 1916. De son côté, Estienne propose à Joffre un premier projet de blindé dérivé des tracteurs américains à chenilles, les *Caterpillars*. Parallèlement, un prototype essayé à Vincennes donne satisfaction. On décide alors de faire construire 400 chars moyens de 13,5 t, tandis que le sous-secrétariat à la Guerre commande un autre char de 23 t : le char *Saint-Chamond*. Le colonel Estienne est nommé général et reçoit le commandement des chars dont le nom, artillerie d'assaut, est révélateur. Ainsi, les Français et les Anglais aboutissent au même moment à la réalisation de nouveaux engins qui vont se perfectionner. Ces monstres présentent pourtant des faiblesses : leur mince blindage de 8 à 12 mm

Automitrailleuse blindée des troupes anglaises.

ne résiste pas aux obus, les chenilles sont encore sommaires, les moteurs faibles pour le poids, et les vitesses insuffisantes – 6 km/h sur route, 2 km/h en terrain bouleversé. Enfin, l'habitacle très étroit est inconfortable pour les servants. Mais le commandement qui est pressé d'utiliser cette nouvelle arme engage dans la bataille des chars en nombre insuffisant et sans les soumettre à un minimum de rodage. Le 15 septembre 1916, des chars anglais sont lancés dans la bataille de la Somme. Seuls 5 des 49 *Mark I* qui attaquent à Flers-Courcelette atteignent les lignes allemandes. Pour un résultat dérisoire, le secret de la nouvelle arme est éventé. Afin de répondre à la menace, les Allemands élargissent leurs tranchées. Pour sa part, le général Estienne estime que les chars doivent intervenir par surprise et en nombre. Lors de l'offensive d'avril 1917, les chars s'avèrent encore une fois décevants : sur 130 engagés, 35 brûlent, 17 sont détruits par l'artillerie et 28 tombent en panne. Au total, les pertes s'élèvent à 60 %. Le principe d'utilisation du char en est modifié : il faut compter qu'il ne permet pas de supprimer la préparation d'artillerie et doit agir en liaison étroite avec l'infanterie. Le général Pétain, pour qui le char reste une arme d'avenir, se tourne vers un modèle amélioré et plus léger : le char *Renault*. Le 20 juin 1917, il prend la déci-

Char d'assaut français : le Saint-Chamond.

Chars français Renault FT-17 *au cours de la bataille de Montdidier, en août 1918.*

sion capitale de demander la fabrication de 3 500 chars pour le 1er avril 1918.

Il importe que les nouveaux matériels soient fabriqués en éliminant leurs défaillances : les leviers de direction qui deviennent brûlants, les chenilles qui manquent de largeur, les carters d'huile qui se détachent. Or, précisément, les modèles *Renault* semblent au point. Le général Pétain décide de faire participer les chars à la bataille de La Malmaison. Les résultats obtenus lui permettent d'écrire à Loucheur, ministre de l'Armement, que "l'emploi des chars d'assaut dans la journée du 23 octobre a été dans l'ensemble couronné de succès et a rendu confiance aux troupes dans l'emploi de cet appareil". Pétain est d'autant plus satisfait que les chars ont ouvert la route à l'infanterie et fait taire les mitrailleuses. Il a, dès lors, de nouveaux arguments à faire valoir dans sa controverse avec Loucheur qui ne lui promet qu'un maximum réalisable de 1 000 chars pour le 31 mars 1918 et maintient ses exigences dans un échange de lettres au ton assez vif. C'est alors que, le 20 novembre, les Anglais lancent leurs chars dans la bataille de Cambrai. Ils obtiennent un net succès en permettant une avance surprise de 5 à 7 km. Certes, les Allemands réagissent et, le 30, ont repris presque tout le terrain perdu car leur artillerie domine les chars anglais. Aussi le Haut Commandement allemand tend-il à sous-estimer l'arme nouvelle qu'il ne fera construire que tardivement. En France, le programme demandé par Pétain prend du retard. Devant les protestations du général en chef qui rappelle que de nombreux petits chars – 8,5 t, 16 à 22 mm de blindage, une tourelle à révolution totale, un canon de 37 et le moteur à l'arrière – sont plus efficaces qu'un seul mastodonte, le gouvernement se décide à réorganiser la fabrication des chars suivant un processus simplifié : "Le commandement demande, le ministre de la Guerre décide, le ministre de l'Armement exécute", et finit par créer bien tardivement, le 1er mars 1918, une direction de l'Artillerie d'assaut au ministère de l'Armement. Le 21 mars, l'armée ne dispose encore que de 246 chars *Schneider*, 222 *Saint-Chamond* et un seul char *Renault*, mais la conception de leur utilisation tactique a évolué.

Dans une note très secrète du 29 décembre 1917, le G.Q.G. considère que les chars peuvent créer la surprise en bousculant et perçant la première position adverse, tout en désorganisant profondément les autres. Mais il estime aussi que les chars sont une arme d'accompagnement, une artillerie plus mobile qui permet de soutenir au plus près la troupe. L'autonomie des chars n'est pas encore envisagée, car ils ne constituent pas "... une arme sûre : les effets de l'artillerie ennemie, les caprices des moteurs, des obstacles imprévus la réduisent à néant". Au fond, c'est de leurs perfectionnements techniques que dépend l'évolution de la tactique. Dès le 19 janvier, une seconde note affirme

Louis Renault (en canotier) fait visiter son usine de Billancourt à une commission américaine, le 10 août 1917.

l'idée que le char donne les moyens de résoudre les problèmes tactiques soulevés par la guerre de positions. Grâce à lui, on pourrait mener "une succession rapide d'attaques puissantes" qui apporteraient "la décision de la bataille". Si la rapidité n'a pas encore été réalisée, c'est qu'elle "a toujours été entravée par la difficulté de pousser en avant l'artillerie après un premier assaut". Mais c'est surtout dans une troisième note, qui montre l'évolution rapide des conceptions, que le 3e Bureau affirme le 26 janvier que : "Les chars d'assaut sont un fait nouveau : ils assurent la possibilité de réduire la résistance des rideaux de mitrailleuses et de rompre la couverture en deux ou trois assauts successifs." Cependant, ils doivent agir en liaison avec l'infanterie. Les chars isolés sont des cibles trop vulnérables, comme l'avait montré la bataille de Cambrai. L'utilisation des chars comme force de rupture, de pénétration et d'exploitation semble désormais acquise. Comme les chars d'assaut légers commencent à être livrés, Pétain introduit l'idée qu'ils constitueraient "… le principal instrument de la surprise au moment de la reprise de l'offensive". Il écrit un peu plus tard dans la Directive nº 5 du 12 juillet 1918 sur l'offensive que : "La surprise tactique sera obtenue par la soudaineté du déclenchement de l'attaque, soit à la faveur d'une préparation par l'artillerie et par l'aviation de bombardement aussi brève et aussi violente que possible, soit sans préparation à la faveur de l'action de rupture des chars d'assaut ouvrant la voie à l'infanterie et l'artillerie. La rupture obtenue, il faudra exploiter le succès avec rapidité."

Les chars jouent désormais un rôle important. Ils contribuent au succès de la contre-attaque du 18 juillet à laquelle ils sont 800 à participer. Lors de l'offensive du 8 août – "le jour de deuil de l'armée allemande" –, 420 chars anglais et 90 chars français, soutenus par 400 avions anglais et 1 025 français, bousculent les forces allemandes. Le soldat allemand a l'impression que cette arme est irrésistible. Enfin, 600 chars sont prévus dans l'offensive de Lorraine du 14 novembre que la signature rapide de l'armistice ne permettra pas de lancer.

À la fin de la Grande Guerre apparaît ainsi le couple char-avion, comme l'ont bien vu Fuller en Angleterre, Pétain et le général Estienne en France.

À lire

BATTESTI (M.), *Histoire de la Première Guerre mondiale* (chapitre XXIV du tome II), éd. Flammarion, 1991.

PEDRONCINI (G.), *Pétain, général en chef*, PUF, 1974.

Le 2 août 1914, la France dispose de 126 avions en escadrilles. En novembre 1918, ses forces aériennes comptent 3 427 avions en 258 escadrilles. À la fin de la guerre, les Anglais disposent de 1 800 avions, les Américains de 700. Les Allemands, quant à eux, alignent 2 590 appareils. La production a fait des progrès spectaculaires : de 50 appareils construits en 1914, on passe à 24 600 en 1918, soit la moitié de toute la production pendant les quatre années de guerre. La fabrication des moteurs se développe sur un rythme semblable. Au moment de l'armistice, l'industrie aéronautique française est la première du monde et elle emploie 180 000 personnes. Une évolution semblable existe sur mer : en 1914, seuls 8 hydravions sont en service contre 1 264 en 1918. Cette montée en puissance de l'aviation – au printemps de 1918, les bombardiers ont jeté plus de bombes sur le champ de bataille que depuis le début de la guerre – a soulevé de nombreux problèmes d'organisation, d'adaptation et de mise en œuvre tactique et stratégique.

Conquête de l'air : avions et dirigeables.

La photographie aérienne est capitale pour la conduite des opérations au sol. L'avion rivalise avec le dirigeable pour la prise de photos (ici, vue de Reims).

En 1914, l'existence de l'aviation est liée à quelques précurseurs. Le 14 octobre 1897, l'avion n° 3 de Clément Ader qui avait signé une convention secrète avec le ministère de la Guerre, en 1892, ne satisfait pas aux exigences de l'armée. Puis c'est l'échec des frères Wright après leurs quatre premiers vols. C'est alors qu'en 1906 Santos Dumont réalise le premier vol : 220 m en 21 s de vol à 41 km/h. Farman en 1908 augmente le record de distance avec 1 km en circuit fermé et, le 25 juillet 1909, Blériot traverse la Manche. En trois ans, l'aviation a fait de tels progrès techniques que le général Roques, directeur du Génie, décide en 1909 l'achat de cinq appareils pour en étudier les applications militaires tandis que l'artillerie, estimant que l'avion pourrait être utile pour le réglage des tirs, décide d'acquérir sept biplaces. Le point décisif est marqué le 9 juin 1910 lorsque l'avion prouve qu'il peut rivaliser avec le dirigeable pour la prise de photos, mais le scepticisme demeure à la direction du Génie qui considère encore l'aviation comme un sport. D'ailleurs, Foch affirme : "L'avion, c'est zéro." Toutefois, lors des grandes manœuvres de Picardie en 1910, le général Roques estime l'aviation indispensable à l'avenir et commande 40 appareils qu'il souhaite fiables – c'est la différence avec les chars qui seront lancés dans la bataille avant de disposer des garanties nécessaires – et capables de bombarder les ouvrages ennemis dans un rayon de 300 km en emportant 300 kg. L'idée du bombardement stratégique apparaît.

Pour coordonner l'action à mener, une

Un avion français, le Bébé Nieuport.

Inspection permanente est créée en octobre 1910 et confiée au général Roques. Les manœuvres de 1912 achèvent de montrer la supériorité des avions sur les dirigeables et incitent, en décembre 1912, le général Hirschauer, successeur de Roques, à proposer la réalisation d'un programme de 400 avions. En 1914, enfin, une direction de l'Aéronautique est placée sous les ordres du général Bernard.

Parallèlement, les progrès techniques contribuent à la montée de l'intérêt en faveur de l'aviation. En 1909, les avions qui atteignent 73 km/h et une altitude de 453 m volent à 200 km/h et montent à 6 120 m d'altitude en 1914. Progressivement jusqu'en 1917 puis rapidement ensuite, la guerre achève de faire prendre conscience de l'importance de la nouvelle arme. Ainsi, après la Marne, le maréchal Joffre réalise la valeur du renseignement aérien : dès le 25 septembre 1914, il confie au commandant Barès le commandement du Service aéronautique du G.Q.G. Les possibilités de l'aviation dans la bataille et dans la stratégie générale se confirment aussi. Lors de la bataille de la Marne, à la 6e D.I., Pétain et Estienne opèrent les réglages d'artillerie avec l'aide des avions. Dès le 18 août 1914, des avions français détruisent deux dirigeables allemands et, le 27 mai 1915, 18 *Voisin* bombardent les usines de Ludwigshafen. Mais les avions d'observation comme les bombardiers ont besoin d'une protection : c'est le rôle dévolu à la chasse aérienne. Très vite, les tirs au fusil ou à la carabine se révèlent insuffisants et il faut résoudre la question du tir à travers l'hélice. En avril 1915, Roland Garros réussit à réaliser ce tir avec une mitrailleuse *Hotchkiss,* mais il est obligé d'atterrir en territoire ennemi sans pouvoir détruire son appareil, et ce sont les Allemands qui perfectionnent sa découverte grâce au Hollandais Fokker. Dès l'été 1915, le *Fokker E1* donne la maîtrise de l'air aux Allemands. Le programme du 21 novembre 1915 en vue de la construction de 1 310 avions rend la maîtrise de l'air à la France au printemps 1916, en dépit de difficultés liées aux incertitudes de l'organisation et de la politique : le sous-secrétaire d'État René Besnard qui assure la réalisation du plan de fabrication doit démissionner le 8 février 1916 – quelques jours avant Verdun – et, le 10, le sous-secrétariat est supprimé. Verdun est la première bataille aérienne de l'Histoire. Le 21 février, les Allemands qui ont encore la maîtrise de l'air lancent des groupes de 3 à 4 appareils et disposent de 180 avions *Fokker E.* Il faut donc éliminer la chasse allemande. Le nouvel avion français, le "bébé Nieuport", et l'action du commandant de Rose permettent de reconquérir la maîtrise du ciel qui apparaît désormais comme nécessaire au succès des opérations. Le général Foch estime après la bataille de la Somme que l'aviation a fortement contribué aux succès remportés en contrôlant le réglage et l'action de l'artillerie.

Mais, à l'Intérieur, depuis la suppression du sous-secrétariat d'État, l'organisation flotte. Aussi, le 10 février 1917, le général Lyautey, ministre de la Guerre, impose la direction générale de l'Aéronautique aux ordres du général Guillemin contre les protestations du général Nivelle qui y voit une atteinte à ses prérogatives. Lyautey ne cède pas : une des forces de l'aviation allemande n'est-elle pas dans la concentration de tout ce qui la concerne aux mains du général Hoeppner ? On opère d'ailleurs un changement au G.Q.G. : le colonel Barès est remplacé par le commandant du Peuty nommé par Nivelle alors que, dans le gouvernement Ribot, Daniel Vincent devient sous-secrétaire d'État à l'Aéronautique. Il connaît bien les questions qui se posent et il donne une grande impulsion à la construction des appareils dont il standardise la fabrication. En outre, il s'entend bien avec le colonel Duval nommé le 2 août à la tête du Service du G.Q.G. par le général Pétain qui veut accorder un rôle de plus en plus grand à l'aviation qui "… a une importance capitale : elle est devenue un des facteurs indispensables du succès. L'obligation de prendre la maîtrise de l'air conduira à de véritables batailles aériennes". Et pour répondre aux besoins, il demande, le 6 septembre, la réalisation d'un nouveau programme de 2 870 avions. Mais il sait aussi qu'il faut compter avec des retards de fabrication et que, en attendant, la nécessité s'impose de tirer le meilleur parti de ce qui existe. Frappé par les lacunes de la tactique d'emploi de l'aviation, le général Pétain cherche, là comme ailleurs, à utiliser la stratégie de la surprise. Dès le 2 mai, il montre qu'il faut construire, à l'avance, des hangars en arrière des fronts susceptibles de devenir offensifs. Ce n'est qu'au dernier moment qu'on y conduira les appareils.

Après le 15 mai, sa tactique est arrêtée. Contre l'avis du général de Castelnau, il maintient la nécessité des bombardements de jour et exige que l'aviation soit employée en masse afin d'assurer un maximum d'efficacité. Il fixe les gares comme objectif prioritaire des bombardements. Réussissant à arracher au gouvernement l'autorisation de bombarder des villes allemandes en représailles, il espère pouvoir lier l'action de l'aviation française à celles des Anglais et des Américains. Le 19 juillet, il donne ses directives dans ce sens. L'apparition de nouveaux appareils de chasse et de bombardement contribue à donner leur plein effet à ces décisions. Toutefois, un frein demeure au développement sans limites que souhaite le nouveau général en chef. D'après lui, l'organisation intérieure rend impossible "… une amélioration importante de l'aviation pour le printemps prochain". Mais sa demande n'est pas entendue. En effet, Daniel Vincent en désaccord avec Poincaré doit démissionner. Il est remplacé par Jacques-Louis Dumesnil subordonné au ministre de l'Armement pour les fabrications et au ministre de la Guerre pour tout le reste. La coordination entre les exigences du front et de la production disparaît. Clemenceau, passant outre les protestations de Pétain, maintient ce nouveau système et seuls les bons rapports personnels de Dumesnil avec Loucheur, ministre de l'Armement, pallient les effets néfastes des décisions prises. Alors qu'il ménage l'infanterie au point de paraître défensif, le général Pétain donne des missions offensives à l'aviation : "L'attaque à la mitrailleuse ou à la grenade des tranchées, des nids de résistance, de mitrailleuses isolées, des batteries les plus rapprochées." Quant aux avions de bombardement, ils doivent opérer "… d'une façon continue le bombardement du champ de bataille : troupes en marche, réserves, batteries… Il importe pour le moral des troupes non seulement que le travail (aérien) soit fait mais que les troupes sentent et voient qu'il est fait". Enfin, le général Pétain parvient à obtenir, avec l'appui de Foch, que les batteries antiaériennes de l'intérieur viennent renforcer celles du front. Ainsi la D.C.A. se trouve placée sous le commandement des généraux d'armées et elle intervient directement dans la bataille en liaison avec l'aviation.

Avec l'année 1917, de nombreuses évolutions se produisent et de nouveaux avions plus performants apparaissent. Ce sont les Allemands qui prennent l'initiative en janvier 1917 avec l'*Albatros DIII,* et il faut attendre le *Spad 13* pour mettre fin à sa supériorité. La mise en service de ces nou-

Instructions en cas d'atterrissage d'aéroplanes sur le territoire de la zone des armées.

RÉPUBLIQUE FRANÇAISE

GRAND QUARTIER GÉNÉRAL DES ARMÉES FRANÇAISES

SERVICE AÉRONAUTIQUE

INSTRUCTIONS

En cas d'atterrissage d'Aéroplanes sur le territoire de la Zone des Armées

Marques distinctives. — 1° Les aéroplanes alliés portent une cocarde tricolore sous les ailes et à chaque extrémité, et des bandes tricolores à la queue.

COCARDES FRANÇAISES — COCARDES ANGLAISES — COCARDES BELGES

2° Les aéroplanes allemands ont comme insignes la Croix de Malte sous chaque aile, sur le fuselage et la queue.

CROIX DE MALTE PEINTE EN NOIR

Tout aviateur atterrissant dans la zone des Armées, en dehors des terrains d'atterrissage, doit décliner ses nom et qualités et présenter sa carte d'aviateur militaire aux autorités militaires ou civiles qui se présenteront. Le pilote sera responsable des déclarations d'identité des passagers.

Atterrissage d'Aéroplanes français ou alliés. — Si l'atterrissage a lieu à proximité d'une garnison, le Commandant d'Armes fera assurer le gardiennage de l'appareil. Lorsque l'aviateur atterrit loin d'une garnison, mais à proximité d'une Brigade de Gendarmerie, le Chef de la Brigade assurera, s'il le peut, la garde de l'avion au moyen de son personnel, ou procurera à l'aviateur des hommes de confiance. A défaut de Gendarmerie, le Maire de la commune doit faire assurer le gardiennage de l'avion dans les mêmes conditions.

Atterrissage d'Aéroplanes allemands. — En cas d'atterrissage ennemi, le Commandant de la Brigade de Gendarmerie ou le Maire de la commune s'assurent de la personne des aviateurs ennemis et en préviennent immédiatement le Général commandant l'Armée ou la Région.

En cas de velléité de remise en marche de l'aéroplane, user de violence pour empêcher le départ, en brisant soit la queue de l'aéroplane, soit une roue.

L'aéroplane doit être conservé intact jusqu'à l'arrivée des Autorités Militaires compétentes.

Au G. Q. G., le 22 Avril 1916.
Pour le Général Commandant en Chef,
Le Major Général,
PELLÉ.

Manfred von Richthofen, as de l'aviation allemande, mort au combat.

veaux appareils a permis d'améliorer la tactique, et de donner un poids de plus en plus lourd à l'intervention de l'aviation dans les batailles. L'aviation de bombardement renforcée par le *Bréguet 14 B2* qui pouvait transporter 300 kg de bombes perturbait sérieusement le trafic ferroviaire du minerai de fer expédié en Allemagne. Il faut rappeler que 76 % de son minerai provenait du bassin lorrain. Enfin, le bombardement des villes devenait possible. Il en allait de même pour le *Handley Page* anglais qui transportait 800 kg, et le *Gotha* allemand de 600 kg à 1 t. S'appuyant sur ces progrès et ces évolutions, le général Pétain conclut dans une lettre au général Pershing à la fin de l'année 1917 que l'aviation peut être l'arme de la décision. Effectivement, c'est en 1918 que l'aviation commence à jouer un rôle capital dans les batailles défensives et offensives qui, de mars à novembre, décident du sort de la guerre.

En dépit des difficultés nées de l'organisation intérieure, la production aéronautique augmente tout au long de l'année 1918. Comment l'exploiter au mieux ? Tout en reconnaissant que les appareils n'étaient pas encore tout à fait prêts pour ce genre de mission, le général Dufieux avance une idée qui annonce les commandos aéroportés de l'avenir. Il propose de saboter les voies ferrées allemandes par des "pétards de rupture" qu'un personnel transporté par avions mettrait en place. Le général Pétain préfère d'autres solutions pour faire intervenir l'aviation encore plus directement dans la bataille terrestre. Le 4 février 1918, on crée les escadres de chasse et, le 13, les escadres affectées aux bombardements de jour ou de nuit. Les divisions aériennes sous les ordres du général Duval apparaissent à leur tour le 14 mai et interviennent massivement dans les combats du mois de juin. Du 15 au 18 juillet, l'escadre n° 12 du commandant Vuillemin lance 147 t de bombes sur les points de passage de l'offensive allemande. L'aviation soutient ensuite les opérations offensives alliées, en liaison avec les chars qui, entre le 18 juillet et le 11 novembre, acculent le haut commandement allemand à demander l'armistice.

L'aviation a largement contribué à la victoire. Cependant, cette évidence ne suffit pas à maintenir l'œuvre entreprise et, après l'abandon de l'industrie aéronautique qui n'emploie plus que quelques milliers de personnes, on voit encore certains ministres douter de l'avenir de l'aviation.

Toutefois demeure dans les esprits et les cœurs la légende qui a entouré les "as" de la Grande Guerre – ceux qui ont remporté au moins 5 victoires homologuées – dans tous les pays : Guynemer, Fonck, Nungesser pour la France, Richthofen, Udet, Göring pour l'Allemagne, Mannock, Bishop pour l'Angleterre, Lomens pour la Belgique. Au-delà de leur gloire, on ne peut oublier leur rôle dans la bataille aérienne. En France, les 192 as ont été victorieux 1 812 fois sur les 2 406 victoires reconnues.

À lire

CARLIER (C), *Clément Ader. La vérité rétablie*, Perrin, 1990. Histoire militaire de la France, PUF, 1992. (Chapitre VIII du tome III.)

HOPPNER VON (général), *L'Allemagne et la guerre de l'air*, éd. Payot, 1934.

Il bouleverse les données traditionnelles de la maîtrise de la mer. Environ 5 500 navires coulés (12 à 13 millions de t dont 5 en mer du Nord et 3,3 en Méditerranée, soit l'équivalent de la flotte britannique de 1914) et les Alliés menacés de défaite dans les mois qui suivent la déclaration de guerre sous-marine à outrance (5,7 millions de t coulées du 1er février au 31 décembre 1917). Ce sont autant de faits de grande importance qui consacrent le rôle du sous-marin et annoncent son grand avenir dans la bataille de l'Atlantique et la dissuasion nucléaire. La menace se précise nettement au fur et à mesure que leur nombre augmente (les Allemands réussissent à mettre en service un maximum de 13 sous-marins en octobre 1917, 12 en août 1917 et en juin 1918) et que certains commandants obtiennent des résultats spectaculaires : Lothar von Arnauld de la Périère coule 400 000 t, Walther Forstmann 380 000, Max Valentiner 300 000.

La guerre sous-marine apparaît dès les premiers jours du conflit. Le 8 août, l'U15 lance une torpille contre le cuirassé anglais *Monarch* avant d'être coupé en deux, le lendemain, par le *Birmingham*. Le 5 septembre, le destroyer *Pathfinder* est torpillé et coule, mais c'est la stupéfaction lorsque, le 22 septembre, les trois croiseurs cuirassés de 12 000 t, *Aboukir, Cressy* et *Hogue,* sont coulés en quelques minutes par l'*U9* commandé par Otto Weddingon.

On s'attendait à des batailles navales entre flottes de cuirassés et de croiseurs de bataille, et l'on doit faire face à une forme de guerre totalement inattendue, même si le président Loubet avait plongé avec le sous-marin *Zédé* dès le 13 avril 1901 et le

ministre français de la Marine, Lockroy, avait publié en 1905 dans *Le Temps* des articles en faveur des submersibles dont le rôle lui paraissait capital dans la guerre future.

Or, rapidement, la guerre sous-marine menace non seulement les navires de guerre mais également ceux de commerce. Dans ce domaine, elle connaît trois phases. Le 5 février 1915, l'Allemagne déclare zone de guerre les eaux entourant la Grande-Bretagne et l'Irlande, ainsi que la Manche tout entière. À partir du 18 février, elle est décidée à détruire tout navire marchand, y compris les neutres, naviguant dans cette zone. La navigation reste libre au nord des îles Shetland, dans la zone orientale de la mer du Nord et dans une bande de 30 milles nautiques le long de la côte hollandaise. L'augmentation du tonnage coulé (environ 80 000 t en mars et 130 000 en juin) est encore modérée, mais la décision allemande entraîne le torpillage du paquebot *Lusitania* par l'*U20* commandé par Schwieger, qui le coule le 7 mai avec 1 200 passagers dont 159 Américains. L'émotion est considérable et, lorsque le 19 août le paquebot *Arabic* est torpillé à son tour, une seconde crise éclate avec les États-Unis. Dans une note du 28 août, le chancelier Bethmann-Hollweg annonce que désormais les navires de commerce ne seront plus torpillés sans avertissement et, le 18 septembre, il ordonne aux commandants de sous-marins de cesser toute attaque contre les navires de commerce à partir du 20. La première phase de la guerre sous-marine au commerce s'achève donc par un recul du gouvernement allemand. Le 18 janvier 1916, les États-Unis ayant admis comme licite la guerre sous-marine à condition de sauver passagers et équipages avant le torpillage, la deuxième phase de la guerre sous-marine commence, mais le 24 mars le paquebot *Sussex* est attaqué. S'il ne coule pas, 50 passagers sur 380 sont néanmoins tués, dont le compositeur espagnol Granados. Cette seconde phase est brève. Elle dure jusqu'en mai lorsque, à la demande des États-Unis, l'Allemagne s'engage à conduire la guerre selon les règles du droit international. Les restrictions ainsi imposées la rendent largement inefficace. On estime que les pertes auraient pu atteindre 1,5 million de tonnes au lieu de 200 000 t. La troisième phase, la plus

Un navire torpillé dans les Dardanelles et remorqué jusqu'au port.

connue, commence le 1er février 1917. C'est la guerre sous-marine totale dont l'Allemagne attend la victoire par la paralysie des transports maritimes. Les chiffres parlent d'eux-mêmes : 256 000 t coulées (86 navires anglais) en février, 283 000 (103 navires anglais) en mars, 516 000 en avril, 596 000 en mai et 687 000 en juin. L'amiral Jellicoe déclare à l'amiral américain Sims : "Les sous-marins allemands sont en train de gagner la guerre." Les mesures prises d'urgence – patrouilles de chasse, escortes, convois, filets de protection – conjuguées avec l'entrée en guerre des États-Unis, atténuent peu à peu cette menace gravissime. Les pertes passent de 557 000 t coulées en juillet à 399 000 t en décembre. En 1918, le danger est écarté, mais les sous-marins allemands ont attaqué jusqu'au bout. En novembre, 17 000 t sont encore détruites.

Les conséquences matérielles de la guerre sous-marine ont été considérables. La pénurie de navires a posé aux Alliés des problèmes difficiles à résoudre. Les pertes humaines ont été considérables et ont créé des inquiétudes graves lors des transports de troupes. Ainsi, les hommes de l'armée d'Orient n'ont pas caché leurs craintes de voir leurs navires torpillés en Méditerranée. Mais l'arme nouvelle a révélé ses possibilités et ne tombera pas dans l'oubli.

Le blocus maritime de l'Allemagne est un des aspects importants de la guerre économique menée pendant la Grande Guerre. Si la question d'un blocus n'est pas nouvelle dans son principe, elle revêt un caractère relativement nouveau dans son application. Le principe à l'origine est simple. Il s'agit d'empêcher le commerce de l'adversaire en bloquant effectivement ses ports, ou quelques-uns d'entre eux, grâce à la présence réelle d'une flotte de guerre capable d'interdire l'entrée des navires dans le port et de faire face à une flotte adverse venue pour faire lever le blocus. Napoléon Ier avait altéré ces principes dans le décret de Berlin du 21 novembre 1806 en imposant un blocus fictif puisqu'il ne disposait pas de la maîtrise de la mer. Ce décret avait permis de saisir n'importe où les navires ennemis, et même les neutres, qui auraient transporté de la contrebande de guerre. Il était nécessaire de redéfinir la notion de blocus et de contrebande de guerre, d'autant plus que l'évolution des moyens de lutte jouait dans le sens de l'encerclement économique plus que dans celui du strict blocus. En effet, une flotte de guerre moderne bloquant un port constitue une cible idéale pour les navires ennemis, et particulièrement pour les mines et les sous-marins. De surcroît, les navires sont désormais suffisamment rapides pour forcer un blocus. Dans ce domaine comme dans beaucoup d'autres, la Grande Guerre marque une profonde évolution.

En 1914, pour encercler économiquement l'Allemagne, les Alliés disposent juridiquement de trois textes dont l'objet est de protéger le commerce des neutres et de définir la contrebande de guerre. La Déclaration de Paris du 18 avril 1856 précisait : "Le pavillon neutre couvre la marchandise ennemie à l'exception de la contrebande de guerre, et la marchandise neutre n'est pas saisissable sous pavillon ennemi." La Déclaration de Londres du 26 février 1909 définissait la contrebande de guerre suivant sa nature et sa destination. C'est ainsi qu'elle distinguait la contrebande "absolue" portant sur tout objet "exclusivement employé à la guerre", et la contrebande "conditionnelle" visant les objets "qui peuvent servir à la guerre comme à un usage pacifique". Elle établissait une liste de 11 articles pour la première catégorie et de 14 pour la seconde, en laissant aux belligérants le droit d'en augmenter le nombre. Afin d'éviter tout abus, on avait retenu 17 articles (dont le papier, le coton, le caoutchouc et les engrais) qui ne pouvaient en aucun cas être considérés comme contrebande de guerre. Suivant la destination, une distinction fondamentale était faite. Dans le cas de la contrebande absolue, c'était la doctrine du "voyage continu" qui était retenue. Tout

Ch. Fouqueray, Accompagnement d'un convoi par un sous-marin, *1915, musée de l'Armée, Paris..*

L'Allemagne connaît une pénurie de cuivre et se livre à des réquisitions auprès de la population.

belligérant pouvait arrêter des armes destinées à l'adversaire et qui étaient débarquées dans un port neutre, par exemple des armes destinées à l'Allemagne et déchargées à Gênes. Pour la contrebande conditionnelle, les marchandises ne pouvaient être saisies que si elles arrivaient directement chez l'ennemi. La conférence de La Haye (1907), pour sa part, avait abouti à 8 conventions qui concernaient la guerre maritime. La plus importante avait créé une Cour des prises internationale. Si l'Allemagne et la France avaient décidé de ratifier la Convention de Londres, respectivement par les "instructions de 1909" et les "instructions de 1912", l'application de ces accords complexes était rendue encore plus délicate par le refus de ratification, le 13 décembre 1911, du Parlement britannique.

Un accord est donc indispensable en 1914. Le 2 août, le gouvernement français désigne le vice-amiral Moreau et le jurisconsulte des Affaires étrangères Fromaget pour étudier les problèmes de droit international que le conflit posera inévitablement. De son côté, le gouvernement anglais désigne l'amiral Slade et sir Cecil Hurst. Le 6 août, les États-Unis ayant demandé que soit précisée l'attitude des belligérants dans la guerre maritime et commerciale, la France propose que soit appliquée intégralement la Convention de Londres. Mais, en août 1914, de grosses cargaisons de céréales sont débarquées en Hollande à destination de l'Allemagne. La Hollande, arguant tout à la fois de sa neutralité et du fait que ce serait contraire à la Convention de Londres et à la Convention de Mannheim de 1868 sur les conditions du trafic rhénan, refuse d'interdire ce transit. La France et l'Angleterre décident alors d'appliquer la Déclaration de Londres en modifiant l'article 35, de manière à pouvoir saisir la contrebande conditionnelle qui transiterait par un port neutre. Cette décision suscite les protestations des États-Unis. Pour les apaiser, Londres et Paris excluent le coton de la contrebande. La mesure prise est insuffisante et un "ordre en Conseil" du 30 octobre 1914 annule la mesure précédente. Désormais, les Alliés ne saisiront plus que des marchandises sans destinataire précis ou avec un destinataire en pays ennemi. Il incombera au propriétaire de la marchandise transportée d'apporter la preuve de sa destination. Les Alliés allongent la liste de la contrebande conditionnelle, ce qui entraîne de nouvelles protestations des États-Unis le 26 décembre 1914. Une polémique s'engage alors. Londres dénonce l'augmentation du commerce des États-Unis avec les pays neutres – leur commerce avec le Danemark est passé de 558 000 dollars en novembre 1913 à 7 millions en novembre 1914. Par ailleurs, seulement 45 navires américains sur 773 ont été saisis, d'août 1914 à janvier 1915.

Le droit de visite pose par ailleurs de nombreux problèmes. Il était prévu qu'il s'exercerait seulement "à la mer". Mais comment transborder en pleine mer les marchandises confisquées ? Il faut dérouter les navires vers les ports alliés. Les protestations fusent et la solution est donnée de manière inattendue par l'Allemagne. Dès le 7 août, Berlin décide de poser des mines. La mer du Nord devient une zone militaire que les navires neutres doivent aborder par le pas de Calais afin d'être guidés par les Anglais en dehors des champs de mines. L'arraisonnement est ainsi facilité. De janvier à juillet 1915, sur les 2 466 navires qui arrivent dans les ports neutres de la mer du Nord, 2 132 sont minutieusement contrôlés. Cependant, les États-Unis continuent de protester et la polémique ne prend fin qu'en avril 1917. Les Allemands ayant réagi contre ce blocus par la première déclaration de guerre sous-marine en février 1915, les Alliés ripostent par "l'ordre en Conseil" du 11 mars 1915 qui interrompt tout trafic commercial entre l'Allemagne et les puissances d'outre-mer. D'abord limité à une zone définie par le degré 15 de longitude ouest, le blocus allié s'étend le 29 septembre

1916 au degré 30 de longitude ouest afin d'arrêter les marchandises ennemies sur les côtes d'Afrique. Cette décision devient la pièce essentielle du blocus contre l'Allemagne. Les Alliés allongent encore les listes de contrebande. Le nombre des produits de contrebande absolue est porté à 42 en octobre 1915. Mais toutes ces mesures présentent des faiblesses car les Alliés n'ont pas la maîtrise de la Baltique, et les pays scandinaves dont le commerce avec l'Allemagne s'est accru échappent au blocus. Il faut introduire le système des contingentements.

C'est finalement en fonction des nécessités et sans plan préconçu que toutes ces mesures ont été progressivement décidées en 1914 et 1915. L'année 1916 marque une certaine évolution. Le 23 février est créé en Angleterre un ministère du Blocus sous la tutelle de lord Cecil, tandis qu'en France apparaît un "Comité des restrictions" présidé par un ministre d'État, Denys Cochin, le 23 mars 1916, et que se constitue un sous-secrétariat du Blocus en décembre. L'organisation interalliée du blocus demandée par la France en juin 1915 est finalement créée le 20 juin 1916. Le système auquel la France et la Grande-Bretagne aboutissent est donc bien différent de la Déclaration de Londres qui est abrogée le 7 juillet 1916. Ainsi, dans le domaine du blocus comme dans bien d'autres, l'adaptation à la guerre longue a été difficile.

Le blocus et des récoltes désastreuses en 1916 et 1917 provoquent une sous-alimentation de la population qui doit parfois, comme ici, se contenter d'épluchures de pommes de terre.

L'entrée en guerre des États-Unis autorise un resserrement du blocus et une meilleure organisation alliée. Le 9 juillet 1917, le président Wilson signe un embargo général. Les céréales, les fourrages, le charbon, l'essence, la fonte, l'acier, les engrais et naturellement les armes, les munitions et les explosifs ne peuvent plus quitter les États-Unis sans une licence spéciale de l'*Export Council*. Un Conseil international du blocus est ensuite institué à Londres en août 1917. Ces dispositions prennent leur plein effet au printemps 1918, aggravant les difficultés de l'Allemagne dans plusieurs domaines. L'Allemagne consommait environ 300 000 t de coton par an. La Déclaration de Londres et le ménagement des États-Unis lui permettent d'en importer encore 200 000 jusqu'en mars 1915. L'Angleterre prend alors des mesures pour restreindre les arrivées de coton en Allemagne et finit, le 22 août 1915, par l'inscrire dans la liste de la contrebande absolue.

L'Allemagne connaît aussi une pénurie de cuivre. En janvier 1915, Londres décide avec les producteurs de cuivre américains qu'aucune cargaison ne pourra être exportée sans son accord. Dès le printemps 1916, l'Allemagne se livre à des réquisitions auprès de la population, mais ce stock s'épuise rapidement et le cuivre devient une des faiblesses de l'Allemagne.

Il en est de même dans le domaine des engrais. Le blocus finit par interdire, notamment, les importations de nitrates chiliens. La production agricole allemande diminue nettement. Le blé tombe de 4,4 millions de tonnes au début de la guerre à 2,5 millions en 1918. La production des pommes de terre passe de 52 millions de tonnes à 30 millions. L'élevage connaît de semblables difficultés. Le troupeau de porcs tombe à 14 millions de têtes en 1918 contre 26 millions en 1914. Il en résulte un rationnement sévère mais évidemment insuffisant pour amener une capitulation.

L'arme économique a contribué à l'affaiblissement de la résistance allemande, mais elle n'a pu y mettre fin à elle seule.

À lire

SOUTOU (G), *L'or et le sang*, éd. Fayard, 1989.

L'adaptation à la guerre longue pose d'innombrables questions, souvent inattendues et curieuses. Ainsi en est-il de la petite monnaie. Dès les premiers mois de la guerre, une crise de la petite monnaie émerge en France. Successivement se raréfient ou disparaissent les pièces de 2 francs, de 1 franc puis de 50 centimes et, à la fin, la monnaie de nickel et de bronze. Les transactions journalières deviennent alors difficiles. La crise surprend les gens. On pouvait comprendre que, face aux billets, la monnaie d'or dont la valeur est intrinsèque disparaisse, "la mauvaise monnaie chassant la bonne", mais la petite monnaie a une valeur intrinsèque très faible par rapport à sa valeur nominale : la monnaie d'argent ne représente que 40 % de sa valeur nominale et celle de nickel et de bronze est quasi nulle. Comment expliquer ce phénomène ?

La petite monnaie ne fait pas défaut au début de la guerre. On estime que la monnaie d'argent en circulation représente 400 millions, celle de nickel (0,25 F) 10 millions, et celle de bronze 60 millions. Ce sont les retraits de la circulation qui expliquent la pénurie. Pourquoi ? Il semble que la préoccupation de "faire la monnaie" l'emporte sur celle de faire l'appoint. Une certaine thésaurisation se développe dans les campagnes et chez les commerçants qui craignent de voir les affaires entravées si l'on ne peut plus rendre la monnaie. Spéculant sur cette crainte, de petits revendeurs en profitent et demandent une petite prime par pièce. Par ailleurs, le gouvernement doit faire d'importantes ponctions de petit numéraire pour payer les soldes dans la zone des armées.

Pour lutter contre cette situation, on adopte trois séries de mesures. Comme cela avait été le cas en 1870, 90 chambres de commerce bientôt imitées par des villes et des sociétés industrielles émettent des bons ayant valeur de monnaie. On estime qu'en juin 1916 les émissions atteignent 180 millions de francs. Afin de les garantir, les chambres, les villes et les sociétés doivent déposer de grosses coupures. Toutefois, ces monnaies de remplacement présentent des inconvénients. Elles ne circulent que dans une zone limitée géographiquement et elles s'usent vite, quelle que soit la qualité du papier. Il est donc nécessaire d'envisager une autre solution. Le gouvernement décide de frapper de nouvelles monnaies métalliques.

Bon édité par une chambre de commerce.

Mais, en 1914, on n'en fabrique que pour environ 15 millions de francs. En effet, en septembre, octobre et novembre, les ateliers du quai Conti ne fonctionnent pas. Ils sont repliés à Castelsarrazin où une usine métallurgique fournit à la Monnaie les flans de bronze nécessaires à ses frappes. Un nombre restreint de pièces y sont fabriquées, portant un "C". Le travail intensif reprend véritablement en 1915. La durée journalière du travail est augmentée, tandis qu'un certain nombre de spécialistes sont mis en sursis. C'est à ce moment que la production des fonderies nationales devient insuffisante. Il est difficile de se tourner vers les entreprises privées : comment contrôler les flans qu'elles pourraient fournir ? On choisit de leur demander des lames d'argent à titre monétaire, aisées à contrôler et dans lesquelles on peut ensuite découper les flans. C'est ainsi qu'en 1915 et en 1916, il est possible d'émettre pour 86 millions de monnaies d'argent. Pour la monnaie de bronze, la question est beaucoup plus difficile à résoudre. En effet, les usines sont dans l'obligation de travailler pour l'armée et de fournir du matériel militaire. On se résout à acheter des flans à l'étranger, en particulier aux Monnaies de Berne, de Madrid et d'Utrecht. Ces pièces sont marquées d'une étoile sous le mot "Fraternité" indiquant l'origine étrangère des flans. Quant aux pièces de nickel, le gouvernement les met en sommeil, en raison des priorités militaires. Une troisième mesure complète ces efforts : la prohibition de la sortie des monnaies par les décrets du 1er avril 1915 pour les pièces de nickel et de bronze et du 15 août 1915 pour les monnaies d'argent. Enfin, la loi du 12 février 1916 réprime le trafic des monnaies. C'est, là encore, l'année 1916 qui marque l'apparition d'une meilleure adaptation à la guerre longue.

Le refus collectif d'obéissance, qu'on appelle mutinerie, constitue une crise majeure de la Grande Guerre (alors que la violence contre les gradés est rare). Enrayé par le général Pétain, c'est une "victoire de la Marne" morale. Comment une telle crise peut-elle éclater dans une armée qui a tout supporté depuis 1914 – la retraite, le grignotage, l'Artois, la Champagne, Verdun, la Somme –, presque sans défaillance ? Comment, "dans un moment de vertige", cette armée semble-t-elle sur le point de s'abandonner ?

Pour apaiser la crise, il ne faut pas faire d'erreurs d'interprétation sur ses causes. Lorsque le 16 avril au soir s'effondre le décor nivellien, la situation des Alliés apparaît brusquement comme grave : le printemps de 1917 est sombre. La guerre sous-marine à outrance risque de conduire à une paralysie mortelle des transports au moment où "l'industrialisation de la guerre" et la révolution du moteur exigent plus que jamais l'arrivée du pétrole, des matières premières... et des Américains. La défection russe qui se profile à l'horizon crée la menace sur le front ouest d'un transfert important de divisions allemandes estimées à une quarantaine par le 2e Bureau. De plus, la conduite de la guerre depuis 1914 a entraîné une crise des effectifs qui oblige le Haut Commandement à dissoudre des divisions. Il est donc impératif pour les Alliés de tenir sans défaite majeure jusqu'à ce que l'armée américaine puisse intervenir dans la guerre et compenser le retrait de la Russie.

C'est à ce moment précis où les Alliés ont besoin de temps et de l'armée française que surgit la crise d'indiscipline du printemps de 1917. Deux explications en ont été données. Après les enfers de 1916, l'armée est lasse. Elle réagit d'une manière excessive à l'annonce de la défaite roumaine : le contrôle postal et, surtout, la section des renseignements aux armées, la S.R.A., soulignent son découragement. La nomination de Nivelle qui semble annoncer un grand changement dans la conduite de la guerre laisse espérer que l'armée voudra encore "... jouer la partie des armes avant d'écouter sa lassitude". La grande offensive du général Nivelle mobilise ainsi en sa faveur comme un dernier élan. Mais, pendant l'hiver 1916-1917, la S.R.A. accumule les rapports qui mettent en évidence que le moral des soldats est sapé par une sorte de complot germanophile appuyé sur la propagande pacifiste. Cette explication est mise en avant par les grands subordonnés de Pétain. Franchet d'Espérey lui écrit que : "La situation est nette. C'est une organisation générale venant de Paris, sur l'instigation des Allemands, tendant à livrer la France à l'ennemi. C'est au gouvernement à agir en frappant les têtes." Castelnau, de son côté, juge que : "L'origine de ces mouve-

D'avril à juin 1917, la "grogne" s'exprime chez les combattants.

ments paraît de plus en plus provenir d'organisations occultes fonctionnant à l'arrière et dont les décisions sont transmises par les permissionnaires." Quant à Fayolle, il estime que : "Le mouvement est au fond d'origine révolutionnaire." Afin de surmonter la crise, tous suggèrent de "fermer l'armée" pour la protéger de l'action néfaste de l'intérieur. Au contraire, Pétain prend seul des décisions qui vont à l'encontre de ces interprétations. Ses raisons apparaissent maintenant clairement : pour lui, la crise a essentiellement des origines militaires. Dès 1915 probablement, et sûrement en 1916, il fait le lien entre les attaques inutilement coûteuses et l'état du moral. Fantassin lui-même, il comprend les réactions de l'infanterie. Il a commencé à jouer la carte stratégique de la guerre psychologique à Verdun. Il est préparé à la jouer en 1917 d'autant plus aisément que, à la différence de beaucoup de grands chefs, il n'a jamais été favorable aux méthodes tactiques employées et qui ont échoué une nouvelle fois.

Cet échec est d'autant plus durement ressenti que les espoirs entretenus ont été excessifs. Il faut rappeler que, le 15 janvier 1917, Nivelle assure : "Nous romprons le front allemand quand nous voudrons", et que, le 8 avril, Mangin écrit dans ses instructions pour l'exploitation de la percée : "L'exploitation sera entamée aussitôt après la rupture vers H + 8. Le jour J, la 38e D.I. se portera sur la trouée d'Athies. Elle se reliera à l'ouest au 11e C.A. marchant sur Laon." Il précise encore : "À partir de H + 6, toutes les organisations allemandes ont été dépassées et l'exploitation tactique commence." Les simples soldats ignorent ces précisions mais sont remplis d'espoir. Pour le succès de cette offensive, ils ont accepté de lourds sacrifices supplémentaires dans le domaine si sensible des permissions : leur pourcentage est tombé de 13 à 5 %, et même à 2 % dans les unités désignées pour l'offensive. Le 16 au soir, c'est l'effondrement des illusions. Comme d'habitude, les premières positions ont été enlevées, mais rien de plus. Et ce succès limité a été acquis difficilement, car la préparation a laissé à désirer. La grande offensive s'enlise dans des attaques locales sans portée. C'est l'abattement soudain : on ne passera jamais puisqu'on a échoué alors que les noms de Nivelle et de Mangin représentaient un programme et une promesse. Alors, à quoi bon attaquer ? Comme le dira un mutin : "Le plateau de Craonne n'est pas prenable. On s'obstine à l'attaquer." Le général Pétain qui a jugé irréalistes les projets de Nivelle est ainsi le mieux à même de comprendre pourquoi, dès le lendemain de l'offensive, apparaissent des signes d'indiscipline. Le mouvement cristallise deux courants de nature différente dont les effets se sont

Pétain s'emploie à redresser le moral de l'armée en se mettant à l'écoute des poilus.

conjugués sans se mêler, et additionnés sans se confondre : le désespoir soudain et le mécontentement ancien. Si le général Pétain avait douté de la justesse de son analyse, les caractères de la crise et les renseignements qui lui parvenaient l'auraient conforté dans sa conception.

La géographie de la crise est, à elle seule, une explication. Les mouvements collectifs d'indiscipline restent limités à la zone des offensives d'avril et de mai, de Soissons à Aubérive-sur-Suippe. Si la propagande pacifiste, qui existe, était à l'origine de la crise, celle-ci toucherait d'autres unités, atteindrait d'autres zones. Par ailleurs, les refus collectifs d'obéissance se produisent toujours à l'arrière du front, jamais en première ligne. "On tiendra les tranchées. Mais on n'ira pas à des attaques condamnées d'avance à être infructueuses." Cela explique que le général Pétain ne craint jamais l'ouverture du front, qu'il ne rameute pas de troupes sûres en arrière de la zone des mutineries, et que les Allemands n'ont vent des troubles que vers la fin du mois de juin quand ils sont pratiquement terminés. Les caractères des mouvements sont aussi révélateurs. De courte durée dans la quasi-totalité des cas, sans violence contre les officiers, rassemblant, sauf exceptions, un nombre limité de combattants, ils font malgré tout impression parce qu'ils sont multiples (250 cas), mais ils ne s'enracinent pas.

Deux exemples permettent de préciser ces caractères d'ensemble. Le 32e R.I. a combattu durement du 2 au 13 mai. Il est épuisé quand on le relève. Or, quatre jours après, le 17 mai, il reçoit l'ordre de remonter en ligne. Une compagnie quitte son bivouac et ses hommes se dispersent. Les officiers respectés et aimés les ramènent à l'obéissance. Le 21 mai, le régiment est placé en soutien de troupes qui doivent attaquer. Nouvelles désobéissances qu'une nouvelle intervention des officiers arrête. Mais les soldats expriment seulement leur épuisement. Lorsque le danger apparaît, ils montrent aussitôt leur courage : dans la nuit du 23 au 24 mai, ils supportent sans faiblir un dur bombardement par gaz. Les refus d'obéissance s'expliquent non par une protestation contre la guerre, mais contre la manière dont les troupes sont jetées sans repos dans la bataille. À la 41e D.I., le 1er juin, les soldats des 23e et 133e R.I. réclament du repos. Ils refusent de remonter aux tranchées et organisent une manifestation tumultueuse qui cherche à gagner Fère-en-Tardenois. Cette manifestation est arrêtée par les colonels : le 23e R.I. assure le sien de son "affection" et le 133e R.I. répète que son colonel "... est un bon vieux, toujours le premier à l'assaut, toujours en tête de son régiment". Le soir, les mutins manifestent de nouveau et s'en prennent au général Bulot qui commande une des brigades : il est entouré, pressé, sa fourragère et ses étoiles sont arrachées, des pierres lui sont jetées. Est-ce le début d'un mouvement contre les officiers ? Nullement. Le général Mignot, qui commande la division, intervient. Il promet que les régiments ne remonteront pas en ligne pour attaquer. La manifestation s'apaise et se disperse. C'est que le général Bulot est accusé d'être "un buveur de sang", de faire massacrer ses troupes. Or, ce sont des troupes très braves. "Quand un régiment flanche, nous sommes toujours les bons." Mais l'importance des pertes, l'épuisement dû à des combats très durs depuis le 16 avril, balayent un moment l'orgueil de l'unité. Il faut souligner que la seconde brigade, celle du général Olléris, mieux commandée, ne connaît aucun mouvement. On touche là une des caractéristiques des mutineries : leur cloisonnement.

Tous les autres cas connus montrent que l'indiscipline est une protestation de l'infanterie contre l'inutilité de son martyre dont le 16 avril achève de lui faire prendre conscience. Les policiers et les officiers de troupe ne mettent jamais en avant la propagande pacifiste ni le complot germanophile. Les mutins n'avancent jamais cette explication devant les conseils de guerre. Des divisions considérées comme gangrenées par la propagande pacifiste ne connaissent aucun mouvement de révolte. On découvre même que des soldats signalés comme d'ardents propagandistes n'ont jamais existé. Les soldats que le général Pétain envoie en secret se mêler aux unités pour le renseigner sur l'état d'esprit ne rapportent pas d'autres explications que militaires. La crise finie, Pétain peut constater que la propagande pacifiste, qui a continué comme si de rien n'était, n'a pas entraîné de mouvements d'indiscipline.

Dès le 19 avril, sa Directive n° 1, qui marque la fin des offensives inutiles, est la

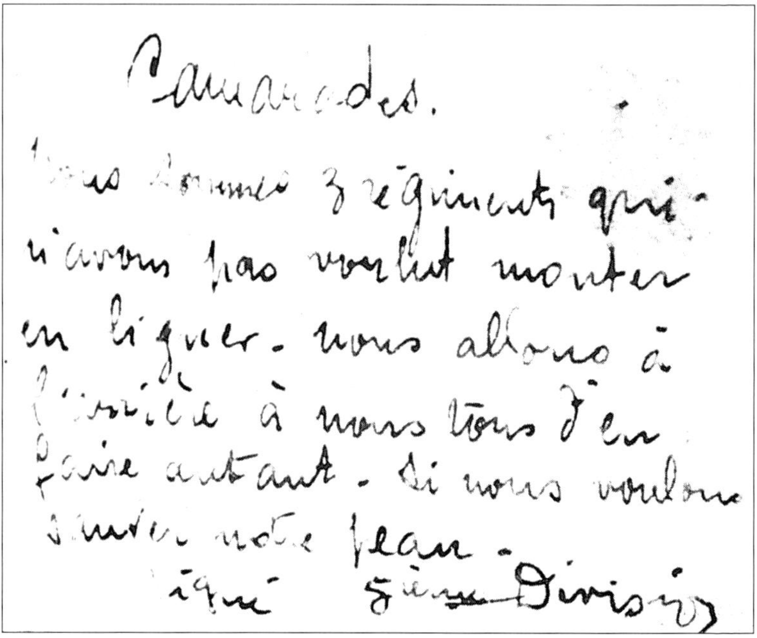
Camarades.
Nous sommes 3 régiments qui
n'avons pas voulut monter
en ligner. nous allons à
l'invite à nous tous d'en
faire autant. Si nous voulons
sauver notre peau.
Signé 3ème Division

Tract rédigé par les mutins.

meilleure réponse à l'indiscipline : “L'équilibre des forces adverses sur le front du nord et du nord-est ne permet pas d'envisager pour le moment la rupture du front suivie de l'exploitation stratégique.” Dès que cette décision prend effet au niveau de la troupe, les mutineries cessent. Le cas le plus net est celui de la VIe armée, la plus touchée par les mouvements d'indiscipline. Dès que l'offensive qu'elle devait lancer sur l'Ailette le 13 juin a été annulée, que les préparatifs se sont arrêtés, les mutineries ont cessé très rapidement. L'arrêt des offensives met fin au mouvement beaucoup plus que la répression. Celle-ci a donné naissance à des polémiques qu'explique le long silence des archives. On peut estimer entre 25 000 et 40 000 le nombre des révoltés. Les conseils de guerre – les cours martiales n'ont pas été rétablies contrairement à certaines affirmations – ont prononcé 554 condamnations à mort suivies de 49 exécutions. Il faut rappeler que la première a lieu le 10 juin, alors que les mutineries cessent, et que ce n'est pas la répression qui les a arrêtées. Les autres jugements ont entraîné 1 381 peines graves et 1 492 peines légères. Dans la moitié des cas, les soldats traduits devant les conseils de guerre ont bénéficié des circonstances atténuantes ; dans 1 cas sur 8, le sursis a été accordé et 34 acquittements prononcés. Il n'est guère probable que cette répression officielle se soit accompagnée d'exécutions sommaires. Chaque fois que cela s'est produit avant 1917, le commandement et le gouvernement ont exigé des enquêtes. On n'en trouve aucune trace en 1917. De surcroît, si des exécutions sommaires sont possibles dans une armée qui obéit, elles le sont beaucoup moins dans le cas d'une large révolte des troupes. Quant aux décimations, les deux seuls cas avancés, le 66e R.I. et Giono, n'ont jamais existé. Mais les légendes ont la vie dure. Les missions de sacrifice par lesquelles on sanctionne discrètement une troupe, pour leur part, semblent s'être limitées... à l'instruction de divisions américaines.

Il reste alors à faire disparaître le mécontentement ancien et à rétablir la confiance. Pour cela, le nouveau général en chef prend des mesures bien connues : rétablissement des permissions, rattrapage des retards, augmentation des pourcentages (le 4 juin, retour aux 13 %, mais aussi le plus “souvent possible” 25 % et, pour les grandes unités redescendant du front, 40 et même 50 %). Il ouvre l'armée, contrairement aux conseils de fermeture, et améliore le ravitaillement,

Une permission pour ce père de famille nombreuse.

la nourriture et les repos. Il lutte contre l'alcoolisme, donne la priorité aux trains de permissionnaires et exige que les attentes pour les correspondances soient réduites au strict minimum. Il fait équiper les gares de moyens sanitaires pour les permissionnaires, et veille également à ce que leurs abords soient débarrassés des éléments douteux. Ces "égards" font disparaître le mécontentement ancien, et l'on s'étonne qu'il ait fallu attendre 1917 pour que de telles mesures soient prises. Elles expliquent l'extrême popularité du général Pétain parmi les combattants et son rayonnement ultérieur. En outre, Pétain rétablit la confiance dans la victoire non seulement en préparant des offensives à objectifs limités dont le succès est éclatant – après La Malmaison, on parle "d'ivresse de la victoire" –, mais aussi en donnant la priorité aux moyens de l'avenir : les avions et les chars. Il écrit le 20 septembre 1917 qu'il faut donner aux Américains "la notion de l'impuissance de l'infanterie devant les organisations défensives modernes et de l'importance de plus en plus grande du matériel : c'est l'industrialisation de la guerre". Le 25 décembre 1917, dans une lettre au général Pershing, Pétain insiste sur le rôle de l'aviation : "L'aviation serait l'arme de la décision si elle paralysait assez et assez longtemps les ravitaillements ennemis (...). Il n'y a pas de limite pour l'aviation de combat. On est obligé de viser à tous moments au développement maximum de cette arme spéciale et décisive en rendant l'adversaire aveugle, en paralysant ses communications et en abattant son moral." Le 17 août 1918, Foch écrit encore au général Wilson que "pour gagner la guerre, il nous faut avoir le plus tôt possible la supériorité numérique la plus forte possible : toute autre manière de faire prolonge la guerre et en rend les résultats incertains. Si les chars, si l'aviation mangeaient trop de ces effectifs, ce serait une erreur".

Au total, les méthodes employées pour mettre fin à la crise ont procédé d'une juste analyse de ses causes et étaient les seules susceptibles d'atteindre ce but : toute autre manière de faire aurait pu l'aggraver jusqu'à la rendre irréparable. La révolte confinant souvent au désespoir, la crise de 1917 n'a pu être enrayée que par la montée d'un nouvel espoir. La formule du général de Gaulle dans *La France et son armée* traduit bien les réalités de 1917 : "Du jour où l'on dut choisir entre la ruine et la raison, Pétain s'est trouvé promu." Rappelons que, en novembre 1916, le général Pétain préconisait des attaques en piqué à la mitrailleuse et à la bombe – c'est 1940 – contre les troupes adverses et estimait que l'aviation allait recréer les conditions d'une guerre de mouvement.

À lire

PEDRONCINI (Guy), *Les mutineries de 1917*, PUF 1967, rééditions de 1983 et de 1996.

Tout au long des quatre années qu'a duré la Grande Guerre, la justice militaire a dû s'adapter et évoluer.

Au début du conflit, c'est une justice dure qui l'emporte. Le 10 août 1914, un décret accorde à l'autorité militaire le droit de faire exécuter une sentence de mort sous la seule réserve de rendre compte. Le 1er septembre, Joffre rappelle que la discipline doit être maintenue par tous les moyens et "qu'au besoin" les officiers et sous-officiers peuvent "forcer l'obéissance". Le 11 octobre, il précise encore que "l'officier qui a ordonné la mise en jugement" doit "prendre immédiatement les mesures nécessaires pour assurer l'exécution de la condamnation à moins qu'exceptionnellement il estime qu'il y ait lieu de proposer au chef de l'État une commutation de peine. L'exécution sans délai est donc la règle et la proposition de commutation l'exception". Enfin, le 3 septembre, le gouvernement accorde à Joffre le droit de créer des cours martiales. Composées de trois membres, elles ne peuvent juger que des crimes commis par des militaires pris en flagrant délit, et leurs condamnations ne sont susceptibles ni d'un recours en révision, ni d'un pourvoi en cassation. Dans les autres cas, seuls les conseils de guerre sont compétents. Au début de la guerre, l'extrême sévérité de la justice militaire s'inscrit dans une longue tradition. Le commandement ne peut accepter qu'un soldat qui refuse d'obéir ou qui prend la fuite échappe à la mort, alors que le soldat qui se lance à l'assaut ou résiste risque sa vie.

Avec la fin de la guerre de mouvement, pendant laquelle la justice doit être immédiate, se dessine une évolution qui tend à donner davantage de garanties aux soldats défaillants. Le 15 janvier 1915, le commandement perd le droit de procéder à une exécution sans l'examen du dossier par le président de la République et, le 16, Joffre décide de limiter l'action des cours martiales (appelées alors conseils de guerre spéciaux). Le 12 février 1916, Joffre décide de faire établir dans "chaque formation pourvue d'un conseil de guerre, une liste d'officiers et d'hommes de troupe (...) susceptibles de plaider devant un tribunal militaire", assurant ainsi les droits de la défense. Une loi parue au J.O. le 28 avril 1916 accorde désormais le bénéfice des circonstances atténuantes "à tous les inculpés et à tous les crimes et délits" et stipule que "l'inculpé est toujours assisté d'un défenseur". Elle rétablit également le sursis et supprime enfin les cours martiales qui ont pratiquement cessé de fonctionner dès l'automne 1915. La justice qu'elles ont rendue a fait l'objet de critiques passionnées après la guerre à propos de deux affaires, la condamnation du sous-lieutenant Chapelant et l'affaire de Flirey, pour lesquelles elles ont été accusées d'avoir rendu des jugements impitoyables et injustes. Or, lorsqu'au moment des mutineries de 1917, il est un moment envisagé de les rétablir, nombre de généraux consultés répondent que c'est inutile, car elles ont fait preuve, à leur avis, de trop d'indulgence.

Seules les archives permettraient de connaître la réalité de cette justice. Les cours martiales ont été réunies dans 143 unités et ont rendu 784 jugements. Ce chiffre correspond à celui donné par le député Paul Meunier dans son discours à la Chambre le 10 décembre 1915 et par E. Flandin dans le rapport qu'il présente au Sénat le 3 février 1916. Les archives établissent une statistique des accusations portées contre des soldats qui ont

Mathurin Méheut, L'Exécution capitale, *5 juillet 1915 au nord d'Arras.*

Un conseil de guerre en séance. Argonne, mai 1916.

comparu devant une cour martiale. Plus de la moitié des accusations concerne les abandons de poste devant l'ennemi (218) et les abandons simples de poste (200). Viennent ensuite 48 désertions devant l'ennemi, 38 outrages à supérieur, 38 vols, 34 refus d'obéissance, 29 pillages, etc. Quant aux peines prononcées, les cours martiales ont condamné à mort 95 accusés dont 2 par contumace, 2 aux travaux forcés à perpétuité, 10 à 20 ans de détention, 2 à 15 ans, 12 à 10 ans, etc. Les cours martiales ont prononcé 256 acquittements dont 102 pour abandon de poste devant l'ennemi et 63 pour abandon simple de poste. Au total, ce qui caractérise les jugements rendus par les cours martiales, c'est le pourcentage élevé des peines légères (44 %) et des acquittements (33 %), tandis que les peines de mort et les peines graves s'élèvent respectivement à 12 et 10 %. Dans la mesure où le commandement a attendu des cours martiales une répression impitoyable, ce bilan explique l'étendue de sa déconvenue. En 1917, face aux mutineries, les conseils de guerre rendent une justice plus sévère : 1 % d'acquittements, 43 % de peines légères, 40 % de peines graves et 16 % de peines de mort, dont seulement 10 % ont été suivies d'exécution. C'est la différence avec les condamnations à mort prononcées par les cours martiales dont, au contraire, 90 % ont été suivies d'exécution. Il est vrai que les cours martiales permettent de rendre une justice plus rapide et mieux adaptée à la guerre de mouvement. Dès lors que le front s'immobilise, la rapidité de l'exemple n'apparaît plus aussi nécessaire.

Pour réviser les jugements contestés de la justice militaire pendant la Grande Guerre, une Cour spéciale se réunit à partir de 1933. Sur les 68 cas qu'elle examine, dont 11 seulement pour les cours martiales (elles avaient rendu peu de jugements par rapport aux conseils de guerre), elle en annule 7. En fait, moins de 2 % des jugements des cours martiales ont été contestés et moins de 1 % annulés. Si l'on ajoute que, dans certains cas, ces cours ont demandé des expertises psychiatriques avant de prononcer leurs jugements, il paraît évident qu'il est impossible, comme ce fut fait, de généraliser quelques cas discutables pour apprécier leur action (les faits n'avaient pas été contestés, seules leurs causes, notamment l'épuisement, avaient fait l'objet d'interprétations différentes). Mais ces jugements permettent de mieux connaître le moral et les réactions des combattants. Car, le plus souvent, comme en 1917, il s'agit de soldats qui combattent bravement dans les pires secteurs du front, là où l'échec des attaques partielles et du grignotage est le plus évident, et qui refusent devant une tactique insuffisante et des moyens matériels inadaptés de se sacrifier pour rien. En 1915 déjà, certains officiers commencent à partager ce point de vue, ce qui explique peut-être l'indulgence dont la plupart des juges ont fait preuve. Les cours martiales n'ont pas été aveugles.

À lire

PEDRONCINI (G.), dans la *Revue historique* n° 512.

CHRONOLOGIE

7 octobre 1879 : alliance germano-autrichienne.

20 mai 1882 : Triple-Alliance.

1886 : crise bulgare.

1887 : affaire Schnæbélé.

18 mars 1890 : démission du chancelier Bismarck.

1890-1893 : rapprochement puis alliance franco-russes.

1900-1902 : rapprochement et accords franco-italiens.

8 avril 1904 : entente cordiale franco-britannique.

février-mars 1905 : guerre russo-japonaise (bataille de Moukden qui voit la défaite de l'armée russe). Première crise marocaine (Guillaume II à Tanger).

5 septembre 1905 : traité de Portsmouth entre la Russie et le Japon.

7 avril 1906 : acte final de la conférence internationale d'Algésiras qui reconnaît à la France des droits spéciaux au Maroc.

24 juillet 1906 : accord Guillaume II-Nicolas II à Björko.

31 août 1907 : accord anglo-russe.

5 octobre 1908 : François-Joseph signe le traité d'annexion de la Bosnie-Herzégovine.

9 février 1909 : accord franco-allemand sur le Maroc.

1911 : deuxième crise marocaine (le coup d'Agadir). Guerre italo-turque : en septembre, occupation de Tripoli et Benghazi par les Italiens. Premier bombardement aérien (Giulio Gavotti).

14 janvier 1912 : le gouvernement Poincaré succède au ministère Caillaux.

9 février : échec de la mission de lord Haldane à Berlin.

13 juillet : accord militaire Joffre-Jilinski (l'armée russe interviendra dès le 15e jour et en Prusse-Orientale).

15 octobre : la ligue balkanique (Grèce, Bulgarie, Serbie) entre en guerre contre la Turquie.

1913

17 janvier 1913 : Poincaré est élu président de la République.

janvier-février : accords militaires navals franco-britanniques.

Ordre de mobilisation générale le 2 août 1914.

1er mars : accord militaire terrestre entre la France et l'Angleterre.

7 août : vote de la loi des Trois ans.

10 août : traité de Bucarest qui met fin aux guerres balkaniques et renforce la Serbie.

La crise de l'été 1914

28 juin : assassinat de François-Ferdinand, archiduc héritier d'Autriche, à Sarajevo.

5-6 juillet : l'Allemagne s'engage à soutenir l'Autriche dans la crise qui s'annonce.

20 juillet : arrivée du président français Poincaré en Russie en voyage officiel.

23 juillet : ultimatum austro-hongrois à la Serbie.

28 juillet : déclaration de guerre de l'Autriche-Hongrie à la Serbie. Mobilisation des treize corps d'armée russes prévus pour la lutte contre l'Autriche seule.

31 juillet : mobilisation générale russe.

1er août : mobilisation générale française et allemande.

2 août : ultimatum allemand à la Belgique. La neutralité luxembourgeoise est violée par l'Allemagne.

3 août : la France reçoit la déclaration de guerre de l'Allemagne.

4 août : l'Allemagne envahit la Belgique. L'Angleterre déclare la guerre à l'Allemagne. "Union sacrée" en France.

6 août : l'Autriche-Hongrie déclare la guerre à la Russie.

11 août : la France déclare la guerre à l'Autriche-Hongrie.

Les opérations militaires en 1914

18-20 août : offensive française en Lorraine.

20 août : à Morhange, les Ire et IIe armées françaises sont contraintes à la retraite.

21-25 août : bataille et défaite de Charleroi.

23 août : le Japon déclare la guerre à l'Allemagne mais son action restera limitée à l'Extrême-Orient.

26 août : Gallieni est nommé commandant du camp retranché de Paris.

26-31 août : Hindenburg bat l'armée russe de Samsonov à Tannenberg, en Prusse-Orientale.

29 août : contre-attaque victorieuse de Lanrezac et de la Ve armée à Guise.

31 août : les Ire et IIe armées allemandes infléchissent leur marche vers le sud-est et laissent Paris sur leur droite.

2 septembre : les Japonais débarquent à Tsing-Tao.

3 septembre : entrée des Russes à Lemberg.

6-13 septembre : bataille de la Marne qui permet de repousser les Allemands jusqu'à l'Aisne. Le 14 septembre, Falkenhayn remplace Moltke.

7-9 septembre : bataille des lacs Mazures, l'armée russe de Rennenkampf est battue.

15 septembre-15 octobre : "course à la mer" : le front occidental s'étend jusqu'aux côtes de la Manche.

18-26 octobre : bataille de l'Yser.

27 octobre-4 novembre : bataille d'Ypres.

29 octobre : l'amiral allemand Souchon bombarde Odessa et Sébastopol.

1er novembre : bataille navale du Coronel au large des côtes chiliennes ; l'escadre allemande de l'amiral Spee est victorieuse de la flotte anglaise de l'amiral Cradock.

5 novembre : la France et l'Angleterre déclarent la guerre à la Turquie.

7 novembre : débarquement d'un corps expéditionnaire anglais dans le golfe Persique : début de l'expédition de Mésopotamie.

10 novembre : chute de Dixmude.

16 novembre : le sultan proclame la guerre sainte.

25 novembre : Churchill suggère une attaque contre les Dardanelles.

30 novembre : publication en France du Livre jaune sur les origines de la guerre.

2 décembre : les Austro-Hongrois s'emparent de Belgrade, capitale de la Serbie.

8 décembre : bataille navale des îles Falkland, l'amiral anglais Sturdee coule la flotte de l'amiral von Spee.

10 décembre : le gouvernement français, transféré à Bordeaux le 2 septembre, regagne Paris.

Le président de la République française en voyage officiel en Russie en juillet 1914. Poincaré et Nicolas II passent les troupes en revue à bord du vaisseau-amiral à Cronstadt.

La plage et le camp de Sedd el-Bahr sur la presqu'île de Gallipoli.

13 décembre : un sous-marin anglais pénètre dans les Dardanelles et coule un croiseur turc.

15 décembre : reprise de Belgrade par les Serbes.

20 décembre -15 janvier 1915 : première bataille de Champagne.

24 décembre : l'Angleterre reconnaît le protectorat français sur le Maroc.

1915

13 janvier : Churchill propose le forcement des Dardanelles par la flotte.

18 janvier : le Japon remet ses "21 demandes" à la Chine.

28 janvier : le gouvernement britannique décide le forcement des Dardanelles par la flotte seule.

31 janvier : une escadre française se joindra aux Anglais pour forcer les Dardanelles.

4 février : première déclaration de guerre sous-marine.

5 et 6 février : conférence de Paris (les puissances de l'Entente uniront leurs efforts financiers jusqu'à la victoire).

9 février : les Anglais saisissent le cargo américain *Wilhelmina* transportant des avions pour l'Allemagne.

18 mars : échec du forcement naval des Dardanelles, avec des pertes importantes. Une expédition s'avère nécessaire.

22 avril : début de la seconde bataille d'Ypres avec emploi de gaz asphyxiants près de Langemarck.

25 avril : premier débarquement de troupes alliées aux Dardanelles dans la presqu'île de Gallipoli, au prix de lourdes pertes.

26 avril : traité de Londres par lequel l'Italie s'engage à entrer en guerre aux côtés de l'Entente, dans un délai d'un mois.

2 mai : début de la grande offensive allemande contre la Russie. Percée de la Dunajec.

7 mai : torpillage du paquebot britannique *Lusitania* par un sous-marin allemand.

9 mai : début de l'offensive française en Artois, première tentative de percée. Le 33e C.A. du général Pétain réussit, mais le succès ne peut être exploité.

20 mai : le parlement italien vote les crédits militaires pour l'entrée en guerre de l'Italie.

18 juillet : l'offensive italienne dans le Carso n'aboutit pas.

30 juillet : le pape Benoît XV appelle les belligérants à la paix.

5 août : offensive contre la Russie.
Les Allemands prennent Varsovie.
Les Autrichiens s'emparent de Ivangorod.

7 août : dans les Dardanelles, le général anglais Hamilton tente de désenliser la lutte par un nouveau débarquement (bataille de Suvla-Anafarta). C'est un échec.

20 août : au Reichstag, Liebknecht demande l'ouverture de négociations de paix.

6 septembre : accord entre la Bulgarie et les empires centraux.

21 septembre : mobilisation bulgare.

25 septembre : offensive française en Champagne, liée à une seconde offensive en Artois. Quelques progressions mais échec de la percée.

fin septembre : arrêt de l'offensive allemande en Russie. Les Allemands ont pris la Galicie, la Pologne et la Lituanie. Les Russes ont perdu près de 50 % de leurs effectifs combattants (150 000 tués, 683 000 blessés, 895 000 prisonniers).

5 octobre : entrée en guerre de la Bulgarie. Débarquement des premières troupes françaises à Salonique pour soutenir la Serbie.

9 octobre : prise de Belgrade par les Austro-Allemands.

12 octobre : exécution de miss Cavell à Bruxelles.

29 octobre : le ministère Briand remplace le gouvernement Viviani tandis que Gallieni est ministre de la Guerre.

10 novembre : début de la quatrième bataille de l'Isonzo sur le front italien. Elle s'achève le 10 décembre sans résultats significatifs.

24 novembre : le gouvernement serbe doit se réfugier à Scutari.

25 novembre : émission d'un emprunt de 13 milliards en France.

30 novembre : lord Kitchener conseille l'évacuation de Gallipoli.

Ordre de Pétain le 9 avril 1916.

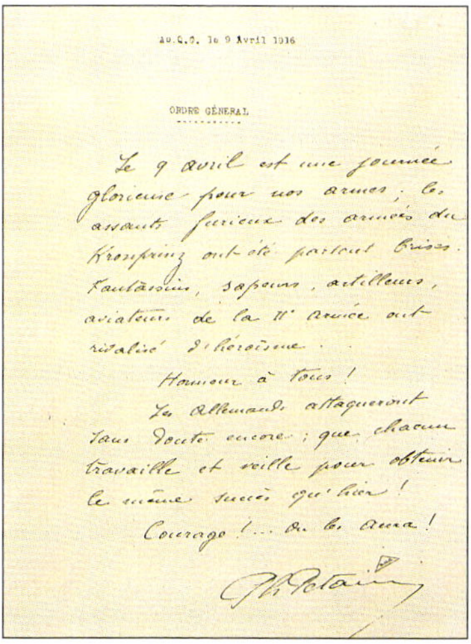

Au Q.G. le 9 Avril 1916

ORDRE GÉNÉRAL

Le 9 avril est une journée glorieuse pour nos armes ; les assauts furieux des armées du Kronprinz ont été partout brisés. Fantassins, sapeurs, artilleurs, aviateurs de la IIe armée ont rivalisé d'héroïsme.

Honneur à tous !

Les Allemands attaqueront sans doute encore ; que chacun travaille et veille pour obtenir le même succès qu'hier !

Courage !... on les aura !

Ph Pétain

Bataille du Jutland (31 mai 1916).

6-8 décembre : conférence franco-britannique de Chantilly qui arrête les plans militaires alliés pour 1916. Des offensives concordantes rechercheront la décision.

19 décembre : sir Douglas Haig est nommé commandant en chef de l'armée britannique en France. Le maréchal French est nommé commandant des forces insulaires anglaises.

1916

8 janvier : fin de l'évacuation de la presqu'île de Gallipoli.

12 janvier : en Grande-Bretagne, les Communes adoptent la loi sur le service militaire obligatoire.

18 janvier : l'amiral von Scheer devient commandant en chef de la flotte allemande. Il est favorable à une attitude offensive.

25 janvier : capitulation du Monténégro qui s'était rangé du côté de la Serbie. Dès le 23, le roi Nicolas s'est réfugié à Rome.

14 février : conférence franco-britannique qui fixe au 1er juillet le début de l'offensive sur la Somme.

18 février : la conquête du Cameroun par les forces franco-anglaises est achevée.

21 février : attaque allemande à Verdun. Début de la bataille de Verdun.

24 février : le général de Langle de Cary, commandant le groupe d'armées du Centre, envisage l'abandon de la Woëvre.

26 février : le général Pétain est nommé commandant de la IIe armée à Verdun.

Les emprunts sont nécessaires pour financer l'effort de guerre.
La Défense nationale utilise tous les supports, ici les images d'Épinal.

Il organise la "Voie Sacrée" et rend confiance aux troupes.

6 mars : extension de la bataille de Verdun à la rive gauche.

7 mars : Gallieni lit au conseil des ministres une note critiquant vivement la conduite de la guerre par le G.Q.G.

9 mars : l'Allemagne déclare la guerre au Portugal.

13 mars : début de la cinquième bataille de l'Isonzo.

16 mars : Gallieni démissionne. Le général Roques le remplace au ministère de la Guerre.

24 mars : torpillage du paquebot français *Sussex*. Le compositeur Granados est au nombre des victimes.

9 avril : "Courage. On les aura !", appel du général Pétain.

18 avril : le président Wilson menace de rompre les relations diplomatiques avec l'Allemagne si la guerre sous-marine "sans restriction" continue.

23 avril : Joffre décide que la IIe armée ne disposera que de 24 divisions. Il veut sauver l'offensive de la Somme.

24 avril : révolte en Irlande contre les Britanniques.

29 avril : le général Townsend capitule à Kut-el-Amara devant les Turcs, après 143 jours de siège.

3 mai : le général Soukhomlinov, ancien ministre russe de la Guerre, est arrêté pour haute trahison.

3-5 mai : les chefs de la révolte irlandaise sont exécutés.

7 mai : le général Pétain demande à Joffre d'avancer la date de la bataille de la Somme. Conférence socialiste internationale de Kienthal : trois députés français y participent.

8 mai : le maréchal Haig demande à Joffre un ajournement de la bataille de la Somme.

16 mai : en Angleterre, adoption définitive par les Communes du service militaire obligatoire étendu aux hommes mariés. Il sera voté le 22 par les Lords.

22-24 mai : violents combats au fort de Douaumont, pris et repris.

31 mai : bataille navale du Jutland. Les pertes anglaises sont deux fois plus importantes que les pertes allemandes, mais cette grande bataille navale assure finalement la maîtrise de la mer à l'Entente.

4 juin : début de l'offensive Broussilov, du Pripet à la frontière roumaine.

9 juin : prise du fort de Vaux par les Allemands.

14-21 juin : conférence économique interalliée à Paris. Un accord est conclu sur les restrictions à apporter au commerce des ennemis, et un examen est fait des mesures à prendre à l'issue du conflit.

23 juin : début d'un assaut général allemand contre Verdun, sur la rive droite de la Meuse. La situation est critique.

24 juin : début de la préparation d'artillerie sur la Somme. Falkenhayn commence à diminuer les effectifs allemands à Verdun.

30 juin : Nivelle ordonne de préparer une bataille de rues à Verdun.

1er juillet : début de la bataille de la Somme. L'enfer de la Somme succède à l'enfer de Verdun.

11 juillet : ultime effort allemand contre Verdun à Souville. Les pertes allemandes (240 000 hommes) équilibrent les pertes françaises (275 000 hommes).

6 août : 6e offensive italienne sur l'Isonzo. Elle dure dix jours et réussit à prendre Görlitz.

27 août : la Roumanie déclare la guerre à l'Autriche-Hongrie. L'offensive Broussilov est arrêtée au pied des Carpates.

29 août : Hindenburg, assisté de Ludendorff, est commandant en chef des armées allemandes.

31 août : conseil de guerre allemand sur la guerre sous-marine.

septembre-15 octobre : la bataille de la Somme progresse lentement au prix de lourds sacrifices. Elle doit s'arrêter sans avoir obtenu de résultats décisifs sur le terrain, mais elle a épuisé l'armée allemande.

7 novembre : réélection du président Wilson aux États-Unis.

21 novembre : mort de l'empereur François Joseph. L'archiduc Charles lui succède.

29 novembre : l'amiral Jellicoe est nommé Premier lord de la mer et Beatty commandant de la Grande Flotte.

6 décembre : Bucarest tombe, l'offensive de Falkenhayn a réussi.

9 décembre : en Grande-Bretagne, le Premier ministre Lloyd George forme son gouvernement.

12 décembre : formation d'un nouveau cabinet Briand. Joffre est remplacé par le général Nivelle. Offre de paix de Guillaume II.

14 décembre : le gouvernement Briand crée un sous-secrétariat aux inventions.

18 décembre : l'Italie repousse l'ouverture de négociations de paix de Guillaume II.

19 décembre : la France et la Grande-Bretagne la refusent également.

20 décembre : note du président Wilson demandant aux belligérants leurs buts de guerre.

26 décembre : Joffre est fait maréchal de France, mais il perd toute influence sur la conduite des opérations.

30 décembre : Briand remet la note des dix gouvernements alliés répondant officiellement à la note allemande du 12 décembre.

1917

4-6 janvier : les troupes allemandes longent le Sereth et occupent la Dobroudja en Roumanie. L'entrée en guerre de la Roumanie n'a pas modifié l'équilibre des forces, et les Allemands disposent désormais du blé et du pétrole roumains,

Arrivée des troupes américaines à Paris au printemps 1917.

ce qui diminue les effets du blocus.

9 janvier : décision allemande de commencer la guerre sous-marine à outrance le 1er février.

20 janvier : l'Autriche décide d'adhérer pleinement à la guerre sous-marine.

27 janvier : des restrictions sont imposées en France (interdiction de servir plus de deux plats dans les restaurants).

1er février : début de la guerre sous-marine sans restriction.

11 février : le maréchal autrichien Conrad von Hötzendorff, commandant en chef des armées autrichiennes, est remplacé par le général Arz.

21 février : début du repli stratégique allemand en France, dit "repli Alberich".

5 mars : au cours de ses contacts, le prince Sixte de Bourbon-Parme remet à Poincaré les propositions de l'empereur d'Autriche Charles Ier pour rétablir la paix.

8 mars : émeute à Petrograd.

12 mars : le régiment Volinski refuse de marcher contre les émeutiers. À Londres, un accord franco-britannique réalise l'unité stratégique pour l'offensive du général Nivelle.

13 mars : fin de la conférence de Londres. Le tsar Nicolas II confie au général Ivanov le soin de rétablir l'ordre à Petrograd.

15 mars : les généraux russes conseillent à Nicolas II d'abdiquer.

16 mars : abdication de Nicolas II en faveur de son frère le grand-duc Michel qui abdique à son tour le 17 mars.

17 mars : Milioukov, ministre des Affaires étrangères du nouveau gouvernement russe, confirme la fidélité de la Russie à la Triple-Entente. Démission du gouvernement Briand.

18 mars : formation du gouvernement Ribot.

31 mars : Sixte de Bourbon-Parme remet à Poincaré une lettre de Charles Ier favorable à l'ouverture de pourparlers officiels de paix.

2 avril : message du président Wilson annonçant l'entrée en guerre des États-Unis.

6 avril : conférence de Compiègne. L'offensive Nivelle est difficilement acceptée.

9 avril : offensive anglaise préalable en Artois, entre Arras et Lens.

16 avril : grande offensive française à visées décisives au Chemin des Dames sur l'Aisne. Trente divisions des Ve et VIe armées françaises attaquent.

19 avril : arrêt de l'offensive qui n'a pris que les premières lignes ennemies. Rien de décisif. Conférence de Saint-Jean-de-Maurienne. Ribot et Lloyd George accordent à Sonnino que l'Italie reçoive la région de Smyrne et d'Adalia.

28 avril : le général Pétain est nommé chef d'état-major de l'armée.

5-8 mai : conférence interalliée de Paris. Les Anglais demandent la conduite stratégique de la guerre.

5-11 mai : séjour du prince Sixte de Bourbon-Parme à Vienne.

8 mai : le gouvernement français refuse les passeports aux députés socialistes qui veulent se rendre à la conférence internationale socialiste de Stockholm.

13 mai : apparitions à Fatima.

14 mai : début de la 10e bataille de l'Isonzo.

15 mai : Milioukov démissionne. Le général Pétain remplace Nivelle.

18 mai : ouverture de la conférence socialiste de Stockholm.

19 mai : directive no 1 du général Pétain, nouveau commandant en chef, qui ordonne l'arrêt des offensives inutiles.

fin mai- début juin : paroxysme des mutineries.

13 juin : arrivée du général Pershing en France.

20 juin : le général Pétain demande la fabrication de 3 500 chars pour avril 1918.

24-25 juin : débarquement des premiers soldats américains en France.

28 juin : la commission de l'armée à la Chambre proteste contre l'insuffisance des sanctions prises contre les généraux Nivelle et Mangin estimés responsables de l'échec du 16 avril.

1er juillet : offensive de Broussilov. Elle sera un feu de paille.

7 juillet : raid aérien allemand sur Londres.

19 juillet : vote d'une résolution de paix par le Reichstag. Début des mouvements de mutineries dans la flotte allemande qui dureront un mois.

31 juillet-26 septembre : troisième bataille d'Ypres. ŸEchec de l'offensive britannique contre les forces allemandes des Flandres.

1er août : note de paix du pape Benoît XV.

7 août : première entrevue Armand-Revertera.

20-23 août : à Verdun, offensive française. Net succès.

22-23 août : seconde rencontre Armand-Revertera. Échec. Les contacts reprendront en février 1918.

22 septembre : rencontre manquée entre Briand et Lancken.

5 octobre : le général Pétain demande le commandement de toutes les armées alliées.

7 octobre : changement dans la stratégie française. Si les Allemands n'attaquent pas en 1918, la Haute-Alsace sera la zone principale de l'effort français avec des visées décisives.

10 octobre : au Reichstag, von Kuhlmann déclare que l'Allemagne n'acceptera pas le retour de l'Alsace-Lorraine à la France.

11 octobre : accord Pétain-Pershing. L'armée américaine entrera en ligne en Lorraine, au milieu de l'armée française. Concentrée ainsi en deux masses, celle-ci

Traité de Brest-Litovsk entre la Russie et les empires centraux (janvier-mars 1918).

Médaille commémorative de la rupture du front des Balkans en septembre 1918.

retrouvera sa puissance offensive et sa capacité de manœuvre stratégique.

23-26 octobre : victoire de La Malmaison. Le Chemin des Dames tombe. Le général Pétain réussit là où l'offensive d'avril avait échoué.

24 octobre : le front italien est enfoncé à Caporetto.

30 octobre -11 novembre : bataille de Passendaele dans les Flandres.

2 novembre : déclaration Balfour sur la Palestine : création d'un foyer national pour le peuple juif.

6 novembre : conférence de Rapallo pour soutenir l'armée italienne en déroute.

6-7 novembre : la révolution bolchevique l'emporte en Russie. Le gouvernement provisoire de Kerensky est renversé.

10 novembre : la retraite italienne s'arrête sur le Piave.

14 novembre : fuite de Kerensky.

16 novembre : Clemenceau devient Premier ministre et ministre de la Guerre.

20 novembre : offensive anglaise de Cambrai (emploi des chars).

26 novembre : la Russie demande l'armistice. L'effort allemand contre l'Italie cesse. Le bilan de Caporetto est lourd : 300 000 prisonniers, la moitié de l'artillerie perdue.

27 novembre : les Allemands acceptent la demande d'armistice russe. Pétain donne ses ordres à Castelnau pour préparer la campagne d'Alsace de 1918.

7 décembre : les États-Unis déclarent la guerre à l'Empire austro-hongrois.

12 décembre : Poincaré et Pétain repoussent les projets de Foch pour 1918.

15 décembre : signature de l'armistice russo-allemand à Brest-Litovsk.

20 décembre : ouverture des négociations de paix entre l'Allemagne et la Russie.

22 décembre : directive n° 4 du général Pétain : c'est la seconde position qui doit arrêter les offensives ennemies.

1918

8 janvier : le président Wilson présente au Congrès les quatorze points qui doivent servir de base à la paix.

14 janvier : arrestation de Joseph Caillaux, ancien président du Conseil.

1er-2 février : le Conseil supérieur de guerre réuni à Versailles décide la création d'une réserve générale interalliée.

14 février : condamnation à mort de Bolo Pacha pour intelligence avec l'ennemi. Le maréchal Joffre est élu à l'Académie française.

23-25 février : derniers entretiens entre Armand et Revertera à Fribourg.

3 mars : signature de la paix de Brest-Litovsk entre la Russie et les empires centraux.

5 mars : signature de la paix entre l'Allemagne et la Finlande.

14-15 mars : réunion du Conseil supérieur de guerre à Londres. Devant l'opposition de Pétain et de Haig, la réalisation de la réserve générale est ajournée.

21 mars : Ludendorff lance sa première grande offensive à l'ouest. Elle vise Amiens et la séparation des armées française et anglaise.

26 mars : conférence de Doullens qui confie au général Foch la coordination de la bataille en cours. C'est le point de départ du commandement unique.

3 avril : Foch reçoit la direction stratégique des armées alliées (sauf pour l'armée belge).

9 avril : seconde offensive allemande contre l'armée britannique dans les Flandres.

1er-2 mai : conférence d'Abbeville. Foch reçoit le commandement du front italien. En France, il se rallie à la stratégie de Pétain.

7 mai : traité de Bucarest. La Roumanie

Le maréchal Foch et les représentants alliés devant le wagon où a été signé l'armistice à Rethondes, le 11 novembre 1918.

signe la paix avec les puissances centrales.

12 mai : conférence de Spa entre Guillaume II et Charles Ier : les deux empereurs décident le renforcement de l'alliance austro-allemande.

27 mai : désastre du Chemin des Dames, "le Caporetto français". Les Allemands parviennent jusqu'à la Marne.

9 juin : nouvelle offensive allemande du Matz. Elle est contenue.

15 juillet : cinquième offensive allemande, contre le front de Champagne. Elle est arrêtée sur la seconde position.

18 juillet : contre-offensive française. Elle s'achève dix jours plus tard par la réduction de la poche allemande créée le 27 mai.

3 août : le G.Q.G. propose une stratégie de manœuvre au lieu d'un refoulement en force, car il estime que "le coup décisif doit être réservé à l'armée française, seule capable d'exploiter le succès".

6 août : Foch est nommé maréchal de France.

8 août : l'attaque de la poche du 21 mars bouscule l'armée allemande. C'est son "jour de deuil", selon Ludendorff.

7 septembre : le général Pétain élargit la manœuvre suggérée le 3 août. L'attaque en Lorraine pour couper les communications des armées allemandes sera effectuée par trente divisions au lieu de dix. Elle aura un front de 30 km.

12-15 septembre : les Américains réduisent le saillant de Saint-Mihiel.

15 septembre : début de l'offensive de Franchet d'Espérey. Le front bulgare cède.

25 septembre : la Bulgarie demande l'armistice.

26 septembre : offensive franco-américaine de la Suippe à l'Argonne.

27 septembre : offensive anglo-canadienne sur Cambrai.

28 septembre : offensive anglo-belge dans les Flandres.

29 septembre : signature à Salonique de l'armistice avec la Bulgarie.

2 octobre : le prince Max de Bade devient chancelier avec mission de négocier la paix.

6 octobre : le président Wilson reçoit à Washington une note de Max de Bade demandant l'ouverture de négociations de paix.

7 octobre : une note autrichienne semblable demande l'ouverture de négociations de paix.

8 octobre : Wilson accepte à certaines conditions.

10 octobre : Foch ne retient pas l'idée de la manœuvre en Lorraine.

11 octobre : le gouvernement allemand accepte les conditions préalables posées par le président Wilson.

20 octobre : Foch se rallie à l'offensive de Lorraine, puis en modifie l'exécution.
En raison de ces retards, elle n'aurait pu être lancée que le 14 novembre. Elle était forte de vingt-huit divisions d'infanterie, de trois de cavalerie, de six cents chars, d'une puissante aviation, face à six divisions allemandes dont trois de Landwehr.

30 octobre : signature de l'armistice de Moudros avec la Turquie.

3 novembre : signature de l'armistice entre l'Italie et l'Autriche à Villa Giusti.

9 novembre : effondrement du régime impérial en Allemagne.

11 novembre : armistice de Rethondes.

BIBLIOGRAPHIE

Les ouvrages consacrés à la Grande Guerre sont innombrables.

Les archives les plus importantes se trouvent aux Services historiques des armées : Terre, Mer, Air. Des guides établis par J.-C. Devos, Pierre Guinard, J. Nicot, P. Schillinger et P. Waksmann facilitent les recherches.

La collection "Armées françaises dans la Grande Guerre" (106 volumes et cartes) est incomparable pour une première approche des documents d'archives.

Généralités

BECKER (J.-J.), *La France en guerre 14-18*, Ed. Complexe, 1988.

CORVISIER (A.) et PEDRONCINI (G.), *Histoire militaire de la France*, tome III, PUF, 1992.

LA GORCE (P.-M. de) et PEDRONCINI (G.), *La Première Guerre mondiale*, 2 vol., éd. Flammarion, 1991.

RENOUVIN (P.), *La crise européenne et la Première Guerre mondiale*, PUF, 1969.

Revue *Guerres mondiales et conflits contemporains* PUF et IHCC.

Recherches et publications de l'Historial de Péronne.

Mémoires et souvenirs

Outre les ouvrages cités dans le chapitre "Portraits de la Première Guerre mondiale" :

DUBAIL (général), *Quatre années de commandement*, 4 vol., éd. Fournier, 1921.

FAYOLLE (maréchal), *Carnets secrets de la Grande Guerre*, éd. Plon, 1964.

FERRY (A.), *La guerre vue d'en bas et d'en haut*, Grasset, 1920 ; *Carnets secrets*, éd. Grasset, 1957.

FOCH, *Mémoires*, éd. Plon, 1931.

HAIG, *Rapport de fin de campagne*, Fournier, Paris, 1919 ; *Carnets secrets,* Presses de la Cité, 1964.

JOFFRE, *Mémoires du maréchal Joffre*, éd. Plon, 1932 ; *Journal de marche,* présenté par G. Pedroncini, 1990, SHAT, IHCC et FEDN.

KRONPRINZ IMPÉRIAL, *Souvenirs de guerre*, éd. Payot, 1923.

LUDENDORFF, *Souvenirs de guerre*, 2 vol., Payot, 1920. *Documents du Grand Quartier Général,* 2 vol., éd. Payot, 1922.

PERSHING (général), *Mes souvenirs de guerre*, 2 vol., éd. Plon, 1931.

PÉTAIN, *Rapport du maréchal commandant en chef les armées françaises du Nord et du Nord-Est sur les opérations de 1918*, 15 vol., Paris, 1920 ; *La bataille de Verdun*, éd. Payot, 1929.

POINCARÉ, *Au service de la France*, 10 vol., éd. éd. Plon, 1926-33. Un onzième tome a été publié par J. Bariéty.

SANDERS (Liman von), *Cinq ans de Turquie*, éd. Payot, 1923.

SCHEER (amiral), *La flotte allemande de haute mer*, éd. Payot, 1930.

WILSON (maréchal H.), *Journal*, éd. Payot, 1929.

Psychologie collective

BECKER (J.-J.), *Les Français dans la Grande Guerre*, Paris, 1980.

COCHET (A.), *L'opinion et le moral des soldats en 1916 d'après les archives du contrôle postal*, thèse, Paris X, 1985.

MASSON (P.), *La marine française et la mer Noire*, thèse d'État, publications de la Sorbonne, 1982.

PEDRONCINI (G.), *Les mutineries de 1917*, PUF, 1967, rééditions 1983 et 1996 ; *1917, les mutineries de l'armée française*, éd. Julliard, 1968, coll. Archives, n° 35 ; "La justice des cours martiales", dans *Revue historique*, n° 512. "L'affaire des quatre caporaux de Souain", dans *Revue historique des armées*, 1973.

Historique des régiments

58 concernent l'infanterie, 36 l'artillerie, 13 la cavalerie, 8 la gendarmerie et 4 le train. On trouvera la liste dans *L'almanach du combattant*, Durassié, 1955.

COUSINE (général A.), *La 42e D.I.*, mémoire de maîtrise, Sorbonne, 1969.

HERR (général), *L'artillerie*, éd. Berger-Levrault, 1923.

INGOLD (capitaine), "La 15e D.I.C. dans la bataille de Saint-Mihiel, 12-13 septembre 1918", dans *Revue des troupes coloniales*, 1938.

L'aviation

BERNARD (P.), "La stratégie aérienne pendant la Première Guerre mondiale", dans *Revue d'histoire moderne et contemporaine*, 1969.

CARLIER (C.), *Clément Ader : la vérité rétablie,* éd. Perrin, 1990.

"L'aviation pendant la Grande Guerre", dans *Histoire militaire de la France*, T. III, PUF, 1990, pp. 203-235.

Publications du SHAA.

Les sous-marins et la guerre navale

LAURENS (A.), *Précis d'histoire de la guerre navale 1914-1918*, Paris, 1929.

Histoire de la guerre sous-marine allemande, Paris, 1930.

MASSON (P.), *Marines et océans*, Imprimerie nationale, 1982.

"La marine pendant la Grande Guerre", dans *Histoire militaire de la France*, T. III, pp. 237-255.

MICHELSEN (A.), *La guerre sous-marine 1914-1918*, éd. Payot, 1928.

SPINDLER (A.), *La guerre sous-marine,* 2 vol., éd. Payot, 1933.

Chars d'assaut

EIMANNSBERGER (von), *La guerre des chars*, Munich, 1919.

PERRÉ (J.), articles dans *La revue de l'infanterie* de 1923 à 1938 et dans *La revue militaire française* de 1924 à 1936.

Aspects économiques

COCHIN (D.), *Les organisations de blocus pendant la guerre 14-18*, éd. Plon, 1926.

GUICHARD (L.), *Histoire du blocus naval 1914-1918*, éd. Payot, 1929.

MENU (Ch.), "Les fabrications de guerre", dans *Revue militaire*, 1933.

NAYBERG (R.), *La question pétrolière en France du point de vue de la défense nationale de 1914 à 1928*, Thèse, Paris I, 1983.

SOUTOU (G.), *L'or et le sang*, éd. Fayard, 1989.

Aspects particuliers

ARTAUD (D.), *La question des dettes interalliées et la reconstruction de l'Europe 1917-1929*, thèse, Paris I, 1976, Lille III, 1978.

BECKER (J.-J.), *1914*, Presses de la Fondation des sciences politiques, 1977.

CAILLETEAU (F.), "Le commandement des armées françaises pendant la Grande Guerre", dans la revue *Guerres mondiales et conflits contemporains*, n°s 155-156.

CANINI (G.), *La guerre de 1914-1918 en Lorraine*, Nancy, 1984.

CONQUET (général A.), *La bataille de Caporetto*, éd. Plon, 1936.

FERIET (capitaine de), *La butte de Vauquois,* éd. Payot, 1937.

FONTANA (J.), *Attitudes et sentiments du clergé et des catholiques français devant et durant la guerre de 1914-1918*, thèse, Aix-en-Provence, 1972, Lille III, 1975

GIRARD (G.), *La bataille de la Somme, 1916*, Lavauzelle, 1937.

KASPI (A.), *La France et le concours américain*, thèse d'État, Sorbonne, Lille III, 1975.

MAURIN (J.), *Armée, guerre et société : soldats languedociens 1889-1919*, Paris, 1982.

PEDRONCINI (G.), "Les rapports du gouvernement et du haut commandement en 1917", dans *Revue d'histoire moderne et contemporaine*, 1968 ; "Trois maréchaux, trois stratégies ?" dans la revue *Guerres mondiales et conflits européens*, n° 145 ; *Les négociations secrètes pendant la Grande Guerre*, Flammarion, 1969 ; "La France et les négociations secrètes de paix en 1917", colloque de Neufchâtel, 1990, dans la revue *Guerres mondiales et conflits contemporains*, avril 1993, n° 170.

RENOUVIN (P.), "L'opinion publique en France en 1917", dans *Revue d'histoire moderne et contemporaine*, 1968.

ROUSSANNE (F.), "Le front d'Orient", dans *Histoire militaire de la France*, T. III, pp. 186-201.

Voir également les publications de l'Historial de Péronne.

Verdun 1916, actes du colloque sur la bataille de Verdun, 8 juin 1975, publication Verdun 1976.

Actes du colloque sur la bataille de Verdun, mai 1996, à paraître (IHCC, Tour des Salves, château de Vincennes).

VOIE
SACRÉE
BAR.LE.DUC

À la découverte de la Première Guerre mondiale de la Flandre à l'Alsace

Lorsque l'on parcourt le territoire qui couvre le front occidental, les stigmates du conflit sont encore visibles. La mémoire des combats et de la vie des soldats est conservée à travers de nombreux monuments, mémoriaux et musées. Les nécropoles font également partie de cette évocation toujours vivante. C'est donc au souvenir de ces affrontements qu'est consacrée la deuxième partie de ce guide, à travers les régions qui s'étendent des Flandres à l'Alsace.

Après un bref aperçu sur l'origine du tourisme du souvenir et sur la symbolique attachée aux différentes nécropoles, vous trouverez pour chaque région :
- un rappel historique de la guerre dans la région concernée avec des cartes des opérations militaires ;
- des encadrés sur des aspects originaux ;
- des itinéraires de découverte (sites des champs de bataille, cimetières, monuments et mémoriaux, musées, villes et villages martyrs...) accompagnés de cartes de situation, de plans urbains et de renseignements pratiques ;
- enfin, une sélection des principales richesses artistiques, culturelles et naturelles de la région.

Borne sur la Voie sacrée.

Affiche du chemin de fer du Nord.

Dès le début du conflit, une vague d'intérêt émerge autour des sites qui ont vu les grandes batailles. Journalistes, artistes, écrivains, photographes ouvrent la voie de ce qui deviendra le tourisme du souvenir. Parallèlement à la visite des lieux de combat, les cimetières représentent par leur nombre et leur diversité un centre d'intérêt majeur. En ce qui concerne les morts anonymes de la Grande Guerre, chaque nation a eu à cœur de leur rendre hommage en inhumant, dans chaque capitale, un soldat inconnu qui les symbolise. La découverte de ces tombes nationales complète naturellement la visite des champs de bataille. Il y a aussi les monuments que chaque ville, chaque village meurtris se sont fait un devoir d'élever à la mémoire et à la gloire des combattants, un des aspects les plus attachants du tourisme du souvenir. Aujourd'hui encore, des monuments et des mémoriaux sont inaugurés où vainqueurs et vaincus se côtoient dans une même évocation.

Couverture du guide Michelin consacré à la Somme (1921).

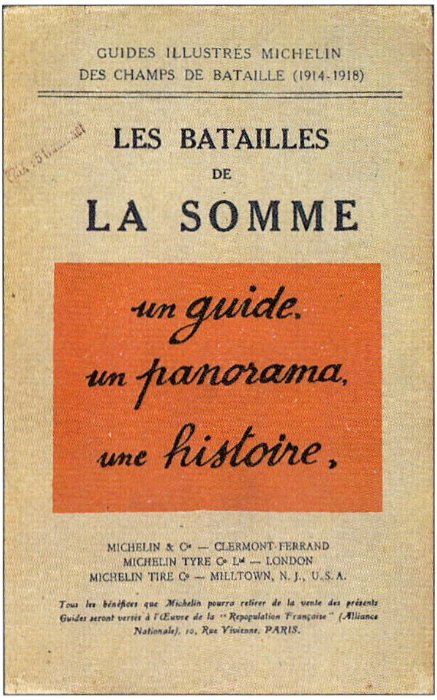

À l'origine du tourisme du souvenir

Dès les premiers mois du conflit, hommes politiques, députés, ministres, ambassadeurs, généraux des pays alliés, chefs d'État et monarques viennent visiter le front et les champs des batailles récentes. Les autorités favorisent, sous certaines conditions, ces liens entre le front et l'arrière. Des correspondants de guerre sont accrédités. Puis, très vite, les peintres, les écrivains, les architectes, les journalistes, les photographes se pressent eux aussi pour sentir le parfum de l'exceptionnel et de l'Histoire. Soissons, en particulier, et sa cathédrale en ruine sont l'objet de tous les voyages : à partir de 1915, on vient y éprouver l'impression unique d'une ville détruite et déserte, sans bruit, car vidée de ses habitants ; on complète la visite par un passage en tranchée sur le Chemin des Dames. Il en fut ainsi de Pierre Loti ou de Kipling.

Puis les touristes sont venus. Dès avant la fin de la guerre paraissent les premiers guides des champs de bataille. En 1916, André Michelin pressent que les régions où les combats se déroulent vont devenir des lieux de visite. En septembre 1917, à l'occasion du troisième anniversaire de la bataille de la Marne, il publie un guide intitulé *L'Ourcq*. C'est le premier volume d'une collection qui en comprend vingt-neuf en 1921, soit 3 500 pages, 4 500 photographies et 1 000 croquis, cartes ou plans (guides illustrés des champs de bataille, Michelin éditeurs, Clermont-Ferrand, 1917-1921). Cette collection s'impose rapidement, même à l'étranger, par sa qualité documentaire, la richesse de son iconographie, son

Des soldats et officiers allemands enterrent leurs camarades morts au combat (lieu et date inconnus).

caractère ouvertement patriotique ("bréviaire couleur d'horizon" selon Edmond Rostand) et son désintéressement affiché : les bénéfices éventuels devaient être reversés à l'œuvre de repopulation de la France entreprise par l'Alliance nationale du docteur Bertillon. À l'étranger, le guide allemand Baedecker est le concurrent direct du Michelin. En Angleterre, les agences de voyages Thomas Cook et Pickfords s'emparent de l'idée et organisent des visites des champs de bataille à partir de 1918 : "Venez voir, non pas pour vous divertir, mais pour ressentir."

L'essor est plus marqué après la guerre, dans les années 1920. Les compagnies de chemin de fer entrent en scène. En 1921, la compagnie du Nord crée un train spécial de tourisme militaire, qui se forme tous les dimanches. Pour les familles et les survivants, c'est le temps du pèlerinage : l'on vient voir pour comprendre en commun, se recueillir sur des tombes militaires, retrouver une indéfinissable nostalgie du front qui n'a rien de malsain. À partir de 1930, la fréquentation chute brutalement. La nation s'apprête à subir des épreuves renouvelées et remet à plus tard l'exercice d'un devoir de mémoire qui n'en sera que plus difficile.

Les cimetières militaires de la Grande Guerre en France

Près de deux millions de soldats tombés sous différents uniformes durant la Première Guerre mondiale sont inhumés en France dans plus de 5 500 cimetières. Les cimetières militaires et leurs tombes, par leur importance, s'imposent dans toute visite d'un champ de bataille mais, derrière leur uniformité apparente, ils présentent une histoire et des symboliques architecturales différentes.

Les tombes militaires ont une histoire

Les tombes militaires de la Grande Guerre s'intègrent dans une tradition historique fort récente. Si la tombe militaire apparaît dès l'Antiquité, elle reste réservée aux héros et aux chefs jusqu'au XIXe siècle. Sur le champ de bataille, les morts sont inhumés rapidement dans des fosses communes dont l'emplacement n'est pas mémorisé. L'accroissement de la puissance de feu des armées au XIXe siècle qui multiplie considérablement le nombre des tués au combat, le développement du souci hygiéniste et surtout la montée des nationalismes qui héroïsent le "mort pour la patrie" transforment fondamentalement les données. La fosse commune devient un lieu de souvenir que l'on matérialise par un monument ou une stèle et que l'on ravive à l'occasion de cérémonies fréquentes. À l'échelon international, les premiers accords prévoyant la sauvegarde des tombes, quel que soit le camp du combattant tué, sont signés à Paris en 1856 et à Francfort en 1871.

Lorsqu'éclate la guerre de 1914, le règlement du service de santé militaire applicable à l'ensevelissement des morts

Tombe individuelle allemande (juin 1916).

(1894) traduit à la fois le souci d'identification des disparus et le maintien des inhumations collectives. Tant du côté français que du côté allemand, l'extraordinaire sous-estimation des pertes potentielles (en France, le conseil supérieur de la guerre évalue les pertes maximum à 50 000 hommes par mois) rend totalement inopérante l'application de cette réglementation. En août 1914, plusieurs dizaines de milliers de cadavres français sont laissés sur les champs de bataille en Moselle et en Belgique par les armées en retraite. Il appartient aux soldats allemands et aux populations civiles réquisitionnées d'enterrer les corps dans des fosses communes. La majorité des identités disparaît, ce que traduit aujourd'hui le surnombre des inconnus inhumés en ossuaire sur ces champs de bataille (nécropole de Sedan-Torcy : 2 848 Français inhumés dont 2 104 "inconnus" en ossuaire...). Les soldats allemands victorieux s'appliquent, quant à eux, à donner à chacun de leurs morts une identité et une tombe individuelle. Durant les quatre années de guerre, d'imposants cimetières avec des stèles sculptées et des monuments sont créés dans les régions annexées de la Belgique et de la Lorraine. Du côté français, la stabilisation du front ne change rien. Les tranchées ressemblent souvent à des charniers, les cadavres étant généralement abandonnés lors de la perte de la tranchée ou de son bombardement.

Avec la croissance du nombre des familles en deuil, le haut commandement décide de prendre des mesures. Le Souvenir Français multiplie les commémorations, Maurice Barrès réclame que l'on inscrive le nom du héros et la date de sa mort sur la croix. Un bureau puis un service sont créés afin de répondre aux demandes des familles, tandis que des directives sont publiées pour l'inhumation des soldats juifs et musulmans. Une circulaire signée par Joffre en 1915 impose la tombe individuelle au détriment de la fosse commune. Une loi du 2 juillet 1915 institue la mention "Mort pour la France". Enfin, une loi du 29 décembre 1915 décrète que les lieux de sépulture seront entretenus à perpétuité par l'État. Dès 1916, ce cadre législatif est mis en œuvre sur le territoire français par l'ensemble des Alliés (Commonwealth, Italie, France, États-Unis à partir de 1917) et par l'Allemagne. Des milliers de nécropoles apparaissent à l'arrière du front dans les villes de garnison, près des hôpitaux de campagne, mais aussi à l'intérieur des cimetières civils des communes. La multiplication de ces cimetières entraîne la création d'organismes chargés de les gérer. En 1917 est fondé le *Commonwealth War Graves Commission* pour l'ensemble des tombes des

Les différents services d'entretien des sépultures de guerre diffusent des atlas et des cartes routières signalant la localisation des différentes nécropoles, ainsi que de nombreux dépliants et brochures.

Commonwealth War Graves Commission
Commission des Sépultures de guerre du Commonwealth
Rue Angele Richard
62217 Beaurains.
Tél. : 21.71.03.24.

Délégation à la mémoire et à l'information historique
Ministère des anciens combattants et victimes de guerre
37, rue de Bellechasse
75700 Paris 07 SP.
Tél. : (1) 44.42.10.00.

Volksbund Deutsche Kriegsgraberfürsorge
Service pour l'entretien des sépultures militaires allemandes
9, rue du Pré-Chaudron
BP 5123
57074 Metz Cedex 03.
Tél. : 87.74.75.76.

Commissariato generale per le Onoranze ai Caduti di Guerra
Piazzale Don Luigi Sturzo, 23
00100 Roma.
Tél. : (19.39) 06.591.36.32.

American Battle Monuments Commission
Europe Office
68, rue du 19 Janvier
92380 Garches.
Tél. : (1) 47.01.19.76.

Cimetière militaire français provisoire à Crouy (Aisne).

combattants du Commonwealth, en 1918 la Commission nationale des Sépultures militaires françaises (incorporée en 1920 au sein du ministère des Pensions), en 1919 le *Commissariato Generale per le Onoranze ai Caduti di Guerra* pour les tombes italiennes, la même année le *Volksbund Deutsche Kriegsgraberfürsorge* (V.D.K.) pour les tombes allemandes, enfin en 1923 l'*American Battle Monuments Commission* pour les tombes américaines. Au lendemain de la guerre, la notion d'entretien mutuel est consacrée par le traité de Versailles. Des accords bilatéraux donnent à chaque nation signataire avec la France la concession de ses nécropoles : accords franco-britanniques (novembre 1918) et accords franco-américains (août 1927). Les tombes allemandes sont par contre placées sous tutelle administrative française jusqu'à l'accord franco-allemand du 19 juillet 1966.

Au lendemain de l'armistice, une question se pose : faut-il restituer les corps des combattants aux familles ou les conserver in situ dans des cimetières ? Le service du Commonwealth décide de ne pas rendre les corps et de maintenir, dans la mesure du possible, les cimetières sur le site de leur création (il existe donc plus de cimetières du Commonwealth que de cimetières français en France). Le service français ouvre le droit à la restitution – 30 % des corps sont restitués aux familles – et mène une politique active de regroupement des tombes au sein d'immenses nécropoles. L'Italie et les États-Unis s'inspirent du modèle français. En ce qui concerne les tombes allemandes, la France met en œuvre une politique hybride. Aucune restitution des corps n'est engagée (d'où un plus grand nombre de tombes allemandes que de tombes françaises dans les cimetières de la Grande Guerre en France), mais des regroupements de cimetières sont entrepris. À partir de 1966, les 198 cimetières militaires allemands de la Première Guerre mondiale sont placés sous l'administration du V.D.K. qui met en place une vaste politique de rénovation. En une décennie, la totalité des nécropoles est réagencée selon une symbolique architecturale nouvelle.

Recueillement sur la dépouille d'un jeune soldat français.

Des soldats français identifient et enterrent les corps de leurs camarades en juillet 1918.

La symbolique architecturale

Les nécropoles militaires situées sur le territoire français, quelle que soit leur nationalité, présentent trois traits communs essentiels :

- ces nécropoles rassemblent des tombes individuelles. Dans les nécropoles allemandes et françaises, les ossuaires sont réservés aux corps des combattants qui n'ont pu être individualisés, généralement après l'exhumation d'une fosse commune ;

- un emblème funéraire, la croix latine, s'est spontanément imposé sur l'ensemble du champ de bataille dès 1914. Ce sont "les croix de bois" de Roland Dorgelès. Seules les tombes du Commonwealth adoptent un emblème différent ;

- les tombes sont uniformes. Aucune différence ne singularise le combattant inhumé, quel que soit son grade.

Toutefois, à partir de ce tronc commun, les nécropoles des différentes nations présentent de fortes originalités.

• Les **nécropoles du Commonwealth** sont toutes créées sur un modèle identique. L'entrée ne se fait pas directement en bordure de voie d'accès. Deux entrées se succèdent. Alors que la première se ferme par une grille, la seconde est généralement imposante et de style palladien. À l'image d'un jardin anglais, le cimetière est propice au recueillement. Entouré de murets volontairement bas ou d'épaisses haies, il n'est pas isolé du reste du site. Chaque tombe est marquée d'une stèle en pierre de taille qui porte de nombreuses informations sur le soldat inhumé. De haut en bas sont gravés l'emblème national (on compte avec le Commonwealth et les gouvernements associés 140 nationalités différentes), l'écusson de l'armée ou du régiment, le grade, la date du décès, l'âge, un symbole religieux approprié et enfin une inscription personnalisée choisie par les proches du défunt. Le cimetière est recouvert de gazon parfaitement entretenu. Deux monuments sont systématiquement plantés dans chaque cimetière :

- la "Croix du sacrifice" (dessinée par R. Blomfield) qui, sur une base octogonale, s'élève vers le ciel revêtue d'une épée de bronze. Ce symbole peut être remplacé par un monument hindou ou musulman.

- la "Pierre du souvenir" qui sert d'autel et porte une citation du livre de l'Écclesiaste "Leur nom vivra à jamais".

En l'absence d'ossuaire dans l'enceinte des nécropoles britanniques, les noms des disparus sont gravés sur d'imposants mémoriaux construits sur le champ de bataille. Des abris avec bancs permettent généralement de consulter les registres du cimetière. Depuis quelques années, des cartes détaillées des combats qui se sont déroulés dans le secteur sont gravées sur des plaques en acier.

Croix de bois provisoire d'un soldat français.

Nécropole britannique de Vis-en-Artois (Pas-de-Calais).

• Les **nécropoles allemandes** doivent leur conception architecturale à l'architecte Robert Tischler. L'idée est d'intégrer le cimetière dans le site environnant en privilégiant le végétal par rapport au minéral. Les arbres ne sont jamais plantés en alignement, mais par bosquets épars qui se densifient en bordure de la nécropole donnant ainsi l'apparence d'une plantation naturelle. L'entrée de chaque cimetière est marquée par une grille en bronze, en cuivre ou en fer forgé qui est une véritable œuvre d'art. Les portes étroites obligent les visiteurs à pénétrer chacun leur tour dans le cimetière afin de se recueillir. Le registre des tombes est placé dans l'un des piliers de pierre qui encadrent la grille tandis que le nom du cimetière et le nombre des combattants qui y reposent sont inscrits sur l'autre. Une croix se dresse au centre du site. Pour des raisons historiques, les emblèmes sont divers : croix en fer noir remplaçant la croix de bois imposée durant la période française, croix de granit ou pupitres de pierre marquent l'emplacement de deux, trois ou quatre corps.

• Les **nécropoles américaines** ont été conçues par une équipe comprenant architectes, sculpteurs, paysagistes et artistes muralistes dont l'objectif était de célébrer la gloire, le sacrifice, la liberté et l'héroïsme. Par sa mise en scène, chaque nécropole impose une certaine idée des États-Unis. Idée de l'immensité : chaque cimetière s'étend sur plusieurs hectares ; idée de la richesse : les matériaux utilisés sont de grande qualité ; idée d'une nation construite sur des fondements philosophiques : les symboles s'imposent aux visiteurs (le hibou pour la sagesse, le lion pour le courage, la balance pour la justice...) ; idée enfin d'une nation rassemblée autour de son

Nécropole allemande de Caix (Somme).

Nécropole américaine de Bois Belleau (Aisne).

drapeau qui flotte au sommet d'un mât de bronze. Chaque cimetière s'organise autour d'un mémorial de pierre d'aspect massif, fermé avec chapelle et cartes des opérations militaires régionales. Des plaques de bronze portant le nom des disparus sont apposées sous des arcades, dans des galeries ou encore à l'air libre (jardin des disparus). Dans ces véritables parcs paysagés, tout est mis en œuvre pour capter l'attention des visiteurs.

• Les **nécropoles françaises** dont la création n'a fait appel à aucun architecte ni à aucun paysagiste apparaissent plus uniformisées et plus pauvres. La disposition type a été définie en 1928 : une entrée marquée par deux portillons de bois, des alignements de doubles tombes coupés par une allée centrale en terre menant à un mât où flotte en permanence le drapeau national. De chaque côté, un ossuaire. Les tombes garnies d'un rosier polyantha à fleurs rouges sont dotées d'un emblème religieux en bois : croix latine, stèle israélite, musulmane ou de libre penseur. D'importantes améliorations ont été apportées à ce schéma initial. Les emblèmes sont aujourd'hui systématiquement en béton ou en pierre, les entrées constituées généralement de pilastres en pierre (une boîte à registres est scellée dans l'un d'eux) et d'un portail métallique à deux vantaux. L'aménagement végétal a pour sa part évolué vers une conception plus paysagère. Enfin, avec le lancement en 1986 d'un programme de valorisation, chaque nécropole nationale disposera bientôt d'un panneau d'information historique qui rappellera par des textes et des documents l'origine des sépultures.

Les tombes du soldat inconnu

Dans chacune des nations belligérantes, un soldat inconnu symbolise l'ensemble des combattants morts pour leur patrie. L'idée

Nécropole française de Notre-Dame-de-Lorette (Pas-de-Calais).

Embarquement de la dépouille du soldat inconnu britannique à Boulogne.

d'enterrer un combattant inconnu est française, mais la concrétisation est franco-britannique. C'est le même jour, le 11 novembre 1920, que sont inhumés à Londres et à Paris les soldats inconnus britannique et français.

• Le soldat inconnu britannique

Le choix du soldat britannique inconnu s'effectue à Saint-Pol-sur-Ternoise. Dans la nuit du 7 au 8 novembre 1920, un corps est désigné par le général Luvatt parmi quatre dépouilles exhumées des champs de bataille de l'Aisne, de la Somme, de l'Artois et d'Ypres, puis conduit à Boulogne-sur-Mer. Le 10 novembre, à 11 h 30 du matin, le cercueil sur lequel est posée une épée offerte par le roi d'Angleterre reçoit les honneurs des troupes du 8e et du 33e d'infanterie, d'un détachement du 6e chasseur à cheval et des fusiliers marins. Puis, il est conduit à bord du destroyer *Verdun*. Avant l'embarquement, le maréchal Foch rend hommage aux morts des armées de la nation alliée au nom du gouvernement français. Débarquée à Douvres puis transférée à Londres, la dépouille du tommy inconnu gagne Whitehall le 11 novembre. Le roi George V, les princes de la famille royale et les membres du gouvernement l'y attendent auprès d'un cénotaphe enveloppé de drapeaux. Au dernier coup de 11 heures à la grosse horloge du Parlement, le roi dévoile le cénotaphe devenu, depuis, le centre du souvenir de la Première Guerre mondiale dans l'archipel britannique. Le cercueil est ensuite emmené à l'abbaye de Westminster où un caveau a été préparé. Avant de refermer la tombe, le roi George V jette sur le cercueil quelques poignées de terre recueillie sur les champs de bataille de la France.

• La tombe du soldat inconnu britannique se trouve dans la nef de l'abbaye de Westminster

Parliament square
SW1
Londres.

Ouverture : tous les jours de 8 h à 18 h sauf pendant les offices. Le dimanche, les visiteurs sont admis dans la nef et les cloîtres entre les offices.

• Le soldat inconnu français

Dans chacune des huit régions militaires (Lorraine, Verdun, Champagne, Chemin des Dames, Île-de-France, Somme, Artois, Flandres), un corps est exhumé dans un endroit pris au hasard et tenu secret. Rien ne doit permettre d'identifier les combattants dont les dépouilles mortelles sont transférées à la citadelle de Verdun. C'est le ministre de la Guerre André Maginot qui préside à la cérémonie du choix, le 10 novembre 1920. Accompagné de l'évêque de Verdun, de veuves et de mutilés, il s'arrête devant le soldat qui a reçu la mission de choisir la dépouille qui reposera à l'Arc de triomphe. Auguste Thin – fils d'un combattant mort pour la France, engagé volontaire de la classe 1919, un des rares survivants du 234e R.I. affecté au 132e bataillon d'infanterie – fait alors deux fois le tour des cercueils et dépose un bouquet rouge et blanc sur le troisième cercueil de la rangée de gauche. La Marseillaise retentit. Le cercueil désigné placé sur un fût de canon de 75 est conduit à la gare de Verdun où il part pour Paris.

La cérémonie de désignation du soldat inconnu est reconstituée à l'identique dans

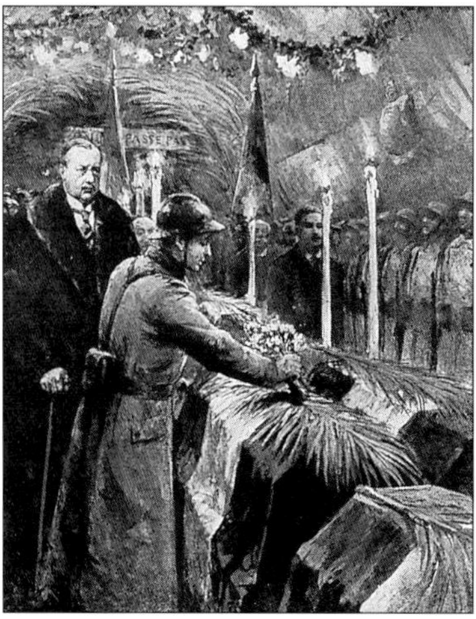

Cérémonie du choix du soldat inconnu français à Verdun le 10 novembre 1920.

les lieux où elle s'est déroulée. Sa découverte se produit dans le cadre de la visite de la citadelle de Verdun.

Une plaque a été apposée le 10 novembre 1990 sur la gare de Verdun en souvenir du passage, par cette gare, du cercueil du soldat inconnu.

Les sept dépouilles des soldats non désignés le 10 novembre 1920 ont été réinhumées dans la nécropole nationale du "Faubourg Pavé".

C'est dans une chapelle ardente édifiée place Denfert-Rochereau en face du Lion de Belfort (ce choix est symbolique : 1918 est la réponse à 1870) que le cercueil est déposé et veillé. Le cœur de Léon Gambetta doit être inhumé le même jour au Panthéon afin de célébrer le cinquantième anniversaire de la République. Le matin du 11 novembre, un cortège conduit le soldat et le cœur du combattant républicain au Panthéon où Raymond Poincaré les accueille. Après cette halte, le cortège remonte les Champs-Élysées et s'arrête sous la voûte de l'Arc de triomphe. L'archevêque de Paris bénit le cercueil avant de laisser des milliers de Parisiens se recueillir dans un pèlerinage continu.

La décision est rapidement prise de fixer la sépulture définitive du soldat inconnu sous l'arc même, dans l'axe des Champs-Élysées et de l'avenue de la Grande-Armée, là où, le 14 juillet 1919, les armées alliées victorieuses ont défilé derrière les maréchaux de France. Le 28 janvier 1921 – à l'occasion de la mise au tombeau en présence de Lloyd George, Premier ministre de Grande-Bretagne, des membres du gouvernement français et des maréchaux Foch, Joffre et Pétain –, le soldat inconnu est décoré de la Légion d'honneur, de la médaille militaire et de la croix de guerre. Sur le caveau est gravée une simple inscription : "Ici repose un soldat français mort pour la patrie 1914-1918." Un journaliste, Gabriel Boissy, propose de faire brûler en permanence sur la tombe "une flamme vivante". Le ferronnier Edgar Brandt exécute un dispositif en bronze. Le 11 novembre 1923, André Maginot allume cette flamme du souvenir qui, depuis lors, ne s'est plus éteinte grâce à la vigilance de l'association "La Flamme sous l'Arc de triomphe" qui organise tous les soirs, à 18 h 30, une cérémonie de ravivage.

• La tombe du soldat inconnu est située sous la voûte centrale de l'Arc de triomphe.
Place Charles de Gaulle
75008 Paris.

Chacun peut venir s'y recueillir. Une cérémonie est organisée tous les soirs à 18 h 30. L'accès à la plate-forme de l'Arc de triomphe offre une vue admirable sur la capitale et permet de visiter un petit musée qui présente divers documents sur l'inhumation du soldat inconnu et les cérémonies du 11 novembre.

Ouverture : de 10 h à 12 h et de 14 h à 18 h d'avril à septembre (17 h le reste de l'année). Fermé le mardi.

Pour plus de renseignements, contacter l'association "Comité de la Flamme sous l'Arc de triomphe"
23, rue Jacques Ibert
75017 Paris.

Ces deux cérémonies ont servi de référence à toutes les autres cérémonies d'inhumation de soldat inconnu. C'est ainsi que le soldat inconnu italien a été choisi à Aquilé entre onze cercueils de combattants exhumés dans les grands cimetières du front italien. Il se trouve au centre de l'autel de la Patrie, le monument de Victor-Emmanuel II, au pied du Capitole à Rome. Le soldat inconnu américain a été choisi à Châlons-en-Champagne (une plaque rappelle cet événement à l'hôtel de ville), le 24 octobre 1921, parmi quatre cercueils provenant de quatre cimetières du front ; il a été inhumé le 11 novembre 1921, au cimetière national d'Arlington à Washington. Le soldat incon-

Définitions

Nécropole nationale : cimetière qui ne contient que des sépultures de guerre de "morts pour la France" bénéficiant de la sépulture à perpétuité aux frais de l'État. Le terrain d'assiette appartient à l'État.

Carré communal : regroupement dans un cimetière civil des tombes de soldats "morts pour la France", bénéficiant de la sépulture à perpétuité entretenue aux frais de l'État.

Cimetière mixte : dans de nombreux cimetières sont inhumés des combattants de nationalités différentes. Les combattants du Commonwealth ont souvent été inhumés dans des cimetières civils français. Dans les nécropoles de 1914 ont souvent été inhumés soldats allemands et soldats français côte à côte, généralement en fosse commune (exemple : la nécropole de Maissin en Belgique).

La plus grande nécropole nationale française : Notre-Dame-de-Lorette - 25 ha - 20 058 corps en tombes et 20 000 en ossuaire.

Le département de la Marne est celui qui compte le plus de tombes militaires françaises : 34 nécropoles nationales - 176 188 corps inhumés.

Quelques chiffres : cimetières et tombes de la Grande Guerre en France

France : 248 nécropoles nationales (660 000 combattants inhumés) et 3 200 carrés communaux (100 600).
Commonwealth : 1 879 nécropoles nationales et carrés communaux (520 000).
États-Unis : 6 nécropoles nationales (33 913).
Allemagne : 198 nécropoles nationales (750 000).
Italie : 3 nécropoles nationales et 5 carrés communaux (5 300).
Au total : 5 539 cimetières et carrés communaux (2 069 212).

À lire

Atlas des nécropoles nationales, La documentation française, 1993, édité par le ministère des Anciens Combattants et Victimes de guerre.

Dépliant sur les sépultures de guerre en France (même éditeur).

nu belge a été choisi à Bruges entre quatre cercueils provenant de quatre cimetières du front ; il a été inhumé le 11 novembre 1922 au pied de la colonne du Congrès à Bruxelles. Ce choix a également été réalisé pour les soldats roumain, serbe et australien. Pour ce dernier, la cérémonie a eu lieu à Villers-Bretonneux, le 11 novembre 1993.

Chacune de ces tombes nationales replace symboliquement les champs de bataille de la Première Guerre mondiale au centre des capitales des États. Leur découverte est aujourd'hui le complément naturel des visites sur les champs de bataille.

D'autres lieux du souvenir

Sur un champ de bataille, "le souvenir" dominant est toujours celui des vainqueurs. Prenons l'exemple des régions de l'Est : l'Argonne, Verdun, Saint-Mihiel et l'Alsace.

Les monuments allemands

Vainqueurs, les soldats allemands édifièrent dès 1915 des monuments et des stèles dans les régions qu'ils occupèrent. À Wionville (Meurthe-et-Moselle) : un soldat de pierre en uniforme allemand ; à Chaillon (Meuse) : un lion sur un piédestal ; à Saint-Mihiel (Meuse) : un cimetière monumental. La liste exhaustive de ces monuments n'a jamais été fixée car ils furent tous détruits dans les années 1920. Dans la Meuse, quelques rares stèles, souvent de petite taille, ont échappé à cette "vengeance du souvenir". Seuls les visiteurs vigilants pourront les découvrir car elles sont généralement en mauvais état. À Beaumont-en-Verdunois, une petite stèle élevée à la mémoire du soldat Erwin Muller est située à cent mètres à l'est du cimetière de la commune, à l'embranchement de deux chemins. À Bantheville, sur la route de Cunel en bordure d'un bois, on peut entrevoir, derrière une clôture grillagée et en écartant une végétation envahissante, ce que la tradition orale nomme "le fauteuil du Kronprinz". Ce monument a, effectivement, l'aspect d'un imposant fauteuil. Les deux accoudoirs sont encore en place, le dossier aussi, mais le siège a disparu. Sur le mur faisant office de dossier, deux colonnes de noms de soldats allemands apparaissent les uns sous le mot allemand *Gestorben*, les autres sous *Gefallen*. Les noms sont difficilement lisibles ainsi que les dates de naissance et celles de décès. À Consenvoye, à proximité de la ferme de Molleville, une stèle rappelle la mémoire d'un soldat allemand tué le 13 octobre 1916. Ce monument est aujourd'hui couché sur le sol. À Siry-sur-Meuse, un monument

Gervex, Ambulance de Poitiers 1914-1918, *Paris, musée de l'Armée.*

adossé au mur d'enceinte du cimetière communal marque l'emplacement d'un ancien lieu de sépulture de soldats allemands. À Esnes-en-Argonne, dans le bois de la "Morine", une tombe est visible dans les fourrés. C'est un socle en béton d'où émerge une croix. Sur le socle, une plaque de marbre porte les noms de cinq soldats allemands qui ont trouvé la mort au cours de combats dans le secteur, le 2 septembre 1914. À Mont-devant-Sassey, un petit monument de pierre sur la colline qui domine l'église rappelle qu' "ici reposent en Dieu 23 soldats allemands et 12 soldats français". À Thin-le-Moutier enfin, dans les Ardennes, une stèle en granit de Saxe rappelle que "dans ces champs reposent 195 braves saxons et 685 soldats français morts en héros aux combats de la Fosse à l'Eau les 28 et 29 août 1914".

Monuments de la Réconciliation et de la Paix

Dans les années 1980, un nouveau type de monument fait son apparition : le monument de la Réconciliation. Son originalité est d'unir sur une inscription les deux anciens adversaires. Trois monuments méritent d'être signalés. À Douaumont, sur le mur qui longe la nécropole nationale, face à l'ossuaire, une plaque de bronze témoigne de "la poignée de main historique de François Mitterrand et d'Helmut Kohl le 22 septembre 1984". À la Haute-Chevauchée en Argonne, une croix édifiée en 1973 "scelle" la réconciliation franco-allemande. À Clermont-en-Argonne, enfin, sur le square de l'Aérium en bordure de la RN3, un monument représentant le double buste de Charles de Gaulle et de Konrad Adenauer a été inauguré le 10 mai 1995. À côté de ces trois initiatives, deux lieux se veulent les symboles de la réconciliation et de la paix. Le premier est le village de Fleury-devant-Douaumont. Ce village de la zone rouge sert de support à de nombreuses commémorations à vocation européenne. Le visiteur y découvrira la statue de Notre-Dame-de-l'Europe : "enchâssée en 1979 sur la façade de la chapelle votive, à l'emplacement de l'église paroissiale, Notre-Dame-de-l'Europe se situe au point convergent des déchirements et des souffrances". À quelques pas de là, l'avenue du Corps européen permet d'accéder au mémorial de Verdun devant lequel flottent les drapeaux allemand, français et européen. Le second est la ville de Verdun. En 1966, est lancé le projet de transformer la cité en capitale mondiale de la paix. En 1982, la commune accueille les premières assises de l'union mondiale des villes de la paix qui regroupe 73 villes martyres (Madrid, Varsovie, Bastogne, Coventry, Volgograd, Verdun, etc.) et développe des actions pédagogiques en faveur de la paix. En 1988, le secrétaire général de l'ONU préside à Verdun la cérémonie de remise des médailles de la paix à ces 58 villes et pose la première pierre du bâtiment qui symbolise cette politique "le Centre Mondial pour la Paix, les Libertés et les Droits de l'Homme".

Inauguration de nouveaux monuments

De nos jours, alors que plus de trois générations sont nées depuis la fin de la Première Guerre mondiale, des monuments sont encore régulièrement inaugurés sur les champs de bataille de la Grande Guerre. Signe des temps, les trois monuments inaugurés ces dernières années rendent hommage aux membres des services de santé. Le 11 novembre 1994, allée des Maréchaux à Verdun, on élève un obélisque "Aux membres du service de santé, médecins, officiers, sous-officiers, infirmières, brancardiers, soldats, morts pour la France. Verdun 1916. Guerre 1914-1918". À Vauquois, c'est une stèle "Aux sapeurs-pompiers du régiment de Paris tués ou brûlés en ces lieux le 6 juin 1915, lors de l'assaut aux lance-flammes" qui est érigée le 6 juin 1995. Plus récemment, une souscription a été ouverte en janvier 1996 pour achever à Pierrefonds, dans l'Oise, le monument élevé en hommage "Aux infirmières de la guerre de 1914-1918", inachevé depuis 1931.

À lire

CHAMPEAUX (A.), "Les guides illustrés des champs de bataille, 1914-1918", in CANINI (G.), *Mémoire de la Grande Guerre*, Presses Universitaires de Nancy, 1989.

Au Mort-Homme, près de Verdun, une croix élevée en 1984 pour célébrer l'amitié franco-allemande.

CANADA

I. Les lieux de la Première Guerre mondiale en Flandre-Occidentale (Belgique)

C'est à Steenstrate, près d'Ypres, que le gaz moutarde est utilisé pour la première fois en avril 1915. Sur une terre ravagée par les bombardements et les cratères de mines, des soldats, essentiellement des Britanniques, vivent pendant quatre années un véritable enfer dans la boue.

De Nieuport (Flandre-Occidentale) jusqu'à la frontière française (Comines), un itinéraire pour découvrir :
- les lieux des combats des batailles de l'Yser et d'Ypres,
- Ypres, ville-martyre,
- les cimetières,
- les monuments,
- les musées.

Monument commémoratif canadien de F. C. Clemeshaw à Sint-Juliaan.

Division anglaise et régiment d'Écossais sur la place du marché de Tielt en octobre 1914.

Formation du front

Entre 1891 et 1905, le général Alfred von Schlieffen, commandant de l'état-major allemand, élabora un plan ingénieux pour mettre à genoux, en un minimum de temps, les Pays-Bas et la France, et s'emparer ainsi des côtes de la mer du Nord. L'aile droite mobile allemande mise en ordre de bataille des Pays-Bas jusqu'à Metz (aux mains des Allemands depuis 1870) aurait atteint la mer du Nord grâce à un mouvement de charnière et attaqué la France en tenaille par le nord et l'est. Le successeur de von Schlieffen, le général von Moltke, affaiblit cependant l'aile droite, et les Pays-Bas ne furent plus impliqués. Pourtant, début janvier 1913, von Schlieffen avait lancé l'avertissement suivant sur son lit de mort : "La guerre est inévitable. Mais renforcez surtout le flanc droit!" Ce qui subsista du projet von Schlieffen échoua en pratique.

Après la bataille de la Marne, du 6 au 9 septembre 1914, les Allemands se trouvèrent bloqués et durent même se retirer jusqu'à l'Aisne où une nouvelle bataille, du 13 au 15 septembre, leur fut de nouveau défavorable. Le 14 septembre, la tête de von Moltke tombait : le général Erich von Falkenhayn lui succédait, le plan de von Schlieffen fut définitivement rangé et les Allemands comme les Français commencèrent à creuser des tranchées. Le mouvement de tenailles se transforma en une guerre des tranchées. Le 17 septembre, le général von Falkenhayn et Joffre, le commandant en chef français, eurent en même temps l'idée de déborder l'ennemi à l'ouest. À cet effet, la VIe armée française du général Maunoury avança vers le nord-ouest, mais ce mouvement fut stoppé le 6 octobre au sud de La Bassée, la cavalerie allemande effectuant des raids dans le bassin industriel du Nord de la France ainsi qu'en Flandre-Occidentale. Environ 8 000 uhlans (cavaliers armés d'une lance) sous le commandement du général von der Hollen réussirent même à passer la nuit du 7 au 8 octobre à Ypres! Le lendemain, les Français purent les battre dans les environs de la ville et dans les collines de Flandre-Occidentale. Jusqu'au 13 octobre, les habitants d'Ypres virent encore sporadiquement des Allemands de passage dans leur cité; cette fois, ils n'y passèrent plus la nuit.

Les Britanniques conçurent alors le projet d'encercler le flanc droit allemand. À partir du 1er octobre, ils dépêchèrent des troupes de la *British Expeditionary Force* en provenance de l'Aisne. Des renforts arrivèrent à Zeebrugge et à Ostende les 6 et 7 octobre, avec pour mission de former un front de liaison le long de l'Escaut entre le front du Nord de la France et la place forte d'Anvers. Mais Anvers tomba le 9 octobre, Gand le 11, Bruges le 14, Ostende et Lille le 15. Le roi Albert Ier, qui était dans un premier temps bien décidé à se rendre avec son armée à Anvers, se laissa persuader in extremis, par son secrétaire Jules Ingenbleek et par la reine, de retirer ses troupes vers la région côtière.

Devant la supériorité des forces allemandes, les Français et les Britanniques reculèrent jusque dans la région de Roulers. Après une concertation à Ostende le 12 octobre avec le général britannique Rawlinson et le général français Pau, le roi Albert Ier décida le retrait de ses troupes à Calais.

Mais devant l'insistance du général Foch, adjoint de Joffre, il revint sur cette décision et ordonna à ses troupes de résister vaille que vaille près de l'Yser. Le 16 octobre, l'armée occupa des positions derrière l'Yser et l'Yperlée tandis que les Français et les Britanniques établissaient un front de Houthulst à Armentières. Cette fois encore, les Britanniques et les Allemands eurent en même temps l'idée d'une percée. Les Britanniques allaient attaquer à partir d'Ypres dans la direction nord-est avec comme objectif Gand, sépa-

Le roi Albert Ier

Le rôle du roi Albert Ier pendant la Première Guerre mondiale n'est pas à sous-estimer. Pendant quatre ans, il se trouva à la tête de l'armée belge sans faillir.

Le roi croyait fermement à la neutralité de son pays jusque peu avant la guerre. Le 2 août 1914, il demanda par écrit à l'empereur allemand Guillaume II de garantir que l'Allemagne respecterait la neutralité belge. Le même jour encore, la Belgique reçut un ultimatum : l'Allemagne envahirait la France en passant par la Belgique. En échange, la Belgique serait de nouveau indépendante après la guerre et recevrait des indemnités.

L'ultimatum fut pire qu'une douche froide pour le roi Albert Ier. Le conseil de la couronne rejeta l'ultimatum de l'empereur. Mais la réaction allemande fut extrêmement rapide : le 4 août 1914, les Allemands envahirent la Belgique. L'opinion publique fut choquée à son tour et une vague de patriotisme naquit, encore renforcée par le charisme du roi. Pendant quatre ans sans faillir, effectivement. Le roi ne douta que le 28 septembre 1914. Ce jour-là, les Allemands attaquaient Anvers, et le roi voulut arrêter les combats mais se laissa persuader de maintenir. Il ne céda jamais à la tentation de se joindre aveuglément aux offensives alliées. Le rôle de ses hommes se limitait à "la défense du dernier petit bout de Belgique", une garde près de l'Yser. C'était une guerre de positions qui se passa en fait calmement et qui fit relativement peu de victimes eu égard aux champs de bataille autour d'Ypres et de Verdun. La Belgique le doit à la perspicacité de son roi qui savait que son armée ne pouvait jouer de rôle plus important. Ainsi, le soldat belge n'était pas totalement dépaysé. Il servait dans son propre pays où ses habitudes avaient toujours cours et où il subissait la forte pression morale de l'Église et des ordres.

Entrée des souverains belges à Bruxelles le 22 novembre 1918.

rant ainsi la VIe et la IVe armées allemandes pour prendre ensuite l'ennemi à revers et le détruire. Les Allemands songèrent de nouveau à leur chère stratégie de mouvement en tenailles. Leur aile droite, composée de la IVe armée et renforcée par le groupe von Beseler, aurait percé le long de la côte à hauteur de Nieuport et de Dixmude. L'aile gauche aurait marché de Menin sur Calais. Dans la pratique, les deux attaques eurent lieu simultanément et se neutralisèrent.

La bataille de l'Yser du 16 au 31 octobre 1914

Les premières escarmouches autour de Dixmude datent du 16 octobre 1914. La bataille de l'Yser commença réellement le 18 octobre. Les acteurs principaux en furent l'armée belge sous les ordres du roi Albert Ier, et la IVe armée allemande ainsi que le groupe attaché au général von Beseler. L'armée belge reçut les renforts de 6 000 fusiliers marins français de l'amiral Ronarc'h aux environs de Dixmude.

Le 18 octobre, la bataille éclata de Nieuport à Dixmude. Sur la rive droite de l'Yser, Lombardsijde, Mannekensvere, Schore, Keiem, Beerst et Vladslo constituèrent une ligne de défense belge avancée. Mais dès le premier jour, Mannekensvere, Schore et Keiem capitulèrent, même si Keiem fut repris, tandis que Beerst et Vladslo, repris par les Belges et les Français le jour suivant, furent de nouveau abandonnés, car la bataille qui se déroulait plus au sud n'était pas suffisamment avancée. Le 19 octobre, l'éclusier Dingens et son personnel durent abandonner les écluses de Nieuport. Ils auraient insisté auprès des militaires pour inonder le territoire entre l'Yser et la ligne ferroviaire Nieuport-Dixmude après avoir bouché les passages pratiqués dans les bas-côtés de la voie ferrée, mais leurs interventions étaient restées provisoirement sans effet.

Le 20 octobre, les Allemands s'emparèrent de Lombardsijde mais ne purent atteindre l'Yser nulle part. Le 21 octobre, avec la collaboration d'Hendrik Gheeraert, un aide-batelier, le général Dossin inonda le territoire situé entre la crique de Nieuwendamme et l'Yser. Les polders de Vladslo-Ambacht ainsi que les terres entre le canal de Plassendale et l'Yser canalisé devinrent progressivement marécageux, mais sans parvenir à arrêter l'avancée allemande. Le lendemain, les Allemands réussirent même à traverser l'Yser, près de Tervate, grâce à une passerelle. La contre-offensive belge fut un échec et les Allemands organisèrent à cet endroit une tête de pont qui leur permit de prendre Schoorbakke et Tervate le 23 octobre, alors que, de l'autre côté du front, ils avaient dû abandonner Lombardsijde le 21 octobre. Le 24 octobre, les Allemands prirent aussi Sint-Joris, Stuivekenskerke et Oud-Stuivekenskerke.

Bataille de l'Yser : soldats belges et fusiliers marins francais s'opposant à l'offensive allemande. Peinture de G. Neymark.

Après l'intervention de Charles de Broqueville, le Premier ministre et ministre de la Défense belge, les Français abandonnèrent leur projet de se retirer derrière les inondations prévues autour de Dunkerque. L'armée belge reçut l'ordre de résister à tout prix le long de la ligne ferroviaire Nieuport-Dixmude. Le 25 octobre, la situation de Dixmude devint critique. Les Allemands mitraillèrent la ville avec leurs fameux obusiers de 420 mm. Tôt le matin du 26 octobre, environ 150 Allemands surgirent par surprise à Dixmude. Ils franchirent l'Yser près du Hoge Brug et se dirigèrent vers Kaaskerke, mais ils furent tous faits prisonniers ou tués. Les Belges qui avaient été bien obligés d'abandonner leur défense du Grote Beverdijkvaart, ce qui avait permis aux Allemands d'atteindre les bas-côtés de la voie ferrée – reçurent heureusement des renforts de troupes françaises sous le commandement du général Grossetti.

C'est à ce moment que le quartier général belge apprit, presque par hasard, l'existence d'une stratégie qui avait fait ses preuves : l'inondation. Le général belge Wielemans logeait alors chez l'instituteur Germain van Marcke, à Wulpen. Celui-ci lui apprit que, dans le passé, des inondations orchestrées autour de Nieuport avaient tenu les Français à distance. L'intérêt de Wielemans fut aussitôt éveillé et il s'enquit auprès d'Émeric Feys, de Furnes, juge d'instruction et membre de la direction des polders des Noordwateringen, si cette stratégie pouvait également s'appliquer contre un ennemi venant de l'est. Feys, qui en était convaincu, présenta les plans détaillés des voies d'eau, mais il conseilla de confier la réalisation concrète au surveillant Karel Cogge. Le 25 octobre, Cogge confirma au quartier général à l'hôtel de ville que cette stratégie était réalisable dans la pratique. Les troupes du génie obstruèrent les passages dans les bas-côtés de la voie ferrée : l'eau s'infiltra doucement à partir du 27 octobre pour couler abondamment le jour suivant par le Oud-Veurnesas (le Kattesas actuel). Cependant, la montée des eaux n'était pas assez rapide, et Hendrik Gheeraert fut chargé d'ouvrir dans la nuit du 29 au 30 octobre l'évacuateur du Noordvaart, situé entre les deux lignes ennemies. Il fut secondé par le capitaine Umé, le caporal Balon et les soldats Cop et Van Belle.

Karel Cogge, qui assura l'inondation de la région de Nieuport.

Après trois journées relativement calmes, la bataille éclata dans toute sa violence le 30 octobre. Les Allemands parvinrent à dépasser le bas-côté de la voie ferrée et à prendre Ramskapelle, bien que la crue des eaux rendît plus difficile leur avancée. Les routes et les pâturages, qui ne se distinguaient plus qu'à grand-peine, étaient impraticables pour les véhicules. Dans la nuit du 30 au 31 octobre, les Allemands évacuèrent Ramskapelle qui fut repris le lendemain par les Belges et les Français. Le 1er novembre, tous les Allemands furent repoussés derrière l'Yser, à l'exception de petites concentrations sur la rive gauche de Tervate (jusqu'à l'actuel boyau de la Mort) et de quelques îlots dans la région inondée d'où des tireurs d'élite visaient les soldats belges. L'armée belge disposait de 90 000 hommes au début de la bataille de l'Yser. Deux semaines plus tard, son potentiel était descendu à moins de 50 000 hommes valides. Quant aux canons, un grand nombre n'étaient plus opérationnels en raison d'un usage trop intensif. Le 10 novembre, les Allemands menèrent une attaque surprise et s'emparèrent de Dixmude, sonnant la fin de la bataille de l'Yser.

Canons hors d'usage à la suite de bombardements intensifs.

Pendant trois ans, à quelques exceptions près, les deux parties allaient limiter les hostilités à des tirs de part et d'autre. Ce n'est qu'au cours de l'été 1917 que l'Yser autour de Dixmude fut de nouveau le théâtre de combats impitoyables.

Première bataille d'Ypres du 15 octobre au 22 novembre 1914

La première bataille d'Ypres ne fut que le début d'une confrontation de plusieurs années entre la *British Expeditionary Force* et les Allemands. Presque toutes les circonstances étaient défavorables aux Britanniques dont les effectifs, cinq fois moins nombreux, n'étaient pas en mesure de couvrir le front convenablement. Ils étaient même par moments confrontés à un manque d'armes et de munitions et l'artillerie britannique était manifestement moins puissante que celle des Allemands. De plus, les Britanniques opéraient à partir de tranchées creusées à la hâte qui ne couvraient pas toute la ligne de front, laissant parfois des centaines de mètres sans défense. Mais, malgré la supériorité des Allemands qui continuaient à harceler la faible ligne de défense, les Britanniques tinrent bon au saillant d'Ypres, soutenus par les Français à certains endroits.

Les combats commencèrent le 15 octobre, à peu près en même temps que la bataille de l'Yser. Depuis Gand, la 7e division britannique s'approchait alors d'Ypres et prenait des positions autour de la ville drapière. Au nord, à l'est et au sud stationnaient des troupes allemandes qui voulaient, grâce à une attaque venant de Roulers ou de Courtrai, repousser le corps britannique vers la mer ou au-delà de la frontière belgo-française. Les Britanniques occupèrent des positions sur la ligne Houtem, Geluveld et Sint-Juliaan. Le lendemain commencèrent les premiers combats avec les avant-postes allemands. La 3e division de la cavalerie couvrit le flanc gauche de Zonnebeke à Westrozebeke alors que les troupes françaises étaient engagées jusqu'à l'Yser.

À partir du 21 octobre, les contre-attaques allemandes aboutirent à un épisode particulièrement triste : la bataille de Langemark. De Poelkapelle à Zonnebeke, les 26e et 27e corps de réserve avancèrent. Il s'agissait essentiellement de cadets allemands n'ayant reçu qu'une très brève formation et cherchant volontairement la mort dans une lutte contre des militaires de carrière britanniques bien entraînés. Le 22 octobre, une première et vaine attaque

eut lieu sur Langemark et, le 10 novembre, les mitrailleuses britanniques fauchèrent les jeunes Allemands par centaines. L'après-midi du 17 octobre, les Britanniques prirent leurs dispositions afin de progresser le jour suivant en direction de Menin et occuper les ponts de la Lys. Mais la marche à peine entamée, il fallut abandonner face à une supériorité allemande trop écrasante. Une contre-attaque aboutit à la bataille près du village de Geluveld. Les 19, 20 et 21 octobre, un combat acharné fit rage autour de Zonnebeke. Les Allemands tentèrent une percée au nord de la 7e division pour atteindre Ypres. Les troupes françaises durent se retirer du bois de Houthulst, laissant ainsi le flanc de la 3e division de cavalerie sans défense. Les Allemands transférèrent sans relâche des troupes fraîches de Courtrai et menacèrent de percer les lignes. Mais au plus fort de la bataille, la chance tourna.

Le commandant en chef John French envoya des renforts, notamment des troupes du 1er corps de Douglas Haig dans le combat entre Zonnebeke et Bikschote. Ces renforts parvinrent à arrêter l'avancée allemande avec la plus grande difficulté et au moyen d'une lutte acharnée au nord de la route Boezinge-Langemark.

Morts allemands.

Pourtant, les Allemands prirent Kruiseke le 26 octobre et lancèrent le 29 une attaque brutale sur la ligne Kruiseke-Geluveld. Ils réussirent à conquérir Zandvoorde le 30 octobre, mais leur attaque fut stoppée entre Zandvoorde et Geluveld. Les Britanniques reçurent alors l'ordre de garder à tout prix la ligne Hollebeke-Geluveld.

John Mc Crae et *In Flanders Fields*

Le poème *In Flanders Fields* est devenu le symbole littéraire de la Première Guerre mondiale. Le coquelicot ou *poppy* dont il est question dans le premier vers est, depuis 1921, le symbole de tous ceux qui sont tombés pendant la Grande Guerre. Le 11 novembre, le *Poppy Day*, cette "fleur du souvenir", évoque la mémoire des millions de morts.

Ces symboles ont été créés par un homme, le docteur John Mc Crae, devenu célèbre grâce à ce seul poème. Mc Crae, né le 30 novembre 1872 à Guelph au Canada, était fils d'un lieutenant-colonel d'origine écossaise. Biologiste et médecin, il se porta volontaire pour la guerre des Boers en Afrique du Sud puis, en 1914, demanda à être intégré dans la *Canadian Expeditionary Force*. À partir du 14 avril 1915, il était en poste près d'Ypres où il fut promu lieutenant-colonel du *Canadian Army Medical Corps*. C'est le 3 mai 1915 qu'il aurait écrit dans son journal, près d'Essex Farm à Boezinge, son poème désormais célèbre dans le monde entier. Le 1er juin 1915, il fut muté à Boulogne et mourut le 28 janvier 1918 à l'âge de 45 ans à l'hôpital britannique de Wimereux.

In Flanders Fields est une méditation littéraire sur les conditions de la guerre à Boezinge et dans les environs : les casemates, les hommes blessés qui roulent le long de la digue, l'alouette du matin, le nombre de morts et de petites croix qui augmente inexorablement, les coquelicots et les grenades qui explosent...

Au champ d'honneur, les coquelicots
Sont parsemés de lot en lot
Auprès des croix ; et dans l'espace
Les alouettes devenues lasses
Mêlent leurs chants au sifflement
Des obusiers.

Nous sommes morts
Nous qui songions la veille encor'
À nos parents, à nos amis,
C'est nous qui reposons ici
Au champ d'honneur.

Soldats britanniques rendus aveugles par une attaque au gaz.

Le 31 octobre fut une journée cruciale : c'est à partir de cette date que les Allemands purent engager leurs troupes disponibles venues du nord. Ils formèrent une nouvelle armée sous le commandement du général von Fabeck et entrèrent dans Geluveld. Mais les Anglais contre-attaquèrent et reprirent le village, temporairement il est vrai. À Courtrai, l'empereur attendait la victoire de ses troupes, mais il dut rentrer bredouille à son quartier général le 2 novembre. Pourtant, les Allemands étaient presque parvenus à ouvrir une brèche. Au cours d'une attaque sans merci, ils avancèrent jusqu'au Verbrande Molen situé à environ 3 km d'Ypres, mais ils furent arrêtés par les Britanniques. Entre-temps, l'empereur allemand, furieux en raison de l'échec, décida d'engager ses meilleures forces. L'attaque finale débuta le 11 novembre avec la garde prussienne. Mais les trois mille soldats d'élite furent, eux aussi, refoulés après des combats acharnés, parfois même à la baïonnette. Dans le même temps, la 1re et la 2e division de cavalerie défendaient le front de Douvebeek jusqu'au canal de Comines. Le 20 octobre, cette ligne fut encore renforcée et les divisions surveillèrent la ligne de front de Messines, par Oosttaverne jusqu'à Hollebeke. Le 26 octobre, ces divisions gagnèrent quelques centaines de mètres, mais leurs positions ne s'avérant pas très bonnes, elles reçurent l'ordre de retourner à leurs tranchées précédentes.

Le 31 octobre, les Britanniques purent repousser une attaque sur Messines alors que, le même jour, la 2e division de cavalerie contrait une offensive contre Wijtschate. Le 1er novembre, la crête de la colline Wijtschate-Messines tombait, mais Wijtschate fut repris. Ce ne fut que temporaire puisque, le 2 novembre, les Alliés en étaient chassés définitivement. Pour se venger de l'incapacité de son armée à effectuer une percée, l'empereur allemand ordonna des représailles, ce qui donna lieu à la destruction systématique d'Ypres avec l'incendie du beffroi et de la cathédrale Saint-Martin le 22 novembre. Au cours d'une seconde confrontation autour de Wijtschate et de Messines, le 2 décembre 1914, le 16e régiment de réserve d'infanterie de Bavière, constitué principalement de volontaires sans expérience, fut largement décimé. L'unité fut réduite de 3 500 à 600 soldats, dont l'un des survivants se nommait Adolf Hitler. Malgré ces pertes, Wijtschate demeura aux mains des Allemands jusqu'à la bataille des mines du 7 juin 1917. À l'issue de la première bataille d'Ypres, les Britanniques comptaient 58 155 morts et les Allemands avaient perdu 75 000 hommes.

Deuxième bataille d'Ypres du 22 avril au 25 mai 1915

Après la première bataille d'Ypres, une période de calme relatif fut observée sur le front ouest. De nouvelles troupes françaises vinrent relever les troupes britan-

niques entre Zonnebeke et le canal Ypres-Comines. À partir de ce moment, l'intérêt international se porta sur les batailles d'Artois (du 9 mai au 19 juin et le 25 septembre 1915), de Champagne (le 25 septembre 1915), de Verdun (du 21 février jusqu'à fin juin et d'octobre à décembre 1916) et sur l'offensive alliée autour d'Arras et de la Champagne (du 16 avril au 22 mai 1917). Les troupes profitèrent de ce calme relatif jusqu'au mois de juin 1917 pour effectuer de profondes réorganisations. Dès 1916, les officiers reçurent une bonne formation, ce qui n'était pas le cas précédemment. L'armée convenablement équipée fut entraînée efficacement et apprit de nouvelles méthodes de combat. Les troupes du génie et les soldats achevèrent la construction des positions de façon à ce que celles-ci soient plus résistantes et puissent servir aux attaques.

Les attaques au gaz

Du 22 avril au 25 mai 1915, les hostilités reprirent, atteignant un cruel paroxysme avec la seconde bataille d'Ypres et l'attaque destructive au gaz à Steenstrate. Les premiers combats commencèrent le 17 avril lorsque les Britanniques firent exploser cinq mines souterraines sous la *Hill 60* (occupée depuis le 10 décembre 1914 par les Allemands après avoir été tenue par les Français) et s'emparèrent ainsi de la colline. Dans la nuit du 13 au 14 avril, l'Allemand August Jaeger passa dans le camp français. Il parla en détail de l'attaque au gaz imminente et montra même son masque à gaz. Mais le déserteur semblait trop éloquent, et personne ne crut que l'Allemagne allait enfreindre l'interdiction internationale concernant l'usage des armes chimiques (La Haye, 1899). Malgré tout, le secteur Poelkapelle-Langemark se prépara à une éventuelle attaque au gaz. Seuls les Français et les Belges du secteur de Steenstrate ne furent pas mis au courant. De nos jours encore, on ignore les raisons de cette défaillance de la communication.

Le gaz, arme de guerre, n'était pourtant pas totalement inconnu. Le 31 janvier 1915 déjà, les Allemands avaient mené une attaque au gaz en Pologne mais, en raison du gel, les effets en avaient été très limités. À Reninge, un grand nombre de grenades allemandes qui n'avaient pas explosé avaient surpris les soldats. Il s'avéra qu'elles contenaient des gaz toxiques. Un mois avant ce 22 avril fatal, les Allemands se tenaient déjà prêts dans les environs de Steenstrate pour une attaque au gaz, mais le vent ne soufflait pas dans la bonne direction.

Après des bombardements violents, un grand calme se fit brutalement ce 22 avril vers 17 heures. Les Allemands ouvrirent les robinets de milliers de bouteilles de gaz de 6 kg de chlore chacune, disposées à un mètre d'intervalle l'une de l'autre entre le Stroombeek et le centre du village de Poelkapelle jusqu'à Bikschote-Merkem (la chaussée Ypres-Dixmude). Le nuage de gaz jaune-vert dériva exactement vers le point de jonction entre les troupes coloniales françaises (la 45e division d'infanterie des Algériens et la 87e division d'infanterie avec des Bretons et des Normands) et la division canadienne du général Andersen. La panique parmi les troupes coloniales fut telle que les Allemands, surpris par le succès de l'attaque, purent avancer de 6 km et prendre Pilkem, Boezinge-Sas, Steenstrate et une partie du canal Ypres-Yser. Ils menacèrent même Boezinge. Ce n'est que grâce à des efforts soutenus que les Canadiens parvinrent à se maintenir et à résister à la supériorité de

Hindenburg à Zeebrugge.

Côte renforcée par les Allemands en vue d'éventuelles attaques britanniques.

l'ennemi. Pourtant les Allemands traversèrent le canal Ypres-Yser le 23 avril et atteignirent Lizerne. Mais les Belges se distinguèrent dans la bataille (le 23 et le 24 avril) et purent reprendre Lizerne le 28 avril et Steenstrate le 5 mai.

Après des combats sanglants et une attaque au gaz le 1er mai, *Hill 60* (colline 60) retomba aux mains allemandes le 5 mai. L'avancée du 17 avril appartenait au passé. Dans la nuit du 3 au 4 mai, les Britanniques se retirèrent des premières lignes. Les Allemands voulurent transformer ce retrait en un départ définitif et attaquèrent sur la ligne 't Hooge-Frezenberg. Le 8 mai, ils prirent le Frezenberg, le 2 juin le château 't Hooge. Les 3 et 16 juin, le château fut repris partiellement et temporairement par les Britanniques. Jusqu'au 30 juillet, les combats se poursuivirent avec une fortune diverse entre Poelkapelle et la chaussée de Menin. Puis les Britanniques durent abandonner complètement le château 't Hooge. Lors de l'attaque décisive à 3 h 15, les Allemands utilisèrent – pour la première fois et massivement – des lance-flammes. La deuxième bataille d'Ypres n'avait pas vraiment été vaine pour les Allemands. La ville n'était pas tombée mais l'armée allemande qui s'était approchée à moins de 4 km des murs put investir de meilleures positions de contrôle. Un bombardement intense pilonna la ville déjà fort éprouvée, et les autorités militaires britanniques forcèrent les mille derniers habitants à quitter la ville en feu le 13 mai 1915.

Troisième bataille d'Ypres du 31 juillet au 10 novembre 1917

Le 7 janvier 1917, le maréchal britannique Haig décida une grande offensive en Flandre. C'était une variante d'une idée que Churchill avait émise en décembre 1914 : une attaque alliée le long de la côte afin de paralyser les activités marines et sous-marines allemandes (bases des *U-Boten*) dans la zone de la Manche et repousser ensuite les Allemands vers l'est. La question demeure si les dirigeants britanniques tinrent suffisamment compte du fait que cette offensive impliquait l'assèchement des territoires inondés. Cette opération qui allait prendre un mois comportait d'énormes risques pour les troupes belges et françaises de l'Yser. Les Français et surtout les Belges, le roi Albert Ier en tête, n'étaient pas favorables à ce projet, car la Belgique allait être piétinée. Ils préféraient une offensive autour de Luxembourg pour isoler les troupes allemandes à l'ouest et une attaque simultanée de la Ruhr.

Haig fit pourtant exécuter son plan qui consistait en une sortie du saillant d'Ypres en direction de la côte par Staden, combinée à des opérations franco-belges le long de la côte et à une opération d'atterrissage britannique entre Middelkerke et Westen-

de. Cette attaque devait ouvrir la voie pour sa cavalerie jusqu'à Berlin, tandis que ses troupes marcheraient sur Torhout et Bruges, bifurqueraient en direction de Bruxelles et neutraliseraient ainsi toute l'armée allemande. Mais les offensives françaises en Champagne avec l'aide des Britanniques obligèrent ceux-ci à remettre plusieurs fois leur attaque. Lorsque le général Nivelle fut écarté le 15 mai 1917 et que l'armée française eut besoin d'un long repos après les pertes subies et les mutineries qui avaient sérieusement entamé le moral des troupes, Haig saisit sa chance.

Son signal d'attaque inaugura du même coup la troisième bataille d'Ypres. Cette bataille fut la plus sanglante, la plus longue et la mieux préparée. Elle débuta par une prouesse technique, une opération de grande envergure de mines souterraines (Magnum Opus). Le général Plumer préparait déjà cette action depuis janvier 1916. Il voulait effectivement transformer le saillant, en forme de faucille, en un grand arc afin de préserver les Britaniques de nouveaux tirs allemands dans le dos et sur les côtés. Entre Wijtschate et Messines, les *Tunneling Companies* creusèrent des galeries allant jusqu'à 500 m de long à une profondeur de 24 à 45 m sous les positions allemandes, entre *Hill 60* et la partie est du Ploegsteertbos. Cet ouvrage fut réalisé par des mineurs du Nord de l'Angleterre et des ouvriers qui avaient acquis de l'expérience en creusant le métro de Londres. Ces derniers utilisaient une technique, appelée *clay-kicking*. Couchés sur le dos sur une charrette, des couteaux fixés aux pieds, ces hommes enlevaient la terre à coups de pied. À l'origine, il s'agissait de 24 galeries de mines, mais

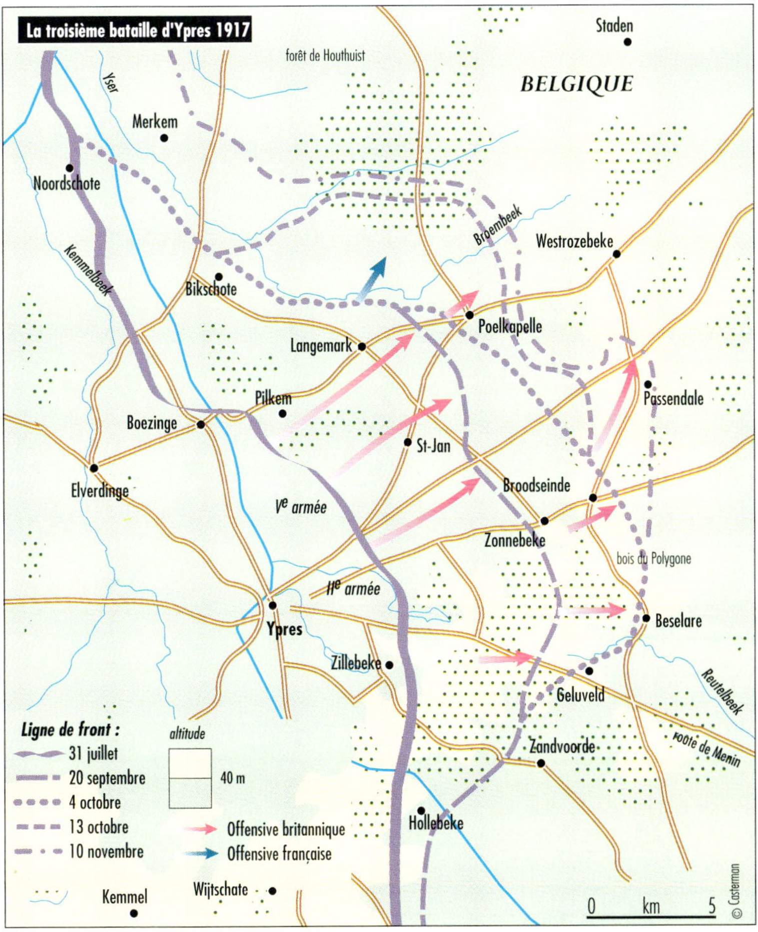

La guerre n'est pas finie

Chaque jour, le sol du Westhoek continue de livrer ses secrets. Chaque jour, les agriculteurs remontent des munitions de guerre. En général, ils n'y accordent pas grande attention et déposent les bombes et les grenades auprès des poteaux électriques le long de la route. Si un véhicule de contrôle du Service de Recherche et de Destruction d'Engins de Guerre vient à passer, les militaires emmènent ces munitions au bois de Houthulst. Des tonnes de munitions sont entassées là, prêts à être détruits. Mais un plus grand danger se cache dans le sol. Jusqu'à 30 % des projectiles lancés n'ont jamais explosé. Certaines grenades ou bombes sont encore armées. Une charrue ou un tracteur explose chaque année. Et la région connaît le nom des agriculteurs blessés à mort...

Le sol cache encore bien d'autres vestiges : des cadavres uniformisés, des abris souterrains, les restes d'une tranchée... Les chasseurs de trésors ne sont toujours pas au chômage au bout de quatre-vingts ans, et les découvertes donnent souvent lieu à un nouveau musée de la Guerre.

les Allemands qui eurent vent de l'opération le 24 août 1916 détruisirent la galerie près de *Petite Douve Farm*. Le 6 juin, un officier britannique prophétisa : "Messieurs, j'ignore si nous écrirons une page de l'histoire de demain, mais nous changerons certainement la géographie." Le lendemain, à 3 h 10 exactement, 19 mines explosèrent. La 20e, *Bird Cage*, n'explosa que le 17 juin 1955, touchée par la foudre. Une 21e mine, opérationnelle le 7 juin 1917, se trouve toujours dans les environs et, aujourd'hui encore, on ignore sa position exacte.

Deux autres galeries ne purent être achevées à temps. En tout, 480 tonnes d'Amonal explosèrent. Six mines explosèrent devant les positions allemandes, douze au milieu des lignes et une derrière. Vers 6 h 30, la crête de la colline était occupée, et Messines et Wijtschate tombaient aux mains des Néo-Zélandais. Dans l'après-midi, 72 chars prirent part à l'action, ce qui était une nouveauté, et les alliés s'emparèrent d'Oosttaverne. Le soir, 4 km de terrain avaient été gagnés.

La bataille des mines eut un tel impact matériel et psychologique sur les Allemands que les Britanniques atteignirent leur objectif le 11 juin sans trop de peine. Les Allemands durent se retirer jusqu'à la chaussée Ypres-Warneton. Désormais, la sécurité dans le saillant était meilleure et la grande offensive fut préparée fébrilement. Les troupes britanniques prirent la relève dans le secteur de Nieuport tenu jusqu'alors par les Belges, mais tout de suite après, le 10 juillet, les Allemands menèrent une attaque surprise et prirent toute la rive droite de l'embouchure de l'Yser. C'était un premier échec pour Haig qui n'abandonna pas son plan pour autant. Plus tard, les historiens distinguèrent sept phases dans cette troisième bataille d'Ypres.

Le 31 juillet, l'offensive fut lancée de Dixmude jusqu'à la Lys autour de l'axe formé par la ligne ferroviaire Ypres-Roulers. À ce moment, les Français sous le commandement du général Anthoine se trouvaient entre Noordschote et Boezinge, la Ve armée anglaise (avec le général Gough) entre Boezinge et Zillebeke tandis que la IIe armée du général Plumer était postée de Zillebeke jusqu'à la Lys. L'attaque eut lieu sous une pluie battante et s'enlisa le soir dans la boue. Les systèmes de drainage avaient en effet été détruits par les bombardements préparatoires (deux semaines durant). Ce fut la bataille au cours de laquelle les assaillants n'avaient d'autre choix que se noyer dans les entonnoirs inondés ou d'être abattus par les défenseurs allemands. Ce premier jour, les Français prirent Steenstrate et Bikschote, les *Guards* britanniques et les *Welshmen* (la hauteur de) Pilkem, mais à droite du chemin de fer les assaillants n'enregistrèrent que de maigres progrès.

Le 16 août, l'attaque reprit. Au nord, les Belges obtinrent quelques succès en s'emparant de Drie Grachten et les Britanniques conquirent Langemark. Au sud, les Alliés ne purent obtenir de résultats durables.

Le 20 septembre, une nouvelle offensive eut lieu malgré le mauvais temps. Entre-temps, Haig avait limité son projet à la prise de la hauteur Zonnebeke-Geluveld. Au bout de six jours de combats, ses troupes n'avaient obtenu que de maigres succès malgré la reprise de Zonnebeke. Les Allemands qui continuaient à opposer une résistance farouche utilisèrent pour la première fois à grande échelle des grenades d'ypérite (avec du gaz asphyxiant).

Du 26 septembre au 3 octobre se déroula la bataille du Polygoonbos qui vit combattre douze divisions sur un front de 9 km de long seulement !

Le 4 octobre, l'offensive s'embourba dans la direction est (Geluveld). Aussi, Haig apporta quelques nouvelles modifications à ses plans et déplaça son attaque vers le nord (avec Roulers comme objectif lointain), son but immédiat étant Poelkapelle et Passendale. Le 4 octobre fut un jour noir pour l'armée britannique qui perdit 26 000 hommes.

L'attaque reprit sous une pluie battante le 9 octobre. Trois jours après, la première bataille de Passendale était terminée. La légère progression sur le terrain avait été obtenue au prix de nombreuses vies humaines. Les Britanniques avaient conquis Poelkapelle et les Français avaient atteint le sud de la forêt de Houthulst.

Le 22 octobre, la dernière offensive générale fut engagée de Dixmude à Geluveld. Les Belges parvinrent jusqu'au Blankaart et prirent le Kippe. Les Français prirent Merkem et la presqu'île de Luigem. Les Britanniques parvinrent le 31 octobre à Passendale qu'ils n'occupèrent que le 6 novembre. Ce fut la seconde bataille de Passendale. Après trois mois de combats, le gain moyen en terrain était de 8 km. Mais cette avancée avait coûté très cher aux Britanniques (448 614 hommes dont un tiers de morts). De leur côté, les Allemands perdirent plus de 70 000 hommes. Du plan initial, rien ne demeurait et la troisième bataille s'était transformée en une affaire de prestige qui avait entraîné la mort de quelques centaines de milliers de soldats. Et le saillant d'Ypres, devenu un arc (sûr ?), était à présent pourvu d'un nouveau saillant, celui de Passendale. Un bel exemple de perspicacité militaire !

Quatrième bataille d'Ypres du 9 au 29 avril 1918

Après le traité de Brest-Litovsk (à la suite de la victoire allemande sur le front est en Russie, le 3 mars 1918), la défaite de l'Italie le 20 octobre 1917 à Caporetto et la paix de Bucarest (après la défaite de la Roumanie), les Allemands purent enga-

Transfert de munitions dans la boue au cours de l'été 1917.

L'enfer après la bataille de Passendale en 1917.

ger les troupes ainsi libérées (720 000 hommes) à l'ouest. Après trois ans de guerre, ils prenaient conscience de l'impossibilité de battre les alliés sur leurs positions les plus fortes en une seule bataille. Ils devaient adopter une nouvelle tactique. Au moyen d'attaques locales, limitées, ils analysèrent le front ennemi, cherchant ses points faibles pour y porter leurs attaques. Les actions commencèrent au nord autour de Reigersvliet (le 6 mars), du Blankaart (le 7 mars), de Nieuwendamme, Sint-Joris, Oud-Stuivekenskerke et Kaaskerke (le 18 mars). Mais les troupes belges tinrent bon et reprirent même pour un temps une partie du terrain perdu. Après les avancées allemandes en France, le général Foch fut nommé coordinateur du commandement sur le front ouest lors de la conférence de Doullens, le 26 mars 1918, puis commandant en chef allié le 3 avril. Quelques jours plus tard, le 9 avril, les Allemands lancèrent une offensive de La Bassée jusqu'à Ypres. Ils enfoncèrent le front au point de jonction des troupes portugaises et britanniques, entre Armentières et La Bassée. Les assaillants marchèrent en direction du nord-ouest et de l'est et enlevèrent la ligne Wijtschate-Messines, enjeu de la fameuse bataille des mines un an auparavant. Le 12 avril, ils se trouvaient au pied du mont Kemmel. La panique s'empara des Britanniques qui, le 16 avril, évacuèrent sur ordre du général Plumer, en toute hâte mais en grand silence, une grande partie du saillant d'Ypres, notamment Passendale, Zonnebeke, Poelkapelle et Langemark. Les Britanniques se replièrent sur de nouvelles positions derrière le Steenbeek, obligeant ainsi les Belges à prolonger leur front.

Le 17 avril marqua le début de l'opération Tannenberg. Les Allemands qui voulaient encercler Ypres par un mouvement en tenailles lancèrent une double offensive, au nord sur le Kippe-Merkem et au sud sur le mont Kemmel avec, comme objectif final, la ville de Poperinge. Les troupes pourraient alors rejoindre Bailleul déjà tombée aux mains des Allemands et encercler de la sorte les Alliés autour d'Ypres. Les Belges se trouvèrent en grande difficulté mais réussirent néanmoins, les 18 et 19 avril, à reprendre les positions perdues parmi lesquelles le Kippe, As-Hoop, Verbrande Smis et Jezuïeten-Goed (la première bataille de Kemmel). Dans le sud, les chasseurs de Hanovre prirent le mont Kemmel le 25 avril, au cours de la seconde bataille de Kemmel. Mais les hommes étaient exténués et les Allemands ne tirèrent pas suffisamment avantage de leur victoire. Pourtant, les Alliés avaient abandonné le 27 avril la deuxième partie du saillant avec Sint-Juliaan, le Frezenberg,

Journal d'Achiel Van Walleghem

Achiel Van Walleghem de Pittem (1880-1956) était curé à Dikkebus lorsque la Première Guerre mondiale éclata. De 1914 jusqu'à la fin de la guerre, il tint minutieusement son journal. Quatre-vingts ans après les faits, *La Guerre à Dikkebus et environs 1914-1918* résiste encore sans peine à la critique historique. Son livre a acquis le statut de meilleure source civile du saillant d'Ypres. Le curé Van Walleghem donne une vue d'ensemble de la guerre et en cela se distingue des autres correspondants de guerre. Il ne se limite pas à des rapports sur les progrès ou les déboires des différents partis. Il s'intéresse aussi à la vie quotidienne derrière le front, à la joie et au chagrin de l'homme de la rue, au commerce, à la corruption et aux victimes civiles.

En juin 1916, Achiel Van Walleghem partit vivre chez le curé de Reningelst où la situation était censée être plus sûre, mais en avril 1918 Reningelst fut évacué lors de l'offensive allemande du printemps. "Nos paquets sont prêts pour prendre à notre tour le chemin de l'exil." Après la guerre, Van Walleghem revint à Dikkebus.

Nous ne citerons qu'un seul passage, afin d'illustrer son étonnement à la vue des Noirs : "26 mai 1917, samedi. Des nègres sont arrivés des Antilles, de la Jamaïque, pour travailler. Ils sont habillés comme les soldats anglais, ils sont civilisés, parlent très doucement, mais ne sont pas appréciés en raison de leur propension au vol et les citoyens préfèrent généralement les voir partir que les voir arriver, car quand ils entrent quelque part pour prendre une tasse de café, ils y restent soit des heures soit cinq minutes. J'ai trouvé une lettre d'un de ces Noirs, écrite par sa mère. Quels sentiments maternels vraiment chrétiens ! Pas une de nos mères ne parlerait mieux ! Les Noirs ont une peur bleue des tirs. Ils ont un regard affolé et craintif lorsqu'ils entendent venir une bombe et si celle-ci ne tombe pas très loin, ils s'enfuient comme des possédés."

"Auto-chapelle" de l'armée belge.

't Hooge et Zillebeke. Loker tomba le 29 avril et ce ne fut qu'au pied du Scherpenberg que les troupes françaises arrivées à la hâte purent stopper l'attaque. Si les Allemands avaient forcé le passage, la voie vers les ports de mer français aurait été ouverte et les soldats belges encerclés et totalement pris au piège ! Le 8 mai, la vague d'attaque allemande atteignit même Dikkebusvijver.

Jamais les Allemands ne s'étaient autant approchés d'Ypres. Mais c'est ici que l'offensive allemande du printemps prit fin. Malgré des pertes énormes, les Allemands n'avaient pas réussi à rompre le front autour d'Ypres.

Cinquième bataille d'Ypres du 28 septembre au 2 octobre 1918

La situation critique à l'ouest obligeait les Français à dégarnir partiellement leur front est. Conscients de la situation, les Allemands exercèrent une forte pression à l'est afin de conduire les Français à dégarnir d'autant leur front à l'ouest. Ces conditions seules pouvaient permettre aux

Ypres : les ruines de la halle aux Draps.

Allemands de rompre les lignes autour d'Ypres. Mais, pour contrer cette manœuvre, le général Foch appliqua une nouvelle disposition des hommes en profondeur. La première ligne n'était plus seule à supporter le poids de l'attaque et à s'emparer des lignes ennemies. De plus, à partir du 28 mai 1918, les Alliés bénéficièrent pour la première fois d'une supériorité numérique grâce au renfort des troupes américaines.

La contre-offensive du général Foch en France démarra le 18 juillet. Elle fut suivie d'actions en Flandre. Le 1er septembre, les Anglais reprirent le mont Kemmel. La ligne du front s'étendait à la mi-septembre de Nieppe et Ploegsteert à Voormezele et se prolongeait à l'est d'Ypres. Entre-temps, le 27 août, les Belges avaient pris la première ligne de tranchées allemandes près de Langemark. Pendant les trois premières semaines de septembre, les Belges et les Allemands attaquèrent à tour de rôle aux alentours de Merkem et de Bikschote.

Le 28 septembre, début de la cinquième bataille d'Ypres, l'armée belge – qui faisait partie de l'armée de Flandre sous le commandement en chef nominatif du roi Albert et sous la direction effective du général français Jean Degoutte avec le 7e corps d'armée français, le 2e corps de cavalerie français et la IIe armée britannique – se mit en mouvement contre la IVe armée de von Arnim et investit le bois de Houthulst. Ce qui avait constitué l'enjeu de quatre mois de luttes en 1917 – notamment Langemark, Poelkapelle, Passendale, Messines et Wijtschate – venait d'être conquis en l'espace de deux jours, les 28 et 29 septembre. L'armée belge qui n'était manifestement pas préparée à une guerre de mouvement dut faire face à une organisation déficiente ainsi qu'au mauvais état du terrain. Le transport des véhicules et de l'artillerie s'avérait presque impossible et l'armée n'avançait que lentement. Toutefois, elle reprit Dixmude, Esen, Zarren, Stadenberg et Moorslede les 29 et 30 septembre, et lança une offensive contre Staden et Roulers le 2 octobre.

Entre le 2 et le 14 octobre, début de la seconde phase de l'offensive finale après la bataille d'Ypres, les Alliés s'efforcèrent d'améliorer la communication interne car le mauvais état des routes rendait pratiquement impossible toute forme de collaboration et de consultation. Ce fut le cas autour de l'Yser où l'armée belge eut à affronter de graves problèmes. Le 14 octobre, les Belges et les Britanniques attaquèrent avec succès le *Flandern-I-Stellung* (Zarren-Hooglede-Handzame-Roulers-Ledegem). Le 16 octobre, Torhout et Courtrai tombèrent et les Allemands durent se retirer derrière le canal de Schipdonk et derrière la Lys. Le 17 octobre, Lille et Ostende étaient libérées, et le 18 octobre c'était le tour de Bruges. À partir du 31 octobre, les positions allemandes derrière la Lys furent également prises sous le feu obligeant les Allemands à se replier toujours davantage.

Le 11 novembre, jour de l'armistice, les Belges étaient déjà à Gand. En réponse à une question parlementaire en mai 1938, le ministère de la Défense nationale communiquait les chiffres suivants sur les pertes belges : 23 858 morts au champ d'honneur, 6 802 morts à la suite de blessures (605 à la suite d'accidents) et 10 450 morts à la suite de maladies, en tout 41 110 victimes militaires. Un tiers mourut en 1914, un tiers entre 1915 et septembre 1918 et un tiers au cours de l'offensive de libération.

Chronologie de la Première Guerre mondiale en Flandre-Occidentale

1914

4 août : l'Allemagne envahit la Belgique.
19 août : l'armée belge se replie sur Anvers.
28 septembre : les Allemands attaquent Anvers.
7 octobre : le gouvernement belge est transféré d'Anvers à Ostende.
9 octobre : Anvers tombe et l'armée belge se retire jusque derrière l'Yser.
15 octobre : le retrait de l'armée belge est achevé. Début des premiers combats entre Britanniques et Allemands sur la ligne Houtem, Geluveld et Sint-Juliaan.
16 octobre : début de la bataille de l'Yser. Premières escarmouches autour de Dixmude.
18 octobre : bataille de l'Yser près de Dixmude entre l'armée belge sous le commandement du roi Albert Ier et six mille fusiliers marins sous les ordres de l'amiral Ronarc'h, et la IVe armée allemande et les troupes du général von Beseler.
19 octobre : l'éclusier Dingens doit abandonner les écluses de Nieuport.
Du 19 au 23 octobre : violents combats autour de Zonnebeke.
20 octobre : les Allemands prennent Lombardsijde mais n'atteignent pas l'Yser.
21 octobre : Hendrik Gheeraert inonde les terres situées entre la crique de Nieuwendamme et l'Yser.
Du 21 au 24 octobre : bataille de Langemark.
22 octobre : les Allemands traversent l'Yser près de Tervate.
24 octobre : les Allemands prennent Sint-Joris, Stuivekenskerke et Oud-Stuivekenskerke.
27 octobre : l'eau pénètre par l'Oud-Veurnesas et inonde la région.
30 octobre : combats acharnés. Les Allemands prennent Ramskapelle.
31 octobre : les Allemands évacuent Ramskapelle. Ils entrent dans Geluveld.
1er novembre : tous les Allemands sont repoussés derrière l'Yser. Messines capitule.
2 novembre : Wijtschate tombe.
10 novembre : attaque surprise des Allemands et chute de Dixmude. Fin de la bataille de l'Yser.
11 novembre : la garde prussienne se jette en vain dans la bataille.
22 novembre : début des tirs systématiques sur Ypres. Incendie du beffroi et de la cathédrale.

1915

17 avril : les Britanniques font exploser cinq mines souterraines sous *Hill 60* et s'emparent de la colline.
22 avril : attaque au gaz près de Steenstrate.
30 juillet : chute définitive du château 't Hooge. Bombardements intenses sur la ville d'Ypres que les derniers habitants évacuent à la mi-mai sur ordre des Britanniques.

1917

7 juin : bataille des mines à Messines et à Wijtschate.
Du 31 juillet au 2 août : offensive de Dixmude jusqu'à la Lys autour de l'axe ferroviaire Ypres-Roulers.
Du 16 au 18 août : combats autour de Langemark repris par les Britanniques mais l'attaque est bloquée le long de la route de Menin.
Du 20 au 25 septembre : nouvelle attaque britannique pour s'emparer de la ligne Zonnebeke-Geluveld.
Du 26 septembre au 3 octobre : bataille près du Polygoonbos.
4 octobre : *Black Day* avec 26 000 morts près de Passendale.
Du 9 au 12 octobre : première bataille près de Passendale.
Du 26 octobre au 6 novembre : seconde bataille de Passendale qui est occupée le 6 novembre.

1918

9 avril : attaque allemande de La Bassée jusqu'à Ypres.
12 avril : les Allemands sont au pied du mont Kemmel.
16 avril : les Britanniques évacuent en grande partie le saillant d'Ypres.
17 avril : début de l'opération Tannenberg lancée par les Allemands pour encercler Ypres.
18 et 19 avril : première bataille de Kemmel.
25 et 26 avril : seconde bataille de Kemmel.
27 avril : les Alliés abandonnent la deuxième partie du saillant d'Ypres.
8 mai : fin de l'offensive allemande du printemps.
28 mai : les troupes américaines participent aux combats.
28 septembre : l'armée belge s'empare du bois de Houthulst.
29 et 30 septembre : Dixmude, Esen, Zarren, Stadenberg et Moorslede tombent aux mains des Belges.
2 octobre : offensive belge contre Staden et Roulers.
14 octobre : les Belges et les Britanniques attaquent le *Flandern-I-Stellung.*
16 octobre : les Allemands doivent se retirer de Torhout et Courtrai.
17 octobre : Lille et Ostende sont à leur tour libérées.
18 octobre : Bruges est libérée.
11 novembre : armistice. Marche des Belges jusqu'à Gand.

À lire

CAENEPEEL (A.), ANNOOT (R.), *Ieper en de frontstreek, 1914-1918*, Bruges, A. G. Claus, s.d.
BERNARD (H.), *L'An 14 et la campagne des illusions*, Bruxelles, la Renaissance du Livre, 1983.
DEAUVILLE (H.), *Jusqu'à l'Yser*, Bruxelles, Paris, Calmann-Lévy, 1917, réédité en 1964.
MEYER (J.), *La Vie quotidienne des soldats pendant la Grande Guerre*, Hachette, Paris, 1966.

À la découverte de la Première Guerre mondiale en Flandre-Occidentale

Après l'invasion allemande de la Belgique, le front se stabilisa le long d'un axe nord-sud qui suivait à peu près l'Yser : de Nieuport à la frontière française en passant par Dixmude et Ypres. L'itinéraire proposé vous conduira sur les lieux des combats violents qui s'y déroulèrent pendant quatre ans.

DE NIEUPORT À DIXMUDE

À la sortie de **Nieuport** ❶ vers Middelkerke, non loin de l'embouchure de l'Yser où se situe un complexe d'écluses appelé parfois "la patte d'oie", se dresse un **monument élevé en mémoire du roi Albert Ier**, construit à l'initiative et avec l'appui des associations d'anciens combattants. L'édifice de l'architecte Julien De Ridder, inauguré le 24 juillet 1938 en présence de la famille royale, ressemble à une couronne portée par dix colonnes doubles. Il est construit en grandes briques réalisées avec l'argile de la plaine de l'Yser, où subsistent encore des restes métalliques d'éclats de grenades. La statue équestre du roi Albert Ier est de Karel Aubroeck. D'une hauteur de 4 m, elle est posée sur un socle de même hauteur au milieu de la colonnade. Sur la colonnade disposée en cercle, un passage accessible au moyen d'un escalier en colimaçon ou d'un ascenseur offre de magnifiques panoramas sur Nieuport, son port de plaisance et de pêche ainsi que sur la plaine de l'Yser où le roi et ses troupes tinrent bon quatre ans durant ; on y trouve également des tables d'orientation.
À l'extérieur du monument, la vie spirituelle, l'industrie et les loisirs sont représentés symboliquement sur des panneaux. Le Congo, ancienne colonie belge, y figure également. Au moment du retrait des Allemands à la fin de la Seconde Guerre mondiale, une bombe détruisit le panneau rendant hommage à la reine Élisabeth.
À l'intérieur, deux poèmes sont gravés en lettres d'or. Le texte néerlandais est d'August Van Cauwelaert, le texte français de Maurice Gauchez. *Daar waar uw krijgren's vijands storm de poort verboden... Daar heeft uw dankbaar heir, dit Koningsbeeld verzonnen...* ("Là où vos guerriers interdirent la porte à la tempête de l'ennemi... Là, votre armée reconnaissante a imaginé cette statue royale...")
En 1974, l'association "Monument commémoratif de l'Yser du roi Albert Ier" transféra la gestion à la Régie des bâtiments qui restaura le monument.

- *Monument au roi Albert Ier*
  Accès libre, à l'exception de la promenade.
  Renseignements et réservation (visites de groupes) auprès du conservateur 058/23.55.87 ou au ministère des Communications et des Entreprises de l'État, Régie des bâtiments, 75 A, Oude Gentweg, 8000 Bruges.
  Tél. : 050/33.07.91.

Du sommet ou même au pied du monument Albert Ier, vous distinguerez, dans les environs immédiats, le monument commémoratif britannique et, de l'autre côté, le monument commémoratif de l'Yser avec, au pied de celui-ci, le monument pour le lieutenant Calberg. Visitez d'abord le monument commémoratif britannique puis suivez les poteaux indicateurs "Brugge Oudenburg" pour atteindre le monument commémoratif de l'Yser à votre gauche.

La statue équestre du roi Albert Ier à Nieuport.

Les lieux du tourisme du souvenir en Flandre-Occidentale

Le monument à la mémoire de Hendrik Gheeraert, le "héros de l'inondation".

Les trois lions du **monument commémoratif britannique**, comme s'ils surgissaient de l'ancienne Égypte, montent la garde dans la Westendelaan, près du monument à Albert Ier, à proximité d'une plaque en bronze où figurent les noms de 566 soldats britanniques, morts à Anvers en 1914 ou en juillet 1917 lors de combats à Sint-Joris, Ramskapelle et Nieuport. Cinquante ans après la chute fatale du roi Albert Ier à Marche-les-Dames (le 17 février 1934) et soixante-dix ans après le début de la Première Guerre mondiale, la province de Flandre-Occidentale installa une série de **pierres nominatives**, entre autres dans la région du front. Ce sont des témoignages contemporains de la géographie de la guerre afin de préserver le souvenir de faits de guerre glissant dans l'oubli. Pieter-Hein Boudens de Bruges a créé et exécuté les pierres en "vaurion clair". D'une dimension de 80 x 80 x 10 cm, elles portent des inscriptions en forme de V gravées profondément et pourvues d'une patine gris clair. Au-dessus du texte figure l'écu de la province de Flandre-Occidentale. En dessous, le monogramme officiel du roi Albert Ier rend hommage au souverain. Ces pierres nominatives se trouvent à Nieuport (Ramskapelle), Dixmude (Oud-Stuivekenskerke, Stuivekenskerke, Pervijze) et Ypres, les trois villes du front.

Inauguré le 26 octobre 1930, le **monument commémoratif de l'Yser** de Pieter Bracke représente une femme sur une colonne, qui se détourne de l'ennemi en protégeant la couronne belge dans ses mains. Les quatre personnages autour du monument – un soldat aveugle, un soldat blessé, un soldat malade et un soldat valide – symbolisent la résistance.

Le **monument pour le lieutenant Calberg** rappelle la compagnie des sapeurs-pontonniers, une compagnie spéciale du génie créée le 2 septembre 1915, ayant pour mission de continuer à contrôler l'inondation de la plaine de l'Yser. Calberg mourut près des écluses et y reçut l'hommage d'un monument simple. Cinq **plaques commémoratives** rappellent en outre cette compagnie. Elles sont fixées au café *De Nieuwe Beiaard* dans la Langestraat (l'abri des officiers), à l'entrepôt de la firme Braet dans la Deswartelaan, aux bureaux de la même firme dans la De Roolaan, près du Veurnesas (abri des éclusiers) et au n° 5 de la Langestraat ("abri des cyclistes et entrepôt"). Lors de la démolition du bâtiment à l'angle de la Langestraat et de l'Arsenaalstraat, la sixième plaque disparut. La septième plaque commémorative est fixée depuis 1957 au mur de la tour Saint-Laurent détruite par les tirs, appelée aussi Duvetorre. Cette tour et l'église dateraient de 1281. Elles faisaient partie du château fort de Philippe le Hardi. La tour, qui seule se dressait encore pendant la Grande Guerre, était utilisée comme poste d'observation et fut presque entièrement détruite. Un peu plus loin, le long de la Brugsesteenweg (chaussée de Bruges), près du pont Wittebrug, une borne de démarcation est encore en place. Ces bornes indiquaient le point le plus avancé atteint par les Allemands. En 1940, ceux-ci éliminèrent presque partout l'inscription "Ici, l'envahisseur fut arrêté". Cette inscription est encore lisible sur une borne située près du moulin de pierre à Ramskapelle.

Hendrik Gheeraert, le "héros de l'inondation", reçut un monument au cimetière de la ville au Brugsesteenweg. Le monument est flanqué des tombes de soldats britanniques et belges. Mentionnons encore, dans un souci d'exhaustivité, l'existence d'un autre buste de l'éclusier, situé au-dessus de l'auberge *De Sluiswachter*.

Poursuivez votre route en suivant les poteaux indicateurs jusqu'à **Ramskapelle** ❷. À l'entrée du village, à gauche, vous verrez le **cimetière militaire belge** adossé aux bas-côtés de la ligne ferroviaire Dixmude-Nieuport. Quatre cents des six cent vingt-trois tombes sont anonymes ; ce sont essentiellement celles de soldats belges tombés à Ramskapelle et dans les environs. Il faut encore mentionner le **monument qui rend hommage au lieu-**

tenant-général baron Dossin de Saint-Georges sur la Sint-Jorisplein, à Sint-Joris. Le 20 octobre 1914, il ordonna d'inonder le polder de Nieuwendamme, un avant-goût de l'inondation grandiose de la plaine de l'Yser une semaine plus tard. À l'angle de la De Roolaan et de la O.-L.-Vrouwstraat, près de l'église Notre-Dame, se situe le **monument commémoratif des victimes de Nieuport des deux guerres**. Pieter Braecke a sculpté une femme enveloppée d'un manteau et pleurant les habitants tombés dont les petites croix tout autour mentionnent les noms. Les unités militaires suivantes se distinguèrent à Nieuport et se virent attribuer un signe commémoratif : la 81e division d'infanterie territoriale française (Gravensluis), le 14e régiment de ligne (Brugsesteenweg à Nieuport, une plaque commémorative au mur du presbytère de la Ramskapellestraat de Ramskapelle et un monument dans la Hemmestraat à Ramskapelle), le 7e régiment de ligne (Uniebrug), le 16e bataillon de chasseurs français et le 6e régiment de ligne (au mur du cimetière sur la grand-place de Ramskapelle), une plaque commémorative de la fraternisation de l'artillerie à la justice de paix et une pierre commémorative pour le 3e régiment des carabiniers de Sint-Joris.

Prenez la N35 en direction de Dixmude. Avant la ville, tournez à gauche dans la direction du boyau de la Mort et de **Stuivekenskerke ❸**, et suivez la direction de **Onze-Lieve-Vrouwhoekje**. Il reste de nombreuses traces de la guerre à Oud-Stuivekenskerke et au site de guerre protégé Onze-Lieve-Vrouwhoekje : la tour de l'église, détruite par les tirs, la chapelle commémorative, 42 pierres commémoratives d'unités belges et une borne de démarcation intacte.

Au XIXe siècle, Jean-Baptiste Capistre de Grave, bourgmestre de Stuivekenskerke, avait fait édifier une nouvelle église à proximité de son domaine de Vicogne et fait abattre l'église d'Oud-Stuivekenskerke à l'exception de cette tour. Durant la guerre, celle-ci servit de poste d'observation à l'artillerie belge et ne fut plus que ruines à l'issue des quatre années de combats. Un moine franciscain et officier d'artillerie, Martial Lekeux, qui demeura à son poste pendant seize mois sans interruption, y écrivit *Mes Cloîtres dans la tempête* et *Le Patelin de Notre-Dame*. À son instigation, une **chapelle du souvenir en l'honneur de Notre-Dame-de-la-Victoire** fut érigée et bénie le 6 septembre 1926.

Continuez vers Stuivekenskerke où vous prendrez la direction de Dixmude et du manoir Viconia jusqu'à Ijzerdijk. Tournez à gauche et prenez la direction de Beerst.

Le 22 octobre 1914, **Tervate ❹**, un quartier de Stuivekenskerke, tomba aux mains des Allemands malgré une contre-offensive acharnée du comte et major Henri d'Oultremont et de ses grenadiers. Ils parvinrent à atteindre l'Yser mais, sans renforts suffisants et coincés entre deux lignes ennemies, ils furent victimes d'un massacre général. Un **obélisque en l'honneur d'Henri d'Oultremont** reste le dernier témoin de cette bataille perdue pour le virage de Tervate. Continuez jusqu'après l'église de **Keiem ❺**. À la sortie du centre du village se situe un **cimetière militaire belge** qui compte 628 soldats tombés en octobre 1914.

Faites demi-tour dans la Keiemdorpsstraat, suivez-la sur une distance de 100 m, puis prenez la Dodepaardenstraat à gauche. Après 1,5 km, prenez à gauche la Ramboutstraat. Au bout de la rue, tournez à droite.

À la lisière du Praetbos se trouve le **cimetière militaire allemand de Vladslo ❻**. Jusqu'en 1956, 3 233 croix de chêne en déterminaient l'aspect. Le *Volksbund Deutsche Kriegsgräberfürsorge* décida alors de centraliser les cimetières allemands de Flandre-Occidentale dans les cimetières de Hooglede (8 247 soldats), Menin (47 864), Langemark (44 294) et Vladslo. Depuis, les corps de 25 638 soldats reposent dans ce cimetière où l'on remplaça les blocs de bois par des plaques de granit portant chacune les noms de 20 victimes. Une croix est restée un peu plus longtemps sur place. Elle indiquait la sépulture de Peter Kollwitz, fils de l'artiste expressionniste Käthe Kollwitz-Schmidt. Ce jeune Allemand venait d'arriver en Flandre quand il mourut au cours de l'assaut contre Dixmude, le 23 octobre 1914. Jusqu'en 1956, sa dépouille mortelle reposa au Roggeveld d'Esen. Sa mère voulut exprimer son chagrin dans une sculpture, mais ce travail s'avéra au-dessus de ses forces. Ce n'est qu'en 1932, après plusieurs tentatives infructueuses, qu'elle acheva son œuvre, et *Les parents affligés* prirent place dans le cimetière du Roggeveld. Le temps avait mûri l'artiste depuis la mort de son fils et le groupe de statues conçu, à l'origine, comme un monument funéraire dédié à son fils disparu devint une lamentation émouvante pour toutes les victimes des guerres. En 1956, *Les parents affligés* déménagèrent eux aussi à Vladslo. Ils n'y pleurent pas seulement le fils qui repose à leurs pieds, mais tous les Allemands, toutes les victimes, quelle que soit leur nationalité.

- *Cimetière allemand de Vladslo*
  Accès libre.
  Si le portail est fermé, la clé est disponible au Museeuw, 3, Houtlandstraat.

Continuez en direction de **Dixmude ❼** jusqu'au Grote Markt (Grand Place). Pendant quatre ans, Dixmude fut située sur la ligne du front et, à la fin des hostilités, la ville était en ruine. Des voix se firent entendre pour exiger que ces restes demeurent un souvenir éternel à l'incendie qui embrasa le monde, mais l'entêtement des habitants l'emporta. Le centre se releva lentement, très lentement de ses cendres. En 1921, à peine 826 habitants étaient retournés dans leur ville où ils vécurent provisoirement dans des baraquements.

Une **statue de bronze représentant le baron Alphonse-Jacques de Dixmude** (1858-1928) contemple le Grote Markt. Le colonel Jacques était à la tête du 12e régiment de ligne qui défendit Dixmude fin octobre 1914. Il fut anobli après la guerre. Signée Alfred Courtois, la statue fut intégrée à un monument pourvu d'un socle de granit et de quatre statues aux angles réalisé par le fils du sculpteur, Antoine Courtois. Dans le parc municipal, une **pierre commémorative**, érigée en 1963, rend hommage à la bravoure des fusiliers marins français de l'amiral Ronarc'h. Autres défenseurs héroïques de la ville, ces hommes restèrent à leur poste du 16 octobre au 10 novembre 1914, malgré le retrait des soldats alliés.

Continuez en direction de la tour de l'Yser. Vous passez devant la discrète Italiëplein dont le nom rappelle la remise de la grande croix de guerre d'Italie à la ville par Mussolini, en 1922. Dixmude, la *città heroica*, est la seule ville belge qui se vit décerner cette haute distinction italienne. Tournez à droite immédiatement après le pont, en direction du boyau de la Mort. Cent mètres plus loin, vous apercevrez le **calvaire**. Ce monument commémoratif religieux rend hommage à toutes les victimes de la Première Guerre mondiale. Mgr Waffelaert, évêque de Bruges, le bénit le 23 septembre 1928 en présence du duc et de la duchesse de Brabant, futurs roi et reine des Belges, Léopold III et son épouse Astrid. Pendant trois ans, le **boyau de la Mort** ❽, situé à 2 km du centre ville sur la rive gauche de l'Yser, fut la position la plus avancée de la ligne de défense belge. Lors de leur progression en octobre 1914, les Allemands avaient construit une tête de pont sur la rive gauche de l'Yser, d'où ils mitraillaient les positions belges. Afin de se protéger de ces tirs d'artillerie, les Belges se retirèrent derrière la digue surélevée de l'Yser dans laquelle ils creusèrent des galeries souterraines dès le 18 mai 1915. Telle fut l'origine de la "tranchée de liaison de la borne 16 à l'Yser", nom officiel du boyau de la Mort. Les Allemands s'empressèrent de les imiter et s'emparèrent d'une partie de cette galerie après une contre-offensive, fin mai 1915. Les services de direction des galeries belges et allemandes se trouvèrent alors à une cinquantaine de mètres l'une de l'autre. Afin de mettre un terme aux conditions de vie épouvantables dans ces abris à moitié enterrés et au grand nombre de victimes qu'elles entraînaient, le commandement belge donna l'ordre au génie de forcer une rupture des digues. C'était le 11 octobre 1915. Une paix relative s'installa ensuite. Mais, le boyau de la Mort était souvent sous le feu ennemi car les Allemands s'acharnaient sur la ligne avec des lance-grenades et des mitraillettes à partir de bunkers installés dans les caves d'anciens moulins à farine. En outre, ils lançaient des grenades à partir des tranchées dans lesquelles étaient également postés des tireurs d'élite, les Faucheurs redoutés. Après trois jours dans cet enfer, les soldats avaient droit à un repos de trois jours derrière le front. Cette pause était bien méritée. Les troupes combattaient, certes, mais elles devaient aussi s'approvisionner en sacs de sable (les "patriotes") afin de renforcer les tranchées. Les soldats empruntaient à cet effet les passerelles de bois qui étaient posées sur les terres imbibées de la plaine de l'Yser. Ces passages leur servaient également à évacuer les morts et les blessés au péril de leur vie.
Après avoir appartenu au ministère de la Défense, le boyau de la Mort fut acquis par le ministère des Finances en 1974, mais sa gestion était assurée par le *Royal Automobile Club de Belgique* (RACB). En octobre 1992, une adjudication lancée par le ministère des Finances suscita des tiraillements et une lutte juridique entre le Comité du pèlerinage de l'Yser, gestionnaire depuis le 30 mars 1993, la ville de Dixmude et le ministère lui-même. L'affaire fut introduite auprès du Conseil d'État et, en attendant une décision, c'est le ministère de la Défense qui assure la gestion du site.

- *Boyau de la Mort*
  65, Ijzerdijk
  Dixmude.
  Tél. : 051/50.53.44.

Ouverture : du 1er juillet au 30 septembre de 9 h 30 à 12 h 30 et de 13 h 30 à 17 h 30.

Retournez jusqu'à la **tour de l'Yser** ❾. Lorsque la guerre éclata, le roi Albert Ier compta sur l'engagement

La statue de bronze du baron Alphonse-Jacques de Dixmude.

des Flamands. Cependant, conscient de la disparité des droits entre les Belges francophones et les Flamands, il promit "l'égalité juridique et effective"... après la guerre. Le Frontbeweging (Mouvement du Front) se constitua en réaction aux humiliations infligées par les officiers francophones. L'objectif de ce mouvement était de protéger les soldats flamands et de les rendre conscients de l'injustice intolérable dont ils étaient l'objet. Au fil de la guerre, le sentiment flamand se renforça. En secret, les soldats élaborèrent un triple plan demandant l'autonomie pour la Flandre, l'abolition de la guerre et la paix de Dieu pour tous les hommes, quelle que soit leur religion. Traduit en langage d'aujourd'hui : liberté, paix et tolérance. À partir de 1916, le *Comité voor Heldenhulde* (comité pour l'hommage aux héros) entreprit d'ériger des pierres tombales flamandes, les fameuses pierres d'hommage aux héros, gravées des lettres AVV-VVK : *Alles voor Vlaanderen - Vlaanderen voor Kristus* ("Tout pour la Flandre - La Flandre pour le Christ"). En 1918, des inconnus couvrirent les lettres de plusieurs tombes et, en 1925, détruisirent plus de 500 tombes. À partir de 1920, un pèlerinage vers l'Yser fut organisé chaque année pour commémorer les morts flamands. Lors du premier pèlerinage, les participants dévoilèrent le monument funéraire du peintre irlandais-flamand Joe English à Steenkerke, une œuvre du sculpteur Karel Lateur, frère de Stijn Streuvels. Un an plus tard, le Comité du Pèlerinage de l'Yser était né.

En 1928, en mémoire des soldats flamands privés de leur croix, on entreprit la construction d'une croix d'une hauteur de 50 m. Cette première tour de l'Yser fut inaugurée le 24 août 1924, et des militaires flamands connus tombés sur le front furent enterrés dans la crypte aménagée au pied de la tour : Renaat De Rudder, Joe English, les frères Van Raemdonck, Frans Van der Linden, Frans Kusters, Bert Willems et Juul De Winde. Sur la grande croix blanche de la crypte figure le célèbre texte du poète-aumonier Cyriel Verschaeve d'Alveringem : *Hier liggen hun lijken als zaden in 't zand, hoop op de oogst o Vlaanderland* ("Voilà leurs cadavres telles des semences dans le sable,

La tour de l'Yser.

espère la moisson, ô Flandre").

Les activistes flamands engagés dans l'application des lois linguistiques écrivirent sur la pierre de la pompe de Merkem : *Hier ons bloed, wanneer ons recht* ("Voici notre sang, à quand nos droits ?"). Après une première tentative le 16 juin 1945, des inconnus dynamitèrent la tour dans la nuit du 15 au 16 mars 1946. Sur ses décombres, on érigea, en 1950, la Porte de la Paix dont les quatre angles sont décorés des statues exécutées par Karel Aubroeck pour la première tour de l'Yser. Les soldats Renaat De Rudder et les frères Edward et Frans Van Raemdonck figurent sur la face avant du monument, tandis que Joe English et le duo Lode De Boninge et Frans Van der Linden s'élèvent sur sa face arrière.

En 1951, on lança le chantier pour la reconstruction de la tour, plus grande que la précédente puisqu'elle devait atteindre 85 m de haut. La tour fut achevée en 1965 et présente sur ses murs l'inscription "Plus jamais de guerre" gravée en quatre langues. À l'intérieur, un auditorium permet de visionner le film-vidéo *In Flanders Fields* (15 min). Les vitraux remarquables de la chapelle sont dus à Eugeen Yoors et méritent une attention toute particulière. Le musée de la paix, à l'étage, éclaire la lutte flamande pour l'autonomie et présente le tableau monumental *La Toile d'Or de Flandre* de Hendrik Luyten, consacré à tous les personnages célèbres de l'Histoire de Flandre. À l'étage supérieur, la salle panoramique offre une vue magnifique sur la plaine des polders jusqu'à la crête de Flandre-Occidentale et, au-delà, la Flandre française. Le 23 décembre 1986, le conseil flamand attribua à la tour le titre de mémorial de l'émancipation flamande. Depuis 1992, la tour, la crypte et la porte de la paix sont des monuments protégés. Le pèlerinage de l'Yser a lieu le dernier dimanche du mois d'août.

- *Tour de l'Yser - Musée de la Paix*
  49, Ijzerdijk
  Dixmude.
  Tél. : 051/50.02.86.

Le mémorial est accessible des vacances de Pâques au 11 novembre et pendant les vacances de Noël et du printemps. Visites de groupes (sur demande pendant toute l'année).

Ouverture : en avril, mai de 9 h à 12 h et de 13 h à 17 h; le week-end de 10 h à 12 h et de 13 h à 17 h; en juin de 9 h à 18 h; le week-end de 10 h à 18 h; en juillet, août de 9 h à 18 h; le week-end de 10 h à 19 h; en septembre, octobre et jusqu'au 11 novembre, de 9 h à 12 h et de 13 h à 17 h; le week-end de 10 h à 12 h et de 13 h à 17 h.

DE DIXMUDE À YPRES

Continuez votre route le long de l'Yser. Au bout de quelques kilomètres, vous verrez à droite dans la verdure la **villa Marietta**. Au cours de la Première Guerre mondiale, cette villa était habitée par madame Tack. Cette femme, déjà âgée de plus de quatre-vingts ans à l'époque, était connue comme la mère des soldats du front. Jusqu'à l'automne 1917, elle rendit visite aux soldats qu'elle consolait dans les tranchées à proximité. Le domaine appartient toujours aux héritiers de la famille Tack. Cinq cent mètres plus loin, près de l'endroit où le canal de l'Yperlée se jette dans l'Yser se trouve le **pont de Knokke** ❿. Ce pont-levis était déjà au Moyen Âge un nœud routier important. En 1590, les Espagnols y construisirent le fort Knocke. Le paysage présente toujours les traces du bastion en forme d'étoile que Vauban construisit sur ordre de Louis XIV. Joseph II fit démolir le bastion en 1792.

Passez le pont jusqu'à l'auberge **De Drie Grachten**. Un peu plus loin, l'Yperlée se jette dans le canal de l'Yperlée. Au début de la guerre, les Allemands combattaient d'un côté des Drie Grachten, les Belges et les Français de l'autre. L'enjeu était une ligne de front aussi favorable que possible avec, éventuellement, une tête de pont de l'autre côté du canal. Une pierre où figurent plusieurs noms et la plaque commémorative "Hommage au Zouave inconnu du premier régiment" près de l'auberge De Drie Grachten commémorent ces combats. Les Allemands obtinrent de grands succès. Ils parvinrent à établir un avant-poste de l'autre côté du canal. Entre avril 1915 et octobre 1917, il y eut encore un second poste allemand avancé, à 60 m en direction de Noordschote. En passant sur le pont, on remarque le poteau de démarcation qui rappelle l'avant-poste allemand le plus avancé de la région. Près du pont, prenez à gauche. Le long de la route de Drie Grachten vers Noordschote se dresse la pierre commémorative de la **presqu'île de Luigem** ⓫. Les Allemands prirent Luigem en 1915 et modifièrent la "presqu'île" en une place forte équipée de bunkers confortables. L'avant-poste était protégé par les inondations du Blankaart au nord et de l'Yperlée au sud.

Prenez par Merkem la direction de **Houthulst**. Suivez le poteau indicateur *Militair begraafplaats*. À gauche s'étend le bois de **Houthulst** ⓬. Pendant la reconquête de ce bois lors de l'offensive finale du 28 et du 29 septembre, 3 500 soldats belges trouvèrent la mort dont 1 855 sont enterrés au **cimetière militaire de Houthulst**. Près de la lisière du bois se trouvent les tombes d'environ 80 *soldatos italianos ignotos*, des soldats italiens inconnus, morts en 1914 à la guerre ou dans des camps de travail allemands de la région. Le bois de Houthulst était aux mains des Allemands pendant toute la guerre. Malgré une résistance acharnée des Belges, de la cavalerie française et des troupes territoriales, les Allemands prirent le bois le 21 octobre 1914. Celui-ci devint une place forte inexpugnable d'où ils mitraillèrent les lignes belges et françaises. Le 28 septembre seulement, les Belges purent s'en emparer après de lourdes pertes. Avant 1914, le bois comptait des centaines d'hectares. À présent, 67 ha comprenant 5 230 mètres de sentiers de promenade sont accessibles au public. Le domaine militaire dans les environs est la base du Service de Recherche et de Destruction d'Engins de Guerre. Pendant la guerre, 70 % seulement des munitions utilisées explosèrent. C'est la raison

Le mémorial du souvenir au cimetière britannique Tyne Cot *à Passendale.*

pour laquelle ce service ramasse chaque année jusqu'à 200 tonnes de munitions de guerre dans le Westhoek. Ce sont surtout des bombes à gaz restées là depuis plusieurs décennies. Récemment une usine qui démantèle les bombes à gaz a été mise en fonction, une opération qui prendra encore des dizaines d'années.

Continuez jusqu'au centre de **Poelkapelle** ⓭. Georges Guynemer était un capitaine-pilote de chasse français appartenant à l'Escadrille des Cigognes, ce dont témoigne d'ailleurs la cigogne dominant le **monument** du 8 juillet 1923 sur le rond-point au centre de Poelkapelle. C'est une création du sculpteur bruxellois Marcel Wolfers. Le pilote abattit 53 avions allemands, reçut vingt mentions, fit dix atterrissages forcés et fut blessé huit fois. Le 11 septembre 1917, il disparut sans laisser de traces après un vol au-dessus de Poelkapelle. Il aurait été abattu par Kurt Wisseman, un étudiant en médecine de Marburg. On demeure dans le vague pour ce qui concerne les autres circonstances de la mort de Guynemer. Les Allemands ont-ils vraiment trouvé et enterré sa dépouille ? Ses acrobaties et sa perspicacité militaire pendant les combats aériens ont rendu Guynemer célèbre ; il était aussi un homme éloquent. "Quel que soit le nombre de croix d'or que l'on rassemble, la dernière croix est la même pour tous : une croix de bois." "La fois prochaine, ce sera mon tour", dit-il le 9 septembre 1917. Deux jours plus tard, ces paroles prophétiques se réalisèrent.

Poursuivez tout droit par la Wallemolenstraat jusqu'à l'église de **Passendale** et suivez les poteaux indicateurs **Passendale Memorial** ⓮. Dans la Canadalaan se trouve le *Canadian Memorial* dédié aux Canadiens morts lors de la prise de Passendale. En rebroussant chemin sur quelques dizaines de mètres par la Martinegatstraat et la Rozestraat jusqu'à la Vijfwegenstraat et la Tynecotstraat, vous atteindrez le **Tyne Cot British Cemetery**. Passendale est le symbole de la folie guerrière. Les Britanniques appelaient ironiquement le village *Passiondale* (la vallée de la Passion). Ce seul mot contient toute l'histoire affreusement triste de Passendale. Entre juillet et novembre 1917, il y eut près d'un demi-million de morts et de blessés (243 000 Britanniques et 220 000 Allemands). Un vestige émouvant de cette tuerie inutile est constitué par le plus grand cimetière militaire britannique sur le continent. Le nom *Tyne Cot* rappelle les cartes d'état-major britanniques de 1917, sur lesquelles la tradition britannique voulait que les lieux de bataille soient baptisés de noms évoquant la patrie. *Tyne Cot* est formé de "cot" abréviation de "cottage", une petite ferme, et "Tyne", une rivière du Nord de l'Angleterre d'où nombre de soldats étaient originaires. Dans ce cimetière, 11 956 hommes ont été inhumés. En outre, 34 957 noms de soldats disparus, morts depuis le 16 août 1917, ont été gravés sur le *Missing Memorial* au fond du cimetière. Cet impressionnant mur de fond en demi-cercle fait penser à la ligne du front en forme d'arc du saillant d'Ypres. L'architecte Baker parvint à trouver un compromis entre ses propres conceptions architectoniques, le paysage et l'hécatombe qui eut lieu dans les environs. Les premiers soldats tombés au cours des affrontements furent enterrés au cours de la bataille et font partie du *Battle Cemetery*. Après la guerre, des milliers de camarades rejoignirent leurs amis tombés avant eux dans le *Concentration Cemetery* (cimetière de regroupement). La croix de commémoration ou *Cross of Sacrifice* se dresse sur un des cinq bunkers allemands que la 2e division australienne prit le 4 octobre 1917, au prix de lourdes pertes. Depuis quelques années déjà, l'association *Concerts de paix Passendale* met l'accent d'une façon très originale sur l'héritage de la Première Guerre mondiale dans le Westhoek. Elle n'a pas encore entrepris d'organiser d'autres visites guidées aux 200 monuments de guerre ou aux 150 cimetières militaires, mais des musiciens belges et étrangers présentent tous les deux ans un concert d'après un répertoire unique qui s'attache à souligner la vie quotidienne au front et à l'arrière. La vie pendant la guerre ne se limitait pas à tirer et à répondre au tir, il y avait aussi des concerts et des moments agréables. Même si surtout, les cas de commotion cérébrale due à des éclatements d'obus, les hécatombes et l'absurdité de la Grande Guerre demeurent une source d'inspiration éternelle.

- *Association Concerts de paix Passendale*
  Vredesconcerten
  5, Ieperstraat
  8980 Zonnebeke.
  Tél. : 051/77.04.41.
  ou se renseigner au
  057/33.30.13.

Rebroussez chemin en suivant les poteaux indicateurs Streekmuseum. Près du rond-point de Broodseinde, le **monument français** de la Roeselarestraat date du 11 septembre 1977. Il rappelle les 16 000 Français qui périrent entre le 23 octobre et le 13 novembre 1914. L'idée d'ériger un calvaire est évidemment étroitement liée aux événements guerriers de la bataille d'Ypres qui se déroulèrent ici. Les trois croix blanches rappellent les morts français dont les corps n'ont jamais été retrouvés. Trois cents mètres plus loin, en direction de Beselare, se trouve un **monument commémoratif britannique** pour la 7e division.

Vous arrivez à **Zonnebeke** ⓯ par le rond-point (Broodseinde). Le cimetière communal se trouve dans le virage, presque en face de la caserne de la gendarmerie. Ce **cimetière communal** de la Roeselarestraat comporte un caveau où, phénomène unique en Belgique, sont rassemblés quatorze cercueils d'anciens combattants des Première et Seconde Guerres mondiales. Une vingtaine de stèles placées au-dessus et à côté de la crypte rendent hommage aux héros.

- *Cimetière communal*
  Roeselarestraat
  8980 Zonnebeke.

Crypte ouverte tous les jours.

Le **musée régional** se situe 100 m après l'église et présente, à côté de découvertes archéologiques récentes, une évocation de la Première Guerre mondiale. Dans la salle vidéo, quelques documentaires sont mis à disposition du public. La reconstruction parfaite d'une tranchée-abri et une grande attention accordée à la reconstruction de la commune complètent la visite.

- *Musée régional*
  7, Ieperstraat

Le cimetière allemand de Langemark.

8980 Zonnebeke.
Tél. : 051/77.04.41.

Ouverture : du 1er avril au 11 novembre les mercredi et samedi de 14 h à 18 h et le dimanche de 10 h à 12 h et de 14 h à 18 h, en juillet et août tous les jours de 14 h à 18 h, le dimanche de 10 h à 12 h et de 14 h à 18 h (fermé le lundi). Visites pour les groupes pendant toute l'année sur rendez-vous.

Dès 1916, la *Commonwealth War Graves Commission* décida qu'il y aurait égalité pour tous dans la mort. Pour cette raison, le rapatriement des morts fut exclu, et l'on décida que chaque soldat serait enterré dans la mesure du possible à l'endroit où il était tombé. L'idée venait du brancardier Fabian Ware ; il avait été le premier à renvoyer les biens de ses camarades disparus aux familles ; plus tard il devint le chef de l'enregistrement des tombes. Toutes les tombes sont identiques bien qu'elles conservent un caractère personnel. Le rang, la religion, l'origine, l'âge et l'unité sont toujours mentionnés, éventuellement suivis d'une courte phrase formulée par la famille. La **colonne commémorative de James Ewen Brodie** dans les Nonnenbossen rompt avec la volonté de la *Commonwealth War Graves Commission* d'une égalité de tous dans la mort. Cette croix de granit, qui rappelle le lieu où le jeune Brodie mourut, est un des rares monuments individuels anglais érigés après la Première Guerre mondiale.

Lors de travaux de terrassement, des ouvriers découvrirent derrière la briqueterie Van Biervliet des casemates souterraines datant de la Première Guerre mondiale. Des cartes d'état-major britanniques d'origine furent également retrouvées. Elles indiquaient les positions de défense allemandes, notamment **Bremen Redoubt** qui faisait partie du *Bayern Stellung* s'étendant de Langemark à Geluveld. C'est au cours de la troisième bataille d'Ypres, le 20 septembre 1917, que des Sud-Africains s'emparèrent de ces abris. Cette découverte n'est pas unique. D'autres caves de ce genre ont été mises au jour à l'ouest du Polygoonbos et dans le Nord de la France. Il s'agit de constructions bétonnées de deux mètres de hauteur et de largeur avec trois couchettes superposées.

- *Casemates souterraines*
  Bremen Redoubt
  189, Ieperstraat
  8980 Zonnebeke.

Possibilités de visites gratuites.
Se renseigner au 051/77.04.41.

Retournez jusqu'à l'église et prenez la direction de **Langemark ⑯**. Cent mètres avant le *Canadian Forces Memorial* se dresse, à droite dans la Onze-Lieve-Vrouwstraat, le **moulin entièrement restauré Steenakker**. Les Allemands utilisèrent ce moulin comme poste d'observation. Mais c'était une des cibles préférées des Alliés. En raison des nombreuses victimes, les Allemands parlèrent du *Totenmühle* (moulin des morts).

À **Sint-Juliaan ⑰**, près du hameau de Kerselaar, se trouve le **monument commémoratif de F.C. Clemeshaw** de 1921, le **Canadian Forces Memorial**. De nombreux amateurs d'art considèrent cette statue, non sans raison, comme la plus belle et la mieux réussie de tous les monuments commémoratifs ornant les cimetières du Commonwealth en Flandre-Occidentale. La statue monumentale représente un soldat. Ses mains jointes reposent sur la crosse de son fusil renversé. *Rest on your arms reversed*, dit l'inscription. La statue domine un parc de pins et de genévriers, le refuge éternel de 2 000 Canadiens enterrés dans les environs depuis l'attaque au gaz du 22 au 24 mai 1915. Ces Canadiens avaient donné le nom de Vancouver au hameau de Kerselaar.

En suivant la direction de **Langemark**, vous atteindrez le *Militaire kerkhof*. De grandes pierres tombales, à peine quelques croix de basalte, des fosses communes, peu de fleurs et des arbres à multiples ramifications... Le **Deutscher Soldatenfriedhof** de Langemark pré-

sente un sombre aspect. Surtout lorsqu'on le compare aux cimetières militaires britanniques qui ressemblent à des jardins ouverts. Ici, pas de pierre de Portland mais du grès rose de la région de la Weser. La porte monumentale mène immédiatement le visiteur à une fosse commune où sont enterrés 24 917 soldats dont 7 977 soldats inconnus. Sous les chênes, 10 143 soldats dont presque 4 000 soldats inconnus sont inhumés. Dans la partie élevée, on voit encore les vestiges de trois bunkers allemands. Il s'agit des restes de la ligne Hindenburg entre Langemark et Geluveld. Ici reposent encore 9 000 soldats, dont 3 000 étudiants : des volontaires des 26e et 27e corps de réserve. Ils sont morts en 1914. Des panneaux de chêne, à droite près de l'entrée de la petite salle, mentionnent leurs noms. Le cimetière allemand contient en tout 44 061 morts. Quatre soldats sculptés par Emil Krieger de München y montent la garde. Le groupe impressionnant augmente encore l'atmosphère sombre qui baigne le cimetière sans y apporter toutefois cette émotion supplémentaire qui caractérise *Les parents affligés* de Käthe Kollwitz à Vladslo.
Depuis la centralisation des tombes allemandes entamée dès 1956, il y a encore quatre cimetières allemands en Flandre-Occidentale : Langemark (44 061 morts), Vladslo (25 638), Menin (48 049) et Hooglede (8 247).

Retournez sur la Marktplein (Grand-Place) et prenez la direction de Bikschote. Traversez le village jusqu'à la route Ypres-Dixmude où il faut prendre la direction d'Ypres jusqu'à Steenstraete.

Boezinge et Zuidschote, ces noms évoquent immédiatement l'attaque au gaz d'avril 1915 et la mort des frères Van Raemdonck. **Boezinge** ⓲ devint un vrai lieu de pèlerinage après la guerre. Les "pépères" bretons y étaient en poste pendant trois ans. Ces appelés d'un certain âge constituaient des unités de réserve devant soutenir l'armée belge. Mais ils livrèrent pourtant des combats inhumains, particulièrement lorsque les Allemands lancèrent leurs attaques au gaz. **Zuidschote** ⓳ est entièrement placé sous le signe de ces attaques au gaz. La façade du n° 15, Generaal Lotzstraat (commandant du Régiment de Grenadiers en avril 1915) est pourvue d'une **plaque de bronze commémorant les morts des régiments de carabiniers** belges pendant l'attaque au gaz d'avril 1915. Dans la Grenadiersstraat se trouve un **monument** de granit pour commémorer les grenadiers tombés le 22 avril 1915, inauguré par le roi Léopold III le 22 avril 1934. Juste avant le pont, un sentier mène au **monument pour les frères Frans et Edward Van Raemdonck**, dressé exactement à l'emplacement où les frères sont tombés le 26 mars 1917, à la borne kilométrique 8,5. Cette nuit-là, ils avaient reçu l'ordre de traverser le canal de l'Ieperlee, de monter à l'assaut des *Stampkopstellungen* allemands et de faire des prisonniers de guerre. Lorsque Frans tomba sous une pluie de balles allemandes, le lieutenant De Ketelaere ne put empêcher son frère Edward de le chercher. Ce n'est que dix-huit jours plus tard que les Belges trouvèrent la dépouille des deux frères. Le soldat Aimé Fiévez de Calonne était tombé avec eux. Le 21 août 1932, leurs dépouilles furent transférées à la crypte de la tour de l'Yser. Le 19 août 1933 fut inauguré le monument commémoratif, d'après un dessin de Karel de Bondt. Il se trouve dans le no man's land de l'époque et a été érigé avec des blocs de béton des *Stampkopstellungen* que les frères allaient prendre d'assaut.
Juste après le pont de Steenstrate, un **monument est dédié au 3e régiment de ligne belge** qui subit également de lourdes pertes le 22 avril 1915. Cent mètres plus loin se dresse, sur la droite, une **croix de paix** d'aluminium de quinze mètres de haut. Un projet des architectes Paul Tournon et Pierre Devillers d'après le dessin d'Emmanuel Lancrenon, chanoine titulaire de la cathédrale Notre-Dame de Paris. Élevée en hommage aux morts du 418e régiment français d'infanterie (le 22 avril 1915) et inaugurée en 1961, elle remplace un monument impressionnant dynamité par la compagnie allemande des trophées en 1942.

Continuez dans la direction d'Ypres. Avant de prendre à droite la direction de Poperinge, vous verrez à gauche l'**Essex Farm Cemetery** ⓴.

John Mc Crae, promu lieutenant-colonel dans le *Canadian Army Medical Corps*, aurait écrit – le 3 mai 1915 dans une tranchée près d'Essex Farm – un poème devenu célèbre dans le monde entier *In Flanders Fields*. L'*Essex Farm Field Dressing Station* se trouvait près des bas-côtés du canal, le long du Diksmuideweg à Ypres. Depuis mai 1995, exactement quatre-vingts ans après la rédaction du poème *In Flanders Fields*, le public peut visiter le site entièrement rénové. Les **bunkers de béton** sont situés à côté de l'*Essex Farm Cemetery*, à la hauteur du numéro 148, Diksmuideweg.

Prenez maintenant la direction de **Poperinge** ㉑ en suivant le périphérique d'Ypres. La ville du houblon vaut le détour, surtout en raison de l'atmosphère particulière et toute britannique de *Talbot House*. Poperinge recèle de nombreux vestiges de la Première Guerre mondiale. Dès 1915, la ville appartenait au secteur britannique. Des milliers de tommies (soldats britanniques) se rendirent par *Pop*, le nom anglais pour Poperinge, vers le front d'Ypres et ses tranchées. Certains y revinrent de temps à autre pour un bref repos, tandis que d'autres trouvèrent, à Ypres et dans les environs, le repos éternel... Pendant trois ans, la ville fut la plaque tournante du transit, par la route ou le train, des hommes, du matériel et de toutes sortes de provisions ; la population locale instaura un commerce rentable avec les Britanniques et les Français. Pour les combattants, Poperinge était une oasis comparée aux péripéties glaciales qu'ils subissaient dans les mornes tranchées. Cette oasis ne fut jamais occupée par les Allemands, mais elle fut envahie par des milliers d'Alliés et constamment harcelée par l'ennemi. Pendant la Première Guerre mondiale, les citoyens et les soldats s'efforcèrent, malgré leur misère, de vivre ou, tout au moins, de survivre. Non seulement au front, mais surtout à l'arrière, à Poperinge, première halte après l'enfer. Des soldats luttaient pour leur vie dans les hôpitaux ambulants. D'autres attendaient leur exécution après des procès douteux. Ils écrivaient des poèmes, chantaient, cherchaient l'amourette d'une nuit, jouaient et buvaient jusqu'à plus soif. La route *Pop* évoque cette vie bouillonnante à travers des bâtiments et d'autres vestiges, mais aussi des témoignages authentiques. Ce circuit cyclotouriste non fléché peut s'effectuer en boucle méridionale (40 km) ou septentrionale (60 km). Vous pourrez vous procurer la brochure de la route *Pop* à l'office du tourisme de Poperinge. (Maison communale, tél. : 057/33.40.81.)

Dans la Gasthuisstraat, près du Grote Markt (Grand-Place) se dresse la **Talbot House** (maison Talbot). *All rank abandon ye who enter here* ("Que toute idée de rang te quitte, toi qui entres ici"). Ces paroles historiques inscrites sur la porte du *Chaplain's Room* dans *Talbot House* symbolisent l'hospitalité proverbiale de cet immeuble de style rococo, datant du XVIIIe siècle. Depuis 1915, la porte en est ouverte à tous. C'est l'aumônier britannique Philip Clayton – *Tubby* pour les soldats – qui transforma cette maison en un lieu de rencontre pour les soldats. On dit parfois en plaisantant que c'est la seule maison de Poperinge qui ne fut pas une maison de joie pendant la guerre. Elle possédait, cependant, tous les accommodements propices à la détente : un grand jardin, une bibliothèque, une cantine et... une chapelle au grenier. Cet esprit britannique est encore vivant à l'heure actuelle. *Talbot House* est, par ailleurs, le berceau du mouvement à caractère philanthropique, Toc H, qui est répandu dans le monde entier. Hier lieu de rencontre pour les soldats, *Talbot House* est aujourd'hui un centre international de rencontres où chacun se sent chez soi.

- *Talbot House*
  43, Gasthuisstraat
  8970 Poperinge.
  Tél. : 057/33.32.28.

Ouverture : tous les jours de 9 h à 12 h et de 14 h à 17 h.

Prenez maintenant la troisième rue à gauche (Peperstraat) et ensuite la Deken de Bolaan. À 200 m, le **Poperinghe New Military Cemetery** a le triste privilège de compter le plus grand nombre de soldats fusillés de tous les cimetières du Commonwealth. C'étaient les "exécutés à l'aube". Les supposés déserteurs, car il s'agissait le plus souvent de garçons souffrant d'une commotion cérébrale à la suite d'éclatements d'obus, avaient droit à un simulacre de procès. Condamnés, ils tombaient sous la pluie des balles du peloton d'exécution. C'était la cour intérieure de l'hôtel de ville de Poperinge qui servait le plus fréquemment à cet office. Les dix-sept exécutés sont inhumés dans la section II, à droite de l'entrée. La forte proportion de soldats fusillés à Poperinge est sans doute due au fait que la ville était le lieu de rassemblement des milliers de soldats engagés dans le Westhoek après la bataille de la Somme, ainsi que des rescapés du combat le plus sanglant dans les Flandres (la bataille de Passendale). Chacun des dix-sept soldats a sa propre histoire. Un seul exemple : Joseph Steadman était tireur dans les mitrailleurs. Le 1er août 1917, ne pouvant plus supporter les bombardements, il s'enfuit d'une tranchée allemande prise près de Sint-Juliaan. En septembre, il fut exécuté après un bref procès. Sa tombe se trouve dans le rang F, près de la *Stone of Remembrance*.

Continuez jusqu'au périphérique, empruntez-le vers la droite jusqu'au Frans-Vlaanderenweg et dirigez-vous vers le *Lyssenthoek Cemetery*.
Au printemps 1915, les Britanniques établirent quatre *Casual Clearing Stations* (hôpitaux ambulants) près de la ferme de Rémi Quaghebeur. Les morts furent enterrés dans les environs immédiats. Ce n'est que plus tard que le *Remy Cemetery* fut rebaptisé **Lyssenthoek Military Cemetery** ㉒ du nom de l'ancien quartier dévasté. Il rassemble les sépultures de 10 779 victimes de guerre dont 9 824 originaires du Commonwealth. Un triste record qui fait du Lyssenthoek le second cimetière britannique de Flandre-Occidentale. Un centre horticole, situé à proximité, permet à la *Commonwealth War Graves Commission*

Les bunkers de béton du site John Mc Crae.

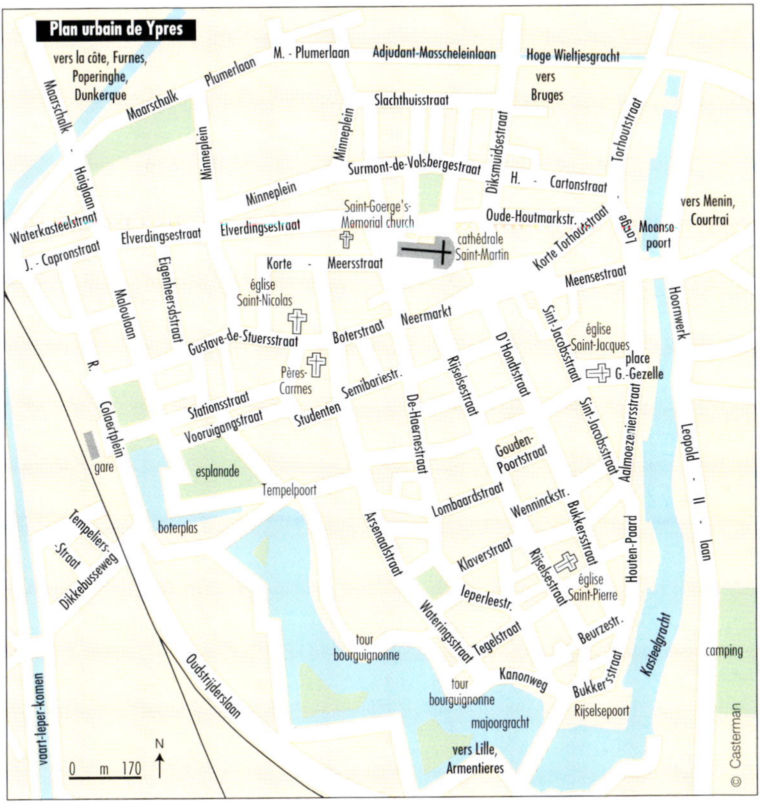

d'entretenir ses cimetières dans la région d'Ypres.

Retournez au périphérique pour vous rendre à Ypres dans les environs du Grote Markt.

AUTOUR D'YPRES

Pendant quatre ans, **Ypres** ㉓ fut la cible de bombardements allemands ; elle dut être reconstruite entièrement après la Première Guerre mondiale.
Dès la fin de l'année 1914, les Britanniques et les Français édifièrent une ceinture de défense autour d'Ypres : le saillant d'Ypres. À la même époque, les Allemands commencèrent les tirs systématiques sur la ville, et les derniers citoyens furent forcés de quitter les ruines encore fumantes, en avril 1915. En 1918, Ypres avait disparu de la carte. Contrairement à la proposition britannique de conserver les ruines comme souvenir permanent de la folie guerrière, la reconstruction commença dès 1919. Depuis, chaque année, des milliers d'anciens combattants, de parents et de touristes visitent la ville rebâtie qui fut, un jour, la perle du commerce drapier en Flandre. Plusieurs visites dans le centre ville peuvent s'effectuer à pied : le musée du Souvenir dans la halle aux Draps sur le Grote Markt, la porte de Menin près du palais de justice et la *St-George's Memorial Church* dans les environs de la cathédrale Saint-Martin.

Le **musée du Souvenir-Saillant d'Ypres 14-18** date de 1964 et raconte – au moyen de photos, de maquettes et de toutes sortes d'objets – l'histoire de la souffrance des soldats et des citoyens entre 1914 et 1918, avec tous les détails concernant l'étranglement progressif et la destruction totale d'Ypres. Un site de tranchées traduit immédiatement l'atmosphère. Des dizaines d'étagères montrent des pièces d'équipement, des armes, des insignes et des médailles commémoratives des forces américaines, belges, britanniques, allemandes et françaises de la région du front d'Ypres. Les photos surtout – dont des prises de vue aériennes uniques, très nettes, réalisées à partir de ballons captifs – donnent une bonne idée de ce qui restait d'Ypres et des villages environnants. Des cartes fournissent des explications géographiques et historiques supplémentaires. Le musée présente en outre quelques objets remarquables ayant appartenu au général Douglas Haig, commandant en chef des troupes britanniques à partir de 1915 sur le front ouest, et au prince Mauritz von Battenberg enterré au cimetière communal.

- *Musée du Souvenir-Saillant d'Ypres*
  Halle aux Draps, Grote Markt,
  8900 Ypres.
  Tél : 057/20.07.24.

Ouverture : tous les jours du 1er avril au 15 novembre de 9 h 30 à 12 h et de 13 h 30 à 17 h 30. Également sur rendez-vous.

La **porte de Menin** est le monument de guerre britannique le plus célèbre du Westhoek. Sir Reginald Blom-

La porte de Menin à Ypres sur laquelle sont inscrits les noms de 54 896 soldats.

field fit ériger cet édifice, entre 1923 et 1927, sur le modèle de l'arc de triomphe romain. Mais de triomphe, il n'en est guère question. Soixante panneaux numérotés le long des parois intérieures mentionnent le nom de 54 896 soldats du Commonwealth morts avant le 16 août 1917 et sans lieu de sépulture connu. Ironie du sort, c'est cette porte que les soldats devaient franchir pour aller au front. Les noms sont classés, d'après l'ordre hiérarchique britannique, par ordre alphabétique au sein de chaque rang dans chaque unité organique (corps, régiment, bataillon, etc.). Les plaques sont numérotées, les numéros impairs à gauche (quand vous tournez le dos à la ville) et les numéros pairs à droite. *To the Armies of the British Empire who stood here from 1914 to 1918* ("Aux armées de l'empire britannique en poste ici, de 1914 à 1918"), telle est la dédicace d'une grande simplicité qui est gravée des deux côtés. Et le texte poursuit : *Here are recorded the names of officers and men, who fell in the Ypres Salient, but to whom the fortune of war denied the known and honoured burial given to their comrades in death* ("Ici sont enregistrés les noms des officiers et des hommes tombés au saillant d'Ypres, mais auxquels la fortune de la guerre a dénié l'enterrement et les honneurs rendus à leurs camarades d'infortune"). Malgré des dimensions impressionnantes (42,5 m de longueur, 14,8 m de largeur et plus de 9 m de hauteur), les murs ne suffirent pas à porter le nom de tous les disparus. Les autres panneaux commémoratifs se trouvent au *Tyne Cot Cemetery* à Passendale (33 782 noms de soldats tombés entre le 16 août 1917 et la fin de la guerre et disparus depuis) et le *Memorial to the Missing* à Ploegsteert (près du *Royal Berks Cemetery*, avec 11 451 noms). Les Néo-Zélandais possèdent leurs propres monuments commémoratifs : au *Messines Ridge British Cemetery* à Messines (839 noms), au *Tyne Cot Cemetery* à Passendale (1 176 noms) et près du *Buttes New British Cemetery* à Zonnebeke (383 noms).

C'est le maréchal lord Plumer qui inaugura la porte de Menin, le 24 juillet 1917, en présence du roi Albert Ier. À la fin de la cérémonie, les clairons de la *Light Infantry* jouèrent le *Last Post*, la sonnerie du soir dans l'armée britannique, et les joueurs de cornemuse des *Scots Guards* l'émouvant *Lament*. Depuis le 1er mai 1929, les pompiers d'Ypres ont pris le relais et jouent le *Last Post* chaque soir à 20 heures. Cette courte cérémonie est devenue un hommage émouvant et chargé de sens à tous les morts de la Première Guerre mondiale.

Après la guerre, nombreux furent les Britanniques qui restèrent à Ypres et s'y installèrent. La majorité des membres de cette communauté travaillaient pour la *Commonwealth War Graves Commission*, responsable de l'entretien des cimetières militaires du Commonwealth.

Quelques pèlerins britanniques et parents des morts réclamèrent une église anglicane à Ypres. Après quelques discours violents et les premières actions pour rassembler des fonds, lord Plumer posa la première pierre le 24 juillet 1927, immédiatement après l'inauguration de la porte de Menin. Lord Bishop of Fulham bénit l'édifice le 24 mars 1929. Cette "église du souvenir", la **St-George's Memorial Church**, a été construite à l'ombre de la cathédrale Saint-Martin, d'après les plans de l'architecte sir Reginald Blomfield. La décoration est le fruit d'innombrables dons d'organisations et d'individus. Ainsi de cette église discrète émane une atmosphère typiquement britannique. À remarquer les fonts baptismaux en marbre avec une belle statue de saint Georges, offerte par la *Royal Air Force* et la famille de lord French, un buste de marbre de French et de magnifiques vitraux.

- *St-George's Memorial Church Elverdingestraat*

Accès gratuit tous les jours.

À côté de l'église se trouvent les bâtiments de l'ancienne *Eton Memo-*

La St-George's Memorial Church *(église du souvenir) à Ypres.*

rial School érigée en mémoire des 342 anciens élèves du collège d'Eton tombés dans les environs d'Ypres. À défaut d'élèves, le collège ferma définitivement ses portes le 18 mai 1940. Le bâtiment est utilisé à présent comme espace de détente – ou club – pour la communauté britannique d'Ypres.

Quittez Ypres en passant par la porte de Menin en direction de **Zillebeke** ㉔. Après quelques kilomètres, vous atteindrez le **cimetière militaire français Saint-Charles de Potyze** ㉕. Six cents soldats inconnus reposent dans l'ossuaire, tandis que le cimetière compte plus de 4 000 croix. Le 22 octobre 1922, Saint-Charles de Potyze fut inauguré officiellement. Plus tard, on y ajouta des tombes en provenance de cimetières plus petits. En avant, la pietà bretonne du sculpteur Fréour, réalisée en 1968, représente une famille affligée par la mort de ses chers disparus.

Prenez la Begijnenbosstraat tout à côté du cimetière jusqu'à la route Ypres-Menin. Tournez à gauche et continuez jusqu'au **musée Hooge Crater** (près du parc d'attractions Bellewaerde). Outre des photos traditionnelles, des armes et des équipements, ce musée présente des reconstitutions de scènes de guerre en grandeur nature. Un vitrail montre même l'incendie de la tour du beffroi du 22 novembre 1914. Le musée est installé dans la *Hooge Crater Chapel*, créée avec une petite école de quartier après la guerre. Cette école fait à présent office de cafétéria.

- *Musée Hooge Crater*
  467, Meenseweg
  8902 Zillebeke.
  Tél. : 057/46.84.46.

Ouverture : de Pâques à fin novembre de 10 h à 19 h. Également sur rendez-vous.

À côté se trouve la ligne de front Hooge-Zillebeke. Les Britanniques et les Allemands menèrent une guerre souterraine entre juin 1915 et juin 1916 près du Kasteelhof 't Hooghe. Des **cratères de mines**, des **bunkers** et des **tranchées** en constituent les vestiges. Les découvertes récentes sont présentées au Kasteel-

Musée Hooge Crater. Vitrail représentant l'incendie de la tour du beffroi d'Ypres.

Les tranchées de la colline 62 (Hill 62) à Zillebeke.

hof. Ouvert tous les jours de 10 h à 17 h. Fermé le jeudi.

Reprenez la route de Menin pour vous rendre à **Hill 62 - Sanctuary Wood Museum** ㉖, à Zillebeke.

Pour s'imaginer comment les soldats se battaient dans des circonstances misérables pour chaque mètre de terrain et comment ils tentèrent de conserver ou de s'emparer d'un endroit stratégique en opérant à partir des collines, il suffit de se rendre sur *Hill 62* (où se situe un **monument commémoratif canadien**). Le site n'a pas changé depuis 1918, tranchées, galeries recouvertes, armes et munitions comprises. Au **Sanctuary Wood Cemetery** non loin de là repose, près de la *Cross of Sacrifice*, le lieutenant Gilbert Talbot qui a donné son nom à la *Talbot House* de Poperinge. *Hill 62* est accessible uniquement par la Canadalaan, une voie de 2 km de long qui n'a pas d'autre issue, et que les anciens combattants appellent aussi la *Maple Avenue* (ou Ahornlaan). Cette route constituait en 1916 la ligne du front canadien et fut plantée ultérieurement d'érables ou de sycomores d'après la feuille d'érable, l'emblème du Canada.

- *Hill 62 - Sanctuary Wood Museum*
  26, Canadalaan
  8902 Zillebeke.
  Tél. : 057/46.63.73.

Ouverture : tous les jours de 10 h à 19 h.

De retour sur la route de Menin, vous tournerez à gauche jusqu'à Zillebeke et suivrez les poteaux indicateurs jusqu'à **Hill 60, Queen Victoria Rifles Museum** ㉖. *Hill 60* est une colline artificielle d'une hauteur de 60 m, élevée lors des travaux de la voie ferrée reliant Comines à Ypres. Pendant la première bataille d'Ypres, le sommet tomba aux mains des Britanniques et des Français, mais les Allemands parvinrent à le reprendre en décembre 1914. En avril 1915, les Britanniques firent exploser cinq mines sous les lignes allemandes. Les cratères à gauche de l'entrée rappellent ces explosions. Pendant l'assaut qui suivit, les Britanniques purent repousser les Allemands. Après l'attaque au gaz du 5 mai 1915, *Hill 60* était de nouveau aux mains des Allemands. Les Britanniques répétèrent leur exploit d'avril 1915 et firent exploser une partie de la colline le 7 juin 1917. Ce fut l'explosion la plus septentrionale de la fameuse bataille des mines. Le cratère à droite de l'entrée en constitue un vestige permanent. Les Britanniques durent céder une fois encore la colline aux Allemands, du mois d'avril au 28 septembre 1918.

Le **musée Queen Victoria Rifles** dispose d'une collection de fusils, de mitrailleuses, de baïonnettes, de mortiers et de pièces d'équipement. Des photos, des diapositives et des cartes exposent les combats successifs sur la colline et dans les environs. Une visite aux cratères des mines et aux abris de béton fait revivre cette période tragique. Le **Queen Victoria Rifles Memorial**, d'après le bataillon du même nom de la *London Regiment Territorial Force* qui opérait en avril 1915 autour de *Hill 60*, fut fort abîmé au mois de mai 1940. Il fut reconstruit plus simplement après la Seconde Guerre mondiale. La **plaque de bronze du First Australian Tunneling Company Memorial** fut également très abîmée au mois de mai 1940. Cette compagnie creusa des tunnels sous la colline entre le 9 novembre 1916 et le fameux jour de l'explosion, le 7 juin 1917.

- *Hill 60 - Queen Victoria Riffles Museum*
  40, Zwarteleenstraat
  8902 Zillebeke.
  Tél. : 057/20.62.76.

Continuez tout droit jusqu'à la route de Comines (Komenseweg). Prenez à droite et un peu plus loin à gauche la Vaartstraat jusqu'à la grand-route (St-Elooishoeve) puis à gauche jusqu'au marché de Wijtschate.

Heuvelland est essentiellement un coin de nature, couronné de collines. À vélo, à pied ou à cheval, on y découvre encore des chemins creux, des paysages vierges et un environnement boisé. Dans cette parcelle de la Flandre, la Première Guerre mondiale balaya huit villages de la carte.

Continuez dans la direction de Kemmel par la Kemmelstraat. À 200 m sur votre droite, vous apercevrez le *Wijtschate Military Cemetery*.

Des huit villages de Heuvelland, **Wijtschate** ㉗ demeura le plus longtemps aux mains allemandes. Les Allemands s'en emparèrent dès le 1er novembre 1914. Deux divisions irlandaises parvinrent à reprendre le village après la bataille des mines du 7 juin 1917. Mais du 11 avril au 28 septembre 1918, Wijtschate fut de nouveau investi par les Allemands. Après la guerre, le village était complètement détruit et les alliés y construisirent un camp pour les prisonniers de guerre allemands. Le **Wijtschate Military Cemetery** se situe le long de la Kemmelstraat. Ici reposent environ 1 000 soldats dont parfois seule la nationalité est connue. À côté du cimetière se dresse la **16th Irish Division Memorial Cross**. Cette croix celtique avec une feuille de trèfle (shamrock) porte un texte irlandais évoquant la division qui reprit une partie du village en juin 1917. Le monument commémoratif fait songer à cet autre monument irlandais, le *Munster Memorial* derrière la cathédrale d'Ypres. Les Irlandais étaient d'ailleurs très nombreux dans la région du front belge. Les Anglais avaient promis l'indépendance à l'Irlande moyennant sa participation à la guerre. Le major William Redmond commandait une compagnie de la 16e division irlandaise. C'était un combattant acharné pour la liberté et membre de la Chambre des Communes britannique. Lorsqu'il comprit que les Anglais ne tiendraient pas leur promesse, il sut qu'il n'oserait plus jamais regarder en face les épouses et les enfants de ces hommes morts au champ d'honneur. Il pénétra volontairement en premier dans le champ de mines de Wijtschate le 7 juin 1917. Sa tombe se trouve dans l'ancien jardin du couvent St.-Antoine de Loker, l'actuelle maison Godtschalck... Quatre ans après sa mort, l'Irlande obtint son indépendance.

Pour aller jusqu'au Spanbroekmolentrechter, vous emprunterez la deuxième rue à gauche (Kruisstraat). Le Spanbroekmolentrechter est également connu sous les noms de **Lone Tree Crater** ㉘ et de *Pool of Peace*. Le Spanbroekmolen ainsi qu'une auberge attenante étaient situés sur cette crête avant la guerre. Plus tard, il ne resta plus qu'un arbre solitaire *(a lone tree)*. En 1930, la *Talbot House Association* devint propriétaire de l'enclos. Cette association qui milite pour la paix dans le monde via le mouvement Toc H appela le cratère le *Pool of Peace*. Cet étang est le plus grand cratère consécutif à l'attaque minière britannique du 7 juin 1917, le Magnum Opus. Dix-neuf mines explosèrent simultanément. Le déplacement d'air tua de nombreux soldats allemands dans leurs bunkers dont on voit encore les restes au nord de l'étang. Cette même nuit, des soldats appartenant aux *Royal Irish Rifles* de la 36e division se lancèrent trop vite à l'assaut de la montagne et étaient déjà dans le no man's land quand la mine explosa : 41 000 kg d'explosifs britanniques causèrent leur mort. Ils sont enterrés au **Lone Tree Cemetery**, dans le pré derrière la ferme. D'autres victimes irlandaises reposent derrière le cratère, dans la direction de Wijtschate, au **Spanbroekmolen British Cemetery**. Sur une distance de 3 km, on trouve encore plusieurs cratères sur la pente est de la crête entre Wijtschate et Messines. Ce sont des étangs très profonds sur une couche d'argile impénétrable. Le Spanbroekmolen en est le plus connu. Les autres se trouvent dans les hameaux de Kruishoekstraat, Sauvegarde, Oosthoek et Kroonaardhoek. Situés au milieu des champs, ces étangs sont d'un accès difficile.

En continuant votre route en direction de **Messines** ㉙ jusqu'à la Nieuwkerkestraat, vous arriverez face au **Messines Ridge Memorial to the Missing** conservant les noms de 840 Néo-Zélandais disparus. Dans le cimetière situé non loin de là reposent 115 Néo-Zélandais. Par la Nieuwkerkestraat et la Ieperstraat, vous parviendrez au marché de Messines. L'hôtel de ville renferme le **musée historique**. Ce musée évoque, outre son passé lié à l'abbaye et à l'Institut royal, la Première Guerre mondiale. Les locaux abritent une riche collection d'armes, d'uniformes, d'œuvres d'art, de photos et de documents. Le clou de l'exposition est une aquarelle du caporal Adolf Hitler. Il participa au mois de novembre 1914 aux combats de Messines et de Wijtschate en tant que volontaire de guerre. Une attention particulière est accordée aux combats d'octobre 1914, aux travaux allemands de fortifications de 1915 à 1917, à la fameuse bataille des mines de 1917, à la prise du village par les Allemands les 10 et 11 avril 1918, à la libération finale le 28 septembre 1918 et à la reconstruction.

- *Musée historique*
  1, Markt
  Messines.
  Tél. : 057/44.40.51.

Ouverture : de Pâques au 11 novembre de 14 h 30 à 17 h 30 et sur rendez-vous.

Continuez jusqu'à l'église Saint-Nicolas. Entièrement reconstruite, elle est appelée "têtard" par la population en raison de la forme étrange de la tour. Elle possède une crypte et un carillon de la paix. La comtesse Adèle, fondatrice de l'abbaye de Messines, est enterrée dans la crypte romane. Le carillon de la paix compte à présent plus de 25 cloches et est installé dans la tour depuis 1986. Le pape Jean Paul II a béni la plus grande cloche lors de sa visite à Ypres le 17 mai 1985. Messines est une ville flamande avec des facilités pour les habitants francophones. C'est la raison pour laquelle ses mille habitants n'ont pu fusionner en 1977 avec Heuvelland, une commune des environs. Dans cette ville, qui est la plus petite ville belge, se trouve (dans la Rijselstraat) le plus petit cimetière britannique du Westhoek, le **Bethleem Farm East Cemetery**. Sur à peine 340 m² reposent 43 soldats dont 42 Australiens et 1 Britannique, tous morts en 1917.

Par les Kerkstraat et Armentiersstraat, puis la Nieuwzeelandersstraat à droite, vous atteindrez le **New Zealand Memorial**. Messines est liée pour de bon à la Nouvelle-Zélande. Pendant la bataille de Messines de juin 1917, des centaines de Néo-Zélandais périrent. C'est pour eux que se dresse le *New Zea-*

land Memorial inauguré le 1er août 1924 par le roi Albert Ier. Chaque année, le 25 avril, une cérémonie de commémoration silencieuse, l'*Anzac Day*, a lieu en présence de l'ambassadeur de Nouvelle-Zélande. Le mémorial est un obélisque en pierre de Portland décoré d'une couronne mortuaire et d'une feuille de fougère. Dans le parc, on voit encore deux abris allemands.

Retournez jusqu'à la Armentiersstraat et prenez à droite la direction de **Ploegsteert**.

Comines, Warneton et Ploegsteert ont été transférées de la Flandre-Occidentale au Hainaut après l'instauration des lois linguistiques en 1963. À gauche de la route de Ploegsteert ㉚ se situe le **Hyde Park Corner Cemetery**, d'après le célèbre parc de Londres. En avril 1915, cet endroit devint le cimetière du *Royal Berkshire Regiment*. C'est la raison pour laquelle on l'appelle aussi le *Royal Berks Cemetery*. C'est pour la même raison que le cimetière de l'autre côté de la route a pris le nom de *(Royal) Berkshire Corner Cemetery Extension*, une extension du premier cimetière pour les hommes tombés entre juin 1916 et septembre 1917. C'est ici que se dresse le **Ploegsteert Memorial to the Missing** en forme de rotonde ouverte. Des plaques rappellent le nom de 11 447 Britanniques et de 13 Sud-Africains qui disparurent entre le Doeve et Estaires-Furnes. En avant, on remarquera deux lions de pierre. L'un semble résigné, l'autre est prêt à bondir.

Au centre de Ploegsteert, un **bas-relief** sur la façade de l'ancien hôtel de ville rend hommage à Winston Churchill qui demeura ici en tant que lieutenant-colonel et commandant du 6e bataillon des *Royal Scots Fuseliers.*

Continuez jusqu'au marché de Nieuwkerke. Tournez à gauche pour aller à Dranouter.

Dranouter ㉛ ressemble à un pâté de maisons entourant l'église Saint-Jean-Baptiste et le **cimetière communal** avec le **Dranouter Churchyard**. D'octobre 1914 à juillet 1915, les Britanniques y enterrèrent 98 morts. Mais 19 tombes durent céder la place pour la construction de la nouvelle église. Parmi ces tombes de guerre britanniques se trouve aussi celle de Norbert D'Huysser, une victime âgée d'à peine neuf ans. Son nom figure également sur le monument commémoratif à l'angle du cimetière, construit à l'initiative des anciens combattants flamands (V.O.S., ce qui explique l'origine de leur nom *Vossen*). Leurs sentiments flamands apparaissent clairement dans l'écu avec le lion et l'inscription AVV-VVK (*Alles voor Vlaanderen - Vlaanderen voor Kristus* : "Tout pour la Flandre - La Flandre pour le Christ"). Le fantassin reçut le nom de Pee Piot d'après le président d'honneur des Vossen, Petrus Huyghe. Le **Dranouter Military Cemetery** est situé le long de la Groenestraat. C'est là que reposent les victimes qui ne trouvèrent plus de place au cimetière communal.

Après l'église, prenez la Lettingstraat en direction du mont Kemmel. Prenez la première rue à gauche (Koenraadstraat) puis la première rue à droite avant de vous engager par le Kemmelbergweg vers le sommet du mont Kemmel.

Contre le flanc boisé du **mont Kemmel** ㉜ se trouve un **ossuaire français**. Une inscription sur la petite pyramide ornée du coq gaulois rappelle que 5 294 Français sont tombés pour la patrie sur le sol belge. La plupart tombèrent lors de la bataille près du mont Kemmel en avril 1918. Entre 1920 et 1925, leurs dépouilles furent rassemblées ici. Seuls 57 soldats furent identifiés. Sur le mont Kemmel se dresse un **obélisque de béton** de seize mètres. Ce monument aux soldats français 1914-1918 représente une Nikê ailée (la déesse de la victoire) portant deux couronnes (de laurier, ou plutôt des couronnes mortuaires ?). Nikê contemple avec affliction le champ de bataille où tant d'unités françaises se sont battues.

Redescendez de la colline par l'autre flanc et reprenez la direction d'Ypres. À quelques kilomètres à l'extérieur de Kemmel se situe le **mémorial américain**. Le long de l'Ieperstraat, le seul monument américain de la région rappelle la mise en œuvre de troupes américaines dans la région, en particulier les 27e et 30e divisions d'infanterie qui aidèrent la IIe armée britannique du 18 août au 4 septembre 1918 entre l'étang de Zillebeke et Kemmel.

La sonnerie du Last Post *à la porte de Menin.*

Le lion résigné du mémorial de Ploegsteert.

La route continue jusqu'au périphérique d'**Ypres**. En prenant à droite, vous arriverez à la **porte de Lille**. C'était la voie d'accès et de sortie la plus utilisée par les troupes britanniques. La porte de Menin, proche, était effectivement trop souvent mitraillée. À droite, il y avait une salle d'attente, un couloir et une salle avec coupole. Ici était établi le *Signals Office*, un poste de liaison où les officiers et les courriers se rencontraient. Les murs extérieurs et le toit étaient spécialement renforcés pour faire face aux attaques éventuelles. Après la guerre, ce quartier fut appelé *Plumer's Headquarters*. Est-ce parce que des officiers de l'état-major de la IIe armée britannique envoyèrent dans la nuit avant la bataille des mines, le 7 juin 1917, certains ordres au front à partir d'ici ? Sur votre route vers le Grote Markt, vous voyez encore un souvenir de **Little Talbot House**. Une plaque commémorative fixée au mur de l'école au 83 de la Rijselsestraat rappelle cette section de la *Talbot House* de Poperinge, un chez-soi temporaire pour les soldats britanniques entre novembre 1917 et avril 1918. En revenant au Grote Markt et tout en admirant l'architecture "médiévale", n'oubliez pas qu'aucune pierre n'a plus de quatre-vingts ans ! La reconstruction d'Ypres date des années 1920.

Autour de la Première Guerre mondiale

Poperinghe (Poperinge) (8970)

Ville depuis 1147, Poperinge est au Moyen Âge une ville hanséatique réputée pour ses draperies. La richesse historique de Poperinge détermine encore maintenant le centre ville construit autour de trois églises-halles gothiques monumentales : l'église Saint-Bertin, l'église Notre-Dame et l'église Saint-Jean. Voir également l'hôtel de ville néogothique sur le Grote Markt (1911), la Justice de Paix (Bertenplein), le Stadsschaal et le monument *Spellewerkeege* (fabrication de dentelle aux fuseaux).

L'ancienne cité drapière nous rappelle par son musée du Houblon que la Flandre-Occidentale est aussi le pays de la bière, comme en atteste le paysage environnant ponctué de houblonnières. Capitale belge du houblon, Poperinge est aussi un centre de dentelle contemporaine et la ville natale du premier astronaute belge Dirk Frimout.

• Office du tourisme
Hôtel de ville
1, Grote Markt
Tél. : 057/33.40.81.

Zonnebeke

L'activité à Zonnebeke fut liée pendant des siècles à l'abbaye des Augustins et au couvent, le Nonnebosschen.

Le musée régional évoque l'histoire de Zonnebeke à travers, d'une part, la campagne archéologique menée sur le site de l'abbaye des Augustins et, d'autre part, une présentation de la région au tournant de la Première Guerre mondiale.

• Office du tourisme
5, Ieperstraat
Tél. : 051/77.04.41.

Messines (Mesen) (8957)

Messines, la plus petite ville de Belgique, est un des plus anciens lieux de pèlerinage à la Vierge en Flandre. L'abbaye de bénédictines a été fondée en 1057 par la comtesse Adèle de Flandre. Tous les ans, du 14 au 22 septembre, a lieu une neuvaine pour Notre-Dame de Messines, qui s'accompagne du Grand Tour, une procession à travers champs instaurée par la comtesse.

• Office du tourisme
Hôtel de ville
1, Markt
Tél. : 057/44.50.40.

Langemark-Poelkapelle (8920)

L'église-halle Saint-Paul à Langemark date du XVe siècle, mais elle fut restituée dans son aspect gothique après les bombardements de 1914-1918. À Poelkapelle, l'église néoromane Notre-Dame à une seule nef date, elle aussi, de 1923-1925.

• Office du tourisme
1, Kasteelstraat
Tél. : 057/48.97.31.

Houthulst (8650)

C'est à Houthulst que se trouve la première grotte dédiée à Notre-Dame-de Lourdes en Belgique, but d'un pèlerinage annuel le jour de l'Assomption.

Outre les reliques de la vieille forêt médiévale de Vrijbos, Houthulst possède un bois domanial de 66,91 ha invitant à la promenade.

• Administration communale
Service de la culture
2, Terreststraat
Tél. : 051/70.07.81.

Heuvelland (8950)

Le paysage vallonné du Heuvelland est constitué de collines qu'on appelle "montagnes" dans la région. Heuvelland culmine à 156 m au sommet du mont Kemmel. On y trouve des paysages vierges protégés et un environnement boisé. Le promontoire que le Heuvelland offre sur la Flandre a de tout temps été exploité par les hommes. Des vestiges celtes en témoignent, ainsi sur le mont Kemmel où subsistent les traces d'une forteresse. La Première Guerre mondiale, quant à elle, balaya huit villages de la carte.

• Office du tourisme
10, Reningelststraat
Kemmel
Tél. : 057/45.04.55.

Nieuport (Nieuwpoort) (8620)

La ville, fondée en 1163, dut faire face au cours des siècles à des dizaines de sièges. Aujourd'hui, ville par excellence des sports nautiques sur la côte flamande, elle est fière de son port de pêche et de son Europort de yachts comptant environ 2 200 emplacements. La ville souffrit énormément des événements tragiques de la Première Guerre mondiale. La halle aux grains, l'église gothique Notre-Dame et le beffroi firent l'objet d'une reconstruction dans les années 1920 et seule la tour Saint-Laurent (Duvetorre) fut préservée en tant que ruine, témoin de ces heures dramatiques.

La réserve naturelle de l'embouchure de l'Yser est gérée par les Réserves naturelles et ornithologiques de Belgique. On peut y observer des espèces végétales spécifiques ainsi que de nombreuses espèces d'oiseaux. L'accès à la réserve est réglementé afin de respecter la quiétude des oiseaux. Des promenades guidées sont organisées (Tél. : 02/245.43.00 - 245.55.00.)

• Office du tourisme
Hôtel de ville
7, Marktplein
Tél. : 058/23.55.94.

Ypres (Ieper) (8900)

Au Moyen Âge, Ypres était un des trois grands centres drapiers de Flandre, ce dont témoigne la majestueuse halle aux Draps. Au XVIIe siècle, Louis XIV ordonna de transformer la ville en place forte. Ypres lui doit ses fortifications, restaurées de façon magnifique avec parc et casemates. Mais pendant quatre ans la ville fut la cible de bombardements allemands et il fallut la reconstruire entièrement après la Première Guerre mondiale. La ville a retrouvé une identité. On peut y visiter la halle aux Draps, le beffroi et la cathédrale Saint-Martin. La ville compte par ailleurs de nombreux musées.

Zillebeke possède un étang d'environ 28 ha qui fut aménagé au XIIIe siècle en réservoir d'eau pour la ville. Avec l'étang de Dikkebus, il fait le bonheur des amateurs de sports nautiques et des promeneurs.

Tél. : 057/20.00.86 à Zillebeke et 057/20.00.85 à Dikkebus.

Autre but de découverte : l'observatoire Astrolab/Iris dans le domaine provincial De Palingbeek à Zillebeke.

• Office du tourisme
24, Grote Markt
Tél. : 057/20.07.24.

Dixmude (Diksmuide) (8600)

Dixmude est une ville agréable sur l'Yser. Située dans un paysage de polders, elle bénéficie du calme de ces vastes étendues. Devenue un centre avec d'énormes possibilités récréatives, elle doit surtout sa célébrité à son rôle pendant la Première Guerre mondiale et aux monuments qui commémorent celle-ci. On y verra aussi l'hôtel de ville néogothique coiffé de son beffroi portant un carillon de trente cloches et l'église Saint-Nicolas restaurée. Le béguinage agencé autour d'une petite place, calme et agréable, fut reconstruit dans un style propre au XVIIe siècle, après sa destruction en 1914. Le musée communal du Diamant et du Folklore (Tél. : 051/50.36.75) présente, entre autres, l'industrie du diamant qui occupait 370 personnes en 1972.

À **Pervijze**, un des quinze villages de la commune de Dixmude, on peut visiter une église orthodoxe russe dont la toiture colorée tranche sur les polders.

• Office du tourisme
28, Grote Markt
Tél. : 051/51.00.88.

Pour tout renseignement :
• Province de Flandre-Occidentale
Domaine Boeverbos
Leopold-II Straat, 41
8200 Saint-André-les-Bruges
Tél. : 050/40.31.11.

1914
1918

II. Les lieux de la Première Guerre mondiale dans le Nord et le Pas-de-Calais

Dès le début de la guerre, une bonne partie de la région Nord-Pas-de-Calais est traversée par les premiers trains de soldats belges en déroute et l'évacuation des populations civiles. Avec le retour de l'offensive vers le Nord et jusqu'à la fin de la guerre, la plaine de la Lys et l'Artois sont marqués par de terribles combats.

Les tristement célèbres batailles de la Lys et de l'Artois voient les armées françaises, mais aussi des soldats venus de tout l'Empire britannique, des Portugais, des Polonais, des Américains se battre tour à tour ou au coude à coude. Les affrontements, comme partout, sont très meurtriers. La plus grande nécropole française se trouve d'ailleurs à Notre-Dame-de-Lorette.

Monument de la Victoire à Cambrai

28 juin 1914. La mort de l'archiduc François-Ferdinand n'émeut pas particulièrement les Français. Sarajevo paraît si loin, Sarajevo paraissait déjà si loin... Ce n'est que fin juillet, lorsque l'Autriche déclare la guerre à la Serbie et que la Russie mobilise ses troupes, que l'on prend conscience de l'imminence de la guerre.

Le 12 juillet, un grand meeting internationaliste s'est tenu à Condé-sur-Escaut. Certains veulent encore croire à la paix. Dans les rues de Lens, d'Hénin-Liétard, des cortèges s'organisent, menés par des militants socialistes. Certains, comme l'anarchiste Broutchoux, n'hésitent pas à prêcher la révolte contre la guerre. Ils sont arrêtés.

1er août. L'Allemagne déclare la guerre à la Russie. En France, les affiches de la mobilisation générale sont placardées. Sous le choc de la mort de Jaurès, les socialistes sont désormais résignés. "Dans les cœurs un même sentiment l'emporte sur tous les autres : il faut défendre le territoire national." À Arras, *L'Éclaireur* du dimanche 2 août 1914 est sans illusion : "Il serait puéril de se le cacher : nous vivons depuis trois jours dans l'attente d'une guerre rendue presque inévitable à l'heure même où nous écrivons ces lignes... Une conflagration générale serait tellement épouvantable que ceux qui en assumeraient la responsabilité pourraient être considérés comme les plus monstrueux malfaiteurs." "La guerre sera fraîche et joyeuse", annonce Guillaume II le 3 août, alors que ses armées pénètrent en Belgique. L'état-major allemand a promis de battre la France en six semaines !

Le "Tipperary" dans les rues de Boulogne

5 août, Arras, 3 h du matin. Le 33e régiment d'infanterie part pour la frontière... La musique joue le *Chant du départ* et la *Marseillaise* repris par les soldats à pleins poumons... Comment ne pas rester optimiste alors que, montant vers le front, des trains de volontaires belges et britanniques venus de la région parisienne passent en gare ; comment ne pas être confiant alors que, le 10 août, dans les rues pavoisées de Boulogne, résonne pour la première fois le *Tipperary*, nostalgie d'un village d'Irlande dont l'air sera bientôt aussi célèbre que celui de *La Madelon*. Les premiers soldats du corps expéditionnaire britannique débarquent. À leur tête, le général John French, accueilli le 12 août à sa descente du destroyer *Sentinel* par le comte Daru, gouverneur militaire de la place, et le colonel Huguet. Les troupes britanniques sont aussitôt envoyées à gauche du front pour tenter de tourner l'armée allemande. Douloureux contraste, quelques jours plus tard, les premiers convois des évacués de Maubeuge, femmes et enfants de tous âges, arrivent, bientôt suivis par les premiers trains de soldats belges en déroute.

Les premiers soldats du corps expéditionnaire britannique débarquent en 1914.

Les civils fuient devant l'avance des armées allemandes.

L'armée du général d'Amade

16 août, le général d'Amade est à Arras. La défense s'organise : trois divisions territoriales, épaulées par les garnisons de Maubeuge et de Lille, ont pour mission de mettre les communications à l'abri des éventuelles incursions ennemies. D'Amade donne l'ordre d'achever la défense de Lille et nomme le général Herment gouverneur de la place et du camp retranché dont, ironie de l'histoire, le déclassement a été prononcé par décret du ministre de la Guerre le 1er août !

Avec l'arrivée de l'armée anglaise sur Maubeuge (Douglas Haig y installe son Q.G. le 22 avec, à sa gauche, le 2e corps de Smith Dorrien qui s'échelonne vers l'Escaut), une chaîne est tendue de la Sambre à la mer, mais, très vite, les nouvelles de l'avancée allemande en Belgique obligent à modifier les plans : le 22 août, ordre est donné d'abandonner la position défensive et de tenter d'interrompre la marche des armées de von Bülow et de von Kluck. D'après le plan Schlieffen, “c'est le vingt-deuxième jour que l'aile droite allemande doit atteindre l'Escaut à Audenarde, au sud de Gand”. La voici déjà aux portes de Tournai ! Or, Tournai, c'est déjà la France en terre belge et, si Tournai tombe, Lille et Valenciennes sont menacées.

Les échecs de Mons et de Charleroi

Après les échecs de Mons et de Charleroi, la Ve armée du général Lanrezac et la force expéditionnaire britannique reculent avec, sur les talons, les soldats de von Kluck qui, abandonnant l'objectif des ports de la Manche, a jeté son aile droite en marche forcée dans la vallée de l'Escaut, et ceux de von Bülow qui tente de séparer les armées françaises et anglaises. Forcé à la retraite, Lanrezac prévient le général Fournier, gouverneur de la place de Maubeuge, que le camp retranché va se trouver en première ligne. Dans la ville où la présence des troupes alliées a entretenu un sentiment de sécurité, c'est la panique. Le maire, le docteur Walrand, fait évacuer une partie de la population civile. Le gouverneur de la place, le général Fournier, entouré de trois généraux de réserve (Winckel-Mayer, Ville et Peyrecave) improvise la défense.

Lille déclarée ville ouverte

Le 24 août, un corps de cavalerie s'engage en force vers le sud de Lille et la région de Douai, enfonçant le coin entre l'armée anglaise et les Français. Le sort de la région Nord se joue. Lille devient un court temps le point d'appui de la défense : 340 canons sont mis en batterie et le fort de Sainghin a déjà tiré quelques coups sur les troupes ennemies aperçues du côté de Bouvines lorsque, surprise, le ministère de la Guerre déclare la cité “ville ouverte” (c'est-à-dire non défendue). L'ordre d'évacuation est donné, mais la capitale des Flandres n'intéresse pas pour le moment les Allemands qui n'y font que quelques incursions (la ville ne sera vraiment occupée que le 4 octobre).

Lille occupée

Durant près de 1 500 jours, Lille est tenue d'une poigne de fer par le gouverneur de la place, le général von Heinrich, puis par son successeur, le général von Graevenitz. La présence militaire allemande se fait très vite lourdement sentir pour les Lillois.

Entre octobre 1914 et septembre 1918, pas moins de quatre cents actes dictés par la *Kommandantur* sont affichés dans la ville et publiés dans les colonnes du *Bulletin de Lille*, journal d'information créé par les Allemands. Les exigences de l'ennemi sont aussi variées qu'extravagantes. Dès le 4 novembre 1914, la municipalité de Lille se voit infliger le paiement d'une somme de six millions de francs. Dix-huit mois plus tard, l'autorité militaire impose à la ville le règlement d'une nouvelle taxe d'occupation qui s'élève cette fois à plus de vingt millions de francs ! Tout ce qui représente un quelconque intérêt économique est réquisitionné : en 1917, on saisit les fourrures et la laine à matelas, en 1918, le caoutchouc, y compris celui formant le bandage des roues !

À Lille plus qu'ailleurs, la circulation de la population est sévèrement réglementée. Amendes, emprisonnements, travaux forcés, à moins que ce soit tout simplement le peloton d'exécution, guettent celui qui enfreint la règle ! Un adolescent à qui l'on attribue le titre d'écolier est condamné "à 14 jours de détention pour s'être conduit d'une façon inconvenante à l'égard d'un officier allemand qu'il croisait rue Faidherbe et pour ne pas s'être écarté, intentionnellement, à son approche et l'avoir même heurté".

De l'acte anodin de cet adolescent aux premiers réseaux spécialisés, l'histoire conserve de cette époque la trace de cet esprit de résistance. Parmi les figures héroïques agissant dans la région lilloise et en Belgique : Léon Trulin, "l'adolescent chargé de gloire", Louise de Bettignies, dont le "Service Alice" préfigure les réseaux de renseignements des années 1940, Eugène Jacquet et ses compagnons, Édith Cavell, Walthère Dewé et Firmin Dubar qui, dès le 1er janvier 1915, publie *Le journal des occupés… inoccupés* qui deviendra *L'Oiseau de France*.

Le comité Jacquet

Lors de la prise de Lille, quelque 2 000 soldats de la garnison qui n'ont pu s'échapper s'égaillent dans la ville. Parmi eux, le commandant Caron qui commandait des compagnies de territoriaux venus de Calais et qui s'efforce d'organiser le ravitaillement des soldats recueillis par des habitants. Un négociant en vin, Eugène Jacquet, franc-maçon et vice-président de la Ligue des droits de l'homme, s'engage aussitôt pour tenter de faire passer un maximum de soldats en zone libre. Le commandant Caron, dont la tête est mise à prix, fuit vers la Hollande avant de revenir à Calais. Le comité Jacquet a réussi sòn premier coup d'éclat.

L'affaire Mapplebeck est fatale à Jacquet et à ses amis. Recueilli en mars 1915, l'aviateur britannique Mapplebeck est évacué vers la Hollande à la barbe des Allemands. Quelques semaines plus tard, le lieutenant Mapplebeck survole de nouveau Lille. Par esprit de bravade, l'aviateur britannique jette un message à l'intention du gouverneur von Heinrich dans lequel il lui exprime son profond regret "de n'avoir pu faire sa connaissance pendant son doux séjour passé près de lui" ! La réaction de von Heinrich est immédiate. Arrêtés le 10 juillet 1915, Eugène Jacquet, Ernest Deconinck, Georges Maertens et Silvère Verhulst sont fusillés à la citadelle !

Comme dans toutes les grandes localités envahies, l'occupant prend des otages "garants" de la bonne conduite de leurs concitoyens. Le plus souvent, ce sont les notables. À Lille, les otages sont obligés de se présenter quotidiennement à la citadelle. Mais ce qui révolte davantage la population, ce sont les déportations massives. Dès 1915, sous le fallacieux prétexte d'atténuer la misère, l'autorité militaire décide que "les habitants seront évacués par ordre et transportés à la campagne (...) où ils seront occupés dans l'agriculture et nullement à des travaux militaires...". Les Allemands opèrent par quartiers entre 3 et 5 h du matin. On barre les rues, puis un officier flanqué d'un gendarme va de maison en maison et fait rassembler tous les habitants qui doivent produire leur carte d'identité. Minute poignante que celle où l'officier fait son choix. Il désigne souvent les hommes de 15 à 55 ans et les jeunes filles… On se doute du traitement infligé qui est souvent celui d'une "prostitution organisée publiquement". Les femmes sont "entassées dans des wagons (…), mangées par la vermine durant un voyage interminable, qui les amenait dans l'Aisne ou les Ardennes...". L'évêque de Lille intervient, l'opinion internationale s'indigne. On sait les atrocités que sont capables de commettre les hommes en guerre.

Lille est libérée par les Britanniques le 17 octobre 1918.

Femmes conduites aux champs par les Allemands (Lille, 1916).

La tourelle d'un fort de la place de Maubeuge probablement sabordée par sa garnison, en septembre 1914.

Par contre, Moltke veut Maubeuge : pour le risque que la place forte représente sur le flanc de l'armée von Kluck, mais surtout pour sa situation dans la vallée de la Sambre à l'intersection des voies ferrées qui, de Bruxelles ou de Liège, convergent vers Paris ; une importance stratégique quelque peu sous-estimée par l'état-major français.

Tout à sa théorie des rideaux défensifs, le général Séré de Rivières, animateur du comité de défense après la guerre de 1870, a négligé les places fortes. Classées "place de deuxième classe", les défenses de Maubeuge n'ont pas été modernisées. Des six forts qui entourent la ville, seul celui du Bourdiau est bétonné (c'est d'ailleurs le seul ouvrage bétonné du Nord).

Le général fil de fer

Le général Fournier dispose de 40 000 hommes pour défendre les 36 kilomètres du périmètre du camp retranché. Pour pallier les manques, il fait dévider des kilomètres de barbelés, ce qui lui vaut le surnom de "général fil de fer" ! Moltke confie le siège au 7e corps d'armée du général von Zwehl, fort de 60 000 soldats ! Inégal combat : les vieilles fortifications ne résistent pas aux monstrueux 305 et 420 qui ont fait tomber Liège et Namur, d'autant que la portée des canons de l'artillerie française est nettement inférieure à celle de l'ennemi et qu'on n'a pas d'avions pour régler les tirs ! Le 7 septembre, le général Fournier rend les armes. Au moins aura-t-il empêché les soldats de von Zwehl de participer au combat de la Marne.

Harcelés par l'ennemi

Le repli britannique se poursuit. Les deux corps d'armée, couverts par la cavalerie du général Allenby, descendent en droite ligne vers Le Cateau en suivant la voie romaine. Ce faisant, French se rapproche de ses bases et espère pouvoir soutenir la retraite. Il donne l'ordre au général Snow de prendre position du côté du Cateau. Mais, au passage de la forêt de Mormal, les routes encombrées par la population en fuite obligent Haig et Smith-Dorrien à se séparer : le premier corps, côté est, remontant la Sambre ; le deuxième, côté ouest. Les Allemands exploitent aussitôt la brèche.

Les combats de Landrecies

Le 25 août, à la nuit tombante, Douglas Haig est violemment attaqué à Landrecies par une avant-garde du 9e corps. Derrière des barricades dressées à la hâte, la 4e brigade des *Guards* repousse l'ennemi. Alors qu'au-delà de Maroilles, des éléments de réserve des divisions Valabrègue se jettent à leur tour dans la bataille et permettent à Haig de rompre, le général Joffre, conscient du péril, donne l'ordre à l'armée Lanrezac de rétablir vers l'ouest le contact avec le 1er corps britannique et au corps de cavalerie Sordet de se porter à l'aile gauche du 2e corps aux environs de Walincourt. Dans le même temps, les 62e de réserve et 84e du groupement de d'Amade arrivent par train sur Cambrai et Bouchain pour tenter de ralentir la marche de l'ennemi. Si le 1er corps britannique semble tiré d'affaire, celui de Smith-Dorrien se retrouve isolé par une brèche d'une douzaine de kilomètres.

Le 27 août, bataille du Cateau

Craignant que la retraite ne se transforme en déroute, Smith-Dorrien décide de "montrer les dents" : le 2e corps fait face. Maigres tranchées que les Allemands pilonnent. "Les batteries anglaises inférieures en nombre visent les masses d'infanterie allemande à moins de 2 000 m (...). Mais, prises à partie, les batteries sont peu à peu réduites au silence." Bientôt, sous la poussée, les Allemands s'emparent du Cateau après un combat de rue acharné. Caudry est sévèrement bombardé. En fin d'après-midi, les Anglais décident le repli, providentiellement aidés par les "75" du corps de cavalerie Sordet qui, du côté d'Esnes, permettent à l'armée de Snow de décrocher.

Cambrai abandonnée aux Allemands

Pris par l'ivresse de l'offensive, l'état-major allemand relance son armée vers l'ouest pour cette grande manœuvre d'encerclement qui doit lui permettre d'investir Paris et de refermer le filet sur les soldats de Joffre. Le 26 août, celui-ci est à Saint-Quentin. Il ordonne à toutes les troupes de la région du Nord de se replier au sud de la Somme. Les territoriaux de l'armée de d'Amade embarquent par voies ferrées d'Arras, de Lens, de Béthune, de Saint-Omer... en direction d'Abbeville. La 84e, qui a pris du retard en voulant enlever l'artillerie de Cambrai, se trouve sévèrement prise à partie du côté de Marquion.

Le 27 août, les divisions de réserve qui marchent vers Bapaume et Péronne sont surprises à Beugny. La 62e division d'infanterie fait barrage. Le lendemain, au bord de la Somme, les Français (10 000 hommes) se trouvent aux prises avec quelque 35 000 Allemands d'active du 2e corps de von Kluck commandés par le général von Lissingen. C'est le massacre ! Ce qui reste des régiments reçoit l'ordre de se replier vers Arras.

On les croyait à Liège, ils "étotent d'un ch'gardin" !

La supériorité numérique de l'ennemi est écrasante et rien ne semble devoir l'arrêter. Le Kaiser fait battre médaille célébrant ses premières victoires ; côté français, le communiqué du 25 août est ainsi introduit : "Malgré les énormes fatigues imposées par trois jours consécutifs de combats, et malgré les pertes subies, le moral des troupes est excellent

L'hôtel de ville de Caudry où s'est installée la Kommandantur.

et elles ne demandent qu'à combattre." L'opinion publique n'est pas dupe, cette armée harassée au moral excellent est une armée vaincue. Difficile de se représenter l'état d'esprit d'une population qui découvre que cette "Allemagne barbare" dont elle ne devait faire qu'une bouchée traverse la région en pays conquis.

L'abbé Richard, doyen d'Havrincourt, témoigne : "Le mercredi 26 août 1914 vers le soir, arrivèrent du Nord de vraies caravanes de fugitifs ; vaille que vaille, on hébergea ces malheureux : le seul bourg d'Havrincourt en accueillit plus de quinze cents. Là, du reste, s'arrêta la fuite lamentable, car le 27 août, de bon matin, quelques lanciers français signalaient la présence des Allemands à trois kilomètres. Six heures ! Les uhlans arrivent au pas de course et, durant dix-huit heures, les troupes du général von Kluck ne cesseront pas de défiler... Quelques-uns pourtant font halte. On peut admirer la délicatesse et l'appétit des Germains. Les premiers arrivants veulent se faire passer pour des Anglais ; mais bientôt, la ruse est éventée et alors, c'est le revolver au poing que les soldats exigent des victuailles..."

L'appellation "ch'timi" serait née dans les tranchées

L'origine du mot ch'timi, si cher aux gens du Nord, a donné lieu à des polémiques. Pour le professeur Fernand Carton, l'expression serait apparue vers 1915. Dorgelès – en mettant en scène, dans *Les Croix de bois*, Broucke, "le gars d'ch'Nord", le Ch'timi aux yeux d'enfant qui chante dans la tranchée le "P'tit quinquin" – officialise en quelque sorte l'appellation. Reste à lui donner son sens. Là aussi, il y a divergence : "chti" de chétif et "mi" de moi qu'on résumerait par "pauvre de moi" ? Pour le professeur Carton, ch'timi aurait tout simplement été fabriqué par les non nordistes de la simple juxtaposition des trois mots : "che" (ce), "ti" (toi) et "mi" (moi). Le Ch'timi est aujourd'hui devenu, sous une forme apocope, tout simplement un "Ch'ti".

La guerre a été riche en expressions argotiques. Sont également nés de la guerre les termes "poilu" (apparu dans les troupes d'Afrique et les fantassins coloniaux parisiens), "pigouil" (qui s'applique au troupier girondin), "grelu" (pour le Haut-Alpin), "boueux" (pour les troupiers de la Marne)... C'est aussi durant cette guerre que l'adjudant est devenu "juteux" et les caporaux "cabots" à trop aboyer leurs ordres.

Quant à l'ennemi, l'Empire allemand reste pour la plupart une notion bien floue : on parle des Prussiens, des Alboches, des Boches, des Fridolins, des Fritz, des Bavarois, des Saxons, des Badois, des uhlans... "ces guerriers légendaires qui coupent, paraît-il, les mains des enfants et utilisent femmes et enfants comme boucliers dans les combats de rue" !

Le 27 août, les administrations quittent Arras pour Boulogne, les banques du littoral transfèrent leurs capitaux en Angleterre. Fuyant les combats, les populations se réfugient dans les villages du Ternois, du Haut-Pays et dans les villes du littoral. Les plus aisés partent vers le sud. Le 2 septembre, Boulogne est déclarée ville ouverte. Le 8, le port est évacué et les autorités prévoient de couler des navires dans le chenal pour en boucher l'accès. Évacuée par les soldats, la ville déborde de réfugiés ! Le 6 septembre, Arras est occupée et pillée. Le 6, c'est aussi la date historique de la bataille de la Marne, "la bataille décisive dont dépend le sort du pays" qui scelle la légende de Joffre. La poussée allemande est contenue, les ports de la Manche sauvés : Boulogne devient et restera jusqu'à la fin de la guerre la capitale du Nord et le siège de toute l'administration militaire de la région.

L'offensive remonte vers le Nord

Le 14 septembre, Falkenhayn remplace von Moltke. Les Allemands se retirent sur des positions choisies entre l'Oise et l'Argonne. Dès lors, les Français cherchent à leur tour à déborder l'aile droite allemande. C'est le début de "la course à la mer". Rapidement, l'offensive remonte vers le nord. Du 20 au 30 septembre, les soldats allemands se heurtent d'abord à la IIe armée de Castelnau qui s'est déployée en Picardie puis, du 6 au 26 octobre, à la Xe armée du général de Maud'huy arrivée juste à temps pour barrer la route à l'ennemi.

En cette fin septembre 1914, on assiste à une bataille des chemins de fer. Pour Joffre, il n'y a pas un instant à perdre. Trois priorités : détruire la voie ferrée Mons-Valenciennes-Cambrai qui file vers Saint-Quentin, protéger ses propres communications et ramener le plus rapidement possible un maximum de troupes de l'est et du centre vers l'ouest.

Passage des premiers trains d'Anglais en gare d'Arras.

La capitale artésienne résiste

Jusqu'à présent, Arras n'a été parcourue que par quelques détachements de cavalerie allemande. Dans la nuit du 28 août, les autorités militaires françaises font sauter le pont d'Athies sur la Scarpe, l'usine électrique d'Arras et les aiguillages de la voie ferrée. Arras est alors coupée du reste de la France.

Lundi 31 août, deux jeunes gens qui se promènent à bicyclette sur la route de Cambrai sont arrêtés à Tilloy-les-Mofflaines par une patrouille d'uhlans qui cherche en vain dans les ambulances de la ville un parent du Kaiser blessé au combat. Le 16 septembre, quelques éléments français arrivent; enfin, le 18 septembre, un régiment de goumiers marocains commandé par le colonel de Jonchay investit Arras. "La population lui fit le plus sympathique accueil. Ils avaient si belle allure, les braves goumiers! Ils étaient si fièrement campés sur leur petits chevaux d'Afrique qu'ils inspiraient à tous confiance et courage."

Premiers combats de l'Artois du 1er au 26 octobre 1914

La bataille proprement dite commence début octobre. Elle se joue d'abord sur la Sensée du côté de Croisilles et Saint-Léger où les corps de cavaleries de Conneau sont aux prises avec la cavalerie allemande. Brugère, qui a repris le commandement du général d'Amade, a mission de protéger le débarquement de la subdivision du général de Maud'huy (qui, le 5 octobre, sera rebaptisée la Xe armée).

Sur les cartes de l'état-major, la ligne de front se présente désormais ainsi : le corps du général d'Urbal formé des fantassins de la 70e division du général Fayolle; les alpins et chasseurs de la 77e division du général Barbot; les zouaves et tirailleurs de la 45e division et, au sud d'Arras, le 10e corps du général Desforges qui fait la liaison avec la gauche de la IIe armée de Castelnau. Ajoutons les corps de cavalerie de Conneau qui opèrent au sud de la Scarpe avec pour mission "de constamment déborder l'aile droite ennemie" et le corps Mitry qui opère au nord de celle-ci avec pour mission "de tenter des coups de main sur les communications adverses". Chacun de ces corps est pourvu de deux bataillons sur automobiles et d'une escadrille d'avions (instructions de Joffre du 1er octobre). La théorie est ainsi définie lorsque, le matin du 2 octobre, le 4e corps de von Arnim s'approche d'Arras par la route de Cambrai!

Barbot sauve Arras

Il s'en faut d'un rien pour que la ville ne soit prise, il s'en faut de la volonté qu'a le général Barbot de se cramponner sur le plateau de Feuchy. La position est pourtant singulièrement difficile : au nord de la

Un régiment de goumiers marocains traverse le village de Dieval dans le Pas-de-Calais.

Scarpe, la liaison n'est pas faite avec les soldats de Fayolle qui, venant de Lens, ont été mis à mal entre Rouvroy et Oppy. Côté sud, la division qui devait attaquer Wancourt et Guemappe a été décimée. Fort heureusement, Neuville-Vitasse tient encore grâce aux chasseurs du lieutenant-colonel Bordeaux qui permettent ainsi au 10e corps de débarquer ses unités dans les gares au sud d'Arras. Desforges qui le commande marche aussitôt sur Monchy-le-Preux, mais se heurte aux tranchées que les Allemands ont creusées durant la nuit.

Le 3 octobre, Neuville-Vitasse en flammes est occupé. Brugère abandonne Ayette et Ablainzevelle. Au-delà de Lens, la cavalerie ennemie occupe Courrières et Harnes et oblige la cavalerie de Mitry à se replier sur Bénifontaine et Lens où les Allemands entrent le 4 octobre. Au sud, les troupes de von Arnim repoussent brutalement les Français vers Le Crinchon. La voie ferrée Doullens-Arras est menacée ! Le 5, n'ayant pu enlever le plateau de Feuchy, l'ennemi le tourne par le nord. Menacé d'encerclement côté sud après l'abandon de Beaurains, Barbot se replie sur les faubourgs de la ville. Rude journée ! À Vimy, les Bavarois s'emparent de la crête du télégraphe… Fayolle perd coup sur coup Souchez, Givenchy, Petit Vimy, Vimy, Farbus, Thélus. Le corps de cavalerie Conneau se replie sur Mont-Saint-Éloi.

"Ce n'est plus la masse fringante et galopante de la mi-août ; les jarrets sont alourdis, les sabres sont presque rouillés dans leurs fourreaux, les lances ont en grande majorité disparu, mais les carabines et les mitrailleuses sont mieux prêtes à crépiter et notre cavalerie, assagie, va se battre à la moderne", écrit le commandant Laure.

Attaquer, résister, foutre le camp

Partout, c'est le repli. De Maud'huy étudie l'abandon d'Arras et a déjà donné

Goumier marocain.

les premiers ordres lorsque Foch arrive au poste de commandement d'Aubigny. La veille, le 4 octobre, celui-ci a reçu le titre d'adjoint au commandant en chef, avec mission de gagner l'ennemi de vitesse et de lui interdire par tous les moyens l'accès à la mer. Il y a urgence car, sur le front du nord, la situation se dégrade d'heure en heure. Sur plusieurs kilomètres dans les environs d'Armentières, le front est fragile et l'ennemi peut s'engouffrer et parvenir sans coup férir à Calais.

À Aubigny, Foch retrouve son ami le général de Maud'huy. Le langage est rude : "Je ne connais que trois manières de combattre : attaquer, résister, foutre le camp. Je vous interdis la dernière. Choisissez entre les deux autres." Pour les livres d'histoire, de Maud'huy dira plus tard : "Ce jour-là, à cette heure précise, Foch nous a aidés à gagner une partie perdue." Glorieuses également, les paroles de Barbot refusant l'ordre de retraite : "Moi vivant, on ne recule pas ! Et maintenant, messieurs les officiers d'état-major, allez à la troupe ! Élevez les cœurs ! Répétez partout que l'on tient bon et que nous ne lâcherons pas Arras."

Mais la postérité ne peut faire oublier la souffrance des Arrageois : la ville est sévèrement bombardée et les ambulances systématiquement visées. Arras n'est bien sûr pas la seule à souffrir. Ainsi, la destinée d'Orchies relatée par *Le Petit Parisien* : "Vendredi 9 octobre 1914... un officier, un certain major Dittel – ce nom est à retenir, c'est celui d'un pétroleur... –, déclara : 'Orchies va être châtié !' En moins de trois heures, les incendiaires eurent accompli leur sinistre besogne... Et toute la nuit, des gens des communes voisines, ceux de Douai aussi purent voir une grande lueur pourpre qui éclairait le ciel."

"Quand les souris mangeront les chats..."

Surpris par la résistance des défenseurs d'Arras, l'ennemi décide d'attendre l'artillerie lourde afin d'entreprendre un siège en règle. Le front s'installe. Côté allemand, on creuse des tranchées ; côté français, on organise les faubourgs de Saint-Laurent-Blangy et Saint-Sauveur. L'après-midi du 20 octobre, l'apocalypse débute : les énormes projectiles de 210 et 280 écrasent la cité. Le lendemain, 21 octobre 1914, le "crime" est consommé. Au pied du beffroi "émergeant de l'amoncellement des pierres et semblant rugir" gît le lion d'Artois. Cela en l'honneur du Kaiser venu assister à la prise d'Arras. Jacqueline et Colas, les géants d'Arras, ne se laissent pas impressionner. Pour la circonstance, ils ont adapté la chanson du Carillon :

"Quand nous rintindrons ch'carillon,

Les maisons de la grand-place d'Arras ravagées par les bombardements.

Arras a résisté

Lundi 31 août 1914, 16 h, les Allemands entrent dans Arras. Ils cherchent dans les ambulances le comte de Maecklembourg-Schwerin, un parent du Kaiser qui a été évacué la veille. M. Briens, préfet du Pas-de-Calais, est prisonnier sur parole dans ses locaux. Les majors allemands passent dans les ambulances et emmènent les blessés valides vers Cambrai et l'Allemagne. Dans la nuit du 8 au 9 septembre, l'ennemi quitte Arras. Malgré tous ses efforts, il n'y reviendra plus, mais la ville restera presque toute la guerre à portée de canon.

Après quelques hésitations du côté français, la défense s'organise : le 18 septembre, un régiment de goumiers marocains commandé par le colonel de Jonchay arrive et chasse les patrouilles d'uhlans qui, partant de Cambrai, terrorisent les campagnes autour d'Arras. Le 1er octobre, Barbot et ses Alpins débarquent à Arras. La Xe armée française prend position aux alentours de la ville. "Bien que la bataille fît rage autour d'Arras depuis une dizaine de jours, la population était encore sans inquiétude", écrit le chanoine Foulon. "Soudain, le 6 octobre, vers 9 h 30, le bombardement méthodique commence. Il ne s'arrête que dans la soirée. Alors commence l'exode de la population. Tous se dirigent vers la porte Baudimont, la seule issue paraissant encore libre. Certains ont l'air effaré, ahuri, hébété : ils suivent les autres sans savoir où ils vont." Le 7, les obus pleuvent de plus belle ; les ambulances sont systématiquement visées. Douze obus atteignent l'hôpital Saint-Jean durant le premier bombardement et jettent les blessés pêle-mêle dans les caves.

Les Allemands veulent Arras. Du 21 au 23 octobre, ils s'acharnent sur la ville. Chaque attaque est précédée de bombardements effroyables pour les habitants. Le 21 octobre, les obus pleuvent avec le beffroi pour unique objectif. À 11 h 20, au 69e obus, le beffroi s'écroule. "Son cri d'agonie est lugubre et se répercute dans toute la ville : on eût dit une plainte infinie, la plainte d'une âme qui quitte un corps."

Le 27 octobre, la situation devient si alarmante que le préfet décide de faire évacuer toutes les personnes hospitalisées à Arras. "L'humanité, écrit-il au général de Maud'huy, commande de ne pas exposer [...] des personnes sans défense et que, tout au moins, les pensionnaires et enfants des établissements suivants (hospices, enfants assistés, sourds et muets, aveugles...) [soient] évacués par ordre..."

La "bataille d'Arras"

Pendant près de quatre années, les Arrageois, qui n'ont pas déserté la ville, vont cohabiter avec la troupe (française jusqu'en mars 1916, puis britannique), se plier aux mesures de sécurité dictées par l'autorité militaire et vivre surtout dans l'angoisse des bombardements. Sur place, parmi tant d'autres, l'évêque d'Arras Mgr Lobbedey, surnommé le prêtre des tranchées, se dépense sans compter. Arras reçoit de prestigieuses visites, tel le général Joffre en février 1916. Un témoin, le docteur Paris, rapporte qu'au début de 1917 un détachement de 18 000 soldats britanniques débarque et cantonne dans la ville. En fait, cette concentration massive prépare l'offensive élaborée par l'état-major britannique. Le 9 avril 1917, la "bataille d'Arras" est déclenchée sur un front s'étendant sur une vingtaine de kilomètres, de Lorette à Croisilles. Au cours de cette attaque, les troupes canadiennes conquièrent la crête de Vimy !

Les uhlans terrorisent les campagnes aux alentours d'Arras.

La messe du dimanche devant la colline de Lorette.

vibrer din l'air comm'in ourlon…
Cha prov'ra à l'humanité,
Nou inragée tenacité.
Ainsi nous crierons à ches Boches :
Mettez-vous ch't'idée dins vos caboches
Quand chés souris mingeront chés cauts,
Ché qui éra pu d'vill' d'Arras !"

Le 22, les Allemands attaquent les ruines de Saint-Laurent. La division alpine tient bon. Épuisée, elle est relevée par des bataillons sénégalais que Barbot lance aussitôt en contre-attaque, appuyés par les zouaves et les chasseurs. Arras est une seconde fois sauvée. Le 23, Pétain – promu général de division au lendemain de la Marne – prend le commandement du 33e corps en remplacement du général d'Urbal parti pour le front d'Ypres. Pétain connaît parfaitement le terrain où il a fait maintes fois évoluer le 33e d'infanterie alors qu'il était en garnison à Arras. Il fait renforcer les défenses, creuser de nouvelles lignes de tranchées. Les faubourgs d'Arras sont ainsi peu à peu transformés en forteresses.

Leçon de stratégie

Pour bien comprendre l'enjeu des combats d'Artois, il faut se soumettre à une petite leçon de stratégie : cote 165 - Notre-Dame-de-Lorette. La plaine s'offre et le soldat en armes a l'impression de dominer le monde : au nord, une crête boisée ; au sud, cinq contreforts en forme de "côtes de melon" (c'est ainsi que les désignent les fantassins français) séparés par des "ravins" et baptisés dans les récits des combats : l'éperon de Souchez, l'éperon de la Blanche Voye, l'éperon des Arabes, le Grand éperon, l'éperon Mathis.

Le stratège ne peut s'y tromper. Lorette est l'une des meilleures positions tactiques de la région : vers l'est, au-delà de Souchez qui demeure invisible, la grande crête des bois de Givenchy et la fameuse cote 140 ferment l'horizon ; au nord et au nord-est, les puits de mines, les chevalements, les terrils… Partout poussière de toits rouges : Angres, Lens, Liévin, fichés à la plaine par les chevalements et les cheminées d'usine dont quelques-unes fument encore. La tache sombre du bois de l'Hirondelle est illuminée par les lueurs de l'artillerie ennemie ; côté sud-sud-est, le Mont-Saint-Éloi flanqué de ses deux tours, les bois de la Folie et la route d'Arras dont on aperçoit confusément les monuments.

Dans la nuit du 4 au 5 octobre 1914, les patrouilleurs bavarois conquièrent le site laissé quasi sans défense. Lorette, lieu de prière, sera bientôt rebaptisé "la colline sanglante" et "la butte de la mort".

Les premiers combats de la Lys

Dans le même temps, dans la plaine de la Lys, tout va maintenant très vite : le général Mitry tient les ponts de la Lys, d'Aire à Armentières, tandis qu'au nord les cavaleries s'affrontent pour la possession d'Hazebrouck et du nœud ferroviaire qu'emprunteront bientôt des milliers de Britanniques pour se rendre à Ypres et sur la Somme. Anvers est tombée. L'armée belge qui a pu s'en échapper à grand-peine est maintenant cantonnée sur l'Yser entre le fleuve et la mer. Pour renforcer le front, les troupes britanniques sont rapatriées de l'Aisne pour faire la jonction avec les troupes belges et françaises. Directive de l'État : "Il faut à tout prix empêcher une percée allemande sur Dunkerque, Calais. L'Yser et le canal d'Yperlée doivent être défendus par tous les moyens. Nieuport, Dixmude, Ypres, Armentières et Arras devront tenir coûte que coûte !"

Dès le 10 octobre, les Britanniques sont à pied d'œuvre : le général Pulteney à Saint-Omer, le général Gough à Aire et aux abords de la forêt de Nieppe ; de Lisle à Houdain ; Smith-Dorrien à Pernes. Deux divisions sont également débarquées à Dunkerque pour renforcer les "points d'amarre" de Poperinge et Ypres tandis qu'une division indienne rejoint le corps britannique aux environs de Vieille-Chapelle.

Offensive vers Lille

Mi-octobre, alors que débutent les batailles d'Ypres et de l'Yser, le général Gough s'attaque aux monts de Flandres. Foch relance ensuite l'offensive vers Lille et Courtrai. Le 16, les Allemands évacuent Armentières. Les Britanniques livrent bataille devant La Bassée et arrêtent la progression allemande à 8 km de Béthune sur une ligne Neuve-Chapelle-Festubert-Vermelles.

Ida Leclercq, la madelon de l'Artois

En 1917, Jean Galtier Boissière publie *Un hiver à Souchez*. Il y conte magnifiquement les combats d'Artois et la vie des poilus. Au détour d'un chapitre, nous voici au cantonnement dans un petit village proche de Houdain, à La Comté. "L'escouade se rassemble dans le petit bouchon tenu par Mme Poiré (...). Au milieu des poilus bruyants qui tapent sur les tables, se bourrent, rient, hurlent des commandes, une jeune fille circule, placide et souriante. C'est la fille de la maison : Palmyre Poiré. Palmyre a seize ans, les dents blanches, les cheveux blonds dorés, des joues roses comme des pommes d'api et des yeux bleus, candides, qui semblent ronds comme ceux des poules"...

En 1988, la sagacité d'un historien local, René Jacques, a permis de retrouver sous les traits de Palmyre, Ida Leclercq, née Beaucamps, devenue très vieille dame et qui, en 1989, a accepté de sortir de l'anonymat par devoir de mémoire. Ida, une madelon parmi d'autres, est devenue l'héroïne d'un film.

Ida témoigne : "Les soldats couchaient dans les granges. C'était comme des fourmis tellement il y en avait, des Français d'abord et puis des Anglais, des Canadiens...Quand ils arrivaient, ils étaient sales, pleins de poux, de barbe, ils faisaient peur, ils avaient l'air hébété à force d'avoir le bruit du canon dans les oreilles. Ils ne parlaient pas, ils étaient drôles ! Et puis, ils allaient aux douches aux mines de Bruay et lorsqu'ils revenaient, cela allait mieux, ils étaient plus gais. Ce n'était jamais les mêmes qui revenaient au repos. On ne pouvait pas dire 'tiens, un tel n'y est pas'..." En 1968, lors de l'inauguration d'une statue de La Madelon à Beauchamp (dans l'Oise), le ministre des Anciens Combattants Henri du Villar déclarait : "La Madelon est une figure de légende qui n'a vécu que dans l'imagination, mais c'était l'imagination de tout un peuple pour qui elle est devenue à la fois un être réel et un symbole, une amie et une confidente et une fée bienfaisante."

Ida montre volontiers le diplôme reçu en 1988 et signé du président de la République : "En hommage et en reconnaissance des services rendus au cours de la guerre 14-18" à une des nombreuses madelon de la Grande Guerre.

La Madelon

Immortalisée le soir du 11 novembre 1918 par Marthe Chenal qui la chante devant une foule immense sur les marches de l'Opéra de Paris, *La Madelon* a été créée en 1913 par Bach, sur des paroles et musique de Bousquet et Robert. En 1918, Maurice Chevalier la reprend, en hommage aux poilus, sur des paroles de Lucien Boyer et Morel Clère. Depuis, *La Madelon* est restée sur toutes les lèvres !

Le 17 octobre, les Alliés se battent sur les crêtes d'Aubers, Herlies, Fromelles... Pulteney occupe Armentières et s'approche de Lille jusqu'aux environs de Verlinghem. Ce sera l'avancée extrême alors que les combats vont maintenant se jouer en Belgique où Falkenhayn concentre ses forces pour tenter une nouvelle fois le débordement avant que les lignes de front ne viennent s'accrocher à la mer. Calais demeure le point de mire. Le 23, alors que les Allemands traversent l'Yser, Foch installe son Q.G. à Cassel.

L'offensive alliée s'essouffle. Côté Belgique, la cavalerie de Ruprecht de Bavière tient solidement la Lys à l'ouest de Menin. Côté ouest, les tranchées coupent maintenant la plaine jusqu'aux collines de l'Artois. Le 19 novembre, Foch écrit à Joffre : "Les Allemands n'ont pu ni tourner notre aile gauche ni nous détruire... ; ils aboutissent à une douloureuse impuissance à l'ouest." Le 1er décembre, une tentative française échoue sur Vermelles. Vain assaut immortalisé par une peinture de George Scott montrant les soldats français enlevant une barricade de chariots, de tonneaux et de sacs de terre.

Les seconds combats d'Artois

Ayant appris le départ de troupes allemandes pour le front russe, le grand quartier général décide une double offensive. L'une partira d'Arras en direction de Cambrai et de Douai, l'autre se fera en Champagne. Le 29, Foch se rend au Q.G. de la Xe armée. "Attaquez, attaquez!" prône le commandement... "Attaquez! c'est vite dit. Autant vaudrait à Carency et à Ablain de renverser à coup de poing ou de tête un mur en pierre de taille", rétorque Fayolle dans son journal. Dans les tranchées, c'est le branle-bas. Foch et de Maud'huy ont fixé les objectifs : le premier jour, la crête de Carency-la Targette ; le deuxième, la route de Souchez ; le troisième, la cote 140. Une première attaque est fixée au 17 décembre après trois reprises d'artillerie lourde séparées par des intervalles de vingt minutes. Pour venir à bout des fils de fer, on emploie désormais la mélinite et les grappins projetés par des canons appelés "porte-amarres". Englués dans la boue, "les bouseux d'Artois" s'extirpent difficilement des tranchées et,

Durant l'hiver 14-15, plusieurs divisions de l'armée des Indes combattent en Flandre française. Soldats sikhs évacuant leur officier.

à peine sortis sur le glacis, se font cueillir par les mitrailleuses de la seconde ligne que l'artillerie n'a pas détruites. Un carnage ! Le 27 décembre, Pétain attaque en vain devant Berthonval. Joffre est déçu, il se voyait déjà lançant la cavalerie dans la plaine après avoir canonné et pilonné depuis la crête reconquise.

Côté anglais, les offensives sur Richebourg n'ont pas plus de succès. Le front se fige. Épuisées, les deux armées s'enterrent. Le rêve d'une guerre courte s'évanouit.

1915

En janvier 1915, le front britannique se réveille en sursaut. On se bat du côté de Béthune et à Givenchy. Le 25 janvier, l'attaque allemande déclenchée en présence du Kaiser pour prendre Béthune est bloquée à Givenchy-lez-la-Bassée qui est perdu, puis repris. Le commentaire est cynique : "Après un combat de rue d'une heure, toute ce qui était entré dans le village fut pris ou tué !" Le matin du 29, nouvelle attaque au sud du canal d'Aire à La Bassée…

Bataille de Neuve-Chapelle, du 10 au 13 mars 1915

Pour raviver l'enthousiasme des troupes et obliger les Allemands à maintenir un maximum d'effectifs sur le front ouest, French lance l'offensive du côté de Neuve-Chapelle pour tenter d'accrocher la crête d'Aubers, point stratégique pour l'avancée sur Lille et la maîtrise de la voie ferrée La Bassée-Lille. Le système défensif est redoutable. Côté allemand, derrière les barbelés, quelque 8 000 hommes disposés sur deux lignes défendent un front de 10 km. L'assaut est donné par Gough. Les 8 et 9 mars, l'artillerie lourde se met en position tandis que "des files interminables de soldats" montent vers les tranchées : "les Garhwalis, les Gurkhas, les Leicesteirs, ceux de Lincoln et du Berkshire… on aperçoit les croix d'argent de la *Rifle Brigade*, l'étoile et le cor des fusiliers écossais, les Blackwath, les North-Wands et les Worcesters. Puis voici les soldats du Yorkshire et du Devon."

Le matin du 10 mars, 350 canons pilonnent les défenses allemandes. Cinq attaques d'infanterie sont lancées. Neuve-Chapelle est enlevée : Britanniques et Indiens ouvrent une brèche mais n'arrivent pas à pousser l'avantage. Du côté du moulin de Piètre et du bois du Bietz, les soldats sont refoulés. On voit des hommes arracher les barbelés de leurs mains inexpertes et saignantes tandis que leurs camarades tombent autour d'eux. "Aucun nom ne sera plus beau que celui de Neuve-Chapelle que vous ajouterez bientôt sur vos drapeaux", affirmera sir John French aux survivants, mais les pertes sont effrayantes : 2 500 tués, 8 500 blessés, 1 750 manquants côté anglais ; 1 687 prisonniers, 12 000 blessés, plusieurs milliers de morts côté allemand.

Artois : les Allemands tiennent les hauteurs

Alors que les combats d'Ypres et de la Woëvre absorbent une grande partie des forces, Joffre décide une nouvelle offensive de la Xe armée maintenant commandée par d'Urbal. Elle sera doublée par une attaque de l'armée britannique afin de disperser les forces ennemies. L'objectif reste le même : la ligne de crête autour de Vimy et les collines désormais célèbres de Notre-Dame-de-Lorette et de Monchy-le-Preux.

Englobant Carency et Ablain-Saint-Nazaire, les lignes ennemies forment au nord d'Arras un saillant menaçant. Les Allemands tiennent toutes les hauteurs ! Ils dominent Arras et les lignes françaises qu'ils écrasent sous le feu de leurs canons dissimulés dans les corons de Liévin, d'Angres et dans les bosquets à l'arrière de Vimy. Chaque maison de Carency, Ablain-Saint-Nazaire, Neuville-Saint-Vaast a été transformée en fortin, les caves sont recouvertes de béton et reliées les unes aux autres par des boyaux, les murs sont percés de meurtrières pour les mitrailleuses. Chaque tranchée est hérissée de fil de fer, de chevaux de frise, de hérissons…

Grenades.

L'offensive du 9 mai 1915

Le 9 mai 1915, Foch quitte Cassel et s'installe au château de Bryas, près de Saint-Pol-sur-Ternoise. Joffre arrive à Doullens. Le dispositif est prêt. Le front d'attaque est restreint, guère plus de 10 km de Roclincourt à Notre-Dame-de-Lorette. Le capitaine Humbert témoigne : "Il faisait si beau, on se bourrait un peu le crâne… En vingt-quatre heures, nous allions être à Douai et ensuite c'était la frontière !… Sur le front, cet enthousiasme se traduisait par l'activité des travaux d'aménagement. De nouveaux boyaux numérotés étaient creusés de toutes parts : ils devaient permettre d'amener à couvert toutes les troupes d'attaque depuis Mareuil et Mont-Saint-Éloi ; partout le génie construisait postes de secours, abris, dépôts de matériel ; enfin, pour permettre le débouché par surprise, toute une parallèle de départ souterraine était creusée en avant de nos fils de fer : la voûte n'en devait être effondrée qu'au moment de l'assaut… Afin de guider l'artillerie, des carrés de toile blanche avaient été cousus sur le sac de chaque fantassin."

Alors que les Anglais et le Corps indien lancent une offensive de diversion sur la crête d'Aubers, l'armée française précédée par un tonnerre d'artillerie se lance à l'assaut.

Au milieu du dispositif d'attaque, le 33e corps de Pétain avec, en fer de lance, les légionnaires du 2e corps de marche du 1er étranger vêtus des uniformes kakis de la division marocaine. Pour la première fois, l'infanterie est abondamment approvisionnée en grenades explosives. Certaines unités ont reçu des tampons d'ouate censés protéger des gaz asphyxiants employés par l'ennemi dans l'Yser. Pour la première fois, des plans directeurs de la manœuvre ont été distribués jusqu'aux commandants de compagnies.

La percée de la division marocaine

Minuit, les ordres circulent alors que les Allemands ajustent leurs tirs sur Mont-Saint-Éloi, base de départ des unités qui montent en ligne… Cinq heures, un grondement emplit le ciel : les artilleurs se sont remis à l'ouvrage. Batteries de tous calibres : 75 mm, 120 mm, 155 mm, 220 mm et même d'énormes mortiers de 270 mm. "Spectacle nouveau, on voit monter dans le ciel les torpilles des mortiers de 58 qui redescendent en accélérant pour éclater dans de grands nuages blancs que suivent le bruit des explosions sourdes."

Parc du génie allemand.

Dix heures, la légion est lancée. Objectif : les "ouvrages blancs" aux créneaux protégés par des socs de charrues, ainsi baptisés parce que les Allemands ont utilisé les draps des maisons en guise de sacs de terre. Le fortin enlevé, c'est un nouveau bond en avant en direction La Targette, où les Allemands ont eu le temps d'organiser une seconde ligne. Soudain, des hommes tombent, frappés dans le dos par les mitrailleuses ennemies que les "nettoyeurs" n'ont pas eu le temps de réduire au silence. Sorti des profondeurs de la terre, l'ennemi est toujours là ! Les officiers sont tués. De simples caporaux prennent la relève et entraînent les compagnies vers "l'objectif ultime", cette cote 140 à laquelle Joffre et Foch attachent tant d'importance. La crête est atteinte. C'est la percée ! La division marocaine a réussi ! À midi, Blondlat griffonne à Pétain : "Que l'on fasse immédiatement donner un corps d'armée dans la trouée et nous coucherons ce soir à Douai."

Restés à Mont-Saint-Éloi et à Acq, les premiers renforts ne sont engagés qu'au milieu de l'après-midi. Le 272e territorial arrive dans la nuit, épuisé par seize heures de marche forcée ! Une brigade là où il aurait fallu une armée ! Sur le site, le monument de la division marocaine salue le courage des vainqueurs du 9 mai. Parmi eux le caporal Sauser, un certain Blaise Cendrars !

Barbot mortellement blessé

L'effet de surprise est passé et l'armée d'Urbal ne peut, au mieux, que maintenir ses progrès. Souchez et Neuville restent aux mains des Allemands. Le 10, Barbot est mortellement blessé aux abords du Cabaret Rouge. Le colonel Stirn, promu général, prend le commandement de la division, mais il est tué deux jours plus tard par un éclat dans le bois de Berthonval.

La bataille se poursuit, âpre et ô combien meurtrière. Le 12 mai, Fayolle arrive finalement à investir Carency pilonné par plus de 20 000 projectiles ! La destruction du village est totale. Neuville est conquis rue par rue, cave par cave, par les soldats de Balfourier. Le labyrinthe, dédale de tranchées et d'abris souterrains protégés par des mitrailleuses dont les tirs s'entrecoupent, reste imprenable.

Notre-Dame-de-Lorette

En décembre 1914 et janvier 1915, le 21e corps commandé par le général Maistre avait réussi à prendre pied sur l'éperon Mathis ; le 15 mars, le Grand éperon était conquis de haute lutte, suivi en avril par l'éperon des Arabes, mais depuis les Français piétinent devant les deux derniers éperons, la crête et la fameuse chapelle. Les Allemands ont formidablement fortifié le site. Côté nord-ouest, entre la route d'Aix à Souchez et l'éperon des Arabes, cinq lignes de tranchées hérissées de réseaux de fil de fer et

Dans les ruines d'Ablain-Saint-Nazaire, fin mai 1915.

de chevaux de frise, flanquées d'ouvrages et de fortins, interdisent l'approche en entremêlant les tirs de mitrailleuses. Ce 9 mai, trois régiments d'infanterie et trois bataillons de chasseurs montent à l'attaque. Le 10 et le 11 sont jours d'apocalypse pour les soldats des deux camps : "Les morts des combats précédents enterrés à fleur de terre sont projetés par les obus hors de leurs tombes." Le 12, les chasseurs exaspérés veulent en finir. "Ils bondissent en se courbant; puis, se jetant à plat ventre, ils rampent jusqu'au rempart ennemi. Là, sous les mitrailleuses qui tirent à 75 cm au-dessus d'eux, ils arrachent les sacs à terre et, les appliquant sur les créneaux, ils ralentissent le tir ennemi... Les autres arrivent derrière grâce à cette accalmie de quelques minutes et le flot passe par-dessus le parapet. Nous y sommes. À l'intérieur du fortin, un corps à corps forcené s'engage", écrit Maurice Barrès dans l'*Écho de Paris*.

Les Français sont maîtres de La Chapelle et de la crête mais se font pilonner par les batteries d'Angres et de Liévin. Il leur faudra encore dix jours pour venir à bout des éperons de la Blanche Voye et de Souchez et "nettoyer" les quelques maisons d'Ablain encore tenues par les Allemands.

Maintenir la pression sur le front de l'Artois

La bataille rebondit. Le scénario est le même mais, cette fois, les troupes de réserve ont été poussées le plus en avant possible au cas où l'exploit se renouvellerait. De la même façon, Haig relance l'attaque du côté de Festubert : les corps indiens et les divisions canadiennes progressent de quelques centaines de mètres mais, côté allemand aussi, la leçon du 9 mai a été comprise et pas moins de cinq divisions nouvelles se sont déployées entre La Bassée et Arras. Le 29 mai, Ablain-Saint-Nazaire est enfin reconquis en entier. Le 1er juin, la sucrerie de Souchez tombe.

À la grenade et au couteau

Le labyrinthe est conquis du 30 mai au 19 juin au prix de difficultés inouïes. "Le 16 juin est la journée la plus étourdissante de la bataille. Autour de Neuville-Saint-Vaast, l'artillerie tire en vingt-quatre heures près de 300 000 obus. Les hommes s'élancent à travers les champs de coquelicots et sautent dans les tranchées allemandes." C'est aussitôt le carnage dans les boyaux à la grenade et au couteau...

Hébuterne, le 7 juin

Joffre multiplie les coups de main. Le 7 juin, les soldats de Castelnau lancent une attaque de diversion sur Hébuterne. En quelques minutes, ils enlèvent deux tranchées et gagnent la ferme Touvent à 2 km des lignes, mais les renforts allemands arrêtent l'attaque. Les Allemands gardent Puisieux et, en représailles, bombardent à nouveau Hébuterne, Souastre et Sailly-au-

Bois. Le 9 juin, la 5e division d'infanterie commandée par Mangin tient enfin Neuville. Le 16 juin, les hommes se lancent une nouvelle fois sur toute la ligne de front. Du côté du Cabaret Rouge, les soldats sont littéralement cloués sur place tant l'artillerie allemande s'est renforcée.

143 000 hommes perdus en trois mois !

En trois mois, d'avril à juin, Joffre a perdu 143 000 hommes, tués au combat, morts dans les hôpitaux ou prisonniers, et 306 000 évacués vers l'intérieur ! L'offensive en Artois se prolongera quelques semaines encore et reprendra plus âpre en septembre. Au terme de la campagne, Joffre écrira pudiquement : "Le retard dans l'entrée en ligne de nos réserves ne permit pas à notre victoire foudroyante du premier jour d'avoir d'éclatants lendemains." Le 33e corps sera cité à l'ordre de l'armée et Pétain fait commandeur de la Légion d'honneur. Le 21 juin, Pétain devient chef de la IIe armée. En juillet, il est convoqué au Q.G. du commandant du groupe des armées du Centre. Castelnau lui expose le souhait de Joffre : offensive principale en Champagne, offensive secondaire à l'est d'Arras en "tenaille" sur le saillant ennemi. Il faut absolument soulager le front russe et si possible percer, mais, depuis le printemps, Pétain ne croit plus guère à ces offensives éclair...

Premières conférences interalliées

Alors que le front se fige et que les esprits se font à l'idée que la guerre sera longue, les initiatives commencent à se coordonner dans le cadre des conférences interalliées. En juin, une première rencontre s'est tenue à Calais. Le 11 juillet, Joffre retrouve French dans son Q.G. de Saint-Omer : "Attaquez, attaquez donc... Loos, Hulluch... Attaquez !" French hésite. Mais, du côté de l'état-major français, l'optimisme est inébranlable.

Septembre 1915 : la prise de Loos

Le 25 septembre, les Britanniques ouvrent la danse : au sifflet des officiers, les soldats de Haig bondissent par-dessus le parapet. Précédés par les gaz que les Britanniques utilisent pour la première fois, ils attaquent sur un front de 10 km avec tant d'ardeur que le recul ennemi atteint 4 km. Ils s'emparent de Loos, maison par maison... Point de ralliement : le double chevalement au-dessus du puits de mine qui rappelle curieusement aux tommies le *Tower Bridge* de Londres. L'héroïne du jour, Émilienne Moreau, guide les soldats.

Au-delà de la cote 70, les Écossais atteignent la cité Saint-Augustin. Lens est débordée par le nord : la route est libre mais, là encore, les renforts tardent. Ils attendent à Beuvry et à Nœux que le succès se confirme ! Du côté d'Hulluch et d'Auchy, l'affaire est moins bien engagée. Si Gough a poussé jusque Haisnes et a enlevé la redoute de Hohenzollern, ses unités, prises de flanc par les renforts allemands, sont contraintes au recul.

Le cimetière de Souchez "hurle de grenades"

Côté français, l'attaque d'infanterie n'est déclenchée qu'à midi, les hommes de Maistre et de Fayolle (qui a pris le commandement de Pétain) s'élancent vers le creux de Souchez et enlèvent le château de Carleul. Va-t-on passer ? Déjà, l'artillerie allonge le tir sur l'autre versant du côté de Givenchy, mais les chasseurs buttent sur la Souchez. Ils avancent, l'eau à mi-jambe, disparaissant parfois dans les trous d'eau alors que de Liévin, Angres et Givenchy, les batteries allemandes tirent des obus asphyxiants.

Au sud également, l'avance est difficile, le cimetière enlevé d'assaut doit être aban-

Émilienne Moreau, l'esprit de résistance

Émilienne Moreau est fille de corons. Le courage dont elle a fait preuve lors de la prise de Loos et son dévouement à soigner les blessés, lui valent la croix de guerre dès novembre 1915, la médaille militaire britannique et celle de l'ordre de Saint-Jean-de-Jérusalem, ainsi que la croix de chevalier de la Légion d'honneur le 10 juillet 1936 !

Institutrice militante S.F.I.O., elle épouse, en 1934, Évrard-Anselme-Just Piat dit Just Évrard, qui deviendra député. Après la défaite de 1940, Émilienne Moreau s'engage dans la Résistance et échappe de peu à la Gestapo. Au mois d'août 1945, le général de Gaulle lui remet à Béthune la croix de Compagnon de la libération. Sur six femmes ainsi honorées, deux seulement l'ont été de leur vivant : Laure Diébold, secrétaire particulière de Jean Moulin, et Émilienne Moreau. Née à Wingles le 4 juin 1898, elle décède à Lens le 5 janvier 1971.

Alice, Charlotte, Mary, Jeanne et les autres…

Nom de code Alice Dubois, nom de famille Louise de Bettignies ! Née à Saint-Amand-les-Eaux en 1880, sa famille descend de l'aristocratie du Saint-Empire et a fait fortune dans la manufacture. Revers du destin, la faillite de l'usine et le décès de son père poussent Louise à parcourir l'Europe. À Oxford, elle apprend l'anglais. En Autriche, elle s'initie à l'allemand et à l'italien. On lui propose le poste de gouvernante des enfants de l'archiduc de Sarajevo, François-Ferdinand, qu'elle refuse. L'idée lui est venue d'entrer au Carmel. La guerre en décide autrement.

En octobre 1914, Louise est à Lille, occupée à ravitailler les défenseurs. L'occupation commence. Dans la ville soumise aux diktats et aux brimades, Louise étouffe et demande l'autorisation de rejoindre sa mère à Saint-Omer qui est alors le G.Q.G. britannique. Le hasard lui fait rencontrer des agents des services anglais. Louise de Bettignies devient Alice Dubois du réseau *Ramble* dirigé par le major lord Cameroun ; elle sera Pauline pour les Services secrets français. Les premiers renseignements sont vite glanés : au café Bellevue, les soldats allemands ont la langue bien pendue. Comment pourraient-ils deviner que la jeune femme assise à une table voisine comprend parfaitement leur langue ?

Avec l'appui de Mgr Charost, évêque de Lille, le Service Alice se développe. Bientôt le réseau compte 80 personnes de la région Lille-Roubaix-Tourcoing : industriels, cheminots, postiers, prêtres… On récolte des renseignements jusqu'à Maroilles, Maubeuge, Cambrai, Valenciennes, Saint-Quentin… Avec l'aide des relais belges, le réseau organise aussi le passage de soldats vers la Hollande.

Le 20 octobre, Alice est arrêtée à Tournai. Elle est aussitôt transférée à la prison Saint-Gilles à Bruxelles. En mars 1916, Louise de Bettignies est condamnée à mort. Elle doit vraisemblablement sa survie à l'indignation internationale suscitée par l'assassinat de l'infirmière anglaise Édith Cavell et de la résistante belge Gabrielle Petit. La peine est commuée en détention perpétuelle. Transférée à la prison royale de Sieburg, Louise retrouve d'autres membres du réseau mais aussi les compagnes d'Édith Cavell. Pour avoir incité les autres prisonnières à refuser de travailler pour les Allemands, elle découvre le régime des cachots. Sa santé n'y résiste pas. Le 27 septembre 1918, Louise de Bettignies décède d'une pneumonie mal soignée.

Son corps est ramené en France en février 1920. Dans la chapelle de Lorette, on peut voir dans une vitrine la croix de bois que les Allemands avaient posée sur sa tombe dans le cimetière de Cologne. Elle a été remise par la famille Bettignies à la garde d'honneur le 25 septembre 1994.

Louise de Bettignies est chevalier de la Légion d'honneur, croix de guerre avec palmes et officier de l'Empire britannique, décorée de la *Military Cross*.

donné. “Le cimetière hurle de grenades, flambe, crépite. C'est comme une folie de flammes et de fracas qui, brusquement, éclate dans la nuit… Toutes les tombes se sont ouvertes, tous les morts se sont dressés, et, encore aveugles, ils tuent dans le noir, sans rien voir, ils tuent de la nuit ou des hommes”, écrit Dorgelès. À la nuit, Souchez est enfin conquis, dépassé même, mais du village il ne reste rien !

La “victoire” du 25 septembre 1915

Pendant ce temps, d'autres unités progressent sur les pentes de Vimy, s'emparent de la cote 119, poussent jusqu'aux vergers de la “Ferme de la folie” et atteignent la cote 140 dont ils sont bientôt rejetés. Laissons conclure le capitaine Humbert sur la “victoire” du 25 septembre 1915 en Artois : “Tout le massacre du 25 septembre était étalé là ; dans les parallèles de départ, c'était encore une boucherie ; le long du boyau de l'Ersatz… il y avait un chapelet de cadavres et partout de la chair déchiquetée, des corps convulsés, repliés, torturés… Que de morts… Ils baignaient dans les trous d'obus, s'enfonçaient dans la boue. Chaque soir, on en chargeait des tombereaux devant le Cabaret Rouge…. Mais le plus impressionnant des spectacles était peut-être celui qui s'offrait sur la cote 119, sur le glacis qui précédait la tranchée de Brême, des centaines d'hommes étaient étendus ; et comme on regardait cela au ras du sol, cela faisait un véritable tapis bleu-horizon.” L'horreur… Il faut lire Barbusse, Dorgelès, Jünger… Il faut regarder aux musées de Neuville-Saint-Vaast, de Lorette les plaques photographiques de l'époque… Ces enfants au regard de vieillards ont 18-20 ans ! Une incroyable hécatombe pour quelques arpents de terre. Le 8 octobre 1915, le prince de Bavière lance 28 bataillons à l'assaut de Loos, laissant quelque 20 000 morts devant les tranchées anglaises et françaises. Un mois plus tard à Lille, Léon Trulin, un gamin de 17 ans, est fusillé. Avant de mourir, il écrit : “Je leur pardonne tout.”

1916

Les grandes batailles se concentrent autour de Verdun et dans la Somme. Fakelhayn veut “saigner à blanc l'armée

Le Labyrinthe.

française" en l'attaquant en un lieu symbolique, Verdun. Verdun résiste. Pour reprendre l'initiative, Joffre décide d'attaquer le 1er juillet sur la Somme. Objectif des Français : Péronne. Objectif des Britanniques qui depuis mars assurent la défense du front nord : la conquête des hauteurs entre Albert et Bapaume puis le Nord en direction d'Arras. Depuis le 19 décembre, Douglas Haig est le chef du corps expéditionnaire britannique. En mars 1916, il quitte Saint-Omer pour installer son Q.G. à Montreuil.

La bataille de Fromelles (19-20 juillet 1916)

Alors que les premiers combats de la Somme s'avèrent terriblement meurtriers, Haig demande au corps australien de se préparer à l'attaque dans le secteur de Fromelles. Il veut faire croire à une offensive massive sur Lille pour détourner l'attention de l'ennemi et éviter que les troupes allemandes qui s'y trouvent ne partent en renfort sur la Somme. L'attaque se développe sur un front de 3 500 m entre le Trivelet (nord-ouest d'Aubers) et la ferme Delangre dans le bas de Fromelles, autour d'un saillant allemand que les Anglais appellent *Sugar loaf*.

Le 19 juillet, vers 18 h, la 5e division australienne est lancée. Les soldats sont inexpérimentés, la plupart découvrent les tranchées. La préparation d'artillerie égratigne à peine les lignes allemandes. Pire, les gaz rabattus par le vent reviennent vers les tranchées alliées. Sur le no man's land, c'est le massacre ! Les soldats se font cueillir par les mitrailleuses des Bavarois. Sur le front de la 61e division, c'est le même échec ; à l'extrême droite, les soldats arrivent bien à s'emparer des tranchées mais échouent devant la position du *Sugar loaf*. Les Britanniques essaient de figer les positions mais, à la faveur de la nuit, les Allemands s'insinuent à l'arrière de la position australienne. Menacés d'encerclement, les Australiens n'ont d'autre choix que de charger à travers les lignes ennemies. Sur le terrain, une stèle évoque les soldats, membres des forces impériales australiennes tués dans cette vaine et inefficace diversion.

Les chars à Flers et à Martinpuich

Épisode de la bataille de la Somme, le 15 septembre 1916, les chars font pour la première fois leur apparition sur le champ de bataille. Ce sont quasiment des prototypes. À Flers, cinq chars enfoncent la première ligne allemande et un seul *Mark 1* nettoie le village ! L'offensive se poursuit à la limite de la Somme et du Pas-de-Calais. Combles et Thiepval sont finalement pris. Une double victoire qui remonte le moral des Britanniques alors que les premiers zeppelins ont fait leur apparition dans le ciel de Londres. Le 7 octobre, les Britanniques s'emparent du village de Le Sars tandis qu'au nord-est les Français débordent vers Sailly-Saillisel. Beaucoup d'entre eux sont de la région. L'un d'eux écrit : "Si l'on y met tant de cœur, mes fieux, c'est qu'on a hâte de rentrer dans ses terres. De la cote 1391 qui domine Combles, j'ai reconnu Bapaume. Le beffroi a l'air encore de tenir, et nous avons salué comme une vieille amie la tour Saint-Nicolas."

Octobre de pluie

Après le double succès de Combles et de Thiepval, Joffre a fixé l'enjeu : Achiet-le-Grand, Bapaume, Bertincourt... Et pourquoi ne pas imaginer une manœuvre vers Lille, Valenciennes, Maubeuge ? Octobre de pluie qui transforme les tranchées en ruisseaux de boue et empêche toute attaque d'envergure. Les Anglais ter-

Avril 1917. Troisième bataille d'Artois : la ville de Lens n'a pas échappé à une totale destruction.

minent leur campagne en enlevant Beaumont-Hamel qui, avec Beaucourt-sur-Ancre et Hébuterne, assurent la maîtrise du secteur de l'Ancre. De leur côté, les Français occupent Sailly-Saillisel et surtout prennent pied sur la route nationale.

La fin de l'année 1916 se clôt par l'échec des Allemands devant Verdun et leur refoulement sur la Somme. Pour la première fois depuis le début de la guerre, les Allemands semblent douter.

1917. Nom de code "Alberich"

Le 14 janvier 1917, Nivelle remplace Joffre à la tête des armées françaises. "Nous romprons le front allemand quand nous voudrons à condition de faire l'opération par surprise", affirme-t-il. La surprise vient de l'autre camp : les 26 et 27 février, les Allemands se replient sur la fameuse ligne Hindenburg. Nom de code "Alberich". Dans le Pas-de-Calais, 99 des 189 communes occupées sont libérées. La plupart sont dynamitées, les routes et les voies ferrées détruites, les arbres coupés, les puits empoisonnés… afin de ralentir l'avance des Alliés. Perfidie guerrière dont le monde ne s'est pas guéri, l'ennemi laisse derrière lui des mines à retardement. Quelques jours plus tard, le 25 mars, les députés Albert Tailliandier et Raoul Briquet sont ainsi tués au milieu de la nuit dans l'explosion de l'hôtel de ville de Bapaume.

La reprise de Bapaume

Alors que se prépare l'offensive au Chemin des Dames, le front nord redevient le théâtre des opérations. Haig (nommé maréchal le 25 décembre) attaque en direction de Tilloy-Bapaume. Le 10 mars, le 2e corps britannique enlève les positions de Grévillers. Le 17 mars, à la suite d'un violent combat avec les arrière-gardes ennemies, les Australiens font leur entrée dans Bapaume qui était occupée depuis le 28 août 1914. "L'église est par terre. C'est tout au plus si on peut distinguer dans cette montagne de pierres disjointes ou broyées l'abside et le transept. Dans toute

Un soldat nommé Hitler

En 1914, Adolf Hitler combat sur le front nord dans un régiment d'infanterie de réserve regroupant des étudiants, intellectuels et artistes munichois, pour la plupart engagés volontaires. Le soldat Hitler est à Ypres puis sur la Somme, du côté d'Aubers et de Fromelles. Le caporal estafette loge alors à Fournes, boucherie Cardon (la plaque apposée sur la maison en 1942 se trouve au musée de Fromelles). Chaque matin, il se rend à bicyclette à Wavrin pour attendre les ordres que lui transmet le capitaine Wiedemann. Il se rend ensuite à Fromelles et en revient à midi. Scénario identique l'après-midi. Hitler passe ses repos à Haubourdin. On a beaucoup écrit, beaucoup brodé sur sa présence dans la région, sur ses relations… À Fromelles, route d'Aubers, un blockhaus est dit "blockhaus de Hitler".

la ville d'ailleurs, c'est à pleurer... Le pillage a précédé l'incendie dans chaque maison... Une odeur de brûlé et de cadavres enveloppe cette ville assassinée et violée", écrit le journaliste Serge Basset. Cynique, un rapport allemand déclare : "Après avoir été ruinée, Bapaume fut incendiée à 400 places différentes."

Pendant ce temps, les Français ne sont plus qu'à quelques kilomètres de Saint-Quentin. Dans la même journée, les Alliés récupèrent, dans le Pas-de-Calais, Le Transloy, Grévillers, Bihucourt, Achiet-le-Grand, Achiet-le-Petit, Ablainzevelle, Bucquoy-les-Essarts, la ferme du Quesnoy, les défenses ouest et nord-ouest de Monchy-au-Bois.

La troisième bataille d'Artois

Avril 1917, la tactique de Nivelle se précise : quatre attaques dont une sur le front de l'Artois, où les armées britanniques ont pour mission de percer la ligne Hindenburg entre Givenchy et Quéant puis de s'infiltrer latéralement à l'arrière de Lens et La Bassée. Arras doit être complètement dégagée, Vimy repris et le nœud ferroviaire de Douai menacé : la troisième bataille d'Artois débute !

Les travaux de préparation, qui ont été menés durant tout l'hiver 1916, sont considérables : construction de voies ferrées, de pistes, aménagement des caves d'Arras et ouverture des souterrains jusqu'au bord des tranchées ennemies qui se trouvent à moins d'un kilomètre à vol d'oiseau de la place du marché ! Une véritable cité souterraine est créée. On peut y mettre à l'abri l'équivalent de trois divisions ! Trois semaines avant l'attaque, la préparation commence : raid, destruction des barbelés, gaz... Les chars et l'aviation sont bien sûr de la partie. Les pilotes britanniques multiplient les bombardements sur les gares, les dépôts de munitions... De part et d'autre, les combats aériens sont meurtriers : 46 appareils abattus côté ennemi alors que ce même mois, le capitaine de cavalerie Manfred von Richthofen signe sa 31e victoire !

Le 9 avril, lundi de Pâques, à 5 h 30, sur un front qui s'étend du nord de Croisilles jusqu'aux environs de Givenchy au-delà de la crête de Vimy, toutes les batteries ouvrent le feu à la fois. Au milieu

L'art de la tranchée

Dans son livre *Orages d'acier*, Ernst Jünger donne une idée du véritable travail de fourmi auquel se sont livrés les Allemands. Nous sommes à Monchy-au-Bois au sud d'Arras : "La position courait en un demi-cercle étroit autour du village auquel elle était reliée par une série de boyaux. Elle était divisée en deux sous-secteurs, Monchy-Sud et Monchy-Ouest. Ceux-ci à leur tour se décomposaient en six secteurs de compagnie de A à F... Pour arriver à la première ligne, la tranchée, nous entrons dans l'un des nombreux boyaux d'accès, destinés à permettre la marche à couvert jusqu'à la position de combat. Ces boyaux, qui souvent ont des kilomètres de long, mènent vers l'adversaire mais, pour éviter d'être pris en enfilade, ils sont tracés en zigzag ou en arcs de faible amplitude. Après un quart d'heure de marche d'approche, nous rencontrons la seconde ligne, parallèle à la première et dans laquelle la résistance doit se poursuivre quand la tranchée de combat a été conquise."

Au fond de la tranchée, un caillebotis ; le long de la tranchée, une banquette de tir taillée à une hauteur telle que le regard est au niveau du terrain. Devant la tranchée, le réseau de barbelés retarde l'assaillant et permet de le prendre sous le feu. Ernst Jünger compare ce système à une énorme forteresse souterraine à l'intérieur de laquelle s'accomplit un système bien réglé de gardes et de travail, et où chaque homme se trouve à son poste quelques secondes après l'alerte.

Un boyau allemand.

Cavalerie canadienne sur la crête de Vimy, le 9 avril 1917.

d'une bourrasque de pluie et de neige, l'attaque débute. Dès les premières lueurs, les avions, les ballons d'observation prennent possession du ciel. Tandis que l'armée du général Horne s'élance à la conquête de Vimy et des avancées de Lens, le général Allenby progresse rapidement de part et d'autre de la Scarpe.

La crête de Vimy reprise par les Canadiens le 9 avril

Pour les Canadiens, Vimy est une bataille hautement symbolique. En effet, pour la première fois, leurs troupes constituent, sous commandement britannique, un corps à part entière dont les divisions sont dirigées par des généraux canadiens : 1re division, Currie, 2e division, Burstall, 3e, Lipset, et 4e, Watron. À eux revient l'honneur d'une victoire qui dépasse le simple fait de guerre, car Anglo-Canadiens et Canadiens français venus défendre les "mères-patries" prennent conscience dans le sang des tranchées qu'ils forment une nation.

L'attaque a été planifiée, répétée grandeur nature sur un terrain d'entraînement à l'arrière des lignes. Rien à voir avec l'approximation de mai 1915 ! Au moment où l'infanterie se met en marche, un million d'obus ont été lancés ! Innovation stratégique : l'emploi de l'artillerie et des mitrailleuses lourdes en tir indirect. Les balles et les obus nettoient le terrain devant les assaillants sans laisser le moindre répit à l'ennemi.

À l'heure H, les Canadiens sortent des tunnels, des tranchées et des trous d'obus sous la protection du tir de barrage qui pilonne furieusement la première ligne ennemie. De quart d'heure en quart d'heure, le tir de barrage s'éloigne de 100 m. Aussitôt, les Allemands sortent des tranchées mais déjà les Canadiens sont sur eux. En moins d'une heure, les trois premières lignes de tranchées sont franchies. L'avance est programmée : la première vague fixe les positions, la seconde la double et poursuit. En trois jours, les Canadiens s'emparent de la cote 145 et viennent à bout du "bourgeon" qui est la seconde position dominante de la crête ! Toute la "falaise" est bientôt aux mains des Canadiens qui font 5 000 prisonniers et confisquent canons, mitrailleuses et matériel…

La bataille d'Arras

Pendant ce temps, sur les bord de la Scarpe, la brèche est faite. Les faubourgs d'Arras sont nettoyés, le système de tranchées entre Athies et Feuchy conquis. Tilloy et Neuville sont occupés. Malgré l'inondation de la Scarpe et les eaux du canal dont les digues ont été crevées, les Britanniques sont venus à bout du "triangle" et de l'*Hyperabad Redoubt*. L'avancée est d'environ 8 km. Au nord de la rivière, Gavrelle et Bailleul-sire-Berthoult sont gagnés. Au sud, la progression vers Monchy-le-Preux et la route de Cambrai est rendue encore plus difficile par le mauvais temps. La bataille gagne du côté de Bullecourt où Gough pousse sa V^e^ armée. À l'autre extrémité de l'attaque, Givenchy et Angres sont aux mains des Alliés. Le 14, Liévin est libéré ! Nivelle aurait donc vu juste ? La joie est de courte durée. L'attaque sur Saint-Quentin échoue et, surtout, l'assaut tant attendu du Chemin des Dames est particulièrement meurtrier. Dans l'Artois, en revanche, le succès se confirme.

Première bataille de Bullecourt

Le 11 avril, 4 h 45, les Australiens du

1er Anzac lancent l'attaque à l'est du village. Un vent âpre mêlé de grêle balaie le no man's land (zone qui sépare les premières lignes). Onze chars accompagnent l'attaque. Ils concentrent aussitôt les tirs ennemis. Six chars sont détruits avant d'avoir pu atteindre le réseau de fil de fer. L'artillerie anglaise a mal fait son travail : arrivés devant les barbelés, les Australiens sont obligés de courir le long des défenses pour trouver le passage.

La contre-attaque débute vers 10 h, précédée par un bombardement des plus sévère. On tire également des fenêtres de Riencourt. Sur fond de neige, les soldats sont des cibles idéales. Malgré les fusées qui demandent le barrage, l'artillerie alliée réplique mal. Dans les tranchées conquises, la situation est désespérée. Manquant de grenades, les soldats ramassent celles des blessés et des morts. Bientôt, c'est le sauve-qui-peut. Horrible détail : "Beaucoup de blessés restés sur place furent faits prisonniers ou achevés lorsque leur état était désespéré…", écrit un soldat.

Ainsi se termine la première bataille de Bullecourt. La ligne Hindenburg reste infranchissable.

Dernier assaut

Guidée par l'aviation, l'artillerie pilonne les positions ennemies. Cette fois, la plupart des réseaux de barbelés sont détruits. Hendecourt, Riencourt et Bullecourt sont des amas de ruines mais, dans les abris, les Allemands sont toujours prêts à l'attaque. À l'arrière, des centaines d'hommes travaillent à la réfection des routes et assurent le transport des munitions, des vivres et de l'eau. Dans la nuit du 20 avril, quelque 3 000 obus de gaz sont lancés par les Allemands qui tentent d'enrayer le dispositif d'attaque allié ! Plusieurs fois reporté, l'assaut est finalement fixé au 3 mai.

Chiffres effarants : en une seule journée, l'artillerie de campagne envoie 70 730 obus et l'artillerie lourde 19 186. Les premières vagues d'assaut se lancent. Sur les barbelés, les corps des morts du 11 avril sont encore accrochés. Attaques et contre-attaques s'enchaînent jusqu'au 17 mai. On se bat à la grenade de trous d'obus à trous d'obus. Ces attaques sont toutes aussi meurtrières les unes que les autres. Von Moser perd 7 000 hommes dans cette seconde bataille considérée comme un acte d'héroïsme des troupes de Württemberg. Côté australien, 10 000 victimes sont dénombrées pour les deux assauts.

Des mutineries sauvagement réprimées

Si on a beaucoup parlé des mutineries de l'armée française en 1917, l'histoire est restée très discrète sur celles qui se sont produites dans l'armée britannique. En septembre 1917 éclate pourtant à Étaples une mutinerie qui a pour principale cause la sauvagerie des instructeurs du camp d'entraînement de la ville, considéré par les soldats britanniques comme un véritable enfer. "L'endroit de France le plus haï de tous les soldats britanniques durant les années de guerre était le *Bull Ring* (…). Au pied de la colline se trouvait le camp de détention n° 1 avec ses malheureux prisonniers attachés par les poignets pendant que, tout en bas sur la plage, luttant dans le sable et la vase, des centaines, des milliers d'hommes de troupes étaient injuriés et molestés." Caporal Reynolds cité dans *Les Mutins*.

Dès que les nouvelles troupes arrivent à Boulogne, elles tombent aux mains des "canaris"(surnom donné aux instructeurs qui portent des brassards jaunes). Les soldats doivent parcourir en marche forcée Boulogne-Étaples. Discipline de fer, entraînement intensif… Incroyable lecture totalement édifiante quant au sadisme et la cruauté des instructeurs qui, pour la plupart, n'avaient jamais vu le front. Le 7 septembre 1917 se déclenche une incroyable mutinerie bientôt commandée par un certain Percy Toplis, chef du "Sanctuaire", une société de déserteurs qui avait son quartier général dans les tunnels et les puits autour de Camiers !

La répression est sanglante. À Boulogne gagné par le vent de rébellion, Douglas Haig fait littéralement abattre 23 ouvriers égyptiens (27 selon les sources). Quelques mois plus tard, 9 ouvriers chinois sont exécutés sans que cela ne soulève la moindre indignation.

En juillet 1918, des soldats écossais revenant des Indes pour une permission bien méritée sont débarqués à Calais pour partir en renfort sur le front : c'est l'émeute ! Le 21, ils sortent de leur camp et coursent les policiers anglais. La troupe mate la révolte. Les autorités anglaises indemnisent les habitants dont les maisons ou les magasins ont été saccagés. Censure forcée, la presse tait l'événement et les courriers sont sévèrement caviardés. Quant aux condamnés, on ne les revit plus dans leur régiment !

À lire

ALLISON (W.), FAIRLEY (J.), *Les mutins*, traduit de l'anglais par Lesage (C.), AMNE Éditions, 1990.

CHATELLE (A.), TISON (G.), *Calais pendant la guerre*, 1927.

La fin de l'offensive

En Artois, les combats se poursuivent de façon plus limitée. Les Britanniques continuent à grignoter peu à peu le terrain au nord de la Scarpe. Au sud de la rivière, du côté de Monchy-le-Preux, l'*Infantry-Hill* tombe enfin. Longeant Souchez, les Canadiens s'approchent de Lens. Toutefois, l'offensive est remise à plus tard car Haig concentre en effet son énergie en Flandre.

Les "mérites" de l'ypérite !

"J'attends les Américains et les chars mais je me prépare à fond en attendant...", explique Pétain qui a remplacé Nivelle à la tête de l'état-major, avant d'être nommé commandant en chef des armées françaises, Foch devenant alors chef d'état-major général. En attendant, les usines d'armement ronronnent : avions, chars, canons, obus toxiques et fumigènes. L'emploi de l'ypérite permet de réduire de sept jours à trois heures une préparation d'artillerie ! Nous sommes entrés dans la guerre moderne ! Le 13 juin, le général Pershing, commandant en chef des troupes américaines, débarque du navire *Invicta* à Boulogne !

Après l'échec des Flandres, Haig a besoin d'une victoire. Il choisit Cambrai. On s'est peu battu dans cette région, et les terrains qui ne sont pas trop minés par les entonnoirs paraissent favorables à l'arme nouvelle : le char ! Le commandement est confié au général Byng, commandant la IIIe armée. Celui-ci aligne 6 divisions, 476 chars (dont 98 de ravitaillement), un corps de cavalerie et 1 000 canons. Il installe son P.C. à Albert, face aux soldats de la IIe armée allemande du général von der Marwitz dont le P.C. se trouve à Le Cateau.

La bataille de Cambrai (20 novembre au 7 décembre) : la puissance des chars

Haig veut la surprise. Pas de préparation préalable, mais une attaque en force avec les chars, l'infanterie et l'artillerie. Le secret est bien gardé. Objectif premier : le bois de Bourlon que les Anglais doivent impérativement conquérir pour que l'offensive puisse se développer autour de Cambrai vers La Sensée, mais aussi la butte de Flesquières, le canal et l'Escaut au-delà de Marcoing ainsi que les hauteurs de Bonavis.

Le 20 novembre, 200 chars franchissent le parallèle de départ, menés par le char *Hilda* du général Hugh Ellès, commandant du *Tank Corps*. Collant au barrage d'artillerie, les chars avancent à l'abri des écrans de fumée, suivis par les colonnes d'infanterie, baïonnette au canon. On a vraiment l'impression d'assister à une autre guerre. Les chars écrasent les barbelés, jettent des fascines dans les tranchées et les passent comme à la manœuvre. Les deux premières lignes de défense sont

Pershing débarque du navire Invicta *à Boulogne, le 13 juin 1917.*

Le général Byng.

franchies mais la résistance s'organise. Sur la crête de Flesquières, quatre canons du 108e régiment d'artillerie allemand détruisent coup sur coup seize blindés : onze autres sont pilonnés entre Havrincourt et Graincourt. L'artilleur Karl Muller, resté seul à servir sa pièce, entre dans la légende.

Pendant ce temps, parti de Fins, un autre groupe de chars bouscule les défenses allemandes en direction de Marcoing et Masnières pour s'assurer de la possession des ponts sur le canal de l'Escaut. À Masnières, Aimée Gaillard guide les chars du commandant Hammond. Elle indique les emplacements des nids de mitrailleuses qui sont bientôt neutralisés, mais le pont (qui a été miné) croule au passage du premier char et arrête l'avance britannique. Seuls les Terre-Neuviens passent le canal. Le Caribou de Masnières marque le point extrême de leur avancée.

En l'honneur des "gars de Byng"

Côté ouest du canal, Marcoing et Noyelles sont pris, mais la garde prussienne bloque le passage de l'Escaut. Plus à l'ouest, Graincourt tombe. La cavalerie pousse sur Anneux et Caintaing mais, à son tour, elle est la cible des batteries de Flesquières. La troupe épuisée arrive à la lisière du bois de Bourlon. L'ennemi a plié sous le choc. Ce soir-là, sur ordre du roi, les cloches sonnent dans toute l'Angleterre en l'honneur des "gars de Byng", Les Anglais ne sont plus qu'à quelques kilomètres de Cambrai.

Pris en tenaille

Ludendorff réagit. Puissamment renforcés (von der Marwitz a reçu 13 divisions des Flandres et de Champagne), trois groupes d'attaque enserrent le saillant britannique : Gonnelieu au sud, Bonavis dans l'arrondi, Bourlon au nord. Le 30 novembre, les divisions allemandes aidées par l'aviation submergent l'aile droite britannique. Au nord, von Moser referme le piège. Devant le péril, l'état-major britannique demande enfin l'aide du 14e corps d'armée français. Gouzeaucourt est repris. Le 1er décembre est sanglant. Après dix assauts successifs, Manières est évacué. Encouragé par ce succès, von der Marwitz multiplie les

Clemenceau sur la cote 145 à Vimy.

coups : Gonnelieu, Marcoing au sud ; le bois de Bourlon au nord. Haig décide le repli dans la nuit du 4 au 5 décembre. Son coup de poker sur Cambrai a bien failli réussir. Le front se fixe sur la crête de Welsch, Ribecourt et la crête de Flesquières.

1918

On pouvait lire dans *L'Illustration* du 2 mars 1918 : "Le 25 février 1918, Clemenceau, président du Conseil, ministre de la Guerre... parcourt le front britannique. Le président du Conseil a fait l'ascension de la cote 145, plus connue sous le nom de boulon de Vimy. De cette position brillamment enlevée par les Canadiens le 9 avril 1917, Clemenceau a contemplé longuement la ville de Lens et le pays minier encore aux mains de l'ennemi. Puis le président s'est rendu par Neuville-Saint-Vaast, autre nom cher à des milliers de Français, à Arras où il a été reçu avec les honneurs militaires par les autorités britanniques et par la municipalité."

L'armistice de Brest-Litovsk a libéré l'état-major allemand de tout souci sur le front oriental. Ludendorff rassemble ses divisions sur le front ouest pour un assaut qu'il veut final : "Je me résolus d'attaquer au centre du secteur nord et de porter le coup entre Croisilles et Mœuvres et, en laissant de côté le saillant de Cambrai,

Cambrai : Martin et Martine jetés en bas du campanile

En 1914, Cambrai est une ville de garnison fière de son 4e cuirassier et de son 1er de ligne que les Cambrésiens aiment à voir évoluer sur la place d'Armes. Ceux-ci se sentent brutalement orphelins quand, le 31 juillet, le "4e cuir" reçoit ses boîtes de cartouches et embarque dans des wagons en direction de la frontière, bientôt suivi, le 5 août, du 1er de ligne… Vidée de sa garnison, la ville est bientôt défendue par trois régiments de territoriaux qui prennent position, creusent quelques tranchées et dressent des barricades de charrettes, de matelas et de pavés. Que peuvent-ils réellement contre la machine de guerre allemande singulièrement efficace en ce début de guerre ? Le 26 août, en début d'après-midi, un officier allemand pénètre dans la salle du conseil municipal. Dans les rues, la chasse aux soldats français s'organise. Beaucoup s'échappent grâce à la complicité des Cambrésiens.

Bientôt apparaissent, sur les murs de la ville, les affiches appelant au calme ou annonçant les contributions de guerre. Elles sont signées : colonel von Gerstenberg, général Schottl, colonel Gloss, capitaine Muller. Commence alors pour les habitants une longue période de misère. La ville est à l'heure allemande, mais les Cambrésiens ne sont pas soumis. Le 8 novembre 1915, une affiche annonce l'exécution à Maubeuge d'Achille Doucedame (une rue est baptisée de son nom) et la réclusion pour cause d'espionnage de cinq autres Cambrésiens. Mlle L'Hotelier, directrice de l'hospice général de Cambrai, accusée d'avoir caché et fait évader de nombreux soldats blessés, est arrêtée ; elle est envoyée à Aix-la-Chapelle puis à Siebourg où elle retrouvera Louise de Bettignies.

La bataille de Cambrai

Cambrai est un point vital du réseau de communication allemand. Le 7 septembre 1916, un important conseil de guerre y décide de l'offensive sous-marine, du développement de la propagande. À l'aube du 20 novembre 1917, à la surprise générale, la IIIe armée britannique du général Byng attaque Cambrai. Six divisions d'infanterie s'élancent, aidées par les chars qui sont pour la première fois employés en masse. Surpris, les soldats de la IIe armée allemande commandée par le général von der Marwitz plient sous le choc. Craignant un soulèvement de la ville, les Allemands prennent des otages. Dix jours plus tard, lorsque ceux-ci sont libérés, les Cambrésiens comprennent que l'attaque a échoué.

Cambrai libérée

La dernière année de guerre est singulièrement pénible pour les Cambrésiens. La ville est sous le feu des canons et des bombardements aériens britanniques qui visent la gare, les entrepôts et le port. En mars 1918, les Allemands relancent l'offensive qui les mène aux portes d'Amiens. Peu à peu, les Alliés reprennent le terrain perdu. En septembre 1918, les Britanniques se trouvent de nouveau devant le canal du Nord et la ligne Hindenburg. L'évacuation des civils est ordonnée. Vingt-trois mille personnes sont ainsi emmenées les 6, 7 et 8 septembre, qui par bateaux vers Valenciennes, qui par wagons à bestiaux vers Vicq ou encore à pied. Le 27 septembre à 5 h 20, les Canadiens sortent des tranchées : objectif Cambrai. Les combats durent dix jours avant que, le 9 octobre à 11 h, le général Loomis, chef de la 3e division canadienne, ne fasse son entrée dans la ville. Place du 9 octobre, une plaque célèbre l'événement. D'après les rapports officiels, les Canadiens ont perdu de fin août au 9 octobre 29 262 soldats et 1 544 officiers.

Un champ de désolation

On peut lire dans *Vacances de guerre et d'après-guerre* de H. Beylard : "C'est à peine si je me retrouvais dans ce champ de désolation où des Chinois au service de la France rejetaient derrière des murailles de pierre, alignées à l'aplomb des trottoirs, briques, gravats, débris divers (…), çà et là, au-dessus des décombres pleuraient des pans de murs, grimaçaient des poutrelles tordues. Les tours du beffroi, de la cathédrale et de Saint-Géry se dressaient solitaires, sur ces amas de ruines. Rue de Liniers, la carcasse du Mont-de-Piété était demeurée, fière et robuste, avec le bel escalier à vis de sa tourelle. Du campanile de l'hôtel de ville réduit à l'état de squelette, les vieux Martin et Martine avaient été arrachés. Systématiquement livré au feu, le cœur de la ville avait cessé de battre." Dans le seul diocèse de Cambrai, 110 églises sont détruites, 423 endommagées ! Les villages voisins de Mœuvres, Ribécourt, Gonnelieu, Gouzeaucourt, Villers-Guislain sont détruits !

Soldats canadiens éteignant un incendie à Cambrai.

Troupes portugaises dans la région de la Lys.

entre Villers-Guislain et l'Oise, au sud de Saint-Quentin. Cette offensive devait être accompagnée d'une attaque locale partant de La Fère."

Une vaste offensive en diagonale

Le 21, coup de tonnerre. Sept mille bouches à feu pilonnent cinq heures durant les positions britanniques sur un front de 80 km au sud d'Arras. Deux mille cinq cents canons britanniques ripostent. Le tir s'approfondit au-delà des lignes, vise les voies de communication. Dunkerque est canonnée depuis la mer.

Horrible combat, le gaz moutarde se répand dans les tranchées anglaises. Les Anglais reculent. Le front craque. Sous la poussée ennemie, il se déchire comme un voile. Sur le front du nord, la défense anglaise est soumise à rude épreuve. La IIIe armée tient sur La Sensée. Bapaume est reperdue le 25 mars ! "Favorisée par un épais brouillard qui, jusque 13 h, empêchait de voir à plus de 50 m, l'avance de l'infanterie allemande fut foudroyante. Les gaz asphyxiants couvraient, dans nos lignes, de vastes espaces, des hommes toussant, vomissant, devenus aveugles, affluaient vers les postes de secours…", dira un combattant.

Vers la Somme, les troupes sont épuisées, obligées de ravauder le front avec toutes les réserves locales qu'elles trouvent. L'avancée au sud-ouest s'agrandit démesurément, formant une vaste poche dont les flancs se fragilisent : Noyon, point extrême de l'avance au sud, est pris, de même que Moreuil à l'ouest… Amiens est menacée. La liaison entre l'armée française et britannique va être coupée…

Tenir à tout prix, là où l'on se trouve !

Le 26 mars à Doullens : Foch est officiellement chargé de coordonner l'action des armées sur le front ouest. Il reprend son antienne : "Tenir à tout prix, là où l'on se trouve !" Le 30, une attaque massive sur tous les fronts fixe la limite de l'offensive, mais la percée qu'il n'a pu réussir en Picardie, Ludendorff va une nouvelle fois la tenter sur la Belgique et dans le Nord de la France en direction des ports.

La seconde bataille de la Lys

Le 9 avril, l'offensive est déclenchée entre Armentières et La Bassée à grands renforts de gaz asphyxiants. La VIe armée du général von Quast dispose de 9 divisions sur un front d'une vingtaine de kilomètres entre Givenchy et Bois-Grenier. Face à lui, deux divisions britanniques appartenant à la Ire armée du général Horne et une division portugaise. Com-

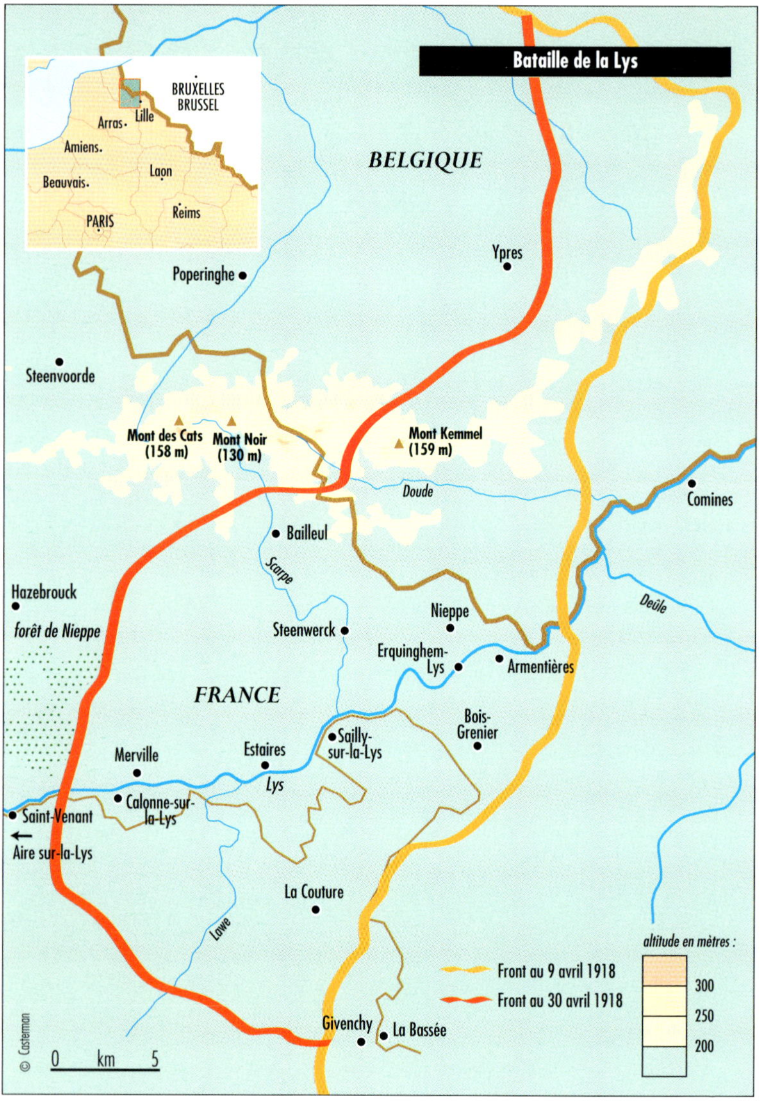

mandées par le général Tamagnina De Abreu, les unités portugaises sont en position sur un front de 18 km d'Essars jusqu'à Erquinghem-sur-Lys. L'offensive les surprend en pleine relève. La bataille est sauvage. À La Couture, le colonel Bento Roma et le lieutenant Savieira se distinguent pour leur courage. Les soldats en réserve sur Robecq et Neuf-Berquin sont jetés dans la bataille, mais la brèche s'agrandit. La percée est faite, les Portugais n'ont pas tenu et, au nord, la 40e division a repassé la Lys, l'ennemi sur les talons. La Croix du Bac est occupée et Armentières menacée.

La limite du recul possible

L'attaque est poussée à fond vers Hazebrouck, Aire et Lillers… avec l'objectif de Cassel et, en préalable, la reconquête des monts de Flandres que les Allemands n'avaient pu tenir en 1914. Bientôt Saint-Venant, Saint-Floris se retrouvent à la pointe de l'avancée. Hazebrouck est à portée de canon ! On a atteint la dernière limite de recul possible ! Mi-avril, alors que les Anglais doivent abandonner Neuve-Église, les Allemands focalisent leur effort contre Bailleul et la bordure des monts de Flandres. “Trois divisions d'élite s'attaquent au mont de Lille et au Ravelsberg qui surplombent la Lys, puis investissent Bailleul, poussant leur avantage en direction d'Ypres."

Foch omniprésent

Foch, qui a reçu le 14 avril le commandement en chef des armées alliées en France alors qu'il n'avait jusque-là que mission de coordonner les mouvements, fait le tour des postes de commandement. Il est à Montreuil, Blendecques, Bergues : "Tenez bon, les renforts arrivent !" Les armées de Maistre et Micheler montent vers le nord. Le 15 avril, venue à marche forcée, la cavalerie du général Robillot est à Steenvoorde. Le courage revient. À l'appel de Douglas Haig, les soldats britanniques figent enfin les positions. "Jusqu'au dernier homme. Pas de retraite !"

Robecq, Saint-Floris, Calonne-sur-la-Lys… du 9 avril au 7 août

En hâte, la 61e division britannique arrive de la Somme et, soutenue par un bataillon du *Tank Corps*, tente de bloquer l'avancée allemande. Les combats sont incertains car, malmenées sur Estaires et Merville, les troupes britanniques sont en plein repli. Le 12 avril, les Allemands occupent Calonne-sur-la-Lys. Le 13, ils entrent dans Saint-Floris mais sont repoussés. La semaine suivante, les armées épuisées gagnent et perdent tour à tour quelques positions. Le 22 avril, le duel d'artillerie reprend : dans l'après-midi, le clocher de Calonne qui servait de poste

Le Christ des tranchées

Durant les combats, les Portugais ont vénéré le Christ mutilé du calvaire de Neuve-Chapelle, qu'ils avaient rebaptisé "le Christ des tranchées". Arrivés à Brest en janvier 1917, 8 000 Portugais sont morts sur le sol français. Après guerre, quelques-uns sont restés et ont épousé des Françaises. À La Couture, un surprenant monument offert par le Portugal met en scène le combat d'un poilu et de la terrible faucheuse prête à lui ravir sa vie. En 1923, le maréchal Joffre a inauguré le cimetière portugais situé non loin du carrefour de La Bombe où reposent des soldats indiens. Chaque année, en avril, une messe est célébrée à la mémoire de ces soldats dans la chapelle du cimetière portugais dédiée à Notre-Dame-de-Fatima.

d'observation aux artilleurs allemands est abattu. Saint-Venant, Aire-sur-la-Lys, Saint-Omer sont systématiquement bombardés. La ligne de front s'est figée, mais la tension reste extrême car, placés comme ils le sont en saillant, les Allemands ne peuvent qu'attaquer en force ou se retirer.

Les secrets de la réussite

Le 25 avril, l'armée allemande s'attaque au mont Kemmel défendu par le général Mitry. Le mont est enlevé mais marque la fin de l'offensive allemande. Pour Foch, le moment est venu de dégonfler la grande poche qui mange le pays. Fayolle attaquera du côté de Montdidier, Haig sur la ligne Robecq-Festubert et Maistre vers le mont Kemmel et sur le saillant d'Hazebrouck. "Dans la situation où nous sommes, devant un ennemi en garde et en force, la surprise est un facteur

La mise en place d'un canon par les Allemands.

d'une importance capitale. Tout doit donc être mis en œuvre pour en bénéficier ; les chars, l'emploi nouveau et massif de l'ypérite viendront s'ajouter à tous les éléments habituels de la surprise : secret, mise en place rapide des unités d'attaque, mouvements dérobés, fausses nouvelles… seront les secrets de la réussite", explique Foch.

Côté ennemi, on n'a pas encore renoncé. Ludendorff prépare une ultime offensive. En mai, les divisions allemandes franchissent l'Aisne et butent sur la Marne. Ludendorff tente alors de grignoter les terrains entre les saillants qu'il a creusés dans les lignes alliées : il attaque du côté de Compiègne. En juin, le front du Bas-Pays se réveille à son tour. Une attaque britannique dans la région d'Haverskerque remet le feu aux poudres. Début juillet, Robecq et Calonne-sur-la-Lys sont tour à tour bombardés.

Le 24 juillet, une attaque au gaz sème la panique côté britannique, mais les Allemands sont rejetés. Le 7 août, les reconnaissances aériennes montrent qu'ils sont en pleine retraite ! Aussitôt, la 74e division Yéomary qui a relevé le secteur reprend Calonne. La contre-offensive alliée, commencée le 18 juillet par la seconde bataille de la Marne, ne s'arrêtera plus.

"Jour noir" pour l'armée allemande

Foch demande à Haig, Pershing et Pétain d'organiser une série d'attaques qui ne laisseront aucun répit à l'ennemi. Les armées alliées engagées sur le front intensifient les combats. Le 8 août est jour noir pour l'armée allemande dans le secteur d'Amiens. Le 19 août, un bataillon de la 61e division britannique enlève Merville.

21 août-1er septembre, les batailles de Bapaume et de la Scarpe

Le 21, les soldats de Byng aidés par les chars attaquent sur un front de 15 km au nord de l'Ancre et enlèvent les défenses avancées de l'ennemi. L'attaque principale est menée le 23 sur un front d'une cinquantaine de kilomètres qui court jusque Mercatel. La route Arras-Bapaume franchie, c'est tout le pan nord-ouest de Bapaume qui tombe. Le mouvement continue. Les Canadiens de l'armée de Horne attaquent de part et d'autre de la

Haig félicitant un détachement de troupes canadiennes lors de la bataille de la Scarpe, en août 1918.

Scarpe. Le 26 août, les Canadiens du général Currie enlèvent Monchy-le-Preux. Plus au nord, les Écossais sont à Rœux. Arras est complètement dégagée ! Le lendemain, même succès à Gavrelle sur la route de Douai et à Vis-en-Artois sur celle de Cambrai.

Bientôt, Bapaume est complètement tourné au nord. Au sud, Thiepval évacué, la route Albert Bapaume a été traversée et les soldats de Rawlinson sont en bordure de la Somme. Bapaume est pris en tenaille. Le 29, les Allemands évacuent la ville qui est définitivement libérée par les Néo-Zélandais du 4e corps de la IIIe armée.

Évacuation du saillant de la Lys

Le 28 août, les succès alliés sur la Somme et en Flandre obligent les Allemands à abandonner le saillant de la Lys et même le mont Kemmel dont la prise en présence du Kaiser (venu à Armentières) avait été saluée par toute l'Allemagne. Dans la nuit du 29 au 30 août, le repli commence. Bailleul est évacuée. C'est la délivrance possible de Lille. À l'aile gauche, les Alliés sont aux lisières de Lens. Sur tout le front du nord, la pression est maintenue.

La marche vers la victoire

Le 26 septembre est déclenchée la

"bataille de la Lys et de l'Escaut", "la plus grande de l'Histoire" (celle de la victoire) qui mène les Anglais aux portes de Lille et de Douai, les Français à Vouziers, Laon et Saint-Quentin. Les Allemands évacuent presque tout le terrain conquis depuis le printemps et cherchent à se réfugier derrière des positions préparées à l'avance, mais Foch n'entend pas leur laisser le moindre répit. Pour cette "bataille de France", trois grandes attaques sont préparées : sur le front droit, l'attaque franco-américaine ; au centre, l'attaque britannique aidée par les Français sur Cambrai-Saint-Quentin ; au nord, l'attaque alliée belge, française et anglaise qui doit repousser les armées allemandes des lignes défensives de la région lilloise sur une ligne Audenarde-Valenciennes.

Du 27 septembre au 9 octobre, la bataille de Cambrai

Le 27 septembre, l'artillerie ouvre le feu et trois divisions canadiennes sortent des tranchées avec Cambrai pour objectif. La traversée du canal du Nord s'effectue entre Mœuvres et Inchy. Dans le bois de Bourlon où l'on s'est battu l'hiver précédent, une division canadienne est décimée, mais la route de Fontaine-Notre-Dame est finalement ouverte. Le lendemain, les assaillants franchissent à Marcoing la seconde ligne d'eau. Dans le même temps, les ruines de Lens sont dépassées et conquises le 3 octobre. La cité entre dans le martyrologe des villes de France à côté de Reims, Arras, Saint-Quentin, Péronne…

Le 8 octobre, les armées Byng et Rawlinson en liaison avec l'armée Debeney attaquent au sud de Cambrai. Le 9 octobre à 11 h, le général Loomis, chef de la 3e division canadienne, entre dans Cambrai par la porte de Paris. Mille cinq cents immeubles sont détruits, mille très fortement endommagés ! Le Cambrésis sera resté sous la férule allemande du 26 août 1914 au 9 octobre 1918. Caudry-Busigny-Bohain marquent la ligne de reconquête du 9 octobre au soir.

Du 8 au 12 octobre, la bataille du Cateau

Le 10 octobre, les Anglais enlèvent Caudry, Le Cateau, la route de Cambrai et le champ de bataille du 26 août 1914. Les Allemands font barrage sur la Selle. Plus au sud, Debeney est bientôt à la hauteur de l'Oise. La reprise du plateau de Bohain ébranle définitivement la défense Hindenburg et ouvre la route de la vallée de la Sambre qui n'est plus défendue que par la ligne Herman, ultime position de repli derrière laquelle les Allemands espèrent reprendre quelques forces.

Après la libération du Cambrésis en octobre 1918, des soldats anglais apportent leur aide aux habitants qui rentrent dans leur village.

186 localités rayées de la carte dans le Pas-de-Calais ; 47 détruites de 50 à 90 % ; 179 à moins de 50 %. Dans cette surenchère de la souffrance, 412 communes ont été touchées dans le département et plus de 100 000 immeubles détruits ou sinistrés. Dans le département du Nord, les chiffres s'élèvent à 360 000 immeubles détruits ou endommagés tandis que les usines ont perdu 80 % de leur matériel. Arras, Lens, Armentières, Cambrai, Bapaume... ne sont plus que ruines. Si l'impact a été maximal le long de la ligne de front, l'ouest de la région a été à peine plus épargné. Car, très vite, les bombardements aériens ou par canons à longue portée se sont multipliés.

Un assassinat industriel

Le constat dressé le 9 janvier 1920 par M. Gruner, président de la société des Ingénieurs civils de France, se passe de tout commentaire : "Le 6 octobre 1918, tous les puits des diverses compagnies houillères du Nord (...) étaient en production (...) Le 12 octobre 1918, six jours après, il ne restait plus une cheminée debout dans aucune des concessions houillères du Nord-Pas-de-Calais dans des zones où il n'avait pas été tiré un seul coup de canon – dont les troupes combattantes sont restées éloignées de 30 à 40 km (...) La destruction était absolue. Deux cent vingt fosses sont rendues inutilisables(...) Les mines sont remplies de quelque 60 à 80 millions de mètres cubes d'eau. Une production de vingt millions de tonnes qui croissait de plus d'un million de tonnes par an est anéantie ! Une population ouvrière de cent mille ouvriers est sans asile... Le dommage matériel dépasse deux milliards et demi pour les houillères seules et atteint un chiffre au moins égal pour les usines et manufactures de ce qui fut le plus riche pays industriel de France."

Tous les stocks sont expédiés en Allemagne. Le gros matériel est démonté pour y être utilisé. Tout ce qui peut l'être est découpé au chalumeau, le reste est dynamité. Le journaliste Edmond Forsand qui accompagne les délégués à la conférence de Paix, en visite dans le secteur de Denain en avril 1919, résume la surprise des délégués : "Ils s'aperçurent qu'avait été commis un véritable assassinat industriel."

La mine noyée

En début de guerre, invoquant les risques de communication souterraine entre les différentes concessions, le commandement allemand fait venir des spécialistes du bassin de la Ruhr où les "morts terrains" qui surmontent le houiller sont du même type que ceux rencontrés dans le Nord, afin de noyer les mines proches du front.

Du fait de l'occupation par les Allemands des deux tiers du bassin, les concessions minières restées en zone libre doivent travailler à plein. La production a été militarisée et, dès 1915, avec les renforts d'ouvriers réfugiés du Nord, les compagnies de Bruay, de Marles, de Nœux en partie occupées atteignent une production moyenne de 300 000 tonnes ; Vendin atteint les 289 000 tonnes en 1917.

À lire

Cocq (B.), Dubois (G.), *Histoire des mines de l'Artois*, Lillers, 1982.

Desvignes (D.), Barbier (G.), *Le Pas-de-Calais dans la Grande Guerre*, Archives du Pas-de-Calais, 1985.

Fosse de mines détruite à Dourges (Nord).

Le bassin minier libéré

Les 10, 11 et 12 octobre, les armées ennemies évacuent toute la plaine de Douai. Sallaumines, Billy-Montigny, Drocourt, Hénin-Liétard, Dourges, Courrières... jusqu'au bord de Douai. La retraite est poursuivie jusqu'aux abords du canal de la Haute-Deûle et de La Sensée sur lesquelles les Allemands tentent de maintenir leurs positions avant d'évacuer définitivement le Nord de la France. Ces quelques jours sont terribles pour la région : les destructions sont systématiques. Laissons la parole à Émile Basly : "Raser les maisons, les monuments d'une ville en pleine expansion économique, piller ses habitants... Cela ne leur suffit point. Ils frappèrent le pays au cœur : sous leurs coups, la mine fut souillée, noyée, désertée. Elle est aujourd'hui un vaste cimetière souterrain, ensevelissant sous ses pierres inertes le magnifique labeur d'un peuple." Le 13 octobre, les troupes britanniques encerclent Douai. Côté Lys, la IIe armée britannique franchit la rivière et pousse vers Lille et Tourcoing, précipitant la retraite allemande par l'abandon de la ligne de la Haute-Deûle.

Le Pas-de-Calais libre

La poussée est désormais irrésistible : le 16 octobre, le Pas-de-Calais est libéré ! Le Nord le sera bientôt ! Le 18, les Anglais entrent dans Courtrai, Tourcoing, Roubaix... Le lendemain, les troupes belges, dans l'enthousiasme de la "Patrie libérée", entrent dans Bruges...

Du 17 octobre au 11 novembre, les batailles de la Selle et de la Sambre

Pendant ce temps, plus au sud, Haig veut forcer le barrage de la Selle. Objectif Aulnoye qui, de l'autre côté de la forêt de Mormal, reste un nœud de communication vital pour les Allemands. Tandis que les Français attaquent au sud du côté de la Selle pour vaincre les défenses de la ligne Herman, Rawlinson et Byng foncent en direction de Valenciennes-Aulnoye. La nuit du 20 octobre, les chars franchissent la Selle et écrasent les barbelés de l'ultime ligne défensive allemande. Solesmes et Denain sont libérés.

Novembre ! La guerre touche à sa fin. Ordre est donné aux armées alliées de

Churchill à Lille.

poursuivre la marche décisive qui doit repousser les Allemands vers les Ardennes. Le 4 novembre débutent les batailles de la Sambre et de l'Oise. Préliminaire à l'attaque, le 2 novembre, la 4e division canadienne s'empare de Valenciennes. Les Allemands sont sur Onnaing et Jenlain. L'attaque est prête : Haig met vingt divisions en ligne, Debeney dix. Le 4 novembre, la bataille s'engage sur un front qui coupe le département de Valenciennes à Guise.

Le Quesnoy : un assaut à la Du Guesclin

Le 4 novembre, fait d'arme dont notre connétable Du Guesclin n'aurait pas renié la manière, une patrouille néo-zélandaise commandée par le lieutenant Kerr appuie une échelle contre le rempart et entre dans la ville. Sous cette apparente improvisation, l'assaut a parfaitement été mis au point. Le souci est de ne pas bombarder la cité. Barrow Clough, qui coordonne l'action, a eu l'idée de balayer le terrassement et le haut de la muraille de rafales d'armes automatiques pour forcer les Allemands à se réfugier dans les abris où les tirs de mortiers les obligent à se terrer.

Averill, le libérateur du Quesnoy

Au pied de la muraille masquée par la tenaille (aujourd'hui appelée des Néo-Zélandais) qui précède la courtine, le lieutenant Kerr et ses hommes sont en alerte. Le lieutenant Averill s'est joint à eux. "Tout à coup, lorsque cesse la mitraille, le silence qui paralyse. L'échelle est appuyée

Des boulangeries de campagne pour alimenter le front.

sur le rebord de la poterne, huit mètres à monter quasi à la verticale ! Le lieutenant Averill monte le premier et devient de ce fait le libérateur du Quesnoy." Pendant ce temps, le bataillon qui attaque par le nord s'est rabattu vers la porte de Valenciennes et la porte de la gare. Les soldats pénètrent en libérateurs dans la ville, sous le regard goguenard des hommes de Kerr qui ont sauté la muraille ! Un "fait d'arme", considéré en Nouvelle-Zélande comme la première action d'éclat des unités néo-zélandaises qui combattaient, sans autonomie de commandement, au sein de l'armée britannique.

Chassés de la forêt de Mormal

L'armée allemande est à bout de souffle. Il lui faut à tout prix gagner les deux ou trois jours de répit nécessaires à un repli organisé. L'ennemi s'efforce alors de fortifier Landrecies et ses environs. La forêt de Mormal est aménagée. On creuse des tranchées, on construit des abris pour mitrailleuses et canons et l'on dévide les barbelés. Mais, déjà, Preux-au-Bois est entouré par l'infanterie et les chars, Locquignol atteint au cœur de la forêt de Mormal. Landrecies enlevé, c'est la vallée de la Sambre qui s'ouvre !

Les combats de Landrecies du 25 octobre au 4 novembre

"Depuis octobre, d'innombrables convois de blessés – accompagnés de voitures chargées de mobilier, de chambres à coucher, produits de vol dans tout le pays – rétrogradent vers la frontière belge. C'est la débâcle qui s'annonçait" (abbé Giloteaux, *Histoire de Landrecies*). Landrecies est défendue par les troupes du Kronprinz de Bavière. La proximité du Q.G. d'Hindenburg qui s'est replié sur Spa, établi depuis 1917 à Avesnes, en fait une ville stratégique dans laquelle les Allemands organisent la défense : le canal est mis à sec et les nids de mitrailleuses s'échelonnent sur les rives ; des pièces d'artillerie sont installées dans toute la région.

À partir du 25 octobre, l'aviation britannique bombarde la ville qui est également pilonnée depuis Le Cateau par les canons à longue portée et, depuis le bois l'Évêque, par l'artillerie de campagne. Pour la population qui n'a pas voulu évacuer, c'est l'enfer : 32 civils sont tués… On enterre les morts dans les jardins. La nuit du 3 au 4 novembre, un bombardement d'une extrême violence précède l'assaut. Brusquement, c'est le silence ! Puis le tir de barrage débute et, sur tout le front, tant dans les Flandres que du côté de Landrecies, l'offensive est lancée. L'explosion du pont sur le canal, miné par les Allemands, n'arrête pas l'avance du 13e corps qui encercle la ville. Le 5, le général Charles de la 25e division libère la cité. Les Britanniques ont perdu 600 hommes dans l'assaut. Le lendemain, Raymond Poincaré est à Landrecies ; deux jours plus tard, le

Les trois ports : Boulogne, Calais, Dunkerque

Alors qu'il apparaît de plus en plus évident que la guerre va durer, les armées s'organisent pour alimenter un front à l'appétit insatiable. À l'arrière, l'organisation militaire fait des prouesses, tissant en territoire libre une immense toile d'araignée. Les trois ports : Boulogne, Calais et Dunkerque, tant convoités mais heureusement jamais atteints par l'ennemi, en sont les principaux points d'accroche.

Boulogne, plaque tournante

Début septembre 1914, Boulogne est déclarée ville ouverte. Bientôt vide de soldats, la ville déborde de milliers de réfugiés venus de la Belgique, de la Flandre maritime et du Pas-de-Calais. Le port est évacué et les autorités militaires envisagent de couler des navires dans le chenal pour en boucher l'accès, mais la victoire de la Marne éloigne le danger. Boulogne devient alors, et jusqu'à la fin de la guerre, le siège de l'administration militaire de la région et du conseil de guerre permanent et l'une des plaques tournantes des armées alliées. Le long de la côte s'établissent des camps de tentes rondes peuplés de troupes venues de tous les coins de l'Empire. En ville, nombre de locaux sont réquisitionnés ou loués. On ne compte pas moins de dix hôpitaux pour l'armée française et pour les forces du Commonwealth. Les bâtiments de l'exposition maritime ont été transformés en parcs automobiles pour la Croix-Rouge. Durant la guerre, le trafic du port de Boulogne est estimé à une moyenne de 2 270 000 personnes (civils et militaires) par an et 1 700 000 tonnes de marchandises par mois ! Au printemps 1918, devant la violence de l'offensive allemande vers Amiens, la Lys, Ypres et les ports de la Manche, le président du Conseil envisage une nouvelle fois l'évacuation et l'embouteillage du port. Le 27 mai, il s'en faut d'un rien pour que la décision d'évacuation ne soit prise. La base anglaise de Boulogne ne fermera finalement ses portes que le 1er janvier 1920.

Calais, place de guerre

Le 10 septembre, le général Bérard explique à lord Churchill sa volonté de défendre la ville jusqu'au bout. Mais si Calais est prise, elle sera bombardée pour empêcher les Allemands de s'en servir comme base ! Le 17 octobre 1914, l'alerte est passée. Bientôt, les bases militaires s'installent. La ville est divisée en deux secteurs : anglais à l'est, belge à l'ouest. Les Portugais arrivés en juin 1917 installent leur camp principal à Ambleteuse. Le 13 avril 1918, les Américains débarquent à leur tour. Sur le port, le bassin Carnot est laissé aux Britanniques. Stupéfiante organisation, quatre cents baraquements construits par le génie belge s'étalent dans la ville. Pour nourrir ce petit monde, dix mille têtes de bétail sont parquées du côté de Ardres avant que ne se généralise le transport de la viande surgelée. Côté britannique, l'organisation est encore plus considérable : chantiers, ateliers, dépôts, établissements de toutes catégories, camps de repos, hôpitaux se multiplient dans Calais et hors de la ville. La base anglaise a constamment en réserve dans ses entrepôts le ravitaillement et le matériel indispensables à une armée de deux millions d'hommes pour deux mois de campagne ! Après l'armistice, si la base belge est rapidement dissoute, la base anglaise sert à la démobilisation et prend encore plus d'extension. Une particularité de l'armée britannique à cette époque est le recours à des auxiliaires féminines, plus de 2 000 *Kakis Girls*, pour des tâches sanitaires mais aussi administratives. Par ailleurs, de nombreux dépôts de matériel s'installent dans la région. En février 1915, le génie anglais prend possession d'une portion importante de terres du côté d'Audruicq. Des voies ferrées y sont établies, des quais de débarquement construits, des baraquements élevés, des dépôts de matériel installés, etc.

Dunkerque : une grande base militaire

Du 20 au 25 octobre 1915 s'engage la bataille de Dunkerque, en fait celle du front de l'Yser. Le port, sauvé, devient la base de ravitaillement du front. L'amirauté britannique en fait aussi un véritable port de guerre avec la présence de monitors et des patrouilleurs de la *Dover-Patrol*. Une liaison maritime s'installe avec l'Angleterre. Entre 1914 et 1918, le port de Dunkerque bat des records en matière de trafic maritime. À partir de 1916, un commandement supérieur de la marine dans la zone des armées du Nord est créé, chargé d'assurer la surveillance et la défense du littoral. Autour de la ville, les terrains d'aviation fleurissent, ainsi à Saint-Pol-sur-Mer. La faible distance séparant Dunkerque de la ligne de front octroie à la ville le triste privilège de connaître, de 1914 à 1918, 223 bombardements de tous types : par air (avions, zeppelins), mer (destroyers) et terre (artillerie). En 1915, les canons de marine allemands installés à Predikboom et Leugenboom sèment la panique dans Dunkerque. Calibre 380, portée 10 km ! Si les Allemands avaient pu installer des canons sur les caps, la côte anglaise aurait été à portée de tir !

À lire

CHATELLE (A.), LE BON (M.-E.), *Boulogne et sa marine pendant la guerre*, 1921.

CHATELLE (A.), *Calais pendant la guerre 14-18*; *Dunkerque 1914-1918*.

CHEVRILLON (A.), *Près des combattants*, Hachette, 1918.

Statues, vases et tableaux que les Allemands ont rassemblés dans une salle du musée de Douai et abandonnés lors de la débâcle en octobre-novembre 1918.

roi George V à son tour est accueilli en libérateur.

Des soldats au casque plat

Le 5 novembre, la 74e brigade anglaise passe l'Helpe mineure et s'empare de Maroilles. Côté français, même succès : Guise est prise. La ligne *Herman Stellung* n'a pas tenu ! L'Allemagne décide la retraite sur une ligne Anvers-Meuse : les Alliés emboîtent aussitôt le pas. Au nord de Lille, Baisieux est reprise. Le 6 novembre, les Britanniques dépassent Avesnes et les Français du général Debeney sont à La Capelle. Le 7 novembre, Bavay est délivrée. Le même jour se déroule l'un des derniers massacres de la guerre : à 8 h, les fantassins du premier bataillon du 171e régiment d'infanterie, avant-garde de la 166e division d'infanterie, se font décimer sur la route de La Capelle à Fourmies et Chimay. Mais c'est aussi le jour où la délégation allemande arrive à La Capelle avant de partir pour Rethondes pour les premiers pourparlers avec Foch. Le 8, l'avance continue ; le 10, Maubeuge est reprise. Le 11 !

De la presse "officielle" aux premiers journaux de résistance

À la veille de la guerre, la presse française est florissante. Départ des ouvriers, pénurie de papier, censure militaire, volonté de se saborder plutôt que de subir le contrôle allemand... la guerre fait son ménage. En province, les journaux sont étouffés par la censure et se contentent de reproduire les communiqués officiels ou les articles tolérés. Dès le 4 août, la loi sur l'état de siège réprime notamment les indiscrétions de la presse. Le censeur est aussitôt baptisé Mlle Anastasie, une dame aux grands ciseaux ! En septembre 1915 paraît pour la première fois *Le Canard*. Torpillé par la censure, il renaît de ses cendres le 5 juillet 1916. Sa devise : "Tu auras ma plume, tu n'auras pas ma peau."

Le public est lassé des journaux "officiels". Les mobilisés veulent parler du front. Poilus enterrés, toutes classes sociales mêlées dans l'infâme boue des tranchées ; vie troglodyte, si dangereuse pour le moral, coupée de l'arrière d'où ne parviennent que de trop rares nouvelles... Un bon millier de journaux vont bientôt naître des tranchées, exutoires à l'angoisse et révolte à la propagande : *Le Poilu*, *Le Couineur*, *La Hure joviale*, *L'Écho des gourbis*... Fin 1915, une circulaire de Joffre encourage la création de ces feuilles de guerre qui sont "bonnes pour le moral" mais, en même temps, met en place la censure : les textes doivent être soumis à la hiérarchie ! Presse hors du temps, écrite et imprimée dans les pires conditions, faite pour "tuer" le temps et rendre un peu d'humanité à l'inhumain. On y parle principalement des totos et du pinard, on y célèbre les marraines de guerre, mais on y lit aussi une nouvelle de Carco, de Dorgelès ou un poème d'Apollinaire... Nombre de vocations d'écrivains naîtront des tranchées. De fait, la gaieté du poilu n'est que l'antidote de l'angoisse et de la peur.

Dans le Nord

Parmi les souffrances de l'occupation, l'une des plus dures reste le manque d'information fiable. Dans le Nord, si on arrive parfois à se procurer quelque titres de la *France libre* tel "Le cri des Flandres" de l'abbé Lemire (maire et député d'Hazebrouck) que jettent les avions alliés, les seules lectures tolérées sont celles des journaux de propagande : *Le Bruxellois* ou *La gazette des Ardennes* – rebaptisée le *Journal des minteux* (menteurs) – qui, pour se faire acheter, détaillent la liste des prisonniers. À la demande des Allemands naissent également dans la plupart des villes des "bulletins" destinés à recevoir les informations officielles. À Lille, les Allemands éditent le *Liller Kriegszeitung* qui s'est installé dans les locaux de *L'Écho du Nord* dont le rédacteur en chef a été déporté.

Des journaux clandestins apparaissent, tel *L'oiseau de France* qui naît dans une cave roubaisienne. L'idée en revient à l'industriel Firmin Dubar qui, dès le 1er janvier 1915, édite *Le journal des occupés... inoccupés*. Après avoir changé plusieurs fois de titre, le journal passera à la postérité sous le vocable de *L'oiseau de France*. Joseph Willot, professeur à la faculté de médecine (l'inventeur du crêpe Willot), et Albert Calmette de l'Institut Pasteur de Lille se joignent à l'aventure. L'abbé Jules Pinte qui a bricolé un poste-récepteur capte les signaux de la tour Eiffel. Le 21 octobre 1916, toute l'équipe est arrêtée. Dubar, Pinte et Willot sont envoyés à la forteresse de Rhenbach. Willot en revient malade et meurt en avril 1919.

Imprimerie du journal allemand Hurrah *dans les tranchées (1916).*

Chronologie

1914

3 août : les armées allemandes pénètrent en Belgique.
7-16 août : le corps expéditionnaire britannique débarque en France.
12 août : à Boulogne, le général John French commandant le corps expéditionnaire britannique est accueilli à sa descente du destroyer *Sentinel* par le comte Daru, gouverneur militaire de la place, et le colonel Huguet.
16 août : le général d'Amade est à Arras. La défense s'organise : trois divisions territoriales épaulées par les garnisons de Maubeuge et de Lille ont pour mission de mettre les communications à l'abri des éventuelles incursions ennemies.
22 août : arrivée de l'armée anglaise sur Maubeuge où Douglas Haig installe son Q.G. Ordre est donné d'abandonner la position défensive et de tenter d'interrompre la marche des armées de von Bülow et de von Kluck.
25 août : l'armée allemande pénètre en France. Valenciennes est occupée. À la nuit tombante, Douglas Haig est attaqué à Landrecies.
26-27 août : bataille du Cateau.
27 août : Douai et Cambrai sont prises, Maubeuge est assiégée.
27 août : les administrations quittent Arras pour Boulogne, les banques du littoral transfèrent leurs capitaux en Angleterre.
2 septembre : Boulogne est déclarée ville ouverte. Le 8, le port est évacué et les autorités prévoient de couler des navires dans le chenal pour en boucher l'accès. Évacuée par les soldats, la ville déborde de réfugiés !
5 septembre : les Allemands occupent Lille qu'ils quittent le lendemain.
6 septembre : Arras est occupée et pillée.
7 septembre : Maubeuge rend les armes.
15 septembre : les Allemands quittent Arras.
17 septembre-18 octobre : course à la mer.
1er-26 octobre : bataille de l'Artois, la Xe armée de de Maud'huy bloque l'avancée ennemie. Les Allemands sont arrêtés mais s'accrochent sur les collines de Vimy et Lorette.
4 octobre : Foch est nommé adjoint au commandant en chef à Doullens ; Lens tombe.
10 octobre : les Britanniques sont à pied d'œuvre à Saint-Omer, à Aire et aux abords de la forêt de Nieppe. Deux divisions sont également débarquées à Dunkerque pour renforcer les points d'amarre de Poperinge et Ypres tandis qu'une division indienne rejoint le corps britannique aux environs de Vieille-Chapelle.
12 octobre : Lille est occupée.
16 octobre : les Allemands évacuent Armentières.
21 octobre : destruction du beffroi d'Arras. La ville résiste.
23 octobre : Foch s'installe à Cassel.
28 octobre : Béthune reçoit les premiers obus.
1er novembre : une conférence réunit à Dunkerque Raymond Poincaré, le président de la République, Alexandre Millerand, ministre de la Guerre, le général Joffre, Foch, lord Kitchener et Paul Cambon, ambassadeur à Londres.
2 novembre : Poincaré déjeune avec Foch à Cassel.
1er décembre : tentative française sur Vermelles. Prise du château.
2 décembre : visite de George V à Bailleul.
17 décembre : bataille d'Artois. Les "bouseux d'Artois" s'extirpent difficilement des tranchées et se font cueillir par les mitrailleuses ; vaines offensives franco-anglaises sur Lens et anglaises sur Richebourg.

1915

25 janvier : offensive allemande sur Béthune bloquée à Givenchy.
29 janvier : attaque alliée vers La Bassée.
3 mars : offensive en Artois.
10-13 mars : offensive britannique sur Neuve-Chapelle. Échec sur la crête d'Aubers.
15 mars : attaque française sur Lorette : conquête du Grand éperon.
15 avril : attaque française sur Lorette : conquête de l'éperon des Arabes.
9 mai 1915 : Foch quitte Cassel et s'installe au château de Bryas, près de Saint-Pol-sur-Ternoise.
9 mai-22 juin : deuxième bataille d'Artois qualifiée de "première bataille d'Artois" aux archives de la guerre. Lancée entre Lens et Arras, l'offensive française est arrêtée fin juin sur Lorette.
9 mai : prise de la Targette. La division marocaine réussit la percée sur la crête de Vimy mais les renforts ne suivent pas.
10 mai : Barbot est mortellement blessé.
13 mai : prise de Carency.
22 mai : Notre-Dame-de-Lorette est occupée.
29 mai : Ablain-Saint-Nazaire est reconquis.
7 juin : début des combats à Hébuterne.
9 juin : Neuville est totalement investi.
19 juin : prise du Labyrinthe.
Juin : rencontre interalliée à Calais. Le 11 juillet, Joffre retrouve French dans son Q.G. de Saint-Omer.
5 juillet : incendie de la cathédrale et du palais Saint-Vaast à Arras.
22 septembre : Eugène Jacquet, Ernest Deconninck, Georges Maertens, Silvère Verhulst sont fusillés à Lille.
25 septembre-11 octobre : troisième bataille d'Artois. Dégagement de Neuville-Saint-Vaast, de Souchez et reprise totale du plateau de Lorette. Les Britanniques remplacent ensuite les Français sur le secteur.
25 septembre : prise de Loos-en-Gohelle ; prise de Souchez.
20-25 octobre : bataille de Dunkerque qui est, en fait, celle du front de l'Yser.
Octobre : les avions anglais font leur apparition, détruisant les trains. Incendie du dépôt de machines de Valenciennes.
8 novembre : Léon Trulin est fusillé à Lille.

1916

11 janvier : explosion de la poudrière des Dix-huit ponts à Lille.
2 avril : on ramène à Boulogne l'épave du Sussex coulé le 24 mars par l'*UB18*.
19-20 juillet : bataille de Fromelles. Les Australiens sont massacrés.
7 septembre : à Cambrai, un important conseil de guerre allemand décide de l'offensive sous-marine, du développement de la propagande…

15 septembre : apparition des chars à Flers et Martinpuich.
20 octobre : Boulogne, conférence franco-anglaise entre Aristide Briand, président du Conseil, le général Joffre, commandant en chef des armées françaises, Asquith, Premier ministre du Royaume-Uni et le général Douglas Haig, commandant en chef des forces britanniques.

1917

10 janvier : évacuation des civils à Lens.
26-27 février : repli allemand sur la ligne Hindenburg.
17 mars : les Australiens entrent dans Bapaume qui était occupée depuis le 28 août 1914.
25 mars : A. Taillandier et R. Briquet sont tués dans l'explosion de l'hôtel de ville de Bapaume.
9 avril : troisième bataille d'Artois : bataille d'Arras et prise de la crête de Vimy par les Canadiens.
14 avril : Liévin est libérée.
11 avril-17 mai : bataille de Bullecourt.
24 mai : intronisation à Boulogne de l'évêque d'Arras, Mgr Julien.
13 juin : à Boulogne, les premières troupes américaines débarquent de l'*Invicta* avec leur commandant en chef, le général John Joseph Pershing.
26 août : le sous-marin poseur de mines *UC51* s'échoue sur la plage de Wissant.
27 septembre : rencontre à Boulogne entre Painlevé, Foch, Lloyd George et le général Robertson.
20 novembre-7 décembre : bataille de Cambrai. Le coup de poker britannique échoue.

1918

8 mars : le G.Q.G. allemand est transféré à Spa.
21 mars : l'armée allemande reprend l'offensive vers Amiens, la Lys, Ypres et Dunkerque et surtout vers les ports de la Manche.
25 mars : Bapaume est reperdue.
30 mars : attaque massive allemande qui fixe les limites de l'offensive.
2 avril : intervention américaine.
9 avril-7 août : bataille de la Lys, le front atteint Robecq, Saint-Floris et Calonne-sur-la-Lys.
11 avril : prise d'Armentières
14 avril : Foch commandant en chef des troupes du front ouest.
22 avril : Manfred von Richthofen est abattu.
25 avril : les Allemands prennent le mont Kemmel.
17 mai : ultime offensive allemande.
20 mai : les obus incendiaires s'abattent sur Béthune.
4 juin : ordre de Clemenceau : "Ne cédez à aucun prix."
9 juin : nouvelle offensive allemande.
18 juillet : contre-offensive générale alliée.
8 août : "jour noir" pour l'armée allemande dans le secteur d'Amiens.
17 août-11novembre : ultime offensive alliée.
19 août : Merville est libérée.
21 août-1er septembre : bataille de Bapaume et de la Scarpe.
27 août : Arras est dégagée.
28 août : les succès alliés sur la Somme obligent les Allemands à évacuer le saillant de la Lys.
28 août : Bapaume est libérée.
30 août : Bailleul est libérée.
31 août : reprise du mont Kemmel.
26 sept : bataille de la Lys et de l'Escaut.
2 octobre : poussée britannique ; les Allemands évacuent Lens et Armentières.
27 septembre-9 octobre : bataille de Cambrai et de la ligne Hindenburg.
9 octobre : Cambrai est libérée.
8-12 octobre : bataille du Cateau.
10-12 octobre : le bassin minier est libéré.
12 octobre : Lille est libérée.
15 octobre : départ des Allemands de Roubaix.
16 octobre : tout le Pas-de-Calais est délivré.
15-17 octobre : bataille de la Selle.
17 octobre : Douai est libérée.
18 octobre : les Anglais entrent dans Tourcoing et Roubaix.
19 octobre : Denain est libérée.
25 octobre-4 novembre : combats de Landrecies.
1er-11 novembre : bataille de la Sambre.
2 novembre : libération de Valenciennes.
4 novembre : prise du Quesnoy.
5 novembre : Landrecies est libre.
7 novembre : Bavay est libérée.
9 novembre : les Anglais sont à Maubeuge.
11 novembre : armistice.

Bibliographie

BACQUET (M.), *La bataille de Cambrai*, Cambrai, 1977.
BERGOT (E.), *Régiment de marche de la légion*, Presses de la Cité, 1984.
DECAMPS (J.-C.), GUILLEMIN (J.), *Maubeuge de la Belle Époque à la Grande Guerre*, Renaissance Vauban, 1983.
DERUYK (R.), *Lille dans les serres allemandes*, éditions La Voix du Nord, 1992.
DESVIGNES (D.), BARBIER (G.), *Le Pas-de-Calais dans la Grande Guerre*, Archives du Pas-de-Calais, 1985.
HANOTAUX (G.), *Histoire illustrée de la guerre de 1914*, Gounouilhou éditeur, Paris, 1917.
STIRN (R.), *Il y a quatre-vingts ans, c'était la bataille de Lorette*, L'Écho de Notre-Dame-de-Lorette, 1995.
WINTER (J.-M.), *La Première Guerre mondiale : l'éclatement d'un monde*, Sélection du Reader's Digest, 1990.
Le Nord-Pas-de-Calais dans la guerre, édité par l'office du tourisme de Bailleul et des monts de Flandre. Articles de BUFFETAUX (Y.), DESCAMPS (P.), DOISNE (J.-J.), dans la revue *Plein Nord*.

À la découverte de la Première Guerre mondiale dans le Nord et le Pas-de-Calais

ARRAS. LA CATHÉDRALE ÉNORME ET LE BEFFROI SANS FIN

Arras ❶, "la cathédrale énorme et le beffroi sans fin", a écrit Verlaine. Arras au ventre mangé par les boves qui servaient jadis de caves aux marchands. Arras dont les maisons appuyées sur les piliers de grès font depuis toujours commerce par-dessus les places. La plus ancienne, datée de 1467, a gardé les pas de moineau caractéristiques du style flamand. La Grande Guerre a profondément meurtri la ville. Les places (celle des Héros et la Grande Place) sont détruites à 80 %. Pas une des maisons des XVIIe et XVIIIe siècles n'a été épargnée. En 1918, la plupart ne sont plus que ruines. Une reconstruction "à l'identique" à l'aide de photographies anciennes a permis de retrouver cette architecture si particulière qui fait la beauté de la capitale artésienne.

Lundi 31 août 1914 à 16 h, les uhlans entraient dans Arras. Ils cherchaient dans les ambulances le comte de Maecklembourg-Schwerin, un parent du Kaiser. M. Briens, préfet du Pas-de-Calais, fut enfermé à la préfecture, prisonnier sur parole. Les majors allemands passèrent dans les ambulances et emmenèrent les blessés valides vers Cambrai et l'Allemagne. Dans la nuit du 8 au 9 septembre, les Allemands quittaient

Les lieux du tourisme du souvenir dans le Nord - Pas-de-Calais

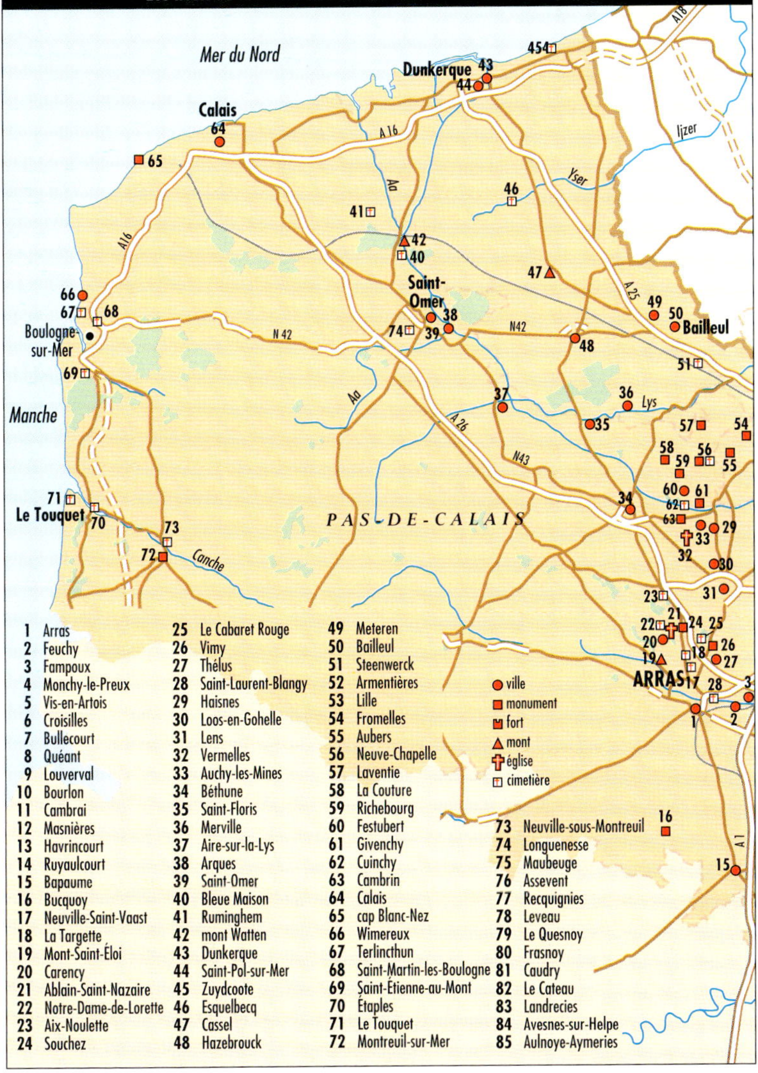

Arras. Malgré tous leurs efforts, ils n'y revinrent plus, mais la ville resta pendant presque toute la guerre à portée de canon. En octobre 1914, les Allemands voulaient la ville et s'acharnèrent contre elle. Chaque attaque était précédée de bombardements effroyables pour les habitants. "Ce fut une véritable vision d'enfer que celle que l'on eut le soir du 7 octobre", écrit le chanoine Foulon. "Le feu s'était déclaré en face de l'hôtel de ville, au coin de la rue Jacques-le-Caron, dans un magasin de confection... Léché par les flammes ou atteint lui-même par un obus incendiaire, l'hôtel de ville commença à flamber. Des tourbillons de fumée noire et de flammes montaient du toit, sortaient par les fenêtres, se tordant, fusant vers le ciel, enveloppant le beffroi et jetant des flammèches incendiaires sur toute la ville... Quand l'incendie cessa, le corps principal de l'hôtel de ville n'était plus qu'un squelette. Et à côté, le beffroi se dressait toujours, mutilé déjà, troué par les obus, noirci par l'incendie, mais plus beau, plus admiré, plus aimé que jamais." Le 21 octobre, les obus se remirent à pleuvoir avec le beffroi pour unique objectif. Au 69e obus, le crime était consommé : le beffroi, construit de 1463 à 1554 par Jacques Le Caron, s'écroulait. La reconstruction se fit à l'identique mais en utilisant le béton armé. Les travaux étaient terminés en 1932. Maurice Rogier, carillonneur et horloger de la ville, réinstalla le carillon. Il est composé de quarante cloches qui jouent à l'heure "Iras-tu vir el'fête d'Arras". La chanson composée par le poète Legay et enrichie au fil des années de quelque 600 couplets commentant la chute de Napoléon, la plantation de l'arbre de la Liberté, le début du chemin de fer, la Grande Guerre... met en scène Jacqueline

Les lieux du tourisme du souvenir dans le Nord - Pas-de-Calais

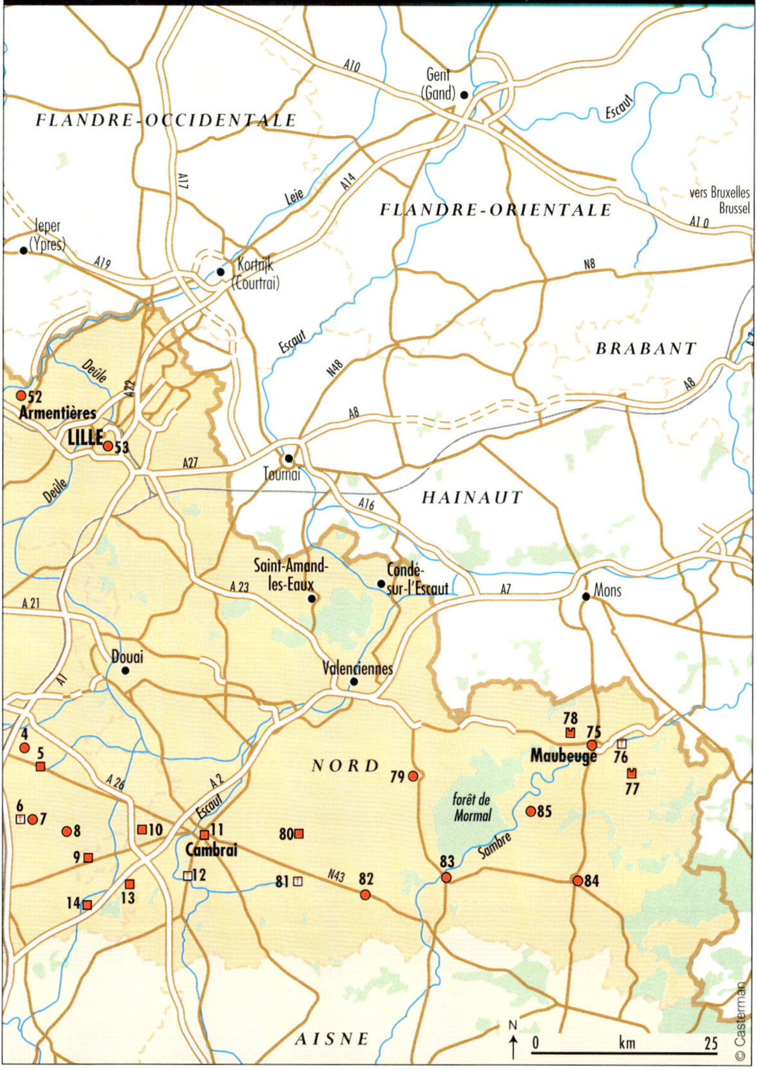

La grand-place d'Arras.

et Colas, paysans d'Achicourt, devenus les géants d'Arras.

Dans le hall de l'**hôtel de ville**, une série de photographies et de cartes postales illustrent l'état de destruction entre 1914 et 1918. La descente dans les bôves se fait à partir des caves. La visite est guidée et les explications données percent le secret de ces cavités dont l'origine remonterait aux XIe et XIIe siècles. Le circuit ouvert au public ne propose qu'une vision partielle du réseau souterrain arrageois. Les ouvrages les plus imposants se trouvent sous les quartiers Ronville, Rietz et Saint-Sauveur. Les souterrains d'Arras auraient pour origine les carrières de pierre nécessaire à la construction de la ville. Entre 1916 et 1918, l'armée britannique les investit complètement, les unités spécialisées du génie telle la *New Zealand Tunneling Company* y aménageant à la barbe du front allemand une véritable ville troglodyte comportant des zones de repos et de cantonnement, un lieu de culte, une centrale électrique... Les salles baptisées par les tommies de noms d'amiraux (Russell, Nelson...), de généraux (Wellington, le vainqueur de Waterloo) ou de bases militaires (New Plymouth) étaient reliées entre elles par des artères principales permettant la montée des troupes vers le front et même à l'arrière des lignes allemandes. En 1917, 11 000 combattants britanniques auraient été postés dans ces souterrains.

- *Visite des bôves (souterrains d'Arras) et de la ville*
  Office du tourisme
  Place des Héros
  62000 Arras.
  Tél. : 03.21.51.26.95.

Le 6 juillet 1915, un incendie ravageait l'ensemble abbatial, le **palais Saint-Vaast**. En 1916, le ministère des Beaux-Arts y organisait un service de recherche et de conservation des œuvres d'art. Dès lors, les caves du palais furent aménagées en un musée provisoire ou plutôt un vaste dépôt où toutes les œuvres sauvées des zones de combat du front nord étaient entreposées avant d'être inventoriées. En ce lieu très proche du front, c'est donc une partie du patrimoine historique et artistique régional qui fut préservé de la destruction (statues, mobilier, vitraux d'églises, tableaux, pièces d'orfèvrerie...).

Accolée au palais Saint-Vaast, la **cathédrale** flamba dans l'incendie du 6 juillet 1915. À l'entrée du bâtiment, des photos montrent l'état de destruction en 1918. La restauration débuta en 1920 pour se terminer en 1934, date à laquelle la cathédrale redevint un lieu de culte. À l'intérieur, on peut voir une plaque à la mémoire des millions de morts de l'Empire britannique tombés dans la Grande Guerre et qui, pour la plupart, reposent en France. Les blasons de chacun des pays du Commonwealth y sont gravés. Dans l'**église Saint-Géry**, des vitraux du souvenir : un soldat mort enveloppé dans un drapeau tricolore, un aumônier réconfortant un blessé.

Sur le boulevard du Général-de-Gaulle, un **cimetière britannique** dont le mur d'enceinte porte les noms des 35 942 disparus lors des batailles d'Arras abrite 2 652 tombes. Un **mémorial** y est consacré au **Royal Flying Corps** (ancêtre de la célèbre R.A.F.). C'est un obélisque sur lequel sont inscrits les noms de 1 021 soldats de la R.F.C. disparus dans les opérations aériennes sur le front ouest et qui n'ont pas de tombes connues. Parmi eux, le nom du major Edward Mannock, un des as de l'aviation britannique ! Un globe terrestre dont l'inclinaison correspond à celle de la terre au matin de l'armistice de 1918 surmonte l'obélisque.

La **caserne Schram** (place du 33e R.I.) occupe de vastes bâtiments de la fin du XVIIe siècle qui servaient de casernement au 33e R.I. Clin d'œil de l'Histoire : lorsque, le 31 décembre 1910, Pétain reçut ses cinq galons, il se vit attribuer le 33e R.I. Il eut bientôt sous ses ordres un jeune officier du nom de Charles de

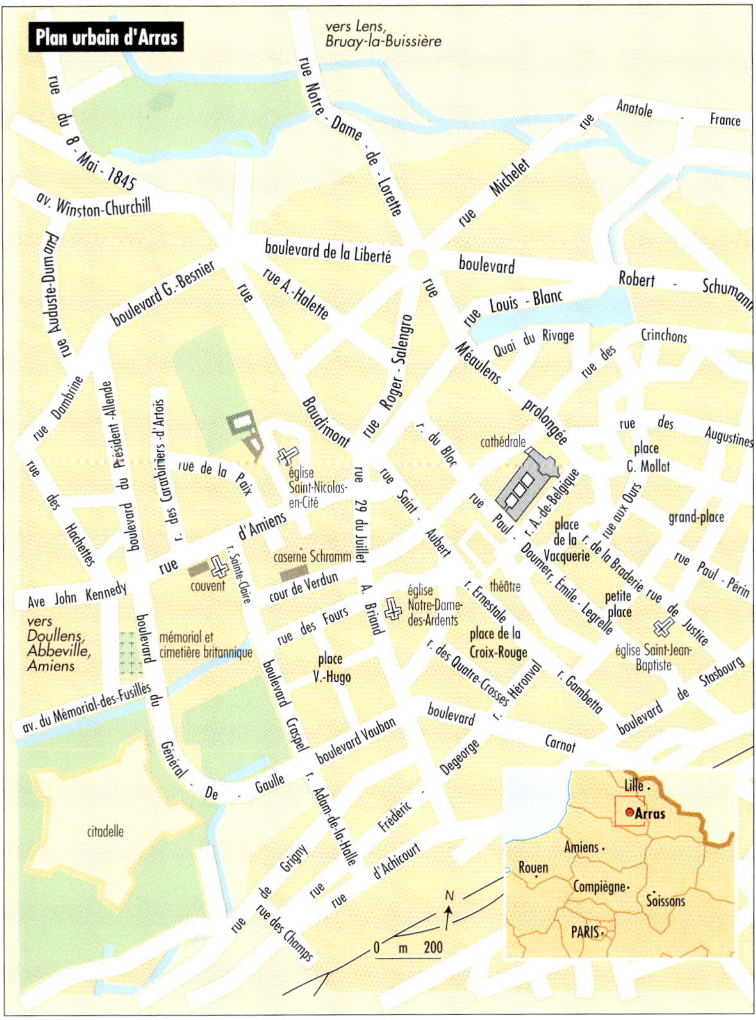

Gaulle. Rue du 29 juillet, une plaque indique la maison où logeait le lieutenant de Gaulle entre 1912 et 1914. Lorsque la guerre éclata, Pétain assurait le commandement par intérim de la 4e brigade à Saint-Omer. Sa carrière aurait dû s'arrêter sans que jamais ne brillassent sur sa manche les étoiles de général.

Le **monument aux morts d'Arras**, face à la gare, est un monument curieux en forme d'arc-boutant de temple. L'œuvre est signée Félix Desruelles et a été inaugurée par le maréchal Pétain le 22 novembre 1931. La symbolique est singulière, déclinée sur les côtes de la colonne en une série de fresques évoquant les thèmes de la paix et de la guerre. Sur l'avers, le travail, la vie, le bonheur sont symbolisés par le tracteur, les faucheurs, l'enfant gardant les vaches, le cheval tirant la charrue, les mineurs au travail, une maman et son bébé... Sur le revers, la guerre est représentée par le char, le soldat guettant l'attaque, la montée vers le front, le canon, l'infirmière... De face, un poilu veille pour que la paix, ailes déployées, puisse prendre son envol. La dédicace justifie l'hécatombe : "Arras, à ses enfants morts pour la défense du droit." Le monument est constellé d'éclats d'obus de la Seconde Guerre mondiale. En juin 1944, un incendie a détruit la gare juste en face.

CIRCUIT ARRAS SUD-CAMBRAI

"Belle, très au-dessus de toute la contrée, se dresse éperdument la tour démesurée
D'un gothique beffroi sur le ciel balancé
Attestant les devoirs et les droits du passé,
Et tout en haut de lui, le grand lion de Flandre
Hurle en cris d'or dans l'air moderne : Osez les prendre !"

Quittez Arras par la RN39 en direction de Cambrai. Lundi 31 août, deux jeunes gens qui se promenaient à bicyclette sur la route de Cambrai étaient arrêtés à **Tilloy-les-Mofflaines** par une patrouille de 72 uhlans... la guerre arrivait sur le

Arras : monument aux morts.

front de l'Artois... (*Tilloy British Cemetery, Bunyan's Cemetery* et *Houdain Lane Cemetery*). Tilloy-les-Mofflaines était reprise le 9 avril 1917 par les hommes de la 3e division britannique du lieutenant général Haldane ; de mars à août 1918, la position était de nouveau aux mains des Allemands. On s'est beaucoup battu sur la crête de l'observatoire dont la conquête assurait la maîtrise du village. À **Feuchy** ❷, sur le côté droit de la chaussée sans guère de place pour s'arrêter, s'élève dans un petit bosquet le **calvaire Isaacs** à la mémoire du lieutenant Henri Roland Isaacs du 7e *Suffolk Regiment*, tué le 9 avril 1917. Un peu plus loin, en bordure de route, prennent place un cimetière britannique et un monument à la 12e division dont l'élégante croix, réplique de celle de la cathédrale d'York, serait placée à l'endroit du Q.G. souterrain de la division en 1917. Par la D37, rejoignez le village. Feuchy a été entièrement détruit par la guerre. Des hauteurs du village, la vue s'étend sur la plaine et on se prend à rêver aux exploits des Alpins du général Barbot. "Du 1er au 5 octobre 1914, c'est d'abord l'attaque de Monchy-le-Preux, puis les nombreux engagements autour du moulin de Feuchy où le 159e se couvre de gloire, mais les offensives répétées de l'ennemi obligent finalement la 77e division du général Barbot à se replier sur Arras", écrit le maréchal Pétain dans la préface de *Pourquoi Arras ne fut pas pris*.

À quelques kilomètres vers le nord, le village de **Fampoux** ❸ est le pays natal d'Élisa Déhée, mère de Paul Verlaine qui aimait à y venir "parmi les vastes champs de betteraves et de colza entrecoupés d'arbres et de marais ; devant les horizons plats où se dressent de-ci de-là, empanachées de vapeur, les fumées rousses des usines". Le village est terre de cinq cimetières britanniques.

Revenez sur vos pas en empruntant la D121 de l'autre côté de l'autoroute A1 en direction de **Monchy-le-Preux** ❹. Arraché aux Allemands par les Britanniques le 11 avril 1917, abandonné lors de la poussée allemande de mars 1918, le village fut délivré le 26 août par les Canadiens. "La prise de Monchy-le-Preux au prix de 1 500 hommes constitue un fait vraiment extraordinaire", écrit alors le maréchal Haig. "L'ennemi connaissait bien les valeurs de cette position et il avait consacré beaucoup d'efforts à la fortifier depuis qu'il nous l'avait reprise." Depuis Monchy, masquées par la pente, les batteries lourdes ennemies bombardaient Arras. Le village fut complètement détruit. L'église Saint-Martin due à l'architecte Paul Clavier a été bénie en 1927. Le château qui avait servi de P.C. à une unité allemande a été reconstruit dans un style identique. Au centre du village, un caribou de bronze honore le régiment de Terre-Neuve. Non loin, le curieux monument à la 37e division britannique représente trois soldats aux casques plats statufiés dans une ronde éter-

Monchy-le-Preux : le monument à la 37e division britannique.

nelle. On pourra également visiter le monument aux morts représentant une femme et un enfant devant la croix d'un poilu mort, les cimetières britanniques aux abords du village et quelques blockhaus dans la campagne avoisinante.

Par la D33, rejoignez la N39. Prenez à gauche la direction de Cambrai jusqu'à **Vis-en-Artois** ❺. Un monument aux disparus y recense les noms de plus de 9 000 combattants britanniques. À partir de là, vous pourrez faire une petite escapade vers **Dury** (monument canadien), **Rumaucourt** (cimetière allemand : 2 617 sépultures) et **Écourt-Saint-Quentin** (cimetière allemand : 1 566 tombes). L'église d'Écourt qui date de 1866 a été sérieusement bombardée entre 1914 et 1918. Elle offre de jolis vitraux du souvenir : vision de soldats emportés par un ange vers le ciel.

De retour à Vis-en-Artois, prenez la D9 qui longe la Sensée vers Fontaines-les-Croisilles puis **Croisilles** ❻. Le village repris par les Britanniques en avril 1917, réoccupé par l'armée allemande au printemps 1918, fut de nouveau délivré le 28 août 1918 par la 56e division britannique. Deux cimetières témoignent de ces combats. Dans ce canton jadis si riche en châteaux et églises, la guerre a fait table rase. Difficile d'imaginer – en voyant cette plaine moutonnée et paresseuse, piquée de rares bosquets – le drame qui s'y est déroulé. Des milliers de corps ont fertilisé ces champs. "J'y pense aujourd'hui chaque fois que je traverse ces régions de champ de bataille, tranquille comme la mort des deux côtés de l'autoroute bruyante et dangereuse comme la vie", écrit Marguerite Yourcenar dans *Quoi l'éternité*. De-ci de-là pointent les blockhaus de la ligne Hindenburg. La fameuse ligne réputée imprenable s'appuyait sur Vimy, filait ensuite vers Fontaine-les-Croisilles ; Bullecourt-Quéant ; Hermies-bois d'Havrincourt... Deux autres lignes la complétaient : Drocourt-Quéant et Vendin-Oppy-Méricourt.

Dirigez-vous ensuite vers **Bullecourt** ❼ où 10 000 soldats australiens ont été tués, blessés ou ont disparu au cours des batailles des 10 et 11 avril 1917 et du 3 au 17 mai 1917. Le 15 mai, les Australiens étaient relevés par les Anglais. Entre le 15 mai 1917 et le 21 mars 1918, date de la dernière attaque allemande, le village aurait été pris et repris une vingtaine de fois ! En 1980, Claude Durand, instituteur, a traduit un récit australien narrant les batailles de Bullecourt. On prend alors réellement conscience du massacre. À l'incitation du Souvenir français, un monument est érigé devant l'église (sur la pelouse, une chenille de char du lieutenant Davies). Depuis, le parc mémorial a été aménagé, orné par la statue du *Digger*, œuvre du sculpteur australien Peter Corlett (dont le père a combattu à Bullecourt) et de la fonderie *Meridian Sculpture* de Melbourne en Australie. Tous les ans, une cérémonie est organisée le dernier samedi d'avril. Le *Digger* de Bullecourt a été dévoilé le 24 avril 1993 par Kim Jones, ambassadeur d'Australie en France, et Jean Letaille, maire. La sculpture représente un soldat australien avec l'uniforme et les armes de l'AIF. Les détails de la sculpture sont authentiques, même si le soldat porte les couleurs des insignes des quatre divisions australiennes d'infanterie (la 1re, la 2e, la 4e et la 5e) qui étaient présentes à Bullecourt.

Vitrail de l'église d'Écourt.

Statue du Digger *à Bullecourt.*

Les villageois ont également érigé "la petite croix" ou "croix des dis-

Le mémorial de Louverval.

parus" respectueusement entretenue par l'ancien garde-champêtre. À Bullecourt, 2 423 soldats restent sans sépulture, perdus dans le no man's land ou sous la stèle de soldat inconnu. Après guerre, la zone a été classée zone rouge comme à Vimy, comme à Verdun… mais la terre était si bonne. Des travailleurs chinois sont venus combler les tranchées et la terre a été remise en culture. Le maire de l'époque s'appelait Druon Decaudin. C'était le garde du corps de Clemenceau.

- *Musée Jean Letaille*
  1, rue d'Arras
  62128 Bullecourt.
  Tél. : 03.21.48.92.46.

Ouverture : tous les jours sur rendez-vous.

Dans la mairie, un tableau de James Escott illustre la mort de Percy Black.

Par la D956 jusque Hendecourt puis par la D38, poursuivez vers **Quéant** ❽ qui a été définitivement reconquis par les 52ᵉ et 63ᵉ divisions britanniques dans la nuit du 2 au 3 septembre 1918. Le village, ainsi que celui de Pronville, est creusé de nombreuses "muches". Lors du conflit, Quéant était un nœud de résistance d'autant plus important que le village était le point de jonction des lignes fortifiées Wotan et Hindenburg. En l'église Saint-Léger reconstruite après guerre, un vitrail du souvenir montre un poilu blessé, suivi d'un infirmier, qui regarde le Christ en croix avec, à l'arrière-plan, l'ancienne église du village. En début de guerre, Quéant était une zone de repos pour les militaires allemands. Ersnt Jünger évoque la vie des commandants de place qui y vivaient en *gentlemen farmers* et "prenaient la guerre par ses côtés les plus agréables ; de longues beuveries nocturnes étaient au nombre de ces plaisirs". Le commandant de la place se qualifiait de roi de Quéant et livrait une guerre féodale à son voisin le roi d'Inchy !

En 1995, dans le cimetière du village, un soldat australien mort en 1917 a été enterré officiellement : le sergent Jack White. En mai 1917, le 22ᵉ bataillon australien se lançait à l'attaque. Jack White venu treize mois plus tôt de Briagolong, région de Victoria, avait 28 ans. Sur la photo souvenir prise quelques jours avant d'embarquer sur l'*Euripide*, Jack a la main posée sur l'épaule de son épouse Lilian, tandis qu'à leurs côtés se tiennent Colin et la petite Myrte, leurs enfants. Le sourire est un peu crispé. Disque matricule 4802… un agriculteur passionné de recherche a miraculeusement ressuscité celui qui n'était qu'un nom sculpté sur le mémorial de Villers-Bretonneux. En cet automne 1995, un fanion rouge, goutte de sang dans le velours des labours, marque à Bullecourt la place où a été retrouvé le corps du sergent Jack White. Émouvante cérémonie, le 11 octobre 1995, lorsque Jack White est officiellement enterré à Quéant en présence de sa fille Myrte, une très vieille dame venue de son lointain pays pour retrouver son père. Les objets personnels de Jack White sont présentés au musée Jean Letaille à Bullecourt.

Par Lagnicourt, rejoignez la nationale Bapaume-Cambrai. Sur la route de Cambrai, le **mémorial de Louverval** ❾ est gravé des noms de 7 048 soldats du Commonwealth disparus durant la bataille de Cambrai. C.S. Jagger a signé les deux bas-reliefs illustrés de scènes de combats. Au-delà de la nationale, sur la D34, dans l'église du village d'**Hermies**, un vitrail du souvenir représente sainte Thérèse distribuant des roses aux poilus. Quelque part sous l'église, un escalier donne accès au souterrain-refuge occupé par l'armée allemande au cours de la guerre. En 1917, la place du village n'était plus qu'un gigantesque cratère de mine.

Par la D19, rejoignez la N30 et dirigez-vous ensuite vers **Mœuvres**, village proche du canal du Nord qui était à l'époque en cours de construction. Lorsque la guerre éclata, la cuvette était presque partout creusée. Onze écluses étaient à peu près terminées ainsi que la plupart des ponts. Le petit souterrain de la Panneterie était achevé ; par contre, la galerie de Ruyaulcourt n'était creusée que dans sa

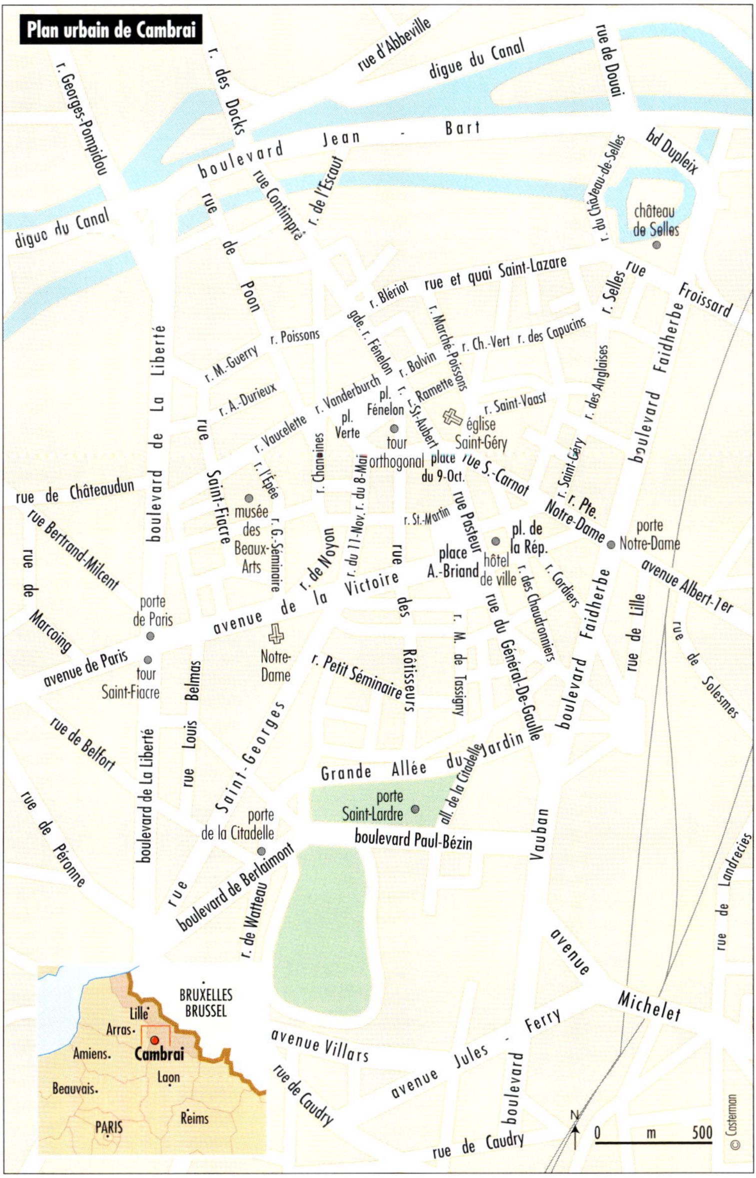

partie haute. La guerre n'épargna pas le canal : ponts démolis, écluses et souterrains minés. Les tabliers de ponts furent de nouveau détruits lors de la Seconde Guerre mondiale, mais cette fois on se contenta de remblayer la cuvette du canal pour rétablir la circulation. Le canal du Nord n'a été finalement mis en service qu'en 1965. Dans *Orages d'acier*, Ernst Jünger évoque cette position qui constituait une puissante ligne de défense allemande. La zone de front comprise entre Croisilles et Mœuvres avait été choisie par l'état-major allemand pour tenter la percée lors de l'offensive de 1918. Le village est finalement repris par la 52e division britannique le 19 septembre 1918.

Qui veut comprendre les stratégies de la bataille de Cambrai se perdra dans la campagne avoisinante avec, si possible, pour référence les écrits du regretté Michel Bacquet. Objectif **Bourlon ⑩**, position stratégique de la bataille de Cambrai : point haut sur l'aile gauche britannique (comme Bonavis l'est à l'aile droite). Les combats durèrent dix jours dans le village et le bois. Ernst Jünger écrit à l'occasion de la contre-offensive lancée le 30 novembre : "À neuf heures, notre artillerie déclencha des tirs pesants qui prirent la densité d'un feu roulant. La forêt de Bourlon, qu'on n'attaquait pas de front vu la force de ses retranchements, disparut sous des nuages de gaz d'un vert

Cambrai : cimetière de la route de Solesmes.

jaune." Le bois est devenu le site d'un **parc commémoratif canadien**. Sur le monument central qui constitue également une table d'orientation, on peut lire : "Le 27 septembre 1918, l'armée canadienne franchit le canal du Nord et conquit cette hauteur. Elle prit Cambrai, Denain, Valenciennes et Mons puis avança jusqu'au Rhin." En direction de Cambrai, Fontaine-Notre-Dame marque l'avancée extrême des blindés du *Tank Corps*. Pris le 20 novembre, le village était abandonné le 22.

Pour découvrir **Cambrai ⓫**, ville d'art et d'histoire, passage obligé par la maison dite "espagnole" qui abrite l'office de tourisme, l'une des rares maisons à pans de bois que l'on peut encore voir dans le département du Nord. Celle-ci a miraculeusement échappé à l'incendie de 1918 qui a ravagé le centre-ville. Cambrai, c'est d'abord Martin et Martine, les jacquemarts qui veillent sur la ville depuis le XVIe siècle. Emmenés par les Allemands, ils furent retrouvés à Bruxelles en 1919 et ramenés triomphalement à Cambrai. Il fallut attendre 1930 pour qu'ils retrouvent leur campanile, le temps nécessaire à la restauration de l'hôtel de ville dont seules les façades ont été conservées. Le bâtiment fut inauguré en 1932. Le château de Selles, une des merveilles de Cambrai, servait d'hôpital durant la guerre. La citadelle était aussi occupée par l'armée allemande. Elle remonte à Charles Quint, mais fut remaniée à l'époque de Vauban et démantelée en 1895. Parmi les grands monuments, vous visiterez l'église Saint-Géry éventrée par les bombardements. La chapelle et le collège des jésuites, magnifiques édifices baroques, étaient utilisés durant la guerre pour des spectacles de même que l'hôpital Saint-Julien, transformé en salle de cinéma. En 1917, un court-circuit provoqua l'incendie des chapelles voisines, du collège Fénelon (transformé en hôpital allemand) et d'une partie du quartier.

De nombreuses rues à Cambrai portent des noms évocateurs : rue de la Victoire, d'Alsace-Lorraine... Plus caractéristiques sont les rues de Nice et d'Alger, villes marraines de Cambrai qui financèrent une partie de la reconstruction ; la rue du 1er de ligne, du 4e cuirassiers en garnison dans la ville, la rue Achille-Doucedame (Cambrésien fusillé à Maubeuge pour espionnage) et la place du 9 octobre, date de la libération de la ville par les Canadiens.
Quatre monuments rappellent cet engagement. À l'entrée du jardin public, le **monument de la Victoire** érigé par souscription publique et avec l'aide de la ville d'Alger a été inauguré en 1926. Il représente une Victoire de Samothrace qui protège des soldats évoluant près d'un char. Non loin de l'entrée du jardin public se situe le **monument des Territoriaux** qui défendirent la ville en 1914. Face à la porte de la Citadelle, le **monument aux soldats des régiments de Cambrai** a été inauguré par le maréchal Franchet d'Esperey le 22 mai 1927. Dans le cimetière de la porte de Paris, le **monument du souvenir français** porte le nom de tous les Cambrésiens morts au champ d'honneur. Mais le principal témoignage de l'époque reste le **cimetière de la route de Solesmes**, construit par les Allemands en 1917, et marqué par quelques monuments et une croix de pierre. Le cimetière militaire allemand de Cambrai qui se trouvait au cimetière Saint-Sépulcre y a été transféré en 1920.

Le visiteur quittera Cambrai par le sud en empruntant la N44 vers **Masnières ⓬** où un cimetière britannique regroupe 166 tombes. Lors de la bataille de Cambrai en 1917, les chars britanniques cherchèrent à s'assurer la possession des ponts sur le canal de l'Escaut. À Masnières, le pont qui avait été miné s'effondra au passage du premier char et bloqua le passage des autres blindés. Seuls les Terre-Neuviens traversèrent le canal. Le Caribou de Masnières marque le point extrême de leur avancée. À quelques kilomètres au nord-ouest, dans le village de **Marcoing**

(cimetière britannique de 348 tombes), le pont fut pris intact, mais curieusement l'avantage ne fut pas exploité. Le lendemain quand l'offensive reprit, les Allemands s'étaient ressaisis. Dix jours plus tard, les soldats du *Royal Fusiliers* et du *Lancashire Fusiliers* étaient massacrés en tentant d'endiguer la contre-offensive allemande.
Dans la cour de la Manutention, le musée militaire est ouvert le dimanche après-midi et sur rendez-vous. On peut y voir la tourelle du char *Mark IV* qui avait tenté de franchir le pont de Masnières (tél. : 03. 27.83.72.03).

Dans le secteur sud-ouest de Cambrai, de nombreuses localités furent autant de hauts lieux du sacrifice : Noyelles-sur-Escaut, Caintaing, **Graincourt** (un vitrail du souvenir en l'église Saint-Martin représente sainte Jeanne d'Arc bénissant deux soldats morts), Flesquières dont la résistance ralentit considérablement l'avancée britannique du 20 novembre, **Ribecourt** (342 tombes britanniques pour les deux cimetières), **Noyelles** (cimetière britannique de 116 tombes), **Villers-Plouich** (51 tombes canadiennes), La Vaquerie, Bonavis, **Gouzeaucourt** (cimetière britannique de 1 261 tombes).

Les villages étaient par ailleurs piégés. Pour preuve, le bulletin des réfugiés du 28 septembre 1917 : "Tout un état-major avait pris ses quartiers dans les cryptes (de Graincourt-les-Havrincourt). L'électricité ruisselait aux lustres des stalactites. L'irruption britannique fut si prompte que les occupants n'eurent point le loisir d'intercepter le luminaire. Le courant circula sans interruption plusieurs heures après la bataille. En explorant les dédales du rocheux labyrinthe, on découvrit trois électriciens bavarois tranquillement installés près de leur dynamo et parfaitement ignorants du combat qui s'était déroulé sur leur tête. Comme ils se montraient dociles, on les maintint dans leur emploi. Quand ils furent certains que leurs congénères ne viendraient pas les délivrer, ils se laissèrent aller à quelques confidences et révélèrent l'existence d'une autre canalisation électrique qui aboutissait à des chambres de mines disposées sous l'église et toutes les principales maisons du village (...). Cette machination infernale a sa réplique dans toutes les localités et positions encore aux mains de l'ennemi et menacées par notre avance..."

À partir de Gouzeaucourt, prenez la D29 puis la D15 en direction de Marquion. Le village de **Havrincourt** ⓭ fut entièrement détruit et son château (Q.G. de l'armée allemande où séjourna le Kaiser) fut le seul de la région à être reconstruit après guerre. L'église actuelle a remplacé un édifice datant de la fin du XVIIIe siècle. À proximité du bois d'Havrincourt se dresse un imposant monument à la 62e division du *West Yorkshire* qui s'est illustrée dans plusieurs localités du secteur en 1917. Revenez ensuite sur vos pas et prenez la direction de Metz-en-Couture par la D17 puis de **Ytres** afin d'y visiter le musée de Louis Carnian, dit "Tiot Louis" (tél. : 03.21.73.31.25), ouvert sur rendez-vous.

Sur la D7 avant **Ruyaulcourt** ⓮, un petit chemin mène au bord du canal du Nord à l'entrée du tunnel de Ruyaulcourt. Le souterrain (non ouvert à la visite) a une longueur totale de 4 350 m et se décompose de deux sections à voie unique de 1 600 m chacune, séparées par une "gare centrale" à double voie de 1 150 m permettant le croisement. Un vaste puits de 5 m de diamètre et de 40 m de hauteur s'ouvre dans la voûte de la gare centrale et permet l'aération du souterrain par un gros ventilateur. En continuant sur la D7, passez ensuite à **Bertincourt** qui a été entièrement détruit entre 1916 et 1918. Dans l'église Notre-Dame, reconstruite après 1920 par l'architecte J. de Saint-Maurice, un vitrail du souvenir montre un soldat mort couché sur les genoux d'une femme en prière.

Poursuivez sur la D7 en direction de **Bapaume** ⓯. Adossé à la mairie, un monument rappelle la mort tragique des députés Albert Tailliandier et Raoul Briquet, tués par l'explosion qui détruisit l'hôtel de ville le 25 mars 1917. Celui-ci a été reconstruit en 1935 sur les ruines de l'édifice de 1610. Les Néo-Zélandais délivrèrent Bapaume le 29 août 1918. Reconstruite après 1920, la ville reçut la croix de la Légion d'honneur et la croix de guerre avec citation.

Le visiteur pressé rentrera directement sur Arras ou prendra la direction d'**Achiet-le-Grand** par la D7. Cette zone (nord-ouest de Bapaume) fut l'enjeu de terribles combats au début de la guerre alors que les armées tentaient de se déborder dans ce que l'on a appelé la course à la mer. Les 3 et 4 octobre, Achiet, Courcelles-le-Comte, Bucquoy, Gommécourt... furent perdus. On se battait entre Puisieux qui restait allemande et Hébuterne que les Français tenaient. Bienvillers, Foncquevillers, Souastre et toute la contrée furent bombardés. "Il fallut 57 coups de canon de 210 pour avoir raison du clocher de Foncquevillers par ailleurs dépourvu de tout intérêt stratégique", écrit Mgr Lacroix.

De nombreux villages abritent des cimetières, tant britanniques qu'allemands. À **Sapignies**, 1 550 tombes allemandes ; à **Achiet-le-Grand**, 1 420 sépultures britanniques ; à **Achiet-le-Petit**, une

Le caribou de Masnières.

Bapaume : monument élevé à la mémoire des députés Tailliandier et Briquet.

nécropole allemande où sont enterrés 1 314 combattants (dans l'église Saint-Martin reconstruite en 1929, un vitrail du souvenir). La châtellenie de **Bucquoy** ⓰ était l'une des plus anciennes d'Artois. Ravagée par la guerre 14-18, elle possède désormais **cinq cimetières britanniques** et un **monument à la 42e division britannique**. Le **monument aux morts** représente la France effeuillant des roses sur les tombes de ses enfants.

À partir d'Achiet-le-Petit par la D27, vous atteindrez le village de Puisieux évoqué par Ernst Jünger. Nous sommes en juin 1918. "Le village avait été pilonné lors des batailles de la Somme si bien qu'il n'était plus qu'un monceau de décombres… La grande rue était bordée des épaves de l'avance enrayée. Voitures criblées de balles, munitions jetées à terre, armes d'infanterie rouillées et les vagues contours de chevaux à demi décomposés, tout proclamait le néant des choses dans la lutte pour la vie." Poursuivez votre route vers Hébuterne. Le 7 juin 1915, les hommes de Castelnau lancèrent une attaque de diversion jusqu'à la ferme Touvent. En représailles, les Allemands bombardèrent Souastre et Sailly-au-Bois. Nous sommes à la frange des combats de la Somme. En 1916, les Anglais achevèrent leur campagne en enlevant Beaumont-Hamel qui, avec Beaucourt-sur-Ancre et Hébuterne, assuraient la maîtrise de la vallée de l'Ancre. Le village était un important point fortifié qui permettait de lancer des attaques sur Gommecourt que les Britanniques ne reprirent qu'en février 1917. En l'église Saint-Vaast à **Hébuterne**, des verrières remarquables par leur taille et un vitrail du souvenir montrant un poilu tombé sur le champ de bataille méritent d'être admirés.

Rejoignez vers le nord Monchy-au-Bois largement évoqué par Ernst Jünger dans *Orages d'acier* : "Maintenant, les maisons étaient brûlées ou écrasées par les tirs, les jardins en friches sillonnés par les obus, les arbres fruitiers brisés. Toute cette pierraille était organisée en position défensive : boyaux, barbelés, barricades et points d'appui bétonnés. Les rues pouvaient être prises sous le feu des mitrailleuses d'un bloc en béton établi en leur carrefour, la 'forteresse Torgau'. Un autre point de résistance était la 'forteresse Altenburg', un ouvrage de campagne à droite du village où logeait une section des compagnies de réserve. Un troisième point important de ce dispositif était une galerie d'où l'on avait tiré jadis le calcaire des maisons… Sur la hauteur isolée qui dominait la route de Ransart, une ruine s'élevait, un ancien estaminet que nous avions surnommé 'Bellevue', à cause des perspectives qu'il donnait sur le front…" À quelques kilomètres de là, le village de Berles a beaucoup souffert des combats qui sont venus s'essouffler aux portes de Basseux. Les tranchées allemandes étaient à quelques centaines de mètres, mais ce village échappa aux destructions, peut-être grâce à la protection de Notre-Dame de Basseux, appelée Notre-Dame-Marchette, ainsi surnommée pour être invoquée par les familles dont les enfants tardent à marcher.

Prenez ensuite la direction de Berles-au-Bois. Au carrefour avec la D30, tournez à droite vers Arras. En suivant le Crinchon, vous atteindrez Rivière. Le village est bâti sur les coteaux qui bordent la vallée. Le 20 juin 1915, l'église de Rivière déjà endommagée fut détruite. Vous retournerez à Arras par Achicourt. Le village entré dans le martyrologe d'Arras fut totalement rasé pendant la guerre 14-18. Terminez le périple par Beaurains en visitant le musée militaire d'André Coilliot.

- *Beaurains*
  Musée militaire d'André Coilliot
  171, rue Raoul Briquet
  62217 Beaurains.
  Tél. : 03.21.71.46.25.

Ouverture : sur rendez-vous.

CIRCUIT ARRAS NORD

"Allons mes vieux papas, vous n'allez pas laisser votre enfant mourir tout seul !" L'appel fait sursauter ! Englobant Carency et Ablain-Saint-Nazaire, les lignes ennemies formaient au nord d'Arras un saillant menaçant. Elles dominaient Arras et toutes les lignes françaises. "En avant les petits papas !" crie un gamin de dix-neuf ans pour galvaniser ses territoriaux. Le fait "aurait été" rapporté par Maurice Barrès dans *L'Écho de Paris*. Le soldat se nommait Augustin Leuregans, dix-neuf ans, aspirant au 236e d'infanterie. Le monument qui lui est dédié se trouve entre Écurie et Neuville sur la D49. Une seconde inscription indique : "Ici, la 5e division sous les ordres du général Berthelot et le commandement supérieur du général Balfourier a combattu âprement en mai et juin 1915 pour la conquête du Labyrinthe", nom donné à un dédale de tranchées réputé inexpugnable. Le carnage fut effroyable. Le ton est donné. Dans cette jolie campagne artésienne, la mort est compagne, croix blanches ou noires selon qu'elle est alliée ou ennemie, tellement présente, tellement bien entretenue dans ses cimetières tirés à quatre épingles et ses monuments de pierre blanche que le promeneur en perd la conscience de l'horreur.

Après avoir traversé **Neuville-Saint-Vaast** ⓱, vous tournerez à gauche en direction du **cimetière allemand de la Maison blanche** qui est le plus important de France : 44 833 soldats tués au cours des combats d'Artois sont enterrés là sous des croix noires sans fleurs. Sur chacune, quatre noms sont gravés ! Les stèles en pierre indiquent les sépultures des soldats d'origine juive. En face du cimetière se trouve la ferme de "la maison blanche" sous laquelle un gigantesque réseau souterrain, aujourd'hui inaccessible, a été creusé par l'armée britannique. On y trouvait, paraît-il, de très belles sculptures réalisées par des soldats canadiens.

Revenez sur vos pas vers Neuville-Saint-Vaast et, avant l'entrée du village, tournez à gauche en direction de Marœuil-Mont-Saint-Éloi. Le **cimetière national de La Targette** ⓲ (sur la D59 vers Marœuil) regroupe 8 000 tombes identifiées et 15 000 corps répartis dans trois ossuaires (dont l'un de la seconde guerre). Le **cimetière anglais** se caractérise par deux curieux mausolées indiens. Vous ne manquerez pas de repérer, fichée sur la ligne d'horizon, la silhouette édentée de l'abbaye du **Mont-Saint-Éloi** ⓳, que des cartes postales d'avant 1914 montrent encore flanquée de ses deux tours. La petite histoire raconte que, durant la Grande Guerre, les militaires français qui occupaient le site pensaient avoir un espion dans leur rang. En effet, l'artillerie ennemie – qui semblait parfaitement renseignée – se mettait curieusement en action à chaque mouvement de troupes. En fait, les pointeurs allemands surveillaient simplement les corneilles et les choucas qui nichaient dans les tours et prenaient leur envol à chaque passage de troupes. Au pied du mont, l'armée britannique installa un aérodrome à partir de 1916.

Du Mont Saint-Éloi, vous prendrez la direction de **Carency** ⓴. Une plaque apposée sur le mur de la mairie honore la mémoire des combattants du 44e bataillon de chasseurs à pied, tombés dans la région de Carency du 2 octobre 1914 au 16 février 1916. Dans le village, on s'est battu rue après rue, maison après maison. En octobre 1914, le général Fayolle comparait les défenses de Carency à un mur en pierre de taille. "Comment ferai-je pour me rappeler le tir de barrage du bois de Carency et toutes les horreurs que quinze jours devant Verdun ont accumulées sous mes yeux", écrit Marc Orlan dans *Les poissons morts*, parus en mars 1917. En 1967, il reviendra se recueillir sur ce front où il a combattu. Non loin de Carency, l'église fantôme d'**Ablain-Saint-Nazaire** ㉑ est piquée au pied de la colline de Lorette. Classées monument historique, les ruines de l'église témoignent à jamais de la violence des bombardements et des destructions. Dans ses carnets, à la date du 6 juin

Neuville-Saint-Vaast : le cimetière allemand.

Lorette : la basilique, la tour-lanterne et le cimetière.

1915, l'artilleur Fayolle fait état d'un village "dans un état de destruction inénarrable". Ce village, c'est Ablain. Parmi les blessés, le peintre Georges Braque. À côté de l'église, la petite route hisse le visiteur vers la colline de Lorette.

Notre-Dame-de-Lorette ㉒

Une tradition du XVe siècle veut que la maison de la Vierge, (la Sancta Casa) ait été transportée par les anges à Loretto, en Italie. En 1727, le peintre Nicolas Florent Guilbert, originaire de la paroisse d'Ablain-Saint-Nazaire, va y chercher la guérison de ses maux. À son retour, en remerciement, il bâtit un oratoire sur le mont de Coquaine pour abriter une statue de Notre-Dame rapportée d'Italie. Le site devient lieu de pèlerinage. Une stèle signale l'emplacement de la chapelle d'origine à l'entrée du cimetière.

D'octobre 1914 à octobre 1915, la bataille de Lorette fit de part et d'autre 100 000 tués et autant de blessés. "Cet éperon est intenable tant pour les boches que pour nous. C'est un véritable charnier. Les cadavres y sont amoncelés. Il n'y a d'ailleurs plus de tranchées tant le sol est bouleversé par l'artillerie...", écrit en mars 1915 le général Fayolle. En septembre 1915, les canons français tirent quelque 1 500 000 obus de 75 mm sur la colline !

Après guerre, Lorette devint un **cimetière national**. Il est impossible, pour celui qui aborde la colline, de ne pas être saisi par la grandeur de cet immense jardin de croix qui forme un rectangle de 13 ha. Deux allées le partagent en quatre sections : celle du nord-ouest est coupée par une partie de la haie historique où s'est fixée la ligne française. "Autour des combattants enterrés par les territoriaux des 58e, 85e et 141e R.I.T., l'autorité militaire a groupé les morts français retrouvés sur le champ de bataille ainsi que dans les cimetières voisins supprimés, à l'exception de ceux de La Targette (8 000 tombes), Courcelle-le-Comte, Serre, Hébuterne, Barly et Marœuil (1 200 tombes au total)." Les soldats reposent côte à côte, inhumés sans distinction de grade, le général Barbot, commandant de la 77e division aussi modestement que le simple poilu. Détail émouvant, à l'entrée du cimetière, Anatole et Edmond De Sars, père et fils, sont enterrés sous la même croix, l'un tué en 1914, l'autre en 1940. Dix-neuf mille corps qui ont pu être identifiés ont reçu une sépulture individuelle ; les autres corps exhumés des fosses et des cimetières des champs de bataille voisins ont rejoint "le peuple des ossuaires". En tout 22 970 corps dont 12 080 ont été rendus aux familles. Une partie du cimetière est réservée aux soldats musulmans, dominée par une stèle orientée vers La Mecque.

La **tour-lanterne** haute de 52 m est l'ossuaire principal de Lorette. La première pierre a été posée le 19 juin 1921 par le maréchal Pétain. Le 2 août 1925, Paul Painlevé, président du Conseil, alluma la lanterne des morts. La tour, étrange chambre funéraire paisiblement éclairée, est veillée en permanence par les gardes d'honneur. La crypte renferme les 6 000 corps de l'ossuaire et les cercueils de soldats inconnus des différentes guerres : soldats de 39-45 (depuis le 16 juillet 1950) ; cendres de déportés morts dans les camps de concentration (le 25 avril 1955) ; un soldat inconnu d'Afrique du Nord (le 16 octobre 1977) et enfin un soldat d'Indochine venu rejoindre ses aînés de 14-18 (le 8 juin 1980). La lanterne porte jusqu'à 70 km ! Un escalier de 193 marches, coupé par cinq paliers où sont exposés documents et reliques militaires, conduit à la plate-forme.

"Vous qui passez en pèlerin près de leurs tombes,
Gravissant leur calvaire et ses sanglants chemins,
Écoutez la clameur qui sort des hécatombes :
Peuples soyez unis, hommes soyez humains !"

Ce quatrain composé par Mgr Eugène Julien est gravé sur la base

Notre-Dame-de-Lorette : vue sur une partie du cimetière depuis le sommet de la tour-lanterne.

de la colonne.

Des "hommes en béret", jeunes et vieux, gardent l'ossuaire et sont toujours dévoués pour renseigner le visiteur. Ouvrier, instituteur, agriculteur... tous ont fait le serment sur l'honneur d'assurer une fois l'an, à une date prescrite, une journée de présence à l'ossuaire de la tour de Lorette. Ce sont les gardes d'honneur. Leur seule ambition est de représenter quotidiennement les familles de ceux qui dorment à Lorette. Ainsi, depuis 1920, les gardes d'honneur veillent sur l'ossuaire, chaque jour, du dimanche des Rameaux jusqu'au 11 novembre. Rapide et émouvante cérémonie : chaque dimanche à 11 h 45, quand le chef de groupe des gardes ravive la flamme du souvenir. Celle-ci rappelle la flamme qui brûle depuis 1924 sous l'Arc de triomphe. Après la visite du site, cette cérémonie reproduite d'avril au 11 novembre prend une intensité singulière.

À côté de la tour-lanterne, la chapelle est en réalité une **basilique**. Le 19 juin 1921, l'évêque d'Arras, Mgr Julien (qui a été le principal fondateur de Lorette), posa la première pierre de la chapelle dont la réalisation avait été confiée à l'architecte lillois Louis Cordonnier et à son fils. Le 26 mai 1927, la basilique était bénie en présence du maréchal Pétain. Elle fut consacrée le 5 septembre 1937 par mgr Dutoit. Dans l'ouvrage *Aux glorieux morts de Lorette*, Mgr Julien qualifie l'œuvre de "romano-byzantine". En entrant dans le sanctuaire, le visiteur est aussitôt apaisé par la grande mosaïque du chœur qui représente Jésus, prince de la paix, Christ ressuscité entouré par les anges. Elle a été réalisée par la maison Gaudin d'après un carton de l'architecte. Les murs sont tapissés de plaques à la mémoire des soldats dont les familles ont souhaité recommander le souvenir. Une parmi d'autres : "En souvenir de François Faber, soldat au 1er régiment d'infanterie." Vainqueur du Tour de France cycliste de 1909, Faber fut tué près de Carency en 1915. Privilège accordé à la commune d'Ablain-Saint-Nazaire sur le territoire de laquelle est bâti le monument, une plaque rappelle la liste des enfants d'Ablain morts à la guerre : litanie de noms qu'on lit à la lumière des vitraux. Ceux-ci sont l'œuvre du verrier Charles Lorin, du peintre Henri Pinta et de l'Anglais Henry Payne. Six vitraux ont été offerts par la Grande-Bretagne en remerciement des terrains réservés à l'implantation des cimetières britanniques.

Dans la basilique, vous découvrirez encore : une vitrine consacrée à Louise de Bettignies, la "Jeanne d'Arc du Nord" ; le calvaire mutilé de Carency ; la statue de Notre-Dame-de-Lorette, œuvre de Masselot, et le triptyque de Notre-Dame de Czestochowa (copie du tableau vénéré depuis près de 900 ans au monastère de Jasna Góra) qui attire

Fondée en 1920 par l'évêque d'Arras, Mgr Lobbedey, qui a repris le combat de Mgr Julien, l'**"Association du monument de Notre-Dame-de-Lorette"** est placée sous le patronage du président de la République Alexandre Millerand et sous la présidence d'honneur des anciens présidents MM. Raymond Poincaré et Paul Deschanel et des maréchaux Joffre, Foch et Pétain. Le but premier de l'association était d'ériger un monument sur le plateau de Lorette, mais, rôle tout aussi important, il s'agissait aussi d'aider les familles : le "bulletin du souvenir" a ainsi permis à des milliers de personnes de retrouver les dépouilles de leurs morts. Les années ont passé. Par-delà les tombes, il s'agit désormais de continuer à honorer la mémoire des soldats et d'éviter l'oubli. L'association compte plus de 3 200 membres. Chaque année, le premier week-end de juillet, elle organise une réunion des familles sur le site de Lorette.

L'Association du monument de Notre-Dame-de-Lorette a édité une plaquette : *Ce qu'il faut savoir de Notre-Dame-de-Lorette*. Se renseigner auprès du secrétariat de l'Association (tél. : 03.21.45.15.80).

Notre-Dame-de-Lorette : statue du général Maistre au premier plan et tour-lanterne à l'horizon.

de nombreux pèlerins polonais de la région. Décédé le 14 mars 1930, l'évêque d'Arras, Mgr Julien, a été inhumé comme il le souhaitait dans la chapelle, "afin que ma mémoire demeure attachée à celle des morts héroïques ensevelis sur la fameuse colline et à la gloire desquels j'ai quelque peu travaillé ". Félix Desruelle est l'auteur de son mémorial.

La tour-lanterne et la basilique, œuvres de l'architecte lillois Louis Cordonnier et de son fils, ont été construites en pierre blanche. Les armatures sont en ciment armé, les parements en pierre de Givet reconstituée et la couverture en tuiles de Bourgogne vieillies. Le ventre de la tour sert de château d'eau à la colline.

- *La basilique, la tour-lanterne et le cimetière de Notre-Dame-de-Lorette 62153 Ablain-saint-Nazaire. Tél. : 03.21.45.15.80.*

Ouverture : tous les jours de 8 h à 17 h en mars, de 8 h à 18 h d'avril à mai, de 8 h à 19 h de juin à septembre, de 8 h 30 à 17 h en octobre et de 9 h à 17 h 30 de novembre à février.

À l'extérieur du cimetière, une table d'orientation permet de comprendre l'enjeu stratégique de la colline. Œuvre d'Émile Morlaix, cette table est un don des membres de l'association des rescapés du train de Loos. Elle a été réalisée avec des obus qui ont été fondus par Louis Martel, fondeur à Saint-Omer. Sur le site, vous pourrez voir la statue du général Maistre, commandant du 21e corps d'armée (œuvre de Max Blondat), et visiter le **musée vivant 1914-1918**. Très pédagogique, ce musée reconstitue des scènes de tranchées et d'abris dont l'ambiance est donnée par un système de bruitage et d'effets spéciaux singulièrement efficace. Photographies, obus sculptés, uniformes… la collection est riche, et le conservateur M. Bardiaux particulièrement disert lorsque l'on évoque sa passion. Un "champ de bataille" est ouvert dans les terrains attenant au musée, avec ses tranchées hérissées de fil de fer qui courent au flanc de la colline, parfaite illustration de ce que fut le calvaire des poilus.

- *Musée vivant 1914-1918 Colline de Notre-Dame-de-Lorette 62153 Ablain-Saint-Nazaire. Tél. : 03.21.45.15.80.*

Ouverture : tous les jours de 9 h à 20 h.

De la colline de Notre-Dame-de-Lorette, gagnez le village d'**Aix-Noulette** ㉓. Le village a beaucoup souffert de sa proximité du front. De l'église Saint-Germain, bâtiment à trois nefs de même hauteur semblable à ceux que l'on trouve en Flandre, il ne subsistait que les murs. La sacristie, par contre, a conservé son décor de la seconde moitié du XIIe siècle. La paroisse est placée sous le patronage de saint Germain l'Auxerrois qui évangélisa la région. Sa statue, réalisée vers 1930, a curieusement les traits de l'évêque d'Arras, Mgr Julien. Les vitraux sont particulièrement beaux, signés de Henri-Marcel Magne et des verriers de l'atelier parisien Louis Léglise. Devant l'église se tient un poilu conquérant. Aix-Noulette compte **trois cimetières** : **Bois de Noulette, Communal Cemetery et Tranchée de Meknès**, nom de la ville marocaine donné en mémoire des soldats de ce pays. Sur la D937, un monument a été érigé en l'honneur du 158e R.I. qui s'est battu sur Lorette. Un peu plus loin, une borne de grès marque l'endroit où le sous-lieutenant J. Léon a été tué le 26 mai 1915. Un monument célèbre également le courage du lieutenant J. Defrasse du 174e R.I., tombé le 16 juin 1915 lors de l'assaut de la tranchée des Saules.

Reprenez la D937 en direction de Souchez. L'ancien diorama de la Première Guerre mondiale abrite un petit **musée de la vie d'autrefois**, avec la reconstitution d'une salle de classe et d'une forge. La corniche du bâtiment est ornée d'une fresque de Robert Largesse représentant une scène de combat.

La Targette : cimetière tchèque.

- *Musée de la vie d'autrefois*
  62153 Souchez.
  Tél. : 03.21.45.32.55.

Ouverture : l'après-midi et le dimanche matin.

Paix et tolérance, volonté de fraternisation entre les peuples… c'est l'espoir que veut faire passer le **Centre européen de la Paix**. Situé en bordure de la départementale Arras-Béthune en face du musée de la Vie d'autrefois, le bâtiment actuel est "l'espace de préfiguration", en quelque sorte la maison témoin de ce que pourrait être, à terme, le Centre européen de la Paix qui devrait s'étendre sur 15 ha. Un vaste projet porté par les neuf communes du Sivom de Lorette. Au rez-de-chaussée, une exposition permanente évoque la guerre 14-18, l'évolution du conflit, la vie du soldat… À l'époque, la théorie est simple : c'est à la baïonnette et en chantant Déroulède que l'infanterie brise la résistance de l'ennemi. Dans la seconde salle, la mise en scène symbolise l'enlisement du conflit : le soldat s'enfonce dans le sol comme le poilu dans la boue des tranchées. Le poignant film de François Hanss, joliment intitulé *Le trou de la Corneille,* montre l'inanité du sacrifice. Troisième salle : l'art dans les tranchées, brillance du cuivre savamment poli, froideur du métal… D'objets de mort, les soldats ont fait des œuvres d'art : briquets, crucifix… Dans la dernière salle, le message est universel : en communiquant, en apprenant à mieux se connaître, en développant des liens entre les différents pays, on peut (on doit !) aboutir à la paix !

- *Centre européen de la Paix*
  RD937
  62153 Souchez.
  Tél. : 03.21.72.66.55.

Ouverture : tous les jours de 10 h à 12 h et de 14 à 18 h. Fermé le dimanche matin. Chaque mois, le centre accueille expositions et conférences.

Souchez ㉔, village martyr s'il en est durant le premier conflit mondial, et son bastion avancé, le **château de Carleul**, étaient organisés "de façon formidable". En faisant des travaux de dérivation des eaux du ruisseau de Carency, les Allemands avaient transformé le fond de vallée en un marais pour ainsi dire infranchissable. Par ailleurs, les batteries installées à Angres prenaient au nord le vallon en enfilade. "Souchez n'est plus qu'une dégoulinante bouillie de bois, de pierres, d'ossements concassés et pétris dans la boue", écrit Galthier Boissière. Anéanti entre 1914 et 1918, le village est "adopté" à la reconstruction par la ville de Kensington en souvenir du régiment qui s'y battit. Une centaine d'hectares classés en zone rouge sont rachetés par l'État. Le **cimetière britannique Sucrery Cemetery** se trouve à l'emplacement de la sucrerie de Souchez que les Allemands avaient fortifiée afin d'empêcher l'accès au village. À la sortie du bourg, vous apercevrez le **monument du général Barbot**, commandant la 77e division alpine, tué le 10 mai 1915. Réalisé par Jules Déchin, Barbot emmène ses chasseurs au combat. Les effigies des généraux Plessier (1856-1914) et Stirn (1871-1915) flanquent le monument.

Tout proches sur la même route, au lieu-dit le **Cabaret Rouge** ㉕, se situent un **mémorial** et un **cimetière militaire britannique** où reposent 7 661 corps dont beaucoup d'inconnus. Le mémorial a été conçu par le brigadier sir Frank Higginson qui a œuvré une trentaine d'années à la CWGC des cimetières britanniques. Après le décès de Higginson en 1958, ses cendres ont été éparpillées à Souchez ainsi que celles de son épouse, en 1962. Suivez le fléchage vers le petit cimetière britannique de **Zouave Valley Cemetery**. Les champs gardent encore, plus de 80 ans après, les traces des boyaux et des bombardements.

Continuez votre route sur la D937 vers **Neuville-Saint-Vaast**. Dix monuments sont dressés sur le territoire de la commune où se seraient battues une quarantaine de nations différentes ! Les **cimetières tchèques et polonais de La Targette** commémorent le sacrifice de ces volontaires engagés dans les bataillons de Légion. "Ici les volontaires tchécoslovaques ont combattu pour leur patrie et pour la France. Ils ont choisi de mourir pour la liberté", a sculpté J. Hrvska à la base d'un monument. De l'autre côté de la route, la croix des volontaires polonais "tombés pour la résurrection de la Pologne et la victoire de la France". Le monument a été détruit par les Allemands en 1940 et reconstruit à l'identique. Au lieu-dit La Targette, un poilu au pantalon garance invite le promeneur à découvrir le **musée des deux guerres**. C'est le second musée tenu par M. Bardiaux, tout aussi passionnant que celui de Lorette. Quelque 3 500 pièces sont rassemblées : costumes, mitrailleuses, canons, affiches… Le second étage est consacré à la Deuxième Guerre mondiale.

- *Musée des deux guerres*
  48, rue nationale
  62580 Neuville-Saint-Vaast.
  Tél. : 03.21.59.17.76.

Ouverture : tous les jours de 9 h à 20 h.

Face au musée, le **monument du Flambeau de la paix**, œuvre de C. Yrondy, date de 1932. Une main tenant une torche donne l'impression de jaillir du sol. Le socle est constitué de pierres provenant des ruines du village. Autrefois, une arche de béton marquait l'entrée de la **Cité des mutilés** construite dans le cadre de la loi Loucheur en 1928. Le foyer des mutilés hébergeait les familles venues se recueillir sur les tombes de leurs parents. La cité longe la rue du 11 Novembre symboliquement bordée de cinquante-deux arbres (à l'époque des érables, aujourd'hui des sorbiers), un pour chacun des enfants du village tombés au champ d'honneur. Aujourd'hui, les maisons sont joliment arrangées par leur propriétaire. Chacune d'entre elles porte un nom prestigieux : *Balfourier, Joffre, Mangin*… et *L'Oiseau de France*, du nom de l'ancêtre des journaux clandestins lancé à Roubaix.

Les tranchées sur le site de Vimy.

Passez près de la **croix du souvenir** marquée de la simple expression "Souviens-toi" et gagnez le centre de Neuville-Saint-Vaast. Du village où est né le 25 avril 1842 François Hennebicque, l'inventeur du béton armé (une plaque au 64 de la rue du Canada), il ne restait qu'un pan de mur servant de point de repère aux soldats. Deux inscriptions sur la façade de la mairie évoquent les combats et la citation de la commune à l'ordre de l'Armée. L'église Saint-Laurent a été rebâtie par les architectes J. de Saint-Maurice et H. Philippe dans un curieux style néo-gothique. Elle a été inaugurée le 14 juin 1925 par Mgr Julien en présence du général de Castelnau. Devant l'autel, une impressionnante sculpture illustre la résurrection de Lazare. Les vitraux ont été largement inspirés par les événements qui ont marqué le village : l'un d'eux représente le cimetière de Lorette et la tour de l'ancienne église. Dans sa ferme, M. Browarski a installé un musée pour que ne soit pas gommé "le sacrifice qui a été fait par tous ces anciens que j'ai eu le privilège de rencontrer, explique-t-il. Leur parole à la fin de la visite a toujours été : 'Surtout que les jeunes n'oublient pas'." Des jeunes de la commune sont allés restaurer des cimetières français en Allemagne ; de jeunes Allemands sont venus en retour… L'exposition très complète comprend une maquette qui illustre la reconquête, maison par maison, de la rue du Canada, une collection de vignettes de l'époque et une pièce rare : deux balles soudées en l'air. Cela arrive une fois sur un million cinq cent mille, précisent les statistiques balistiques.

- *Donald Browarski*
  43, rue de la Barre
  62580 Neuville-Saint-Vaast.
  Tél. : 03.21.48.84.84.

Ouverture : sur rendez-vous.

Quittez Neuville-Saint-Vaast en direction du mémorial canadien de Vimy par la D55. Le nom de **Vimy**

Les colonnes jumelles du mémorial canadien de Vimy.

㉖ reste indéfectiblement attaché aux combats d'Artois d'octobre 1914, de mai 1915 avec la vaine percée de la division marocaine, de septembre 1915 et enfin du 9 avril 1917, jour où les Canadiens du général Byng reconquirent le site. Vimy est aux Canadiens ce que représente Verdun pour les Français. Son mémorial est le plus prestigieux des monuments canadiens en Europe.

Le mémorial canadien de Vimy

Vimy est terre canadienne. L'immense parc de 110 ha – planté en 1922 de 11 285 pins et érables, un arbre pour chacun des 11 285 "manquants à l'appel et présumés morts" dont les noms sont inscrits sur le mémorial – est devenu territoire canadien en 1922. Ce sont d'ailleurs des étudiants de ce pays qui informent et guident les touristes. On pourra y visiter les tranchées canadiennes et allemandes qui se font face, à peine séparées par quelques mètres. Les sacs et caillebotis en ciment ont remplacé la terre et le bois, mais un rien d'imagination suffit à recréer l'ambiance. Dans le *Grange Tunnel* creusé par le génie britannique en 1916-1917, le visiteur pourra voir les chambrées, les vestiges de l'infirmerie, le dépôt de munitions... Huit cents mètres seulement sont ouverts au public, mais les tunnels formaient en fait une formidable cité troglodyte conçue pour concentrer un maximum de soldats sans éveiller les soupçons de l'armée allemande : plus de 35 km de souterrains sont répartis sur quatre niveaux, une partie utilisant les galeries creusées au siècle dernier par les huguenots. Douze souterrains pour permettre à l'infanterie de s'approcher du front ont été creusés d'octobre 1916 à mars 1917 par les compagnies de sapeurs du génie royal sous le commandement du lieutenant-colonel G.C. Williams, bientôt relayés par les sapeurs canadiens. Dans chaque galerie fonctionnaient des groupes électrogènes tandis qu'au niveau inférieur un petit chemin de fer permettait le transport des munitions. Les tactiques étaient rodées : au cours de l'offensive, la galerie d'arrivée des renforts était séparée de la galerie par laquelle on évacuait les blessés et les hommes revenant de première ligne. Ceci afin d'éviter de "casser" le moral des nouveaux venus !

Le **mémorial de Vimy** – œuvre de Walter Seymour Allward, sculpteur de Toronto – est érigé à la mémoire des 66 655 soldats canadiens tombés sur les champs de bataille de la Première Guerre mondiale. Cet imposant mémorial, inauguré le 26 juillet 1936 par le roi d'Angleterre Édouard VIII, fait plus que marquer l'emplacement de la bataille : il est un hommage à tous les combattants. Onze ans, 1,5 million de dollars, 15 000 t de béton, 6 000 t de pierres ont été nécessaires pour réaliser l'œuvre. La statue principale a été taillée sur place dans un seul bloc de pierre de 30 t.

Vaste allégorie : isolée sur la terrasse, une femme éperdue symbolise le Canada pleurant ses fils disparus. Elle regarde un tombeau recouvert d'un casque et de branches de laurier. Deux autres personnages traduisent l'affliction. Les colonnes jumelles hautes de 35 m, ornées l'une de la feuille d'érable, l'autre de la fleur de lys, symbolisent le sacrifice des deux pays. Au sommet, la Justice et la Paix. Juste au-dessous, la Vérité, la Connaissance, la Vaillance et la Sympathie, et les blasons du Canada, de l'Angleterre et de la France. Entre les deux colonnes, l'Esprit du sacrifice transmet le flambeau à ses camarades. Au bas des marches se dressent les défenseurs. Un groupe évoque le bris du sabre, le second la sympathie des Canadiens envers les opprimés. Au-dessus d'eux apparaissent les bouches de canon drapées de branches de laurier et d'olivier, symbole de la Victoire et de la Paix. L'endroit est véritablement privilégié, offrant un point de vue sur le bassin minier et la chaîne des terrils de Loos.

Vimy.

- *Monument et parc commémoratifs du Canada (itinéraire fléché) 62580 Vimy. Tél. : 03.21.48.72.29.*

Visite des souterrains : du 1er avril au 30 novembre de 10 h à 17 h 30. Parc ouvert toute l'année de 8 h à la nuit. Entrée libre.

Un centre d'interprétation historique s'est ouvert en novembre 1196. En début de guerre, rien n'avait été prévu pour l'engagement des étrangers qui voulaient servir la France. Dès juillet 1914, une association, "les Amitiés françaises", recueillait les candidatures. Le 8 août parut le décret attendu. "Les engagements des étrangers aux régiments étrangers sont reçus pour la durée de la guerre. Ils rejoindront les régiments de marche de la Légion vêtus des uniformes kakis de la division marocaine."
Orné des plaques commémoratives des légionnaires grecs, juifs, tchécoslovaques, arméniens, suédois… le monument de la division marocaine marque l'emplacement où sont parvenus les zouaves et les légionnaires ce fameux midi du 9 mai 1915. C'est la seule division de l'armée française dont tous les drapeaux aient été décorés de la Légion d'honneur ! "Aux morts de la division marocaine. Sans peur et sans pitié. 9 mai 1915." Soldats sacrifiés car, si les renforts du général d'Urbal avaient été au rendez-vous, le tour de la guerre aurait peut-être été modifié. Deux cimetières canadiens, *Givenchy Road* et *Canadian Cemetery n° 2,* se situent en contrebas. Sur le parking du parc, une carte murale explique les points essentiels de la bataille de Vimy qu'illustre, par ailleurs, un des vitraux de l'église du village.

Sortez du parc en prenant la direction de **Thélus** ㉗ et, après une série de virages bordés d'arbres, arrêtez-vous à hauteur du panneau annonçant le monument de la 3e division canadienne. Le mémorial n'est pas visible de la route. Pour s'y rendre, il faut emprunter un chemin forestier d'une centaine de mètres. Dans le village même, au croisement de la N17 et de la D49, se dresse sur la gauche un monument dédié à l'artillerie canadienne. Érigé avant même la fin de la guerre, il a été inauguré par le général Byng en avril 1918, juste un an après la conquête de la crête de Vimy. Les cimetières britanniques *Nine Elms* et *Thélus* bordent la N17 et le cimetière du Bois carré longe la D49 vers Bailleul.

Reprenez la direction de Neuville-Saint-Vaast. Le cimetière britannique *Zivy Crater* se trouve sur le côté gauche de la chaussée après le pont franchissant l'autoroute. Dans ce cratère, 53 soldats canadiens sont morts lors de l'explosion de la mine qu'ils venaient de déposer. Leurs noms sont inscrits sur la croix du sacrifice. Une autre nécropole de ce type existe non loin (au bout de la rue du Canada, un chemin sur la droite) : le *Lichfield Crater* creusé par une mine le 2 avril 1917. Là non plus, pas de tombes car les corps des 36 soldats et 5 officiers canadiens ensevelis par l'explosion n'ont pas été retrouvés.

À **Saint-Laurent-Blangy** ㉘, sur la D919 menant à Bailleul-Sir-Berthoult, un cimetière allemand regroupe les sépultures de 31 939 combattants. Les restes de 22 000 soldats inconnus sont ensevelis dans l'ossuaire. Un cimetière britannique s'étend à proximité. C'est à Saint-Laurent-Blangy que, pour la seconde fois, Barbot bloqua l'avance allemande en contre-attaquant, contre toute attente, avec les zouaves et les bataillons sénégalais. La contre-offensive fut manquée mais eut son effet psychologique puisque, changeant de tactique, les Allemands décidèrent la guerre de siège alors que "tout ce que les Français avaient de disponibilité était en ligne et que, en arrière, il n'y avait plus rien" ! Avant de rejoindre Arras, le visiteur pourra faire un petit détour par la N50 menant vers l'autoroute de Lille où un cairn est dressé à la mémoire de 9e division écossaise. Cette division se distingua particulièrement le 9 avril 1917 en s'emparant des localités de Saint-Laurent-Blangy et Athies.

CIRCUIT LILLE, LENS, PLAINE DE LA LYS, BORDS DES MONTS DE FLANDRE

St Mary's A.D.S. Cemetery, rangée 7D, 2e stèle en partant de la gauche : "Lieutenant John Kipling, *Irish Guards*, 27th September 1915, Age 18." C'est devant cette tombe, à **Haisnes** (29), que débute le circuit. Pour vous rendre à *St Mary's A.D.S. Cemetery*, prenez la D947 au départ de Haisnes vers Lens puis, à environ 5 km, la D39 sur la droite. Le cimetière se trouve à 2 km sur la gauche. John Kipling est le fils de Rudyard, l'auteur de *Kim*, du fameux *Livre de la jungle* et du *Pèlerinage du roi*.

Alors qu'il aurait pu être déclaré inapte en raison de sa mauvaise vue, John Kipling voulut, afin de ne pas décevoir son père, chantre de l'engagement patriotique, être l'un de ces 500 000 gentlemen, "de ceux qui servirent le roi". Mort anonyme, *know unto God* ("seul connu de Dieu") selon la formule choisie par son père pour figurer sur la pierre tombale des soldats non identifiés. John Kipling, un nom inscrit au mémorial des disparus de *Dud Corner Cemetery* jusqu'en 1991, où les recherches menées par la *Commonwealth War Graves Commission* conclurent avec certitude que le corps enterré dans le *St Mary's A.D.S. Cemetery*, colonne 7D, 2e stèle en partant de la gauche, était bien celui de John. Tard, bien trop tard pour Caroline et pour Rudyard, prix Nobel de littérature, qui s'était éteint en 1936. Dans *Souvenirs de France* édités en 1933, Kipling – devenu membre de la Commission impériale britannique des cimetières du front – décrit l'effroyable quête, sa quête : "On rencontrait des visages hagards (...), des spectres qui couraient çà et là, comme chassés par une inquiétude, demandant des nouvelles des leurs – leurs femmes, leurs enfants ?" Et une page plus loin : "Je vis s'approcher une vieille femme – une folle évidemment – qui cherchait le corps de son mari. 'Il est là... je saurai bien le retrouver'." D'une émouvante simplicité, la très belle sculpture du monument aux morts de Haisnes apporte à sa façon le réconfort à cette femme : l'enfant, l'épouse, la mère se recueillent devant une croix. L'œuvre est signée Henri Soubricas.

Poursuivez en direction de Lens. La route longe la ligne de front du 25 septembre 1915. L'église Saint-Laurent de **Hulluch** reconstruite en 1926 possède un vitrail du souvenir. Pour qui n'est pas habitué aux paysages miniers, la découverte de ce pays surprend. La mine reste omniprésente avec ses grands terrils couleur vert-de-gris et les maisons jetées pêle-mêle le long de la rue où le promeneur se perd chaque fois. Un peu partout, des ronds-points et les bandes d'espaces verts des quartiers réhabilités tranchent comme une peinture fraîche sur une boiserie ancienne. Le 25 septembre, les Britanniques s'emparèrent de **Loos** (30), maison par maison... guidés par Émilienne Moreau (voir p. 183). Le cimetière du *Dud Corner* et le monument aux disparus des batailles de Loos et de la Lys occupent le lieu même enlevé aux Allemands par la *15th Scottish Division*, le premier jour de la bataille de Loos. De chaque côté du monument, un escalier conduit à une petite tour d'angle qui domine le cimetière et le champ de bataille.

Le 4 octobre 1914, les Allemands pénétrèrent sans grande difficulté dans **Lens** (31) qui n'était défendue que par un groupe cycliste et une brigade de la 5e division de cavalerie. L'état-major avait en effet jugé plus utile de défendre Arras et les hauteurs de l'Artois. Lens devint alors ville de garnison, abritant quelque 12 000 hommes de troupes. Prises d'otages, enrôlement de travailleurs, indemnités de guerre, réquisitions se généralisèrent. Les Lensois avaient faim mais gardaient l'espoir, car ils savaient les Alliés tout proches. En 1917, alors que les Canadiens s'emparaient de Vimy, les derniers habitants de la ville étaient évacués de force vers la Belgique. En octobre 1918, les Britanniques délivrèrent une ville en ruine, en grande partie détruite par l'artillerie alliée. Mais

Haisnes : tombe de John Kipling dans le St-Mary's A.D.S. Cemetery.

Le monument aux morts de Lens.

avant de partir, l'ennemi avait littéralement sacrifié la mine. À Liévin, le souvenir de l'explosion du dépôt de munitions de la brasserie Leroy demeure dans les mémoires. Lens possède un très beau monument aux morts dessiné par M. Barthelet, architecte de la ville, qui a su avec beaucoup d'émotion résumer le martyre de la cité : une femme, le pied posé sur une torpille, brave la Guerre alors que, devant elle, un poilu monte la garde ; à l'arrière, une femme part pour l'exode un baluchon à la main. Sous l'inscription, "Lens à ses enfants", l'entrée d'une galerie de mine aux boisages brisés et un mineur, les poings serrés, atterré par tant de barbarie.

À l'entrée du village de **Vermelles** ❸❷, le mémorial à la *46th North Midland Division* salue les soldats de la bataille de Loos. Le *Vermelles British Cemetery* abrite plus de 2 000 soldats britanniques. Avant la guerre, le bourg comptait environ 4 000 âmes réparties dans 600 maisons. Le canon dispersa la population et détruisit les habitations... Pour enlever le château, citadelle de résistance allemande, les poilus creusèrent des sapes dans lesquelles furent disposés 600 kg de mélinite. L'explosion eut lieu en décembre 1914, mais les combats durèrent encore une semaine. Après cinquante-deux jours de siège, Vermelles revint aux Français... Situé sur la première ligne allemande, **Auchy-les-Mines** ❸❸ était transformé en un véritable camp retranché. Quatre carrières de pierre reliées par un réseau de tranchées formaient "la redoute de Hohenzollern" défendue de part et d'autre par les tranchées *Little Willie* et *Big Willie*. Lors de l'attaque de septembre 1915, les soldats de Gough poussant jusqu'à Haisnes enlevèrent puis perdirent la fameuse redoute. Toute la zone jusqu'à Hulluch est truffée d'abris souterrains creusés pour la plupart par les hommes du *3rd Australian Tunneling Company*. Vous atteindrez le *Quarry Cemetery* installé dans une ancienne carrière en prenant la première rue à droite après la mairie puis en suivant les panneaux.

Gagnez ensuite **Béthune** ❸❹ où se perpétue la curieuse tradition de la confrérie des Charitables. La ville s'est trouvée durant toute la guerre dans la zone occupée par les Britanniques. Canadiens, Écossais, Indiens y prirent leurs quartiers ou vinrent y mourir, blessés sur le front tout proche. De 1914 à la fin 1917, quelque 3 000 soldats trouvèrent la mort à Béthune ! Début août 1914, le départ du 73e, bientôt suivi du repli des territoriaux, laissa la ville sans défense, alors que la canonnade se rapprochait. Le 11 octobre, les premières troupes britanniques arrivèrent, chassant de Béthune les milliers de réfugiés de Lille et du bassin minier. Elles livrèrent bataille devant La Bassée et stoppèrent la progression allemande à quelques kilomètres de Béthune sur une ligne Neuve-Chapelle-Festubert-Vermelles. Le 28 octobre, Béthune recevait les premiers obus. Le 7 août 1916, une trentaine de personnes furent tuées sur la grand-place alors que le marché s'achevait. Les bombardements aériens des Taubes et des Gothas se multiplièrent. Le 9 avril 1918, l'offensive allemande menaçait la ville dont la défense était assurée par les 3e, 51e et 55e divisions britanniques. Le 18, l'ordre d'évacuation des populations était donné. De mai à juin 1918, ce fut l'apocalypse : la ville qui n'avait pu être conquise fut détruite ! Cinquante mille obus incendiaires, doublés d'obus asphyxiants qui empêchaient d'éteindre les incendies, ravagèrent le centre-ville. Neuf cents maisons furent détruites, autant furent endommagées. L'église Saint-Vaast et l'hôtel de ville étaient en ruine, le

En 1915, un certain Émile Herzog faisait l'apprentissage de la guerre à Béthune. On le connaît mieux sous le nom d'André Maurois. André en souvenir d'un cousin tué à l'ennemi et Maurois, nom d'un village proche de Cambrai dont l'écrivain aimait la sonorité triste. Il reçut le baptême du feu à Loos où la 9e division écossaise prit ses quartiers.

beffroi touché. Le 28 août 1918, les succès alliés sur la Somme obligèrent les Allemands à évacuer le saillant de la Lys. Le Béthunois était enfin dégagé le 2 octobre. Le 28 décembre 1919, le président Poincaré remettait à la ville la Légion d'honneur.

À Béthune, vous pourrez visiter le **beffroi** jadis flanqué de maisons. Il a survécu au bombardement de 1918. Par contre, le campanile daté de 1503 a été détruit et les cloches ont fondu dans la chaleur de l'incendie.

Le beffroi est ouvert de mi-avril à mi-septembre le dimanche à partir de 15 h ou sur rendez-vous (tél. : 03.21.68.40.74).

La place a été reconstruite après guerre dans un style d'inspiration flamande avec enroulements et pas de moineaux. La maison qui abrite l'office du tourisme, datée de 1718, est une des rares bâtisses de la place à avoir échappé à la destruction. L'église Saint-Vaast a également été rebâtie après guerre sous la direction de l'architecte lillois Cordonnier.

À partir de Béthune, rendez-vous à Hinges par la D937 puis la D180. Le village perché sur une colline a été entièrement détruit par la guerre 1914-1918. En octobre 1914, le château abritait le Q.G. indien. "Ce château est très imposant de l'extérieur", écrit Douglas Haig dans ses *Mémoires*, "avec un parc et de beaux arbres." L'église Sainte-Marguerite a été reconstruite par l'architecte Guthmann en 1923.

En reprenant la D937, vous prendrez la direction de Robecq vers Saint-Venant et Saint-Floris au cœur du Bas-Pays. Les deux guerres ont fait un cruel ménage dans toute cette zone. Sur la route (D69) de Robecq à Calonne-sur-la-Lys, on remarquera sur la gauche une de ces bornes surmontées d'un casque de pierre qui intrigue tant le touriste, puis une autre sur la droite à l'entrée du village de **Saint-Floris**. Ces bornes de granite rose ont été sculptées par Paul Moreau Vauthier. Elles portent un casque britannique, français ou belge sur le sommet et un équipement (gourde, masque à gaz) gravé sur les côtés. Chacune porte l'inscription "Ici fut arrêté l'envahisseur". Ces bornes ont été posées aux endroits où la ligne de front traverse les routes et marquent la limite de l'avance allemande de 1918.

À **Robecq**, M. Georges Lados conserve quelques souvenirs de guerre dans "La grange aux vieilles choses", route de la brasserie. Ouvert sur rendez-vous (tél. : 03.21.27.73.32).

La ville de **Saint-Venant** a beaucoup souffert des bombardements des deux guerres. Malgré les destructions, quelques jolies bâtisses témoignent encore de l'architecture du XVIIIe siècle, telles l'hôtel de ville ou la maison du corps de garde. Le château Antignac servait de Q.G. à l'armée portugaise.

Saint-Floris ❸❺ marque, pour sa part, la limite du front. Le 13 avril 1918, l'armée allemande attaquait le village. Le front s'y stabilisa jusqu'au 20 août. Le monument situé contre l'église est doublé d'un mur du souvenir portant les insignes des unités combattantes. Un petit détour jusqu'au bord de la Lys permet d'apercevoir de l'autre côté de la rivière sur **Haveskerque** le château Leclercq qui accueillait un état-major portugais. Le visiteur attentif cherchera à parcourir le très joli livre de Paul Raoult narrant la vie d'un gamin de Saint-Floris perdu dans une guerre trop grande pour lui. Il l'a justement titré *Mon devoir de mémoire*.
À Saint-Floris, Dominique Faivre a ouvert un petit musée. Visite sur rendez-vous (tél. : 03.21.64.26.97).

À l'entrée de **Merville** ❸❻ en venant par la route de Calonne-sur-la-Lys (D23), vous apercevrez à l'entrée de la ville la chapelle de la Paix, dédiée à Notre-Dame-de-Schönstatt. Cette chapelle de ligne très moderne a été érigée en l'honneur du soldat allemand Joseph Engling, tué le 4 octobre 1918 à Thun-Saint-Martin. Il avait vingt ans. L'histoire raconte qu'à l'endroit où s'élève la chapelle Engling avait fait don de sa vie à la Vierge. L'aérodrome de Merville était un important centre du R.F.C. Le 11 avril 1918, chassant la 50e division britannique, les Allemands envahirent la ville et la pillèrent. Merville fut reprise le 19 août. Un curieux monument aux morts barre le passage de la Lys et évoque les affres de la cité qui fut presque entièrement détruite. Le musée du vieux Merville est ouvert à la visite sur rendez-vous.

Au départ de Merville par la D122 en longeant la Lys puis par la D194, vous rejoindrez **Aire-sur-la-Lys** ❸❼. Entre 1914 et 1918, la ville abrita à plusieurs reprises des Q.G. militaires. En 1914, on y installa un parc de chèvres et de moutons ainsi qu'un abattoir. En juillet 1915, la ville reçut la visite du prince de Galles (le futur Édouard VII). On trouve trace dans les écrits d'un important atelier de camouflage qui, sous la responsabilité du W.A.A.C, employait une main-d'œuvre féminine locale.

Suivez maintenant la N43 jusqu'à **Blendecques** au sud de Saint-Omer. Le château de M. Avot y fut à plusieurs reprises utilisé comme Q.G. L'aviation allemande bombarda la localité le 25 mars 1917. À une quarantaine de kilomètres du front, **Arques** ❸❽ paraissait protégée jusqu'à ce qu'en septembre 1917 les gros obus de 380 lancés d'Aubers tombassent sur la ville. L'objectif était de détruire le pont sur le canal de Neufossé où passaient sans interruption troupes et matériel. Une vingtaine d'habitations et l'école des garçons furent rasées. Bientôt, les "taubes" firent leur apparition visant la voie ferrée Lille-Calais. Ils lâchèrent leurs bombes sur le château de M. Porion, transformé par les Britanniques en hôpital et pourtant protégé par des croix rouges. Le 18 mai, le parc de munitions au champ de Smetz – jusqu'alors épargné à cause de la présence d'un camp de prisonniers tout proche – fut bombardé. Le camp avait été évacué et ce fut le massacre chez les Annamites qui s'y étaient installés à la place des prisonniers. La ville légèrement en contrebas fut heureusement épargnée mais, alors que les bombardements aériens se multipliaient, les habitants prirent l'habitude de se réfugier dans les abris creusés çà et là. En 1918, lors de l'offensive allemande, la ville accueillit les réfugiés du Bas-Pays, les malades de l'hos-

Par une curieuse coquetterie de l'histoire, trois personnages importants de la guerre ont eu leur destinée liée à la ville de Saint-Omer ; deux sont enfants du pays. Le premier, Alexandre Ribot, est né à Saint-Omer en 1842. Cinq fois président du Conseil entre 1892 et 1917, il a laissé son nom au lycée de la ville. Le deuxième, Philippe Pétain, né à Cauchy-à-la-Tour en 1856, est entré en 1867 au collège Saint-Bertin. Devenu commandant par intérim de la 4e brigade de Saint-Omer, il attend patiemment la retraite lorsqu'éclate la guerre. Le troisième s'appelle Robert Nivelle. Né à Tulle, il est élève au lycée de Saint-Omer par le hasard d'une mutation paternelle. Cette coquetterie prend toute sa saveur lorsque l'on se rappelle la décision prise par Alexandre Ribot de pourvoir au remplacement du général Nivelle par Pétain, une décision qui, on le saura plus tard, va contribuer à la victoire finale.

Dunkerque : le cénotaphe au pied du beffroi.

pice de Saint-Venant et des hôpitaux de Morbecque, Estaires, Laventie, Merville…

La salle d'honneur de l'hôtel de ville d'Arques, baptisée "salle du poilu", a été décorée de plaques de marbre de Carrare sculptées des effigies du poilu mourant et du poilu triomphant. Ces plaques forment une sorte de "livre d'or" où sont gravés les noms des soldats morts au champ d'honneur, des cités et des décorés. Les vitraux sont ornés de cartouches qui portent le nom des batailles. Sur la place, le **monument aux morts** inauguré en octobre 1919, "la Gloire ailée et la statue du poilu mourant tenant son drapeau", célèbre "ses 150 héroïques et glorieux enfants morts pour la France et la liberté".

Le 12 octobre 1914, sir John French, commandant en chef du corps expéditionnaire anglais en France installa son G.Q.G. à **Saint-Omer** (39) (il sera transféré à Montreuil en mars 1916). French logeait alors au 37 de la rue Saint-Bertin. La ville devint le Q.G. du *Royal Flying Corps*. La présence d'un important aérodrome lui valut d'être sévèrement bombardée en 1917 et 1918. À la déclaration de guerre, un certain Albert Acremant prit le chemin des tranchées de l'Artois. Son épouse Germaine se rendit alors à Saint-Omer pour tenter de le rejoindre chaque fois que possible du côté de Pas-en-Artois. Pour tromper son inquiétude, elle écrivit l'histoire des demoiselles Davernis plus connues sous le nom des *Dames au chapeau vert*. L'hôtel de ville localement baptisé, en raison de sa forme, le "moulin à café" se trouve sur la place du Maréchal Foch. Le monument aux morts, œuvre de Lucien Brasseur, représente une France victorieuse, haute de plus de 2,5 m avec la colombe de la Paix posée dans la main.

Reprenez la N43 vers Calais. À hauteur de Tilques, empruntez la D207 vers **Eperlecques**. Au **cimetière de Bleue Maison** (40) sont enterrés une soixantaine de soldats britanniques. En mai 1918, la région d'Eperlecques servit de terrain d'entraînement à des unités de l'armée américaine. Le gigantesque blockhaus de l'armée allemande visible à Eperlecques est un vestige de la Seconde Guerre mondiale. En empruntant la D221 jusqu'au lieudit "Le Mont", vous remonterez vers Muncq-Nieurlet et prendrez à droite vers **Ruminghem** (41). Le cimetière chinois regroupe 75 sépultures. Durant la guerre, Ruminghem était le Q.G. du *Labour Group n° 11* et abritait un hôpital destiné aux travailleurs chinois. Ces Chinois étaient au moment de l'armistice quelque 96 000 fils du ciel principalement regroupés dans les camps de Wimereux et du Portel. Tous étaient volontaires, amenés par les Britanniques du Nord de la Chine et des concessions de Shanghai et de Canton. Trois nécropoles (Ruminghem, Pont-de-Briques et Noyelles-sur-Mer dans la Somme) et de nombreuses tombes isolées accueillent les corps de ces hommes épuisés par les travaux les plus durs et décimés par la grippe espagnole (2 500 morts en huit mois).

Gagnez Watten en traversant la forêt d'Eperlecques. La ville occupe une position stratégique aux portes de Saint-Omer. Entre 1914 et 1918, elle fut d'ailleurs le siège du Q.G. britannique de l'*Inland Water*

Petite-Synthe : le monument aux morts.

Transport chargé d'acheminer matériel et munitions par voie fluviale. Le **mont de Watten** ㊷ avec ses 72 m d'altitude domine toute la région. Le moulin en bois sur pivot joliment restauré et la tour de l'abbaye font de ce site un point touristique intéressant. Gagnez ensuite les villes de Bergues et Dunkerque.

Dunkerque ㊸ a eu la particularité de ne pas connaître l'envahisseur mais d'avoir été sévèrement bombardée par air, par mer et par terre. Il reste peu de marques de 1914-1918 dans cette agglomération martyre du second conflit mondial. Deux monuments aux morts se distinguent des habituels monuments : les cénotaphes de Dunkerque et de Petite-Synthe. Celui de Dunkerque (au pied du beffroi) imaginé par l'artiste parisien Fritel, représente un soldat allongé avec, à ses côtés, le fusil, le sac et le casque, ainsi que deux statues de femmes symbolisant la Liberté et la Justice. Sur le monument sont gravées les armoiries de Dunkerque et l'inscription suivante : "Ils ont combattu sur terre, mer, et dans les airs...", ainsi que le nom des batailles. Le monument aux morts de Petite-Synthe est de très forte inspiration flamande (inscription *Vlaanderen van leeuw* et présence du lion). Conçu par le docteur Dewèvre, maire de la commune, le monument a été inauguré le 22 juillet 1923.

Si Dunkerque est à l'effigie de Jean Bart, **Saint-Pol-sur-Mer** ㊹ consacre Guynemer (collège, armoiries de la ville...). Rue de la République, une plaque est apposée sur la maison où l'aviateur a séjourné en 1917. À l'intérieur de la raffinerie B.P. construite à l'emplacement de l'ancien aérodrome, un monument célèbre d'une phrase allégorique le dernier envol du héros. Dunkerque a également son monument dans l'enceinte Nordmed (anciens chantiers de France). Il a été érigé en 1989 avec les vestiges de l'ancien monument Guynemer qui se trouvait sur la plage de Malo-les-Bains et qui avait été détruit au cours de la Seconde Guerre mondiale. Réalisé en grès rose de Saverne, d'après les plans de l'architecte dunkerquois Jean Morel, le monument des fusiliers marins a été inauguré le 11 novembre 1929 par le ministre G. Leygues en présence de troupes françaises et d'un détachement de la marine britannique. Il célèbre les faits d'armes des troupes de marine durant la Grande Guerre, notamment ceux des fusiliers marins de l'amiral Ronarc'h. Endommagé au cours de la Seconde Guerre mondiale, le monument a été restauré en 1964.

Le cimetière allemand de **Zuydcoote** ㊺ comprend 170 tombes, tandis que le cimetière britannique de Dunkerque abrite 459 tombes de la guerre 14-18 parmi d'autres sépultures datant de la Seconde Guerre mondiale. Pour sa ténacité et son attitude face aux événements, Dunkerque a reçu de nombreuses distinctions : la croix de guerre en 1917, la D.S.C. (*Distinguish Service Cross)* attribuée par George V le 18 mars 1918 (Dunkerque est la seule ville française à avoir obtenu cette décoration habituellement réservée aux personnes) et la croix de la Légion d'honneur remise le 10 août 1919 par le président Poincaré. Quelques rues rappellent la guerre. Sur le port à marées, le "quai des monitors", du nom des bateaux de l'escadrille anglaise ; la rue de l'amiral Ronarc'h ; la rue du maréchal French ; la rue Foch...

Retournez vers Cassel en empruntant la D916. Au lieu-dit La Bellevue à 7 km au sud de Bergues, vous prendrez la direction d'**Esquelbecq** ㊻. La localité qui ne fut jamais dans une zone de combat servit de cantonnement aux troupes britanniques. Le château classé monument historique figure parmi les plus beaux de l'architecture militaire de Flandre. À la sortie du village, un cimetière militaire créé en avril 1918 au moment de l'avance allemande regroupe plus de 570 sépultures britanniques et quelques tombes françaises et allemandes.

Regagnez la D916 en direction de Wormouth pour gagner **Cassel** ㊼. Du mont Cassel, on voit cinq royaumes, affirme un dicton : la France, la Belgique, la Hollande, l'Angleterre et, au-dessus des nuées, le royaume de Dieu ! À 175 m d'altitude, dans la platitude des Flandres, le mont Cassel joue les petites montagnes. Selon le précepte militaire "qui tient la hauteur tient la plaine", le lieu est stratégique. En octobre 1914, le 1er corps d'armée commandé par le général Foch arrivait sur le front de l'Yser pour épauler l'armée belge. Cassel devenait ville de guerre. Le matin du 24, Foch s'y installait avec, à ses côtés, son officier adjoint, le colonel Weygand. C'est dans le bureau où il dirigea la bataille de l'Yser que Foch avouait avoir passé les heures les plus difficiles de son existence. À l'époque, il logeait rue de Lille chez l'adjoint au maire M. Deschodt.

En mai 1915, l'état-major du général Plumer remplaça l'état-major français. Cassel se mit à l'heure anglaise. Les soldats de l'Empire venus d'Écosse, des Indes... déambulaient musique en tête dans les rues de la cité où, dans les arrière-boutiques, s'ouvraient des salons de thé. Cinéma, concerts militaires et arbres de Noël aux enfants de la ville... à deux pas du front, les armées tentaient d'exorciser la guerre.

Dans une salle de l'ancienne châtellenie, hôtel de la Noble Cour devenu musée municipal (grand-place), le bureau de Foch a été reconstitué et quelques souvenirs personnels, manuscrits, plans de batailles... rassemblés.

- *Musée d'art, d'histoire et de folklore*
  Grand-Place
  59670 Cassel.
  Tél. : 03.28.40.52.85.

Ouverture : tous les jours sauf le mardi du 15 avril au 30 octobre de 10 h à 12 h et de 14 h à 18 h 30; sur rendez-vous du 1er novembre au 14 avril.

Une statue équestre de Foch, œuvre de Georges Malissard, a été inaugurée le 7 juillet 1928 par Raymond Poincaré en présence du maréchal. Le socle d'Edgar Boutry, grand prix de Rome, a été réalisé en pierre de Soignies et granit de Bretagne. Un médaillon placé sur une colonne dans l'église Notre-Dame rappelle que Foch aimait à venir se recueillir en ce lieu.

En poursuivant sur la D916, vous arriverez à **Hazebrouck** ㊽. La ville était un nœud ferroviaire important dont l'armée allemande voulait s'assurer la possession. Dans la nuit du 7 au 8 octobre 1914, on se battit aux abords de la gare à l'avantage de l'armée française. Durant toute la guerre, Hazebrouck, importante base pour l'armée britannique (Q.G., dépôts de matériels, cantonnements, services administratifs...), fut abondamment bombardée, notamment lors de la bataille de la Lys en 1918. Il est impossible de parler d'Hazebrouck sans évoquer l'abbé Lemire, curé de la paroisse et maire de 1914 à 1928. Grande figure du catholicisme social du début du siècle, il fut le créateur des jardins ouvriers.

Par la N42 en direction d'Armentières, vous atteindrez **Strazeele** où la 33e division britannique résista farouchement en avril 1918, puis **Meteren** ㊾ piquée au cœur des houblonnières. En 1914, le village fut l'enjeu d'une terrible charge à la baïonnette. Repris par les Allemands lors de l'offensive d'avril 1918, le village en ruine fut libéré par les Écossais et les Australiens au mois de juillet. Hormis le monument aux morts, le visiteur cherchera le touchant mausolée dédicacé au lieutenant Atwood Morris également appelé le "champ de l'horloge". Venant de Strazeele, le visiteur prendra à l'entrée de Meteren la rue Berthelot, puis à droite la rue Vijverput avant d'arriver à un embranchement où il s'engagera à droite dans une impasse. Le mausolée se trouve

Armentières : l'hôtel de ville reconstruit par Louis Cordonnier dans un style flamand en 1925.

près d'une houblonnière. La parcelle de terrain où est tombé le jeune soldat a été rachetée en 1920 par sa famille. Elle y a fait bâtir un petit bâtiment dont le toit est orné d'une horloge qu'Atwood collectionnait. En octobre 1914, un certain Bernard Montgomery, futur Montgomery of Alamein, sortit indemne de ce même assaut. Débarqué le 23 août à Boulogne, il avait déjà survécu au terrible combat du Cateau des 26 et 27 août.

Non loin de Meteren, la ville de **Bailleul** ⑤⓪ ne connut qu'une brève occupation en 1914. Déclarée "ville ouverte" le 4 septembre, elle fut occupée du 8 au 14 octobre par les Allemands. Les Britanniques s'y installèrent dès le 15. En décembre, French en fit un poste avancé du B.E.F. (*British Expeditionary Forces*). La ville dont l'asile fut transformé en ambulance servit de lieu de repos pour les troupes. George V, roi d'Angleterre, et Albert Ier, roi des Belges, vinrent y passer les troupes en revue. Mais la fée Mélusine qui veille sur Bailleul du haut du beffroi ne la préserva pas. Le 12 mars 1918, les obus allemands tombèrent sur la ville et, le 9 avril, la population fut évacuée alors que débutait la bataille des monts de Flandre. Le 15 avril, malgré l'héroïque résistance des troupes britanniques sur les barricades défendues jusqu'au bout par les hommes du *Machine Gun Corps*, Bailleul était conquise par les troupes d'élite qui investirent la ville avant de pousser leur avantage en direction d'Ypres. La cité délivrée le 30 août par la 25e division était en ruine.
Au carrefour des cinq rues, le visiteur remarquera l'obélisque à la mémoire de la 25e division et, sur la grand-place, le beffroi dont seule la salle gothique a résisté aux bombardements. Sa reconstruction, comme celle de l'église Saint-Vaast (les vitraux évoquent l'histoire de la ville) et des bâtiments publics, est l'œuvre de l'architecte Louis Cordonnier qui a choisi, à la demande du maire Nathalis Dumez, un style flamand rappelant les cités des Pays-Bas. Le monument aux morts, œuvre de Camille Desbrets, a été construit avec les pierres des édifices détruits. Il représente une fausse ruine appuyée sur une arcade d'église. Le bronze symbolise une France qui, telle un phénix, renaît de ses cendres. Plus de 5 000 combattants reposent dans le cimetière britannique de la commune et dans son extension en direction de Vieux-Berquin. Bailleul est également célèbre pour son école de dentelle que l'œuvre *Le retour au foyer* s'efforça de relancer après la Première Guerre.

Quittez la ville en direction de **Steenwerck** ⑤①. Occupée dès les premiers jours d'octobre, la ville fut reprise par les Britanniques le 15 octobre. Un millier de soldats de l'armée de l'Inde prirent alors leur quartier au hameau de la Croix-du-Bac. Dans le château Vanuxem s'installa l'*Intelligence Service*. En avril 1918, lorsque von Quast et von Arnim élargirent la ligne de front, Steenwerck qui servait de lieu de dépôts et d'ambulance fut rapidement atteinte et, détruite à 50 %, elle ne fut libérée que le 1er septembre. Trois cimetières britanniques et un cimetière allemand témoignent de la violence des combats qui se sont déroulés sur le front proche.

En poursuivant votre périple en direction de Lille, vous arriverez à **Armentières** ⑤②. En octobre 1914, la ville connut une brève occupation allemande. Proche du front durant toute la guerre, elle fut constamment bombardée. Les Allemands cherchaient en effet à atteindre les batteries qui y étaient installées. La grand-place était surnommée "place de 11 heures" à cause de l'horloge du beffroi bloquée sur cette heure. Début 1917 commença l'agonie de la ville qui déplorait 200 victimes, alors que les derniers habitants (plus de 4 800 personnes) ne voulaient pas abandonner leur maison. Le 9 janvier, l'instruction fut donnée à tous les civils d'avoir en permanence un masque à gaz à portée de la main. Le 2 mai, Armentières était la cible d'un 274e bombardement. Les nuits des 4 et 5 juin furent terribles à cause des gaz. En juillet 1918, 2 643 Armentiérois et 1 240 Belges vivaient encore dans les ruines. Dans la nuit du 28, ce fut le coup de grâce. Un mélange d'obus à gaz, de gros calibres et d'obus incendiaires s'abattait sur la ville à la cadence de cent par minute. En septembre 1918, le beffroi s'écroulait. Au cours de l'offensive d'avril 1918, les Allemands réinvestirent la ville. La IIe armée de Plumer la libéra le 3 octobre 1918.
Armentières est aussi la ville de la très célèbre chanson *Mademoiselle from Armentières* composée en 1915 :

Mademoiselle from Armenteers
Parlez-vous,
Mademoiselle from Armenteers,
Parlez-vous,
Mademoiselle from Armenteers,
She hasn't been kissed for forty years,
Hinky-dinky parlez-vous.

D'après les compositeurs Harry Carlton et J. A. Funbridge, la demoiselle en question, une certaine Marie employée au café de la Paix, aurait giflé un militaire (vraisemblablement Carlton) qui s'était permis quelques familiarités (...) L'incident inspira la rengaine qui fut chantée pour la première fois lors d'une revue de théâtre aux armées à l'institution Saint-Jude. On a longtemps débattu de l'identité de "mademoiselle from Armentières" à qui l'on a prêté des activités d'agent de liaison pour le compte des Alliés. Il s'agirait de Marie Lecocq, née le 8 août 1890 à Armentières et décédée à Marquette en 1945. Line Renaud a fait de la chanson le succès que l'on connaît. Un monument en l'honneur de la demoiselle a été dévoilé le 25 septembre 1982. Il représente la femme, mère, sœur ou amie qui aide un homme blessé. Anéantie par la guerre, Armentières reçut la croix de guerre des mains du maréchal Foch le 22 mai 1921. La reconstruction de l'hôtel de ville (d'inspiration flamande) et de l'église Saint-Vaast est due à Louis Cordonnier.

Avant de rejoindre **Lille** ⑤③, vous passerez à Verlinghem, avance extrême des soldats de Pulteney qui tentèrent en vain, à la mi-octobre 1914, de gagner Lille occupée par les troupes du prince Ruprecht. La Grande Guerre compte pour Lille parmi les périodes les plus noires de son histoire. Déclarée une première fois "ville ouverte" le 1er août 1914 à la surprise du général Lebas puis mise en état de siège à la demande du général d'Amade par Herment, gouverneur de la place et successeur de Lebas, la cité fut finalement abandonnée par les territoriaux conformément aux ordres du géné-

Lille : le monument aux fusillés à la citadelle.

ral Messiny, ministre de la Guerre, au moment même où l'avant-garde de von Kluck était signalée. Le 2 septembre, le préfet Trépont ordonnait l'évacuation des mobilisables. Les Allemands restèrent dans la ville jusqu'au 6 septembre. Après la Marne, l'état-major français songea enfin à défendre la ville, mais, en ce début octobre, la bataille se jouait sous Arras. La cavalerie de Mitry qui, en théorie, aurait dû se diriger vers Lille et la Belgique est repoussée sur Bénifontaine et Lens. Envoyés sur Lille, les chasseurs du général Baquet se trouvèrent aux prises avec l'ennemi sur les remparts de Fives. Le 6 octobre, de Maud'huy dut rappeler le 21e corps (général Maistre) sur Lens. À la demande du préfet du Nord, des bataillons de territoriaux furent renvoyés sur Lille. Ces 4 000 hommes commandés par le commandant de Pardieu tinrent bon face aux 70 000 Allemands du 19e corps d'armée du général von Laffert jusqu'au 12 octobre. Après une défense héroïque, de Pardieu fit hisser le drapeau blanc sur l'église du Sacré-Cœur. À 18 h, un pigeon voyageur apportait un message au Q.G. du général de Maud'huy : la garnison de Lille se rendait. Le 13 octobre à 9 heures, les Allemands pénétraient dans la cité par la porte de Douai. L'occupation commençait. Elle dura 1 465 jours. Ce même jour à 14 h, le prince Rupprecht de Bavière rendit son épée au colonel de Pardieu "en témoignage de l'héroïsme des troupes françaises" pour la défense de la ville.

"Dans les yeux des vieux, des femmes, brûle une haine sans nom
Tant ils regardent l'ennemi, le terrible,
Que leur haine devient un frémissement d'horreur,
Et sans répit, dans un bruit sourd passent les bataillons..."
(extrait de *Poèmes de soldats en Flandre*).

Concernant la Grande Guerre, le visiteur découvrira plus spécialement le **monument aux fusillés**, œuvre de Félix A. Desruelles : le sous-lieutenant Ernest Deceuninck, le commerçant Georges Maertens, l'ouvrier Sylvère Verhulst et Eugène Jacquet, tous membres du "comité Jacquet" sont figés pour l'éternité face à leurs bourreaux. Nous sommes le 22 septembre 1915. À leurs pieds, le corps de Léon Trulin. Celui que le bâtonnier Kahn a si joliment baptisé "l'enfant chargé de gloire" ne fut en réalité fusillé que le 8 novembre 1915. La première pierre du monument a été posée par Roger Salengro le 11 novembre 1917. Détruit par l'occupant en 1940, le monument aux fusillés lillois a été restauré au lendemain de la libération par Germaine Oury, veuve de Desruelles. Dans le parc, proche des remparts, se dresse le **monument aux pigeons voyageurs**. Dès le 29 septembre 1914, ordre était donné à Lille de tuer tous les pigeons, les "coulons". Dans les régions occupées, le fait de détenir des pigeons était puni de la peine capitale. Paul Bussière, un mineur de Liévin, fut fusillé le 23 août 1915 pour "avoir recelé des pigeons voyageurs". Au centre de la ville, le vestige du **palais Rihour** (lui-même déjà détruit par les flammes) échappa à l'incendie de 1916 qui détruisit l'hôtel de ville du XIXe siècle jouxtant le bâtiment. Cent mille ouvrages de la bibliothèque municipale partirent en fumée ! Seul subsiste l'escalier d'honneur du palais du duc Philippe le Bon et la chapelle. Le théâtre de Lille, commencé en 1907, fut inauguré par Guillaume II au début de la guerre. Endommagé par les bombardements, il ne fut rouvert qu'en 1923. La **bibliothèque municipale** sise rue Édouard-Delesalle renferme une importante collection des journaux de la période 1914-1918. Avenue du Peuple belge s'élève la **statue de Léon Trulin**, sculptée par Edgar Boutry et réalisée en 1935.

Musée militaire consacré à l'artillerie.

- *Musée des Canonniers*
  44, rue des Canonniers
  (entrée rue des Urbanistes).
  Tél. : 03.55.58.90.

Ouverture : tous les jours de 14 h à 18 h.

Lille : le monument aux pigeons voyageurs.

À partir de Lille, prenez la N41 en direction de Béthune et bifurquez à droite vers **Fournes-en-Weppes**. C'est dans ce village que logeait, à la boucherie Cardon un caporal estafette nommé Hitler (voir p. 186). Le 20 avril 1942, une plaque fut apposée sur le mur de la maison. Elle se trouve au musée de **Fromelles** ❺❹. Mi-octobre 1914, le front se formait à Fromelles. Dès lors, les attaques se succédèrent sur la petite crête qui commandait l'approche de Lille. Les combats y furent particulièrement durs en 1914, en 1915 lors de la bataille de Neuve-Chapelle et surtout les 19 et 20 juillet 1916. La "bataille de Fromelles" – qui opposa les Britanniques soutenus par une division australienne et les régiments de réserve bavarois – fut une vaine tuerie. Le bilan des morts est révélateur : 5 533 hommes et officiers pour la 5ᵉ division australienne ; 1 313 hommes et officiers de la 61ᵉ division britannique sur un effectif de 3 410 combattants. Les Allemands perdirent quelque 1 500 hommes. Chaque année, une cérémonie du souvenir est organisée en juillet. Ouvert en mai 1991 à l'occasion du 75ᵉ anniversaire de la bataille, le musée situé dans le bâtiment de la mairie est particulièrement intéressant. Sa pièce maîtresse est la reconstitution d'un puits qui faisait en réalité 8 m de profondeur et permettait aux Allemands d'aller poser les mines sous les lignes anglaises grâce à un tunnel creusé dans la terre bleue. Étayé de bois, ce tunnel mesurait 37 m de long. "Les Allemands étaient sur le haut, les Anglais sur le bas. Ils pompaient l'eau de leur tranchée et la renvoyaient dans celle des Anglais", expliquent les responsables du musée.

- *Musée de Fromelles*
  Dans les greniers de la mairie, ce très beau musée est tenu par l'Association du souvenir de la bataille de Fromelles. Se renseigner à la mairie ou au 03.20.50.60.72.

Ouverture : d'avril à novembre chaque 2ᵉ dimanche du mois et toute la journée du 11 novembre.

Sur la D22 se trouve l'ossuaire australien de *V.C. Corner* où ont été inhumés les corps de 410 soldats australiens inconnus tués lors de l'attaque de Fromelles les 19 et 20 juillet 1916. Découverts sur le no man's land, ils n'ont été enterrés qu'en novembre 1918, ce qui a empêché toute identification. Un peu plus loin, le visiteur pourra s'arrêter devant le calvaire érigé à la mémoire de Paul Adrian Kennedy tué le 9 mai 1915 en attaquant la crête d'Aubers. Il commandait la compagnie B du *2nd Battallion Rifle Brigade.*

Revenez sur la D141 en direction d'**Aubers** ❺❺, situé au cœur du pays de Weppes. À la sortie de Fromelles, à droite de la route, le blockhaus dit "de Hitler" dans lequel le caporal Hitler aurait séjourné durant la bataille de Fromelles. L'inscription de l'unité est bien visible, gravée dans le béton : "Erbaut von der 4 FPK." À l'entrée d'Aubers, un autre blockhaus au toit à double pente imite le style des fermes de la région et, sur la route du camping, une tour bétonnée devait être un poste d'observation. Aubers, qui était le but de la bataille de Neuve-Chapelle les 10 et 12 mars 1915, fut de nouveau désignée comme objectif le 9 mai 1915. Cette action est plus connue sous le nom de "bataille de la côte d'Aubers". Il ne s'agissait plus d'une attaque de front, mais de deux attaques latérales : l'une au nord, aux Rouges-Bancs à Fromelles, et l'autre au sud, vers Neuve-Chapelle où la brigade de Dehra Dun (de l'armée de l'Inde) se couvrit de gloire et entra dans la légende. C'est lors de cette attaque qu'on vit les unités britanniques (la *Black Watch*) partir à la mort au son des cornemuses. C'est à **Neuve-Chapelle** ❺❻ que se distinguèrent pour la première fois les troupes indiennes, le 25 octobre 1914. Les 10 et 13 mars 1915, French y lançait une offensive particulièrement meurtrière (les pertes britanniques s'élevèrent à environ 13 000 hommes) qui permit la reconquête de la localité. Perdu en avril 1918,

Aubers : blockhaus dit "de Hitler".

le village fut libéré en septembre. Au carrefour de la Bombe se trouve le curieux **monument aux disparus du corps indien**, œuvre de Herbert Baker et de Ch. Wheeler. Les noms de 4 843 soldats de l'armée britannique y sont gravés. Non loin sur la route de La Bassée, le **cimetière militaire portugais**, *Camitario Militar Portogoas*, rassemble 500 stèles derrière sa monumentale porte en fer forgé. Chaque stèle porte sur son sommet triangulaire les armoiries du Portugal entré en guerre en 1916. Face au cimetière, la **chapelle Notre-Dame-de-Fatima** a été érigée en 1976.

"Toute champêtre, sans forteresses, coupée d'une infinité de fossés, la plupart remplis d'eau et bordés de haies épaisses, la région de l'Alleu est, dit un vieil historien, considérée comme le canton le plus fertile de la province d'Artois..." Le pays comprenait trois paroisses : Laventie, Fleurbaix, Sailly-sur-la-Lys et une partie de la Gorgue. Le samedi 10 octobre, "le grand défilé des Boches commençait par les rues de Fleurbaix. Infanterie, artillerie, cavaliers se succédèrent sans interruption. Les maisons étaient hermétiquement closes, mais, à travers les fentes de leurs persiennes, les habitants regardaient l'envahisseur". Sur la carte de la CWCG, les cimetières sont jetés comme pluie de confettis, qu'ils soient français, britanniques, portugais, indiens, chinois... qu'ils soient allemands. Qui donc a dit : "Ces enfants-là avaient tous des mamans" ? Sur le monument aux morts de **Laventie** ➐, œuvre de Maxime Réal del Sarte, la France symbolisée par une femme adossée à une gigantesque croix de guerre tient dans ses bras un soldat mort tel le Christ à la descente de croix. Une gerbe de blé symbolise la vie qui renaît.

Rejoignez à présent Richebourg, Vieille-Chapelle et La Couture. À **La Couture** 58 existait un poste d'observatoire d'artillerie lourde en 1915. Dans ce village, l'église entièrement détruite en 1918 datait du XVe siècle. Un surprenant monument offert par le Portugal met en scène le combat d'un poilu et de la terrible faucheuse. Sur le monument communal plus classique, la France écrit sur la pierre : "Honneur à nos glorieux Morts." Au lieu-dit Le Touret, vous ne pourrez manquer de remarquer sur le toit de la *villa des Verdures*, un maréchal Foch tout de béton vêtu, chevauchant fier et hautain, le regard perdu sur la ligne d'horizon du Bas-Pays. L'œuvre est d'Alphonse (Henri) Wallaert, le bien nommé "poète du ciment". L'homme est mort à La Couture, son village natal, en 1958 à l'âge de 87 ans. Sur le frontispice de la maison, six médaillons représentent les rois des Belges et les parents de M. Wallaert. "On voyait la maison du mont Noir", expliquent les anciens. Une maison spéciale, comme l'était son constructeur, farfelu à coup sûr, talentueux sans conteste pour qui aime un art naïf et bétonné. Non loin, le mémorial et le cimetière militaire du Touret honorent quelque 13 482 officiers et soldats britanniques tombés dans le secteur et qui n'ont pas de tombes connues. L'édifice en pierre de Portland affecte la forme d'un cloître.

À quelques kilomètres de là, le village de **Richebourg** 59 possède un monument aux morts qui rappelle les gisants du Moyen Âge : un poilu "roide" est enroulé dans un drapeau. En mairie, un tableau représente la bénédiction du *2nd Royal Munster Fusiliers* avant la bataille d'Aubers. La scène peinte par un combattant se déroule devant la chapelle Notre-Dame-de-Seez qui se situait rue du Bois. Rue des Charbonniers s'étend le *Saint-Vaast Post Military Cemetery* où reposent des soldats allemands, indiens et anglais. Une ambulance était installée non loin. Le visiteur se dirigera vers la route de Béthune et, s'il est attentif, il repérera de nouveau quelques bornes commémoratives jalonnant le front.

De Richebourg, gagnez **Festubert** 60 par la D166. Le village a été complètement ruiné par les combats, notamment lors des attaques britanniques de mai 1915. Tout comme celle de Neuve-Chapelle, cette bataille de Festubert est un échec. Le matin du 13 mai, 433 obusiers et canons ouvraient le feu pour un tir lent et méthodique d'une soixantaine d'heures. Plus de 100 000 obus furent lancés ! Dans la nuit du 16, les Allemands reculèrent enfin et fixèrent leur nouvelle position face à Festubert. Le 18, les Canadiens se firent cueillir par la mitraille provenant de cette nouvelle position que l'artillerie n'avait pas encore repérée. Le 20 mai au soir, les Canadiens relançaient l'attaque et s'emparaient du verger de Festubert, bientôt appelé Verger canadien, mais il fallut attendre le 24 mai pour que la 1re division canadienne arrivât à enlever définitivement les positions. Repris par les Allemands en 1918, le village n'était qu'un amas de ruines. Marraine du village, la ville de Southport (sur la mer d'Irlande) participa à la reconstruction. Le *Southport Memorial Hall* est utilisé aujourd'hui encore comme salle des fêtes.

Un peu plus loin, le village de **Givenchy** ❻❶ est bâti sur un petit mamelon au bord du canal. En janvier 1915, d'âpres combats s'y déroulèrent. Le village fut pris par les Britanniques et demeura un point d'accroche de la défense. Le monument à la 55e division britannique du *West Lancashire* est dédié à cette division qui a vigoureusement résisté dans le secteur en avril 1918. La devise de la division, *They win or die who wear the Rose of Lancaster*, est évoquée par une couronne de roses sur le monument. La ville de Liverpool, marraine du village, offrit à la commune le *Memorial Liverpool Village Hall* qui accueillait un dispensaire, une bibliothèque et un cinéma. Outre le monument aux morts qui représente une femme en pleurs devant une tombe, le visiteur trouvera un émouvant hommage d'un général à son lieutenant de fils dans le monument Trevor. Entre Givenchy et **Cuinchy** ❻❷, le cimetière des gardes, appelé *Windy Corner* du nom du carrefour proche, regroupe plus de 3 000 sépultures. L'église de Cuinchy, reconstruite en 1925, est ornée d'un joli vitrail du souvenir. Le monument aux morts, œuvre du Béthunois Louis Poupart, montre la victoire ailée dominant une femme en pleurs. La couronne de laurier est couronne mortuaire. Deux calvaires près de l'église sont les seuls vestiges d'avant 1914 du village stratégiquement placé au passage du canal. Le circuit se termine à **Cambrin** ❻❸. Son château rasé en 1918 était jadis doublé d'une ligne en redents vers Wingles. Le monument aux morts réalisé par Julien Flament est la réplique modèle réduit de la statue de la liberté de Bartholdi !

LITTORAL CALAIS - BOULOGNE - MONTREUIL - DESVRES

Pour l'amiral Alfred von Tirpitz : "Ce qui importait par-dessus tout, c'était de couper les Anglais de leurs lignes de communication et d'atteindre Calais. En position au cap Gris-Nez, notre artillerie aurait rendu plus difficile le trafic par la Manche ; à cela se serait ajoutée plus tard la possibilité de bombarder Londres du cap Gris-Nez." **Calais** ❻❹, leitmotiv des Q.G. allemands, fut convoitée mais jamais prise. Calais devint, en avril 1915, une base stratégique pour les troupes britanniques qui y installèrent plusieurs hôpitaux, de nombreux dépôts de matériel et des camps d'entraînement. La base britannique s'installa dans la partie est de la ville, l'autre étant réservée aux installations militaires et sanitaires belges. À partir de juin 1917 arrivèrent quelques troupes portugaises et, dans la dernière année de guerre, les soldats américains qui créèrent plusieurs aérodromes aux alentours de Calais. Au plus fort de l'occupation militaire, plus de 110 000 soldats furent cantonnés dans Calais et sa périphérie qui devinrent la cible privilégiée des aviateurs allemands. Les bombardements firent de nombreuses victimes, tant civiles que militaires. Ils épargnèrent les "bourgeois" à l'abri dans les caves de l'hôtel de ville. Deux cimetières rappellent cette tragique période. Le premier est le **Calais Southern Cemetery** dans lequel reposent plus de 700 soldats. Le second, le **Baraques Military**

Cap Blanc-Nez : mémorial à la Dover Patrol.

Saint-Étienne-au-Mont : le cimetière chinois.

Cemetery, se situe à Blériot-Plage, sur la route menant à Sangatte. Dans ce cimetière qui est une extension de Calais Sud, près de 1 600 corps (dont 203 travailleurs chinois et plus de 200 prisonniers de guerre allemands) sont inhumés.

Vous quitterez Calais en prenant la direction de **Boulogne-sur-Mer**, pour laquelle deux itinéraires sont possibles : par l'autoroute A16 ou la départementale. Par l'A16, le trajet est rapide et permet notamment de s'arrêter sur le site du tunnel sous la Manche, à Coquelles. Foch devait déclarer à la fin du conflit que la guerre aurait été écourtée de deux ans si les Alliés avaient disposé d'un moyen d'approvisionnement des armées alliées à l'abri des attaques sous-marines. Un tunnel, par exemple, ô combien utile pour l'évacuation des blessés. La D940 longeant la côte de Calais à Boulogne permet de profiter des sites classés des **caps Blanc-Nez** et **Gris-Nez**. Au **Blanc-Nez** ⓺⓹, vous trouverez le monument Latham, concurrent malchanceux de Blériot, et le **mémorial à la Dover Patrol** qui, sous le commandement du vice-amiral Bacon, était chargée de la sécurité maritime dans le détroit. Ambleteuse était, entre 1917 et 1918, le G.Q.G. des forces portugaises. Au centre du village se dresse un petit monument rappelant cette présence au cours de la guerre.

La jolie station balnéaire de **Wimereux** ⓺⓺ datant du début du siècle était, au cours de la Première Guerre mondiale, un grand centre sanitaire britannique. C'est d'ailleurs au Splendide Hôtel, transformé en hôpital militaire, que mourut le 28 janvier 1918 le colonel canadien John Mc Crae, mondialement célèbre pour son poème : *In Flanders Fields* (voir page 133). John Mc Crae repose aujourd'hui dans le cimetière communal de Wimereux où un carré militaire regroupe quelque 2 800 tombes britanniques. Une plaque est placée à l'entrée du cimetière à la mémoire du poète canadien. Quelques vers y sont gravés.

À partir de Wimereux, vous continuerez votre route sur la D940 en direction de Boulogne et atteindrez le village **Terlincthun** ⓺⓻. Au rond-point, prenez à gauche la route qui descend sur Wimille. Sur la droite se trouve le **Terlincthun British Cemetery** dans lequel plus de 4 000 soldats de la Première Guerre sont inhumés. Non loin de là se dresse la **Colonne de la Grande Armée**, monument commémorant la remise des premières Légions d'honneur par Napoléon Ier aux soldats du camp de Boulogne en 1804. De Wimille, empruntez la D96 pour vous rendre à **Saint-Martin-les-Boulogne** ⓺⓼. Au **Meerut Military Cemetery** sont enterrés près de 300 membres de l'*Indian Army* et une vingtaine de travailleurs égyptiens tués en 1917 au cours des bombardements aériens sur Boulogne. La plupart des combattants indiens inhumés dans ce cimetière sont morts de maladie au *Meerut Stationary Hospital* à Boulogne, entre octobre 1914 et novembre 1915.

Le **Boulogne Eastern Cemetery** jouxte Saint-Martin. En ce lieu reposent près de 5 600 combattants tués entre 1914 et 1918. Parmi eux, 4 960 membres du Royaume-Uni (officiers, soldats, aviateurs, nurses...), 5 officiers indiens, 438 canadiens, 307 australiens, 74 néo-zélandais, 15 sud-africains, 4 travailleurs égyptiens... Dès l'entrée en guerre, Boulogne constitua une très importante base britannique : zone de débarquement de troupes durant toute la durée du conflit, présence de nombreux hôpitaux et de gigantesques parcs de ravitaillement où étaient employés de nombreux corps de travailleurs (chinois essentiellement) pour le travail de manutention. Il serait passé par le port de Boulogne, du 1er juillet 1914 à fin 1918, plus de huit millions de soldats britanniques ! C'est également à Boulogne que débarqua, en juin 1917, le général Pershing, chef du corps expéditionnaire américain. Sérieusement bombardée par l'aviation allemande en 1918 et ravagée par l'aviation alliée durant la Deuxième Guerre mondiale, il reste

Le cimetière militaire britannique d'Étaples.

très peu de vestiges rappelant les années 14-18.

Au sud de Boulogne, sur la D940 menant à Étaples, la commune de **Saint-Étienne-au-Mont** ⓰ abrite un **cimetière chinois** dans lequel sont inhumés 160 membres du *Chinese Labour Corps*, trois matelots de la marine marchande chinoise et cinq membres du *South African Native Labour Corps*. Dans cette nécropole, un **mémorial dédié au Chinese Labour Corps** rappelle le sacrifice de ces travailleurs asiatiques venus mourir dans notre région entre 1917 et 1919.

Étaples ⓱ était, entre 1915 et 1918, une des plus grandes bases britanniques en France. L'armée britannique y implanta de nombreux hôpitaux, des zones de cantonnements et un gigantesque camp d'instruction. En 1917, le camp d'Étaples abritait plus de 100 000 hommes ! À cette époque, les jeunes recrues britanniques débarquant à Boulogne y séjournaient pour y suivre une dure période d'instruction au *Bull Ring*. L'entraînement était si rude et les instructeurs si sévères qu'une sanglante mutinerie éclata en septembre 1917 (voir p. 295). Compte tenu de son importance stratégique, Étaples fut la cible des raids aériens qui firent de nombreuses victimes civiles et militaires. L'année 1918 fut particulièrement cruelle. Seul le gigantesque **cimetière militaire** (plus de 10 000 sépultures) situé à l'entrée nord d'Étaples témoigne aujourd'hui de cette époque. “Étaples est le plus douloureux de tous les cimetières. Ici reposent des hommes que la gangrène et les gaz tuèrent à petit feu, qui survécurent un temps sans poumon et sans yeux... Ils étaient enterrés, dix, quinze, vingt à la fois chaque jour par les croque-morts attitrés de l'hôpital militaire, loin des champs de bataille où ils avaient fait le sacrifice de leur vie.” (Allison et Fairley, *Les Mutins.*)

Au moment de l'entrée en guerre, les luxueux hôtels du **Touquet Paris-plage** ⓲ sont aménagés en hôpitaux militaires et centres de convalescence. Le casino de la Forêt devient le célèbre *Duchess of Westminster Hospital* dans lequel sont soignés les officiers britanniques. En juillet 1917, Le Touquet reçoit la visite de l'illustre Nungesser qui fait une escale de quelques jours dans la station. À cette époque, la plage est une zone d'atterrissage pour les aéroplanes venant du Crotoy où il existe une école militaire française de pilotage. Dernier témoin de la Première Guerre, le **carré militaire britannique situé dans l'enceinte du cimetière communal** regroupe plus de 140 tombes de soldats, décédés pour la plupart d'entre eux dans les hôpitaux de la ville entre 1914 et 1918.

Vous quittez à présent le Touquet en prenant la direction de Montreuil-sur-Mer par la RN39.
En mars 1916, le G.Q.G. britannique quittait Saint-Omer pour venir s'installer à **Montreuil-sur-Mer** ⓳. La cité fortifiée devint alors, et jusqu'en 1918, le véritable centre nerveux du B.E.F en France. Les services du G.Q.G. étaient installés dans les vastes bâtiments de l'ancienne école militaire préparatoire, le maréchal Douglas Haig choisissant le château de Beaurepaire (dans le hameau de Saint-Nicolas) comme résidence. La ville reçut la visite de prestigieuses personnalités : le président Raymond Poincaré, le roi et la reine d'Angleterre, Georges Clemenceau, Aristide Briand, Lloyd George et, à plusieurs reprises, les généraux français, Foch, Joffre et Pétain. Quelques monuments et plaques rappellent encore la présence du G.Q.G. britannique à Montreuil. Une **statue équestre du maréchal Haig** domine la place. Cette œuvre du sculpteur Landowski a été inaugurée en juin 1931. Renversée par des soldats allemands en 1940, la statue fut envoyée en Allemagne pour y être fondue. Refaite à l'identique, la statue a été inaugurée une seconde fois en 1950. À l'entrée du château de Beaurepaire (privé), à environ quatre kilomètres

Statue équestre du maréchal Haig à Montreuil-sur-Mer.

de Montreuil sur la route menant à Campagne-les-Hesdin, une plaque rappelle que le maréchal Haig y a résidé de 1916 à 1918.

À **Neuville-sous-Montreuil** ⑬, la chartreuse Notre-Dame-des-Prés, remarquable monument fondé au XIVe siècle, accueillait un hôpital civil belge. Aujourd'hui, le village abrite un **petit cimetière indien**, soldats de l'*Indian Army* décédés à l'hôpital général indien installé à Montreuil de décembre 1914 à mars 1916.

En empruntant la D127 qui longe la très touristique vallée de la Course, vous rejoindrez **Desvres**. Durant la Grande Guerre, Desvres, comme la plupart des localités des environs, était une importante zone de cantonnement militaire. Des dessins réalisés à l'époque représentent la ville fourmillant de troupes britanniques. Prenez la direction de Lumbres et rattrapez Saint-Omer par la vallée de l'Aa le long de laquelle, dès 1915, s'installa une industrie d'armement qui employait de la main-d'œuvre locale. En 1914, **Esquerdes** accueillit un détachement de l'*Indian Army*. Des soldats indiens cantonnaient dans l'école des filles. Ce détachement indien s'installa en fait dans toute la vallée et occupa en particulier les usines et fabriques de la région. Une partie était d'ailleurs cantonnée dans le moulin d'Esquerdes devenu la Maison du papier. En octobre 1914, le château d'**Hallines** était occupé par l'état-major de la *Warnshire Royal Horse Artillery*. En décembre, un convoi d'autobus londoniens transportant des troupes arriva dans la petite localité. Cette compagnie de transport (la 91e M.T.A.S.C) y séjourna jusqu'au début de l'année 1915. Les véhicules rouge vif furent alors camouflés avec l'aide du menuisier de Wisques. Au cours de la guerre, Hallines accueillit également un détachement britannique, spécialisé dans l'emploi des gaz de combat, qui s'exerçait dans un camp situé sur le territoire d'Helfaut.

Rejoignez Wisques par la D212. Entre 1914 et 1918, l'abbaye Saint Paul, également appelée le grand château, fut occupée par l'armée britannique. Lieu de cantonnement pour les troupes indiennes en 1914, l'édifice religieux devint, à partir d'avril 1915, un centre d'instruction pour officiers britanniques. Les soldats s'entraînaient alors dans le parc où étaient reconstituées des tranchées. Par deux fois, le roi d'Angleterre, George V, visita cette "école militaire". Vous arriverez à Saint-Omer par **Longuenesse** ⑭. À l'intérieur du **Longuenesse Souvenir Cemetery**, plus de 2 000 corps sont inhumés.

CIRCUIT MAUBEUGE, VALLÉE DE LA SAMBRE ET BATAILLE DU CATEAU

Maubeuge ⑮, 29 août 1914, les batteries autrichiennes tirent leurs premiers obus sur la coupole du fort de Boussois. Dans la ville assiégée, la garnison était à son poste, 40 000 hommes placés sous les ordres du général Fournier, des territoriaux pour la plupart peu préparés à la guerre. Cinq cent trente-cinq canons défendaient la place, avec une portée de neuf kilomètres pour répondre aux "305" et "420" allemands qui pouvaient tirer jusqu'à 14 km. La réserve, 10 000 hommes, ne disposait que de seize canons de 75 pour le combat en rase campagne. Von Zwehl pilonnait avec méthode les forts de Maubeuge et les défenses. Le 1er septembre à midi, une sortie fut tentée pour essayer de détruire les batteries allemandes signalées au nord de Jeumont. En vain. Le matin du 5, une dépêche était lancée d'un aéroplane : von Zwehl sommait le gouverneur de la place de se rendre ! Le 6, le fort de Boussois tombait. Dans la place forte, les défenseurs firent sauter l'arsenal et les poudrières. Le 7 au soir, Fournier chargea le capitaine Grenier des pleins pouvoirs et l'envoya auprès de von Zwehl. Le 8 septembre, Maubeuge fit sa reddition.

On fit le compte des dégâts : les obus avaient mis le feu au collège et à la salle Sthrau, les collections du musée étaient parties en fumée ; l'église et la mairie touchées ; les bureaux de l'état-major à la porte de France pilonnés. Toute la zone est de Maubeuge avait particulièrement

souffert. Le village de Beaufort pris entre la ligne de feu de l'assiégeant et la défense de Cerfontaine avait été sévèrement bombardé. À Recquignies, des otages avaient été fusillés ! L'occupation commença, dure, pénible, pleine de vexations. Les colonnes de travaux forcés partirent pour Cambrai ou du côté de Landrecies. Les réquisitions se multiplièrent. La rafle des bronzes épargna le monument aux morts célébrant la victoire de Wattignies alors que les statues du peintre Jean Mabuse et de Sadi Carnot partirent pour la fonderie.
Le 9 novembre 1918, le général Matheson faisait une entrée triomphale par la porte de Bavay. La libération de la ville avait été payée au prix fort. La veille, le pont du Moulin, le pont rouge, les ponts de la porte de France et de la porte de Mons avaient sauté en faisant s'écrouler les immeubles voisins. Les Allemands avaient lancé des obus à gaz sur le village de Rousies.

Peu de témoignages de la Première Guerre restent visibles dans **Maubeuge** qui, le 17 mai 1940, fut détruite à 90 % ! La ville, aujourd'hui un exemple de l'architecture moderne (notamment l'église Saints-Pierre-et-Paul) fut reconstruite sous la direction de l'architecte Lurçat. Des quatre portes de l'enceinte de Vauban, seule subsiste celle de Mons. Sous la voûte sont enchâssés les médaillons du colonel Schouller, le défenseur de 1814, et du général Fournier, défenseur de 1914. Le monument du 145e (se garer sur la place Vauban), la maison du Corps de garde et le monument aux morts "soldat de 1914, poilu de 1918" méritent également une visite.

- *Musée de l'Histoire militaire de Maubeuge*
  Maison du Corps de garde
  Le musée retrace l'histoire des fortifications.
  Pour tous renseignements, écrire à Jean-Claude Descamps
  Renaissance Vauban
  34, Le Vauban C
  B.P. 141
  59602 Maubeuge.

Ouverture : le dimanche après-midi de 15 h à 18 h de fin avril à fin octobre ou sur rendez-vous.

Les autres vestiges intéressants se trouvent à l'extérieur de la ville.

Prenez la direction d'**Assevent** 76 vers Boussois. Le cimetière d'Assevent, établi par les Allemands durant la guerre, réconcilie dans la mort les soldats allemands, français mais aussi russes et britanniques. Au-delà de **Recquignies** 77 en empruntant la D336, découvrez la **batterie de Rocq** construite en 1890 et qui témoigne des styles défensifs inspirés par Séré de Rivière. De retour à Recquignies, prenez la D436 en direction de **Cerfontaine** dont le fort est resté en l'état. Il a gardé les trous provoqués par les fameux "420" qui avaient traversé les casernements tuant au premier impact plus de 40 soldats ! Propriété de l'ONF, l'entrée est strictement interdite et d'ailleurs très dangereuse.

Retournez à Maubeuge pour vous rendre au fort de Leveau situé au nord-ouest de la ville en direction de Feignies. Le fort de **Leveau** 78 est restauré par une association de sauvegarde. Une stèle honore les territoriaux (certains sont restés enterrés sous les décombres) qui défendaient le fort. Les autres forts de la place de Maubeuge – Boussois, des Sarts, la Salmagne – ont été transformés avant la Seconde Guerre mondiale en forts de type Maginot. Ils sont encore propriété de l'armée.

Prenez la D49 en direction de **Bavay**. L'état-major avancé de French se trouvait à la mairie de Bavay pendant la bataille de Mons, le G.Q.G. se trouvant au Cateau. La division des gardes reprit la ville le 7 novembre 1918. Dirigez-vous ensuite vers **Le Quesnoy** 79, une des plus vastes places fortes de plaine, rasantes et bastionnées qui subsistent en France. Bien que déclassé au XIXe siècle, l'ensemble fortifié a été préservé dans sa quasi totalité. L'ouvrage à corne de Fauxrœulx, ajouté avant la Révolution, est unique en son genre. Il semble que le destin du Quesnoy soit d'être assiégé et conquis avant d'être repris après une grande bataille. Ville de garnison allemande pendant les quatre années de guerre, la reconquête de la ville par les Néo-

Maubeuge : église Saints-Pierre-et-Paul.

Zélandais le 4 novembre 1918 est entrée dans la mémoire collective comme un modèle du genre : en pleine guerre moderne, les assaillants délivrèrent la ville en escaladant les fortifications au moyen d'échelles ! Le monument des Néo-Zélandais qui immortalise l'événement est signé par le prix de Rome, Félix Desruelles. La victoire ailée couronne de laurier les libérateurs du Quesnoy. Le monument est installé sur le mur de courtine, à une cinquantaine de mètres de l'endroit réel de l'attaque, près de la poterne des Néo-Zélandais. C'est l'un des buts de promenade préférés des touristes qui entreprennent la promenade des remparts. Le monument fut inauguré en 1923 par le maréchal Joffre et les personnalités britanniques et néo-zélandaises accueillies par Daniel Vincent, député maire et ministre, l'un des organisateurs de l'aviation militaire en France que ses amitiés pétainistes rendirent plus tard à l'anonymat. Chaque année au printemps et à l'automne, les délégations néo-zélandaises viennent se recueillir en ce lieu pour célébrer l'*Anzac Day* et commémorer la reprise de la ville. Quelques bâtiments provisoires sont encore visibles à la porte de Valenciennes. Dans l'hôtel de ville, une sculpture tribale néo-zélandaise *teko teko maori* rappelle la participation des Néo-Zélandais aux combats.

Un diorama réalisé par le Cercle historique décrit les divers sièges de la ville.

- *Office du tourisme*
  Rue du Maréchal Joffre
  59530 Le Quesnoy.
  Tél. : 03.27.49.05.28.

Au nord-est de la ville, le cimetière allemand de **Frasnoy** ⑧⓪ qui rassemble plusieurs milliers de morts est très impressionnant (pendant la guerre, Le Quesnoy fut transformé en un véritable lazaret qui accueillait les blessés en surnombre de Cambrai).

Le cimetière d'Assevent établi par les Allemands durant la guerre.

Suivez la D934 vers Le Cateau. Englefontaine, située en lisière de la forêt de Mormal, a été complètement détruite au cours de la guerre. À partir d'Englefontaine, prenez la D932 jusqu'à Croix-Caluyaux où vous bifurquerez à droite vers Solesmes. La ville que le géant Barbari et son armée de Seringueux ne surent pas défendre souffrit de la Grande Guerre. Sur la route de Cambrai, **Saint-Hilaire-les-Cambrai** possède un monument qui rappelle le massacre de dix-huit territoriaux en août 1914. Par la D45 en direction de Quiévy, rejoignez **Caudry** ⑧①. Sur la place, quatre bas-reliefs évoquent la vie sous l'occupation et la libération de la cité par la 37ᵉ division. La ville de la dentelle était, durant la guerre, le siège d'un P.C. de corps d'armée. Un cimetière allemand et des tombes de prisonniers britanniques se trouvent dans le cimetière communal.

À quelques kilomètres, la ville de **Le Cateau** ⑧② est célèbre pour le traité du Cateau-Cambrésis signé en 1559 par la France, l'Angleterre et l'Espagne. Elle l'est aussi pour son musée Matisse, le palais Fénelon et son parc auquel on accède par la rue des Poilus. La ville servit de G.Q.G. britannique en tout début de guerre. Le 26 août 1914, le 2ᵉ corps d'armée britannique, lassé de la retraite, s'opposa à l'avancée des divisions de von Kluck. Un cénotaphe rappelle les combats. À la sortie de la ville, un abreuvoir marquait le souvenir de la 66ᵉ division britannique qui, le 10 août 1918, libéra la ville. Au nord de la ville, un cimetière britannique (679 tombes) et allemand (5 381 tombes) avec un carré de tombes russes borde la D932. Parmi les victimes, John W. Sayer, décoré de la *Victoria Cross* le 21 mars 1918 ! Dans le cimetière communal gisent 151 tombes britanniques.

Quittez Le Cateau par la D959 qui traverse le Bois l'Évêque, lieu d'âpres combats en 1914 et 1918, en direction de **Landrecies** ⑧③. Le 25 août 1914, la brigade des Gardes défendit âprement les rues de la ville et permit à Douglas Haig de se replier. Ces combats firent plus de mille victimes du côté allemand. La ville fut reprise le 4 novembre 1918 par les hommes du

La forêt de Mormal.

général Ronald Charles. Sur le pont du canal de la Sambre, un monument rappelle l'événement. Le 6 novembre, Raymond Poincaré était à Landrecies et, deux jours plus tard, George V était accueilli en libérateur. La ville a beaucoup souffert de la guerre. L'hôtel de ville incendié a été reconstruit à l'identique. À 7 km au sud en direction de Guise, au carrefour du Chapeau Rouge, un monument rappelle que, le 26 août 1914, la première division contint ici l'avance allemande.

Prenez la D959 au départ de Landrecies en direction d'Avesnes-sur-Helpe. À quelques kilomètres se trouve la ville de **Maroilles** jusqu'où s'étendait le réseau Alice. On raconte que, selon le nombre de fromages commandés, on savait si le passage de soldats vers la Hollande avait réussi. Poursuivez vers **Avesnes-sur-Helpe** ❽❹, célèbre pour son clocher à bulbe, qui accueillit le Q.G. du Kaiser et du maréchal Hindenburg. Dans le cimetière de la ville dominée par la tour carrée de la collégiale Saint-Nicolas reposent 82 soldats britanniques de la Grande Guerre.

Prenez vers le nord-ouest la direction d'**Aulnoye-Aymeries** ❽❺. La ville fut le nœud stratégique des communications allemandes. Elle renferme un cimetière britannique. Traversez la forêt de Mormal en direction du Quesnoy puis d'Englefontaine. Sur la route, **Locquignol** piqué au cœur de la forêt parmi les futaies de hêtres et de chênes (le plus vieux a 250 ans !) est une halte bien sympathique. De nombreux travailleurs forcés connurent le martyre dans cette forêt qui fut complètement dégagée le 5 novembre 1918. Le camp Bismarck abritait un important dépôt de munitions. Reprenez la vallée de la Sambre, axe stratégique du conflit, qui ferme la boucle sur Maubeuge.

Autour de la Première Guerre mondiale

Des plages de la Côte d'Opale au bocage vallonné de l'Avesnois, des monts de Flandre aux plaines et aux forêts du Hainaut en passant par la métropole lilloise, la diversité des paysages et des sites constitue pour le Nord une grande richesse, un atout autant qu'un attrait.

• Comité départemental du Tourisme du Nord
15-17, rue du Nouveau Siècle - BP 135
59027 Lille Cedex.
Tél. : 03.20.57.00.61.

La métropole lilloise

Entre le cœur historique de la ville et les tours vitrées du nouveau quartier Euralille, la métropole lilloise, quatrième de France avec plus d'un million d'habitants, offre le charme des contrastes.

Avec ses maisons anciennes aux façades sculptées et colorées, le Vieux Lille est à la fois découverte d'architecture et invitation à la flânerie. La citadelle du XVIIe siècle appartient au patrimoine militaire de la métropole. Ouvrage de Vauban, cette étoile à 5 branches a trouvé place dans un écrin de verdure, aux portes de la ville. Musées d'art moderne, des Beaux-Arts, d'Art et d'Industrie, d'Histoire naturelle... l'art occupe la métropole. Il s'est même introduit dans le métro où les créations contemporaines apportent aux stations une touche d'originalité. Théâtre, musique, cinéma... les divertissements sont aussi nombreux. Les gens qui vivent ici depuis longtemps pratiquent l'art de vivre : marchés, braderies et brocantes sont des rendez-vous auxquels il fait bon s'associer.

Et, pour un bol d'air autour de Lille, les lieux ne manquent pas : parc Barbieux de Roubaix, parc urbain de Villeneuve-d'Ascq, Bouvines et la vallée de la Marque ou forêt de Phalempin, la nature est toute proche de la ville.

• Office du tourisme
59000 Lille.
Tél. : 03.20.21.94.21.

L'Avesnois

Pays des verts pâturages et du bocage, l'Avesnois, au sud de la région Nord, vit au rythme de sa nature. Le Val Joly, à Eppe Sauvage, le plus grand lac au nord de Paris, propose de nombreuses activités sportives et de loisirs. Voile, mini-golf, tennis ou randonnée... à chacun sa nature.

Pays des mille chapelles, l'Avesnois a conservé de son passé religieux les richesses d'un culte omniprésent : clochers, oratoires ou calvaires... La Maison espagnole de Moutiers-en-Fagne, la collégiale d'Avesnes-sur-Helpe, les fortifications du Quesnoy, l'église de Solre-le-Château en sont les principaux témoignages.

Les promenades en Avesnois sont aussi indissociables de la découverte du patrimoine. Du textile au bois, du verre au marbre, c'est toute l'histoire qui est entrée à l'Écomusée de la région de Fourmies-Trélon. Fêtes et traditions ne sont pas en reste. Au pays du maroilles, bonnes tables et produits de pays fleurent bon le terroir. Flamiches, bière, cidre ou miel... voici toute la richesse de l'Avesnois en quelques mets.

• Tourisme en Avesnois
Tél. : 03.27.61.48.48.

La Côte d'Opale

La Côte d'Opale aux reflets irisés et grands espaces présente de multiples attraits. De Dunkerque à Bray-Dunes, le littoral des dunes de Flandre, adjacent à la frontière belge, offre de nombreuses possibilités en matière de sports et loisirs. Speed-sail, char ou planche à voile, les activités nautiques rivalisent avec les plaisirs balnéaires.

Les espaces dunaires constituent une réserve sauvage de près de 1 000 ha où se développe une végétation d'une richesse étonnante et une faune composée de canards, de limicoles et d'oiseaux migrateurs.

Au charme d'une promenade nature s'adjoignent les joies d'une flânerie historique ou culturelle : les villes fortifiées de Bergues et Gravelines, Bourbourg, Hondschoote, l'architecture, le patrimoine et les traditions flamandes... parmi lesquelles le carnaval de Dunkerque. Car faire la fête est aussi un moyen de se plonger dans l'ambiance locale.

• Office du tourisme
59240 Dunkerque.
Tél. : 03.28.66.79.21.

Le cœur de la Flandre

Le cœur de la Flandre offre au "Plat Pays" quelques hauteurs : une chaîne de monts qui, de Cassel à Boeschepe, du mont des Cats au mont Noir, s'ouvre sur les plaines fertiles de l'Houtland, les vertes collines et les forêts. Le cœur de la Flandre est aussi le pays des géants. Gargantua à Bailleul, Jean Le Bûcheron à Steenvoorde ou la famille Tijse-Tajse à Hazebrouck... vivre un carnaval à pas de géants est typiquement flamand. S'arrêter dans les estaminets et pratiquer les jeux de boules ou le tir à l'arc le sont tout autant.

Fort de ses traditions, le cœur de la Flandre est également riche d'un patrimoine architectural et culturel unique avec musées et moulins, façades aux briques ocres et pignons à pas de moineaux, abbaye et chapelles, hallekerkes renfermant d'admirables retables sans oublier beffrois et carillons. Plus de 500 km de sentiers balisés cheminent ici entre plaines et monts.

• Office du tourisme des monts de Flandre
59270 Bailleul.
Tél. : 03.28.43.81.00.

Le Hainaut

Au pays du Hainaut, nature et culture se sont unies. Des villes au passé glorieux et prestigieux offrent une

rare densité de richesses architecturales. Musées des Beaux-Arts de Cambrai et de Valenciennes, musée de la Chartreuse de Douai ou musée Matisse de Le Cateau-Cambrésis, les peintres ont marqué le Hainaut de leurs couleurs. Et les vieilles pierres y sont reines : l'abbaye cistercienne de Vaucelles, la plus vaste d'Europe, et la tour abbatiale de Saint-Amand-les-Eaux en témoignent. Mais l'histoire d'une région s'affirme aussi à travers ses métiers : le centre historique minier de Lewarde s'est installé sur le carreau de la fosse Delloye et l'industrie dentellière a son musée à Caudry.

Pays d'art et d'histoire, le Hainaut n'en est pas moins une région de nature. Le Parc naturel régional de la plaine de la Scarpe et de l'Escaut propose une diversité de promenades à thèmes à l'ombre de ses forêts. Marcheur ou pêcheur, les verdoyantes vallées sont des lieux propices à la détente.

Région de fêtes symbolisées par les géants dont les plus connus sont les Gayants de Douai, les plaisirs se trouvent aussi dans la gastronomie. Andouillette de Cambrai et langue Lucullus de Valenciennes, gayantines et bêtises de Cambrai, les spécialités ne manquent pas.

- Office du tourisme
59400 Cambrai.
Tél. : 03.27.78.36.15.

- Office du tourisme
59500 Douai.
Tél. : 03.27.88.26.79.

- Office du tourisme
59300 Valenciennes.
Tél. : 03.27.46.22.99.

THEIR NAME LIVETH
FOR EVERMORE

III. Les lieux de la Première Guerre mondiale dans la Somme

La grande offensive britannique lancée sur la Somme en 1916 est excessivement meurtrière pour la Grande-Bretagne et ses alliés du Commonwealth. Dans ce lieu unique, champ clos où se sont croisées, à partir de 1916, quelque trente-cinq nationalités, se déroule aussi la première attaque des chars dont l'avenir révélera l'efficacité.

Les itinéraires de découverte permettent de prendre conscience de la dimension internationale du conflit à travers :
- les mémoriaux et monuments aux morts,
- les villes martyres – Albert, Péronne, Roye – et les villages martyrs,
- les cimetières,
- les musées.

Mémorial britannique de Pozières.

1914 : l'année la plus meurtrière de la guerre pour les Français

Après les déclarations de guerre des principaux pays européens, l'armée allemande sous les ordres de von Moltke mit en pratique son plan d'invasion, inspiré de celui de Schlieffen. En dépit d'une courageuse résistance alliée en Belgique et en Lorraine, elle se rua sur le bassin de la Seine. Le 25 août, Joffre donna l'ordre de repli aux armées du centre et de gauche et créa un nouveau groupement à l'aile gauche de l'armée britannique, vers Amiens. Cette VIe armée confiée à Maunoury débarqua en renfort au nord-est d'Amiens.

À la fin août, deux opérations propulsèrent la Somme dans l'actualité. Le 28, ce fut la poussée de l'armée von Kluck qui dévalait depuis Cambrai sur un axe sud-est incluant le massif Thiepval-Ginchy-Guillemont-Combles et la route Bapaume-Péronne (combats de Moislains) puis, le 29, la tentative d'arrêt par Maunoury de l'aile droite allemande marchant sur une ligne Bray-Corbie (franchissement des ponts de la Somme). Après les engagements très violents de Proyart, Framerville et Harbonnières, Maunoury se replia sur Moreuil-Roye et d'Amade évacua Amiens en direction de la Normandie. La voie était désormais libre vers la capitale picarde que les Allemands occupèrent du 31 août au 12 septembre, mais qu'ils évacuèrent au moment de la bataille de la Marne (5-10 septembre). L'alerte avait été chaude puisque Joffre avait envisagé un repli sur la Seine et l'Aube. Le plan de von Moltke venait d'échouer et, le 14, l'homme était relevé de ses fonctions.

Désormais, les armées tentèrent de se déborder par leur flanc selon une direction sud-nord, depuis Noyon jusqu'à Nieuport. Ce fut "la course à la mer" (22 septembre-12 octobre). Dans la Somme, les Français attaquèrent d'est en ouest, puis vers le nord (combats de Roye, Rosières-en-Santerre, Villers-Bretonneux, Péronne, Montauban, Albert). Quelques engagements locaux se déroulèrent encore en octobre (Beaumont-Hamel, Faÿ, Combles, la Boisselle, Mametz), tandis que les deux armées, immobilisées et face à face, se mettaient à manier la pelle et la pioche plutôt que le fusil... Les Britanniques partirent livrer bataille plus au nord, dans les Flandres, préoccupés par le sort de leurs côtes et de leurs ports.

1915

Joffre lança les deux grandes offensives de l'année en pinçant, en quelque sorte, le saillant de Noyon : en Artois en mai et en septembre, ainsi qu'en Champagne en février et en septembre. Dans la Somme, aucune action majeure n'eut lieu. Le silen-

Les troupes allemandes entrent à Amiens le 31 août 1914.

ce du front était entrecoupé par les fusillades d'engagements sporadiques (Serre, Mailly-Maillet) ou des explosions de mines (Fricourt, Carnoy, Faÿ). Plus généralement, l'année 1915 fut, sur le front occidental, l'année de la "guerre des mines". C'est la même année que le soldat français reçut son uniforme "bleu horizon".

À la demande de Joffre, l'armée britannique vint relever les Français à partir de juillet, depuis Hébuterne jusqu'à Curlu (en août). Le 6 décembre, Joffre réunissait dans son quartier général de Chantilly un conseil de guerre et annonçait la stratégie générale pour 1916. Il y privilégiait les actions concertées.

L'armée britannique, quant à elle, devait faire face à des problèmes de commandement et d'effectifs. Douglas Haig remplaça John French en décembre. Par ailleurs, il fallait combler les vides créés par les pertes et développer la création de nouvelles unités. Les campagnes de recrutement par volontariat (lord Derby) ne couvraient plus les besoins et, à Londres, on parlait de plus en plus de conscription, malgré l'avis défavorable des *Trade Unions* et des travaillistes. Pour les Français confrontés aux mêmes difficultés, la réponse fut plus simple : on anticipa la mobilisation de la classe 17 (l'appel fut voté le 30 novembre).

1916

L'arrivée des renforts s'intensifia car la Chambre des communes avait enfin voté la loi sur le service militaire obligatoire, qui entra en vigueur le 9 février. Dès lors, on put envisager la grande opération de 1916, mais les premiers conscrits n'arrivèrent qu'en septembre. Au cours de la conférence militaire franco-britannique du 14 février à Chantilly, Joffre confirma qu'elle se localiserait sur la Somme entre mai et juillet. L'objectif en fut clairement rappelé à Foch et à Haig le 20 juin : "Le but stratégique que je me proposais était de porter une masse de manœuvre sur le faisceau des lignes de communication de l'ennemi que jalonnent Cambrai, Le Cateau, Maubeuge. La route de Bapaume-Cambrai matérialisait donc l'axe initial de notre progression. Le front à atteindre tout

Affiche britannique de recrutement.

d'abord était jalonné par Miraumont, Le Sars, Ginchy, Guillemont, Maurepas, Hem, le plateau de Flaucourt."

Le 21 février, coup de tonnerre : les Allemands attaquaient massivement sur Verdun, obligeant le commandement français à modifier sa tactique mais non sa stratégie puisque, le 27 mars, Joffre décida de maintenir la préparation de l'offensive sur la Somme. Néanmoins, sur l'insistance de Pétain qui se trouvait à Verdun, il envisagea d'anticiper la date des opérations, si possible en mai. Après bien des tergiversations (Haig ne s'estimait pas prêt), la date initialement prévue fut maintenue. Le 16 juin, la Chambre des députés en vota le principe lors d'un débat sur la conduite générale de la guerre.

Hormis une attaque allemande menée du 28 janvier au 6 février sur Frise et Dompierre, un calme quasi total régnait sur le secteur de la Somme. À l'arrière, les préparatifs commencèrent à animer le paysage. Une intense activité, de nos jours difficilement imaginable, se développa crescendo dans tout l'ouest du département : on construisait des routes et des ponts, des centaines de kilomètres de voies ferrées et des quais, des places d'armes, des dépôts, des terrains d'avia-

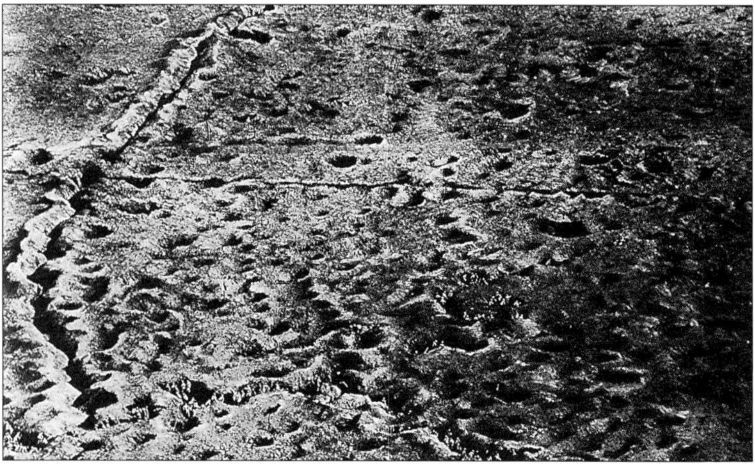

Sur le front, le terrain est creusé de tranchées et constellé de trous d'obus.

tion et des emplacements d'artillerie. On aménagea le port de Saint-Valery et les grands bâtiments administratifs (établissements scolaires, etc.) furent convertis en hôpitaux temporaires. Les usines du Vimeu tournaient à plein régime. On agrandit et développa le réseau de tranchées et les abris, et l'on construisit des postes d'observation. L'ensemble était protégé par une aviation très vigilante. Les prévisions françaises pour l'artillerie s'élevaient à 6 millions et demi d'obus pour un mois… Initialement, Joffre avait prévu une offensive avec 39 divisions françaises et 18 britanniques sur un front de 70 km. L'attaque sur Verdun le contraignit à modifier son plan : Foch ne disposerait que de 14 divisions et Haig de 26, sur un front de 30 km.

Le 24 juin dans la matinée sur toute la longueur du front, un fantastique tonnerre d'artillerie troua le silence jusqu'au 1er juillet (jamais un adversaire n'avait été prévenu aussi longtemps à l'avance de l'imminence d'une attaque !). Quelques minutes avant l'assaut de 7 h 30 retentirent de formidables explosions de mines. Les Français en position au sud de la rivière attaquèrent à 9 h 30. L'offensive se déroula selon trois phases principales.

Du 1er au 19 juillet : les tentatives de rupture

Le 1er juillet, l'aile gauche britannique clouée sur place d'Hébuterne à la route d'Albert, subit un échec quasi total, sauf à l'ouest de Thiepval, au "saillant Leipzig", où l'on enregistra quelques gains. Le même jour, l'aile droite s'emparait des villages de Mametz et Montauban, le 11 juillet de Contalmaison et du bois de Mametz, et le 14 du bois des Trônes et de Bazentin. Chez les Français, la progression fut spectaculaire : ils enlevaient Curlu, Dompierre et Faÿ dès le premier jour, Frise le 2 juillet, Assevillers et Flaucourt sur la troisième position allemande le 3, puis Belloy le 4 et Hem le 5. Le 18, les coloniaux tenaient partiellement Biaches et La Maisonnette, mais butaient sur Barleux… Falkenhayn, dont les actions sur la Somme n'avaient pas donné les résultats escomptés, dut passer la main à Hindenburg.

Du 20 juillet au 25 août : l'élargissement de l'action

Des attaques générales furent lancées depuis la route Albert-Bapaume vers la route Amiens-Saint-Quentin, de Pozières à Ovillers, puis de Guillemont à Cléry, mais elles manquèrent de coordination. Le front passait à l'est de Pozières, à l'ouest de Longueval et de Guillemont, à Maurepas qui avait été pris le 24 août et à l'ouest de Barleux, Belloy et Estrées.

Du 3 septembre au 18 novembre : les actions divergentes

Ce fut la phase la plus active de l'offen-

Le camouflage en 1914-1918

Les premiers essais de camouflage réalisés par l'armée française dès août 1914 consistèrent à dissimuler aux avions un canon à l'aide d'une grande toile peinte de tâches de couleur mates séparées par de grands traits noirs, selon les principes du cubisme. Mais c'est le peintre Guirand de Scévola qui expérimenta sur le front de la Somme les techniques du camouflage et suscita la création officielle de la section de camouflage le 12 février 1915, ultérieurement rattachée au 1er régiment du génie.

À cette date, 125 réservistes territoriaux sont alors répartis entre les ateliers de Paris, Amiens, Châlons et Nancy. En 1918, l'effectif atteint jusqu'à 45 184 professionnels et assimilés, 10 040 femmes et environ 40 000 manœuvres (Annamites, prisonniers de guerre allemands...), en plus des 3 000 officiers et hommes de troupe répartis sur l'ensemble du front. Ces derniers sont soit des décorateurs de théâtre, des sculpteurs (Landowski...), des peintres (Braque, Camoin, Villon, Fresnaye, Marcoussis...), soit des écrivains (Charles Vildrac). Les ateliers confectionnent des grillages garnis de raphia tressé, des toiles peintes pour dissimuler des pièces d'artillerie et toutes sortes de leurres : fausses meules de foin, faux arbres destinés à abriter un observateur, faux canons en bois, fausses voies ferrées ou bornes kilométriques. Les artistes-camoufleurs ne sont pas à l'abri du danger, car la mise en place des éléments d'observation se fait de nuit, bien souvent à quelque 100 m des lignes ennemies, et plusieurs d'entre eux sont tués ou blessés. Les Allemands, quant à eux, ne mettent véritablement en place le camouflage qu'en 1917, mais réalisent de remarquables dissimulations de grosses pièces d'artillerie, dont la fameuse "Grosse Bertha".

Si la stabilisation du front favorise toutes sortes de trouvailles pour se cacher aux yeux de l'ennemi, la reprise de la guerre de mouvement fait perdre une partie de son intérêt à cette activité du camouflage.

C'est à Amiens que l'artilleur Guirand de Scévola est chargé, début 1915, de créer le premier atelier de camouflage. Aidé des dessinateurs Pinchon et Forain, il constitue une petite équipe. La guerre de position crée des besoins et il faut augmenter la production. Les noms connus de la sculpture (Landowski) mais surtout de la peinture et du dessin (Devambez, Dunoyer de Segonzac, Marc, Laparra, pour ne citer qu'eux) viennent grossir l'équipe de Guirand de Scévola qui a sous ses ordres plus de 500 ouvrières. Les ateliers d'Amiens, placés directement sous l'autorité de Foch qui commande le groupe d'armée du Nord, développent le maximum de leur activité pendant la bataille de la Somme, jusqu'en février 1917. Les Britanniques prennent le relais et installent leurs propres ateliers où travaillent 600 Amiénoises.

À Lire :

COUTIN (C.), "Le camouflage pendant la Première Guerre mondiale", in *Historiens-Géographes*, n° 321, décembre 1988, et n° 322, 1989.

Camouflage d'un canon de 370 au cours de la bataille de la Somme.

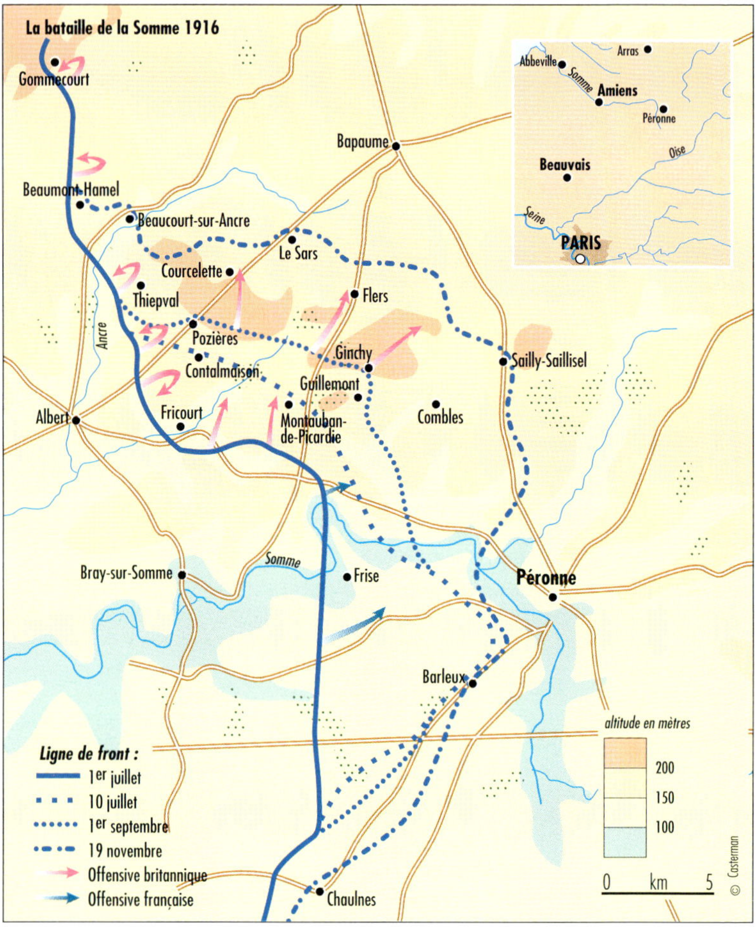

sive. Le verrou de Guillemont sautait enfin le 5 septembre (la première attaque avait eu lieu le 30 juillet), permettant une action conjointe entre la VIe armée britannique et la IVe armée française. Les Britanniques lancèrent leur première attaque de chars le 15 septembre et s'emparèrent de Courcelette, Martinpuich et Flers, ouvrant une brèche vers l'est. La prise de Thiepval le 27 leur permit de poursuivre vers le nord-est sur la rivière Ancre en direction de Beaumont-Hamel. Pour leur part, les Français avaient atteint Bouchavesnes le 12. Au sud de la route Amiens-Saint-Quentin, la Xe armée française était entrée en action début septembre, s'emparant de Soyécourt, Vermandovillers et partiellement de Chilly, au sud. Mais les efforts dispersés et les pluies continuelles avaient transformé le terrain en un immense bourbier où tout s'enfonçait. L'eau éteignait le feu. À la mi-novembre, l'offensive générale s'enlisait sur une ligne Serre, Gueudecourt, Warlencourt, Sailly-Saillisel, Bouchavesnes, Barleux, Chaulnes et Chilly. Les troupes allemandes étaient épuisées, à l'instar des franco-britanniques qui n'avaient progressé que de 12 à 15 km. Cambrai, Le Cateau, Valenciennes… étaient encore bien loin !

En décembre, les Britanniques relevèrent les Français jusqu'à Roye. Chacun prit ses quartiers d'hiver et fit le bilan des pertes (tués, morts des suites de blessures, disparus, blessés) : 498 000 pour les Britanniques, 441 000 pour les Français, 414 000 pour les Allemands. Au total 1 353 000 hommes. Le triste record de Verdun (700 000) était battu…

Dans une note de service du 27 novembre, Joffre proposa de reprendre

Les églises de la reconstruction en Picardie

La carte des hostilités entre 1914 et 1918 montre l'ampleur géographique des destructions de la Première Guerre mondiale en Picardie, destructions rendues encore plus radicales par la platitude du relief et la fragilité des matériaux traditionnels de construction dans cette contrée.

Dans la Somme, qui figure parmi les quatre départements français les plus dévastés par la guerre, l'effort de reconstruction est mené avec une telle détermination que douze années à peine après la fin du conflit, la reconstruction est quasiment achevée. Un ministère des Régions libérées est créé pour encadrer l'entreprise. Si les municipalités se montrent plus soucieuses de rebâtir en priorité les édifices publics (mairies, écoles, casernes de pompiers), les églises – propriété des communes depuis la loi de 1905 sur la séparation de l'Église et de l'État –, demeurent à l'état de chapelles provisoires dans la plupart des cas.

C'est pour cette raison que Mgr Ginisty crée en 1921 la coopérative des églises dévastées, bientôt suivie par la constitution, dans chaque diocèse, d'une coopérative diocésaine. Leur rôle est de récolter les indemnités versées par les communes ainsi que les emprunts lancés par la coopérative nationale afin de constituer les avances nécessaires à la reconstruction. Le conseil municipal soumet un projet à la préfecture qui se charge de vérifier l'emploi de l'indemnité de dommages de guerre. L'édifice doit "présenter le même caractère et la même destination que le bien détruit et constituer une construction de même importance et de même garantie de durée". Dans le cas des monuments historiques, l'administration reçoit l'aide des coopératives de reconstruction des églises qui acceptent d'assurer la gestion des dossiers. À partir de 1920, de nombreux monuments en partie détruits sont classés. Ils sont restaurés et parfois même entièrement rebâtis, mais quelques églises sont définitivement abandonnées comme Nesle, Moreuil ou Hangest-en-Santerre. Quant aux églises Saint-Pierre et Saint-Sépulcre de Montdidier, elles sont classées contre l'avis de la municipalité, afin de pouvoir être reconstruites.

Sur le plan purement esthétique, la reconstruction des églises dans le département de la Somme revêt un caractère nettement contemporain. La plupart des grands projets sont réalisés par C. Duval et E. Gonse qui, sous la bannière du mouvement moderne, tentent de définir le langage d'une architecture qui ne doive rien au passé. C'est l'occasion, pour les arts décoratifs, d'une renaissance prolifique dans tous les domaines, et la possibilité pour les différents groupements d'art sacré qui se multiplient à cette époque d'exprimer une esthétique et une spiritualité nouvelles.

La peinture murale renoue avec la technique de la fresque, une conception plus monumentale de la composition, et utilise des couleurs héritées de Maurice Denis. Dans cette lignée, on peut évoquer les œuvres conçues par Henri Marret pour les architectes Duval et Gonse. L'art du vitrail connaît également un renouveau important avec des artistes comme Hébert Stevens, qui crée les verrières de l'ossuaire de Douaumont sur des cartons de G. Desvallières et réalise notamment les ensembles de vitraux des églises de Roye et Beuvraignes. À la fois verrier et mosaïste, Jean Gaudin, à qui l'on confie le chantier prestigieux de la cathédrale d'Amiens, invente la technique de la mosaïque de verre qui deviendra la dalle de verre. La première manifestation connue de cette technique est l'ensemble de Dancourt-Popincourt. Ce renouveau s'exprime aussi dans la sculpture. Raymond Couvègnes est le collaborateur des architectes Duval et Gonse. Il s'illustre dans la sculpture sur béton, notamment à Roye et Moreuil. L'époque se révèle très créative dans le domaine des techniques décoratives. Dans l'art religieux, la mosaïque connaît une faveur nouvelle, à l'instar de la céramique que Maurice Dhomme utilise à Roye et Martigny-Courpierre (Aisne), alors qu'apparaît une technique nouvelle, le sgraffite, exaltée à Laucourt et Columelle sur des cartons de G. Ansart.

La Somme, par la quantité de chantiers que la reconstruction y a ouverts et la proximité de l'orbite parisienne, a bénéficié du concours des meilleurs architectes et artistes du moment. Marquée par un art souvent en rupture avec l'académisme du XIXe siècle, mais néanmoins fidèle à la figuration, la période 1919-1939 est une époque charnière d'intense créativité dans tous les domaines de l'art religieux, à laquelle la guerre de 1940 mettra un terme.

Albert et Miraumont à la fin du mois d'août, et Péronne le 2 septembre. Inexorablement, la progression s'élargissait depuis Ypres jusqu'à Saint-Mihiel. Le 7 novembre, les plénipotentiaires allemands franchissaient les lignes françaises à Haudroy près de La Capelle afin de prendre connaissance des préliminaires de paix imposés par les Alliés. L'armistice était signé le 11 novembre à Compiègne.

Ernst Jünger

Né le 29 mars 1895 à Heidelberg, en Allemagne, il s'engage comme volontaire en 1914. Il combat sur le front de Champagne où il est sept fois grièvement blessé et reçoit, le 22 septembre 1918, la plus haute distinction militaire, l'ordre pour le mérite. Cette rencontre avec la Grande Guerre est décisive pour l'écrivain. De l'expérience des combats, il tirera les intuitions philosophiques et politiques fondamentales qui nourriront ses écrits. Rentré à Hanovre, Jünger rédige *Orage d'acier* qui relate avec une grande minutie l'expérience de la guerre, l'étrange communauté qui se crée entre les soldats, quels que soient leur uniforme et leur grade. Travailleurs-soldats, ils sont confrontés à la puissance d'une technique planétaire et destructrice. Ce vécu est évoqué entre autres dans *Le Boqueteau* (1924) et *Feu et sang* (1925). Jünger s'installe à Berlin à partir de 1927. Il écrit dans les principales revues du nationalisme révolutionnaire et devient l'un des plus célèbres idéologues de cette droite révolutionnaire ! Après avoir nourri une certaine sympathie pour le mouvement national-socialiste, il s'en éloigne bientôt et se consacre à la littérature et à la nature (passion pour les insectes). Mobilisé en 1939, celui qui avait glorifié l'héroïsme des combats de 1914 a le sentiment de porter "l'uniforme des bourreaux". Aussi accueille-t-il l'effondrement du Reich comme une libération et se consacre-t-il à son œuvre diverse (philosophique, sociologique et littéraire). Ernst Jünger a fêté son 101e anniversaire en mars 1996.

Siegfried Sassoon

Un des poètes les plus connus de la Première Guerre mondiale est issu d'une famille aisée du Kent en Angleterre. Il s'engage dès que la guerre éclate et arrive en France fin 1915. Officier au régiment des fusiliers gallois, il est apprécié, dévoué et courageux à l'extrême. Il participe à la bataille de la Somme dont il laisse de frappantes descriptions tant en prose qu'en poésie. Son style littéraire de jeunesse s'est transformé. Il est devenu sombrement réaliste, insîré par le gaspillage et la tragédie de la guerre. En 1917, Sassoon, de plus en plus hostile à la guerre et à son terrible coût en vies humaines, rédige une déclaration publique la dénonçant. Le courage dont il fait preuve et sa position littéraire lui assurent une notoriété certaine mais embarrassante. Les autorités militaires le dirigent vers un hôpital militaire pour "neurasthénie". Sassoon préfère rejoindre ses hommes sur le front, mais, blessé à la tête en juillet 1917, il doit rentrer à Londres. Pour lui, la guerre est terminée. Après l'armistice, Siegfried Sassoon continuera à transmettre son expérience de guerre, mais sous la forme de romans. À l'instar des œuvres poétiques, ils donnent une image minutieusement observée et émouvante de la vie dans les tranchées de première ligne et dans les quartiers des officiers.

Albert Jacka

Originaire de l'état de Victoria en Australie, Albert Jacka exerce la profession de charpentier. Quand la guerre éclate, il a 20 ans. Il s'engage le 8 septembre et embarque fin décembre. Après un entraînement de deux mois, il débarque dans les Dardanelles en avril 1915. Dès lors, sa carrière militaire n'est qu'une succession de coups de main et de combats d'une audace inouïe. Pour un fait d'armes sur le front des Dardanelles, il reçoit la *Victoria Cross* (la première du corps expéditionnaire australien) et connaît une promotion fulgurante : il est promu capitaine en 1917 ! Il renouvelle ses exploits sur le front ouest à Pozières dans la Somme. Blessé à trois reprises, il reçoit la *Military Cross*. Il s'illustre encore à Bullecourt et Messines. Fin mai 1918, sévèrement gazé, il est évacué et rentre en Australie en 1919 où il est accueilli en héros. Ses blessures de guerre ajoutées à des difficultés professionnelles et aux tracas de sa charge de maire de Saint-Kilda affaiblissent sa santé. Il meurt en décembre 1931. Il est enterré avec les honneurs militaires. Dès mai 1932, un mémorial est érigé sur sa tombe. Aujourd'hui encore, il reste l'archétype du héros australien.

Georges Duhamel

Une double vocation marque la vie de Georges Duhamel né à Paris en 1884. En 1901, il évolue dans un milieu de jeunes poètes pleins de rêves et d'ambitions et publie plusieurs recueils de poèmes. Il mène parallèlement des études de médecine. Licencié es sciences en 1908, il travaille dans un laboratoire. À la déclaration de guerre, Georges Duhamel s'engage et exerce pendant quatre ans le métier de chirurgien dans des situations souvent exposées. Son itinéraire le mène de la capitale au front de Champagne, à Verdun, dans la Somme en 1916 et 1917, puis de nouveau en Champagne. De cette douloureuse expérience, il tire deux récits qui lui donnent une notoriété immédiate. *Civilisation* obtient le prix Goncourt en 1918. Rendu à la vie civile, il se consacre entièrement aux lettres et à la défense de la civilisation à visage humain. En 1935, Georges Duhamel est élu à l'Académie. Au cours de nombreux voyages en France et à l'étranger, il défend la langue et la culture françaises. Après la guerre 1939-1945, durant laquelle son œuvre est interdite par les Allemands, il est nommé président de l'Alliance française et continue d'écrire. Il meurt à Valmondois le 13 avril 1966.

Chronologie de la Première Guerre mondiale dans la Somme

1915

Décembre : conférence interalliée au G.Q.G. de Joffre qui préconise une offensive massive sur la Somme.
Objectif : atteindre les voies de communication allemandes passant par Cambrai, Le Cateau, Maubeuge.

1916

19 mai : en raison de l'attaque allemande à Verdun, Joffre décide de réduire la participation française.
24 juin : début de la préparation d'artillerie, la date de l'attaque étant fixée au 29.
29 juin : à cause de la pluie et d'une préparation insuffisante, l'attaque est reportée.
1er juillet : la 36e division d'Ulster attaque sur la butte de Thiepval. Échec total sauf au "saillant de Leipzig", à l'ouest. Sur l'aile gauche, prise de Mametz et de Montauban. L'assaut des troupes françaises est donné de Maricourt à Curlu et au sud de la Somme. Prise de Curlu, Dompierre, Becquincourt et Faÿ.
2 juillet : les Français s'emparent de Frise, les Britanniques de Fricourt.
3 juillet : La Boisselle et le bois de Bernafay au nord, Assevillers et Flaucourt au sud passent aux mains des Alliés.
4 juillet : la Légion étrangère délivre Belloy-en-Santerre au prix de lourdes pertes.
10 juillet : conquête du plateau de Flaucourt. Biaches partiellement pris, les Français ne sont plus qu'à 1 km de Péronne. Les Britanniques tiennent Contalmaison.
14 juillet : l'aile droite britannique enfonce la 2e ligne allemande et s'empare du bois des Trônes, de Bazentin-le-Petit et de Longueval. Les Sud-Africains attaquent au bois Delville.
17 juillet : repli allemand sur une ligne Biaches, Berny-en-Santerre, Déniécourt.
20 juillet : attaque générale française. Échec entre Biaches et Estrées.
23 juillet : attaque britannique de Pozières à Guillemont. Les Australiens prennent Pozières le 25.
29 juillet : préparation d'artillerie française de Barleux à Lihons.
30 juillet : nouvel et coûteux échec de Guillemont à Cléry-sur-Somme.
10 août : visite du roi George V à Fricourt.
11 août : les Australiens sont maîtres de la cote 160.
12 août : attaque britannique sur la ligne Thiepval-Guillemont.
24 août : les Français investissent Maurepas.
3 septembre : attaque générale alliée sur toute la longueur du front, depuis la rivière Ancre jusqu'à Chilly. Les Britanniques s'emparent de Guillemont, les Français de Soyécourt.
5 septembre : les Canadiens relèvent les Australiens entre le moulin à vent et la ferme du Mouquet.
9 septembre : Ginchy est pris définitivement par la 16e division irlandaise.
12 septembre : forte poussée française depuis Combles jusqu'à la Somme. Prise de Bouchavesnes.
15 septembre : première apparition des chars dans la bataille entre Courcelette et Flers. Les Allemands perdent Courcelette, Flers, Martinpuich et le bois des Fourcaux.
17 septembre : au sud de la Somme, les Français s'emparent de Berny-en-Santerre et de Vermandovillers, le 18 de Déniécourt.
26 septembre : début d'une offensive générale franco-britannique, de Martinpuich à la rivière Somme. Thiepval et Combles passent enfin aux mains des Alliés.
7 octobre : offensive alliée de Courcelette à Bouchavesnes. Les Britanniques se rendent maîtres de Le Sars. La pluie persistante ralentit la progression des troupes. Opérations de grignotage.
5 novembre : activité britannique entre la butte de Warlencourt et le Transloy.
6 novembre : activité française vers le bois de Saint-Pierre-Vast.
7 novembre : les Français conquièrent Ablaincourt et Pressoir.
13 novembre : début de la bataille d'Ancre. Prise de Saint-Pierre-Divion et Beaumont-Hamel.
14 novembre : prise de Beaucourt-sur-Ancre.
18 novembre : fin de l'offensive de la Somme.

À lire

BECKER (J.-J), *La France en guerre*, éd. Complexe, 1988.
CENDRARS (B.), *La Main coupée*, Denoël, 1946.
JÜNGER (E.), *Orage d'acier*, Livre de poche.
ROUAUD (J.), *Les Champs d'honneur*, éditions de Minuit, 1990.

"Ce que j'ai vu sur la côte de Cléry-sur-Somme" dessin d'Otto Dix, de la série Der Krieg.

À la découverte de la Première Guerre mondiale dans la Somme

Dans l'est du département de la Somme, tout ce qui n'avait pas été détruit par les guerres espagnoles du XVIIe siècle, la Révolution française de 1789 ou la guerre franco-prussienne de 1870 le fut pendant la Première Guerre mondiale. Des villages entiers furent littéralement pulvérisés, dont il ne reste aujourd'hui plus rien. Tout une région vit ainsi son patrimoine architectural et culturel détruit.

Les circuits proposés sont plus spécialement axés sur la bataille de la Somme de 1916, non seulement en raison de la notoriété historique de l'événement et de la richesse bibliographique du sujet, mais surtout à cause de la densité – essentiellement britannique – des vestiges et des monuments existant à ce jour. Afin de dépasser l'histoire purement militaire abondamment étudiée entre les deux guerres mondiales et dans le but d'apporter aux événements retracés une dimension plus sociologique et plus humaine, des guides aussi prestigieux que Blaise Cendrars, Jean Cocteau, Pierre Mac Orlan, Georges Duhamel ou Otto Dix, Ernest Jünger ou Siegfried Sassoon, Robert Graves… vous accompagneront dans votre visite.

Le tourisme du souvenir dans le département de la Somme s'effectuera selon trois circuits :

- de Péronne à Albert (il s'agit en majeure partie de l'actuel "Circuit du souvenir",
- d'Albert à Péronne, par la vallée de la Somme (une partie du "Circuit des anguillères"),
- d'Amiens à Villers-Bretonneux à travers le plateau du Santerre.

DE PÉRONNE À ALBERT

Péronne ❶ fut traversée le 28 août 1914 par l'armée française en retraite, talonnée par l'armée allemande qui l'occupa, puis l'abandonna après la bataille de la Marne. Après une nouvelle période d'occupation, la ville fut abandonnée par les Allemands au début de l'année 1917, à l'occasion du repli sur la ligne Hindenburg.

Vidée de ses habitants, Péronne subit les bombardements de l'artillerie française durant la bataille de la Somme en 1916. Le front s'étant déplacé, elle retrouva le calme pendant un an avec l'arrivée des Britanniques. Les destructions recommencèrent avec l'offensive allemande de mars 1918, et c'est une ville totalement en ruine que les Australiens libérèrent début septembre. Le martyre était terminé mais la statue de l'héroïne locale, Marie Fouré, avait disparu. Parmi les gravats et les pans de murs, quelques rares maisons très endommagées étaient encore debout, l'église Saint-Jean éventrée. Aujourd'hui, le fronton reconnaissable de cette église porte encore les traces des combats. Les tours du château, très touchées elles aussi, avaient définitivement perdu leur toit. Péronne a été reconstruite approximativement selon le même plan en conservant les proportions de la place et de la mairie. De nos jours, le carillon de la mairie égrène, à midi et 18 h, les notes du refrain de la fameuse chanson française *La Madelon*.

La création à Péronne d'un musée consacré à la Première Guerre mon-

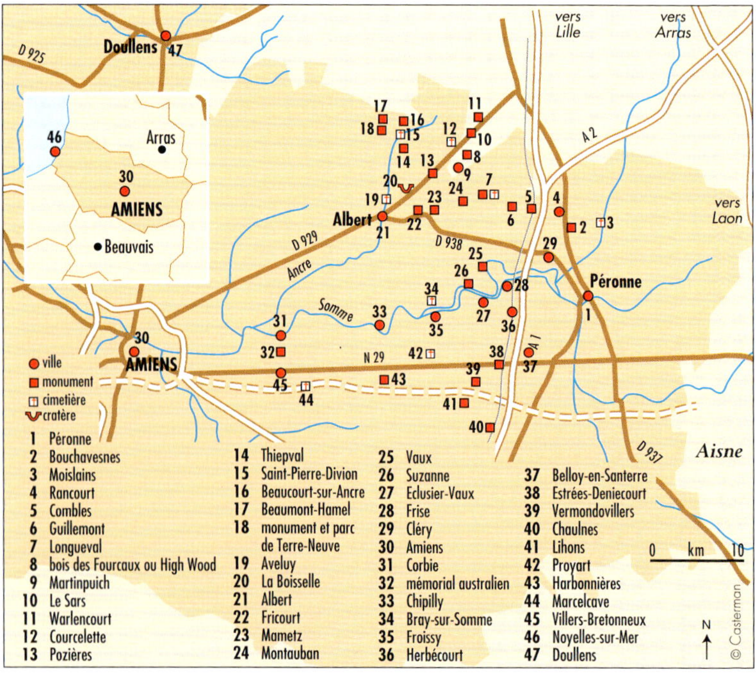

diale répondait au souci de favoriser la connaissance des champs de bataille de la Somme qui symbolisent, par la diversité des pays engagés, le caractère mondial du conflit. **L'historial de la Grande Guerre** se présente comme un vaste lieu témoin des mentalités et de la vie quotidienne pendant le conflit : écrits, objets d'art, objets, photographies, reconstitutions, témoignages, documents audio-visuels…

- *Historial de la Grande Guerre*
  Place du Château
  80200 Péronne.
  Tél. : 03.22.83.14.18.

Ouverture : tous les jours du 1er mai au 30 septembre de 10 h à 10 h; du 18 janvier au 30 avril et du 1er octobre au 18 décembre de 10 h à 17 h 30, tous les jours sauf lundi.

Scène mythologique découpée par un soldat dans un morceau de douille d'obus (Historial de la Grande Guerre à Péronne).

Avant de quitter Péronne, il est recommandé de visiter le pathétique **monument aux morts** de Paul Auban : une femme tend un poing vengeur à celui qui vient de tuer l'homme près duquel elle est agenouillée.

Sortez de la ville par la RN17 (Arras-Bapaume), baptisée avenue des Australiens. Vous passerez devant **le mémorial à la 2e division australienne**. L'ancien monument représentait un soldat clouant un aigle au sol à l'aide de sa baïonnette. Démonté par les Allemands pendant la Seconde Guerre mondiale, il a été remplacé en septembre 1971 par une statue plus pacifique, mais tournée vers l'est…

La route franchit le canal du Nord qui, à l'époque, n'avait pas été encore mis en eau et, de ce fait, était utilisé comme abri. Cette route – que Pierre Mac Orlan apercevait depuis le bois des Berlingots (à quelque 300 m sur la gauche après le canal) où il combattit et il fut blessé en août 1916 –, lui inspira après la guerre une chanson :

"Sur la route de Bapaume,
Des joyeux j'ai rencontrés,
Leurs boniments à la Somme,
Lonfa, malura, dondaine,
m'ont bougrement amusé,
Lonfa, malura, dondé…"

Bouchavesnes ❷ représentait en 1916 l'avance extrême de la poussée française vers l'est. Le 12 septembre, il avait été conquis de haute lutte et en quelques heures par un groupe de fantassins et de chasseurs alpins commandés par le colonel Messimy, ancien ministre de la Guerre de 1911 à 1914 et qui, en la circonstance, avait "repris du service". Le succès ne put être exploité durablement en raison de la contre-attaque allemande et des pluies qui, depuis plusieurs semaines, commençaient à entraver les déplacements.

Péronne : historial de la Grande Guerre.

Chapelle de Rancourt.

Après la guerre, un riche armateur norvégien, Haackon J. Wallem, demeurant à Bergen, voulut participer à la reconstruction d'un village de la Somme et exprima son souhait au maréchal Foch. Ce dernier lui fit savoir que Bouchavesnes était le village qui, sur le secteur français, avait le plus souffert des destructions. Ainsi fut financée la construction de l'église et de la mairie (sur le mur de façade, de part et d'autre de la porte, deux médaillons représentent l'un, les armes de la ville de Bergen, l'autre, le portrait en buste de monsieur Wallem). La **statue en bronze de Foch**, le long de la route nationale, est due également à la philanthropie de l'armateur. La liste des morts gravée sur le monument municipal reflète bien la dévastation humaine engendrée par cette guerre : 6 familles déplorèrent 2 tués, voire 3. Près de l'église, une amicale de vétérans a récemment inauguré un **monument au 91ᵉ R.I. (Mézières)**, leur régiment.

Prenez la D149 en direction de **Moislains** ❸. Fin août 1914, l'armée française était en pleine déroute. Le 307ᵉ (Angoulême) et le 306ᵉ R.I. (Bergerac) retraitaient depuis Douai et, le 28 août, se dirigeaient vers le sud, via Péronne. Un corps d'armée allemand, arrivé la veille à Manancourt, Moislains et Bouchavesnes, les intercepta au nord de Moislains. Ce fut la surprise et le désastre. Des 2 200 hommes du 307ᵉ, seuls 580 purent rejoindre Arras le 28 au soir. Le 308ᵉ, quant à lui, perdit plus de 1 300 hommes. Un **monument**, situé au fond du cimetière militaire de Moislains, comporte l'inscription : "La Charente à ses enfants morts pour la France, le 28 août 1914." Une cérémonie y a lieu chaque année, le dimanche le plus proche du 28 août.

Revenez sur vos pas vers Moislains et Bouchavesnes où vous prendrez à droite la N17 vers **Rancourt** ❹. Situé sur la voie de communication nord-sud Arras-Péronne, Rancourt revêtait une importance stratégique pour les Allemands. Les troupes françaises s'en emparèrent dès la fin septembre mais butèrent définitivement sur la lisière ouest du bois de Saint-Pierre-Vaast (à droite de la route, à l'horizon). À la mi-novembre, la boue mettait fin à l'offensive générale alliée. "Le champ de bataille de la Somme ne ressemble plus à rien de terrestre... À l'infini, ce sont des séries de cuvettes trop remplies que l'averse inexorable fait déborder les unes sur les autres... une immonde bouillie brune où tout s'enfonce" (Pierre Loti, dans *l'Illustration* du 25 novembre 1916).

Il ne semble pas que la réalité historique de la fin des combats ait prévalu à l'édification de la **chapelle**, mais tout simplement la mort du jeune lieutenant du Bos, fils unique d'une vieille famille d'origine picarde, tué le 25 septembre. De monument individuel, le projet s'étendit à l'ensemble des camarades de combat du jeune homme, puis finalement à tous les combattants français ayant trouvé la mort dans ce secteur. Pris en charge par le Souvenir français en 1937, il est à ce jour le seul monument privé français important de la bataille de la Somme. Sous le péristyle, deux plaques fournissent la liste des unités françaises ayant combattu dans la Somme entre 1914 et 1918. Dans la chapelle elle-même, vous pourrez voir la tombe du lieutenant du Bos, l'autel du père Doncœur, célèbre aumônier des 35ᵉ et 42ᵉ R.I. (Belfort), grièvement blessé en août entre le bois de Hem et Bouchavesnes, des vitraux, des plaques murales à la mémoire de soldats inconnus ou non, comme celle du duc Josselin de Rohan dont le corps fut ramené au château, escorté par une délégation militaire australienne conduite par l'évêque catholique Mgr King. "Pauvre Josselin ! Il est mort tout près de nous. On ne peut pas croire. Il était le type de l'invulnérable qui évite le drame comme une corvée. À force qu'il nous passe entre les mains des blessés anonymes, on oublie que cette atroce chose nous guette et guette les nôtres. La mort de Josselin, c'est l'angoisse endormie qui se réveille. On tremble pour tout. On constate que l'anormal, dans ce cataclysme, est d'être sain et sauf." (lettre de Jean Cocteau du 16 juillet 1916, extraite de *Lettres à sa mère)*. Dans l'ancienne sacristie, une exposition permanente a été mise en place à l'initiative du foyer rural de Sailly-Saillisel.

- *Chapelle-mémorial du "Souvenir français" 80360 Rancourt. Tél. : 03.22.85.04.47.*

Jouxtant le bâtiment, la grande **nécropole nationale** française abrite 8 566 corps, 5 326 en tombes individuelles et 3 240 répartis en quatre ossuaires. Elle a été créée en 1921 et regroupe les cimetières de Combles, Curlu et Cléry-sur-Somme. À gauche se trouve **le petit cimetière britannique** et, plus loin à l'horizon, la grande **nécropole allemande** dont la chapelle renferme un émouvant ensemble statuaire.

En suivant la signalisation du Circuit du souvenir, vous emprunterez la rue du 151e. C'est en effet ce régiment (Reims) qui, le 25 septembre, s'empara du village en un tournemain, délivra partiellement Sailly et poussa vers l'est jusqu'à la lisière du bois de Saint-Pierre-Vaast. En cinq semaines, il perdit 1 926 hommes (60 % de ses effectifs). Chaque année, une cérémonie du souvenir, organisée par le Souvenir français, se déroule dans la chapelle, le 2e dimanche de septembre. En 1986, à l'occasion du 70e anniversaire de la bataille de la Somme, une importante délégation allemande civile et militaire apporta pour la première fois depuis la fin de la Deuxième Guerre mondiale sa contribution aux grandioses cérémonies du souvenir. Pour la visite de la chapelle, s'adresser au gardien.

Par la D20, rejoignez **Combles ❺**. Avant d'atteindre le village, vous longerez la ferme Le Priez qui, en raison de sa position élevée et fortifiée, avait ralenti l'avance française. Après la voie ferrée se dresse le monument au lieutenant Dansette. Le gros bourg de Combles, chef-lieu de canton, avait été transformé en une puissante forteresse blottie au fond d'une cuvette à l'abri des regards alliés. Après plusieurs attaques, les Britanniques venus du nord et les Français du sud y opérèrent leur jonction et libérèrent le village le 27 septembre. Le lieutenant Ernest Jünger de l'armée allemande y avait été blessé quelques jours plus tôt. "Un coureur wurtembergeois se mit à mes ordres pour conduire ma section jusqu'au fameux bourg de Combles... Ce fut le premier soldat allemand que j'ai vu sous le casque d'acier et il m'apparut aussitôt, comme l'habitant d'un monde nouveau et plus dur." (Ernest Jünger, *Orage d'acier).*
Le château, complètement détruit, s'élevait à la place de l'actuelle mairie. En quittant le village en direction de Morval sur la gauche, un **blockhaus allemand** a échappé aux destructions. À la sortie de Combles, sur la gauche, s'étend le bois de Leuze qui, pendant la guerre, était garni de réseaux de barbelés et truffé de nids bétonnés de mitrailleuses. Le bois des Bouleaux, à droite, fut conquis le 15 septembre. Après le bois, un chemin conduit en plein champ à la croix qui marquait la **tombe du "major"** (commandant) **Cedric Charles Dickens**, tué le 9 septembre. Il était le petit-fils du célèbre romancier Charles Dickens.

Prenez maintenant la direction de **Guillemont ❻**. Face au carrefour menant à Ginchy s'élève le **monument** (récemment refait) **à la 20e *Light Division*.** En 1916, Guillemont constituait un ensemble de fortifications de surface, de tunnels et d'abris souterrains (deux entrées bétonnées sont visibles dans un pré, en lisière sud du village). Considéré par le commandement comme un objectif capital, il fut finalement enlevé le 3 septembre, après de vains assauts lancés le 30 juillet et le 7 août, par la 20e *Light Division* et des unités irlandaises (**monument à la 16e *Irish Division*** devant l'église). Ernst Jünger témoigne : "Le village de Guillemont semblait avoir complètement disparu ; seule une tache blanchâtre parmi les entonnoirs signalait encore l'endroit

Musée du Bois Delville : bas-relief en bronze illustrant la participation de l'Afrique du Sud aux conflits.

Le mémorial du bois Delville.

où le calcaire de ses maisons avait été pilé. Devant nous, nous avions la gare, fracassée comme un jouet d'enfant et, plus loin derrière, le bois Delville, haché en copeaux." (*Orage d'acier*).

À l'entrée de l'actuel village, à gauche de la route et jouxtant le cimetière civil, un simple **monument** rappelle que, le 28 septembre 1914, des soldats français en pantalon garance furent décimés par les mitrailleuses allemandes (86 soldats du 265e R.I. de Nantes), pendant la course à la mer.

Poursuivez votre route vers **Longueval** ❼. Ce secteur constituait un saillant dans le système défensif allemand. Les combats pour la prise du village commencèrent à la mi-juillet pour ne se terminer que début septembre. C'est durant cette période que la brigade sud-africaine eut comme objectif de "nettoyer" le bois. Ce fut son tragique baptême du feu sur le front occidental : sur un effectif de 4 000 hommes attaquant le 15 juillet, seuls 143 sortirent indemnes de leurs tranchées cinq jours plus tard.

La tragédie du **bois Delville** entrait dans l'histoire de l'Afrique du Sud qui acheta le site et y fit planter des chênes, des descendants de ceux qui avaient été importés en Afrique du Sud par les huguenots chassés de France en 1685. Le **mémorial** a été inauguré en 1926. L'ensemble statuaire qui le surmonte représente les deux frères *Castor et Pollux*, symboles de la réconciliation entre les Britanniques et les Afrikanders après la guerre des Boers (1899-1902). Une réplique de la statue, de moindre dimension, se trouve à Pretoria, capitale de l'Afrique du Sud. Visitez ensuite le **musée** qui illustre la contribution de l'Afrique du Sud aux deux derniers conflits mondiaux et à la guerre de Corée. Le bâtiment, ouvert en 1986, est la réplique d'un fort qui domine la ville du Cap. Il présente des bas-reliefs en bronze et des vitres gravées.

- *Mémorial et musée du Bois Delville 80360 Longueval.
Tél. : 03.22.85.02.17.
Ouverture : entrée gratuite tous les jours sauf lundi et jours fériés du 1er avril au 15 octobre de 10 h à 17 h 45 et du 16 octobre au 31 mars de 10 h à 15 h 45.
Fermeture annuelle du 25 décembre au 31 janvier.*

Dans le village, un vieux charme demeure le seul arbre ayant survécu aux combats de 1916 et 1918. Le **monument aux morts** est l'œuvre du sculpteur amiénois Albert Roze (comme à Corbie et Amiens). À partir du centre du village, suivez le panneau indiquant la direction du **mémorial à la division néo-zélandaise**. Cette division prit part à la grande offensive des chars du 15 septembre 1916. Elle fut la seule unité à s'être emparée, le jour même, de son objectif, le village de Flers situé sur la 3e ligne allemande.

De retour à Longueval, prenez la D20 vers Bazentin. Sur cette route, le ***Caterpillar Valley Cemetery*** possède 5 539 stèles. Sur le mur de gauche sont apposées des plaques de bronze gravées aux noms des Néo-Zélandais, Européens et Maoris n'ayant pas de sépulture identifiée. Dans le cimetière lui-même, vous remarquerez des stèles maories.

Revenez sur vos pas pour prendre à gauche la route de Martinpuich le long de laquelle se situe le fameux **bois des Fourcaux ou *High Wood*** ❽. Puissamment fortifié, il fut l'objet de furieux combats. Des éléments de cavalerie britannique et indienne y firent incursion à la mi-juillet. Un **mémorial aux *Camerons Highlanders* et aux *Black Watch*** a été élevé à la lisière sud-est du bois (près d'un entonnoir de mine constamment rempli d'eau), en hommage aux Écossais qui y menèrent une lutte acharnée début septembre 1916. Les derniers défenseurs encerclés durent se rendre le 15 septembre après les attaques de la 47e *London Division* (monument en bordure de la route).

Plus loin, toujours à droite, un **cairn** fait de 192 silex provenant d'Écosse rappelle le souvenir de 192 hommes des *Glasgow Highlanders* qui furent anéantis le 5 juillet à la lisière du bois. En face, sur la gauche, le ***London and High Wood Cemetery*** est un mélange harmonieux d'éléments d'architecture en pierre et de végétaux.

Depuis Longueval, il est également possible de prendre la route de Flers, où un monument privé nous ramène au début de la guerre avec le souvenir de deux camarades, le sergent Georges Pfister et le soldat Georges Lejoindre, tous deux du 18e R.I.T. d'Évreux (régiment d'infanterie territoriale) tués le même jour de septembre pendant la course à la mer. Après la guerre, l'épouse Lejoindre fit construire un caveau pour y rejoindre son époux. À ce jour encore, la famille vient s'y recueillir chaque année à la Toussaint.
Les combats pour la prise de Ginchy commencèrent le 3 septembre 1916 pour aboutir le 9. C'est le 15 septembre que le lieutenant Raymond Asquith, un des fils du Premier Ministre britannique, fut mortellement blessé pendant l'attaque des *Grenadiers Guards* en direction de Lesbœufs. Il est enterré dans le ***Guillemont Road Cemetery*** (entre Guillemont et Montauban-de-Picardie).

Rejoignez Longueval et le circuit principal.

Très puissamment fortifié, considéré comme un des pivots du système défensif allemand, **Martinpuich** ❾ fut enlevé le 15 septembre, en même temps que le bois des Fourcaux et Flers. Les quatre chars qui escortaient l'infanterie détruisirent ruines et pans de murs derrière lesquels s'étaient abrités des nids de mitrailleuses.
Dans le centre du village, face à la mairie-école, un **mémorial à la 47e division** (*London*) tient lieu de porche d'accès au monument aux morts communal au pied duquel une délégation d'anciens combattants allemands a déposé une plaque en 1964. À gauche, un préau a été offert par les Britanniques comme lieu de rencontre pour les habitants du village. L'inauguration du mémorial et du préau eut lieu en septembre 1925 en même temps que celle de l'église, la délégation anglaise étant conduite par les officiers qui avaient monté l'attaque de la libération du village. Un calice, ramassé par un soldat dans les ruines de l'église, a été rapporté au village par son petit-fils en août 1995.
Non loin de Martinpuich, sur la D929 menant à Bapaume, le village de **Le Sars** ❿ fut le dernier village le plus proche de Bapaume (6 km) délivré par les Britanniques, le 7 octobre 1916. À l'entrée du village, à l'extrémité du premier chemin à droite, un monument allemand fort endommagé, seul vestige d'un cimetière militaire, a échappé aux destructions de la guerre et de la paix retrouvée.
Insolite dans ce paysage "ouvert", **la butte de Warlencourt** ⓫, haute de 120 m, comprenait un formidable ensemble de fortifications en surface mais surtout en profondeur. Les Britanniques s'y acharnèrent dès le début octobre, et ce pendant un mois, mais en vain. De surcroît, les pluies inhabituelles de l'été et de ce début d'automne (il avait plu 20 jours en octobre), les combats et les incessants bombardements qui avaient retourné le sol et déchiqueté la végétation, contribuèrent à transformer le champ de bataille en un immense bourbier où s'enlisaient hommes, chevaux et matériel, rendant tout déplacement impossible.
La butte de Warlencourt est maintenant la propriété de la *Western Front Association* qui, pour la circonstance, a procédé à l'inauguration d'une stèle en juin 1990.

Faites demi-tour sur la D929 en direction d'Albert. Sur votre droite s'étend le village de **Courcelette** ⓬ dont s'emparèrent les Canadiens en septembre 1916. "L'armée canadienne prit une part glorieuse à la rupture du front allemand sur ces côtes pendant la bataille de la Somme, 3 septembre-18 novembre 1916", tels sont les mots gravés sur le monument qui se situe au point d'avance extrême des troupes du Canada. Des trois chars de la division canadienne qui, depuis Pozières, attaquèrent le 15 sep-

Pozières : le monument aux chars.

Thiepval : le mémorial canadien.

tembre au matin avec l'infanterie, un seul parvint à son objectif, la raffinerie (de nos jours, des serres). Les deux autres s'embourbèrent à mi-chemin. L'assaut fut très violent, car certaines tranchées allemandes récemment creusées n'avaient été que peu endommagées par l'artillerie. Les Canadiens s'emparèrent finalement de Courcelette, mais au prix de lourdes pertes. Le **cimetière**, situé au bord de la route de Miraumont, porte le nom d'"Adanac".

Revenez sur la D929 en direction de **Pozières** ⓭. À 200 m du village, deux mémoriaux se font face de part et d'autre de la route : le **monument aux tanks** et le **site du moulin à vent** (*Windmill*).

Le nom de **Pozières** évoque principalement la participation de l'Australie à la bataille de la Somme et son premier engagement de grande envergure. L'armée britannique était clouée sur place sur le front Pozières-Thiepval-Beaumont-Hamel depuis le 1er juillet. Thiepval n'ayant pu être conquis par l'ouest, c'était par le sud, et donc par Pozières, qu'il fallait contourner la deuxième ligne allemande située sur le point le plus haut de la région (cote 160) et défendue par plus de 200 mitrailleuses. Pour l'essentiel, la tâche en incombait aux Australiens qui, le jour même, s'emparèrent de la première tranchée du dispositif (c'est aujourd'hui la route qui mène au mémorial à la 1re division). Ils prirent l'important blockhaus dont on n'aperçoit plus qu'une partie des fondations. (Ce site du Gibraltar est maintenant propriété du Conseil général de la Somme.)

Le 4 août, les Australiens atteignaient la cote 160 et s'emparaient des vestiges du moulin à vent. Leur secteur d'intervention prit la forme d'un triangle dont la pointe se situait à la ferme du Mouquet, au nord. En six semaines, trois divisions participèrent à l'opération : les pertes dépassèrent 23 000 hommes. L'effort australien se brisa à la ferme du Mouquet début septembre. Les Canadiens l'occupèrent ensuite partiellement, mais la ferme ne fut définitivement prise par les Britanniques que le 26 septembre.

Après la guerre, un village de l'État du Queensland, en Australie, prit le nom de Pozières. Ce nom présente encore de nos jours une charge émotionnelle forte : un vétéran de la Première Guerre mondiale a jeté une poignée de terre du village de Pozières sur le cercueil du soldat australien inconnu lors de la cérémonie d'inhumation de ce dernier à l'*Australian War Memorial*, à Canberra le 11 novembre 1993.

Sur les grands murs et à l'intérieur du ***Pozières British Cemetery***, dit aussi cimetière des Colonnes, sont gravés les noms de 14 640 soldats tués entre le 21 mars et le 7 août 1918 et qui n'ont pas de tombe connue.

À partir de Pozières, prenez la direction de **Thiepval** ⓮ par la D73.

Dès leur arrivée en septembre 1914, les Allemands, exploitant le relief du terrain, transformèrent le village en une véritable place forte. Ils construisirent des redoutes (Leipzig, Schwaben, Stuff), aménagèrent un très dense réseau de tranchées, fortifièrent le château et ses caves, et creusèrent également de profonds abris souterrains reliés les uns aux autres. Après avoir construit ponts et digues pour traverser les marais de la vallée marécageuse de l'Ancre, les Britanniques se lancèrent à l'assaut le 1er juillet 1916. Malgré la prise du saillant et de la redoute de Leipzig le 7 juillet (le bosquet de peupliers, à gauche du mémorial), il s'avéra que toute progression devenait momentanément impossible et qu'il fallait contourner par le sud-est (ferme du Mouquet, redoute Zollen). Après des combats d'une violence effroyable, souvent au corps à corps, Thiepval et la redoute Schwaben (route de Grandcourt) furent enfin capturés par les Anglais et les Canadiens le 26 septembre.

Le mémorial aux disparus

Le bilan de cette tragédie de la Somme a marqué et marque encore la mémoire collective britannique : 58 000 hommes tués, blessés ou disparus dès le premier jour. Le choix de Thiepval a pris valeur de symbole : les 72 087 noms gravés sur les 16 piliers du monument don-

Thiepval : la tour d'Ulster.

nent la mesure de l'ampleur du désastre, 72 087 noms d'hommes qui n'ont pas de tombe connue ou dont les corps n'ont pas été retrouvés. Inauguré en juillet 1932 par le président de la République et le prince de Galles, le mémorial aux disparus de la Somme fait l'objet de visites tout au long de l'année. Chaque 1er juillet s'y déroule une cérémonie du souvenir, émouvante et colorée.

La tour d'Ulster

"La division de l'Ulster ne ressemble pas aux autres divisions britanniques. Par son homogénéité, sa cohésion et son unité, elle n'a pas sa pareille. Il n'est pas dans ses rangs un homme qui ne soit un protestant ou un unioniste. Un observateur affirme que, depuis les "côtes de fer" de Cromwell, jamais la ferveur religieuse et la communauté de vues politiques ne se sont fondues de la sorte en un instrument de puissance militaire." (Brian Gardner, *La grande offensive*, Presses de la cité, 1963). La 36e *Ulster Division*, qui avait pris position depuis la rivière Ancre et la lisière nord de Thiepval, joua un rôle capital dans l'attaque du 1er juillet. Elle fut la seule unité à avoir atteint son objectif.

Tôt le matin, avant l'attaque générale, certains éléments irlandais s'étaient glissés en rampant jusqu'à une centaine de mètres des lignes allemandes (cote 151). Juste après 7 h 30, ils étaient dans les tranchées adverses avant que leurs occupants n'aient pu réagir. Le reste de la division suivit et s'enfonça dans le dispositif, parfois jusqu'à 3 km, après avoir dépassé le cimetière civil et la redoute Schwaben, mais laissant ses flancs sans protection. Les pertes augmentèrent, car les Allemands réagissaient vigoureusement. D'autre part, les liaisons avec l'arrière se faisaient très difficilement. De ce fait, les hommes désorientés et assaillis de tous côtés étaient comme pris au piège sous le feu de barrage roulant de l'artillerie britannique et celui des mitrailleuses allemandes. Ce fut le désastre. Ayant perdu plus de 5 500 hommes en quelques heures, la division dut être évacuée dès le lendemain.

La tour, érigée en 1921 par souscription publique, est la réplique d'une autre située à Clandboye près de Belfast sur le terrain d'entraînement de la 36e division. Ces dernières années, un certain nombre d'événements ont eu lieu sur ce site. Une plaque a été posée en *rededication* de la tour par la princesse Alice, le 1er juillet 1989 (la princesse Alice est la petite-fille du jeune comte d'Irlande qui était alors âgé de 14 ans). Depuis le 1er juillet 1991, une plaque rend hommage aux neuf Irlandais décorés de la *Victoria Cross* (la plus haute distinction militaire britannique). Le 1er juillet 1994, l'ambassadeur de Grande-Bretagne en France a inauguré la salle audiovisuelle et une cafétéria. Dernier en date, un petit mémorial a été élevé en septembre 1994 à la mémoire des Irlandais de l'Institution d'Orange.

La visite de la tour propose deux haltes : la chapelle au rez-de-chaussée et la vue panoramique depuis le sommet du bâtiment.

- *Tour d'Ulster et centre d'accueil*
  Route de Saint-Pierre-Divion
  80300 Thiepval.
  Tél. : 03.22.74.87.14.

Ouverture : accès libre du mardi au dimanche. Du 1er février au 30 mars de 11 h à 16 h 30 ; du 1er avril au 30 septembre de 10 h à 18 h (19 h le dimanche) et du 1er octobre au 30 novembre de 11 h à 17 h.

Après la prise de Thiepval, les Britanniques pouvaient espérer s'emparer de **Saint-Pierre-Divion** ⓯, si proche. De ce fait, un premier assaut fut lancé le 21 octobre. En vain. D'une part les marais d'Ancre et le terrain détrempé par les pluies, d'autre part les défenses allemandes toujours meurtrières rendaient périlleuse toute progression. Après plusieurs tentatives effectuées notamment par les fantassins et les blindés, le hameau tomba finalement le 18 aux mains des Écossais. Lorsque, venant de Thiepval, on

Beaumont-Hamel : parc commémoratif de Terre-Neuve.

franchit le petit pont qui enjambe l'Ancre, on aperçoit sur la droite quelques pierres de l'ancien moulin à eau. Le cimetière ***Ancre British Cemetery*** contient 2 497 stèles, dont 1 335 non identifiées. Il regroupe les corps des soldats tués lors des attaques du 3 septembre et des 13 et 14 novembre 1916, lors de la prise par la *Royal Naval Division* des villages de Beaumont-Hamel, Beaucourt et Saint-Pierre-Divion.

Quittez Thiepval par la D73. Après le passage à niveau, tournez à droite et longez la rivière Ancre sur la D50, en direction de **Beaucourt-sur-Ancre** ⓰. Ce nom reste essentiellement attaché à celui de la 63e *Royal Naval Division* qui attaqua le village le 13 novembre et s'en empara le jour suivant dans des conditions météorologiques telles que son action se dilua dans une boue qui engluait tout mouvement. C'est ainsi que se terminait la bataille d'Ancre qui, ipso facto, mettait fin à l'offensive alliée sur la Somme. Faisant prendre leurs quartiers d'hiver à leurs armées, les états-majors alliés envisageaient déjà les offensives de printemps.
En traversant le village, vous passerez devant le **monument à la *Naval Division***. Au carrefour, un chemin conduit à un blockhaus allemand. C'est lors de l'attaque sur Beaucourt qu'eut lieu la lamentable affaire Dyett. Jeune lieutenant à la *Royal Naval Division*, il s'était éloigné de son unité. Accusé de désertion par la cour martiale (s'était-il égaré dans le brouillard ?), il fut "fusillé à l'aube" en 1917. Il est enterré dans le cimetière du Crotoy, sans allusion particulière aux circonstances de sa mort.

Prenez ensuite la direction de **Beaumont-Hamel** ⓱ par la D163.
Cinq lignes de tranchées, consolidées par des souterrains reliant les caves des maisons du village et certaines carrières de craie nombreuses à cet endroit, faisaient de ce secteur un des formidables piliers de la défense allemande néanmoins amoindrie par la progression de l'artillerie depuis Thiepval investi en septembre. Profitant de l'accalmie de la pluie, le commandement décida d'attaquer malgré le sol détrempé. Après deux jours de préparation d'artillerie, l'infanterie se lança à l'assaut le 13 novembre par un épais brouillard et s'empara du village. La première offensive avait été lancée le 1er juillet !
Dans le village, **le monument aux morts**, à la différence des autres monuments, mentionne les villageois "morts en captivité" (13 noms de soldats et 11 de victimes civiles). Dans l'un des actuels vitraux de l'église se trouve inserré un minuscule morceau de vitrail emporté par un soldat allemand et restitué dans les années 1960.

Monument et parc commémoratifs de Terre-Neuve ⓲.
Ce site, partie intégrante du secteur de la bataille d'Ancre, est avant tout le symbole de la tragédie militaire de Terre-Neuve, alors possession britannique. Le 1er juillet 1916, le bataillon terre-neuvien (802 hommes) rentré depuis peu de l'expédition des Dardanelles sortit de ses tranchées pour atteindre la première ligne britannique (*St John's Road*) située à environ 275 m. Pris à découvert sous le tir croisé des mitrailleuses et de l'artillerie allemandes, le bataillon subit des pertes effroyables : seuls 68 Terre-Neuviens sortirent saufs de l'assaut. Tous les officiers avaient été tués ou blessés. Rares sont les exemples où tant d'hommes ont été anéantis en si peu de temps : l'affaire avait duré 40 minutes…
Après guerre, et à l'instar de chaque pays du Commonwealth, le gouvernement de Terre-Neuve a choisi ce site pour y ériger son **mémorial national** qui est aussi le monument aux disparus. Sur les plaques de bronze figurent les noms des 801 Terre-Neuviens morts pendant la Grande Guerre et qui n'ont pas de tombe identifiée ou de sépulture. Les Australiens ont choisi Villers-Bretonneux (Somme), les Néo-Zélandais et les Sud-Africains Longueval (Somme) – mais, pour ces derniers, les noms des disparus sont inscrits à Thiepval –, les Canadiens Vimy (Pas-de-Calais) et les Indiens Neuve-Chapelle (Pas-de-Calais).

Dans le **parc terre-neuvien** s'élève le monument à la 29e division à laquelle appartenait le régiment de Terre-Neuve. Le monticule artificiel, que domine la statue de bronze d'un caribou (insigne du régiment), correspond au point de départ de l'attaque. Du sommet, on bénéficie d'une vue panoramique sur le champ de bataille : la tranchée *St John's Road*, l'"arbre du danger" pétrifié (*Danger Tree*), ainsi nommé parce que situé à un point d'observation particulièrement exposé, la première ligne allemande dominée par le monument à la 51e division écossaise puis, au fond du parc, le fameux "ravin Y", profonde dépression naturelle qui protégeait les Allemands montant en ligne.
Le terrain a connu la dévastation par deux fois au cours de l'année 1918. Réaménagé en 1960, il explique clairement le système des tranchées. Quatre-vingts ans après l'enfer cataclysmique de la bataille, le silence incite à la réflexion…

- *Monument et parc commémoratifs de Terre-Neuve*
  Rue de l'Église
  80300 Hamel.
  Tél. : 03.22.76.20.22.

Ouvert toute l'année. Accès gratuit.

Prenez la direction de Hamel puis tournez à droite vers Albert. Avant de pénétrer dans le bois d'**Aveluy** ⓳, découvrez le pittoresque ***Aveluy British Cemetery*** si poétiquement évoqué par Jacques Darras dans *le Génie du Nord*. Blotti au fond de la vallée d'Ancre, relativement à l'abri des observateurs allemands, **le bois d'Aveluy** abritait une partie de l'artillerie britannique qui se mit en action le 24 juin, en préparation de l'offensive. C'est également dans le bois d'Aveluy qu'un nombre considérable de tommies vécurent leurs dernières heures avant de monter à l'assaut au petit matin du 1er juillet.
En dépit des destructions de 1918 et de l'érosion du temps subsistent des vestiges de tranchées encore bien apparents dans le sous-bois.

Dans le village d'Aveluy, tournez à droite vers **La Boisselle** ⓴ par la D20 et traversez ce que les soldats surnommèrent alors *Mash Valley* (vallée de la purée !). Reprenez la D929, direction Albert, et tournez immédiatement à gauche du **monument aux brigades *Tyneside Scottish and Tyneside Irish*** dont les hommes attaquèrent précisément à cet endroit le 1er juillet et perdirent 60 % de leurs effectifs. Engagez-vous dans la rue de la 34e division à laquelle appartenaient ces hommes. Sur la droite, le sol d'une pâture a gardé les meurtrissures de la bataille et particulièrement un cratère qui pourrait dater de la "guerre des mines" franco-allemande du début de l'année 1915. Suivez maintenant la direction "La grande mine". À quelques centaines de mètres, un gigantesque entonnoir, le ***Lochnagar Crater***, est visitable et d'accès facile. C'est actuellement le plus important de tout le secteur britannique. D'autres mines avaient explosé le 1er juillet 1916 avant l'assaut de l'infanterie, à Beaumont-Hamel, Fricourt et La Boisselle, qui étaient toutes destinées à créer une brèche dans les défenses adverses.
Le village de La Boisselle ne fut complètement conquis que le 4 juillet (Ovillers le 17). Il possède un calvaire breton, mais l'accès est parfois difficile, surtout par temps de pluie.
L'explosion provoquée par 27 t d'ammonal avait créé un cratère d'environ 100 m de diamètre et 30 m de profondeur. Le deuxième cratère, situé sur la gauche et au bord de la route Albert-Bapaume, a été bouché par le cultivateur, propriétaire du champ. Lochnagar Crater, quant à lui, appartient à un Anglais, Richard Dunning.

- *Lochnagar Crater*
  Accessible toute l'année.

Une cérémonie s'y déroule tous les ans le 1er juillet à 7 h 30 et attire une foule très dense (il faut arriver tôt si l'on veut garer son véhicule, car la route est en impasse).

Lochnagar Crater : cratère provoqué par l'explosion d'une mine en 1915 (100 m de diamètre et 30 m de profondeur)

Albert : basilique Notre-Dame-de-Brebières.

Face à l'église du village de La Boisselle se dresse le **mémorial à la 19e *Western Division*** qui s'empara du village le 4 juillet et, dans un champ à gauche de la route de Contalmaison, celui à la **34e division**. Ces deux divisions appartenaient à la "Nouvelle armée" de Kitchener.

ALBERT- PÉRONNE

Albert subit une courte occupation allemande du 29 août au 14 septembre 1914. Après la stabilisation du front à partir d'octobre (les lignes françaises et allemandes passaient à La Boisselle), la ville connut les activités militaires d'état-major et de logistique, ainsi que les premières destructions (usines Rochet, basilique, etc.). En janvier 1915, un obus allemand toucha le clocher de la basilique. La statue de la Vierge dorée resta suspendue à l'horizontale et fut, dès lors, connue jusqu'aux antipodes sous le vocable de "Vierge penchée" (*Hanging Virgin*). L'armée britannique prit la relève de l'armée française en août et occupa le secteur jusqu'à la fin de la guerre, sauf du 26 mars au 2 août 1918. La ville devint le centre d'intenses activités surtout pendant la bataille de la Somme, en 1916, lorsque les activités militaires connurent leur paroxysme (dépôts de munitions et de matériels, hôpitaux et cimetières, cantonnements, routes, voies ferrées, etc.). Après les deux batailles de 1918, la ville n'était plus qu'un champ de ruines, et la basilique réduite à d'imposants décombres et à quelques pans de murs à peine reconnaissables.

Le redémarrage des activités industrielles et la reconstruction des bâtiments constituèrent les activités des années 1920-1930. L'hôtel de ville de style flamand contient de remarquables vitraux de style Art moderne. La **basilique**, reconstruite en 1927-1929 à l'identique par le fils et le petit-fils de l'architecte Edmond Duthoit, renferme quelques sculptures, vestiges de l'ancien édifice. La ville d'Albert, si proche du champ de bataille, reçut entre les deux guerres la visite d'innombrables anciens combattants et de familles venues se recueillir sur les tombes. Elle demeure une ville symbole et le centre des pèlerins britanniques du souvenir. Le **musée des Abris "Somme 1916"**, sous tutelle municipale et associative, présente aux visiteurs des scènes très réalistes de reconstitution militaire, essentiellement britanniques.

- *Musée des Abris "Somme 1916"*
  Rue Anicet-Godin
  80300 Albert.
  Tél. : 03.22.75.12.69.

Ouverture : tous les jours du 1er mars au 30 novembre, de 10 h à 12 h et de 14 h à 18 h ; en juillet et août de 10 h à 18 h.

Prenez la direction de Péronne. Situé sur la première ligne allemande, et très puissamment fortifié, **Fricourt** ㉒ constituait un puissant saillant sur lequel ses occupants avaient fondé un grand espoir de résistance, en raison de son réseau de tranchées et fortifications en surface, mais aussi de ses abris souterrains et ses caves fortifiées. Pris en étau au nord et au sud par l'infanterie britannique, il fut enlevé dès le 2 juillet.

Ce village possède une richesse peu commune de souvenirs historiques qui en font un lieu de mémoire très complet : références françaises, britanniques, allemandes, militaires et civiles, de guerre et d'après-guerre. Vous pourrez visiter :

- un **cimetière allemand** où fut inhumé puis exhumé von Richthofen, le fameux "Baron rouge", l'as de l'aviation allemande ;
- deux **cimetières britanniques** *Fricourt New Military Cemetery* où repose A. Barker de l'*East Yorkshire Regiment*, tué le 1er juillet à l'âge de 16 ans, et le *Fricourt British Cemetery* qui contient la tombe du major Raper et le monument aux 127 hommes du *Yorkshire Regiment ;*
- le **monument aux morts** municipal ;
- les rues du Major-Raper, d'Ipswich, Clemenceau, du Maréchal-Foch, de Pithiviers ;
- l'**église** et ses nombreuses plaques commémoratives ; le chemin de croix a été offert en souvenir du

major Raper. Pour la visite, demandez la clé au café-tabac.
- les **maisons provisoires de la reconstruction**.
À l'extérieur du village, le long d'un chemin, **le site dit "le Tambour"** avec ses spectaculaires cratères de mines de 1915 (français) et 1916 (britanniques) est propriété privée.

À partir de la D938, route Albert-Péronne, empruntez le chemin qui mène au ball-trap (panneau indiquant ***Point 110 Old Cemetery***). Le premier petit bois sur la droite, "bois français" pour les Britanniques, contient la tombe isolée du soldat H. Tomasin, 26e R.I. (régiment de Toul), classe 1900, mais aussi des vestiges bien visibles de tranchées et un cratère de mine de 1915. À quelque 300 m, en lisière d'un bosquet encore marqué par les combats, le poète britannique Siegfried Sassoon gagna sa *Military Medal* en juin 1915. "Fricourt disparaît à moitié sous des nuages de fumée qui dérivent sous le vent – mauves, bleus, rosâtres et gris ; les shrapnels explosent en faisant de petites bouffettes d'un blanc bleuté et de minuscules éclairs. La fumée traverse notre front poussée par un vent sud-est, une simple brise. (...) Le vacarme est moins épouvantable qu'il y a une heure. J'aperçois sept de nos ballons, à mi-chemin sur la droite. Sept ou huit aéroplanes survolent nos lignes et les premières lignes de tranchées, également à mi-chemin, sur la droite. Nos hommes progressent toujours par groupes de vingt et trente, à environ quinze cents mètres sur la gauche. Une autre formidable explosion dans le bois de Fricourt et nuage de fumée d'un rose teinté de brun. Quelques nuages d'explosion sont d'une couleur jaunâtre." Siegfried Sassoon, *Diaries* (1er juillet 1916, 9 h 50).

Par la D64, rejoignez **Mametz** ㉓ qui fut, avec Montauban, l'un des deux villages conquis par les Britanniques le 1er juillet. Près du **monument aux morts municipal**, une **plaque** rappelle l'événement. Dédiée aux régiments de Manchester, elle a été inaugurée le 1er juillet 1994 par la branche Lancashire et Cheshire de la *Western Front Association*. Devant le monument aux morts, empruntez le C4, en direction de Contalmaison (parcours 2,5 km) et suivez à droite le chemin indiqué par un panneau. Face au champ de bataille où a combattu la division galloise (la *38th Welsh Division*) du 7 au 12 juillet, un **monument** a été inauguré en grande pompe le 11 juillet 1987. Il représente un dragon, l'emblème du Pays de Galles. L'armée galloise, qui avait fait la fierté du Gallois Lloyd George, avait été décimée à 25 % en l'espace de six jours. "Nous passâmes les deux jours suivants à bivouaquer en bordure du bois de Mametz. Nous étions en tenue de combat et, la nuit, nous avions froid : je partis donc dans le bois à la recherche de capotes allemandes qui pourraient me servir de couverture... Pas un arbre qui n'eût été touché par les obus. Je ramassai mes manteaux et sortis du bois aussi rapidement qu'il me fut possible de le faire en me frayant un passage à travers tous ces rameaux verts, déchiquetés" (Robert Graves, *Adieu à tout cela).*

Par la D64, prenez la direction de Montauban. Avant d'entrer dans le village, la route passe devant la tombe du capitaine de Monclin du 69e R.I., tué le 28 septembre 1914. À l'horizon, sur la gauche, on peut voir le bois des Fourcaux, le *Caterpillar Valley Cemetery* et le village de Longueval.

Avec la prise de **Montauban** ㉔ par les régiments de Manchester et Liverpool, une brèche était ouverte dans le système défensif allemand. C'est par là qu'une percée fut possible vers l'est et déboucha à Guillemont et à Ginchy, respectivement les 3 et 9 septembre. Une des anecdotes les plus fameuses de la bataille de la Somme s'est déroulée à Montauban. Le 1er juillet, afin d'inciter ses hommes à sortir de leur tranchée, le capitaine Nevill envoya des ballons de football dans le no man's land en direction des positions adverses. Les soldats se précipitèrent sur les ballons, mais le capitaine fut tué sur le champ. Il est enterré dans le cimetière militaire de Carnoy. Dans le village même, trois constructions évoquent la Grande Guerre : le **monument aux morts**, le château d'eau édifié avec l'aide financière de la ville de Maidstone (Angleterre) – à l'époque et encore aujourd'hui "marraine" de Montauban –, et le **monument aux bataillons de Liverpool et de Manchester**, inauguré le 1er juillet 1994. À la sortie du village, sur la droite, au loin, s'étend le petit bois de la Garenne-Simon au sud duquel passait la 1re ligne allemande.

Prenez la D197 vers Maricourt, puis longez le bois du même nom qui conserve, près de la route, des vestiges réguliers et insolites du champ de bataille. **Maricourt** se situait à la limite des armées britannique et française dont l'artillerie couvrait le flanc de l'aile droite. Près de l'église, une plaque porte le nom de "Rue du 45e R.I. (régiment de Laon), septembre 1914".

Peu après la sortie de Maricourt, quittez la D197 sur la gauche vers **Vaux** ㉕. Un peu plus loin, le belvédère de Vaux offre une vue splendide et typique sur la vallée de la Somme avec les méandres de la rivière, des marais et une végétation sauvage. Il dominait les lignes françaises et allemandes dont le tracé, mal défini, traversait l'intérieur du méandre. "(...) C'était le bout du monde et nous ne savions pas au juste où finissaient nos lignes et où commençaient les lignes allemandes, les deux tracés se perdant dans une prairie marécageuse... où les lignes s'interrompaient forcément pour reprendre de l'autre côté de la vallée inondée et des méandres compliqués de la Somme sur l'autre rive, à Curlu, haut perché, et au-delà" (Blaise Cendrars, *La Main coupée).*
Du belvédère, on aperçoit légèrement à droite, le village de Frise et à gauche, Curlu, le moulin de Fargny et le fameux "chapeau de gendarme" (colline ainsi baptisée par les soldats français après l'avoir prise aux Allemands).

Descendez vers la vallée puis tournez à droite au rond-point en direction de **Suzanne** ㉖. Également situé à l'arrière des lignes françaises depuis octobre 1914, Suzanne qui bénéficiait d'un emplacement privilégié au fond de la vallée de la Somme fut relativement peu détruit. Durant l'offensive de 1916, son château abrita un état-major. "C'est un plaisir de se promener dans le petit village, comme dans un trou de garnison et l'on ne peut croire à cette vie tranquille, à deux pas de l'ennemi, derrière le frêle cordon d'une ligne de tranchées. Il y a un très beau château, près des marais de la Somme, où se trouve notre général de brigade Masson" (Maurice Le Poitevin, 27 octobre 1914). "Au soir, nous quittons Suzanne pour aller prendre position aux tranchées de première ligne devant Maricourt. Chargés comme des mulets, par un brouillard intense, nous gagnons le bled, ignorant le chemin à parcourir. On croit marcher dans de la ouate et nous suons sous notre harnachement et le linge que l'on a mis en double sur soi, ne pouvant le faire entrer dans le sac. Sur le plateau, le ciel est dégagé, l'air froid. Nous traversons le village de Maricourt, sinistre dans la nuit noire..." Maurice Le Poitevin, *Carnets*, 6 novembre 1914. (L'historial de la Grande Guerre possède les carnets manuscrits de Maurice Le Poitevin, soldat au 329e R.I. ainsi qu'une quarantaine de dessins originaux dont certains sont exposés.)

Continuez sur la D197. Au carrefour avec la D1, prenez à gauche en direction de **Cappy**. Durant toute la guerre, les convois qui alimentaient le front français en hommes et en matériel transitaient par ce village. Les relèves descendantes et les formations sanitaires d'évacuation vers les hôpitaux de Bray traversaient également le village tandis que le transport des grands blessés s'effectuait par péniche vers Amiens. "Bob revit Cappy-sur-Somme et ses baraques multicolores. On lui avait fait la piqûre à l'ambulance de Feuillères ; une voiturette l'avait conduit jusqu'à Cappy où des camions attendaient les blessés. Chaque tour de roue vers l'hôpital d'évacuation de Marcelcave mettait un baume sur sa blessure et l'inondait de cette joie précieuse que ne peuvent connaître que les soldats blessés et les condamnés à mort à qui l'on apporte la grâce au pied de l'échafaud" (Pierre Mac Orlan, *Bob bataillonnaire)*.

Franchissez le canal de la Somme et tournez à gauche vers **Éclusier-Vaux** ㉗. La route passe devant l'église Saint-Nicolas de Cappy. Son clocher fortifié du XVIe siècle est classé monument historique. Deux des quatre échauguettes endommagées en 1916 ont été reconstruites à l'identique. De la route qui mène à Éclusier-Vaux, au lieudit "La Montagne d'Éclusier", le point de vue est pittoresque sur la vallée de la Somme et sur Suzanne, à l'arrière-plan.

En avril 1918, l'as de l'aviation allemande, Manfred von Richthofen, le fameux "Baron rouge" passa sa dernière nuit dans le château situé à la sortie du village (en direction de Herbécourt), face à l'aérodrome où était basée son escadrille dont le futur chef sera, en juillet, un certain... Hermann Goering.

Prenez la direction de Frise vers Péronne par la D1, puis en tournant à gauche par la D471.

Le village de **Frise** ㉘ totalement reconstruit, doit essentiellement sa notoriété à Blaise Cendrars qui y séjourna de novembre 1914 à fin février 1915. Suisse engagé volontaire dès le 3 août au 1er régiment de marche de la Légion étrangère, il mena avec son escouade une guerre de coups de main dont il prenait bien souvent l'initiative, parfois à l'insu de ses supérieurs. Il raconte dans *La Main coupée* sa "petite guerre" dans la grande avec une verve et dans un style si particulier, insolite, souvent gouailleur et anticonformiste, parfois féroce.

Après avoir parcouru environ 1,5 km sur la D146E, tournez au premier chemin sur votre gauche jusqu'à la falaise d'où l'on a un panorama complet sur la vallée. Sur le lieu même, des restes de tranchées sont encore visibles, dont il est vraisemblable de penser qu'elles ont été foulées par l'écrivain. Le chemin mène au bois de Bione qui n'est autre que le fameux "bois de la Vache". "Au bois de la Vache, à la corne du bois, nous tenions un petit poste qui n'était séparé du petit poste allemand que par une épaisseur de quelques sacs de terre. On

Vallée de la Somme à Frise.

aurait pu s'embrocher à la baïonnette d'une tranchée à l'autre." Les lieux dans lesquels se sont déroulées certaines anecdotes sont aisément repérables. De droite à gauche : la tranchée de la Clara et la nuit de Noël, le clocher de l'église (l'ancienne bien sûr) d'où Bikoff tirait sur tout ce qui bougeait dans la tranchée allemande, la masse sombre du bois de la Grenouillère qui fut le théâtre de sorties nocturnes… Cendrars perdra la main droite le 28 septembre 1915 à la ferme de Navarin, lors de l'offensive de Champagne. En juin 1990, la rue principale du village a été baptisée "rue Blaise-Cendrars", par Miriam Cendrars, la fille de l'écrivain. Le jeune poète britannique, Robert Graves, soldat au *Royal Welsh Fusiliers*, est également passé à Frise en février 1917.
Il est conseillé de monter jusqu'au calvaire d'où l'on bénéficie d'un autre point de vue sur le clocher de l'église de Curlu, la mairie-école d'Éclusier-Vaux et, in situ, les vestiges de la Clara.

Continuez sur la D471 en direction de Feuillères. Le village fut enlevé dans un seul élan par les coloniaux le 2 juillet 1916, en même temps que Frise. Après avoir franchi la Somme, la route conduit à **Hem-Monacu**. Les combats pour la conquête de Hem furent difficiles et longs (2-5 juillet 1916), mais ce n'est que le 31 que tomba la ferme fortifiée de Monacu qui verrouillait la progression vers Feuillères.

Le peintre-graveur Otto Dix (1891-1969), engagé volontaire en 1914, séjourna deux fois dans la Somme en 1916. Il écrit dans ses carnets : "Notre position se trouvait à la droite de la ferme Monacu. Notre compagnie était installée pour trois semaines… C'était terrible ! Notre position était tellement retournée par des grenades françaises de calibre 28 qu'on ne voyait plus les tombes. Maintenant, nous sommes loin derrière cet enfer dans la localité" (Otto Dix, *Correspondance)*. Profondément bouleversé par la guerre, il traita ce thème avec un violent sens de la dérision. Une série de la rarissime collection d'eaux-fortes *Der Krieg* (1924) est une des pièces maîtresses des collections de l'historial de la Grande Guerre. Sept dessins concernent la Somme, dont celui intitulé *Fusée éclairant la ferme de Monacu.*

Après le franchissement de l'autoroute par la route Albert-Péronne, un chemin bordé par le **monument au 363e R.I.** (Nice) mène à la **nécropole nationale** de **Cléry** ㉙. Etalé en arc de cercle au nord du dernier méandre de la Somme avant Péronne, Cléry se situait au carrefour des routes vers Maurepas, Combles, Hem-Monacu et Bouchavesnes. Il revêtait ainsi une importance stratégique primordiale, en raison des deux ponts qui enjambent la Somme et furent pris le 5 septembre. La fameuse tranchée des Berlingots commençait à la sortie du village à gauche et rejoignait sur la hauteur le bois Madame et le bois des Berlingots, aujourd'hui bois de Berlinval.
Pierre Mac Orlan, né à Péronne en 1882, mobilisé au 269e R.I., se battit dans la tranchée et au bois des Berlingots d'où l'on apercevait "la route de Bapaume" (chanson écrite après la guerre). Il y fut blessé fin août. "Faut pas croire, parce que t'as un bulletin d'évacuation au premier bouton de ta capote, que t'es sauvé pour ça. Non mon vieux, mais non ; on se fait bouziller aussi bien en arrière qu'en avant et, si t'as la poisse, t'emportes ça avec toi comme un vernis. Ainsi parlait Glaba, bien avant cette dure journée de la Somme, avec cette plaine tragique devant mes yeux, ce sale petit bois des Berlingots, à ma gauche, et cette route, admirablement repérée, qui menait au diable dans n'importe quelle direction" (Pierre Mac Orlan, *Les Poissons morts)*. Le destin de Pierre Mac Orlan aurait pu croiser celui d'Otto Dix qui combattit à Cléry sensiblement à la même époque. *Ce que j'ai vu sur la côte de Cléry-sur-Somme* est le titre d'un autre dessin de la série *Der Krieg*.

Après la bataille de la Somme, Robert Graves est venu à Cléry-sur-Somme : "À la tête de corvée de vivres, je devais traverser Cléry, petit village, qui, peu de temps auparavant, comptait quelques centaines d'habitants et dont les maisons étaient faites d'un clayonnage revêtu de boue et d'argile. Seul vestige qui fût encore debout et point le plus élevé du hameau : une assise de mur en briques d'environ un mètre de haut ; le reste n'était plus qu'un chaos d'énormes cratères d'obus qui se chevauchaient. Pour guider les voyageurs, on avait inscrit à la craie le mot "Cléry" sur la carcasse d'un rouleau-compresseur arrêté au bord de la route." (*Adieu à tout cela)*.

D'AMIENS À VILLERS-BRETONNEUX À TRAVERS LE SANTERRE

La Grande Guerre a imprimé une longue page d'histoire dans la vieille capitale picarde, **Amiens**, stratégiquement située entre Dunkerque et Paris, entre les grands ports de la Manche et de la Normandie. Grande ville de l'arrière, elle fut pendant plus de quatre années le carrefour des nationalités et des visages du monde. Ville d'état-major et de petits commerces, d'administrations et d'usines, de souffrances et de mondanités, de circulation bruyante et de foules bariolées.

Amiens ㉚ connut successivement en 1914 les lamentables convois des populations du Nord de la France et de Belgique fuyant en désordre devant l'armée de von Kluck, les lambeaux d'une armée française en déroute, puis, du 31 août au 11 septembre, l'occupation allemande à laquelle mit fin la bataille de la Marne. Après la course à la mer, le fantassin s'installait dans sa tranchée, la ville dans la guerre. La population militaire devint de plus en plus présente.

L'arrivée des Britanniques en 1915 teinta les rues d'une nuance kakie uniforme, qu'égayaient parfois les couleurs des tartans des kilts écossais. Dès lors et jusqu'à la fin du conflit, Amiens fut le théâtre d'une activité militaire omniprésente, parfois contraignante, qui atteignit son paroxysme en 1916 : une noria d'ambulances convergeant vers la vingtaine d'hôpitaux temporaires, de très nombreux cortèges funèbres, une foule d'officiers d'état-major aux uniformes impeccables, des groupes bruyants de soldats aux vêtements froissés et souvent délavés venus en permission pour quelques heures (dans les cafés du quartier Saint-Leu), un nombre croissant d'infirmières discrètes et de

Cathédrale d'Amiens : plaque en souvenir des troupes australiennes.

femmes en deuil, mais aussi de jeunes personnes aux robes pimpantes et aux allures peu farouches, des militaires aux tenues nouvelles et aux visages parfois colorés, des populations civiles laborieuses aux allures souvent soucieuses ou résignées, des commerçants et industriels satisfaits, la circulation pétaradante des motocyclettes, des estafettes et des automobiles d'état-major, la vie menée par les artistes-peintres de l'atelier de camouflage au restaurant "Joséphine" (actuel magasin de vêtements au 3 de la rue des Corps-Nuds-sans-Teste), les réceptions plus feutrées données aux salons Godbert (actuelle Comédie de Picardie, 62, rue des Jacobins), les concerts de musique militaire donnés place du Cirque, les matinées de bienfaisance au théâtre municipal (établissement bancaire, 23, rue des Trois-Cailloux)... tout cela conférait à la ville d'Amiens un aspect de patchwork humain aujourd'hui difficilement imaginable.

L'année 1917 fut moins mouvementée, en raison du déplacement du front au-delà de Bapaume. Par ailleurs, s'il y eut toujours du travail pour les ouvriers et employés amiénois (environ 15 000 personnes travaillaient dans quelque 150 établissements pour la défense nationale), les prix ne cessèrent d'augmenter et de nombreux conflits sociaux apparurent.

L'année 1918 fut de nouveau l'année de tous les dangers. Ludendorff venait de lancer en mars sa fulgurante offensive depuis Saint-Quentin, déclenchant de nouveaux convois de réfugiés, l'évacuation de la préfecture et de la municipalité, des usines et des banques. Les bombardements par avions et par canons s'intensifièrent. Les travaux de protection de la cathédrale prirent une nouvelle ampleur (on avait déjà commencé en 1915 la pose de sacs de sable devant les statues des portails de la façade occidentale et remplacé par une copie la statue de l'*Enfant pleureur*). En 1918, on évacua les œuvres d'art, on protégea les stalles et on démonta les orgues. Malgré quelques destructions, la cathédrale ne fut épargnée que grâce à l'intervention de l'évêque auprès du Saint-Siège qui demanda à l'Église d'Allemagne d'intervenir auprès de l'empereur. Les œuvres d'art du musée de Picardie furent évacuées et les sapeurs de la section de camouflage, aidés par les pompiers de la ville de Paris, procédèrent au démarouflage des 200 m^2 des toiles de Puvis de Chavannes (seul le panneau *la Guerre* avait été légèrement atteint par un éclat d'obus !). On mit également à l'abri les archives départementales et municipales et les 60 000 volumes de la bibliothèque municipale. Amiens devenait ville ouverte, en quelque sorte.

Après l'ultime contre-offensive alliée du 8 août, le dernier obus tomba sur la ville le 15, jour de réouverture de la cathédrale au culte. La ville se releva de ses destructions et de ses misères, mais elle avait payé un lourd tribut : 331 victimes civiles et militaires françaises tuées par bombardement, 493 blessés, 3 671 immeubles bombardés dont 731 totalement détruits, 2 433 Amiénois "morts pour la France". De nos jours, en raison des destructions provoquées par la Deuxième Guerre mondiale, bien peu de sites indiquent ostensiblement la période 1914-1918. Dans la **cathédrale**, différentes plaques rappellent le souvenir des troupes australiennes, canadiennes, britanniques, américaines et terre-neuviennes (piliers du transept droit), de Raymond Asquith, fils du Premier Ministre de Grande-Bretagne, tué à Ginchy en août 1916 (mur du bas-côté droit du chœur), des troupes coloniales et du général Debeney, "vainqueur de la bataille de Picardie". Vous pourrez voir par ailleurs le **monument aux morts** du sculpteur Albert Roze (réminiscence du *Christ au tombeau*) qu'encadrent deux plaques dédiées aux morts de la paroisse Notre-Dame et deux urnes de bronze contenant la liste manuscrite de ces noms classés par doyenné et par paroisse. Dans la chapelle Saint-Jacques-le-Majeur de l'abside sont exposés les drapeaux du Canada, de

Terre-Neuve, de Nouvelle-Zélande, d'Australie et d'Afrique du Sud. Les textes gravés sur l'essentiel des plaques se réfèrent tous à la "défense victorieuse d'Amiens" en 1918. Dans la ville même, vous pourrez visiter les **nécropoles française, britannique et belge de Saint-Pierre** et **franco-britannique de Saint-Acheul**. Dans ce dernier se dresse le monument exécuté par Albert Roze pour le Souvenir français. L'imposant **monument aux morts** municipal quant à lui, œuvre du même artiste, a été inauguré en très grande pompe en avril 1929. Il est situé place du Maréchal-Foch.

Outre les "grands chefs" civils et militaires (Poincaré, Clemenceau, George V, Asquith, Hughes, Joffre, Haig, Foch, Pétain, etc.), les peintres Dunoyer de Segonzac et William Orpen, l'aviateur Guynemer, le poète Siegfried Sassoon (qui descendait au Carlton), l'acteur Buster Keaton, le cinéaste David Griffith, le médecin-écrivain Georges Duhamel et l'écrivain Charles Vildrac (la liste est loin d'être exhaustive) ont séjourné à Amiens.

- *Office de tourisme*
  12, rue du Chapeau-de-violettes
  Tél. : 03.22.91.79.28.
- *Comité départemental du Tourisme*
  21, rue Ernest-Cauvin
  80000 Amiens.
  Tél. : 03.22.92.26.29.

Quittez Amiens. Prenez la direction d'Albert puis de Corbie (D1). Le village de **Daours** abritait en 1916 une ambulance britannique (ce qui "justifie" le cimetière *Daours Communal Extension*) et, en juin de la même année, le quartier général de la réserve de la Ve armée. Après le cimetière civil de **Fouilloy**, on aperçoit sur la gauche l'ancien hôpital (l'actuelle maison de retraite Hippolyte Noiret) où a exercé Georges Duhamel lors de son premier passage dans la Somme, et d'où il s'esquivait afin de retrouver son épouse (voir p. 252). **Corbie** ㉛, au lourd passé chargé d'histoire, ne fut pas épargnée par la guerre. À l'arrière immédiat du front en 1918, elle se trouvait devant Amiens sur un important axe stratégique nord-sud. En dépit des dommages causés par l'artillerie allemande, l'abbatiale Saint-Pierre et la porte d'honneur, toutes deux du XVIIIe siècle, ont été épargnées. Néanmoins, des traces de balles et d'éclats d'obus sont visibles sur les murs des deux bâtiments. Dans l'abbatiale même, face à l'entrée latérale, une grande plaque de marbre vante les qualités de bravoure du jeune major (commandant) William La Touche Congreve, tué à l'âge de 25 ans par un tireur embusqué et enterré au *Corbie Military Communal Extension*. Décoré des plus hautes distinctions françaises et britanniques, il était le fils du général Congreve qui, le 1er juillet, avait attaqué avec deux divisions entre Mametz et Maricourt. Dans son livre *Diaries, 1915-1918*, Siegfried Sassoon évoque son passage à Corbie en février 1916 et mars 1917.

- *Renseignements*
  Office de tourisme
  Place de la République
  80800 Corbie.
  Tél. : 03.22.96.95.76.

Continuez sur la D1 en direction de Bray-sur-Somme. Après avoir dépassé la statue de sainte Colette "À leur glorieuse patronne, les Corbéens reconnaissants - Grande Guerre 1914-1918", empruntez la contre-allée pour vous arrêter au "point de vue de Sainte-Colette", intéressant à double titre : esthétiquement d'abord pour la très belle vue sur la vallée de la Somme, historiquement ensuite, puisque c'est entre Corbie et Vaux-sur-Somme que Manfred von Richthofen livra son dernier combat le 21 avril 1918. Blessé par l'aviateur canadien Brown, il décida de regagner Cappy. Pris sous le feu de mitrailleurs australiens au sol, il fut, dit-on, mortellement blessé et s'écrasa avec son avion dans le champ, à droite, face à la briqueterie. Enterré par les Australiens avec les honneurs militaires dans le cimetière civil de Bertangles (une brigade australienne avait établi son Q.G. dans le château de Clermont-Tonnerre), son corps fut transféré en 1925 dans le cimetière allemand de Fricourt puis ramené par son frère Lothar la même année à Berlin.
La D1, cette modeste "route de

Amiens : le monument aux morts.

Chipilly : le monument aux morts.

crête" entre les vallées de l'Ancre et de la Somme, passe ensuite devant le **mémorial à la 3e division australienne** qui s'est illustrée ici fin mars 1918, lors de la poussée allemande. À quelque 500 m (au point 110 de la carte IGN), immédiatement après le carrefour avec le C1, on découvre le **panorama des deux champs de bataille** : à l'est, à droite du monument de Thiepval, celui de 1916, et à l'ouest, signalé par le mémorial de Villers-Bretonneux, celui de 1918.

À 1 km du carrefour avec la D42 (Moreuil-Albert), tournez à droite vers **Chipilly** ❸❸ dont le très émouvant et le très original monument représentant un soldat et son cheval agonisant vaut le détour. Quelques kilomètres plus loin, on atteint une vallée sèche perpendiculaire à la route. Le bois des Tailles, à gauche, abritait en 1918 un important dépôt de munitions allemand. Plus loin, sur la droite, à la hauteur du village d'**Étinehem**, un drapeau tricolore signale la présence d'une nécropole française : le cimetière de l'hôpital temporaire où officia Georges Duhamel en août 1916 : "La cote 80, c'est là ! Vous y verrez plus de blessés que vous n'avez de cheveux sur la tête et couler plus de sang qu'il n'y a d'eau dans le canal. Tout ce qui tombe entre Combles et Bouchavesnes rapplique ici." (Georges Duhamel, *Civilisation).* "Nous sommes sur un plateau sans un arbre, sec et sale. De nombreuses tentes pour les blessés et le personnel, un grand cimetière, des automobiles et, tout autour, des camps noirs de chevaux et de troupes. Le soir, une canonnade inimaginable, des feux d'artifice, un bruit (*) et un spectacle auprès duquel Verdun était bien peu de chose." (Georges Duhamel, *Correspondance* (22 août 1916).
(*) souligné par l'auteur.

Gros bourg dont l'origine remonte à l'époque gallo-romaine, **Bray-sur-Somme** ❸❹ se situait à l'arrière, tout près du front et sur la ligne qui, de Maricourt à Combles, séparait en 1916 les secteurs britannique et français. Durant la bataille, il devint naturellement un important centre de logistique ; un faisceau de voies de 0,60 m irriguait Maricourt : "Plus on approchait de Bray, plus le pays semblait congestionné. Le peuple automobile régnait tyranniquement sur les routes, repoussant à travers champs les humbles convois de chevaux. De petits tacots sur rail montraient de l'indépendance et hululaient avec emphase, bas sur pattes, le dos chargé de millions de cartouches." (Georges Duhamel, *Civilisation).* Ce fut aussi un centre d'activités sanitaires avec des hôpitaux dont les cimetières furent bien souvent le complément final. Le **cimetière français** jouxte le cimetière civil et complète celui d'Étinehem, tandis que les **cimetières britanniques** se trouvent au nord du village. Le **cimetière allemand** date essentiellement des combats de 1918. Durant toute la guerre, le village échappa partiellement aux destructions, seuls le clocher et le toit de l'église furent sérieusement endommagés en 1918. Cette belle **église Saint-Nicolas**, romane et gothique, est classée monument historique. Outre ses richesses liturgiques, elle possède une grande plaque de marbre dédiée "À la mémoire des prêtres soldats morts pour Dieu et la France dans la région de Bray, 1914-1918", une plaque "Au 329e R.I., régiment de réserve du Havre qui a combattu, en 1914 et 1915, entre Bray, Fargny, Maricourt, Carnoy et a libéré Estrées les 4 et 5 juillet 1916", ainsi qu'un bon nombre de plaques individuelles dont une à la mémoire du jeune Laurent de Gouvion Saint-Cyr, sous-lieutenant au 22e bataillon de chasseurs alpins, décédé à Bray-sur-Somme, le 18 novembre 1916. Gravement blessé en conduisant sa section à l'assaut le 1er novembre 1916 à la tranchée de Reuss, il mourut à l'âge de 20 ans, après 17 jours de coma, à l'hôpital militaire de Bray-sur-Somme. Dans une lettre du 15 août, il avait fait ses adieux à sa mère, lui déclarant qu'il avait "fait le sacrifice de tout". Sa dépouille a été transférée au cime-

Vers Flaucourt : vestige d'un cimetière allemand aujourd'hui déplacé.

tière du Père-Lachaise à Paris aux côtés du maréchal Gouvion Saint-Cyr. Dans le même édifice, le monument aux morts représente un soldat qui regarde pensivement la plaque gravée de 33 noms et surmontée de la devise "Dieu, Honneur et Patrie".

- *Renseignements*
  Office de tourisme
  Place de la Liberté
  80340 Bray-sur-Somme
  Tél. : 03.22. 76. 11. 38.

Dans Bray-sur-Somme, prenez la direction de Proyart par la D329 pour la gare de **Froissy** 35 d'où part la ligne du chemin de fer touristique à voie étroite, identique à celles qui approvisionnaient le champ de bataille. Un musée vient d'ouvrir qui présente du matériel militaire d'époque ainsi que des documents.

- *"Le p'tit train de la Haute-Somme"*
  Musée des Chemins de fer militaires et industriels
  Renseignements : APPEVA
  BP 106 80001 Amiens Cedex 1.
  Tél. : 03.22. 44. 45.40

Revenez à Bray-sur-Somme et prenez la direction de Cappy. Le circuit quitte la vallée de la Somme et aborde le plateau du Santerre.

Situé sur la 2e ligne allemande et à la croisée des voies de communication ouest-est (vers Péronne) et nord-sud (Feuillères-Estrées), **Herbécourt** 36 avait une valeur stratégique importante. La position céda le 2 juillet sous les coups des troupes coloniales. Péronne n'était plus qu'à 8 km, mais la ville ne fut jamais atteinte. À la sortie du village en direction de Péronne existait encore en 1920 un cimetière allemand. À gauche, insérée dans un corps de ferme et perpendiculaire à la route, une petite maison est la seule "survivante" du village. Elle abritait une ambulance de campagne allemande dont les murs étaient décorés de fresques et de dessins. Cendrars séjourna peu de temps à Herbécourt début 1915 avant de quitter la Somme pour l'offensive d'Artois de mai 1915.

Après le village d'Herbécourt, au carrefour suivant sur la D1, tournez à droite vers **Flaucourt**. Des observations aériennes avaient signalé la faiblesse des défenses du plateau de Flaucourt. Les coloniaux, après une opération de rupture commencée brillamment le 1er juillet, s'emparèrent du village le 3.
Au carrefour du calvaire, garez votre voiture près de la rue de Dompierre. À quelque 200 m, dans un champ sur la gauche, demeure un très rare témoignage monumental allemand, vestige d'un cimetière aujourd'hui déplacé. *Zur Ehre der für Kaiser und Reich gefallenen Söhne Deutschlands* ("En l'honneur des fils d'Allemagne tombés pour l'Empereur et pour le Reich"). Ce monument se situe sur une propriété privée, à environ 20 m de la petite route qui conduit de Flaucourt à Biaches. Pro-

"Le p'tit train de la Haute-Somme".

tégé au fond d'une dépression, le village de **Barleux**, attaqué le 4 juillet, resta un puissant centre de résistance et demeura aux mains des Allemands jusqu'à la fin de l'offensive en novembre 1916, en dépit de nombreuses tentatives des coloniaux.

Dans Flaucourt, tournez à droite au calvaire en direction de **Belloy-en-Santerre** ㊲. La prise du village demeure un fait d'armes dans l'histoire de la Première Guerre mondiale. La Légion étrangère attaqua le 4 juillet, baïonnette au canon et à terrain découvert. Après s'en être emparé, elle résista aux contre-attaques allemandes nocturnes d'une violence inouïe et resta maîtresse de la situation au prix de lourdes pertes. Une véritable saignée : 700 tués dont la plupart sont de nos jours enterrés dans les cimetières de Dompierre et de Lihons.

Si aucune trace ne subsiste de la présence importante de légionnaires luxembourgeois, il en est tout autrement des Espagnols, des Catalans plus exactement. Deux rues principales de Belloy portent les noms de Barcelone et de Catalogne, ville et province qui ont contribué financièrement à la reconstruction du village. Une importante délégation de la province espagnole avait fait le déplacement pour l'inauguration des rues en 1927 : "Honneur à la Légion étrangère et à ses vaillants Catalans, juillet 1916", telle est l'inscription gravée sur le monument aux morts.

Mais le nom de Belloy-en-Santerre reste attaché à celui d'Alan Seeger, jeune Américain engagé volontaire, tué le premier jour de l'attaque. Il acquit une notoriété à titre posthume grâce à son fameux poème, *I have a rendez-vous with death*, édité aux États-Unis dès la fin de 1916 :

"J'ai un rendez-vous avec la mort
Sur quelque barricade âprement disputée,
Quand le printemps revient avec son ombre frémissante
Et quand l'air est rempli des fleurs du pommier".

Le corps de Seeger n'a jamais été retrouvé. Il a vraisemblablement été inhumé dans l'ancien cimetière de Belloy qui eut à souffrir des destructions de 1916 et 1918. Sans doute fut-il ensuite transféré dans l'une des deux fosses communes de la grande nécropole militaire de Lihons (hypothèse confirmée par les archives de la Légion étrangère). Après guerre, les parents Seeger ont offert au village des arbres fruitiers et une cloche d'église gravée au nom de leur fils. La place de la mairie porte le nom d'Alan Seeger, également inscrit dans l'église et sur le monument aux morts du village (ainsi que sur celui aux volontaires américains, place des États-Unis à Paris). Le monument et l'église ont subi les destructions de la Deuxième Guerre mondiale et les cloches ont été refondues... En septembre 1995, le village a reçu la visite du petit-neveu du poète.

Reprenez la D79 vers **Estrées-Deniecourt** ㊳. Les inscriptions gravées sur le monument au 329e R.I. (régiment d'infanterie de réserve du Havre) relatent, dans le style emphatique si particulier aux citations militaires, la prise du village. Comme beaucoup de villages situés de part et d'autre de la route nationale Saint-Quentin-Amiens, Estrées fut libéré par les troupes australiennes en août 1918. À 1,5 km du village sur la N29, la route longe à gauche le bois de Soyécourt, surnommé par les Français "bois des satyres"(en raison des vêtements féminins qu'ils y trouvèrent). La 1re ligne allemande traversait perpendiculairement la route au niveau du point haut, la 1re ligne française parallèlement au niveau du chemin de gauche qui bordait la "maison du percepteur". Le village de **Foucaucourt-en-Santerre** était, à partir de 1916, le terminus de cette "Voie sacrée" qui acheminait hommes et matériel d'Amiens et de Villers-Bretonneux. La reconstruction de l'église et du monument aux morts, détruits pendant la Deuxième Guerre mondiale, date des années 1950.

Bifurquez à gauche vers **Vermandovillers** ㊴ par la D143, une des positions clés de ce plateau du Santerre qui s'étale à gauche de la route nationale Saint-Quentin-Amiens. La Xe armée française entra en action entre Barleux et Chilly le 4 septembre, conjointement avec la VIe à cheval sur la Somme, et les Britanniques au nord (troisième et ultime phase de l'offensive). La conquête de Vermandovillers ne s'acheva que le 17, au prix de pertes élevées de part et d'autre.

La **nécropole allemande** est la plus importante de la Somme : 22 665 soldats y reposent parmi lesquels les deux jeunes poètes Alfred Lichtenstein (tué le 25 septembre 1914 à Vermandovillers) et Reinhard "Johannes" Sorge (tué à Ablaincourt le 20 juillet 1916). Sur la place du Souvenir-Français, **deux monuments** rappellent les combats livrés par le 1er bataillon de chasseurs à pied le 6 septembre 1916 pour la prise du village, et le souvenir d'un officier du 329e R.I. (le capitaine Jean Delcroix), tué le même jour. En août 1993, un Australien, Ross Bastian, a fait don au village d'une plaque bilingue dédiée à Laurence Mc Carthy, lieutenant au 16e bataillon A.I.F. (*Australian Imperial Force*) qui s'était emparé de 450 m de tranchées et reçut, pour ce fait, la *Victoria Cross* et la grand-croix de la Légion d'honneur. Fixée sur le mur de la mairie-école, elle a été offerte "...en témoignage de ma gratitude pour les buts et les valeurs donnés à ma vie", explique le donateur.

Poursuivez sur la D143 vers **Chaulnes** ㊵, un des anciens hauts lieux du patrimoine historique et architectural de la Picardie aux XVIe, XVIIe et XVIIIe siècles. Le gros bourg, chef-lieu de canton, situé à la pointe sud du champ de bataille de 1916, fut fortifié fin 1914 et devint le principal point d'appui allemand du secteur. Les vagues d'assaut françaises vinrent s'y briser à partir de septembre 1916 dans un paysage ravagé par l'artillerie.

Une grande maison bourgeoise a remplacé l'ancien et superbe château (voir la plaque fixée sur un pilier d'entrée). Sur la place, face à l'église, le très significatif **monument aux morts** municipal, œuvre de Jules Déchin inaugurée dès 1920, représente une femme (allégorie de la Paix ?) tendant une couronne de laurier à un soldat à l'agonie. Une phrase gravée à l'arrière de l'ensemble aurait mérité, par son originalité, d'être plus en vue : "Une pensée aux soldats français et alliés tombés sur le sol de notre petite patrie durant la Grande Guerre et aux jours de la délivrance, 28 mars 1917 – 28 août 1918". À l'extrémité de la rue Roger-Salengro, au

rond-point du Général-Leclerc, un rare **monument à la Croix-Rouge** servait initialement de fontaine publique. Les bas-reliefs illustrent d'une part les dévastations de la guerre et, de l'autre, l'œuvre des sociétés de bienfaisance. Une plaque centrale explique : "En souvenir de la collaboration de la Croix-Rouge américaine et de l'Union des femmes de France - Croix-Rouge française. À Chaulnes ressuscité, 1917-1919". À l'extrémité du village en direction d'Omiécourt, (après le rond-point, empruntez à gauche la rue Jean-Lebas), s'élève un **monument allemand**, construit fin 1914 à la mémoire des soldats du 117e régiment de Hesse dont les corps ont vraisemblablement été transférés au cimetière de Vermandovillers. Le monument a lui aussi été déplacé, mais très récemment, grâce à des militaires de la Bundeswehr venus travailler en 1990-1991 pour le S.E.S.M.A. (Service d'entretien des sépultures militaires allemandes). Il contenait une bouteille et un message manuscrit qui ont été déposés à l'historial de la Grande Guerre.

Repartez vers **Lihons** ❹❶ par la D337. Il faut être doté d'une bonne vue pour apercevoir en été le petit blockhaus cylindrique situé en lisière du bois Le Pon ! Occupé par les Allemands qui avaient commencé à y creuser leurs tranchées, le village de Lihons fut pris par les Français en octobre 1914. Une lutte sans merci dura plus d'un mois en contre-attaques quasi quotidiennes, mais il resta aux mains des Alliés jusqu'à l'offensive allemande de mars 1918 (les Britanniques avaient relevé les Français en mars 1917). Après les deux offensives de 1918, la belle église des XIIIe et XVe siècles avait été totalement détruite.

Dans le centre du village, des panneaux indiquent la direction du monument et de la tombe du prince Louis Murat, engagé volontaire comme maréchal des logis au 5e régiment de cuirassiers et tué le 21 août 1916. Il était le petit-neveu de Napoléon Ier et le petit-fils du maréchal prince Murat.

Quittez Lihons par la D337 en direction d'Harbonnières pour atteindre la grande **nécropole nationale**. Ouverte dès 1915, elle regroupa en 1919 les cimetières militaires provisoires de Framerville, Herleville, Foucaucourt, Harbonnières, Assevillers, Belloy-en-Santerre (Alan Seeger), Cayeux, Le Quesnel et Fontaine-les-Cappy. Entre les deux guerres, des cérémonies s'y déroulaient deux fois l'an, le 14 juillet et le 11 novembre. La nécropole contient aujourd'hui 6 587 corps dont 1 638 sont répartis en quatre ossuaires. Après le petit **cimetière britannique**, ***Rosières British Cemetery***, bifurquez à droite au carrefour en direction de Vauvillers et de Framerville par la D329. Le nom de **Framerville** apparaît avec ceux de Proyart et d'Harbonnières sur les communiqués de la déroute française du 29 août 1914. Le village fut libéré le 8 août 1918, le jour même de l'attaque lancée depuis Villers-Bretonneux. Une ligne Framerville-Bouchoir-Piennes localise la retraite allemande du 9 août.

Proyart : le monument aux morts est un véritable mémorial.

Au carrefour avec la D329, prenez la direction de **Proyart** ❹❷. Le 29 août 1914, depuis une ligne Bapaume-Péronne, l'armée allemande se rua sur Amiens. Des troupes françaises, envoyées à la hâte depuis l'Alsace, tentèrent, sinon d'arrêter, du moins de ralentir le mouvement. En vain. Après la Marne, des combats moins meurtriers s'y déroulèrent en sens inverse, lors de la course à la mer.

Il faut partir dans la rue principale du village, à la découverte du surprenant **monument aux morts** dont les dimensions paraissent bien disproportionnées par rapport à celles du village (625 habitants en 1913 !). En fait, il a été financé pour une large part par de riches industriels du champagne (autrefois propriétaires du château) dont le fils unique avait péri à la guerre. Sa forme d'arc de triomphe, ses dimensions, le discours gravé sur la plaque centrale : "Gloire aux héroïques défenseurs de la Somme français et alliés", les bas-reliefs latéraux (*le Départ* et *la France reconnaissante*), son inauguration grandiose par le général et député de Castelnau le 28 septembre 1924, en font

Villers-Bretonneux : le mémorial australien.

davantage un mémorial qu'un simple monument aux morts municipal. Ce monument est l'œuvre du sculpteur Gourdon. Faites demi-tour à la sortie du village ou tournez plus loin à droite, afin de longer le **cimetière militaire allemand** et le cimetière civil communal au fond duquel on a découvert deux tombes de militaires (des officiers, curieusement) tués pendant les combats du 29 août 1914.

Par la D41, retournez vers **Harbonnières** ❸. Comme la majorité des villages à l'est du département, Harbonnières a connu les grandes offensives de 1914, 1916 et 1918. Mais son originalité réside dans l'église qui a échappé aux destructions (les clochers étaient bien souvent utilisés comme points d'observation, donc détruits par l'artillerie adverse). Cet édifice date du XVIe siècle. Surnommée, dit-on, la "petite cathédrale du Santerre" par Mgr de la Mothe, évêque d'Amiens de 1734 à 1774, l'édifice remarquable par sa nef, son transept et son portail sud a été classé monument historique.

Dans le village qui servait de lieu de repos aux hommes qui revenaient du front, l'hospice (aujourd'hui institut Notre-Dame) était utilisé comme ambulance pour les blessés. "Ce village de 1 680 âmes est à 6 km des lignes. Logé à l'hospice chez d'admirables sœurs de Charité dont l'une sera décorée pour son héroïsme, l'aumônier célèbre à 9 h dans l'église tendue de noir où l'on chante la messe des morts" (Abbé J. Schuller, aumônier militaire de la 51e division, *Ceux du 1er corps*).

Par la D337 et la N29, via Bayonvillers et Lamotte-Warfusée, prenez la direction de Villers-Bretonneux. A environ 3 km, tournez à gauche. Une petite route mène vers **Marcelcave** ❹.

À une quinzaine de kilomètres des lignes françaises, au lieudit Les Buttes, entre le cimetière militaire et la voie ferrée, avait été installé un des plus grands complexes militaires de la région : chantier de ravitaillement, dépôt de vivres, dépôt d'artillerie et du génie, hôpital militaire temporaire, mais aussi, depuis la gare de Longueau, le premier réseau ferroviaire desservant le front. En raccordement avec la ligne Amiens-La Fère, on y avait construit un épi pour les pièces d'artillerie lourde sur voie ferrée, de nouvelles voies à écartement normal et des voies étroites de 1 m ou de 0,60 m qui alimentaient la logistique depuis Bray jusqu'à Montdidier. L'ensemble traversait perpendiculairement la route nationale entre Foucaucourt et le bois de Soyécourt.

Jean Cocteau, déclaré inapte au service militaire, s'était engagé dans la Croix-Rouge civile et, depuis la fin juin, était en poste à l'hôpital des Buttes : "Petit mot en plein soleil sur une table de fortune construite pour nous au seuil de notre tente. Les aéros fauchent le ciel. Blé tout autour. Hélas, plaintes sortent des cabanes énormes. J'appelle notre H.O.E. 13 'le district des plaintes' – Triste exactitude" (*Lettres à sa mère)*. L'hôpital jouxtait l'actuel cimetière militaire de Marcelcave.

Après le franchissement de la voie ferrée, prenez dans le village la direction de **Villers-Bretonneux** ❺. Le champ de bataille des chars se situe de part et d'autre de la RD136. Amenés de nuit depuis Laon par voie ferrée et déchargés à la gare de Wiencourt-l'Équipée, ils partirent à la rescousse de l'infanterie allemande qui piétinait à Villers.

En août 1914, **Villers-Bretonneux** vit passer le flot pitoyable des réfugiés de Belgique et du Nord de la France, des éléments de l'armée française en déroute et les colonnes allemandes triomphantes – puis inversement, après la bataille de la Marne, la retraite allemande et le retour des Français. Ce fut ensuite le grand calme que troublèrent souvent les activités de l'arrière. Le village s'anima considérablement à partir d'avril-mai 1916, lors de la préparation de l'offensive de la Somme, et jusqu'en novembre. Guynemer stationna avec son escadrille des Cigognes sur le terrain situé sur le plateau entre Villers-Bretonneux et

Cachy. Des trains chargés de munitions et de matériel, des convois de camions, d'ambulances et de canons, des files interminables de troupes en marche donnèrent au village un aspect de ruche, qu'il retrouva deux ans plus tard en 1918. Le calme revenu, les couleurs bleu-horizon et moutarde des uniformes français disparurent, comme à Amiens, au profit du kaki de celui des tommies.
Le 21 mars 1918, coup de tonnerre : Hindenburg lançait sa grande offensive. Il espérait atteindre la mer et séparer les armées française et britannique. Ce fut la déroute, du côté des Britanniques cette fois. Les Allemands atteignaient Villers-Bretonneux début avril. Après la conférence alliée de Doullens le 26 mars, un front de résistance s'établit à la hâte devant Le Hamel, Demuin et Moreuil. Les Australiens, dépêchés depuis le secteur d'Ypres, se virent attribuer la défense du village, avec les Britanniques à leur gauche et les Français à leur droite. Ils échouèrent une première fois le 24 avril mais réussirent le 25, le jour même du premier engagement entre les chars d'assaut (voir p. 252). La contre-offensive alliée du 8 août mit définitivement fin aux espoirs d'Hindenburg. Les Australiens, quant à eux, libéraient le secteur situé de part et d'autre de la route nationale, de Villers-Bretonneux à Péronne et Monbréhain dans l'Aisne.

On saisit, à travers ces événements, l'importance que le nom de Villers-Bretonneux revêt pour l'Australie qui y a fait ériger son **mémorial national**, inauguré en juillet 1938 par le couple des souverains britanniques et le président de la République française. L'*Anzac Day* y est commémoré chaque année. Des événements et des lieux renforcent encore les liens tissés entre le village et l'Australie en 1918 : la construction de l'école Victoria en 1927, le jumelage avec la petite ville de Robinvale en 1984, le **musée franco-australien**, l'exhumation des restes d'un soldat inconnu australien qui repose maintenant à l'*Australian War Memorial* de Canberra (novembre 1993) et, tout au long de l'année, la visite de très nombreux Australiens, confirment cette relation privilégiée.

- *Musée franco-australien*
  École Victoria
  9, rue Victoria
  80380 Villers-Bretonneux.
  Tél. : 03.22.96.31.00.

Ouverture : tous les samedis de 14 h à 18 h ou sur demande à la mairie.

HORS CIRCUITS

Au départ d'Amiens, prenez la direction d'Abbeville par la N1 puis la direction du Crotoy par la D940. À **Noyelles-sur-Mer** ㊻, un cimetière militaire renferme les corps de 849 Chinois. Arrivés en France dès avril 1917, ils furent employés à la construction des infrastructures militaires britanniques et, après le conflit, au déblaiement des régions dévastées. Ces hommes moururent à la suite de maladies à l'hôpital du *Native Labour*, proche du camp de Noyelles-sur-Mer et y furent inhumés (voir p. 253).
Au carrefour de la route qui mène au cimetière dont le porche tient lieu de mémorial, deux lions de marbre indiquent que Noyelles-sur-Mer a été jumelé en juin 1985 avec le petit village chinois de Tungkang.

Dans la ville de **Doullens** ㊼, qu'on rejoint par la N25 à partir d'Amiens ou par la D938 à partir de Péronne s'est déroulé un des événements majeurs de la Grande Guerre.
Le 21 mars 1918, Ludendorff lançait, depuis la ligne Hindenburg et sur un front de plus de 70 km, la plus formidable offensive de la guerre. Cette poussée allemande ouvrait une large brèche autour de Saint-Quentin, provoquée par la déroute de la Ve armée britannique. La situation devenait critique et pouvait conduire à une catastrophe militaire irréversible. Le 26 mars, les présidents Poincaré et Clemenceau, les généraux Pétain et Foch, lord Milner et le général Haig se réunissaient dans la mairie de Doullens et décidaient de créer un commandement unique. Foch avait désormais la direction stratégique des opérations. Le 18 juillet, il lançait sa contre-offensive qui conduisit à l'armistice.
Dans la mairie de Doullens, la salle dite du Commandement unique évoque ces événements à travers un vitrail de Gérard Ansart, deux peintures de Lucien Jonas, des bustes et des photographies.

- *Salle du Commandement unique*
  Hôtel de ville
  80600 Doullens.
  Tél. : 03.22.32.40.05.

Ouverture : tous les jours ouvrables de 8 h à 18 h.

Autour de la Première Guerre mondiale

Comité départemental du Tourisme de la Somme
21, rue Ernest-Cauvin
80000 Amiens.
Tél. : 03.22.92.26.39.

Haute-Somme

La Somme a creusé une ample vallée, riante et accueillante. Au gré de ses caprices, elle a façonné des milliers d'étangs (6 000 ha), paradis des oiseaux, des pêcheurs et des promeneurs.

Le village de **Bray-sur-Somme** recèle une église mi-romane, mi-gothique au clocher du XVIIIe siècle. A **Suzanne**, l'église située sur la place du village et le château, tous deux de la même époque, ont été largement restaurés après la Grande Guerre. Le belvédère de **Vaux** permet un beau coup d'œil sur la vallée et sur les étangs. A **Froissy**, le P'tit train de la Haute-Somme circule sur une voie étroite, identique à celles qui approvisionnaient le champ de bataille de la Grande Guerre. Le musée des Chemins de fer militaire et industriel présente la plus grande collection européenne de matériel ferroviaire à voie étroite, avec de nombreux véhicules ayant servi à alimenter les tranchées (tél. : 03.22.44.55.40).

Mailly-Maillet (80560)

Cette commune possède une remarquable église qui justifie le détour. Il s'agit de l'église Saint-Antoine, maintes fois restaurée, qui a conservé son extraordinaire façade du début du XVIe siècle ornée d'une profusion de sculptures.

Caix (80170) et Harbonnières (80131)

Dans le Santerre, ces deux très belles églises gothiques valent le détour. A Caix, l'église de l'Exaltation-de-la-Sainte-Croix est dominée par une tour-clocher. A Harbonnières, l'église Saint-Martin "cathédrale du Santerre" date du XVIe siècle et a été épargnée par les guerres.

Amiens (80000) et l'Amiénois

Capitale régionale de la Picardie, ville d'art et d'histoire, Amiens possède tous les avantages d'une grande ville tout en assurant la qualité de vie d'une ville moyenne, très ancrée dans son terroir. La cathédrale Notre-Dame construite de 1220 à 1280 est une des plus hautes cathédrales de cette époque et la plus vaste. Pur chef-d'œuvre de l'art gothique, elle est classée au patrimoine mondial de l'Unesco. Ce vaisseau de pierre étonne par l'élan d'un seul jet de ses piliers, sa luminosité et la beauté de sa statuaire (le *Beau Dieu*, la *Vierge dorée*, les quatrefeuilles de la façade ouest, etc.). Sa décoration intérieure est d'une grande richesse : gisants de bronze du XIIIe siècle, grilles du chœur mais surtout stalles en chêne sculpté de style gothique flamboyant (XVIe) dont le réalisme et la truculence témoignent du génie des huchiers picards. En face de la préfecture, le musée de Picardie mérite une visite. Dans un monument de style Napoléon III dont la décoration intérieure est due à Puvis de Chavannes sont conservées des collections d'archéologie méditerranéenne et régionale, des peintures des écoles françaises et étrangères du XVe au XIXe siècle, ainsi que des œuvres d'artistes contemporains. La ville d'Amiens recèle en outre un site classé d'une grande originalité situé au cœur même de la ville : les hortillonnages, mosaïque de 33 ha de jardins maraîchers et d'agrément séparés par de petits canaux auxquels on accède exclusivement en barque traditionnelle "à cornet".

• Office de Tourisme
12, rue du Chapeau-de-Violettes
Tél. : 03.22.91.79.28.

Doullens (80600)

Située au confluent des deux vallées de l'Authie et de la Grouches, Doullens bénéficie d'un site remarquable. Malgré une histoire mouvementée, la ville a conservé son beffroi (1613) et de nombreuses et belles maisons du XVIIe siècle en pierre et brique. La citadelle (XVIe et XVIIe siècles) sans doute remaniée par Vauban présente trois siècles d'architecture militaire. On peut également visiter l'église Notre-Dame (XVIe) qui possède une superbe *Mise au tombeau* de 1583 aux personnages grandeur nature.

• Office de Tourisme
Le beffroi
Rue du Bourg
Tél. : 03.22.32.54.52.

Lucheux (80600)

Le site de cette localité au riche passé est remarquable. Les ruines du château aujourd'hui classées monument historique reflètent l'importance passée de la forteresse située à la frontière de la Picardie et de l'Artois. On peut y admirer la porte du Bourg (XIVe siècle), le corps de logis du XVIe siècle et les fenestrages de la grande salle. L'église Saint-Léger comprend un chœur roman dont les voûtes gothiques de l'abside sont parmi les plus anciennes de la France septentrionale (1140).

Samara

Aménagé au pied d'une colline fortifiée par les Celtes (oppidum), ce site retrace 600 000 ans d'histoire de l'Homme à travers des reconstitutions et des démonstrations des activités artisanales de nos ancêtres.

• Samara
80310 La Chaussée-Tirancourt.

Grottes de Naours (80260)

Cité souterraine creusée dans la craie, elle abrita les populations (jusqu'à 3 000 personnes avec leur chep-

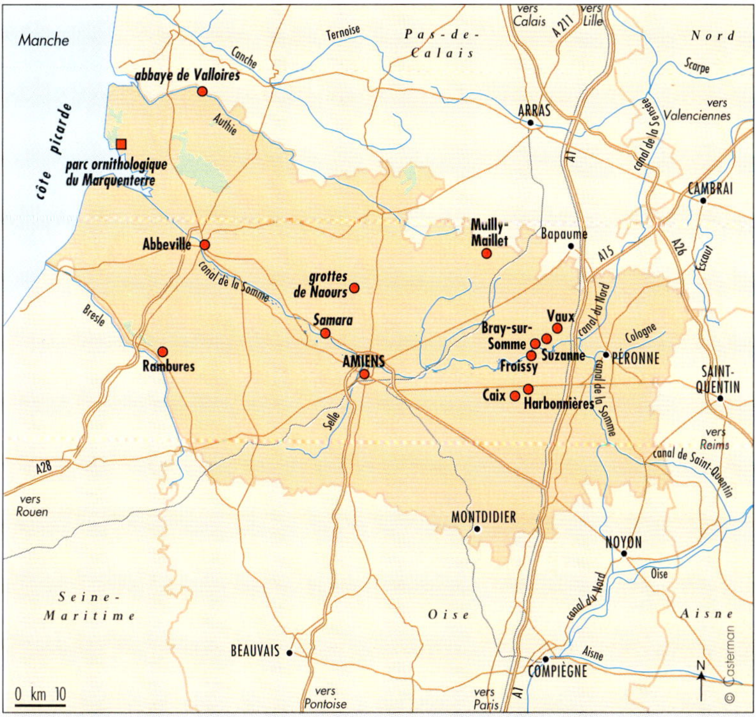

tel) lors des nombreuses invasions que connut la Somme.

• Tél. : 03.22.93.71.78.

La côte picarde et Abbeville

La côte picarde, une des moins urbanisées de France, présente à la fois des falaises, des dunes, des marais et la merveille qu'est la baie de Somme. Les attraits en sont multiples au sein d'une nature exceptionnellement préservée, paradis des oiseaux, char à voile, planche à voile, équitation, randonnée, golf, chemin de fer à vapeur de la baie de Somme, musée Picarvie, vieille ville de Saint-Valery-sur-Somme, secteur sauvegardé de Mers-les-Bains.

Parc ornithologique du Marquenterre

Site du Conservatoire du littoral, en bordure de la baie de Somme, ce parc abrite des milliers d'oiseaux migrateurs et nicheurs au cours de l'année. Les différents parcours aménagés permettent d'observer cette faune sauvage sans la déranger.

• Tél. : 03.22.25.03.06.

Maison de l'oiseau

Présentation unique en France de plusieurs centaines d'oiseaux. Des mises en scène de toute beauté permettent de comprendre et d'apprécier la gent ailée.

• Tél. : 03.22.26.93.93.

Rambures (80140)

Au cœur d'un parc à l'anglaise et d'un arboretum se tient la forteresse féodale du XVe siècle, tout en rondeurs. Ce monument historique meublé constitue un témoignage intact de l'architecture militaire de la fin du Moyen Age.

• Tél. : 03. 22.25.10.93.

Jardins et abbaye de Valloires

Ce magnifique parc botanique et paysager constitue une collection unique en France de roses et d'arbustes rares rassemblés avec passion au pied de l'abbaye cistercienne du XVIIIe siècle.

• Tél. : 03.22.23.53.55.

Abbeville (80100)

Centre urbain de la région, Abbeville propose outre la splendide collégiale Saint-Vulfran (gothique flamboyant), l'église Saint-Sépulcre dont les vitraux sont signés de Manessier et le musée Boucher de Perthes avec une très belle collection d'archéologie régionale mais aussi de peinture classique. Tout autour de la ville les centres d'intérêt ne manquent pas : forêt de Crécy (champ de bataille), abbatiale, abbaye et village de Saint-Riquier, musée des Industries du Vimeu, etc.

• Office de tourisme
1, place de l'Amiral-Courbet
Tél. : 03.22.24.27.92.

11 NOVEMBRE
1918
1914
1918
AUX HEROIQUES SOLDATS DE FRANCE
DEFENSEURS DE LA PATRIE ET DU DROIT
GLORIEUX LIBERATEURS DE L'ALSACE ET DE LA LORRAINE

IV. Les lieux de la Première Guerre mondiale dans l'Oise

La Première Guerre mondiale dans le département de l'Oise évoque immédiatement l'armistice et la clairière de Rethondes. C'est oublier que le département fut le lieu de l'extrême avancée allemande en 1914 vers la capitale, qu'il connut l'occupation pendant trois ans et les terribles batailles du Matz en 1918. Il est aujourd'hui possible de découvrir des vestiges du conflit à travers deux itinéraires au départ de Compiègne :

- la clairière de l'Armistice ;
- les monuments commémoratifs ;
- les inscriptions ;
- les cimetières ;
- les villages martyrs.

Clairière de l'Armistice.

Dans le département de l'Oise, la guerre de 14-18, la "Grande Guerre", se déroula principalement entre Soissons et Noyon. Pendant ces quatre années terribles, la mort des hommes et les destructions matérielles furent considérables. En 1919, les villes de Soissons et Noyon étaient détruites à 80 %, tandis que les villages n'étaient que monceaux de pierres. Les pièges et les explosifs pullulaient dans la région, à tel point que ses habitants la dénommèrent "zone rouge". Le manque d'ouvriers spécialisés et la rareté des matériaux retardèrent la reconstruction. Celle-ci fut longue.

Comment en était-on arrivé là ? Malgré l'inquiétude que provoquaient le dynamisme de l'économie allemande et la course aux armements qui s'était accélérée dans les années précédant 1914 – en France, le service militaire était passé à trois ans en 1913 –, les Français dans leur grande majorité, tout en gardant un souvenir humiliant de la défaite de 1870 et de la perte de l'Alsace-Lorraine, ne souhaitaient pas vraiment la guerre. Pour l'historien James Doll : "Encore et encore dans la crise de 1914, on est confronté avec des hommes qui se sentirent soudain pris au piège et en appelèrent à un destin qu'ils étaient incapables de contrôler."

Dans le secteur Soissons-Noyon, à la charnière entre les champs de bataille du Chemin des Dames et de la Somme, aucun affrontement décisif ne fut prévu par les états-majors. Cependant, les quartiers généraux, les postes de commandement divisionnaires s'installèrent dans le département entre Paris, siège du gouvernement, et la région des combats : Joffre à Chantilly et à Beauvais, Foch à Senlis, Pétain à Compiègne et Mangin à Pronleroy.

L'invasion de l'Oise et la première bataille de la Marne

Tout commença le 1er août 1914, vers 16 h, lorsque l'on afficha l'ordre de mobilisation générale sur les murs des villes et des villages. Les cathédrales et les églises rurales sonnèrent le tocsin, la population se rassembla et commenta. La consternation était générale. Le 2 août, ce fut la mobilisation générale et, le 4 août, la guerre était déclarée. Chaque soir, des gens qui n'allaient jamais à l'église répondaient à l'appel du clergé et assistaient aux offices. Les municipalités organisèrent une garde civique chargée de la protection des biens sur les communes, ainsi que d'assurer la police dans les villes. Vers le 10 août, le département de l'Aisne dut organiser l'exode des réfugiés en provenance de Belgique et du Nord de la France. Le train, des convois de charrettes, de lourds chariots de fermes ou encore les péniches qui descendaient le fil de l'Oise furent utilisés pour leur transport.

Le 28 août 1914, la retraite s'accentuait. L'état-major de l'armée anglaise, qui avait quitté Saint-Quentin le matin même, s'installait à Noyon puis à Compiègne, mais pour une courte durée car les patrouilles allemandes progressaient. Elles avaient atteint Longueil, Annel et Choisy et, le 2 septembre, elles prenaient l'Oise sans combat et investissaient Creil. À ce moment-là, l'armée allemande pouvait soit marcher directement sur Chantilly et Paris, soit poursuivre sa marche mais en obliquant vers Senlis. C'est cette solution que les stratèges avaient prévue. La bataille de la Marne proprement dite commença le samedi 5 septembre. Face à la violente attaque allemande du 7 au 9 septembre, les Français durent passer en défensive et se replier sur la ligne Senlis-Meaux. L'avance allemande ne fut stoppée que grâce aux renforts (103e et 104e R.I.) envoyés en hâte par Gallieni avec l'aide des taxis parisiens : 4 000 hommes transportés de Sevran et Gagny à Nanteuil-le-Haudouin par 600 automobiles. Les armées allemandes reculèrent en ordre. Elles évacuèrent Senlis qui fut reprise par un régiment de zouaves et Creil que des fusiliers marins occupèrent sans combat. Le 10 septembre, les Allemands repassaient l'Aisne et s'installaient au nord du plateau. Trois jours plus tard, les Français franchissaient à leur tour la rivière mais, le 14, les Allemands, au lieu de continuer leur repli, réorganisaient leurs positions avec des renforts d'hommes et de canons. La journée du 14 commencée dans l'attente de la libération se terminait dans le désarroi : la ville de Noyon n'avait pu être reprise.

La guerre de position

Après cette bataille qui clôturait la première phase du conflit sur le front occidental et qui avait vu l'occupation du département de l'Oise pendant quelques jours, les deux armées exténuées stabilisèrent leurs positions sur les plateaux au nord de l'Aisne : Autrêches, Quennevières, nord de Tracy... Elles s'enterrèrent dans des tranchées protégées par des réseaux de fil de fer barbelé, et s'observèrent sans pouvoir avancer.

Ce fut la période de la guerre de position, une guerre d'usure avec emploi massif d'artillerie, qui se traduisit par des pertes considérables en hommes sans qu'aucun adversaire n'obtienne pour autant la décision. En juin 1915, la tentative de la VIe armée pour réduire le saillant de Quennevières (3 km à l'est de Tracy-le-Mont) en fut une illustration. De furieuses attaques eurent lieu. Au cours de l'opération de Moulin-sous-Touvent, les lignes allemandes furent enlevées au prix de très lourdes pertes en vies humaines pour un piètre résultat : une avance de quelques kilomètres et un retour à la ligne de départ laissant un bilan de 2 000 morts. L'Histoire a retenu les propos de Joffre : "Je les grignote"... et deux lignes dans le communiqué officiel. De grandes opérations furent lancées à l'est de Soissons, au Chemin des Dames, mais aucune ne fut décisive. Pendant ce temps, la bataille de la Somme faisait rage au nord de Lassigny. Dans le secteur Noyon-Soissons, par contre, les belligérants ne tentèrent aucune offensive, ni du côté allemand ni du côté français.

Le 17 mars 1917, le repli volontaire des Allemands diminuait la longueur de leur front et les rapprochait des lignes de communication. La ligne de défense prenant appui sur le massif forestier de Saint-Gobain, un excellent camouflage protégeait les mouvements de l'armée allemande qui s'apprêtait à recevoir les chocs frontaux alliés.

On pouvait croire la région enfin libérée... non. Les souffrances n'étaient pas terminées.

La libération définitive des plateaux entre Aisne et Oise : 2e bataille de la Marne

Le 3 mars 1918, la délégation bolchevique conduite par Trotski signait le traité

L'arbre-observatoire de Bitry.

de Brest-Litovsk. Toutes les troupes allemandes du front de Russie pouvaient dès lors se tourner vers l'Ouest. L'Allemagne retrouvait la supériorité des effectifs. Elle alignait 178 divisions contre 167 pour les Alliés (98 françaises, 57 britanniques, 10 belges et 2 portugaises). Bénéficiant de 100 canons au kilomètre, l'armée allemande attaqua violemment les Anglais dans le Nord puis sur la Somme, menaçant la ville d'Amiens. Le 21 mars 1918, l'offensive allemande était couronnée d'un succès foudroyant. L'infanterie avait retrouvé une efficacité, une mobilité dont la longue guerre de tranchée l'avait déshabituée. La situation devint critique le 23 mars quand l'artillerie à longue portée allemande commença à bombarder Paris, à plus de 100 km. Le 24 mars, Chauny était prise et le 25, Noyon. La vallée de l'Oise appelait irrésistiblement la marche sur Paris. Une énorme poche de 60 km de long s'allongeait dans la vallée de l'Aisne au sein des lignes alliées et semblait ouvrir la route vers la capitale...

Une nouvelle fois, le front se stabilisa vers Ribécourt. Jusque là, le secteur du Chemin des Dames avait été extrêmement calme. Mais, dans le plus grand secret, l'armée allemande s'était concentrée de Reims à Coucy-le-Château. Le 27 mai 1918, attaquées de front, débordées aux deux ailes, les lignes françaises s'effon-

Attaque des zouaves à Quennevières, en juin 1915.

draient d'un seul coup. Bousculés, encerclés, empoisonnés par les gaz, les soldats français surpris furent faits prisonniers. En quelques heures, les Allemands avaient atteint l'Aisne à la hauteur de Vailly. Le soir, ils étaient arrivés près de la Vesle à Braine et Fismes. Des milliers de prisonniers, du matériel et des approvisionnements tombèrent aux mains de l'ennemi. Les pertes allemandes étaient légères. Ce fut la stupeur au grand état-major, un émoi considérable dans la presse et dans l'opinion. C'était la première fois depuis 1914 que le front était percé, rompu. Château-Thierry tomba et les Allemands tentèrent un effort imprévu vers l'ouest en direction de la forêt de Villers-Cotterêts, pour s'y infiltrer et se diriger vers Paris.

Il fallait à tout prix sauver les lisières des forêts de Villers-Cotterêts et de Compiègne. À l'ouest, les Allemands avaient atteint le plateau de Nouvron-Vingré où la ferme de Confrécourt représentait leur point d'avance extrême. Le front sur le plateau avait retrouvé sa situation de février. Les Allemands qui continuaient leur poussée atteignirent Ambleny, Laversine, Cœuvres et Valsery. Ils prirent pied sur les plateaux de Chaudun d'où ils menacèrent la forêt de Villers et la route de Paris. Le 31 mai 1918, les contre-offensives françaises débouchant de Vertes-Feuilles en direction de Chaudun refoulèrent les Allemands. La poche ennemie dans la région s'était approfondie sans s'élargir. Les 1er, 2 et 3 juin, l'ennemi voulant passer à tout prix, la pression fut terrible. Les Français opposèrent une résistance farouche. La situation était critique mais leur résolution implacable, il fallait sauver la France !

Le 9 juin, une nouvelle et violente attaque allemande fut lancée au nord de Compiègne. La ville était menacée. De son poste de commandement du château de Pronleroy (Oise), le général Mangin monta une contre-attaque avec cinq divisions appuyées de chars d'assaut, avança devant Courcelles au nord du département de l'Aisne et dégagea le terrain. Compiègne respirait de nouveau. Le 12 juin, les Allemands épuisés n'entreprirent aucune offensive et les Français, aux aguets, comptèrent leurs morts et leurs disparus. Le massif forestier de Villers-Cotterêts était conservé à grand-peine et au prix de grands sacrifices.

Tandis que les efforts allemands se concentraient sur d'autres points du front, en Champagne – et particulièrement dans la vallée de la Marne –, la riposte du général Foch se préparait. Deux armées françaises, celles des généraux Degoutte et Mangin, étoffées par des divisions américaines – les premiers Américains avaient débarqué en juin 1917 –, surgirent de la forêt de Villers-Cotterêts sans un coup de canon préalable, mais précédées par plus de 300 chars légers *Renault* et survolées par des centaines d'avions lançant bombes et mitraille. Pour la première fois, les chars et l'aviation précédaient l'infanterie.

Du haut de son observatoire à la lisière de la forêt, le général Mangin suivait les mouvements de son armée qui pénétrait comme un coin dans le flanc ennemi. De

Georges Guynemer

Couic… disait-il quand il racontait un combat victorieux. "Enfin un garçon", s'exclame le père, Paul Guynemer, ancien officier. Il le prénomme Georges-Marie-Ludovic-Jules. C'est un être fragile, chétif même. Il naît le 24 décembre 1894 à Paris. En 1903, Paul Guynemer installe sa famille à Compiègne, au 101 rue Saint-Lazare, en bordure de la forêt domaniale. Le p'tit Georges fréquente un collège local (élève distrait) puis, à Paris, le collège Stanislas (élève brillant). Il fréquente le terrain d'aviation tout proche de Corbeaulieu. C'est là qu'il passe son baptême de l'air en 1912. Il ne lâchera plus l'aviation.

Trop frêle pour être mobilisé en 1914, il s'engage le 23 décembre. Grâce à son père, il est incorporé à Pau comme aide-mécanicien. À Avord où il est transféré, il obtient son brevet de pilote en avril 1915, mais il "casse souvent du bois" (ce n'est pas un très bon pilote !). Le 9 juin 1915, il arrive à Vauciennes. Il est alors caporal, et c'est du terrain de Vauciennes qu'il décolle sur un appareil *Morane-Saulnier* pour sa première victoire le 19 juillet. Cela lui vaut d'être nommé sergent dès le lendemain. Le 16 août, il est à Breuil-le-Sec, à 30 km à l'ouest de Compiègne. C'est depuis Breuil que Guynemer remporte sept victoires, de décembre 1915 à mars 1916, sur un avion *Nieuport*. Il est sacré "as" avant d'être "l'as des as". Le 12 avril 1916, il quitte Breuil-le-Sec pour le champ de bataille de Verdun. Il n'a pas 22 ans, est crédité de sept victoires, a reçu la croix de guerre, la médaille militaire, est titulaire de quatre citations et a été fait chevalier de la Légion d'honneur. La carrière de Guynemer se poursuit alors en dehors de la région de l'Oise avec, cependant, un passage à Bonne Maison, près de Fismes, lors des combats du Chemin des Dames.

Il appartient à l'escadrille des Cigognes commandée par Heurteaux. Il pilote désormais un avion Spad, le *Vieux Charles*. Quand il arrive au terrain de Bergues-Saint-Pol en juillet 1917, en pleine offensive des Flandres, il est capitaine et officier de la Légion d'honneur. Après huit nouvelles victoires dont la dernière – la 53e de sa carrière – au mois d'août, il est descendu le 11 septembre à la verticale de Poelkapelle après un combat à 3 200 m d'altitude. Une balle en pleine tête, diront les patrouilleurs allemands qui le recueillent et l'enterrent. Mais un violent bombardement fait disparaître corps et appareil. On n'a jamais retrouvé Georges Guynemer.

Il n'est pas le pilote recordman des victoires dans cette Grande Guerre (von Richthofen, "le baron rouge", a remporté 80 victoires ; René Fonck 75). Cependant, il les surpasse tous en gloire et en notoriété car il a été une idole. Une stèle marque son passage à Breuil. Sur la maison de Compiègne, une plaque : disparu en plein ciel. À la date du 12 septembre 1917, sur le carnet de bord de l'escadrille n°3, une ligne : un capitaine disparu.

Fontenoy à Troësne (près de La Ferté-Milon), l'avance fut générale et, le 18 juillet au matin, l'armée française était maître du plateau 140 au nord de Fontenoy. Les Américains quant à eux atteignaient Vierzy. Le front allemand qui s'étalait sur 40 km du sud de Soissons au nord de Château-Thierry était ébranlé et repoussé. Le 19 juillet, l'armée de Mangin s'installait au sud immédiat de Soissons. Le 5 août, l'opération connue sous le nom de "seconde bataille de la Marne" était terminée. De Soissons à Reims, l'armée s'organisait sur de nouvelles positions en attendant la reprise de l'offensive.

La bataille de Picardie du 8 août au 6 septembre 1918

Le 10 août, l'armée française s'élançait en direction de Lassigny, du plateau d'Orvilliers, de Ressons, Mareuil-la-Motte, Élincourt-Sainte-Marguerite et Machemont. Le 18 août, le général Mangin engageait son armée contre l'ennemi, de Carlepont à Nouvron-Vingré en passant par Nampcel. Morsain était occupé dès le lendemain. L'offensive principale fut menée le 20 août. Le front d'attaque s'étendait de Sampigny jusqu'à Cuisy-en-Almont en passant par Blérancourt. Le 21, l'armée reprit sa progression jusqu'à l'Ailette entre

Quiercy et Avalaire. Le 23, la Xe armée bordait la petite rivière. La poussée française se poursuivit dans la vallée de l'Ailette, au nord du Chemin des Dames. Les Allemands se replièrent en combattant. Il n'y eut pas de nouvelle bataille du Chemin des Dames. Les combats avaient quitté pour vingt-deux ans le Noyonnais et le Soissonnais. Le 11 novembre, la convention d'armistice était signée à Rethondes, dans la forêt de Compiègne.

Mais jamais guerre n'avait été aussi cruelle à la France et à l'ensemble des nations belligérantes. Sur environ 70 millions de mobilisés, près de 9 millions d'hommes étaient morts sans compter les victimes civiles.

Le 11 novembre 1918 : l'armistice

En novembre 1918, la direction des transports militaires aux armées fut chargée "de rechercher dans la matinée un emplacement discret pour y placer deux trains". Émile Toubeau, ingénieur de la région nord des chemins de fer, "découvrit" la clairière. Isolée, au calme, entourée de grands arbres qui devaient permettre de dissimuler les trains, elle lui parut idéale. Elle comportait surtout deux voies ferrées en épi "dont on ignorait l'existence" et qui avaient servi au tir d'artillerie sur voie ferrée à 2 km de la gare de Rethondes. Ce fut donc par hasard et in extremis que la clairière fut retenue.

Le train du maréchal Foch arriva le 7 novembre et stationna sur la voie de droite. Il était constitué de voitures pour les officiers français et anglais ainsi que le personnel de suite, d'un wagon-restaurant et, communiquant entre elles, de la voiture du maréchal et d'une voiture-bureau. Venant de Tergnier, le train allemand arriva à 5 h 30. Il comportait un wagon-salon construit en 1867 pour Napoléon III et frappé aux armes impériales. Une centaine de mètres séparaient les deux trains qui étaient reliés par un caillebotis de bois. Des gendarmes disposés en quinconce tous les vingt mètres jalonnaient cet itinéraire d'un wagon à l'autre.

La première entrevue avait été fixée à 9 h. Les contacts durèrent trois jours, du vendredi 8 novembre à 9 h 10 au lundi 11 à 5 h 10, heure à laquelle fut paraphé l'armistice. Sa durée fut fixée à 36 heures et prolongée à trois reprises : en décembre 1919, en janvier puis février 1919 et ensuite jusqu'à la signature de la paix. À 7 h 30, le maréchal Foch chargé de la fameuse serviette contenant le texte de l'armistice prenait le train pour Paris. Entre-temps, le télégraphe Hugues avait répercuté la nouvelle depuis le wagon au poste de la tour Eiffel. La France entière savait déjà, les cloches des villages sonnaient à toute volée. La clairière retrouva son calme et sa solitude. Le wagon de l'armistice reprit un temps sa destination première (wagon-restaurant) puis fut exposé aux Invalides. Restauré grâce à un Américain, Arthur Fleming, il revint à la clairière le 8 avril 1927.

La clairière actuelle fut inaugurée le 11 novembre 1922 par Millerand, président de la République. Depuis, la clairière dite de l'Armistice est devenue un haut lieu du souvenir et du tourisme. On peut y voir entre les deux voies ferrées une dalle de granit rappelant la victoire des Alliés, le monument des Alsaciens-Lorrains taillé dans le grès rose par E. Brandt représentant l'aigle germanique abattu par l'épée de la Victoire, ainsi qu'une statue du maréchal Foch due à M. Michelet et inaugurée en 1927.

Le wagon, quant à lui, abrita le 22 juin 1940 une autre signature d'armistice. Hitler croyait ainsi "effacer l'Histoire". Emmené en Allemagne, exposé à Berlin, puis retrouvé à Ohrdruf dans le bassin de Thuringe, il fut incendié par les S.S. à l'arrivée des Américains. Après 1945, un wagon identique fut alors retrouvé. C'est ce dernier que l'on peut voir dans la clairière actuelle (voir p. 298).

Dévastée et ses monuments démontés à l'exception de la statue de Foch pendant le guerre, la clairière put reprendre vie avec ses souvenirs. Elle fut inaugurée le 11 novembre 1950. Des salles d'exposition 1918 et 1940 y ont été ouvertes récemment.

Clairière de l'Armistice. Musée. Monuments.
Ouverture : tous les jours sauf le mardi. En hiver, de 9 h à 12 h et de 14 h à 17 h 30. En été, de 9 h à 12 h 30 et de 14 h à 18 h.
Tél. : 03.44.85.14.18.

Wagons de l'armistice dans la clairière de Rethondes.

"Nous n'avons pas voulu la guerre."
Acteurs de théâtre sur le front près d'Autrêches, le 20 août 1918.

Chronologie de la Première Guerre mondiale dans l'Oise

1914

26-28 août : l'armée anglaise du général French est à Noyon.
31 août : les uhlans sont à Compiègne.
2 septembre : arrivée des Allemands à Senlis. Le maire de Senlis, monsieur Odent, est assassiné à Chamant.
7-8 septembre : transport par taxis parisiens des 103e et 104e R.I. à Nanteuil-le-Haudouin.
9-10 septembre : bataille de l'Ourcq, début de la retraite allemande.
12 septembre : évacuation de Compiègne par les Allemands.
13-20 septembre : première bataille de l'Aisne. Fin de la retraite allemande.
12 novembre : offensive française sur Autrêches-Morsain.
4 décembre : six fusillés pour l'exemple à Vingré.

1915

6 juin : combat de Quennevières. Échec français.
19 juillet : première victoire de Guynemer, au départ de Vauciennes.

1916

De part et d'autre du front, Français et Allemands renforcent leurs positions en multipliant les réseaux et les abris. Les bombardements s'accentuent. Aucune offensive n'est déclenchée.

1917

17 mars : repli allemand.
18 mars : entrée des troupes françaises à Noyon.

1918

21 mars : attaque allemande sur la Somme.
5 avril : arrêt des Allemands au Mont-Renaud.
27 mai : deuxième bataille de la Marne.
9-10 juin : offensive von Huttier sur Compiègne : bataille du Matz.
11 juin : contre-offensive Mangin.
12-13 juin : combat du ru de Retz.
18 juillet : offensive Mangin de Nouvron à Château-Thierry.
10 août : reprise de Ressons-sur-Matz par les Français.
28 août : libération de Noyon.
7 novembre : arrivée de Foch à la clairière de Rethondes.
8 novembre : première entrevue avec la délégation allemande.
11 novembre : à 5 h 10, signature de l'armistice.

À lire

BERTIER DE SAUVIGNY (A. de), *Pages d'histoire locale 1914-1919*, réédition 1994.
LAOUENANT (R.), *Les Coquelicots de la Marne*, éd. Coop Breizh, 1994.
Les Carrières de Confrécourt, Association Soissonnais 14-18, 1995.
SCOFF (A.), *Le Pantalon*, Lattès, Paris, 1982.
TERRASSE (capitaine), *Avant l'oubli*, Imprimerie Dom Bosco, 1964.

À la découverte de la Première Guerre mondiale dans l'Oise

LE CIRCUIT DU MASSIF DE THIESCOURT

De Compiègne à Rethondes

Chaque village du Noyonnais et du Compiégnois garde la marque de ce terrible conflit. L'itinéraire proposé par l'association Patrimoine de la Grande Guerre retrace chacun des événements de la Grande Guerre (la "der des der") dans le nord de l'Oise. En effet, durant toute la Première Guerre mondiale, le massif de Thiescourt fut l'objet de combats acharnés. La "Petite Suisse" devint le dernier rempart face à la ruée allemande sur Paris.

Depuis l'hôtel de ville de **Compiègne** ❶, prenez la RN 32 en direction de Noyon. À la sortie de Thourotte, aussitôt après le pont du Matz où une borne "casquée" indique la limite de l'avancée allemande en 1918, tournez à gauche en direction de Ressons-sur-Matz, puis suivez **Machemont**. Dans le village, près de l'église, s'élèvent le monument aux morts et un monument dédié aux 86e R.I., 38e R.I., 53e R.A. et 4e génie. Après avoir passé le domaine de Saint-Amand, vous gagnerez la ferme de Montigny distante d'environ 3 km. Le hameau de **Montigny**, dont il ne reste aujourd'hui qu'un corps de ferme et quelques maisons en partie détruites, fut le lieu de cantonnement du 86e R.I. ravitaillé par une voie ferrée de 0,60 pour Decauville. Par la qualité de son site, le hameau de Montigny figure comme une perle du massif de Thiescourt. Rebroussant chemin, reprenez la D15 en direction de Chevincourt et **Mélicocq**, où le monument aux morts-crucifix, élevé par le major et madame Emerson-Withe le 20 juin 1920, porte l'inscription : "C'est ici que les très durs combats des 9, 10, 11 juin 1918 et au prix des plus douloureux sacrifices, les soldats de la IIIe armée (Humbert) ont définitivement arrêté l'ennemi dans sa marche sur Paris. Vous qui passez, découvrez-vous." Plus loin, le village de **Vignemont** compte deux cimetières, un français de 2 150 tombes, avec 2 ossuaires contenant 955 corps non identifiés, et un allemand réunissant 3 802 tombes et 2 ossuaires de 1 531 corps. À l'intersection des D568 et D935, dans le village d'**Antheuil-Portes**, vous découvrirez le monument érigé en l'honneur du 129e R.I. avec l'inscription : "Ici, le 9 juin 1918, le 129e R.I. sous les ordres du colonel A. Weiller arrêta net et définitivement l'offensive allemande. AC 129 R.I."

Noyon : le monument aux morts.

Reprenez la direction de Ressons-sur-Matz. Située en retrait des lignes françaises, **Ressons-sur-Matz** ❷ servit de lieu de cantonnement des troupes durant la guerre de position. Outre ses services d'intendance, l'armée y avait implanté un centre hospitalier qui dut évacuer le 27 mars 1918, au cours de l'offensive sur le Matz. Les assauts se multiplièrent durant l'été (attaque allemande du 10 juin, contre-attaque des chars de Mangin). Le 10 août, Ressons-sur-Matz fut définitivement reconquise. L'église, très endommagée lors du conflit, possède un vitrail représentant Jeanne d'Arc et des soldats en tenue bleu horizon. Vous poursuivrez votre route en direction de Lassigny. À **Ricquebourg**, rue du Général-Leclerc, une chapelle honore les victimes françaises de la Grande Guerre. À la hauteur de Roye-sur-Matz, vous suivrez la D27 et arriverez à **Boulogne-la-Grasse**. Le château, rue de la Montagne, porte une plaque sur laquelle vous pourrez lire : "Il y a 75 ans, Albert Ier roi des Belges, Raymond Poincaré président de la République, le Maréchal Joffre, en inspection au front, étaient au château de Boulogne le 23 août 1915." Cette construction moderne édifiée par l'entrepreneur belge

Les lieux de la Première Guerre mondiale dans l'Oise

Charles Boulogne fut en partie détruite lors des combats de 1918. En suivant la rue du Mesnil puis un chemin de terre, vous parviendrez à une **table d'orientation** décrivant le panorama et la bataille du Matz. Vous reprendrez la D27. À gauche, avant d'arriver à Lassigny, la D27 vous conduira à **Canny-sur-Matz** ❸ qui fut le théâtre de violents combats lors de la dernière offensive ennemie. Plusieurs vagues d'assaut allemandes (17-30 mars et 17 août 1918) et françaises (29 mars et 10 août 1918) réduisirent le village en cendres. En remontant la rue Pierre Diot qui se poursuit par un chemin de terre, vous apercevrez sur la droite des **vestiges de champs de bataille**. À gauche, un petit chemin conduit au **monument du bois triangulaire**. Orné d'un casque, ce monument est dédié à huit soldats du 16e régiment d'infanterie de Saint-Étienne tombés et restés dans les fils de fer barbelés allemands qu'ils avaient voulu franchir à l'attaque du bois triangulaire, le 18 octobre 1914.

Regagnez la D938 par le même chemin vers Lassigny. Sur la D590 menant à **Plessis-de-Roye** ❹, vous découvrirez à gauche le long d'une rangée de peupliers un **vestige d'abri bétonné** français de la guerre de position. Le village de Plessis-de-Roye se situait sur la première ligne française, constamment observé par les troupes ennemies depuis la butte du Plémont. Le recul allemand du 18 mars 1917 avait permis le retour des habitants parmi les militaires. L'offensive allemande de 1918 buta de nouveau sur les positions de 1914. C'est ainsi que l'assaut du 30 mars sur le Plémont et Plessis-de-Roye, qui devait ouvrir la vallée du Matz, fut contenu derrière les murs du parc du château. L'ennemi subit un revers lors de la contre-attaque française. Repris et fortifié, Plessis-de-Roye fut l'objet le 9 juin d'une attaque en masse précédée d'un bombardement par obus toxiques qui repoussa les Alliés. Et c'est le 21 août 1918, lors de la grande contre-attaque de la IIIe armée, que Plessis-de-Roye fut libéré. Le village porte encore les meurtrissures de la Première Guerre mondiale. Face au monument aux morts se trouvent les ruines du château dont les douves médiévales et les murs du parc servirent d'abri aux Français et aux Allemands. Cette propriété privée, témoignant de la violence des combats, est visible de la route. La façade de l'église préservée des bombardements porte deux plaques en souvenir des violents combats de 1918.

Continuez la D590 jusqu'à l'intersection avec la D142. À **Lassigny** ❺, en direction de Fresnières, se situe la butte de la tour Roland qui abritait un observatoire allemand. Occupée par les Allemands, Lassigny fut pendant trois ans en première ligne. Le repli ennemi du 18 mars 1917 réanima la commune pendant une trop courte année puisqu'elle fut ravagée par l'offensive sur le Matz en 1918. À Lassigny, à gauche de la D938 en direction de Dives, se situe un **cimetière allemand** regroupant 1777 corps.

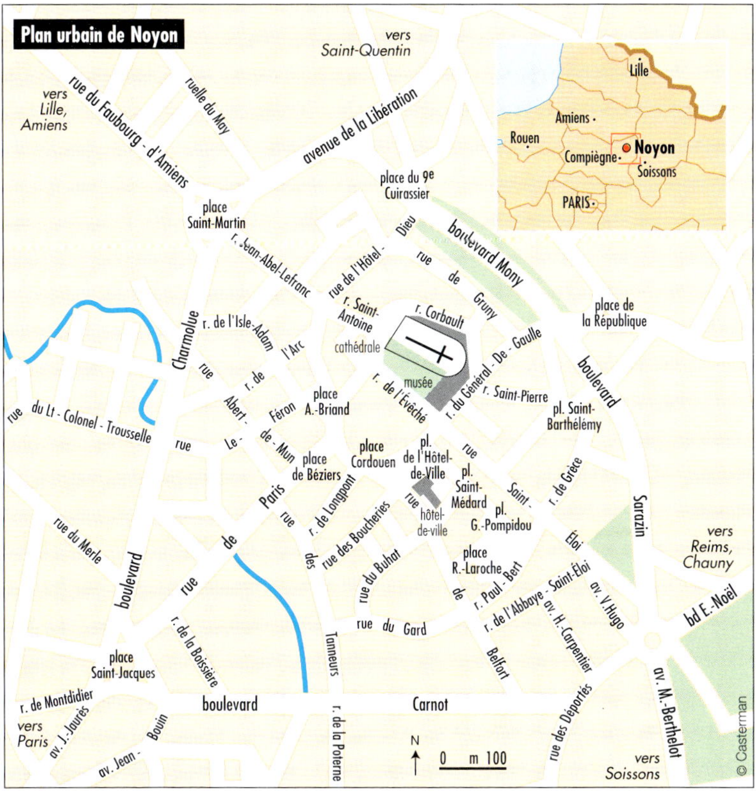

Poursuivez votre route jusqu'au village de **Dives**, exemple même des villages martyrs de la Première Guerre mondiale. Reconstruites entièrement au lendemain du conflit, ses maisons de briques rouges témoignent de la nouvelle architecture picarde d'après-guerre. Du château situé à côté de l'église et incendié en 1917, il ne reste que la façade ornée d'un portail richement sculpté (propriété privée visible de la route). Sur la route de Noyon, dans la commune de Larbroye, vous apercevrez le château du Petit-Ourscamps, ancien cellier des moines d'Ourscamps reconverti au XVIe siècle en demeure de plaisance, qui fut incendié le 29 septembre 1914 par les Allemands.

Poursuivez votre route jusqu'à **Noyon** ❻. La ville, qui connut l'occupation allemande, les bombardements et les destructions, en porte encore les traces. Le 30 août 1914, les Allemands pénétrèrent dans la ville. "[...] Dans la nuit du 28 au 29 août (1914), le maire de Noyon fit avertir la population que la situation devenait critique à cause de l'approche des Allemands. Tous ceux qui le pouvaient étaient invités à se retirer pour échapper aux tristesses de l'invasion. Ah ! je devais les connaître de près, ces tristesses-là ! [...] les femmes demi-nues, les enfants en larmes, les vieillards se traînaient, tous fuyaient, les yeux hagards, les uns sans le moindre bagage, les autres surchargés d'objets encombrants, quelquefois tristement ridicules à un pareil moment [...]" (d'après Godfroy L., *Les cités meurtries*). Dernière ville sur la route de Paris occupée par les Allemands, Noyon était devenue un point stratégique essentiel, comme le soulignait inlassablement Clemenceau : "Et pourtant les Allemands sont à Noyon." La Kommandantur s'installa à l'hôtel de ville, imposant restrictions, pillages, brimades, privations et déportations. Lors du recul stratégique de mars 1917, les Allemands firent sauter les digues et les ponts sur la Verse et la Versette, provoquant l'inondation des champs et la destruction des maisons avoisinantes. Noyon, libérée par les troupes françaises, reçut alors la visite du président Raymond Poincaré et devint pendant plusieurs mois le siège de l'état-major de la IIIe armée. Au cours de la terrible offensive ennemie du 25 mars 1918, un bombardement intensif français embrasa la ville que les Allemands réoccupèrent jusqu'au 28 août 1918, date de sa libération.

Construite de 1145 à 1235, la **cathédrale Notre-Dame**, de style gothique primitif, subit en 1918 un terrible bombardement incendiaire qui creva les voûtes et détruisit les toitures. Vingt années de travaux furent nécessaires avant sa réouverture. Près de là, à l'angle du square Abbé-Grospiron, s'élève le **monument aux morts** de Noyon en béton, ciment et calcaire, réalisé par les architectes E. Chifflot et R. Lefèvre. À la base de ce cône d'obus, une frise sculptée par le Noyonnais Émile Pinchon, représente la prise d'otages du 29 septembre 1914, l'entrée des troupes françaises le 18 mars 1917, les

ruines de Noyon le 25 août 1918 et la remise à la ville de la Légion d'honneur et de la croix de guerre le 10 juillet 1920. Le monument fut inauguré le 22 mars 1925 sous la présidence du maréchal Joffre. Les maisons autour du parvis portent encore les marques des bombardements.

Place Aristide-Briand, le théâtre aujourd'hui reconstruit abritait l'ambulance allemande. Tout près se trouve la maison où naquit Jean Calvin. Elle était devenue en 1914 l'hôtel du Cerf. Seule la chambre natale du réformateur subsistait de la demeure familiale. Lieu de curiosité, la maison Calvin prit une dimension religieuse lors de l'occupation allemande. Le lieutenant Flothmann, officier de la Kommandantur, fit sceller une plaque de marbre sur le mur extérieur sur laquelle était inscrit "Ici est né Calvin l'an 1509". La maison fut détruite par les obus français en 1918. La Société d'histoire du protestantisme français acquit l'emplacement en 1924 pour en faire l'actuel **musée Calvin**.

- *Musée Calvin*
  6, place Aristide-Briand.
  60400 Noyon.
  Tél. : 03.44.44.03.59.

Ouverture : de 10 h à 12 h et de 14 h à 17 h (18 h du 1er novembre au 31 mars) tous les jours sauf le mardi et les 25 décembre, 1er janvier et 11 novembre.

L'**hôtel de ville** (XVe siècle), siège de la Kommandantur pendant l'occupation allemande de 1914 à 1917, fut incendié en 1918. Dans son hall d'entrée, une inscription est gravée dans le marbre à la mémoire du 329e R.I. du Havre. L'escalier d'honneur est décoré d'une toile peinte en 1943 par Joseph-Porphire Pinchon, représentant la remise de la Légion d'honneur à la ville de Noyon le 10 juillet 1920. Au n° 4 de la rue de Longpont, l'inscription latine que l'on pourrait traduire : "C'est ainsi que le sort voulut qu'elle se relève après les combats" reste gravée sur le devant d'une marche. Cette inscription signale la pose de la première pierre de la première maison reconstruite le 2 décembre 1919. Rue de Paris, l'ancien hôtel Arnette de Charlonny (XVIIIe siècle), devenu école de musique, abrita le Q.G. du maréchal French, général en chef de l'armée anglaise, du 26 au 28 août 1914. Un tilleul planté en 1920 devant l'abside de la cathédrale symbolise la Victoire. La bibliothèque du Chapitre (XVIe siècle) située place Courbault était riche de plusieurs milliers d'ouvrages. Elle fut pillée par les troupes d'occupation et les habitants dès 1914. L'incendie du 26 mars 1918 l'épargna, mais sa toiture fut soufflée par les bombardements. Rue de l'Évêché, l'ancien palais épiscopal, aujourd'hui **musée du Noyonnais**, fut endommagé durant les combats de 1918. Reconstruit à l'identique, seuls la façade du pavillon du XVIe siècle, une partie de la tour et les soubassements du bâtiment du XVIIe siècle demeurent de l'édifice d'origine.

Rue d'Alsace-Lorraine, sur le mur extérieur de l'hôpital (ancien quartier Cambronne du 9e cuirassier détruit en 1918), deux plaques rendent hommage aux cuirassiers qui défendirent la ville durant les quatre années de guerre. La rue du Souvenir-Français longe le **cimetière militaire national** qui renferme 696 croix françaises et le nouveau **cimetière britannique** de Noyon. À l'entrée de ce dernier, une plaque métallique gravée explique au visiteur le récit de la guerre 14-18 sur le front occidental illustré d'une carte (en français et en anglais). La légende indique que "ce cimetière fut établi après la guerre pour y regrouper les tombes des champs de bataille. Il contient les tombes de soldats aviateurs dont 248 Britanniques, 8 Canadiens, 2 Italiens et 1 Américain tombés pour la plupart en mars 1918".

- *Association Patrimoine de la*
  Grande Guerre
  Mairie
  60400 Noyon.

Frise sculptée à la base du monument aux morts de Noyon, représentant une prise d'otages.

Carlepont : le monument aux morts et l'église reconstruite.

Quittez Noyon par la RN32 en direction de Compiègne pour le Mont-Renaud.

Dominant la vallée de l'Oise de ses 85 m d'altitude, le **Mont-Renaud** ❼ fut un site stratégique de premier ordre. Outre son panorama envié, la proximité de la RN32, axe direct conduisant à Paris, lui donnait une importance considérable. Occupé par les Allemands dès le début du conflit, le Mont-Renaud et sa fameuse chartreuse firent l'objet d'âpres combats lors de l'offensive ennemie de mars 1918. Le Mont-Renaud passa tour à tour aux mains des Allemands, puis des Alliés. Situé le long de la N32, un monument est dédié au 57e R.I. Sur le mur de l'actuelle ferme du Mont-Renaud, une plaque rappelle les combats livrés par la 35e D.I. Poursuivez votre route jusqu'à **Chiry-Ourscamps**. Dans le haut du village, l'église Notre-Dame de Chiry (monument historique ouvert pour l'office dominical), la mairie et le château Mennechet en partie ruiné (propriété privée visible depuis la route) gardent les stigmates des affrontements. "[...] Les obus s'y abattaient par rafales quand nous y entrâmes. Nous l'avons traversé, courant à l'abri des murs. Des Anglais brossaient leurs chevaux sous cette tempête avec un calme remarquable ; on emportait des territoriaux blessés; des tuiles balayées par les 150 se brisaient autour de nous [...] Deux obus sifflèrent et j'entendis leur éclatement suivi d'un effondrement prolongé. 'Kapout Chiry! dit le poilu ; dans quelques jours, si l'on demeure ici, il n'en restera rien!' C'était vrai, et toutes les petites richesses du pays étaient condamnées, vouées à la brutale destruction [...]" (d'après Gaudy, *L'agonie du Mont-Renaud*).

Dans les environs, le **site des "Cinq Piliers"**, ancienne carrière en partie effondrée, fut richement sculpté par les Allemands comme en témoignent l'aigle impériale et le "monument de Bismarck".

- *Site des "Cinq Piliers" 60138 Chiry-Ourscamps.*

Statue du maréchal Foch à Rethondes.

Cette propriété privée ouverte le samedi de 12 h à 18 h et le dimanche de 9 h à 18 h a été aménagée en circuit d'évolution de véhicules tout-terrains (accès 4 x 4 par ville, accès piéton par Chiry).

Au-delà de Chiry, en suivant la route de Compiègne, prenez la direction d'Ourscamps en empruntant la RD84. Le château de la Source, situé en bordure de la N32, fut détruit en 1918. Il porte encore une inscription sur le perron. (Ouverture tous les jours de 9 h à 17 h, visite sur rendez-vous hors saison).

En 1914, l'**ancienne abbaye cistercienne d'Ourscamps** était devenue un grand établissement industriel. La filature qui servit de cantonnement aux troupes allemandes fut incendiée en février 1915 par un obus français, mais ne fut pas reconstruite au lendemain de la Grande Guerre. Victime de cet incendie, l'aile droite de la maison abbatiale, dite aile de Gesvres, est restée en l'état.

- *Abbaye d'Ourscamps (classée monument historique)*
  60138 Chiry-Ourscamps.
  Tél. : 03.44.75.72.10.

Visite de 9 h à 12 h et de 14 h à 17 h en été, sur rendez-vous hors saison.

Après avoir traversé dans sa largeur la forêt domaniale d'Ourscamps-Carlepont en suivant la D48, on rejoindra le centre de **Carlepont 8** par la D145. Inauguré en 1932 sur l'emplacement de l'ancien cimetière, le monument aux morts du village rend hommage à ses 44 enfants morts pour la France. Toute proche, l'église reconstruite possède deux vitraux représentant sa reconstruction et la défense du village par les zouaves en 1914. Elle porte en outre une plaque rendant hommage au 9e régiment de zouaves qui reçut son baptême du feu à Carlepont. Les impacts d'éclats d'obus et de balles sur les façades des maisons témoignent pour leur part des nombreux combats et bombardements. Prenez ensuite la rue qui fait face au monument aux morts pour vous rendre à **Tracy-le-Val** où une borne "casquée" indique la limite de l'avancée allemande lors de l'offensive de mars-avril 1918.

Rethondes : l'église où s'est recueilli le maréchal Foch la veille de l'armistice.

Quittez la D130 en direction de Tracy-le-Mont par la D16. En chemin, le hameau de **Bernanval** (Tracy-le-Val) **9** (direction ferme de Bimont) mérite une halte. Outre le monument érigé en l'honneur de 30 régiments français à l'emplacement même de l'ancien cimetière militaire français, il abrite une maison ayant servi d'infirmerie comme l'indique son enseigne "À la pansée", suivie du quatrain :

"Que la fièvre te ronge ou que tu sois blessé
Qu'il t'arrive parfois d'être trop harassé
Entre ici, bon poilu, de chacun tout effort
Sera de te guérir et de te rendre fort"

En revenant à **Tracy-le-Mont 10**, vous découvrirez un village qui a gardé son architecture picarde d'avant-guerre. Ses maisons en pierre blanche lui confèrent une identité que les autres villages ont perdue lors de la guerre. Le long de la grand-rue, notamment à l'angle de la place Aristide-Briand où s'élèvent le monument aux morts et l'église, des vitrines présentent des photographies de Tracy-le-Mont d'avant-guerre. Le **cimetière militaire national** de Tracy-le-Mont situé à l'est du village dans la direction de Nampcel est probablement le cimetière français le plus important du Noyonnais : 1 158 militaires français y reposent ! Regagnez la D16 et suivez la direction Ollencourt puis Compiègne, d'où vous pourrez rejoindre la clairière de l'Armistice à **Rethondes 11**.

BATAILLES DE L'AISNE

De Compiègne à Rethondes

Le circuit proposé par l'Association Soissonnais 14-18 en collaboration avec le Syndicat d'études et de programmation de l'Oise Aisne Soissonnaises emprunte les plateaux sud et nord de la vallée de l'Aisne et s'étend ainsi sur les deux départements de l'Oise et de l'Aisne.

Monument aux morts de Vauciennes, au sud de Compiègne.

Il débute à **Compiègne** devant la figure chevaleresque de Guynemer : "héros légendaire, tombé en plein ciel de gloire, (...) ténacité indomptable, énergie farouche, courage sublime..." Quittant Compiègne par la D973, le visiteur traverse la forêt domaniale pour atteindre **Pierrefonds** ⓬, village célèbre pour son château majestueux restauré par Viollet-le-Duc (visite toute l'année. Tél. : 03.44.42.80.77). Sur la place du village, le **monument national des Infirmières** rappelle leur sacrifice et leur dévouement durant la Grande Guerre. La D335 permet de se rendre à **Cuise-la-Motte**. Derrière l'église, le superbe monument du 102e R.I. (monument historique), dédié aux morts de la bataille du Crocq (13 septembre), représente un poilu sortant de la tranchée pour monter à l'assaut ! En passant par Roilaye et Hautefontaine, on atteint près de **Mortefontaine** ⓭ le **monument de Gaston de Gironde**, lieutenant au 16e Dragons dont l'escadron a chargé une escadrille allemande stationnée en plein plateau du Soissonnais, le 10 septembre 1914. Cette charge compte parmi les plus hauts faits d'armes de la cavalerie française. Imaginons des cavaliers chargeant à la lance des avions ! Son corps repose dans le cimetière de **Vivières** (2 km). La route de Villers-Cotterêts conduit au cimetière britannique et au monument "Passant, arrête-toi", construit en mémoire du fils de lord Cecil, tué lors du retrait de l'armée du général French sur la Marne. À quelques centaines de mètres de là se trouve l'emplacement de l'**observatoire du général Mangin** ⓮ lors de l'attaque du 18 juillet 1918.

En remontant vers le nord par la D811, on atteint **Cœuvres** où la 1re division américaine accompagnée par 321 chars d'assaut *Renault* se couvrit de gloire durant l'offensive Mangin le 18 juillet 1918. Le village fut détruit la même année lors des combats de la vallée du ru de Retz. "Nous arrivons à Cœuvres !... Le premier retour au pays est atrocement douloureux. Tout le village, l'église, le cimetière, le château ne présentent que des ruines ! Quelle tristesse vous saisit devant toutes les choses anéanties sur lesquelles voltigent et s'accrochent tant de souvenirs ! (...)" (E. Bertier de Sauvigny, *Page d'histoires locale)*. De Cœuvres, on peut se rendre à **Saint-Pierre-Aigle**, village détruit en juin 1918. On y découvre un monument à la mémoire du 418e R.I. qui s'est illustré dans le secteur. De Saint-Pierre-Aigle, on rejoint la RN 2 à **Vertes-Feuilles** où se trouve le monument dit de "l'armée Mangin", en souvenir des soldats français et alliés qui ont combattu sur ce plateau du 29 mai au 29 juillet 1918. C'est près de ce monument qu'eut lieu la dernière charge de cavalerie qui s'est déroulée en France : le 2 juin 1918, sortant de la forêt de Retz, des cosaques blancs, 400 cavaliers du général Marouchewski fidèles à Nicolas II et combattant pour la France, chargèrent victorieusement, sabre au clair, l'infanterie allemande déployée sur le plateau du Soissonnais.

À partir de Cœuvres, le visiteur prendra la D17 pour arriver à Laversine (monument aux morts devant l'église) puis à **Ambleny** ⓯, qui abrite le **cimetière militaire français** le plus important du département de l'Aisne. Il rassemble en effet 13 000 corps et rappelle les terribles combats du plateau de Confrécourt.

Si l'on poursuit la route vers le nord, on atteint **Fontenoy** ⓰ et son pont sur l'Aisne, balayé par l'artillerie allemande mais passage obligé pour monter à l'assaut du plateau. On y trouve le monument du 321e régiment d'infanterie mais aussi la **stèle des fusillés Leymarie et Bersot**. Cette stèle rappelle l'exécution durant l'hiver 14-15 du malheureux fantassin Leymarié qui, blessé par une balle ennemie à la main, fut accusé de mutilation volontaire et fusillé le 13 novembre 1914. Le soldat Bersot du 60e R.I. connut le même sort après condamnation pour désobéissance devant l'ennemi, alors qu'il refusait de porter le pantalon d'un de ses camarades tombé devant lui. Les nombreuses stèles qui bordent la route de Fontenoy à Nouvron évoquent les combats de septembre relatés par E. Clermont dans *Le Passage de l'Aisne* : "Les ennemis avaient profité des premières ténèbres pour faire une attaque en masse. À travers la fusillade, on entendait retentir leurs trompettes, jetant deux notes, toujours pareilles, l'une aiguë, l'autre grave. En même temps, un chant s'éleva, presque religieux, et dont on distingua très nettement les mots : *Deutschland über alles*. Et ce chant se rapprochait... Mais voilà soudain, en cette minute tragique, des clairons français sonnèrent la charge. Nos troupes reprenaient l'offensive."

Nouvron ⓱ se situant au cœur du dispositif de défense allemand, la population civile souffrit durement pendant le conflit. Les noms de 18 civils morts en déportation sont inscrits sur le monument aux morts tandis que de nombreux blockhaus rappellent la présence allemande. La nouvelle **ferme de Confrécourt** reconstruite après guerre dans une architecture originale domine le village. À 200 m, le **monument de la Croix brisée** symbolise la violence des combats sur ce plateau. À quelques mètres de ce calvaire, Jean Giroudoux fut gravement blessé le 16 septembre 1914 à la hanche : "Quatre heures et demie... Il est temps que je secoue les hommes de l'escouade. Une heure et nous allons partir, aller vers un ennemi qui nous attend debout, et les plus grands mots se heurtent en moi ce matin, directement, sans réseaux de dialectique entre eux qui les amortissent, le mot infini contre le mot matière, le mot mort contre le mot vie... Le lieutenant dit quelques paroles brusques que nos voisins nous transmettent de plus en plus douces. Il souffle dans un clairon rauque... Il faut partir... Le mot lâcheté appuie contre le mot patrie..." Le monument de la Croix brisée, construit par les propriétaires de la ferme, commémore la défense de la ferme par le 127e R.I. au cours de la deuxième bataille de la Marne. C'est de ce monument que démarrent les visites des carrières de Confrécourt qui servirent de casernement, de postes de secours et de dépôts de munitions. Dans ces grottes, le soldat se mit à sculpter, laissant un témoignage de sa présence. Lieux de mémoire du soldat artiste, la carrière du 1er Zouave et l'hôpital ouverts au public recèlent des bas-reliefs, des graffitis, des blasons de régiments, mais aussi des chapelles... On y découvrira l'âme, la foi, l'idéal, mais aussi le quotidien du soldat français de 1914.

- *Carrières de Confrécourt*
  Renseignements
  Office du tourisme de Soissons.
  Tél. : 03.23.53.17.37.

  Association Soissonnais 14-18
  Ferme de Confrécourt
  02290 Nouvron-Vingré.
  Tél. : 03.23.74.25.90.

Ouverture : de mars à octobre. Visites sur rendez-vous.

Les ruines majestueuses de l'ancienne ferme détruite par l'artillerie témoignent de sa situation stratégique sur le plateau. Après avoir été occupée par les Allemands le 11 septembre 1914, cette véritable forteresse fut reprise par les Français qui en assurèrent la défense pendant toute la durée de la guerre : "La lutte dura trois heures. Les cadavres s'accumulaient autour de la ferme, et les ruines à l'intérieur. On tenta une sortie, elle ne réussit pas" (Clermont).

De la ferme de Confrécourt, la route descend dans le village de **Vingré** ⓲. Vingré ! nom sinistre pour tous les poilus. La tragédie de Vingré se déroula le 4 décembre 1914. Le caporal Floch, les soldats Pettelet, Gay, Quinault, Blanchard et Durantet de la 19e compagnie du 298e R.I., pris au hasard parmi 24 soldats de 2 escouades, furent fusillés pour l'exemple. Ils n'avaient fait qu'obéir aux ordres du sous-lieutenant Pau-

Monument de la Croix brisée à Nouvron-Vingré.

Dans une creute : relief sculpté représentant un poilu.

laud. "Nous sommes passés 24 au conseil de guerre. Nous sommes 6 condamnés à mort. Moi, je suis dans les 6 et je ne suis pas plus coupable que les camarades, mais notre vie est sacrifiée pour les autres... C'est fini pour moi... Dernière lettre de moi, décédé pour un motif dont je ne sais pas bien la raison. Les officiers ont tous les torts, et c'est nous qui sommes condamnés pour eux..." (Lettre d'adieu de Quinault à sa femme.) Dans cette affaire, le conseil de guerre avait suivi les directives du général de Villaret. Il s'agissait de reprendre les troupes en main par quelques exemples. Dans ce village, avec l'autorisation du propriétaire, il est possible de visiter la grotte du Lion de Belfort (35e R.I.), mais aussi la tombe de civils fusillés par les Allemands le 20 septembre 1914.

De Vingré, la route descend vers la vallée de l'Aisne par Berry et **Saint-Christophe ⓳**. Après avoir laissé la voiture sur la place de ce village, le visiteur pourra se rendre dans le bois de Chapeaumont au-delà du cimetière, afin d'admirer le poste de commandement du colonel Reboul (20 mn de marche). En suivant la D13 et avant d'arriver à Vic-sur-Aisne, on aperçoit le monument du 47e R.A. qui rappelle le rôle majeur de l'artillerie commandée par le colonel Nivelle durant les journées de septembre. C'est dans le château de **Vic-sur-Aisne ⓴** que le maréchal Franchey d'Esperey avait établi son état-major. Ce château est

Rethondes : un wagon identique à celui de l'armistice.

Nouvron-Vingré : stèle des fusillés de Vingré.

ouvert au public (tél. : 03.23.55. 36.74). Quittant Vic-sur-Aisne en direction du nord vers Carlepont par la D2, on passe devant le cimetière militaire puis on emprunte la D145 jusqu'au **cimetière allemand de Nampcel** ㉑. Ce village conserve un superbe blockhaus, actuellement en cours de restauration, dans lequel a séjourné le Kronprinz de Bavière.

Reprenant la route vers Carlepont, on empruntera une petite route à gauche, après la ferme de Puisaleine, pour accéder à la "butte des Zouaves". La guerre des mines fit rage dans le secteur et une compagnie de zouaves fut ensevelie par l'explosion d'une mine allemande. La route conduit au village de **Moulin-sous-Touvent** ㉒ dont l'église renferme un autel élevé en souvenir des nombreux hameaux du village disparus et non reconstruits, ainsi qu'une plaque portant 250 noms de soldats retrouvés morts dans la commune. Dans le cimetière civil est enterré le général Collardet qui commandait le 318e R.I. de Quimper. Le village abrite également un **cimetière allemand** avec un monument dédié au RJR 96. Rebroussez chemin en direction de la **ferme de Quennevières** qui fut le théâtre des combats de juin 1915. Le 6 juin 1915, sous les ordres du général Nivelle, les zouaves et les tirailleurs attaquèrent victorieusement, mais les réserves allemandes contre-attaquèrent le soir même. Une nouvelle attaque eut lieu le 16 juin mais sans résultat. Plusieurs monuments rappellent le souvenir de ces combats. La route passe devant le cimetière français de **Tracy-le-Mont** puis descend vers l'Aisne et Rethondes. Le mur du parc d'**Offémont** témoigne par le nombre de ses meurtrières de la dureté des affrontements. Avant d'atteindre Rethondes, la route traverse le village de **Saint-Crépin-aux-Bois** avec ses maisons traditionnelles soissonnaises à pignon en "pas de moineaux". Le visiteur arrive à **Rethondes** ⓫. L'église dans laquelle le général Foch s'est recueilli le 10 novembre 1918 présente des vitraux à la gloire de trois personnages symboliques de cette guerre : le général Weygand, Guynemer et le maréchal Foch. On pourra alors, à partir de Rethondes, rejoindre la clairière de l'Armistice.

Autour de la Première Guerre mondiale

Visiter le département de l'Oise, c'est d'abord effectuer un formidable voyage dans le temps. Des vestiges gallo-romains de Senlis au palais impérial de Compiègne en passant par le château de Chantilly et la majestueuse cathédrale Saint-Pierre à Beauvais, chaque étape témoigne de la place essentielle occupée par cette région dans l'histoire de France.

• Comité départemental du tourisme de l'Oise
19, rue Pierre Jacoby, BP 822
60008 Beauvais Cedex.
Tél. : 03.44.45.82.12

Compiègne (60200)

Prisée pour la richesse de ses forêts, Compiègne a vu séjourner la plupart des têtes couronnées, de Clovis à Napoléon III. Ce dernier fait du palais édifié sous Louis XV sa résidence de prédilection. À partir de 1856, l'empereur et sa femme Eugénie y organisent les fameuses "séries de Compiègne", réceptions fastueuses pouvant durer plus d'une semaine. Ces années dorées sont aujourd'hui retracées à travers les collections des musées du Second Empire et de l'Impératrice installés dans les appartements du château. Par ailleurs, l'une des galeries du bâtiment est consacrée au musée national de la Voiture et du Tourisme. Près de l'hôtel de ville au beffroi orné de trois mannequins de bois, les Picantins, le musée de la Figurine historique reconstitue certains moments forts de notre histoire.

• Office du tourisme
Hôtel de ville.
Tél. : 03.44.40.01.00.

Pierrefonds (60350)

Bâti sur un étroit promontoire rocheux, le château de Pierrefonds domine d'une trentaine de mètres les vallons environnants. Cette ancienne forteresse du XIVe siècle a été sauvée de la ruine et restaurée par la volonté de Napoléon III qui voulait en faire sa résidence secondaire. Un festival théâtral et musical y est organisé chaque été.

• Office du tourisme
Hôtel de ville.
Tél. : 03.44.42.81.44.

Noyon (60400)

L'histoire de Noyon est jalonnée par les batailles et les invasions. Sa position géographique la place successivement sur la route des Huns et des Normands, l'obligeant peu à peu à renforcer ses fortifications. La ville devient alors un centre religieux important, comme en témoigne la magnifique cathédrale Notre-Dame édifiée au XIIe siècle et l'ancien palais épiscopal qui abrite désormais le musée du Noyonnais. On peut visiter également la maison natale de Jean Calvin, devenue musée Calvin, qui permet de cerner l'influence du grand réformateur dans la région.

• Office du tourisme
Hôtel de ville.
Tél. : 03.44.44.21.88.

Abbaye d'Ourscamps

Fondé au XIIe siècle par l'évêque de Noyon, Simon de Vermandois, le monastère d'Ourscamps présente les vestiges les plus importants de toutes les abbayes cisterciennes de l'Oise. En partie restauré au lendemain de la Seconde Guerre mondiale, le domaine a retrouvé sa vocation religieuse avec l'arrivée de la congrégation des serviteurs de Jésus et de Marie.

• Tél. : 03.44.75.72.10.

Senlis (60300)

Capitale du peuple gaulois des Silvanectes, Senlis est fortifiée dès le Ier siècle par les Romains. Une partie de sa muraille gallo-romaine a été conservée, et les vestiges découverts par les archéologues ont révélé l'existence d'une arène de 12 000 places. À partir du IXe siècle, les souverains y séjournent régulièrement. La cité est même intégrée au domaine royal au XIIe siècle, époque à laquelle commence la construction de la grande cathédrale gothique. La chapelle royale Saint-Frambourg et l'abbaye dédiée à saint Vincent datent de cette même période qui marque l'apogée de Senlis. Aujourd'hui, les rues tortueuses aux pavés irréguliers, les trottoirs étroits et les vieilles maisons à pans de bois ont su préserver l'atmosphère du passé.

• Office du tourisme
Place du Parvis Notre-Dame.
Tél. : 03.44.53.06.40.

La vallée de l'Automne

De Villers-Cotterêts à Verberie, l'Automne serpente au cœur d'une région où s'est opéré le passage du style roman au style gothique. On dénombre pas moins de 35 clochers le long des trente-cinq kilomètres de la vallée... Églises, chapelles, abbatiales permettent de suivre l'évolution de l'architecture médiévale, du XIe au XVIe siècles.

• Office du tourisme
7, rue de Soissons
60800 Crépy-en-Valois.
Tél. : 03.44.59.03.97.

Chantilly (60500)

À l'origine simple maison fortifiée construite par le Gallo-romain Cantilius, le château de Chantilly doit son agrandissement au futur connétable de France, Anne de Montmorency. Au XVIIe siècle, il passe aux mains de la famille Condé dont le prince va consacrer l'essentiel de ses loisirs et de sa fortune à l'embellissement du domaine. Dès 1659, la création des allées et des bosquets du parc est confiée à l'architecte Le

Nôtre. Les héritiers du Grand Condé poursuivent le travail d'aménagement : on leur doit notamment les Grandes Écuries (qui abritent aujourd'hui le musée vivant du Cheval), la salle du Jeu de paume et le hameau caché au cœur du parc. Pillé et morcelé sous la Révolution, le château est remis en état à partir de 1840 par le duc d'Aumale, héritier du dernier Condé, qui fait reconstruire les bâtiments dans un style inspiré de la Renaissance. Grand amateur d'art, le duc réunit à Chantilly de magnifiques collections de peintures, de manuscrits, de tapisseries et de sculptures, désormais rassemblées dans le musée Condé.

- Office du tourisme
60, avenue du Maréchal Joffre
BP 233.
Tél. : 03.44.57.08.58.

Beauvais (60000)

Avant de devenir la capitale départementale, Beauvais a été l'une des cités les plus riches du pays, lieu de résidence des évêques-comtes du Moyen Âge. Détruite à 80 % pendant la dernière guerre, la ville s'efforce de préserver les vestiges de sa gloire passée dont sa prestigieuse cathédrale Saint-Pierre. Formidable défi aux lois de l'équilibre, le "Parthénon de l'architecture française", dont la construction remonte à 1225, aurait dû être le plus grand édifice de la chrétienté. Mais cette création peut-être trop ambitieuse a subi, au cours des siècles, plusieurs effondrements et n'a jamais été terminée. Elle abrite encore deux horloges exceptionnelles dont l'une, du XIVe siècle, est sans doute la plus ancienne horloge à carillon au monde. Dans l'ancien palais épiscopal, on pourra également découvrir les riches collections du musée départemental de l'Oise. Enfin, la Galerie nationale de la Tapisserie entretient une tradition remontant au XVIIe siècle.

- Office du tourisme
1, rue Beauregard.
Tél. : 03.44.45.08.18.

Gerberoy (60380)

Classé parmi les cent un "plus beaux villages de France", Gerberoy accueille chaque année, le troisième dimanche de juin, la traditionnelle fête des Roses.

- Office du tourisme
Mairie.
Tél. : 03.44.82.33.63.

V. Les lieux de la Première Guerre mondiale dans l'Aisne

La situation stratégique de l'Aisne destinait son territoire à devenir un champ de bataille permanent tout au long de la Première Guerre mondiale. Aujourd'hui, des sites aussi fameux que le Chemin des Dames, ainsi que de nombreux monuments, témoignent des grandes batailles qui s'y sont déroulées, de l'offensive désastreuse de Nivelle à la victoire de La Malmaison. L'état de désolation du département à l'issue du conflit était tel que l'effort de reconstruction, auquel les Américains ont pris une part notable, a été sans précédent.

Les circuits proposés au Chemin des Dames, sur les lieux stratégiques de la Marne et autour de Saint-Quentin partent à la découverte :
- des lieux de bataille ;
- des monuments aux morts ;
- des cimetières ;
- des vestiges de la ligne de défense Hindenburg ;
- des musées (caverne du Dragon...).

Cimetière américain du Bois Belleau.

D'où qu'il vienne, le voyageur qui pénètre aujourd'hui dans le département de l'Aisne est assuré de rencontrer aussitôt l'un de ces multiples monuments de la guerre 1914-18 qui jalonnent tout son territoire, du mémorial de la Pierre d'Haudroy, près de La Capelle, jusqu'aux grands monuments américains de Château-Thierry ; du monument national aux chars d'assaut de Berry-au-Bac jusqu'à l'observatoire Mangin de la forêt de Villers-Cotterêts. Les cantons du Chemin des Dames, comme ceux de Craonne ou de Vailly, alignent des stèles et des croix comme d'autres des arbres, au bord des routes. Un simple coup d'œil sur une carte suffit à comprendre le destin tragique de l'Aisne, au cours de la Grande Guerre. Long couloir d'accès, de la frontière belge jusqu'aux portes de Paris, l'Aisne était vouée à devenir un champ de bataille, du début à la fin du conflit et d'une extrémité à l'autre du département.

Quatre périodes majeures émergent de ces années d'affrontement continu

- L'invasion massive d'août 1914 et la contre-offensive française de la Marne.
- La stérile et sanglante offensive Nivelle de 1917.
- La brutale attaque de Ludendorff, en mai 1918, qui reconduit les troupes allemandes aux portes de Paris.
- L'offensive libératrice de juillet 1918 qui se poursuit jusqu'à l'armistice final.

Le général Franchet d'Esperey (1856-1942), huile sur toile de Bénito, Paris, musée de l'Armée.

Le flux d'août 1914

En exécution du célèbre plan Schlieffen, véritable bible de tout l'état-major allemand, des centaines de milliers d'hommes vont déferler de Belgique vers Paris. Il ne s'agit pas d'investir la capitale, mais de la contourner par l'ouest pour envelopper les armées françaises et les couper de Paris. Ce gigantesque coup de faucille était confié, pour l'essentiel, à deux des plus puissantes armées allemandes : celles des généraux von Kluck et von Bülow. Il fallait faire vite pour vaincre la France en six semaines avant de combattre la Russie.

Face à cet énorme rouleau compresseur de 600 000 hommes, la France – qui avait massé toutes ses troupes à l'est, face à l'Alsace et à la Lorraine – n'opposait au nord que la Ve armée du général de Lanrezac. À sa gauche, on lui associa le faible mais courageux corps expéditionnaire anglais. Lancées en Belgique en offensive préventive, ces deux forces alliées échouèrent à Charleroi face à un adversaire supérieur en nombre, en tactique et en artillerie lourde. Partout, on dut reculer. Assez méthodiquement et sans trop de panique.

Le sursaut de Guise

Le 27 août, la Ve armée de Lanrezac s'était repliée dans l'Aisne, de Guise à Aubenton, derrière l'Oise. Isolée à cause du repli anglais sur sa gauche et de la retraite de la IVe armée française sur sa droite, elle semblait acculée à une mission de sacrifice. À l'aube du 29 août, von Bülow lança une vigoureuse offensive pour franchir l'Oise, entre Guise et Étréaupont, avec deux corps d'élite, la garde impériale et le 10e corps hanovrien. Malgré leur courage au combat, les forces françaises durent encore reculer. C'est alors que le général Franchet d'Esperey et son 1er corps réussirent à infléchir le combat. Des hauteurs qui dominent la vallée de l'Oise, à l'est de Guise, Franchet d'Esperey découvrait, dans le brouillard qui se levait, les unités allemandes qui commençaient à franchir les ponts et les gués de l'Oise. Il fit aussitôt ouvrir un feu intense d'artillerie sur les envahisseurs. Tirant à vue, les 75 firent merveille. Surpris, le 10e corps allemand se mit à hésiter et ralentit sa manœuvre. D'autres unités de la Ve armée française arrivaient à la rescousse. Cette fois, l'ennemi pliait. Ébranlé, von Bülow fit repasser l'Oise à ses deux corps qui battirent en retraite vers le nord. C'était la victoire de Guise.

L'événement était d'importance. Pour la première fois depuis le début de la guerre, des unités allemandes étaient mises en échec et réduites au repli. Pour la première fois aussi, les troupes françaises avaient pu appliquer les directives tactiques de l'état-major et faire un usage judicieux de leur artillerie, en préparation à une action offensive. Le sursaut de Guise n'empêcha pas la retraite générale de se poursuivre vers le sud, où Joffre prévoyait de regrouper toutes ses forces en vue d'une contre-offensive générale. Mais le général von Bülow, abattu par cet échec, devint désormais moins assuré. Le retard important qu'il avait pris sur son voisin von Kluck joua un rôle indéniable dans la victoire de la Marne. C'est peut-être à Guise que le plan Schlieffen fut vraiment mis en échec.

L'Aisne envahie

Après Guise, l'avance allemande reprit sa marche rapide. Les troupes françaises reculaient partout, mêlées à un flot de réfugiés civils français et belges, en fuite devant l'ennemi. En quelques jours, l'Aisne fut entièrement envahie.

Saint-Quentin était prise le 29 août. La ville de Laon tombait le 31. Le 2 septembre, les troupes allemandes atteignaient le Chemin des Dames et le franchissaient en quelques heures. Le 4 septembre, les forces allemandes occupaient la ligne de la Marne, de Meaux à Épernay. Le 5 septembre, Coulommiers était à son tour occupée. Le gouvernement avait quitté Paris que le général Gallieni – rescapé de la guerre de 1870 – s'apprêtait à défendre énergiquement. C'est alors que le général von Kluck commit la faute historique qui allait offrir aux troupes alliées une aubaine inespérée.

Le miracle de la Marne

Remarquable manœuvrier, mais avide de victoires et de gloire personnelles, von Kluck se laissa littéralement aspirer par la retraite française. Il crut les forces alliées à bout de souffle et pensa pouvoir déroger aux ordres reçus du lointain quartier général de Luxembourg. Au lieu de contourner Paris par l'ouest, il obliqua soudain vers l'est pour encercler la Ve armée française et le corps anglais. Du coup, il négligea sa mission de flanc-garde de l'armée von Bülow et accéléra la marche au lieu de s'aligner sur son voisin déjà en retard, depuis Guise. Un trou se creusait entre les deux armées allemandes. Gallieni s'en rendit compte aussitôt et demanda à Joffre de contre-attaquer sans tarder. Cet ordre tomba le 6 septembre au soir. La VIe armée du général Maunoury, à peine constituée, attaqua le flanc de l'armée von Kluck. Le corps anglais et la Ve armée, où Franchet d'Esperey avait remplacé Lanrezac, lancèrent une offensive à partir du sud. Après deux jours de violents combats, souvent indécis, les troupes allemandes cédaient. Le 10 septembre au soir, elles recevaient l'ordre de retraite.

En quelques jours, von Kluck fit repasser l'Aisne à ses troupes. Il les installa sur les hauteurs du Chemin des Dames et de la vallée de l'Aisne qu'il avait fait préparer pour une défense. De son côté, le général von Bülow parvint à rétablir rapidement la liaison avec la première armée de von Kluck. Un front uni et ferme s'était constitué derrière l'Aisne. Une fois la menace sur Paris écartée, la poursuite des troupes allemandes en retraite manqua de mordant. Aux abords du Chemin des Dames, après quelques jours de durs combats, les forces alliées durent se rendre à l'évidence. La crête du Chemin des Dames se dressait comme un obstacle infranchissable. À la victoire de la Marne succédait l'échec sur l'Aisne. Une vérité s'imposait. De part et d'autre du Chemin des Dames, les troupes exténuées par des semaines de guerre étaient à bout de souffle. Pouvait-on demander davantage à des soldats, comme ceux de la Ve armée, qui venaient de parcourir à pied 650 km en 26 jours ? Hommes et chevaux touchaient l'extrême limite de leurs forces. Beaucoup d'officiers étaient tombés et les munitions commençaient à manquer.

Ne pouvant plus bouger, chacun des deux partenaires s'enterra pour se protéger. C'est au Chemin des Dames que débuta l'enfouissement progressif des hommes sur une ligne de front que trois ans de combats sanglants n'allaient guère modifier. Du Che-

Les batailles de l'Aisne

"La rivière Aisne est l'articulation qui rattache les provinces orientales aux provinces septentrionales. Paris étant couverte par ces provinces, le problème de la défense de Paris est là : le joint de notre histoire est là." Ces mots sont ceux de Gabriel Hanotaux dans les premières lignes de l'ouvrage qu'il consacra à l'Aisne, dès 1919, dans la collection "La France dévastée".

À cinq ou six reprises au moins dans notre histoire, la rivière a attaché son nom à des événements militaires de première importance, mettant en jeu le sort du pays. C'est César qui franchit l'Aisne à Berry-au-Bac donnant en 57 av. J.-C. le signal de la conquête de la Gaule ; c'est Napoléon qui franchit l'Aisne sur le beau pont de pierre de Berry-au-Bac le 5 mars 1814, avant de livrer bataille sur le plateau de Craonne le 8 mars ; c'est la VIe armée française du général Touchon qui défend désespérément le secteur entre l'Ailette et l'Aisne le 5 juin 1940, mais qui doit battre en retraite au sud de l'Aisne le 6 juin au soir ; c'est, enfin, du 9 au 11 juin 1940, selon l'expression même du généralissime Weygand "le dernier quart d'heure" de résistance sur le cours supérieur de l'Aisne, face aux blindés de Guderian.

Au cours de la Première Guerre mondiale, la rivière est continûment et intimement liée aux opérations militaires. Du 14 au 20 septembre 1914, la première bataille de l'Aisne met fin à la poursuite victorieuse issue de la bataille de la Marne : le front se stabilise, la décision finale n'aura pas pu être obtenue. Du 16 avril 1917 à octobre 1917, la seconde bataille de l'Aisne est synonyme de souffrances extrêmes : c'est l'offensive Nivelle dont les résultats décevants sont à l'origine d'une crise du moral qui fait un temps vaciller l'armée tout entière. La troisième bataille de l'Aisne est livrée par Foch du 27 au 31 mai 1918. Elle permet d'endiguer l'attaque allemande lancée par Ludendorff et d'en limiter les effets à la création de la poche dite de Château-Thierry.

L'Aisne se trouve donc associée aux deux grands mouvements stratégiques entre Marne et Aisne qui, en début et en fin de guerre, ont été chacun décisifs. Que l'Aisne donne son nom aux batailles ne signifie pas pour autant qu'elle soit un véritable obstacle au franchissement. Certes, à chaque fois l'on s'efforce de faire sauter les ponts, mais le génie dispose des moyens d'établir en quelques heures des passerelles et des ponts en bois. Attestée dès le XVIIe siècle au moins, la technique des ponts de bateaux ou de péniches mis côte à côte est très fréquemment utilisée.

À lire :

HANOTAUX (G.), *L'Aisne pendant la Grande Guerre*, Paris, 1919.

ATTAL (R.), ROLLAND (D.), "L'Aisne 1914-1918, une rivière stratégique", dans MARCILLOUX (P.), MARIVAL (G.) (dir.), *L'Aisne au fil de l'eau*, Laon, Archives départementales de l'Aisne, 1995.

Bataille de l'Aisne en 1914 : tranchée hâtivement creusée.

min des Dames bloqué, les combats gagnèrent bientôt l'Artois et les Flandres. Ce fut la course à la mer et le début de cette guerre des tranchées, phénomène nouveau dans l'histoire militaire.

Vers la fin de septembre 1914, les combats s'apaisèrent quelque peu au Chemin des Dames. Mais le 30 octobre, une puissante contre-attaque allemande reprit Vailly et permit aux troupes allemandes de s'ins-

Décoration de la porte de Soissons à Coucy-le-Château pour la visite du cardinal Hartmann, archevêque de Cologne, le 11 avril 1916.

taller dans la vallée de l'Aisne.

En janvier 1915, le commandement français avait projeté de reprendre les hauteurs que les forces allemandes occupaient au nord de Soissons. Mais une crue subite de l'Aisne qui emporta les ponts fit tourner cet engagement au désastre. Les troupes françaises faillirent être isolées au nord de la rivière et durent se retirer dans des conditions fort difficiles. Les forces allemandes parvinrent même aux portes de Soissons en occupant le quartier Saint-Paul. Ce sont ces combats dans le secteur de Crouy qui inspirèrent à Barbusse son ouvrage *Le Feu*, qui obtiendra le prix Goncourt en 1916.

Le 25 janvier, près de la ferme d'Hurtebise, au Chemin des Dames, les troupes allemandes s'emparèrent de la ferme de la Creute et de ses carrières qu'elles baptisèrent "caverne du Dragon".

L'offensive Nivelle

À peine accrochées au Chemin des Dames après la retraite de la Marne, les troupes allemandes allaient s'employer sans répit à transformer l'antique colline en véritable forteresse. D'une extrémité à l'autre, de Laffaux à Craonne, elles allaient s'incruster dans les multiples carrières dont l'épaisse couche de calcaire lutétien qui s'étire au sommet de cette crête est truffée depuis des siècles. Sous cette couche protectrice qui défie tous les bombardements, des milliers d'hommes allaient se mettre à creuser sans relâche, à couler du ciment pour les abris de mitrailleuses, à couvrir les pentes d'un réseau dense de barbelés et à transformer les anciennes carrières en véritables casernes souterraines.

De l'Yser à l'Alsace, le front allemand n'offrait nulle part ailleurs le visage d'un rempart aussi invulnérable. Et pourtant, ce fut le secteur choisi par le général Nivelle – nouveau commandant en chef de l'armée française – pour tenter cette "rupture" décisive qui devait amener la fin du conflit et qui hantait l'esprit des autorités au cours de cette "trouble année 1917". L'échec prévisible de cette offensive allait consacrer définitivement le Chemin des Dames comme une "arête vive du massacre" (Aragon). Alors que Verdun fut exaltée à juste titre comme une victoire glorieuse, le Chemin des Dames resta dans les mémoires comme une page d'horreur qu'il fallait occulter et oublier.

Un destin paradoxal

Destin paradoxal que celui du Chemin des Dames ! Cette dure falaise de calcaire semblait dressée par le destin au cœur même de l'Aisne pour barrer la route de Paris. En réalité, elle servit surtout l'ennemi. Napoléon déjà, en mars 1814, avait été obligé d'en débusquer Blucher, au prix d'un assaut très meurtrier. Deux fois, durant la

Henri Barbusse et *Le Feu*

C'est l'expérience des combats dans l'Aisne, dans le douloureux secteur de Crouy, près de Soissons, qui allait inspirer le premier véritable livre sur la vie quotidienne des combattants de la Grande Guerre. Cet ouvrage intitulé *Le Feu* obtint le prix Goncourt en 1916. Son auteur, Henri Barbusse serait sans doute bien oublié aujourd'hui sans ce chef-d'œuvre qui obtint d'emblée un écho considérable et fut accueilli par de nombreux lecteurs.

Né à Asnières, en 1873, Henri Barbusse mourut à Moscou, en 1935. *Le Feu* porte un sous-titre : "Journal d'une escouade" qui en précise clairement la portée. Il s'agit de l'évocation crue de la vie réelle d'un groupe de soldats semblable à des centaines d'autres dans le conflit 14-18. Les 24 chapitres furent d'abord publiés en feuilleton dans le journal *L'Œuvre*.

Cet ouvrage demeure capital dans la littérature qu'inspira la guerre 1914-18. D'abord parce qu'il parut au milieu même du conflit, et non pas après 1918. Ensuite, parce qu'il allait à rebours de toute une littérature d'exaltation patriotique dont Maurice Barrès fut l'un des principaux représentants. Toute cette masse d'écrits divers répugnait aux vrais combattants. Elle n'était qu'une action de propagande destinée à l'opinion publique de l'arrière et qui cherchait à masquer l'horrible réalité quotidienne de ceux qui "faisaient" la guerre.

Dans ce contexte général, *Le Feu* fit sensation. À de nombreux lecteurs qui commençaient à se détourner d'une littérature glorifiant l'héroïsme militaire, il apportait de manière brutale la révélation réaliste du combat. On peut même se demander comment *Le Feu* a pu échapper à la sévère censure de l'époque. Le dernier chapitre, qui se présente comme une violente dénonciation de la guerre, ne fut guère compris à l'époque.

Après la guerre, Henri Barbusse utilisa les droits d'auteur pour fonder l'A.R.A.C. (Association républicaine des anciens combattants). Cette frange d'anciens soldats de la Grande Guerre, rattachée au parti communiste, demeura toujours très marginalisée. Mort à Moscou en 1935, Henri Barbusse fut inhumé au cimetière du Père-Lachaise au cours de funérailles qui rassemblèrent une foule considérable.

Apollinaire blessé au bois des Buttes

Discrètement, à droite de la D89 qui va de la Ville-au-Bois à Pontavert, non loin de Berry-au-Bac, sous les ombrages du bois des Buttes, une stèle récente rappelle au passant le souvenir du poète Guillaume Apollinaire, à l'endroit où un éclat d'obus de 150 le blessa grièvement à la tête, en mars 1916. Ce mémorial fut édifié à l'initiative personnelle de l'écrivain Yves Gibeau. Retiré à Roucy, non loin de là, l'auteur de *Mourir idiot* aimait hanter ces bois meurtris par le conflit 1914-18, pour y poursuivre une quotidienne méditation sur l'horreur des guerres.

Wilhelm Apollinaris de Kostrowitzky – vrai nom d'Apollinaire – naquit à Rome en 1880, d'une mère polonaise et d'un père aristocrate italien. Engagé volontaire à 34 ans, il rejoignit comme canonnier de 2e classe le 38e régiment d'artillerie de Nîmes. En août 1915, il fut nommé maréchal des logis sur le front de Champagne. Transféré à sa demande au 96e R.I., il passa au grade de sous-lieutenant.

En mars 1916, Apollinaire se trouvait en première ligne, dans l'Aisne, au bois des Buttes, non loin de la redoutable cote 108. Dans sa tranchée, le poète était en train de lire le dernier numéro du *Mercure de France* quand éclata l'obus qui le toucha grièvement à la tempe droite. "Une étoile de sang me couronne à jamais", écrira-t-il plus tard. Opéré la nuit même au poste de secours à Romain, il fut conduit à Château-Thierry puis au Val-de-Grâce à Paris, et finalement à l'hôpital italien. Au moment de sa convalescence, en 1916, son ami Picasso esquissa le célèbre dessin qui le montre en uniforme, avec le sommet du crâne enroulé de pansements.

Le séjour d'Apollinaire au front lui inspira de nombreux poèmes où l'horreur des combats en première ligne se trouve transfigurée par sa vision de poète en images de féerie.

La terrible grippe espagnole de 1918 allait l'emporter le 9 novembre 1918. Il fut inhumé au Père-Lachaise, au lendemain de l'armistice, le 13 novembre 1918, dans un Paris pavoisé et encore tout bruissant des cloches de la victoire. Le promeneur d'aujourd'hui qui s'attarde devant la stèle d'Apollinaire peut murmurer ses vers du bois des Buttes :

"Un poète dans la forêt
Regarde avec indifférence,
Son revolver au cran d'arrêt,
Des roses mourir d'espérance"
(Fête, *Calligrammes*).

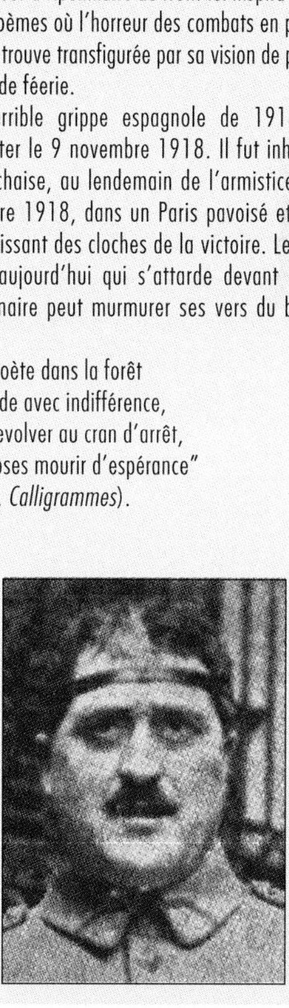

Les creutes du Chemin des Dames et de la vallée de l'Aisne

Dans le Laonnois et le Soissonnais, on appelle "creutes" ou "boves" les multiples cavités creusées depuis des siècles au flanc des collines dans l'épaisse couche de calcaire lutétien qui occupe le sommet des hauteurs de ces régions. La plupart de ces anciennes carrières ont été utilisées sans interruption depuis l'époque gallo-romaine. Elles offrent aujourd'hui d'immenses espaces intérieurs parfaitement abrités par leur épais plafond de roche calcaire. Dans ces carrières relativement sèches, la température avoisine 12° hiver comme été.

Dans l'enfer du Chemin des Dames, ces carrières constituèrent un lieu de répit et de protection pour les milliers de combattants qui s'y abritèrent des deux côtés de la ligne de front. Tout un aménagement intérieur y fut implanté par les différentes armées : dortoirs pour soldats, réfectoires, postes de commandement, infirmeries, chapelles, etc. Ces cavités furent par ailleurs souvent pourvues de remarquables installations électriques et téléphoniques.

Au cours de ces dernières années, une exploration plus méthodique a permis la découverte de multiples documents rupestres gravés, dessinés ou taillés, depuis les plus humbles graffiti jusqu'aux bas-reliefs sculptés avec talent. Ainsi les parois de ces carrières gardent-elles précieusement le témoignage de cette présence des combattants durant les années de la Grande Guerre. Rien n'est plus émouvant que certaines chapelles entièrement sculptées dans la roche et qui subsistent silencieusement dans ces vastes espaces souterrains.

Les creutes ne sont pas accessibles au grand public, sauf à Confrécourt (voir p. 297), mais le nouveau musée de la Caverne du Dragon présentera aux visiteurs les plus remarquables sculptures des creutes du Chemin des Dames et du Soissonnais.

Renseignements à la Caverne du Dragon
Tél. : 03.23.25.92.93.
ou au Conseil général de l'Aisne
Tél. : 03.23.24.62.34.

Campement de soldats malgaches à Crouy à la veille de l'offensive Nivelle du 16 avril 1917.

Les mutineries de 1917

Ce n'est pas seulement l'échec de l'offensive Nivelle au Chemin des Dames qui engendra les mutineries de mai et de juin 1917. C'est surtout l'obstination aveugle d'un commandement entêté à poursuivre une offensive manifestement vouée à l'échec. Aussi ces mouvements de sédition eurent-ils lieu essentiellement dans l'Aisne et ne concernèrent-ils que des unités engagées au Chemin des Dames. Les groupes d'armée du Nord et de l'Est ne furent pas touchés par ces phénomènes de rébellion. Il faut tenir compte aussi des conditions de vie inhumaines que connurent les combattants du Chemin des Dames : absence de permissions, courrier limité et surveillé, nourriture médiocre et surtout toujours froide.

Les mutineries s'observèrent dans plus de 50 divisions. Elles ne concernaient principalement que de petits groupes et presque uniquement des régiments d'infanterie. Depuis 1918, toute une littérature parfois délirante a brodé sur ce thème des mutineries et sur la répression aveugle qui les aurait sanctionnées. Aujourd'hui, on peut se faire une idée objective concernant la répression de cette grave crise du moral des troupes. Une brillante thèse universitaire, utilisant pour la première fois les archives des tribunaux militaires, a pu faire toute la lumière à ce sujet. Il s'agit de l'ouvrage : *Les Mutineries de 1917* du professeur Guy Pedroncini. Ce travail exemplaire montre bien comment le général Pétain, qui succéda à Nivelle, voulut mener avec humanité une politique qui, sans omettre une nécessaire fermeté, veilla surtout à améliorer les conditions de vie des combattants et à faire preuve de mansuétude après les sanctions.

Pour les 3 426 soldats qui passèrent en jugement pour cause de mutinerie en 1917, il y eut 554 condamnations à mort dont 45 seulement furent exécutées. On est loin des multiples affabulations à ce sujet.

Inscription sur le mur de la Caverne du Dragon.

Les troupes coloniales

"Je suis content, c'est pour la France"
(dernières paroles d'un tirailleur).

Le sacrifice des soldats de l'Empire est une des pages les plus glorieuses, les plus spécifiquement françaises, et aussi les plus controversées, de la Première Guerre mondiale. Un certain flou terminologique est à l'origine de la confusion fréquente entre des régiments à recrutement français ou européen, des régiments incorporant des habitants des vieilles colonies héritées du premier empire colonial français et des régiments à recrutement indigène ou local. De plus, pour des raisons d'efficacité militaire, mais aussi sous l'influence de la vieille idéologie révolutionnaire de l'amalgame, les corps de troupe sont souvent mixtes. Certaines unités sont "noircies" ou "blanchies" selon les besoins. Il arrive même que des Algériens, à cause de la couleur de leur peau, soient à l'occasion acceptés comme Européens, soit délibérément, soit par erreur.

Il faut distinguer deux ensembles organiques : l'armée d'Afrique ou 19e corps d'armée, et les troupes de marine ou coloniales. Les troupes de marine doivent leur nom au rattachement initial des colonies au ministère de la Marine. Depuis 1900, elles dépendent du ministère de la Guerre, mais conservent une large autonomie : c'est la "Coloniale". Armée d'Afrique et Coloniale comprennent toutes deux des unités composées en majorité d'Européens et des unités indigènes. Au sein de l'armée d'Afrique, les zouaves et les chasseurs d'Afrique sont des corps à recrutement européen, tandis que les spahis et les tirailleurs algériens, tunisiens et marocains sont à recrutement indigène. Au sein de la Coloniale, on trouve des régiments d'infanterie et d'artillerie coloniales (les "marsouins" et les "bigors") composés de Français engagés et que l'on regroupe parfois sous le terme de "Coloniale blanche" – ainsi que des tirailleurs sénégalais, malgaches et indochinois. L'expression "tirailleurs sénégalais" désigne en fait toutes les unités d'infanterie recrutées dans les colonies françaises du continent subsaharien. Le recrutement des tirailleurs indigènes prend deux formes : en Algérie et en Afrique occidentale existe, depuis 1912, le système dit de l'appel, qui est une conscription par quotas des classes ; les effectifs sont complétés par des volontaires plus ou moins réels.

L'idée d'utiliser des indigènes sur les champs de bataille européens est tardive et ne s'est imposée que difficilement. Elle a toujours eu des adversaires, en particulier dans les milieux militaires. Elle est due à l'action tenace et déterminée d'un groupe d'hommes dont Mangin, théoricien de *La Force noire* en 1910, est le plus connu. Le discours de ces hommes met en avant la dénatalité française et la vocation guerrière de certains peuples africains : "Et moi, j'ai vu, il y a des années déjà, défiler dans les rues de Constantinople des régiments soudanais, le fez en tête, crépus et lippus, les yeux blancs, la face noire, le corps sanglé dans l'uniforme bleu sombre et le pied lourd dans la botte prussienne, scandant la marche rythmée par les fifres et les timbales. Et je me disais aussi : voilà les grandes, les invincibles armées des batailles futures. Ceux-là savent mourir." (G. Hanotaux, 1905).

Après des tâtonnements et des déboires, les troupes indigènes sont pour la première fois appelées à jouer un rôle tactique décisif dans l'offensive Nivelle d'avril 1917. Sous l'autorité du général Mangin, la VIe armée doit exécuter la mission principale du plan Nivelle : prendre en tenaille le saillant formé par le front allemand dans la région de Missy-sur-Aisne. Paralysés par le froid, les tirailleurs ne peuvent donner toute leur force et subissent des pertes effroyables. À la suite de cet échec relatif, les conditions d'emploi des troupes coloniales sont entièrement revues. Un hivernage dans des camps à Fréjus, Saint-Raphaël et Le Courneau, près d'Arcachon, est organisé. Surtout, le système de l'amalgame, soit à celui du bataillon, soit au niveau de la compagnie, est généralisé. Le très célèbre R.I.C.M., régiment d'infanterie coloniale du Maroc, comprenait habituellement deux bataillons blancs d'infanterie coloniale, un bataillon de tirailleurs sénégalais et deux compagnies d'un bataillon somalien. De même, des régiments mixtes de zouaves et de tirailleurs algériens sont mis sur pied.

Coloniale blanche, régiments blancs d'Afrique du Nord et tirailleurs indigènes ainsi étroitement mêlés se couvrent de gloire dès la contre-offensive de La Malmaison en octobre 1917 et dans toutes les batailles de 1918 : Château-Thierry en mai, offensive Mangin en juillet, conquête de Soissons et des plateaux entre Oise et Aisne, passage de l'Ailette, bataille de Montécouvé… À la fin de la guerre, tous

Affiche de Jonas, 1917.

ces régiments sont couverts de décorations. Au total, 450 000 indigènes ont combattu en Europe, dont 150 000 Algériens, 40 000 Tunisiens, 14 000 Marocains, 43 000 Indochinois, 34 000 Malgaches et 135 000 Africains noirs. Les pertes totales s'élèvent à 100 000 morts au combat ou par maladie, dont 36 000 Nord-Africains et 30 000 Africains noirs.

On aurait tort de voir, dans le recours aux armes de la plus grande France, la simple nécessité de puiser dans un réservoir d'hommes ; ce recours répond aussi, pour une part déterminante, à des motifs idéologiques, psychologiques et moraux. Les Allemands développent une propagande à caractère incontestablement raciste sur les atrocités supposées des tirailleurs : attaquant le sac sur la tête en psalmodiant les chants de leurs tribus, ils achèvent les prisonniers au coupe-coupe et les mutilent affreusement. Les tirailleurs sénégalais sont la "honte noire", *die schwarze Schande* ; les tirailleurs marocains, "les hirondelles de la mort". Du côté français, les réponses sont indignées et l'on réclame fièrement le droit des indigènes à participer à la défense de la mère patrie : "Je n'hésite pas à considérer ce nègre au front fuyant et aux cheveux crépus comme un type d'homme supérieur à celui que personnifie l'arrogant empereur allemand, bombardeur de villes ouvertes et de cathédrales, massacreur de femmes et d'enfants." (Marcel Delafosse).

Zouave.

De cette guerre infâme
C'est à Craonne, sur le plateau
Qu'on doit laisser sa peau
Car nous sommes tous condamnés
Nous sommes les sacrifiés.
(...)
Ceux qu'ont le pognon, ceux-là reviendront
Car c'est pour eux qu'on crève
Mais c'est fini car les troufions
Vont tous se mettre en grève
Ce sera votre tour messieurs les gros
De monter sur l'plateau
Car si vous voulez la guerre
Payez-la de votre peau."

La bataille de La Malmaison

Une fois les remous des mutineries apaisés, Pétain songea à lancer sur les lieux mêmes du désastre de Nivelle une offensive victorieuse dont il attendait un grand choc psychologique sur le moral des troupes, après les heures sombres d'avril et de mai 1917. Il fallait en quelque sorte exorciser l'horreur du Chemin des Dames. Cette opération, Pétain la prépara avec un soin extrême, sachant en vrai fantassin que "le feu tue" et que chaque vie est précieuse. Il en délimita clairement le lieu – l'extrémité ouest du Chemin des Dames, de Laffaux jusqu'à la ferme du Panthéon – et les objectifs : reprendre le fort de La Malmaison et la ligne de crête du Chemin des Dames avec ses précieux observatoires. Il en précisa aussi la tactique : les trois corps d'armée engagés disposant chacun de quatre divisions n'engageraient d'abord que deux divisions dans la première phase du combat. Les deux autres suivraient pour exploiter les premiers succès. L'ensemble se trouvait sous le commandement du général Maistre, de la VIe armée. Sur un front de départ de 10 à 12 km de large, les forces d'artillerie regroupaient 1 779 pièces, c'est-à-dire une pièce de campagne par 13 ou 14 m de front et une pièce d'artillerie lourde par 12 m. L'ennemi qui s'attendait à cette offensive avait renforcé ce secteur.

La préparation d'artillerie commença le 17 octobre et dura jusqu'au 22 octobre : un

Désespoir d'un soldat sculpté dans la pierre.

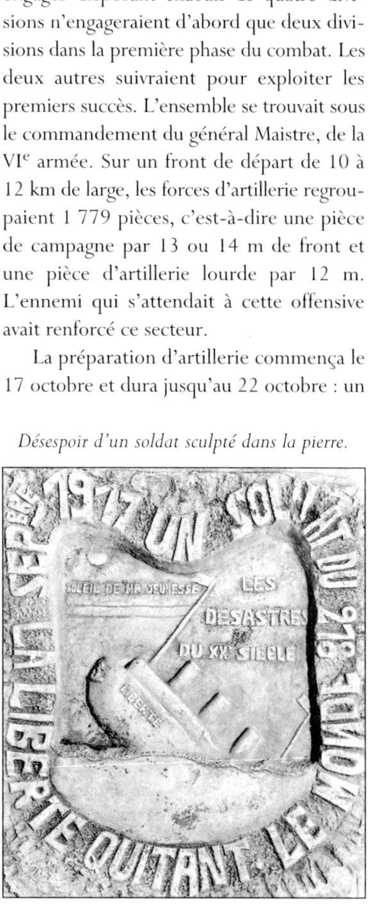

La Grosse Bertha ou les débuts de la guerre terroriste

Parmi les divers éléments qui meublent l'imaginaire de la guerre 1914-1918, il y a incontestablement la "Grosse Bertha". De quoi s'agit-il réellement ? De quelques énormes canons capables de tirer sur une distance de 100 km pour atteindre Paris. La dénomination "Bertha" est française, allusion à Bertha Krupp, l'aïeule de la famille Krupp qui possédait les grosses usines d'armement allemandes. Ces énormes pièces d'artillerie qui causèrent tant d'émoi furent toutes installées dans l'Aisne. Durant l'hiver 1917-1918, les premiers travaux commencèrent à Crépy-en-Laonnois et en forêt de Coucy-Basse.

C'est le 23 mars 1918, à 7 h 20, que le premier obus tomba dans le XIXe arrondissement, quai de la Seine. Il avait été tiré d'une pièce située dans le bois du Montoir, à Crépy-en-Laonnois. À 7 h 45, un second coup tombait près de la gare de l'Est. L'émoi fut à son comble à Paris, le 29 mars 1918, un vendredi saint, quand un obus tomba sur l'église Saint-Gervais noire de monde. Il y eut 75 morts et 90 blessés. Le dernier obus fut tiré le 9 août 1918 et tomba à Aubervilliers. L'armée Mangin, qui venait de reprendre la forêt de Saint-Gobain, mit fin à ces bombardements.

Quatre pièces de la sorte avaient été installées. Elles tirèrent environ 300 coups qui firent 256 tués et 620 blessés. Ces canons lançaient des obus de 125 kg à une distance de 140 km (chaque obus mettant 4 minutes avant d'atteindre Paris). L'utilisation de ces énormes pièces d'artillerie constitue une date dans l'histoire des guerres, marquant le début de la guerre terroriste. En effet, ces tirs imprécis, sans aucune valeur tactique, avaient pour but de terroriser la population parisienne. Ce résultat fut incontestablement obtenu : au début du mois d'avril 1918, près d'un million de Parisiens avaient quitté la capitale.

Emplacement de la "Grosse Bertha" à Crépy-en-Laonnois le 5 septembre 1929.

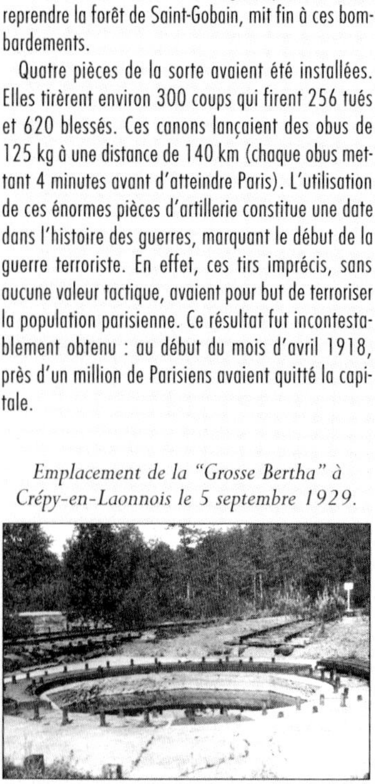

vrai déluge de feu dont les effets furent quotidiennement suivis par l'observation aérienne. Le 23 octobre à 5 h 15, l'attaque se déclencha de manière parfaite. À 6 h 30, le fort de La Malmaison était enlevé par la 38e division. Les carrières de Bohéry et de Montparnasse furent réduites avec l'aide précieuse des chars. Le succès fut tel que l'on poursuivit l'offensive jusqu'à l'Ailette. Le 26 octobre, toute la rive sud de l'Ailette était occupée par les troupes françaises. Les Allemands subissaient sans conteste une défaite complète et, dans la nuit du 1er au 2 novembre, ils durent évacuer toutes les crêtes du Chemin des Dames jusqu'à Craonne. Les unités allemandes comptèrent 8 000 tués et 30 000 blessés. Plus de 11 000 prisonniers furent ramenés dans les lignes françaises et un matériel considérable enlevé aux Allemands : 200 canons, 222 *Minenwerfer* (crapouillots) et 720 mitrailleuses. En regard des pertes allemandes, les troupes françaises ne dénombraient que 2 241 morts. Dans la grisaille de l'année 1917, la victoire de La Malmaison eut un effet considérable sur les deux adversaires. Du côté français le moral remonta considérablement. Dans les rangs allemands, c'était un désastre inattendu.

L'orage de mai 1918

Au printemps de 1918, le Chemin des Dames était considéré comme un secteur calme. Échaudé par l'échec de l'offensive Nivelle, le haut commandement français n'imaginait guère une offensive allemande se fixant comme objectif la sinistre crête du Chemin des Dames. On y envoyait donc des effectifs fatigués. Ainsi, quatre divisions anglaises réduites de moitié par des combats récents furent-elles affectées au secteur qui va du plateau de Californie à Berry-au-Bac. La VIe armée du général Duchêne – limitée à 16 divisions – s'étirait sur un front de 90 km. La 22e division avec 10 000 hommes se trouvait devant Craonne sur un front de 14 km avec, à sa gauche, la 21e division qui veillait sur 11 km. Refusant de suivre les directives du général Pétain, Duchêne avait installé la majorité de ses effectifs en première ligne, c'est-à-dire au nord de la rivière, sur la crête même du Chemin des Dames. Pétain, quant à lui, avait judicieusement conseillé de garder l'essentiel des troupes en réserve, au sud de l'Aisne.

En face, à partir du 19 mai, l'état-major allemand avait très discrètement massé des effectifs considérables. Depuis longtemps déjà, un important matériel d'artillerie se trouvait dans le secteur. Au matin du 27 mai, sur le front de 40 km du Chemin des Dames, les troupes allemandes alignaient 30 divisions, c'est-à-dire une division pour 1 500 m. Tous ces effectifs et leur matériel avaient été amenés dans le plus grand secret par des marches de nuit. Pour éviter tout bruit, les roues des canons avaient été matelassées et les sabots des chevaux entourés de chiffons. Les troupes restaient dissimulées durant la journée. Ainsi, la veille de l'offensive, 6 000 hommes de la garde impériale se trouvaient-ils à l'abri dans les vastes carrières de Colligis. Du côté français, 13 divisions fatiguées étaient en ligne. L'état-major français commençait à pressentir une attaque, mais il ignorait l'ampleur des effectifs et l'importance des moyens qui allaient être engagés.

Le 27 mai à 1 h du matin, un véritable orage éclata. 4 000 pièces d'artillerie se déchaînèrent en même temps qu'on employait massivement les gaz toxiques. Après deux heures de ce pilonnage, les lignes françaises étaient écrasées. Vers 4 h du matin, l'infanterie allemande s'élançait en masse derrière le barrage d'artillerie. À 7 h, toute la crête du Chemin des Dames était aux mains des troupes allemandes. Les 21ᵉ et 22ᵉ divisions françaises étaient complètement hors de combat. La marée allemande submergea tout et passa l'Aisne sur plusieurs ponts restés intacts. Le soir du 27 mai, les avant-gardes allemandes avaient atteint la Vesle à Braine, à Bazoches et à Fismes.

L'insolente réussite de cette offensive s'explique incontestablement, entre autres, par la profonde différence qui existe entre les pentes nord du Chemin des Dames et les flancs sud. Contrairement au sud creusé de terribles ravins où les combattants du 16 avril 1917 furent si atrocement crucifiés, les pentes nord s'alignent de manière beaucoup plus rectiligne, avec des dénivellations fortes mais plus accessibles pour un assaut bref. Au surplus, ces pentes étaient restées occupées par les troupes allemandes. Heureusement, malgré la brutalité de l'assaut allemand, le secteur de Villers-Cotterêts et celui de Reims résistèrent bien. L'offensive Ludendorff se trouva de la sorte confinée dans un étroit couloir où, le 29 mai, après avoir franchi l'Ourcq, elle approcha de la Marne qu'elle atteignit le lendemain à Jaulgonne et à Mont-Saint-Père. Le 1ᵉʳ juin, la ville de Château-Thierry fut prise par les Allemands, mais les ponts sur la Marne avaient sauté. Avec vigueur, une jeune division américaine empêcha le passage de la Marne et repoussa tous les essais allemands pour créer des têtes de pont. De très durs combats furent engagés par les troupes allemandes pour élargir la poche et reprendre la forêt de Villers-Cotterêts. Mais, de Longpont à Troesnes, les forces françaises résistèrent avec énergie.

Sachant bien que la situation politique en Allemagne l'obligeait à jouer ses dernières cartes, Ludendorff, qui fut le premier étonné du surprenant succès de son offensive, allait s'obstiner à la pousser jusqu'à l'épuisement de ses effectifs. Le 15 juillet, six divisions allemandes parvinrent à franchir la Marne, entre Château-Thierry et Reuil. Mais la riposte américaine fut immé-

Canon de 77 allemand, rival du 75 français. Celui-ci provient du champ de bataille du bois Belleau.

Les chars dans les batailles de l'Aisne

Rien n'est plus justifié que d'avoir choisi l'Aisne pour y implanter à Berry-au-Bac, au bord de la N44, entre Laon et Reims, le monument national aux chars de combat. En effet, c'est dans l'Aisne que ces engins de combat, qui allaient jouer un rôle décisif dans la Seconde Guerre mondiale, ont connu leurs premières expériences, à partir de 1917. On doit cependant à la vérité, que le premier usage des chars durant la guerre 1914-18 eut lieu le 15 septembre 1916 sur le front de la Somme, au sud de Bapaume. Il s'agissait de chars anglais dont la conception revient à un journaliste militaire, le lieutenant-colonel Ernest Swinton.

Du côté français, l'inventeur des chars fut le lieutenant-colonel Estienne, commandant de l'artillerie à la 6e division d'infanterie, sous le commandement du général Pétain. Véritable génie militaire, Jean-Baptiste Estienne ne fut pas seulement l'inventeur du char, mais un précurseur en beaucoup de domaines, notamment dans l'utilisation de l'aviation comme moyen d'observation pour l'artillerie. L'idée du char est née d'une question essentielle qui se posait aux combattants des deux bords depuis le début de la guerre des tranchées : comment franchir sans trop de pertes les réseaux de barbelés flanqués de nids de mitrailleuses ? Depuis décembre 1915, Estienne avait conçu ce qu'il appelait "un cuirassé terrestre", c'est-à-dire un engin mécanique blindé, doté d'artillerie et progressant de manière autonome.

L'état-major français passa une première commande de 400 engins aux usines Schneider du Creusot, et une autre de 400 engins aux usines de Saint-Chamond. Ces premiers chars français avaient sous-estimé les terrains difficiles. Lourds et lents, ils étaient incapables de franchir une tranchée un peu large.

Ce fut l'offensive Nivelle du 16 avril 1917, qui offrit la première occasion d'engagement des chars. En avril 1917, 132 chars *Schneider* se trouvaient répartis en deux groupements dans l'attaque du 32e corps d'armée, entre Berry-au-Bac et Corbeny. Au matin du 16 avril 1917, le groupement Bossut attaqua en direction de Prouvais et le groupement Chaubès se lança à la conquête de La Malmaison. Massifs et très lents, dotés d'un réservoir d'essence supplémentaire accroché à l'extérieur du char, ces engins furent pour la plupart touchés à vue par l'artillerie allemande et incendiés. L'échec semblait complet et les pertes très lourdes. Les quelques chars sauvés du désastre retournèrent au camp de Champlieu, dans l'Oise.

Le 8 mai 1917, un groupement mixte, composé à la fois de chars *Schneider* et de chars *Saint-Chamond*, fut engagé dans l'assaut du moulin de Laffaux, à l'extrémité ouest du Chemin des Dames. Ce groupement contribua réellement à la reprise de cette position capitale. Le 23 octobre 1917, l'offensive Pétain, au fort de La Malmaison, offrit une nouvelle occasion à la participation des chars. Cinq groupes furent engagés. Aux deux ailes de l'offensive, le mauvais temps contraria l'action des chars. Mais au centre, leur engagement précédant l'infanterie fut déterminant.

Tirant les leçons de ces offensives, le général Estienne avait conçu un nouveau type de char, plus léger et plus souple. L'industriel Louis Renault s'associa à cette étude. À la fin de 1917, les autorités militaires lui passèrent une commande de 3 500 engins que l'on nomma les chars *Renault*. Ces nouveaux modèles furent engagés le 21 mars 1918 dans la contre-offensive française qui essaya d'enrayer la poussée allemande, au sud de Soissons. Ce fut la charge héroïque de Dommiers où s'illustrèrent les bataillons du 501e R.I., du chef d'escadron Velpey. Pour la première fois, les soldats allemands avaient fui devant les chars.

Durant toute la première quinzaine de juin 1918, les chars légers *Renault* jouèrent un rôle important pour la défense de la forêt de Villers-Cotterêts et l'arrêt de l'offensive allemande vers Compiègne. Mais ce fut surtout au cours de la grande offensive du 18 juillet 1918 qu'ils allaient jouer un rôle capital. Pour la première fois, dans les deux armées Mangin et Degoutte, les chars, bien dissimulés dans la forêt de Villers-Cotterêts, trouvèrent leur véritable utilisation. En précédant l'infanterie et en mettant l'adversaire en fuite, ils furent des agents décisifs du succès. Ludendorff reconnaîtra dans ses *Mémoires* ce rôle capital : "C'est l'intervention des escadrilles de chars d'assaut qui a assuré la victoire aux Français."

Char français détruit à Berry-au-Bac, le 16 avril 1917.

Observatoire du général Mangin pendant l'offensive du 18 juillet.

diate. Elle rejeta l'ennemi vers la Marne. Au soir du 15 juillet, la tête de pont allemande ne dépassait pas 5 km sur une largeur de 20 km.

Le reflux définitif

Rappelé en service après sa disgrâce, le général Mangin se retrouva à la tête de la Xe armée. D'emblée, il remporta un premier succès sur le Matz, au nord de Compiègne. Mais il allait surtout devenir un acteur essentiel de l'estocade définitive qui commença le 16 juillet 1918. Sur un front de 60 km, de Bouresches près de Château-Thierry, jusqu'à Pernant à l'est de Soissons, les deux armées Mangin et Degoutte se lancèrent à l'assaut, en direction de l'est, du flanc droit de la poche allemande avec l'aide de 470 chars d'assaut *Renault* et l'appui efficace de centaines d'avions. Pour une fois, une offensive française avait été préparée dans le plus grand secret et sous le couvert de la forêt de Villers-Cotterêts. Les deux armées allemandes des généraux von Einem et von Boëhm accusèrent le coup et commencèrent à céder du terrain. Après deux jours de combats victorieux, les canons français menaçaient la route de Soissons à Château-Thierry.

Pressé sur sa droite, von Boëhm fit évacuer en hâte la rive sud de la Marne. Ludendorff envoya cinq nouvelles divisions pour sauver la poche menacée de Château-Thierry. Mais deux autres armées françaises vinrent à la rescousse de Mangin et Degoutte. Celle du général Mitry, au sud, et celle du général Berthelot qui attaqua de l'est. Le 21 juillet, Degoutte entra dans Château-Thierry libérée. Mangin menaça Oulchy-le-Château et Hartennes, où les troupes allemandes résistaient avec acharnement. Le superbe monument des Fantômes, à la butte Chalmont, rappelle ces combats. Le 26 juillet, von Boëhm fit sauter les ponts de l'Ourcq et recula. Le 3 août, les avant-gardes françaises arrivèrent à la Vesle. La poche de Château-Thierry fut reconquise et la ligne de chemin de fer Paris-Strasbourg libérée. Rien ne pouvait plus arrêter Mangin dans son élan. Le 2 septembre, celui-ci débordait Soissons par le nord et reprenait Crouy. Par ailleurs, plus au sud, ses troupes atteignaient l'Aisne à Bucy-le-Long et Missy, au sud du Chemin des Dames.

Les forces allemandes se regroupèrent dans la forêt de Saint-Gobain, sur la ligne Hindenburg. Mangin rassembla ses troupes face à cette redoutable ligne de défense. Déjà la "Grosse Bertha" avait cessé de tirer sur Paris.

Le 14 septembre, Mangin et Degoutte commençaient l'offensive pour libérer le secteur de Laon, doublement protégé par le massif forestier de Saint-Gobain et le redou-

Soldats américains munis de masques de protection contre les gaz.

table Chemin des Dames. Vauxaillon, Laffaux, Sancy tombèrent. Le 16 septembre, ce fut le mont des Singes, à Vailly. Les troupes françaises reprenaient pied sur le Chemin des Dames. À la droite de la Xe armée de Mangin, la Ve armée du général Berthelot lançait l'offensive en direction de l'Aisne. Le 30 septembre, elle prenait Braine et atteignait la rivière où elle occupait Maizy, Concevreux et Berry-au-Bac. Les armées allemandes de von Hutier et von Eberhardt résistèrent devant Saint-Quentin, bien appuyées sur la ligne Hindenburg. Pour affronter ces positions redoutables, la Ire armée du général Debeney avait Saint-Quentin comme objectif, tandis que l'armée anglo-américaine du général Rawlison portait son attaque plus au nord. Le 29 septembre à l'aube, les forces anglo-américaines se lancèrent dans un assaut furieux. Franchissant le canal de Saint-Quentin, elles percèrent la ligne Hindenburg avec l'aide des chars. Debeney finit par investir Saint-Quentin. Après avoir atteint l'Oise le 9 octobre, il poursuivit sa lancée vers l'est. Mangin commençait à franchir l'Aisne au sud de Laon, alors que le corps d'armée italien du général Albricci emportait le plateau de Craonne et la partie est du Chemin des Dames.

Enfin, moment symbolique, le 13 octobre à 10 h du matin, le général Mangin entrait dans cette cité de Laon qu'il avait pensé reprendre au soir du tragique 16 avril 1917.

Mais rien n'était achevé. L'adversaire allemand reculait pas à pas, se battant avec vaillance. Pour l'essentiel, ce furent la IIIe armée du général Humbert, la Ire armée de Debeney et la Ve armée de Guillaumat qui libérèrent l'Aisne, village après village. Les troupes du général Debeney parvinrent les premières aux limites du département lorsque, le 7 novembre, le maréchal Foch reçut du grand état-major allemand le télégramme lui demandant à quel endroit ses représentants pourraient pénétrer dans les lignes françaises, pour discuter des conditions d'un armistice. Foch répondit aussitôt que les délégués allemands étaient invités à se présenter aux avant-postes de la Ire armée, entre Guise et Maubeuge. Retardés par divers incidents, les plénipotentiaires allemands se présentèrent le 7 novembre, à 21 h, aux avant-postes du 171e régiment d'infanterie de l'armée Debeney. C'était dans l'Aisne, à Haudroy, près de La Capelle.

Quand, le 11 novembre suivant à 11 h, le clairon Sellier sonna le "cessez-le-feu" qui allait enfin mettre un terme au conflit, il n'y avait aucun département de France qui présentait un état de désolation aussi général que celui de l'Aisne. Quelques chiffres sont tragiquement éloquents. Près de la moitié de la surface agricole nécessitait une remise en état : 300 000 ha de terre labourable. Il y avait 44 millions de mètres cubes de tranchées à combler et plus de 40 millions de mètres carrés de barbelés à enlever ; 111 557 maisons étaient complètement détruites et 60 438 partiellement. Sur les 2 162 ponts que comptait le département, près de la moitié étaient détruits. C'était justice que d'élever dans l'Aisne, à Soissons, sur la place Saint-Christophe, le grand monument qui rend hommage à l'œuvre des coopératives de la reconstruction dans les quatorze départements français touchés par la Grande Guerre.

Avec beaucoup de pertinence, l'un des meilleurs connaisseurs de l'Aisne, l'éminent géographe André Fiette, a écrit : "L'Aisne ne peut se comprendre sans référence à 1914. La Grande Guerre y survit aux survivants. Elle reste présente. Elle est la grande histoire que n'effacent ni les combats de 1940 ni l'héroïsme de la Résistance."

L'aide américaine à la reconstruction

Dès 1914, un mouvement en faveur de la France se développe aux États-Unis, alors même que ce pays est encore neutre dans le conflit. À Paris, l'*American Relief Clearing House* (Comité central de secours américains) coordonne et redistribue les dons provenant des œuvres américaines, en liaison notamment avec l'Axonais Gabriel Hanotaux qui préside le comité France-Amérique, fondé en 1909. Sur le front, les grandes associations américaines d'encadrement de la jeunesse, comme la *Young Men's Christian Association (YMCA)*, visitent les soldats. Le nord de l'Aisne occupé bénéficie, à partir de mai 1915, avec l'accord de l'autorité allemande, du ravitaillement américain provenant de la *Commission for Relief in Belgium (CRB)*.

L'aide à la reconstruction se met en place dès mai 1917 dans la partie du département délaissée par le retrait stratégique allemand de mars 1917. Elle prend, aux lendemains de l'armistice, deux formes principales : une aide matérielle de première urgence aux réfugiés, qui se réinstallent dans des villages entièrement détruits, et une action éducative, sanitaire et sociale à plus long terme.

Dans le nord du département, le Comité américain d'assistance aux régions libérées (CARL) ouvre des consultations de nourrissons. À Château-Thierry, l'Église méthodiste épiscopale américaine fonde un centre social sous le nom de Maison de l'amitié franco-américaine, et lance, dans la vallée de la Marne, un programme de soins et d'encadrement de la jeunesse. L'enfant de France, association fondée en 1919, organise quelque 150 bibliothèques dans les écoles du département : ce sont autant de monuments commémoratifs en souvenir d'un soldat américain disparu dont elles portent le nom. La Fondation Rockefeller ouvre cinq dispensaires antituberculeux à Laon, Soissons, Château-Thierry, Hirson et Saint-Quentin. Dans l'Est soissonnais, les *Women's Oversea Hospitals*, association de femmes chirurgiens, œuvrent pour l'hygiène infantile. À Fargniers, la reconstruction est conçue et prise en charge par la Dotation pour la paix internationale, fondée en 1910 par le magnat de l'acier Andrew Carnegie.

Mais l'action la mieux connue, la plus souvent citée et, sans doute, la plus profonde, est menée par le *Committee for Devasted France*, Comité américain pour les régions dévastées, ou CARD. Créé par Anne Morgan, fille d'un banquier américain, et Anne Murray Dike, fille d'un pasteur écossais, le CARD s'installe en mars 1917 à Blérancourt, dans les ruines du château des ducs de Gesvres et quelques baraques en bois fournies par l'Armée française. Dans les quatre cantons d'Anizy-le-Château, Vic-sur-Aisne, Coucy-le-Château et Soissons, le CARD distribue puis vend à prix réduit, nourriture, vêtements et petit matériel ménager. Sa devise est : "Aider les gens à s'aider eux-mêmes." Dans cet esprit, il favorise la création des coopératives de reconstruction. À son initiative, un hôpital est ouvert à Blérancourt, tandis que 55 dispensaires développent une action préventive de santé publique. Dans le domaine agricole, des semences et des animaux sont fournis à prix réduit et des tracteurs prêtés, depuis la ferme de Villeneuve-la-Hurée, en Seine-et-Marne. Dans le domaine social et éducatif, le CARD fonde des foyers, aide au réaménagement des écoles, favorise l'éducation physique, ouvre des classes ménagères pour les filles. Surtout, il joue un rôle novateur en matière de lecture publique en introduisant la bibliothèque en libre accès et le bibliobus en milieu rural.

Entre 1922 et 1924, la plupart de ces activités cessent. Les pouvoirs publics reprennent à leur compte certaines institutions, notamment de santé publique. Aujourd'hui, seules subsistent de ce grand élan l'Association Anne Morgan (AAM) à Blérancourt, spécialisée dans l'aide à domicile, et la Maison de l'amitié franco-américaine à Château-Thierry, poursuivant une œuvre socio-éducative. À Blérancourt, le musée national de la Coopération franco-américaine perpétue, depuis 1929, le souvenir.

Blérancourt le 20 juillet 1924 ;
de gauche à droite : le général Féraud, la baronne de Langlade, Mlle Morgan, Pétain, Mlle Dike.

Les villages disparus

Dans certaines régions de l'Aisne où les combats furent intenses et de longue durée, comme au Chemin des Dames, le voyageur peut être surpris par le nombre de localités possédant un double nom. Ainsi de Bouconville-Vauclair, Chermizy-Ailles, Parcy-Courtecon, Oulches-la-Vallée-Foulon, Vendresse-Beaulne, etc. Il s'agit chaque fois d'une localité qui a recueilli le terroir d'un autre village non reconstruit au lendemain de la guerre. Le degré de destruction d'un village a parfois été tel qu'il a fallu le reconstruire en un autre site assez proche. Ainsi pour Craonne ou Cerny-en-Laonnois où l'on peut voir les vestiges du "Vieux-Craonne" ou du "Vieux-Cerny". Des fouilles récentes ont commencé à remettre en valeur les vestiges enfouis après la tourmente du conflit.

Les églises de la reconstruction

Au lendemain de la guerre 1914-18, il y avait près de 300 églises entièrement détruites dans l'Aisne. Un immense chantier de reconstruction des lieux de culte s'offrait aux nombreux architectes conviés à cette tâche.

D'une manière générale, on observa trois attitudes parmi ceux-ci. La plupart des églises classées avant 1914 furent reconstruites fidèlement dans leur version primitive. À l'emplacement de beaucoup d'autres lieux de culte, on se contenta d'élever des copies romano-gothiques dépourvues de toute originalité et qui correspondaient à la mentalité de l'époque. Heureusement, dans certaines localités, des architectes moins conformistes se souvinrent que l'art sacré avait été constamment en pointe dans l'utilisation de formes et de techniques nouvelles.

Dans les années 1920 naissait un art nouveau qui déconcerta beaucoup à l'époque et auquel les critiques d'aujourd'hui sont unanimes à rendre hommage. On le baptisa Art déco. Cet art nouveau ne l'était pas seulement dans l'adoption de formes nouvelles, mais aussi par l'utilisation de matériaux neufs. Pourquoi l'art religieux serait-il resté en dehors de cette évolution culturelle ? C'est ainsi que les destructions de la Grande Guerre ont permis l'édification d'une série d'églises, appelées églises de la reconstruction ou églises Art déco.

Comme souvent quand il s'agit d'emprunter des voies nouvelles, il y eut des tâtonnements et des échecs. Cependant, certaines églises sont des chefs-d'œuvre auxquels l'opinion fut lente à rendre hommage, mais que l'on redécouvre curieusement aujourd'hui. Ainsi, à deux pas du Chemin des Dames, sur le versant nord de la vallée de l'Ailette, l'église de Martigny-Courpierre mérite plus qu'un vague détour.

Admirablement implantée sur le flanc de la colline, elle exalte tout le paysage environnant avec le jaillissement de son superbe clocher où de grands anges haussent, au bout de leurs bras bien tendus vers le ciel, une fine flèche en béton armé. L'intérieur de ce sanctuaire est un pur enchantement. On demeure subjugué par l'harmonie des formes et la magie des couleurs où le bleu et l'or des vitraux magnifient l'éclat des céramiques murales et la beauté des vastes fresques. On songe aux mosaïques de Ravenne. L'architecte est un Laonnois du nom de Paul Muller. Il a su utiliser la collaboration des grands artistes du temps : les maîtres vitriers Barillet et Le Chevalier, le fresquiste Chapleau et le sculpteur G. Dufrasne. Le remarquable céramiste nous demeure inconnu.

Alors que certains lieux de culte rebâtis à cette époque laissent l'impression d'une réalisation où chacun y va de son numéro en ordre dispersé, l'église de Martigny révèle un architecte de très grand talent qui conduit une équipe homogène d'artistes à la réussite d'un chef-d'œuvre parfaitement unifié. D'autres églises Art déco de la reconstruction méritent une visite, comme celle de Brancourt dans le canton d'Anizy-le-Château, et celle de Mont-Notre-Dame près de Braine.

Eglise de Martigny-Courpierre.

Chronologie de la Première Guerre mondiale dans l'Aisne

1914

4 août : déclaration de guerre.
27-28 août : début des combats dans l'Aisne.
29 août : bataille de Guise. Prise de Saint-Quentin par les troupes allemandes.
31 août : prise de Laon.
2 septembre : les troupes allemandes franchissent le Chemin des Dames.
3 septembre : prise de Château-Thierry.
4-5 septembre : tout le département de l'Aisne est envahi.
6 septembre : contre-offensive de la Marne.
6-13 septembre : recul allemand et installation au Chemin des Dames.
13 septembre : durs combats à Craonne.
13-20 septembre : combats pour la possession du Chemin des Dames.
14 septembre : les troupes anglaises reprennent la sucrerie de Cerny-en-Laonnois.
20 septembre : combats autour de Fontenoy.
4 octobre : combats devant Soissons.
30 octobre : reprise de Vailly par les troupes allemandes.
3 novembre : reprise de Chavonne et de Soupir par les Allemands.
8 novembre : reprise du plateau de Vrigny, au nord-est de Soissons, par les Français.
13 novembre : reprise de Tracy-le-Val par les Français.
16 novembre : échec allemand à Vailly.
26 novembre : échec allemand à Missy-sur-Aisne.

1915

8-9 janvier : bombardement de la cathédrale de Soissons par les troupes allemandes.
13-14 janvier : échec français à Crouy.
25-26 janvier : violente offensive allemande sur Hurtebise-la-Vallée-Foulon, prise de la caverne du Dragon par les Allemands.
Fin avril : première utilisation des gaz toxiques au Chemin des Dames.
16 juillet : attaque allemande sur Fontenoy, 4 000 obus allemands lancés sur Soissons.
28 septembre : forte attaque allemande repoussée à Berry-au-Bac.

1916

du 10 mars au 14 mars : attaques allemandes au bois des Buttes près de Berry-au-Bac repoussées.
Apollinaire blessé par un éclat d'obus.
11 décembre : violents combats d'artillerie dans le secteur de la Ville-aux-Bois.

1917

16 avril : offensive Nivelle au Chemin des Dames.
30 avril : le général Mangin est limogé et remplacé par Maistre.
4-5 mai : reprise de l'offensive Nivelle. Les troupes françaises reprennent Craonne et le plateau de Californie.
15 mai : Nivelle est remplacé par Pétain.
20 mai-fin juin : mutineries au Chemin des Dames.
31 mai : deux compagnies françaises ensevelies par des mines allemandes à la cote 108, à Berry-au-Bac.
25 juin : reprise de la caverne du Dragon par les troupes françaises.
19-24 août : violents combats à l'est du Chemin des Dames.
31 août : reprise d'Hurtebise par les Français.
23 octobre : début de l'offensive de La Malmaison, les troupes françaises reprennent Chavignon et Pinon.
fin octobre : les troupes allemandes évacuent la crête du Chemin des Dames.

1918

Février : les premières unités américaines arrivent au Chemin des Dames (secteur Chavignon, Pargny-Filain, Braye-en-Laonnois).
27 mai : offensive Ludendorff au Chemin des Dames. Le succès allemand est foudroyant.
28 mai : Soissons est reprise par les Allemands.
30 mai : les troupes allemandes arrivent sur la Marne.
1er juin : Château-Thierry est occupée par les Allemands.
Juin : durs combats pour prendre la forêt de Villers-Cotterêts. Les Français résistent bien.
15 juillet : les troupes allemandes franchissent la Marne. Brillante contre-offensive américaine.
16 juillet : début de la contre-offensive française, de Château-Thierry à Pernant.
18 juillet : les troupes allemandes évacuent la rive sud de la Marne.
21 juillet : Château-Thierry est reprise par le général Degoutte.
26 juillet : Mangin oblige les troupes allemandes à reculer derrière l'Ourcq.
2 août : reprise de Soissons.
3 août : les troupes françaises arrivent à la Vesle.
2 septembre : reprise de Crouy par les troupes françaises qui atteignent l'Aisne au sud du Chemin des Dames.
14 septembre : reprise du moulin de Laffaux.
28 septembre : reprise du fort de La Malmaison.
13 octobre : Mangin rentre dans Laon. Le corps italien du général Albricci reprend la partie est du Chemin des Dames.
6 novembre : les troupes du général Debeney arrivent à Haudroy.
7 novembre : les plénipotentiaires allemands arrivent à Haudroy.
11 novembre : armistice et fin des engagements.

À lire

BARBUSSE (H.), *Le Feu*, Paris, 1917.
BEAU (G.), *En août 1914, Lanrezac a-t-il sauvé la France ?* Paris, 1964.
COURTOIS (R.), *Le Chemin des Dames*, Guides Historia, Tallandier, Paris, 1987.
GOES (G.), *Chemin des Dames, Hanseatische Verlagsanstalt*, Hambourg, 1938, (ouvrage en allemand).
MORION (D.), *Lieux de mémoire 14-18 en pays de Vermandois*, Saint-Quentin, 1993.
NOBECOURT (R.-G.), *Les Fantassins du Chemin des Dames*, Laffont, Paris, 1965.
STALLINGS (L.), *Les Sammies, histoire du corps expéditionnaire américain en France pendant la Première Guerre mondiale*, 1917-1918, Paris, 1964.

À la découverte de la Première Guerre mondiale dans l'Aisne

Trois circuits également répartis sur le département illustrent les deux phases principales de la Grande Guerre : la guerre de position avec le Chemin des Dames, la guerre de mouvement avec les batailles de la Marne et les sites 1914-18 du nord du département.

LE CHEMIN DES DAMES

Haut lieu des combats au cours de la guerre 1914-18, le Chemin des Dames sera doté en 1997 d'un jalonnement touristique permettant aux visiteurs de mieux connaître les lieux et l'histoire des combats qui s'y sont déroulés. Bien que ce guide soit publié à la fin de 1996, il a voulu tenir compte de cette importante réalisation du Conseil général de l'Aisne qui ne sera achevée qu'en 1997.

Chemin des Dames : vue sur le ravin d'Oulches-La Vallée-Foulon.

Deux portes d'entrée accueillent le visiteur qui aborde le Chemin des Dames. À l'ouest, elle est implantée au fort de La Malmaison. À l'est, elle se trouve au niveau du monument national aux chars, entre Berry-au-Bac et Corbeny. Entre ces deux entrées, l'itinéraire suit la D18 de Laffaux à Craonne, avec une extension jusqu'à Berry-au-Bac.

Le voyageur qui se rend au Chemin des Dames, en venant de **Soissons ❶** par la N2, arrive à Laffaux au niveau d'un parking et d'un café-restaurant. Plusieurs monuments de la guerre 1914-18, de différentes provenances, ont été rassemblés à cet endroit où s'élevait avant la Grande Guerre le moulin de Laffaux. Aragon l'évoque dans un vers célèbre : "Voyageur, souviens-toi du moulin de Laffaux". Ce fut le lieu de combats incessants durant la guerre. En souvenir de ces durs affrontements, cet emplacement a été choisi pour y élever le **monument national aux Crapouillots ❷**, c'est-à-dire à l'artillerie des tranchées.

En venant du moulin de Laffaux par la N2, le voyageur qui emprunte la D18 près du grand calvaire commémoratif atteint rapidement le vaste cimetière militaire allemand implanté du côté nord, au bord de la D18, devant le **fort de La Malmaison ❸**. Ces sépultures ne sont pas celles des soldats morts en 14-18, mais celles des combattants de la guerre 1939-45, tombés en divers lieux de France et rassemblés symboliquement par les autorités allemandes sur ce haut lieu de la Grande Guerre. Du côté est du cimetière, un parcours fléché et des panneaux expliquent l'importance stratégique du lieu.

En reprenant la D18 vers l'est, le visiteur parvient à un tertre explicatif implanté au carrefour de la D18 et du chemin qui descend vers Filain, non loin de **la chapelle Sainte-Berthe ❹** que l'on aperçoit à quelques centaines de mètres au nord. C'est un endroit idéal pour découvrir le vaste paysage au nord de la vallée de l'Ailette. Les panneaux rappellent l'importance de la bataille de La Malmaison qui se déroula en ces lieux, en octobre 1917.

Poursuivant vers l'est sur la D18, le voyageur arrive à **Cerny-en-Laonnois ❺**, un carrefour central du Chemin des Dames où la D18 croise la D967. La chapelle qui s'y élève est **le mémorial du Chemin des Dames** où se déroulent chaque année les commémorations officielles. Auprès de cette chapelle, **deux cimetières militaires français et allemands** alignent leurs tombes aujourd'hui fraternellement unies. Beaucoup de soldats allemands tombés au Chemin des Dames en 1914-18 ont été inhumés dans le Laonnois. Il faut signaler deux autres nécropoles d'une particulière beauté : **Veslud ❻** et **Montaigu ❼**, à l'est de Laon.

Les lieux du tourisme du souvenir dans l'Aisne

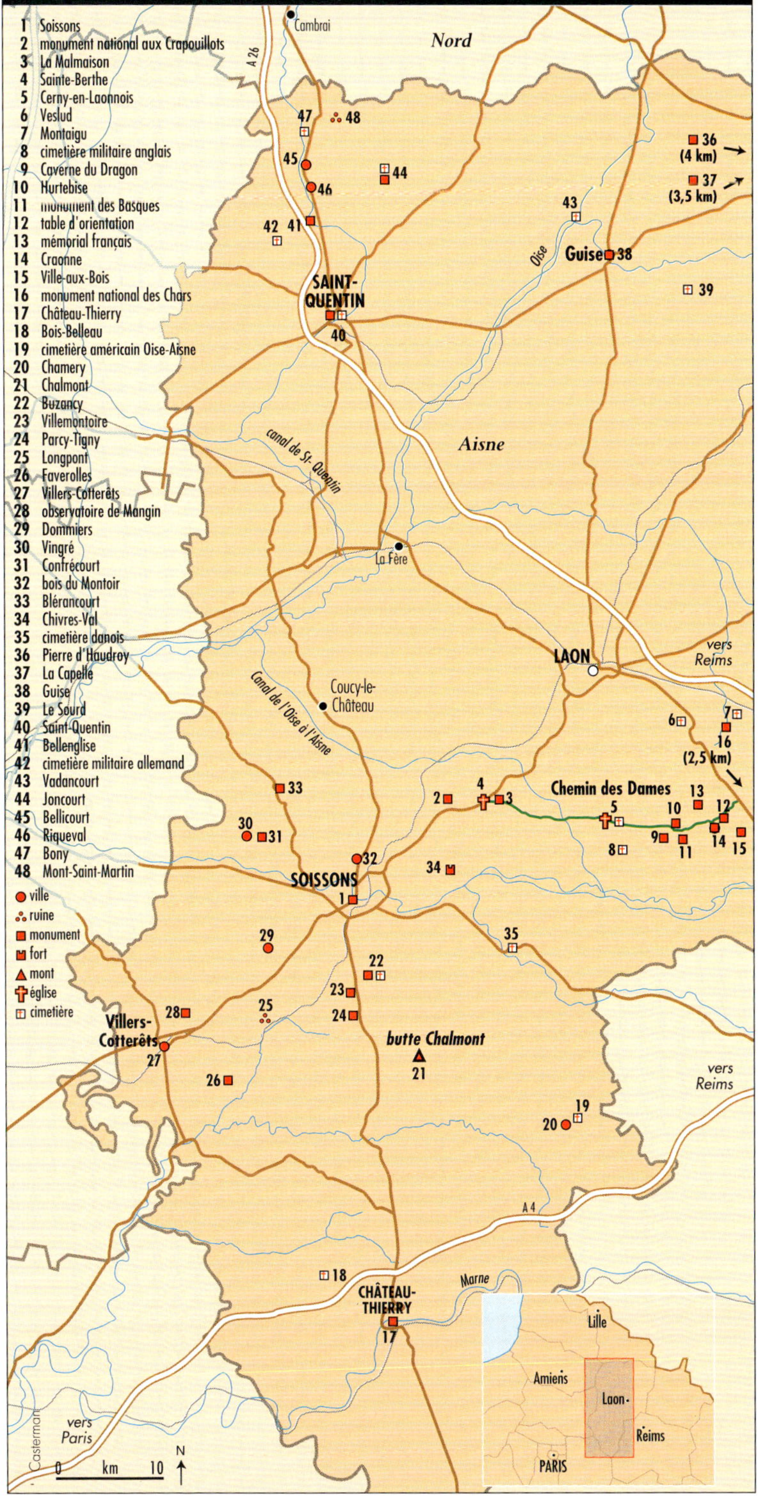

Une stèle individuelle sur le Chemin des Dames.

À ce même carrefour, à Cerny-en-Laonnois, une sobre stèle anglaise évoque un haut fait d'armes des soldats britanniques qui s'emparèrent de l'importante sucrerie s'élevant en ces lieux, en septembre 1914. Le **cimetière militaire anglais ❽** qui se trouve à un kilomètre de là, au bord de la route D967 allant de Cerny à Vendresse, rassemble les sépultures des milliers de soldats anglais qui succombèrent en ces lieux.

Sur la D18 à 3 km de Cerny, peu avant la ferme d'Hurtebise, on parvient à la **Caverne du Dragon ❾**. Il s'agit d'une ancienne carrière de pierre que les adversaires de 1914-18 se disputèrent âprement et qu'ils occupèrent tour à tour. L'immense espace intérieur de cette carrière fut aménagé comme une caserne souterraine. Un **musée** y a été implanté en 1968. À l'initiative du Conseil général de l'Aisne, un musée entièrement renouvelé est en cours de réalisation pour mieux répondre aux souhaits d'un public toujours plus nombreux et pour mieux rendre hommage aux combattants de 1914-18. Ce nouveau musée devrait être terminé en 1997. Il sera une étape obligatoire pour tout visiteur du Chemin des Dames.

- *Caverne du Dragon*
  Chemin des Dames
  Oulches-la-Vallée-Foulon
  02160 Beaurieux.

Caverne du Dragon : un des couloirs d'exploitation de la carrière aménagée par les Allemands.

• *Renseignements :*
Tél. : 03.23.25.92.93.
ou au Conseil général de l'Aisne
Tél. : 03.23.24.62.34.

À deux pas de la Caverne du Dragon se trouve la ferme d'**Hurtebise** ❿. Les bâtiments actuels ont été reconstruits après la guerre, à l'emplacement de l'ancienne ferme cistercienne de Vauclair qui avait été entièrement détruite. Le nom d'Hurtebise se retrouve régulièrement dans les communiqués militaires de la Grande Guerre. C'était en effet une position capitale. La crête du Chemin des Dames s'y réduit à la seule largeur de la route et celui qui occupe ce lieu possède la maîtrise sur tout le grand plateau oriental du Chemin des Dames. Auprès de la ferme se dresse le **monument qui associe au poilu de 1914-18 le "Marie-Louise" des troupes de Napoléon** en 1814. Un siècle avant les combats de 1914, Napoléon livra en ces lieux une sanglante bataille à l'armée de Silésie commandée par le prince de Blücher.
Aussitôt après Hurtebise, à l'embranchement avec la D895, on peut continuer tout droit jusqu'au **monument des Basques** ⓫ que l'on aperçoit de là ; on peut aussi rejoindre directement Craonne par la crête du Chemin des Dames. Le monument des Basques est l'un des plus émouvants du circuit. Adossé à une haute stèle, un paysan basque fait face à la route. Une silhouette qui ne doit rien au militarisme cocardier. Le monument rappelle le rôle capital joué par la 36e D.I. dans la conquête du célèbre et sanglant plateau de Californie. Cette unité était composée de régiments du Pays basque.

Si l'on revient sur ses pas vers Hurtebise, il faut prendre à droite la D895 en direction de Craonne. Le visiteur passe d'abord devant un monument assez récent à la mémoire de Napoléon. Ce mémorial est édifié sur les fondations d'un ancien moulin à vent de l'abbaye de Vauclair qui servit d'observatoire à l'empereur, lors de la bataille qu'il livra en ces lieux, le 7 mars 1814. Avant d'arriver dans le **Vieux Craonne**, on trouve à droite sur le bord de la route, en face d'un parking, une **table d'orientation** ⓬ qui permet de se rendre compte de la ligne de départ des troupes françaises, lors de l'offensive Nivelle du 16 avril 1917. En face de la table d'orientation, un itinéraire uniquement pédestre a été aménagé pour conduire le visiteur jusqu'à l'extrémité du **plateau de Californie** où se trouve **un mémorial français** ⓭ élevé sur un abri bétonné allemand. De cet emplacement, on découvre un vaste panorama du début de la plaine champenoise jusqu'à Reims. Tout au long de cet itinéraire, une série de panneaux éclairent le visiteur sur les combats livrés en ces lieux et sur les conditions de la vie quotidienne des combattants. En redescendant à pied du plateau de Californie ou en voiture depuis la table d'orientation, le visiteur parvient à l'emplacement du vieux Craonne. L'ancien village entièrement détruit n'a pas été rebâti à cet endroit après 1918. L'office national des forêts y a implanté un arboretum remarquablement entretenu et qui fait de ce lieu un espace de beauté naturelle et de recueillement.

Monument des Basques.

La localité actuelle de **Craonne** ⓮ a été reconstruite sur un espace vierge, à quelques centaines de mètres de l'ancien village. L'imposant hôtel de ville a été offert par la Suède. En face de ce bâtiment, des panneaux rappellent l'énorme entreprise que fut la reconstruction des villages du Chemin des Dames, après 1918.

De Craonne, on descend dans la plaine champenoise en direction de Corbeny. Au bas de la descente, au carrefour de la D18 avec la D889, il faut prendre à droite en direction de la **Ville-aux-Bois** ⓯. Avant le village, le visiteur trouvera au bord de la route un tertre implanté à l'emplacement des premières lignes françaises, face à la paroi est du Chemin des Dames qu'il fallait prendre d'assaut. Plus loin, après la Ville-aux-Bois, au bord de la D89 qui mène à Pontavert, se dresse la **stèle élevée au poète Guillaume Apollinaire**. En 1916, il fut grièvement blessé à la tête, alors qu'il était en

Château-Thierry : le monument américain de la cote 204 qui domine la ville.

première ligne, dans ce bois des Buttes.
Le célèbre site de la cote 108 est encore visible à Berry-au-Bac : les énormes entonnoirs créés par l'explosion des mines dans la craie sont peu à peu recouverts par la végétation (accès à pied depuis l'écluse de jonction entre le canal de l'Aisne à la Marne et le canal latéral de l'Aisne).

De la Ville-aux-Bois, il faut prendre la D89 qui rejoint la N44. Sur cette N44, en direction de Reims, se trouve le **monument national des chars** ⓰ juste à l'entrée de Berry-au-Bac, au croisement des N44 et D925. Il commémore le sacrifice des premiers équipages de chars engagés dans l'offensive Nivelle, au matin du 16 avril 1917, sur ce lieu même. À ce niveau se situera l'un des accès au Chemin des Dames. Après les travaux d'aménagement du site qui seront terminés en 1997, les visiteurs trouveront parking, aire de repos et panneaux d'informations.

LES BATAILLES DE LA MARNE

Le sud du département de l'Aisne fut le théâtre des deux grandes batailles d'arrêt qui, à deux reprises, au début et à la fin de la guerre, réussirent à stopper les offensives allemandes qui menaçaient Paris. Si la première bataille de la Marne (septembre 1914) se déroula pour une large part en dehors du territoire départemental, en revanche la seconde bataille de la Marne (juillet 1918) fut tout entière liée à l'Aisne, puisqu'aussi bien une des poches créées par l'offensive allemande du printemps 1918 portait le nom de "poche de Château-Thierry".

Le circuit proposé part de **Château-Thierry** ⓱. Puis, remontant vers le nord, en embrassant presque toute la largeur du département en cet endroit, il suit le chemin parcouru par la contre-offensive de juillet 1918 dont, au fil des paysages, on comprend mieux les conditions particulières. Dans la ville elle-même, il faut voir la très typique verrière du pignon oriental du temple protestant construit sur la place de l'Hôtel-de-Ville en 1924 grâce aux fonds envoyés par l'Église méthodiste américaine. Elle représente les troupes américaines débarquant et accueillies par les généraux et l'armée française ; devant eux, La Fayette ressuscité illustre le célèbre "La Fayette, nous voilà" du général Pershing. Sur les bords de la Marne, non loin de la Maison de l'amitié franco-américaine (MAFA), un monument rappelle la mémoire des morts de la 3e division d'infanterie américaine, surnommée la "division de la Marne" pendant les deux conflits mondiaux. Dans le **cimetière militaire français**, sur la route de Soissons, près de l'ossuaire, a été placé dès 1916 le beau gisant de marbre blanc intitulé **Le Linceul**, dû au sculpteur Achille Jacopin, originaire de Château-Thierry : la neige recouvre peu à peu le corps figé d'un soldat encore en armes.

La ville est dominée par **le monument américain de la cote 204**. On y accède par un embranchement sur la route de Paris (N3). Le point de vue sur Château-Thierry et la vallée de la Marne y est remarquable. Inauguré en 1929, construit en calcaire de Saint-Maximin, il est l'œuvre de Paul Cret, architecte conseil de l'*American Battle Monuments Commission*, auquel on doit également les cimetières militaires de Belleau et Seringes-et-Nesle. C'est un monumental portique triomphal à deux rangées de piliers cannelés. La décoration se limite à une frise à triglyphes et métopes, l'inscription des noms de batailles et, surtout, deux grandes statues allégoriques représentant la France et les États-Unis. Symboliquement, la France porte cuirasse et bouclier ; l'Amérique, elle, porte l'épée.

Depuis l'embranchement de la voie d'accès à ce monument et de la N3, on gagne le bois Belleau par la D1390.
Sur un site concédé à perpétuité aux États-Unis en 1921, la **nécropole Aisne-Marne** ⓲ abrite les corps de 2 289 soldats tués dans la vallée de

la Marne durant l'été 1918 et dans les environs immédiats, à commencer par le fameux **bois Belleau, devenu *Belleau Wood*.** Le bois Belleau ? Un petit bois inconnu qui est entré définitivement dans l'histoire… Non point pour son importance stratégique, mais parce qu'il se trouvait à la pointe extrême de l'avance allemande en direction de Paris, lors de l'offensive Ludendorff, en mai 1918. Pour la première fois, une division américaine au complet s'engageait brillamment dans la guerre 1914-18. Lors de l'offensive Ludendorff du 27 mai 1918, où les troupes allemandes franchirent en quelques jours l'Aisne et la Vesle et commencèrent à menacer Paris, toutes les réserves disponibles furent envoyées dans la région de Château-Thierry. Le 1er juin, à peine arrivée en France, la 2e division américaine était envoyée au nord de la Marne pour enrayer l'avance allemande. Au soir du 5 juin, le général Degoutte lui donnait l'ordre de reprendre le bois Belleau. La 2e division américaine était une unité forte de 25 000 hommes et 1 000 officiers. Une brigade de *Marines* en faisait partie. Dès l'aube du 6 juin, les soldats américains s'élancèrent avec fougue à travers les champs de blé dans une charge farouche, indifférents aux nombreux hommes qui tombaient. Au soir du 6 juin, le bois Belleau était atteint et, avant le matin du 7 juin, après de durs combats à la baïonnette, il était nettoyé de toutes les forces allemandes.

Ainsi le bois Belleau est-il devenu *Belleau Wood*, une propriété des Etats-Unis particulièrement chère à l'opinion américaine. Beaucoup d'officiers supérieurs qui sont devenus célèbres au cours de la Deuxième Guerre mondiale avaient connu leur baptême du feu au bois Belleau, notamment les généraux Patton et Marshall. Un porte-avions américain a porté le nom de *Bois Belleau*. Pendant longtemps, les régiments qui avaient combattu au bois Belleau ont été les seuls autorisés à porter la fourragère.

Une **chapelle** a été élevée à l'endroit même où la 2e division américaine avait creusé des tranchées pour défendre le bois Belleau. Elle est composée d'une tour d'esprit roman haute de 24 m, avec contreforts à ressauts et lésènes, d'une abside et de deux absidioles. Au tympan, un croisé, défenseur du droit, tire sa puissance d'un chêne vigoureux dont les branches envahissent le champ et portent les armes des États-Unis et le faisceau de licteur de la République française. Les trois voussures retombent sur des colonnes par des chapiteaux représentant des scènes de combat : charge à la baïonnette, mitraillage, réglage d'artillerie, attaque de fantassins. Sur la tour, une couronne de modillons représentant des soldats des forces alliées détermine un deuxième niveau où prennent place deux fenêtres géminées. Les chapiteaux obéissent au même vocabulaire décoratif fait d'attributs militaires et d'armes. La gargouille de la tourelle d'escalier adopte même la forme d'un canon. Un troisième niveau reçoit les écussons des unités américaines engagées. L'intérieur n'est conçu que comme le réceptacle des noms des défunts qui couvrent toute la surface des murs. La décoration est limitée à cinq beaux vitraux : dans le chœur, saint Michel terrassant les forces du mal, saint Denis et un saint Louis personnifiant la France ; dans les chapelles, à droite, les écussons des divisions américaines, à gauche, les armes des nations alliées : États-Unis, France, Grande-Bretagne, Italie, Belgique, Serbie, Roumanie.

Derrière le **cimetière**, on peut parcourir la clairière du bois dit "de la Brigade de Marines". Plusieurs pièces d'artillerie y sont exposées. Depuis 1955, on peut y voir une stèle due au sculpteur Félix de Weldon, élevée en l'honneur de la 4e brigade de Marines qui s'empara du bois : un fantassin de bronze, torse nu, part à l'assaut. Signe tangible de la concession du lieu aux États-Unis, les panneaux indicateurs des voies forestières portent des distances en miles. À la sortie du cimetière, on remarquera une des petites **stèles à casque Adrian** portant l'inscription : "Ici fut terrassé l'envahisseur, 1918", implantées à l'initiative du Touring club de France et, surtout, l'église détruite pendant la

Château-Thierry : vitrail dans le temple protestant.

Seringes-et-Nesle : cimetière américain Oise-Aisne.

guerre et reconstruite en 1929 avec les dons des anciens combattants de la 26e division américaine. Un peu plus loin, en bordure de route, le **cimetière militaire allemand** abrite 8 625 tombes.

Regagnez la D87 par Épaux-Bézu et prenez la direction de Soissons. Vous suivrez ensuite la direction de Fère-en-Tardenois. En bordure de la D2 qui va de Fère-en-Tardenois à Coulonges-Cohan, **le cimetière américain Oise-Aisne ⓳** abrite, sur une superficie de 15 ha, 6 012 tombes et 597 corps non identifiés. La plupart des soldats qui y sont enterrés appartenaient à la 42e division américaine, la *Rainbow Division*, et ont trouvé la mort dans les combats sur l'Ourcq et dans la vallée de l'Oise en 1918. Au sommet, le mémorial se signale par sa polychromie (granit rose et marbre blanc) et son parti architectural : un péristyle en hémicycle – composé de quatre travées de trois arcades sur colonnes jumelées – détermine un chœur à ciel ouvert et se termine par deux chapelles qui abritent l'une la liste des disparus, l'autre une carte des combats de l'été 1918 (seconde bataille de la Marne). Sur leur façade, sont sculptées les armes des États-Unis surmontées d'une frise composée des emblèmes des unités américaines ayant combattu dans la région. Sur les chapiteaux, on retrouve ces emblèmes ainsi que des attributs militaires : obus, grenades, hélices d'avions, fusils, canons, outils de sapeurs. Entre chaque travée, un bas-relief montre en alternance un soldat de la Première Guerre mondiale et un chevalier médiéval.

On poursuivra vers le village de Chamery en empruntant la route qui mène à Coulonges-Cohan. Dans le village de **Chamery ⓴**, le long de la route Coulonges-Cierges (D14), une fontaine servant d'abreuvoir rural marque l'endroit où est tombé Quentin Roosevelt, fils du président Théodore Roosevelt, tué au cours d'un combat aérien le 14 juillet 1918. L'épitaphe rappelle que seuls sont dignes de vivre ceux qui n'ont pas peur de mourir. Le corps a été transféré en 1955 dans le cimetière militaire d'*Omaha Beach*, aux côtés de celui de son frère, tué au cours du débarquement allié.

Regagnez la D1 en direction de Soissons. À la hauteur d'Oulchy-le-Château, prenez à droite en direction de Cugny-les-Crouttes et suivez les panneaux de fléchage anciens indiquant le monument national de la seconde victoire de la Marne.

Sur la **butte Chalmont ㉑** a été érigé un très beau monument de granit rose, œuvre du grand sculpteur Paul Landowski, inauguré le 21 juillet 1935 par le président Albert Lebrun. La composition en est à la fois magistrale et grandiose, utilisant parfaitement la déclivité du terrain. Au premier plan, le long de la route, une statue colossale symbolisant la France précède le groupe principal et regarde avec sérénité, en direction du champ de bataille. Pieds nus, elle marche, vers l'avant, le lourd drapé de sa tunique légèrement animé par le vent. Le visage est beau, les bras puissants, la chevelure courte. Puis quatre fois quatre marches, allusion aux quatre années du conflit, permettent de s'élever jusqu'au groupe principal. Celui-ci est composé de huit personnages : une jeune recrue, un sapeur, un mitrailleur, un grenadier, un colonial, un fantassin, un aviateur, et, au milieu, le spectre de la mort sortant de son linceul. L'impression d'ensemble est surnaturelle. Tous, sauf la mort, sont inclinés vers l'arrière, comme par effroi. Le Bleu est tête nue, l'arme au pied, comme déguisé dans son harnachement militaire ; à droite, les bras ballants, le regard vide et perdu, un soldat est tout dépenaillé, à la limite du civil. Les autres n'ont même plus de regard : les yeux sont clos. Un seul répond à l'image habituelle du poilu : en uniforme, casque en tête, crispé sur son arme. Tous les autres sont marqués par l'épuisement et broyés par les événements. Une seule inscription : "Les fantômes". "Debout, géants, [ils] dominent à jamais l'immense horizon qu'ils ont libéré" (A. Moreau-Néret). Le regard cherche alors de nouveau la figure allégorique de la France, à ses pieds, presque lointaine : grandeur insondable de l'idéal.

Le visiteur reprendra la D1 vers Soissons et s'arrêtera à la hauteur de l'embranchement de Buzancy. Au croisement de la route Soissons-Château-Thierry (D1) et de la voie d'accès au village de **Buzancy** ㉒ (D1240) a été érigé dès 1919 un petit monument en l'honneur de la première division américaine, d'un modèle d'ailleurs stéréotypé. Un pilier en béton supporte un obus sur lequel est puissamment perché un aigle à l'envergure exagérée. Au sol, une plaque de bronze rappelle les événements militaires en cause : lors de la contre-offensive du 18 juillet 1918, à partir d'une ligne Saint-Pierre-Aigle-Cutry, la première division américaine pénétrait de 11 km dans les lignes allemandes, prenant Berzy-le-Sec et atteignant Buzancy. Cette division perdit 2 213 hommes et compta 6 347 blessés. À la sortie nord-ouest du village, sur le coteau, le **cimetière britannique** abrite les 335 morts et les 72 non identifiés tombés lors de la conquête du village, du 23 au 28 juillet 1918, par la 34e division anglaise et la 51e division écossaise. On notera le **monument aux Écossais** qui présente la particularité d'avoir été élevé dès le mois d'août 1918 par le génie français de la 17e division. Une simple stèle appareillée, de forme pyramidale, reçoit comme seule décoration un chardon malhabile et cette phrase : "Ici fleurira toujours le glorieux chardon d'Écosse parmi les roses de la France".

Reprenez la D1 en direction de Château-Thierry et bifurquez à droite vers **Villemontoire** ㉓. À l'entrée du village, au carrefour des routes de Villers-Hélon et Hartennes (D1280-D804), s'élève un **monument en l'honneur du 67e régiment d'infanterie, le régiment de Soissons**. On y voit un bas-relief central cantonné des noms de victoires inscrites au drapeau. Il représente des soldats partant à l'assaut d'un Villemontoire détruit, tandis qu'au loin se profilent, comme dans un rêve, les clochers de Soissons. Cette stèle rappelle la prise du village par le 2e bataillon du 67e R.I., le 25 juillet 1918. Inaugurée le 21 septembre 1938, elle a été détruite par les Allemands le 1er novembre 1940 et reconstruite après-guerre. Dès le 10 juin 1945, une plaque avait été posée sur son emplacement, dénonçant ceux "qui avaient la prétention d'effacer l'histoire".

Gagnez alors **Parcy-Tigny**. À l'entrée du village de Parcy, un monument constitué simplement d'une **grosse pierre** indique l'avance extrême du **régiment d'infanterie coloniale du Maroc** (R.I.C.M.) le 19 juillet 1918. Placé à la tête de l'armée Mangin, il ouvrit la porte au succès de la contre-offensive de Villers-Cotterêts et, ainsi, à la victoire finale. Une flèche indique l'emplacement où Joost Van Vollenhoven, gouverneur général de l'Afrique occidentale française, alors capitaine au R.I.C.M., trouva la mort. Un beau **monument** élevé à sa mémoire prend place non loin des magnifiques ruines de l'**abbaye cistercienne de Longpont** ㉕, en bordure de la D2, dans la forêt de Retz. Inauguré en 1938, il est dû à l'architecte P.-A.-V. Legendre. La sculpture de A. Quinquaud, grand prix de Rome, représente à côté d'un assaut d'infanterie quatre scènes symbolisant les colonies, en Indochine et en Afrique, où Van Vollenhoven a commandé. De profil, casque en tête, son visage domine le tout. Sur les côtés sont gravées la citation du régiment d'infanterie coloniale du Maroc et la dernière citation du capitaine Van Vollenhoven. Martelé par l'occupant en 1941, le monument a été restauré en 1954.

Par de petites routes au milieu de la zone de progression de l'offensive de juillet 1918, on atteint **Faverolles** ㉖. Sur la D973, entre Villers-Cotterêts et Neuilly-Saint-Front, au carrefour de la D17 en direction de Corcy, un **monument en l'honneur de la 128e division, la division des loups**, marque, comme en d'autres endroits, un des points extrêmes de l'offensive allemande de juin 1918. C'est également un des points de départ de la contre-offensive française victorieuse de juillet 1918 : le 12 juillet 1918, la division s'établissait difficilement à l'est de la Savières et débordait par le nord le buisson de Hautwison. Quatre médaillons de bronze portent une tête de loup, emblème de la division.

À partir de Faverolles, vous vous rendrez à **Villers-Cotterêts** ㉗. En forêt de Retz, en bordure de la route forestière qui relie la N2 à la D811, un sentier permet de gagner un **monument élevé à l'emplacement exact de la tour d'observation utilisée par le général Mangin** ㉘ le 18 juillet 1918 afin d'appréhender la contre-offensive de la Xe armée. Sur la D811, dans un virage entre Puiseux-en-Retz et Villers-Cotterêts, se trouve un intéressant monument d'origine privée : il a été érigé par la mère du lieutenant George Edward Cecil en l'honneur de son fils et de ses camarades anglais et irlandais tombés en cet endroit le 1er septembre 1914. Une sculpture due à F. Sicard représente une mère recueillie sur une tombe militaire.

En reprenant la N2 en direction de Soissons, vous arriverez à **Dommiers** ㉙. Sur le plateau même où eurent lieu les combats, en bordure de la N2 dans le sens Laon-Soissons, une stèle reprenant la forme fixée par les petites stèles du Touring Club de France, casques Adrian et grenades aux angles, rappelle l'ensemble des formations et unités, pour l'essentiel du 1er corps d'armée de la Xe armée, qui durent, à partir du 12 juin 1918, repousser une violente attaque allemande visant, entre l'Aisne et la forêt de Retz, à agrandir la poche créée par l'offensive Ludendorff du 27 mai. C'est également dans ce secteur que se joua une part importante de la contre-offensive lancée le 18 juillet 1918 par la Xe armée du général Mangin : à 14 h, Dommiers était atteint puis repris.

Du village de Dommiers, on gagne facilement **Soissons** ❶. Outre plusieurs maisons de style Art déco, dont certaines fort remarquables (maison égyptienne au 22, rue du Collège, 1925), Soissons présente au moins trois monuments liés à la Première Guerre mondiale.

Sur la place Fernand-Marquigny – création de l'urbanisme d'après-guerre sur les ruines du quartier de l'hôtel-Dieu – a été élevé à partir

Soissons : le monument des coopératives de la reconstruction.

de 1922 un **monument aux morts** qui est aussi dédié à la gloire de la ville et aux grands moments de son histoire, conformément au legs fait en 1912 par Mme Pétrot-Labarre. Terminé en 1927, il ne sera inauguré qu'en 1935 par le président Albert Lebrun. La sculpture est de R. Lamourdedieu : au sud la scène du vase de Soissons ; au nord le départ des réfugiés ; à l'est Charles VII et Jeanne d'Arc entrant dans la ville le 23 juillet 1429. Au deuxième niveau, une victoire ailée protège des soldats de la guerre de 1914-18 et un hussard terrassant un ulhan allemand. Cette dernière scène a été "bûchée" par l'occupant au cours du second conflit mondial. Elle est remplacée par une plaque en l'honneur des morts d'Afrique du Nord. L'ensemble est cantonné par quatre statues en pied : deux soldats de la Première Guerre mondiale, un clerc médiéval, la charte de franchise de la ville à la main, et un guerrier carolingien. Au sommet régnait primitivement une figure allégorique en marbre de la ville, mesurant 3,30 m de haut et due au maître Bartholomé, grand prix de sculpture à l'Exposition universelle de 1900. Elle est aujourd'hui visible dans le parc Saint-Crépin.

Sur la place Saint-Christophe, il faut voir l'étonnant **monument des coopératives de la reconstruction**, œuvre des frères Joël et Jan Martel, auteurs du monument aux morts de la Ve armée à Guise. C'est une œuvre en béton armé sculpté d'esprit réaliste. Huit colonnes supportent un entablement de 20 m de long. Au centre, un pilier de 12 m de haut se termine par une allégorie de la paix en forme d'insigne d'aviateur et reçoit la statue de Guy de Lubersac, capitaine d'aviation pendant la guerre, infatigable animateur des coopératives de reconstruction après la guerre. Deux bas-reliefs représentent, à gauche des scènes de combat et d'exode autour des monuments anciens, à droite la reconstruction urbaine et rurale autour d'un immeuble reconstruit. Au revers, une inscription rappelle l'œuvre immense des 2 382 coopératives de reconstruction : 13 700 édifices publics, 488 000 maisons privées, 85 000 bâtiments agricoles reconstruits dans 2 500 communes.

Place Saint-Pierre, le **monument des Anglais** honore les victimes britanniques tombées de mai à juillet 1918 sur l'Aisne et la Marne : trois soldats sculptés dans la pierre d'Euville (Meuse) veillent sur le tryptique où sont gravés les noms des morts.

- *Office municipal du tourisme de Soissons*
  Tél. : 03.23.53.17.37.

Depuis Soissons, on peut entreprendre un circuit de découverte du Soissonnais, soit vers l'ouest et la vallée de l'Aisne, soit vers l'est découpé par les vallées de la Vesle et de la Crise. Ce plateau calcaire recèle de nombreuses creutes (galeries souterraines) très souvent utilisées par les soldats entre 1914 et 1918. La plupart ne sont pas ouvertes au public. Certaines sont aujourd'hui dévolues à la culture des champignons.

Quittez Soissons en direction de Compiègne, par la N 31. Bifurquez à la hauteur de Port-Fontenoy pour gagner Nouvron-Vingré.

À **Vingré** ❸⓿, en bordure de la D138, un petit monument vaut le détour pour la problématique historique qu'il pose. Dès 1914 se produisirent des mutineries souvent provoquées par des mouvements de panique et brutalement réprimées, peut-être plus durement et plus injustement qu'en 1917. Dans le cas présent, le 27 novembre 1914, la 19e compagnie du 298e R.I., en ligne dans le secteur de Vingré, perdit les tranchées de première ligne au cours d'un coup de main allemand. Cinq soldats et un caporal furent fusillés pour l'exemple le 4 décembre 1914. Comme souvent en pareille circonstance, leurs camarades poursuivirent avec acharnement leur réhabilitation après guerre : celle-ci fut prononcée par la Cour de cassation le 29 janvier 1921.

Au hameau de **Confrécourt ㉛**, on verra **le monument dit de la croix brisée**. Depuis là, un chemin mène aux carrières de Confrécourt proches des ruines de l'ancienne ferme de Confrécourt détruite pendant la guerre. Ces carrières, refuges de milliers d'hommes, abritent de fort nombreux et intéressants témoignages sculptés, gravés ou dessinés. Dans les régions de l'Aisne et de l'Oise, une centaine de carrières répertoriées portent encore les témoignages de la présence des soldats. Parmi eux, plus d'un se découvrit une "vocation" de sculpteur. Bien peu, pour ne pas dire aucun, ont laissé leur signature au bas de ce que certains n'hésitent pas à qualifier de chefs-d'œuvre. L'émotion est partout présente. Il s'agit là d'un témoignage irremplaçable de la vie des combattants de la Grande Guerre. La majorité des creutes sont inaccessibles au public pour des raisons de sécurité et de préservation. Il est vrai que le vandalisme ajouté à l'usure du temps et à l'érosion de la pierre ont rendu nécessaires des mesures d'urgence afin de sauvegarder ce patrimoine. Toutefois la visite est possible sur demande.

Une association "Soissonnais 14-18" a entrepris depuis une décennie de dresser l'inventaire de ces carrières dans les vallées de l'Aisne et de l'Oise et d'en assurer la sauvegarde.

- *Association "Soissonnais 14-18"*
  Ferme de Confrécourt
  02290 Nouvron-Vingré.
  Tél. : 03.23.74.25.90.

Depuis Confrécourt, gagnez Coucy-le-Château. De là, prenez la direction de Blérancourt par la N934.

Il ne reste plus grand-chose des emplacements de ces grosses pièces d'artillerie que les Français dénommaient la "Grosse Bertha" (voir p. 314). Néanmoins, au nord de Soissons, en empruntant la direction de Blérancourt à partir de Coucy-le-Château par la N934, vous atteindrez le **bois du Montoir ㉜** après environ 2 km. En prenant un layon sur une distance de 250 m à droite, vous déboucherez sur l'emplacement de la pièce qui a tiré le premier coup de canon sur Paris le 23 mars 1918. Seuls subsistent une cavité aux parois bétonnées et quelques rails (voir p. 314).

Le visiteur se dirigera ensuite vers **Blérancourt ㉝**, bourg typique, où Anne Murray Dicke et Anne Morgan installèrent en 1917 leurs activités d'aide à la population. Elles prirent notamment possession du château, construit au XVIIe siècle par Salomon de Brosse pour Bernard Potier de Gesvres. Démoli en partie sous la Révolution, endommagé pendant la guerre, ce château fut restauré à partir de 1918 et accueillit le **musée national de la Coopération franco-américaine**. On y verra avec intérêt les souvenirs de l'aide américaine dans tous les domaines, en particulier médical et social.

- *Musée national de la Coopération franco américaine.*
  Château de Blérancourt.
  Tél. : 03.23.39.60.16.

Ouverture : tous les jours sauf mardi, les 1er mai, 25 décembre et 1er janvier, de 10 h à 12 h et de 14 h à 17 h.

Quittez Blérancourt et revenez sur vos pas pour gagner l'est de Soissons. Depuis le centre du bourg de **Chivres-Val ㉞**, un fléchage permet d'atteindre le **fort de Condé** par une petite route tracée spécialement pour y accéder lors de sa construction. Élevé sur un mamelon boisé de la rive droite de l'Aisne en amont de Soissons, le fort de Condé est situé sur le territoire de la commune de Chivres-Val qui en est propriétaire. C'est un élément de la seconde ligne de fortification Séré-de-Rivières-La Fère-Soissons élevée à partir de 1877. Il s'agit d'un fort d'arrêt contrôlant la confluence de la Vesle et de l'Aisne. Il a été construit de 1877 à 1881. Le plan dessine un pentagone entouré d'un fossé large de 8 m défendu par des caponnières qui en assurent le flanquement. La caponnière double du saillant nord-est est remarquable ; l'œil ne peut manquer d'être attiré par le jeu des voûtes et des piliers appareillés avec soin. Au centre prend place la caserne à deux niveaux voûtés sur cour. L'aile droite est détruite depuis avril 1917. L'ensemble est très soigné : corniche sur faux mâchicoulis, jeux d'appareils, chaînes d'angle. Deux poudrières la cantonnent. L'armement du fort est constitué par 18 plates-formes d'artillerie séparées par des traverses-abris que relie une gaine souterraine de circulation, et par deux casemates cuirassées. Il s'agit de casemates en fonte dure dites Mougin, du nom de leur concepteur en 1874. Sous des plaques de fonte pesant 40 t, est placé un canon de 155 long de

Musée de Blérancourt : buste d'Anne Morgan.

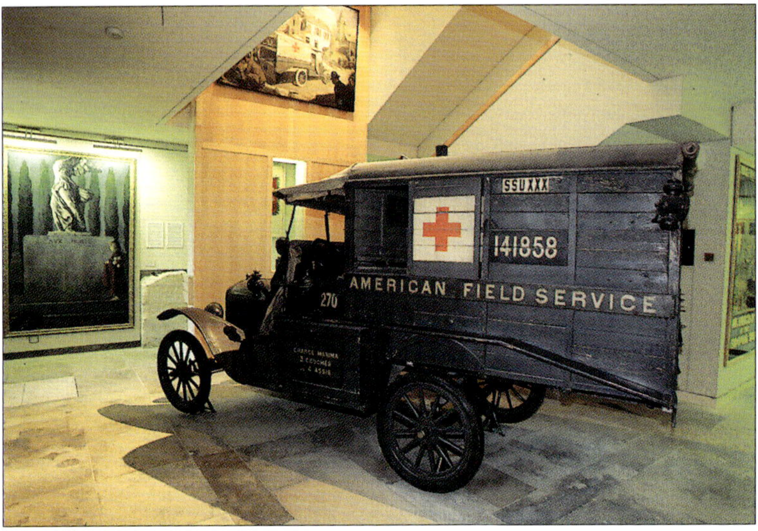

Blérancourt : musée de la Coopération franco-américaine.

Bange. L'embrasure est protégée par un verrou pesant à lui seul 7 t. La casemate du saillant n° 2 (nord-est) conserve encore son affût et une partie du mécanisme. Le fort de Condé était complété par une batterie annexe située à 800 m à l'est ayant une action double de flanquement et d'interdiction. Elle a été en grande partie détruite pendant la Grande Guerre. De Chivres-Val, on peut gagner **Braine** ➎ où se trouve un **rare cimetière militaire danois.**

THIÉRACHE -VERMANDOIS LIGNE HINDENBURG

Le nord du département offre, en raccourci, des traces des mouvements offensifs de 1914 et 1918 : depuis Guise où Lanrezac sauva peut-être la France (29 août 1914) à la pierre d'Haudroy d'où les plénipotentiaires allemands furent conduits à Rethondes, en passant par le Vermandois et la ligne Hindenburg durement conquise en septembre 1918.

Il importe de commencer cet itinéraire par l'emplacement même où se termina le terrible conflit 1914-18. Il s'agit du **monument de la Pierre d'Haudroy** 36, situé au bord de la D285, à mi-chemin entre La Capelle et Haudroy. C'est là qu'arrivèrent le 7 novembre 1918 à 20 h les quatre voitures allemandes, phares allumés et drapeau blanc, avec les plénipotentiaires chargés de négocier un armistice. Après avoir franchi les lignes françaises, ils furent officiellement accueillis à **La Capelle** 37, dans la villa *Pasques*, maison bourgeoise de brique rouge où le commandant de Bourbon-Busset les prit en charge. Un **petit musée** a été aménagé au rez-de-chaussée (Tél. : 03.23.97.81.54).

De La Capelle, il faut prendre la route N29-E44, en direction de **Guise** 38. À la sortie de la ville se dresse le **monument élevé à la gloire de la Ve armée française,** pour commémorer la bataille de Guise du 29 août 1914. Alors que les troupes françaises reculaient régulièrement devant le rouleau compresseur allemand qui descendait du nord, la bataille de Guise permit au général Franchet d'Esperey de refouler au-delà de l'Oise la Garde impériale de la IIe armée allemande du général von Bülow, avec des pertes sanglantes.

Le **cimetière militaire franco-allemand de Le Sourd** 39 se trouve sur la D773, entre Le Sourd et Colonfay, au nord de Sains-Richaumont. Rien n'est plus éloquent de l'âpreté des combats de Guise que l'ensemble des **stèles individuelles élevées en souvenir des jeunes officiers de la Garde impériale** tombés dans ce secteur le 29 août 1914. Avec les Bismarck, Witzleben, Plettenberg et tant d'autres, c'est la fleur de la noblesse allemande qui repose en ces lieux.

Depuis le cimetière, regagnez la N29 en direction de Saint-Quentin jusqu'à **Homblières** 38. Le **presbytère d'Homblières** était le poste de commandement du général français Debeney, commandant la Ire armée française. Les plénipotentiaires allemands y furent accueillis. Après un court repas, la délégation allemande fut conduite en voiture jusqu'à Tergnier, où un train spécial la transporta jusqu'à la clairière de l'armistice à Rethondes.

Gagnez **Saint-Quentin** 40. À la suite de l'invasion de la Belgique, la ville de Saint-Quentin qui venait de voir passer les colonnes britanniques en retraite le 26 août, fut occupée par les Allemands dès le 28 août 1914. Les 29 et 30 août 1914, les faubourgs de la ville furent l'objet de durs combats à la suite de la contre-attaque française menée par le 1er corps d'armée de Franchet d'Esperey au cours de la bataille de Guise. Mais le 30 août, l'armée Lanrezac dut retraiter face à l'arrivée d'importants renforts allemands. De septembre 1914 à février 1917, la ville fut occupée et accueillit le quartier général de la IIe armée allemande. Le 28 février 1917, Saint-Quentin était évacuée de toute sa population civile : dans le cadre du repli stratégique allemand de mars 1917 sur la ligne

Hindenburg, elle devenait une des premières positions de la nouvelle organisation allemande. Systématiquement pillée, la ville fut ensuite largement bombardée. C'est de ses ruines que s'élança, le 21 mars 1918, une partie de l'attaque allemande qui aboutit, le 27 mars, à la création de la poche de Montdidier menaçant Amiens. Cette poche fut réduite à partir du 8 août 1918 et Saint-Quentin reprise le 2 octobre 1918.

La ville était alors entièrement ruinée et la destruction de l'appareil industriel avait été méthodiquement poursuivie. À l'initiative d'Édouard Herriot, elle fut adoptée et parrainée par Lyon. De la reconstruction datent de nombreux immeubles Art déco souvent pleins d'intérêt, comme le cinéma Le Carillon rue des Toiles, la poste centrale rue Vesoul, le conservatoire de musique rue d'Isle, le buffet de la gare ou encore, le pont construit entre 1927 et 1929 et décoré de reliefs de fonte figurant la Seine, l'Oise, la Somme et l'Escaut. À proximité immédiate, le **monument aux morts**, œuvre de Paul Bigot, adopte la forme d'un portique triomphal dont les dix piliers massifs portent les noms honorés. Aux deux extrémités, deux bas-reliefs, dus à Landowsky et Bouchard, rappellent la tradition de défense héroïque d'une ville qui fut longtemps frontière entre les possessions françaises et celles de la maison d'Autriche. À droite, le siège de Saint-Quentin de 1557 conduit par Coligny, avec ses canonniers, hallebardiers et arquebusiers. À gauche, le siège de 1870, avec ses gardes nationaux et ses barricades. Au centre, sous les armes de la ville, une vaste composition est consacrée à la Grande Guerre. Elle illustre les combats dans les faubourgs, la destruction de la basilique, les souffrances des civils, l'évacuation de la ville.

À l'ouest du centre-ville, dans le faubourg Saint-Martin, rue de la Chaussée romaine, se trouve le très intéressant **cimetière militaire allemand**, inauguré le 18 octobre 1915 par l'empereur Guillaume II. À gauche, un monument d'architecture inspiré de l'Antiquité est précédé de deux statues de guerriers grecs en bronze, œuvre du sculpteur Wilhelm Wandschneider de l'académie de Berlin. Surnommées "Bamboulas" à cause de leur patine noire par les Saint-Quentinois, Henri Lavedan réclama leur destruction dans un article paru dans *l'Illustration,* en 1917 : "Grossières idoles d'un art abject où le Munichois confine au Canaque, statues d'Apollon de caserne et de guerriers qui se croient antiques et qui puent l'Oberleutnant dont la vulgaire académie a donné à la fois le modèle et la pose... Nous ne toucherons pas aux morts qui sont couchés là. Une simple croix, courte et bonne, suffira pour que nous soyons amplement généreux. Et quant au reste... à bas la pioche et le bélier." Comme dans tous les cimetières établis par les Allemands durant le conflit, un secteur était réservé aux soldats français : leurs noms sont encore visibles sur le monument, mais leurs corps ont été transférés après la fin de la guerre. Dans le cimetière, on remarquera les stèles de soldats allemands juifs, portant l'étoile de David et un verset hébraïque : "Avec l'aide de Dieu".

Vous quitterez la ville par le nord en direction de Cambrai. Le **mémorial de la 4e division australienne**, situé entre l'A26 et la N44, dans le secteur d'attaque du 9e corps britannique le 29 septembre 1918, est visible depuis la route. Situé en plein champ, il est accessible par un chemin de terre qui démarre le long du canal, à la sortie de **Bellenglise** ❹❶, en direction de Vermand. Il est dédié à tous les combats du corps expéditionnaire australien de 1916 à 1918. Le point de vue sur le champ de bataille du 29 septembre 1918 est intéressant.

Vous regagnerez ensuite le bourg de Bellenglise où vous reprendrez la

Entrée du presbytère d'Homblières
où les plénipotentiaires allemands firent halte sur la route de Rethondes.

Saint-Quentin : un des bas-reliefs illustrant la Grande Guerre sur le monument aux morts.

direction de Vermand avant de bifurquer à gauche en direction de Maissemy. Sur la D33, entre Bellenglise et Vermand, le **cimetière militaire allemand** ㊷ présente quelques originalités : l'allée centrale est bordée de deux rangées de dalles de grès frappées aux armes des villes et des *Kreiss* allemands ; cette allée mène à une chapelle funéraire. Traitée en crypte, elle abrite sous un toit mosaïqué un sarcophage de bronze décoré de grands anges. Deux ossuaires sont situés de part et d'autre. Un peu plus loin, sur la même route, le **cimetière militaire britannique de Vadancourt** ㊸ obéit à des dispositions communes à tous les cimetières militaires du Commonwealth.

Faites demi-tour. Vous rejoindrez la N44 en direction de Cambrai et bifurquerez à droite vers Joncourt. Pendant l'hiver 1916, l'État-major allemand fit creuser par ses "pionniers" du Génie, renforcés de prisonniers russes et de civils belges et français, une nouvelle position défensive entre Arras et Laon : la ligne Hindenburg. Cette ligne défensive barre les plaines du Cambrésis et du Vermandois, couvrant notamment les villes de Douai et Cambrai ; de Cambrai à La Fère et au massif boisé de Saint-Gobain, la position reçoit le nom de *Wotanstellung*. C'est entre Cambrai et Saint-Quentin que la ligne Hindenburg est la plus épaisse (12 à 15 km) et la plus forte : elle s'appuie sur le canal de Saint-Quentin qui – avec ses passages fortement encaissés et ses deux souterrains, véritables réduits fortifiés à l'épreuve des bombes – constitue un excellent rempart naturel. Par ligne Hindenburg, il faut entendre une organisation du terrain défensive, rationnelle, complète et profonde : s'appuyant sur tous les accidents du terrain, plusieurs réseaux de tranchées répartis en profondeur, protégés par de nombreuses rangées de barbelés, fixent nids de mitrailleuses et blockhaus bétonnés.

En mars 1917, l'armée allemande se repliait sur la ligne Hindenburg et raccourcissait son front entre Arras et l'Aisne. Au début du mois de septembre 1918, après l'échec de ses grandes offensives du printemps 1918, l'armée allemande se repliait de nouveau sur la ligne Hindenburg, décidée à y livrer une résistance farouche, quoique désespérée. Du 27 au 30 septembre les armées françaises (Berthelot, Mangin et Debeney) et surtout britanniques (IVe armée Rawlinson), renforcées de manière décisive par les troupes américaines et australiennes, enfonçaient au prix de lourdes pertes la ligne Hindenburg entre Cambrai et Saint-Quentin. Désormais, plus rien n'arrêta la marche vers la victoire finale.

Les **vestiges de la ligne Hindenburg** sont encore nombreux mais très dispersés et souvent menacés. Naturellement, s'agissant d'ouvrages dus à l'ennemi, aucune mesure de protection n'a été prise.

Joncourt ㊹ présente plusieurs éléments intéressants : à la sortie du village en direction d'Estrées, un petit blockhaus dans un pré avec deux embrasures commandant la route de Nauroy et, en direction de Levergies, un blockhaus dans un champ, sans ouverture extérieure. Par un sentier partant de la route et menant au **cimetière britannique Upslands**, à 500 m, un ouvrage à contre-pente bat la plaine par deux ouvertures de tir à redents.

Par Estrées et Nauroy, vous gagnerez **Bellicourt** ㊺. À la sortie du village sur la N44, en direction de Cambrai, a été érigé en 1930 à l'aplomb même du canal souterrain, un **mémorial en l'honneur de tous les Américains** qui ont combattu aux côtés des troupes britanniques. Le monument est l'œuvre de Paul P. Cret de Philadelphie, à qui l'on doit également le monument américain de Château-Thierry et le cimetière de Belleau. On y retrouve le même répertoire décoratif : un aigle domi-

Maissemy : le cimetière allemand.

ne deux scènes allégoriques ; à gauche, un guerrier néoclassique s'appuie sur une épée et tire sa force d'un chêne ; à droite, une femme recueillie devant une urne funéraire symbolise le souvenir des morts. Au revers, on trouve une table d'orientation et, classiquement, une carte présentant l'offensive du 2e corps d'armée américaine contre la ligne Hindenburg du 24 au 30 septembre 1918.

Dans le village, deux parkings aménagés le long de la N44 permettent de gagner le canal de Saint-Quentin à son entrée dans le tunnel de Riqueval qui, en 5,67 km de parcours souterrain, lui fait franchir le seuil de partage des eaux entre les bassins de l'Escaut et de la Somme. Le premier, indiqué "rampe impériale", permet d'emprunter le même sentier raide que gravirent Napoléon Ier et Marie-Louise lors de l'inauguration du 28 avril 1810. Le second permet de visiter un toueur, bateau qui tractait les péniches dans le tunnel en déhalant grâce à un treuil et un câble mouillé au fond de l'eau. Une petite stèle rappelle le sacrifice des soldats du Tennessee pour la conquête de cette partie de la ligne Hindenburg. Les Allemands avaient en effet mis à profit les 75 m de déblais qui protégeaient le tunnel de tout bombardement pour y aménager des casernements dans des péniches et des communications souterraines avec les tranchées environnantes.

Un peu plus loin, au hameau de **Riqueval** ㊻, un pont franchit le canal. Dernier demeurant intact sur le canal, il fut conquis le 29 septembre 1918 par une compagnie du 6e bataillon du North Staffordshire et permit le passage des chars. Là comme à l'entrée du souterrain, on prend conscience de l'importance de la coupure militaire créée par le canal de Saint-Quentin.

En reprenant la direction de Cambrai, on gagne **Bony** ㊼. La commune abrite le **cimetière américain officiellement dénommé "cimetière américain de la Somme"**. Dû à un architecte différent de celui des autres cimetières américains situés dans l'Aisne, Georges Howe de Philadelphie (1930), il n'en répond pas moins à la disposition habituelle : croix en marbre de Carrare sur 6 ha, maison du conservateur, chapelle funéraire pour les soldats disparus. Celle-ci est fort massive ; la décoration est limitée à deux bas-reliefs représentant un obusier et le célèbre char *Renault*. La plupart des 1 844 corps qui reposent dans ce cimetière proviennent du champ de bataille de Cantigny, à 88 km au sud-ouest. En longeant le mur du cimetière depuis l'angle de la chapelle, on gagne par une petite route la localité du Ronssoy en passant par la ferme Gillemont, ancienne possession des hospices de Saint-Quentin, théâtre de violents combats le 27 septembre 1918. À proximité, en s'enfonçant de quelques centaines de mètres dans les champs par l'un ou l'autre des chemins de terre qui s'offrent au promeneur, on a de belles vues sur ce secteur de la bataille du 29 septembre 1918. En face de l'embranchement de Bony, sur la N44, une route vicinale conduit aux ruines de **l'abbaye du Mont-Saint-Martin** ㊽, aujourd'hui enfermées dans une ferme. Derrière les ruines de l'abbaye se trouve la source de l'Escaut, marquée par une sculpture offerte par la ville d'Anvers baignée par le grand fleuve qui prend ici modestement naissance.

Autour de la Première Guerre mondiale

Comité départemental du Tourisme de l'Aisne
1, rue Saint-Martin
02006 Laon Cedex.
Tél. : 03.23.26.70.00.

Guise (02120)

Porte de la Thiérache, protégée par son illustre château fort immortalisé par le duc de Guise, la ville est aussi la patrie de Jean-Baptiste-André Godin, inventeur des poêles en fonte émaillée et précurseur social. Il inaugura les habitats sociaux collectifs connus sous le nom de familistères.

La Thiérache recèle en outre dans ses verts bocages plus de 60 églises fortifiées aux allures de châteaux et le site abbatial de Saint-Michel, le plus vaste ensemble préservé du Nord de la France. Chaque année lors du festival d'automne, l'orgue construit par Jean Boizard en 1714 y résonne.

• Maison de la Thiérache
43, rue du Général-de-Gaulle
02260 La Capelle.
Tél. : 03.23.97.81.92.

Saint-Quentin (02100)

Patrie du grand pastelliste Quentin de La Tour, la ville conserve au musée Antoine Lécuyer plus de 80 pastels du portraitiste officiel de Louis XV, mais aussi d'intéressantes collections d'ivoires et de faïences de Sinceny, bourg pittoresque de la forêt de Saint-Gobain.

Profondément blessée durant la Première Guerre mondiale, Saint-Quentin reste l'un des plus beaux fleurons de l'architecture Art déco des années 1920 qui côtoie les somptueux édifices gothiques de la basilique et de l'hôtel de ville. Il a fallu plus de trois siècles pour édifier la célèbre basilique bâtie, selon la légende, sur le tombeau du martyr romain Caïus Quintus. Cet édifice du XIIIe siècle recèle en lui toute la progression du premier gothique jusqu'aux ultimes créations du style flamboyant dont l'hôtel de ville est un remarquable exemple.

• Office de tourisme
Espace Saint-Jacques
14, rue de la Sellerie
Tél. : 03.23.67.05.00.

Bellicourt-Riqueval (02420)

Abondamment baigné de sources, canaux et rivières, le Vermandois compte un ouvrage d'art particulièrement insolite et captivant. Le grand souterrain de Riqueval, long de 5 670 m, fut édifié à la demande de l'empereur Napoléon Ier dans le cadre de la construction du canal de Saint-Quentin. Moteur coupé, les péniches sont tractées en "rames" par un bateau-treuil (aujourd'hui électrique) appelé le "toueur", grâce à un astucieux système de poulies autour desquelles s'enroule une chaîne de 8 km de long fixée au fond de l'eau. Le musée du Toueur vaut le détour.

• Maison de Pays
Riqueval.
Tél. : 03.23.09.50.51.

Fère-en-Tardenois (02130)

Sur la route de Fismes, au nord du village serti dans les bois épais de la vallée de l'Ourcq, on peut admirer les ruines spectaculaires du château du connétable Anne de Montmorency, constructeur d'Écouen et Chantilly. La forteresse (libre d'accès) est perchée sur sa motte féodale et les fossés à sec sont enjambés par un impressionnant pont-galerie Renaissance préfigurant Chenonceaux.

Laon (02000)

Édifiée sur une butte témoin que domine sa prestigieuse cathédrale Notre-Dame, Laon offre le plus vaste secteur urbain protégé de France, avec plus de 80 monuments historiques classés à l'intérieur de sa ceinture de remparts médiévaux intacte et longue de 8 km.

Le Laonnois déroule à ses pieds les massifs forestiers de Saint-Gobain et Vauclair. Colbert installa à Saint-Gobain sa Manufacture royale des glaces, dont subsiste la porte monumentale. Devenue Compagnie de Saint-Gobain, elle a fourni les panneaux de verre de la pyramide du Louvre. Des artistes verriers se sont installés dans un des ateliers de la manufacture (tél. : 03.23.52.84.75).Le massif forestier est dominé par les vestiges de la grandiose forteresse des belliqueux sires de Coucy. Au pied du Chemin des Dames, la forêt de Vauclair abrite les ruines envoûtantes de l'abbaye cistercienne du même nom autour desquelles le révérend père Courtois, gardien du lieu, a recréé un jardin de plantes médicinales riche de plus de 400 espèces.

Aux confins des rivières de la Bièvre et de l'Ailette, le parc nautique de l'Ailette est un vaste espace de loisirs de 450 ha que jouxte un golf public de 18 trous.

• Office de tourisme
Place de la Cathédrale
Tél. : 03.23.20.28.62.

Soissons (02200)

Première capitale mérovingienne sous Clovis, roi des Francs, Soissons déploie autour et le long de l'Aisne sa richesse architecturale et historique. On peut y admirer la cathédrale Saint-Gervais-et-Saint-Protais et l'élégante abbaye Saint-Jean-des-Vignes dont les flèches culminent à 80 m. En tant que "Villes d'art et d'histoire", Laon et Soissons se sont unies pour favoriser la découverte de leur patrimoine : un passeport délivré pour une visite guidée de l'une permet de bénéficier d'une visite gratuite de l'autre.

• Office municipal de tourisme
Cour Saint-Jean-des-Vignes
Tél. : 03.23.53.17.37.

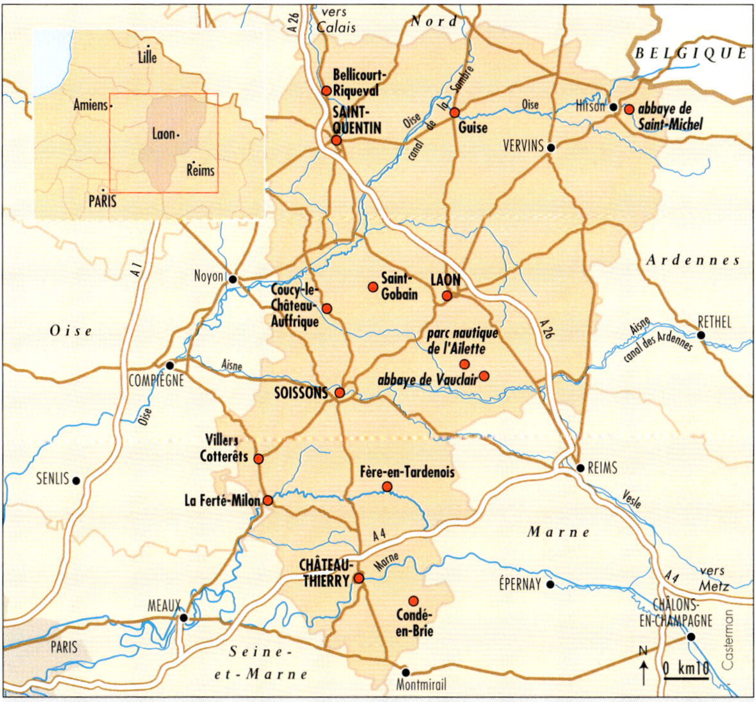

Forêt de Retz

Forêt royale s'il en fut, le massif forestier de Retz prolonge l'admirable forêt de Compiègne et, comme elle, reste le lieu privilégié des grandes chasses à courre. Villers-Cotterêts, patrie d'Alexandre Dumas, fut le refuge favori au XVIe siècle de François Ier qui aimait nommer son château "Mon Plaisir". Les mousquetaires ont chevauché sous les hautes futaies et, chaque automne, les "Semaines Dumas" rendent hommage au bien vivre en associant fêtes, spectacles et gastronomie.

• Syndicat d'initiative
Place Aristide-Briand
02600 Villers-Cotterêts.
Tél. : 03.23.96.30.03.

La Ferté-Milon (02460)

Jean Racine est né à La Ferté-Milon où Gustave Eiffel édifia son premier pont et dont les impressionnistes cherchèrent à rendre la transparence de la lumière. L'hôtel Racine perpétue la tradition en proposant toute l'année des stages d'initiation et de perfectionnement aux différentes techniques de la peinture.

• Île aux Peintres
Hôtel Racine
Tél. : 03.23.96.72.02.

Canal de l'Ourcq

L'Ourcq canalisée continue de refléter les grands ciels changeants et s'anime de croisières fluviales romantiques sur de longs bateaux à fond plat construits à l'image des "flûtes" du siècle dernier.

• Un canal… deux canaux :
Port aux Perches

02460 Silly-la-Poterie.
Tél. : 03.23.96.41.25.

Château-Thierry (02400)

Jean de La Fontaine est né au cœur de la vallée de la Marne où se déploient les verts coteaux couverts de vignes d'appellation champagne. 800 viticulteurs fournissent 10 % de la production nationale. Une Route touristique du champagne qui se prolonge dans la Marne et dans l'Aube a été balisée et permet d'aller à la rencontre des producteurs qui accueillent les visiteurs pour initiation et dégustation. La maison natale du grand fabuliste a été transformée en musée, et la ville le célèbre chaque année à travers fêtes et festivals.

• Office de tourisme
11, rue Vallée
Tél. : 03.23.83.10.14.

Condé-en-Brie (02330)

À la confluence de la Dhuys et du Surmelin, le château des princes de Condé est le plus beau des joyaux de la vallée de la Marne. Tableaux et fresques signés Oudry, Watteau et Servandoni animent cette demeure princière aux énigmatiques tours de pierre blonde.

• Château de Condé
Tél. : 03.23.82.41.25.

VI. Les lieux de la Première Guerre mondiale dans la Marne

Célèbre pour les deux batailles de la Marne qui s'y déroulent en 1914 et 1918 et qui portent son nom depuis, le territoire de la Marne est le lieu d'âpres combats. Le nord-ouest du département demeure sous occupation allemande pendant toute la durée de la guerre, la forêt d'Argonne est le théâtre de durs affrontements et la ville de Reims essuie des bombardements systématiques qui aboutissent à son inexorable démolition.

De nos jours, les vestiges ne sont pas rares de ce conflit qui a laissé des traces durables aussi bien dans le souvenir de ses habitants que dans son sol meurtri, labouré par les bombes et les tranchées.

Les itinéraires proposés décrivent :
- la ville de Reims et ses musées,
- les lieux de bataille,
- les monuments du souvenir,
- les villages disparus.

Cimetière français de Jonchery-sur-Vesle.

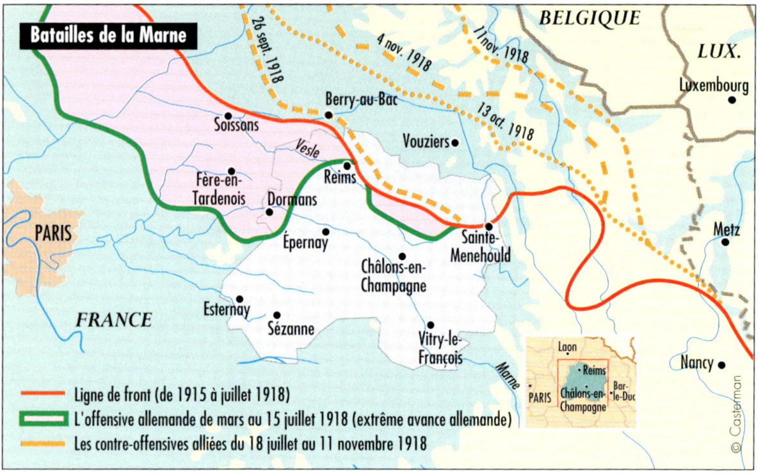

La Marne dans la Grande Guerre

Le territoire de la Marne – hier partie de l'ancienne province de Champagne et aujourd'hui de la région Champagne-Ardenne – est traversé de part en part, du sud-est au nord-ouest, par la Marne. Cet affluent de la Seine, dont les crues maintenant contenues ont longtemps été redoutées par les Parisiens, a donné son nom à deux des plus importantes et des plus célèbres batailles de la Grande Guerre de 1914-1918.

Ces deux affrontements sanglants, qui appartiennent à ce qu'il est convenu d'appeler la guerre de mouvement, formèrent comme deux parenthèses entre lesquelles s'inscrivirent quatre années de guerre de position, dont aucun épisode n'eut d'influence décisive sur l'issue du conflit. Ces deux batailles de la Marne, dont la mémoire collective a surtout retenu la première, constituèrent, au contraire, les deux phases qui décidèrent de l'issue du conflit en 1914 et en 1918 sur le front occidental du nord-est. C'est sur le grand échiquier de la plaine de Champagne que la Grande Guerre faillit être une défaite pour les Alliés dès 1914 ; c'est là aussi qu'elle devint finalement une très coûteuse victoire en 1918. Bien entendu, les batailles de la Marne se déroulèrent largement au-delà du département de la Marne, mais le passage de cette rivière et la possession de sa rive sud aux alentours de Dormans représentèrent un objectif capital pour les armées allemandes qui, par deux fois, essayèrent ainsi d'ouvrir les portes de Paris.

Entre ces deux batailles – la victoire incomplète de l'automne 1914 et la contre-offensive décisive de juillet 1918 qui préluda aux derniers affrontements victorieux –, le territoire du département, dont les cantons nord-est demeurèrent occupés par l'ennemi pendant toute la guerre, fut le théâtre d'âpres combats plus ou moins englobés sous le nom de batailles de Champagne en 1915 et en 1917. La forêt d'Argonne dont la ligne de crête forme la frontière avec le département de la Meuse fut, elle aussi, le lieu de très durs affrontements dès l'automne 1914 et vit, en 1918, la résistance acharnée des forces allemandes face aux jeunes armées américaines, ardentes mais inexpérimentées.

Le destin d'une ville

La ville de Reims, d'abord occupée par l'ennemi comme Châlons-sur-Marne (aujourd'hui rebaptisée Châlons-en-Champagne), Épernay, Sainte-Menehould et Vitry-le-François, resta, après sa libération en septembre 1914, sous le feu des canons ennemis jusqu'en octobre 1914. La lente et inexorable démolition de cette riche cité demeure aujourd'hui encore le symbole des destructions systématiques entreprises par les armées allemandes en France et en Belgique, sans qu'on puisse invoquer les excuses de quelconques impératifs tactiques. L'incendie de la cathédrale de Reims dès septembre 1914, suivi des irréparables dommages infligés au sanctuaire du sacre des rois de France, eut d'ailleurs des répercussions très néfastes pour l'Allemagne à travers le monde entier.

Un mot de géographie...

La Champagne, et par conséquent le département de la Marne, fait partie du Bassin parisien dont elle constitue la partie la plus orientale, découpée en croissants concentriques centrés sur Paris et inclinés vers la Manche. Ses reliefs sont formés par les rebords de ces auréoles. Dans la Marne proprement dite, il s'agit de la côte de l'Île-de-France qui s'étend de Provins à Laon en passant par Épernay et Reims et, plus à l'est, de l'Argonne jointive au massif des Ardennes franco-belges. Tous ses cours d'eau convergent vers la vallée de la Seine dont ils constituent autant d'affluents : la Marne et l'Oise grossie de l'Aisne, qui furent de tout temps les voies d'invasion privilégiées des envahisseurs venus de l'est.

... et un mot d'Histoire

La Marne fut donc une terre de combats, bouleversée et pillée par des troupes longtemps indisciplinées jusqu'à ce que la frontière du royaume de France se porte de la Meuse sur le Rhin. Sous le second Empire, Napoléon III créait, dans les pauvres terres à moutons de la Champagne crayeuse, le camp de Mourmelon ou de Châlons qui est toujours fidèle à cette vocation. Si la guerre de 1870 épargna directement le département de la Marne, celui-ci n'en fut pas moins occupé par les armées allemandes jusqu'en 1874, en gage de paiement des 5 milliards exigés par le traité de paix de Francfort.

À la suite de cette guerre, de la mutilation de la frontière du nord-est, et face à une Allemagne toujours menaçante, la France entreprit une vaste réforme de son système de défense et d'organisation de ses armées en se dotant, en particulier, d'une importante armée de conscription et d'un nouveau réseau de forteresses couvrant les voies d'invasion du nord-est. Ce réseau de fortifications qui porte, à juste titre, le nom de son concepteur et réalisateur, le général Séré de Rivières, inspecteur du génie, comportait une première ligne de forts entre Verdun et Belfort, ménageant une trouée entre Toul et Épinal, et une seconde ligne jalonnée par Maubeuge, la Fère, Laon, Reims et Langres.

Des forts désarmés sitôt nés

Ce système construit autour des années

Foch et les forts de Reims

Le Ier ou le 2 septembre 1914, le général Foch qui venait de prendre le commandement d'un détachement d'armée, future IXe armée, confiait au capitaine de réserve de son état-major, André Tardieu, en contemplant l'horizon qui ferme Reims : "Regardez-moi ces positions magnifiques : Brimont, Berru, Nogent-l'Abbesse, la Montagne de Reims. Comme on eût pu défendre tout cela ! Bien sûr, les forts sont nuls, mais il aurait suffi de remuer la terre. C'est dur de penser qu'il faudra reprendre demain, en se battant, ces champs que nous lâchons aujourd'hui sans nous battre."

Le "serment de 14" des saint-cyriens

La promotion de Saint-Cyr qui devait quitter l'École en 1914 portait le nom de "Montmirail" en souvenir de la victoire de Napoléon sur les alliés en 1814. Au moment de la mobilisation, alors que tous les élèves venaient d'être nommés sous-lieutenants, les "anciens" de la promotion de Montmirail organisèrent le "baptême" de la promotion suivante, entrée à l'École en 1913 et qui rejoignait les armées après cette première année d'instruction. Dans une cérémonie impressionnante, à la tombée du jour, les "Montmirail" baptisèrent leurs "bizus" du nom de "Croix du drapeau" pour célébrer la remise de la Légion d'honneur au drapeau de Saint-Cyr qui venait d'avoir lieu le 14 juillet 1914. Puis, le barde de la "Montmirail", Jean Allard-Méeus, sortit des rangs et enflamma tous les cœurs en récitant un poème appelant aux armes pour la revanche de 1870. Dans la soirée, un groupe de ces nouveaux officiers fit le serment, chevaleresque et fou, de monter pour la première fois à l'assaut en arborant au képi le plumet rouge et blanc qui est encore aujourd'hui nommé le "casoar". Ils furent fidèles à ce serment et tombèrent tous, en "casoar et gants blancs".

La cathédrale de Reims détruite, *dessin de Jean Cocteau, ambulancier civil à Reims en 1914.*

Dès septembre 1914, Reims est sous le feu des canons ennemis.

1880 était parfaitement adapté aux performances de l'artillerie de l'époque. Cependant, les découvertes, peu de temps après, des explosifs brisants, comme la mélinite, et des poudres colloïdales destinées à remplacer la poudre noire utilisée depuis la naissance de l'artillerie, bouleversèrent les données du problème par l'apport inouï de puissance qu'elles apportaient au canon et à l'obus face à la pierre des nouveaux forts. Il aurait pourtant été possible de modifier ceux-ci en les cuirassant de fonte, d'acier et de béton, car le ciment artificiel venait également d'être mis au point. Mais les dépenses envisagées paraissaient exorbitantes à un pays où les cuisants souvenirs de la défaite s'éloignaient des mémoires... Seule, la première ligne fit l'objet d'un effort de modernisation, alors qu'on se résolvait à désarmer les places de seconde ligne, à abandonner leurs forts sans canon et sans garnison, et à déclarer villes ouvertes Laon ou Reims, par ailleurs importantes garnisons.

Le début des hostilités

Le 1er août 1914, jour de la mobilisation générale, les régiments d'active quittent leurs garnisons et rejoignent les lieux de concentration des armées, prévus par le plan d'opérations qui porte le numéro XVII.

Sur toutes les voies ferrées traversant le département, les trains militaires se succèdent sans arrêt. Le 7 août, le département est déclaré "zone des armées". Toutes les bonnes volontés se mobilisent. C'est ainsi qu'à Reims, la Croix-Rouge ouvre 22 hôpitaux. À partir du 10 août, les premiers convois de blessés et de prisonniers dessinent le vrai visage de la guerre dans un territoire jusque-là épargné par les opérations. Celles-ci sont engagées en Lorraine puis en Alsace, et bientôt en Ardenne belge. Mais les nouvelles sont rares et ce sont les premiers réfugiés, arrivés le 20 août, qui transmettent des échos inquiétants sur l'issue des premiers combats. Les régiments de réserve et de territoriaux ont, à leur tour, pris les routes de l'Est.

La raréfaction des denrées et des espèces conduit les municipalités à organiser le ravitaillement et les établissements de crédit à émettre, avec les chambres de commerce, des monnaies de substitution. Le 25 août, un dirigeable français qui s'approche de Reims est, faute de signaux de reconnaissance, abattu par des feux de salve de la garnison. Si l'afflux des réfugiés belges et ardennais porteurs de nouvelles alarmistes montre bien que les forces allemandes effectuent une profonde pénétration en Belgique, les populations champenoises ne peuvent cependant réaliser qu'il s'agit, en fait, d'un gigantesque mouvement tournant destiné à s'emparer de Paris en suivant la vallée de l'Oise et à prendre à revers l'armée française engagée dans des opérations offensives en Alsace et en Lorraine.

Les régiments français de réserve d'infanterie

À la mobilisation, en 1914, les régiments français d'infanterie forment chacun un régiment de réserve dérivé, dont le numéro est celui du régiment actif majoré de 200 (ex. : à Châlons-sur-Marne : 106e régiment d'active et 306e régiment de réserve et, à Reims : 132e régiment d'active et 332e régiment de réserve). De surcroît, le régiment de réserve est, au départ, commandé par le lieutenant-colonel, commandant en second du régiment actif, et la numérotation des compagnies du régiment de réserve prend la suite de celle du régiment d'active.

Un corps d'armée français se compose d'éléments organiques (dépendant directement du général de C.A.) formés de
2 régiments d'infanterie
1 régiment de cavalerie
1 régiment d'artillerie
4 compagnies du génie
et 2 divisions comportant chacune :
4 régiments d'infanterie
1 régiment d'artillerie
1 escadron de cavalerie
1 compagnie du génie
Un corps d'armée français est constitué de
28 bataillons comprenant au total 40 000 hommes
et disposant de 56 mitrailleuses et 120 canons de 75.

Sachant que :
1 régiment d'infanterie a 3 bataillons et compte 3400 hommes ;
1 bataillon d'infanterie a 4 compagnies et compte 1100 hommes et 2 mitrailleuses;
1 compagnie d'infanterie compte 4 sections de 60 hommes.

La composition d'**un corps d'armée allemand**
Eléments organiques :
1 groupe d'artillerie de 150
1 escadrille d'aviation
et 2 divisions comportant chacune :
4 régiments d'infanterie
1 régiment de cavalerie
2 régiments d'artillerie
2 compagnies du génie
au total : environ 25 000 hommes regroupés en 24 bataillons
et disposant de 48 mitrailleuses, 108 canons de 77, 36 canons de 105 et 16 canons de 150.

Au cours des opérations de mobilisation, les chemins de fer jouèrent un rôle capital. Les réseaux de l'Est et d'Orléans envoyèrent vers les frontières 600 000 hommes et 114 000 chevaux.

Échec et recul des Français

Pour faire face à la menace, l'armée française est bientôt forcée de remonter vers le nord et de s'engager en territoire belge. Mais l'avance allemande est telle, et l'élan de ses divisions victorieuses si difficile à contenir, que le général Joffre, le très solide général en chef français, doit, pour maintenir la cohésion de son armée, se résoudre à la retraite vers le sud entre les deux môles que constituent les ensembles fortifiés de Paris et de Verdun. L'étirement des forces alliées risquant de provoquer des brèches dans son dispositif, il prélève des forces en Lorraine pour former deux nouvelles armées : l'une en Artois, la VIe, confiée au général Maunoury et l'autre, la IXe, en Ardennes, sous les ordres du général Foch.

Toutes ces forces, en dépit de succès locaux, se replient en bon ordre et se trou-

Un train tombé dans la Marne.

vent contraintes d'abandonner à l'ennemi des territoires très importants. C'est ainsi que la Ve armée (Lanrezac, puis Franchet d'Espérey), la IXe (Foch) et la IVe armée (de Langle de Cary) quittent la ligne de l'Aisne et reculent vers la Marne, voire jusqu'à la Seine.

Le 2 septembre, le génie fait sauter les principales voies de chemin de fer. Les troupes françaises quittent le 3 septembre Reims, Châlons et Épernay où, dès le lendemain, les Allemands font leur entrée. Ils exigent tout de suite le versement de cautions considérables, réquisitionnent des vivres et prennent des otages. La population fait preuve d'un calme remarquable et de beaucoup de solidarité. Ce qui est paradoxal dans le plan de manœuvre allemand, c'est qu'il tient compte non seulement des zones fortifiées modernisées comme celles de Verdun, mais également des zones démilitarisées comme celles de La Fère, Laon et Reims. Dans un premier temps, les axes de marche des armées évitent ces zones pour ne pas ralentir leur avance, confiant le soin de les réduire à des corps de siège, comme à Maubeuge. Dans la Marne, la IIe armée de von Bulow passe à l'ouest de Reims et de ses forts désarmés vers Épernay tandis que la IIIe armée de von Hausen passe à l'est vers Châlons-sur-Marne.

Après l'exécution. "Cet âge est sans pitié", *d'après une gravure de Paul Iribe.* (Le Mot, *janvier 1915*).

La Marne occupée par l'ennemi

Ce sont des subordonnés audacieux qui prennent l'initiative de venir reconnaître tour à tour l'état d'abandon des forts et le libre accès à Reims. Il s'ensuit une méprise, car deux officiers allemands de la IIe armée qui se sont institués parlementaires sans ordre, sont faits prisonniers par l'armée de Foch aux environs de Reims. Leur disparition déclenche un bombardement d'artillerie de représailles qui cause les premiers dommages à la ville et tue ses premières victimes civiles, atteignant également les premiers éléments saxons de la IIIe armée entrés timidement à leur tour dans la ville. La confusion manque de coûter la vie aux otages jusqu'à ce que les occupants reconnaissent qu'ils se tirent les uns sur les

Les taxis de la Marne

C'est le 8 septembre que le général Gallieni, gouverneur militaire de Paris, décide de renforcer la VIe armée du général Maunoury, durement pressée par la Ire armée allemande de von Kluck au nord de la Marne, par la 7e division d'infanterie, dont 5 bataillons (à peu près 4 500 hommes) sont transportés à proximité du champ de bataille par des taxis parisiens réquisitionnés la veille au soir. Ce transport automobile d'une troupe n'était pas le premier du genre, mais il frappa l'imagination par la nature même des véhicules employés. En réalité, cet épisode ne joua qu'un rôle tout à fait modeste dans une bataille mettant aux prises plusieurs millions d'hommes, et les chauffeurs, pour qui ce transport fut une excellente affaire sur le plan financier, ne coururent aucun risque dans leur course vers l'Ourcq (et non la Marne). On peut voir l'un de ces taxis au musée de l'Armée, à Paris.

Réquisition de voitures civiles sur l'esplanade des Invalides à Paris.

autres, prouvant ainsi que l'occupation de Reims n'était pas prévue dans un premier temps. Jusqu'au 4 septembre, les Allemands s'enfoncent dans l'armée française, qui se creuse entre Paris et Verdun, et occupent la quasi totalité du département jusqu'à Esternay, les abords de Sézanne, Fère-Champenoise et Vitry-le-François.

La première bataille de la Marne

C'est le 5 septembre que le général Joffre lance son ordre célèbre qui arrête la retraite française et donne le signal de la contre-offensive. Initialement, l'état-major a pensé pouvoir déborder et enfoncer l'aile droite allemande – qui vient d'obliquer vers l'est en manquant son objectif prestigieux : Paris – par l'engagement de la nouvelle armée Maunoury dont les Allemands semblent ignorer l'existence. Mais la réaction rapide de l'armée von Kluck oblige le général Joffre à renoncer à la surprise du débordement pour mener une impressionnante bataille de refoulement à la hauteur de la vallée du Grand-Morin et des marais de Saint-Gond. La résistance allemande au centre de la ligne de feu devant Franchet d'Esperey, Foch et Langle de Cary fait balancer le sort de la bataille jusqu'au 9 septembre, où la retraite partielle imposée par l'effort français à l'aile droite allemande contraint toutes les forces ennemies à la retraite générale.

Au cours de leur avance, les Allemands, à l'instar de ce qui s'était produit en Belgique, pillent, détruisent et incendient de paisibles villages où ils n'ont cependant rencontré aucune résistance. Ils n'hésitent pas à prendre des otages et à fusiller sans jugement des habitants de tous âges. À ces ravages viennent s'ajouter les dégâts provoqués par l'artillerie française au cours de la lutte, là où la résistance allemande est la plus forte. Le bilan de toutes ces destructions et de ces violences est très lourd, surtout dans le sud du département où s'est, en fait, joué le sort de la première bataille de la Marne, au sud de la rivière et dans sa haute vallée.

Une victoire incomplète

La retraite allemande est ressentie comme une victoire, voire un miracle pour certains. Mais cette victoire aurait pu être sinon décisive, du moins beaucoup plus marquée sur le terrain, car les armées allemandes, très malmenées, s'étaient disjointes dans leur recul forcé et avaient créé, entre elles, des brèches dans lesquelles les cavaleries alliées auraient pu s'enfoncer et provoquer une retraite encore plus importante. Mais l'état d'extrême fatigue des combattants des deux camps – dont certains ont accompli en un mois un périple de plusieurs centaines de kilomètres à pied par un temps très lourd – impose à la poursuite un caractère relativement peu rapide, donnant aux Allemands le temps de se rétablir et de s'accrocher à des lignes de hauteur qui constituent autant de forteresses improvisées.

Dans les villes où les convois de blessés allemands sont de plus en plus nombreux et où la canonnade se rapproche, on assiste dans le calme au départ des occupants qui emportent avec eux des otages pour couvrir leur retraite et leurs exactions. Le 12 septembre, les troupes françaises rentrent à Châlons-sur-Marne et à Épernay, le 13 septembre à Reims, mais les Allemands, qui sont accrochés aux monts de Champagne et au massif de Berru, tiennent les hauteurs où sont situés les grands forts du système fortifié qui devait protéger la ville...

L'incendie de la cathédrale de Reims

Une vie presque normale se rétablit peu à peu dans l'ensemble du département. Cependant, les cantons du nord-est sont toujours occupés par l'ennemi (ils ne seront libérés que quatre ans plus tard) et, à Reims, la proximité des batteries allemandes rend précaire le retour à la normalité. Tandis que le bilan des destructions révèle l'ampleur de la lutte (à Sermaize-les-Bains, 905 maisons sont détruites sur 930), les obus commencent à tomber sur Reims et, le 19 septembre, la cathédrale devient la cible des artilleurs allemands, bien qu'elle serve

Un obus atteint une des tours de la cathédrale de Reims, le 19 septembre 1914.

d'infirmerie à leurs blessés laissés sur place. L'échafaudage de bois qui gaine la tour nord où s'effectuent des travaux prend feu. Les flammes gagnent toute la charpente de l'édifice qui s'embrase en faisant fondre la toiture de plomb dont les jets en fusion, coulant par les gargouilles, communiquent l'incendie au palais archiépiscopal, ancien palais du Tau. Celui-ci est entièrement ravagé avec les collections importantes qu'il abrite, en particulier la magistrale bibliothèque de l'Académie nationale de Reims. Le quartier des Laines, situé à proximité de l'édifice, brûle aussi, propageant le désastre au cœur de la cité.

À l'ouest de Reims, la vallée de la Vesle puis le massif de Saint-Thierry sont reconquis par les forces françaises qui atteignent l'Aisne à Berry-au-Bac, tandis qu'à l'est de la ville toutes les tentatives pour déloger les Allemands des hauteurs qu'ils occupent demeurent vaines en dépit des assauts répétés. Les combats sont acharnés autour du canal de l'Aisne à la Marne, au château de Brimont pris et reperdu, à Courcy, à Bétheny et aux abords immédiats de la ville. Il est également impossible de s'approcher des villages de Cernay et de Berru, malgré un assaut général le 20 septembre. Le 23 septembre, le 138e régiment d'infanterie s'empare de la ferme d'Alger sur la route de Châlons, puis du fort de La Pompelle autour duquel de furieux combats se déroulent pendant trois jours, avant que l'emprise française sur le fort puisse être assurée.

Le début de la guerre de position

Dans ce secteur, les adversaires vont rester face à face en étroit contact, tout au long des quatre années de guerre. Tandis que se déroulent, en Picardie et en Artois, des combats pour essayer de contourner l'adversaire, les positions, chèrement conquises dans la Marne et en Champagne, sont peu à peu fortifiées, creusées d'abris, protégées par des réseaux d'obstacles et de ronces artificielles. Les adversaires épuisés, incapables de poursuivre la guerre de mouvement, s'installent alors dans une guerre de position où les fortifications vont envahir 700 km de campagnes belges et françaises. À l'est de Reims, la ligne française suit approximativement la route de Suippes. Elle la quitte à la hauteur d'Aubérive pour courir jusqu'au massif boisé de l'Argonne qu'elle coupe de Vienne-la-Ville jusqu'à Vauquois, au sud de Varennes, dans le département de la Meuse.

C'est autour de cette ligne que vivent et combattent des milliers de soldats, dans un paysage déjà sévère par sa nature crayeuse mais dont, peu à peu, les villages, les routes, les bois, les cultures disparaissent pour laisser place à un véritable pays lunaire, strié et compartimenté par les boursouflures des tranchées et des boyaux qui s'entrecroisent à l'infini, cependant qu'une nouvelle forme de vie troglodyte s'y improvise. En arrière de ce qu'il est, dès lors, convenu de nommer "le front", la vie se réorganise et redevient presque normale sitôt qu'on est hors de portée de l'artillerie ennemie. C'est le cas à Vitry-le-François, Épernay, Châlons-sur-Marne et même à Sainte-Menehould protégée par le massif de l'Argonne.

La vie à Reims sous les obus

Mais à Reims où les lignes passent à trois ou quatre kilomètres de la ville dominée par les massifs truffés d'artillerie allemande, la vie devient plus difficile de jour en jour. Lorsque les bombardements atteignent l'ouest de la ville, ne laissant plus aucun quartier indemne, la population fuit massivement. Toutefois, une quinzaine de milliers de courageux citadins demeurent, qui se réfugient en cas de nécessité dans les caves des maisons de champagne où l'on organise même des salles de classe et des maternités. Le maire, le docteur Langlet, a élargi son conseil municipal à ses opposants politiques de droite, donnant ainsi l'exemple de "l'union sacrée" qui anime tout le pays en 1914. Mais il n'est pas de jour sans bombardement ni incendie. Les sapeurs-pompiers, renforcés par des éléments des pompiers de Paris, sont sur la brèche en permanence (fait unique, le drapeau de leur corps municipal recevra la Légion d'honneur en 1917).

Sur la Montagne de Reims, la vendange a lieu en octobre, alors que les obus allemands

Dans une école communale de Reims, les enfants portent des masques contre les gaz asphyxiants (janvier 1916).

L'uniforme bleu horizon

On a longtemps fait grief à l'état-major français d'avoir conservé pour ses troupes un uniforme relativement peu fonctionnel et, surtout, les pantalons et les képis rouges. C'était oublier que les képis étaient, en campagne, recouverts d'un couvre-képi en toile bleue et que la capote cachait une bonne partie du pantalon.

C'était surtout méconnaître que l'intendance française, après plusieurs essais d'uniforme de divers kaki, avait pris la décision de faire confectionner des tenues en drap tricolore, mêlant le rouge, le bleu et le blanc pour donner un drap "caca d'oie". Mais le conflit de 1914 privait la France des produits chimiques allemands, dont l'aniline, et il fallut se contenter d'un drap bicolore associant le bleu et le blanc pour donner, selon les fabricants, une infinité de nuances de bleu pâle, rapidement et anonymement baptisé "bleu horizon", sans que ce terme fût jamais employé par l'administration. Ces nouvelles tenues, où le pantalon flottant était remplacé par une culotte et des bandes molletières, firent leur apparition au début de 1915.

Le casque Adrian

L'intendant général Adrian est un chercheur passionné qui a laissé son nom à la coiffure métallique baptisée "bourguignotte", en référence aux défenses de tête du Moyen Âge. Ce casque, léger et efficace, avait été précédé par une calotte métallique qui était placée sous le képi, afin de protéger les combattants contre les graves blessures à la tête que provoquaient les éclats d'obus. Toujours dans le même esprit, on doit à Adrian différentes pièces métalliques de protection des épaules et de la poitrine. En 1935, on conserva ce modèle de casque qui était réalisé d'une seule pièce par emboutissage. L'intendant général Adrian a également donné son nom à un modèle de baraques démontables qui furent utilisées en multiples exemplaires sur les arrières du front et qui servirent également d'abri aux premiers réfugiés réintégrant les villages détruits.

frappent les villages. Des deux côtés du front se crée ainsi une zone désolée où la mince couche de terre arable est dispersée par les explosions mettant la craie à nu, où des ruisseaux détournés de leur cours ne retrouveront jamais leur pente naturelle et où disparaissent des villages, certes assez pauvres dans cette Champagne pouilleuse, mais dont les anciennes maisons groupées autour de leurs petites églises romanes représentaient une tradition dont une reconstruction sans grandeur ne saura jamais restituer le charme.

La stabilisation des fronts : la guerre de position

Lorsque le front se stabilise à l'automne de 1914, de Nieuport à la frontière suisse, la Marne est pratiquement au centre de l'entrelacs des positions. Partout, l'ennemi occupe des positions dominantes qui rendent très aléatoires et très meurtrières les attaques locales parfois lancées pour faire tomber un saillant, améliorer les positions ou conquérir un observatoire. Mais, à l'est du département, l'Argonne couverte d'une forêt très dense, aux lignes de communication et de ravitaillement difficiles, n'offre à aucun des adversaires l'avantage du terrain. Alors que, de l'Aisne de Berry-au-Bac à la grande plaine champenoise au nord de Châlons-sur-Marne, l'année 1914 se termine sans que soit tentée aucune opération notoire de part ni d'autre, ce sont d'incessants coups de main, des attaques de nuit, des combats au corps à corps qui se déroulent pendant toute cette période dans la forêt d'Argonne.

De nouvelles armes et de nouvelles silhouettes

Dans une région où l'artillerie a du mal à intervenir, on redécouvre les armes de la guerre de siège qui avaient fait fortune au XVIIe siècle, mais qui étaient abandonnées depuis le milieu du XIXe : les grenades improvisées chez les Français pour répondre à l'armement allemand, puis les mortiers capables, par leur tir plongeant, de frapper l'adversaire dans ses tranchées. C'est d'ailleurs tout l'armement, et même l'équipement des armées, qui doit être modifié. Les deux armées adoptent des casques métalliques protégeant les têtes des combattants. Les Français revêtent une tenue d'un bleu pâle baptisé "bleu horizon", en remplacement des tenues peu commodes et voyantes de la mobilisation. Aux gaz asphyxiants des Allemands répondent des masques de protection qui sont également distribués à la population civile des zones menacées, comme à Reims.

Le problème principal des Français reste le manque d'artillerie lourde qui oblige de faire appel aux pièces de forteresse, très peu mobiles. Les transports routiers et ferroviaires sont développés à l'extrême, en même temps que croît l'importance d'une aviation capable d'actions de bombardement dès l'hiver 1914.

Le premier combat aérien

Le 5 octobre 1914, le biplan français du type *Voisin* – avec moteur et hélice arrière, portant le n° V.89, appartenant à l'escadrille V.24 et piloté par le sergent aviateur Frantz et le mécanicien Quénault – prend en chasse, au-dessus de Reims, un biplan allemand *Aviatik* et l'abat à la mitrailleuse à Jonchery-sur-Vesle, à proximité du quartier général de la Ve armée du général Franchet d'Esperey. Ce premier combat aérien marque la date de naissance de l'aviation de chasse.

La guerre des mines

Une autre forme de combat issue de la guerre de siège de Louis XIV est la guerre des mines. Il s'agit de faire sauter une portion de la position ennemie en creusant un souterrain qui aboutit à une chambre bourrée d'explosifs, située sous l'objectif. Dès

Bataille aérienne durant la Grande Guerre, vue par Walt Disney en 1934.

l'hiver 1914, on utilise dans l'Argonne et, plus tard, sur la butte de Vauquois. À côté du fort de La Pompelle, près de Reims, les ruines de l'auberge d'Alger disparaissent dans la nuit du 30 décembre 1914 dans un cratère de mine de 40 m de diamètre et 17 m de profondeur. Mais les Français demeurent maîtres du terrain après un affrontement nocturne au corps à corps.

1915

Les Allemands portant leur effort sur le front russe, ce sont les Franco-Britanniques qui prennent l'initiative d'actions frontales destinées à réduire le grand saillant que forme le front à Noyon. En Champagne, deux offensives sont engagées en mars et en septembre pour atteindre Vouziers et couper les rocades ferroviaires de l'ennemi. Du 16 février au 15 mars, la première offensive en Champagne engage la IVe armée (de Langle de Cary) sur un front de 8 km. Le bois Sabot, Perthes-les-Hurlus et le fortin de Beauséjour sont les conquêtes chèrement payées d'une armée qui perd 100 000 hommes entre décembre 1914 et mars 1915. Le manque d'artillerie lourde et même de munitions de 75, la difficile liaison entre l'infanterie et l'artillerie, les installations défensives allemandes, qui sont les mieux organisés de tout le front, ajoutées à la valeur de l'adversaire, ont fait échec aux espoirs de percée. Après une réorganisation et une préparation matérielle très poussée, l'offensive est reprise en liaison avec celle de l'Artois. Les moyens mis en œuvre sont considérables, mais le problème de l'avance de l'artillerie dans le terrain conquis pour s'attaquer à la seconde ou à la troisième position n'est pas résolu.

La rupture impossible

Les succès des premiers jours sont importants, notamment la conquête de la main de Massiges, de Maisons-en-Champagne, du Trou Bricot, de la ferme de Navarin et de l'Épine de Védegrange. Mais lorsque les assaillants se heurtent à la seconde position, les blockhaus bétonnés résistent à l'artillerie. Les armées françaises se contentent de pousser jusqu'à Tahure mais, au milieu du front d'attaque, la butte du Ménil demeure aux mains de l'ennemi. Du 25 septembre au 7 octobre, les deux armées attaquantes ont perdu 138 000 hommes. La rupture du front par un choc de face s'avère donc impossible avec les moyens du moment.

1916

L'année 1915 a vu tout le front de Champagne s'enflammer tour à tour, à l'ouest de Reims, le long du canal de l'Aisne à la Marne, sur les plateaux de la Champagne crayeuse et dans l'Argonne où les combats ont été incessants. L'année 1916, celle des batailles de Verdun et de la Somme, épargne le front de Champagne où aucune grande action n'est envisagée ni entreprise. Mais point d'inaction dans ces secteurs revenus au calme. Les travaux d'aménagement et de renforcement des positions, les stages de formation d'un nombre croissant de spécialistes avec la mise au point de nouveaux matériels (canons de tranchée, fusils-mitrailleurs, lance-grenades) et l'élaboration d'un meilleur emploi des unités où l'infanterie perd peu à peu de son importance au profit de l'artillerie et des services, tout concourt à réduire l'inaction à peu de chose dans une vie où le campement en plein air, d'une rusticité absolue, est une épreuve quotidienne pour les soldats. Cette année qui voit l'échec de l'assaut allemand sur Verdun et les maigres résultats de l'offensive franco-britannique de part et d'autre de la Somme, voit aussi le remplacement du général Joffre fait maréchal, par le général Nivelle qui possède un caractère plus ouvert au personnel politique, toujours tenu à l'écart des opérations par Joffre. En dépit des échecs passés et malgré l'accumulation des pertes, plus sensibles dans une France moins peuplée que l'Allemagne, il sera encore question d'offensive en 1917 pour rompre le front et précipiter la retraite allemande.

1917

Cette année peut être considérée comme l'année cruciale de la Grande Guerre. La défaite de la Russie, conséquence désastreuse de sa révolution intérieure, et l'entrée en guerre des États-Unis, modifient la répartition des forces dans l'immédiat au profit de l'Allemagne. Mais au début de 1917, pour raccourcir leur front occidental et économiser des forces, les Allemands abandonnent le saillant de Noyon, bouleversant les plans alliés, et d'autant plus que le terrain abandonné est systématiquement ruiné et rendu impraticable. L'offensive française du 16 avril 1917, qui vise Laon après la prise du Chemin des Dames, est un échec en dépit d'une formidable préparation d'artillerie et de l'apparition des premiers chars français au nord de l'Aisne. Mais le 17 avril 1917, en Champagne, l'armée Anthoine s'attaque aux monts de Champagne et remporte un succès réel avec des pertes minimes, grâce à une remarquable préparation.

Une crise du moral

L'échec du Chemin des Dames est durement ressenti par l'opinion à qui l'on a fait des promesses inconsidérées, et surtout par la troupe dont les fatigues accumulées par deux ans et demi de combats et d'épreuves suscitent une très grave crise du moral. Les risques constants, la vie extrêmement difficile et la rareté des permissions déclenchent une série de graves mouvements d'indiscipline qui éclatent principalement sur les lieux des attaques d'avril, de part et d'autre de Reims. L'imprudent général Nivelle est remplacé par le général Pétain qui a organisé la défense de Verdun et met tout en œuvre pour soigner et guérir le moral de l'armée française en prenant des mesures simples et humaines. Ces actes d'indiscipline qui touchent la moitié de l'armée française vont se poursuivre jusqu'en juin. Il y aura près de 24 000 condamnations par des tribunaux militaires, mais la majeure partie ne seront pas suivies d'effet et, sur les 412 condamnations à mort, seules 55 seront exécutées.

Reims en feu

1917 est une année particulièrement cruelle pour Reims où les bombardements s'amplifient : le 6 avril, plus de 20 000 obus

Soldats français cherchant leur cantonnement après une semaine d'attaques en mai 1916 (région de La Main de Massiges).

tombent sur la ville et, en mai, l'hôtel de ville et plus d'une quinzaine de rues avoisinantes sont détruites par le feu. La population, ou ce qui en reste, est évacuée le 10 avril, mais une bonne partie revient en été dans une ville ravagée où la cathédrale et l'abbatiale Saint-Remi sont décapitées, l'hôtel de ville, la sous-préfecture, le palais de justice et le théâtre détruits.

1918

En février 1918, la population et les services civils quittent la ville transformée en un amas de ruines. C'est cependant cette ville fantôme qui est l'objet de violentes offensives allemandes, de mai à juillet. Après leur succès en Artois et en Picardie, les poussées allemandes dévalent du Chemin des Dames jusqu'à la Marne de Dormans. La résistance des armées alliées au centre du front barre, une fois de plus, les routes de Paris à l'ennemi. Cette résistance ainsi que la contre-offensive qui suit à partir du 18 juillet, a pris le nom de seconde bataille de la Marne. Sur les mêmes champs de bataille qu'en 1914 combattent au coude à coude les Français, les Britanniques, les Américains, les Italiens, des Polonais, des Russes... Les Allemands, réduits par le blocus maritime et leurs pertes consécutives à cette série d'offensives de la dernière chance, tentent de faire tomber Reims devenue un saillant du front depuis la percée allemande vers la Marne de Dormans.

Reims sauvée par les coloniaux

Dans la charmante vallée de l'Ardre, jusque-là épargnée, les troupes allemandes essaient de couper Reims d'Épernay en se concentrant à l'ouest de la ville dont ils atteignent les faubourgs à Tinqueux. Reims et le front ouest de la ville sont vaillamment défendus par le 1er corps d'armée coloniale qui tient sous les chocs répétés, en mai et juin. Au nord de la ville, La Neuvillette est conquise. À l'est, les Allemands tiennent Bétheny et tentent, par trois fois, de s'emparer du fort de La Pompelle, puissant point d'appui sur lequel s'articule la résistance française. Le fort est deux fois submergé mais la garnison isolée dans ce qui reste de ses ruines résiste à toutes les attaques. Ainsi le 1er juin, lorsque l'assaut allemand qui a largement dépassé le fort lui-même tente d'y pénétrer en utilisant le tunnel creusé en 1917, le commandant du fort encerclé fait sauter les issues du tunnel enfermant avec lui les assaillants prisonniers, jusqu'à ce qu'une autre attaque du 21e régiment d'infanterie coloniale conduit par son chef, le colonel Le Boulanger, vienne à son secours.

Un triomphe manqué

Dans Reims transformée en un vaste

camp retranché hérissé de barricades et de canons antichars, les coloniaux tiennent bon, bien qu'ayant reçu l'ordre d'abandonner la ville au moment de l'extrême poussée ennemie. Le 15 juillet, l'ultime offensive allemande est lancée en Champagne sous les yeux du Kaiser venu assister au succès de ses troupes et prêt à entrer dans Reims. Mais les directives du général Pétain, un étalement en profondeur de la défense avec abandon partiel des premières positions, sont scrupuleusement appliquées par le général Gouraud commandant la IVe armée sur le front de Champagne. Les assaillants ne peuvent dépasser la première position où ils sont écrasés par l'artillerie française, et leur très faible avance ne leur permet, au mieux, que d'atteindre la vallée de la Vesle, à l'est de Reims. Dès le 18 juillet, la grande contre-offensive française est lancée dans le flanc de la poche allemande sur la Marne et, le 1er août, les Alliés bordent la Vesle à l'ouest de Reims, levant ainsi la menace directe sur la ville.

La fin d'un martyre

Fin septembre, l'armée Gouraud, soutenue par les Américains de l'armée Pershing en Argonne et à Verdun, passe à son tour à l'offensive. Tout le terrain perdu en juillet est vite reconquis, et l'avance s'accentue rapidement, en dépit d'une résistance acharnée de l'adversaire qui cherche à protéger coûte que coûte les lignes de retraite de ses armées de Flandre et de Picardie. Dans la nuit du 4 au 5 octobre 1918, après un ultime et violent bombardement de Reims et de sa région, les Allemands abandonnent les monts d'où ils accablaient la ville depuis plus de quatre ans. La poursuite de l'adversaire conduit la IVe armée dans la vallée de la Suippe, puis dans celle de l'Aisne. Les villages du nord-est du département, sous occupation allemande depuis si longtemps, sont enfin libérés, mais leurs habitants ont été déportés dans l'Est, et leurs malheurs s'ajoutent aux ruines innombrables qui jalonnent la marche des armées. La guerre est terminée pour la Marne et, avant même d'établir le bilan des destructions et des pertes, en signe d'espoir et de

Les balcons du passé

À la fin de la guerre, dans l'immense tas de ruines qu'était devenue la cité, parmi les pierres et les gravats on pouvait distinguer des balcons et des impostes en fer forgé, ainsi que des taques de cheminée en fonte. Ces pièces furent, pour la majorité, sauvées par l'action de l'architecte Henri Deneux, qui finança personnellement leur récupération par les équipes de déblaiement. Longtemps conservées dans les ruines de l'ancien archevêché, puis dans ce qui devait devenir le musée Saint-Remi, elles viennent d'être inventoriées et photographiées. Après leur restauration, on envisage de leur consacrer, du moins en ce qui concerne les fers forgés, un futur musée où l'on pourra évoquer, grâce à ces quelque 300 remarquables travaux de ferronnerie des XVIIe et XVIIIe siècles, ce que furent les riches demeures des drapiers rémois contemporains de Colbert. Quant aux fragments lapidaires, eux aussi retrouvés dans les ruines et sauvés de la destruction par les soins de nombreux bénévoles, ils sont conservés, malheureusement, dans les caves des musées d'où certains sont sortis dernièrement pour être placés dans les murs des cages d'ascenseurs du grand parc à voitures de la place d'Erlon. Mais de très nombreuses colonnes, des linteaux de porte armoriés, des dessus de cheminée, etc. attendent encore qu'on leur trouve un sort digne de leur intérêt architectural indéniable.

Ruines d'un immeuble rémois dont subsistent d'admirables grilles en fer forgé.

Le général Gouraud (1867-1946)

Ce soldat légendaire demeure comme le symbole du dévouement total au service du pays. Jeune officier sorti de Saint-Cyr, il s'illustre vite au Soudan français par la capture de Samory, le sultan sanguinaire. En 1914, en tant que proche collaborateur du général Lyautey, il commande les troupes du Maroc occidental. Rentré en France à la tête de la 4e brigade marocaine, il est, en septembre 1914, le plus jeune général de division français. En janvier 1915, il est blessé en Argonne, puis prend le commandement du corps d'armée colonial qui attaque en Champagne en mars 1915. Il est ensuite aux Dardanelles où, le 30 juin 1915, il est grièvement blessé et perd son bras droit. Six mois plus tard, on le retrouve en Champagne à la tête de la IVe armée. Lorsque le général Lyautey devient ministre de la Guerre en 1917, c'est le général Gouraud qui le remplace au Maroc avant de revenir à la tête de cette IVe armée avec laquelle il va mener les combats défensifs, puis offensifs, de l'été et de l'automne 1918, qui le mèneront jusqu'à Sedan en novembre 1918. Il est fait grand-croix de la Légion d'honneur et entre le premier dans Strasbourg redevenue française.

Il est nommé, en 1919, commandant en chef en Syrie puis, en 1923, gouverneur militaire de Paris, poste prestigieux qu'il conserve pendant 14 ans. Il y est l'objet d'une véritable vénération de la part de la population parisienne. Après l'épreuve de l'Occupation, le général Gouraud rentre à Paris en 1945 où il meurt. Ses obsèques solennelles dans la capitale sont suivies de son inhumation au monument de Navarin, au centre de l'ossuaire qui abrite 10 000 corps non identifiés. Gouraud avait lié avec Mgr Tissier, éminent évêque de Châlons pendant la Grande Guerre, des liens d'amitié qui symbolisent l'union de tous les cadres de la nation dans la lutte pour sa sauvegarde à l'heure du péril.

Le général Gouraud (au centre) dans l'atelier du sculpteur Real Del Sarte, devant la sculpture qui couronne le monument aux morts des armées de Champagne (1923).

renaissance, la vendange commence dans la Montagne de Reims le jour même où le dernier projectile ennemi frappe la ville, le 4 octobre 1918.

Le fort de la Pompelle après le conflit.

La Marne, Mourmelon-le-Grand et l'empereur Nicolas II, dernier tsar de toutes les Russies

L'alliance franco-russe (1894) comportait, entre autres clauses, une convention militaire prévoyant une alliance défensive.

C'est ainsi qu'en août 1914, fidèle à l'engagement pris, Nicolas II, dernier tsar de toutes les Russies, n'hésita pas à lancer précipitamment, dans des conditions désastreuses pour la Russie, une offensive catastrophique en Prusse orientale, mais qui soulagea le front français en obligeant l'état-major allemand à retirer du front ouest deux groupes d'armées et une division de cavalerie. Ce sacrifice russe permit à Joffre de stopper sur la Marne l'offensive allemande en direction de Paris.

En 1916, à la demande expresse du gouvernement français, le tsar envoyait un corps expéditionnaire fort de plus de 40 000 hommes répartis en 4 brigades. Deux combattirent sur le front français de l'armée d'Orient, les deux autres en Champagne où elles se distinguèrent, firent l'objet de citations élogieuses et subirent de nombreuses pertes.

À la révolution bolchevique de 1917, les brigades se désagrégèrent, mais des officiers et soldats russes, restés fidèles à leur engagement contre l'Allemagne, formèrent la légion russe qui combattit vaillamment jusqu'en 1918 dans le cadre de la Ire division marocaine.

Les pertes russes sur le front français, de 1916 à 1918, s'élevèrent à plus de 4 000 hommes dont environ 1 000 reposent au cimetière militaire de Saint-Hilaire, près de Mourmelon-le-Grand. Une très belle chapelle orthodoxe, édifiée dans le style de Novgorod et Pskov du XVe siècle, jouxte le cimetière.

À Mourmelon-le-Grand, dans l'entrée de l'état-major de la Place, est posée une plaque de marbre commémorant le séjour en 1896, dans un pavillon situé sur le terrain du camp de Mourmelon, du couple impérial Nicolas II et Aleksandra Fedorovna son épouse, venus de Paris assister à une revue gigantesque de troupes françaises (80 000 hommes) au camp de Châlons, près de Mourmelon.

À lire

BOGOMOLETZ (W.), *La Russie et la France - Centenaire d'une alliance 1894-1994*, éditions des Amis du musée de Châlons-en-Champagne.

Débarquement des troupes russes à Marseille.

Chronologie sommaire de la Première Guerre mondiale dans la Marne

1914

1er août : mobilisation générale, les régiments de l'armée active quittent leurs garnisons.
2 septembre : l'armée Foch tient la ligne de la Suippe.
3 septembre : Reims, Châlons-sur-Marne et Épernay sont abandonnées sans combat.
4 septembre : entrée des Allemands à Reims, Châlons-sur-Marne et Épernay.
6 septembre : les Allemands occupent Vitry-le-François et sont aux portes de Sézanne. Le département est presque totalement envahi.
11 septembre : le Kronprinz est à Reims.
12 septembre : prise d'otages dans les villes. Retour de l'armée française à Épernay et Châlons-sur-Marne.
13 septembre : retour à Reims de l'armée française commandée par d'Esperey. Dégagement de la majeure partie du département.
14 septembre : début du bombardement de Reims par les Allemands.
14-23 septembre : vaines tentatives de dégagement de Reims au nord et à l'est.
19 septembre : bombardement et incendie de la cathédrale de Reims et du quartier des Laines.
23 septembre : reprise du fort de La Pompelle.
À partir d'octobre : stabilisation du front en Champagne sur des positions qui ne varieront que peu jusqu'au printemps de 1918.
5 octobre : premier combat aérien au-dessus de Jonchery-sur-Vesle.
Hiver 14-15 : combats incessants en Argonne et au nord de Reims sur le canal de l'Aisne à la Marne.
Nuit du 30 au 31 décembre : explosion d'une mine allemande sous la ferme d'Alger, devant le fort de La Pompelle. Début de la guerre des mines.

1915

16 février-15 mars : première offensive française de Champagne en liaison avec celle de l'Artois. Apparition de la tenue "bleu horizon" et du casque métallique "Adrian". Échec partiel de cette offensive (la IVe armée perd 100 000 hommes entre décembre 1914 et mars 1915).
À partir du printemps : début de l'emploi des gaz asphyxiants par les Allemands.
25 septembre-7 octobre : seconde offensive française en Champagne. Nouvel échec sur la deuxième ligne ennemie en dépit d'importants gains territoriaux (les IIe et IVe armées perdent 138 000 hommes).

1916

Pas d'opérations majeures et calme relatif sur le front de Champagne pendant les batailles de Verdun (de février à juillet) et de la Somme (de juillet à octobre).

1917

6 avril : Reims reçoit plus de 20 000 obus.
10 avril : évacuation de la population demeurée à Reims.
16 avril : attaques françaises entre l'Aisne et Reims. C'est l'aile droite de l'offensive dite du "Chemin des Dames". L'échec est quasi général.
17 avril : attaque de la IVe armée à l'est de Reims sur les monts de Champagne. L'action continue jusqu'au 4 mai et assure la conquête des monts, mais Reims demeure sous le feu des canons ennemis.
13 mai : incendie de l'hôtel de ville de Reims et de plus de 700 maisons.
Mai-juin : actes de mutinerie dans l'armée française, de part et d'autre de Reims.
Automne : retour à Reims d'une partie de la population.

1918

Février : évacuation définitive des derniers habitants et des services civils de Reims.
À partir du 27 mai : troisième offensive allemande sur la ligne du "Chemin des Dames" et au nord de Reims.
31 mai : après avoir franchi l'Aisne et la Vesle, les Allemands menacent la route Reims-Épernay et tentent d'encercler Reims par l'ouest.
1er, 9 et 18 juin : les Allemands tentent en vain de s'emparer du fort de la Pompelle. Ils sont également bloqués à l'ouest de la ville où combattent des Britanniques et des Italiens.
15 juillet : dernière offensive allemande de la guerre, lancée en Champagne et de part et d'autre de Reims. Le combat défensif en profondeur permet de bloquer rapidement l'effort de l'ennemi.
18 juillet : lancement de la contre-offensive française à partir de la forêt de Villers-Cotterêts sur le flanc de la poche allemande du Tardenois (seconde bataille de la Marne).
1er août : les Alliés bordent la ligne de la Vesle.
26 septembre : reprise du massif de Moronvilliers à l'est de Reims.
30 septembre : reprise du massif de Saint-Thierry à l'ouest de Reims.
4 octobre : abandon des positions allemandes devant Reims et recul général.
12 octobre : tout le territoire du département de la Marne est libéré, un mois avant l'armistice du 11 novembre.

À lire

CONTAMINE (H.), *La Victoire de la Marne*, Gallimard, 1970.
NEUVILLE (M.), *La Bataille de la Marne*, Académie de Reims, 1985; *La Grande Guerre 1914-1918*, Préal, 1982; *Le Lieutenant Charles Péguy*, Académie de Reims, 1980.
RIGAUD-BEDARIDA, *Reims, reconstruction*, éd. Loire, 1994.
RIGAUD, *Reims, mémoire*, Ville de Reims, 1988.

À la découverte de la Première Guerre mondiale dans la Marne

Il est aujourd'hui particulièrement difficile de s'imaginer quel pouvait être le visage du champ de bataille de Champagne à la fin des hostilités, en 1918. En effet, depuis près de 80 ans, tout a été fait pour effacer le souvenir des combats. Disparues les lignes de chemin de fer provisoires et leurs gares de triage improvisées en pleine nature, comblés les millions de trous d'obus se recoupant et s'enchevêtrant, enlevées les masses de ronces artificielles emmêlées, ces "barbelés" et leurs piquets métalliques qui garnissaient les rebords de toutes les tranchées. Et toutes ces tombes improvisées, où les combattants des deux camps enfouissaient de leur mieux leurs camarades tombés à leurs côtés, ont été relevées, et les corps de ceux qui n'ont pas été rendus à leur famille reposent dans ces vastes cimetières militaires qui jalonnent la ligne de l'ancien front et sont devenus si familiers aux habitants de ces contrées dévastées. Le poète Aragon, qui servit comme médecin-aspirant pendant la Grande Guerre, raconta un jour que, dans le cimetière militaire provisoire de Jonchery-sur-Vesle, il avait découvert une tombe qui portait son nom...

Vestiges d'un village détruit.

Dans la Marne, la nature des combats a donné lieu à deux catégories très différentes de souvenirs visuels qui correspondent aux deux batailles de la Marne et à la longue période de guerre de position de 1914 à 1918.

La première bataille de la Marne a entraîné des destructions là où les armées se sont affrontées directement, c'est-à-dire au sud du département dans les arrondissements d'Épernay et de Vitry-le-François. Ailleurs, quelques mentions sur les monuments aux morts et dans les cimetières autour des églises heureusement réparées, gardent le souvenir des exactions (incendies, pillages, prises d'otages, exécutions) perpétrées par les armées allemandes en retraite.

La guerre de position a, quant à elle, littéralement déshumanisé toute la bande de terrain sur laquelle les adversaires se sont affrontés pendant quatre ans. Dans ce que les survivants n'ont pas hésité à baptiser la "zone rouge", certaines collines furent abaissées et certains ruisseaux détournés de leur cours. Les bois furent réduits à quelques fragments de troncs tandis que des villages laminés par l'artillerie étaient rayés de la carte à jamais. Aujourd'hui encore, dans les champs rendus à la culture, les labours font remonter des obus, des torpilles, des grenades non explosées et, parfois, des ossements qui vont rejoindre les ossuaires nombreux dans la région.

La seconde bataille de la Marne, qui ne toucha que l'ouest du département, causa beaucoup plus de ruines que la première. Le développement de l'artillerie dans les deux camps et l'importance de l'enjeu, donnèrent à la lutte un caractère de violence jamais atteint et, en quelques semaines, les villages qui jalonnaient la résistance des Allemands devant la contre-offensive alliée furent à leur tour détruits, et leurs monuments, églises et châteaux, subirent des dommages irréparables, d'autant plus que la mécanisation des armées avait fait apparaître sur le champ de bataille les premiers chars et l'aviation de bombardement.

Mais les survivants mirent un point d'honneur à reconstruire et réparer, et il faut un œil averti pour distinguer, dans un village, les maisons anciennes restaurées et les constructions nouvelles, marquées de la mode architecturale des années

Les lieux du tourisme du souvenir dans la Marne

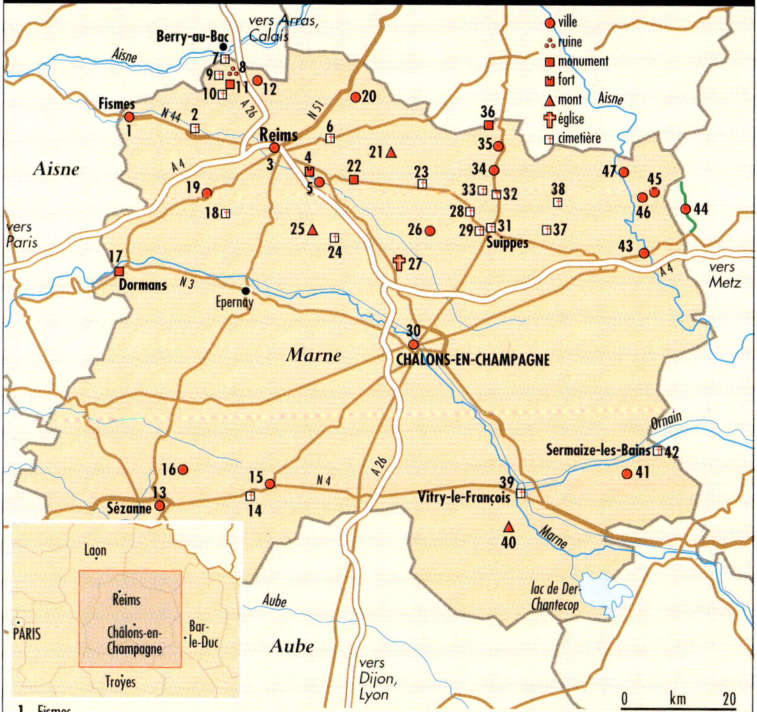

1 Fismes
2 Jonchery-sur-Vesle
3 Reims
4 fort de la Pompelle
5 Sillery
6 Berru
7 Berry-au-Bac
8 Sapigneul
9 cimetière militaire national
10 Hermonville
11 Cauroy-lès-Hermonville
12 Loivre
13 Sézanne
14 Connantre
15 Fère-Champenoise
16 Mondement
17 Dormans
18 Marfaux
19 Bligny
20 Warmeriville
21 Monts de Champagne
22 monument
23 Saint-Hilaire
24 Villers-Marmery
25 Mont Sinaï
26 camp de Mourmelon
27 église orthodoxe
28 Jonchery-sur-Suippe
29 ferme de Suippes
30 Châlons-en-Champagne
31 Suippes
32 Souain
33 monument aux morts de la Légion étrangère
34 ferme de Navarin
35 Sommepy-Tahure
36 monument du Blanc-Mont
37 Saint-Jean-sur-Tourbe
38 Minaucourt-le-Mesnil-lès-Hurlus
39 Vitry-le-François
40 monument du mont Moret
41 Maurupt-le-Montois
42 Sermaize-les-Bains
43 Sainte-Menehould
44 route forestière de la Haute-Chevauchée
45 La Harazée
46 Vienne-le-Château
47 Servon-Melzicourt

1920-1930. De même, à côté des églises entièrement reconstruites dans un style néoroman ou néogothique qui ne trompe personne, on rencontre beaucoup d'édifices qui ont été scrupuleusement remis dans leur état primitif, et les pierres nouvelles de 1920-1925 sont maintenant suffisamment corrodées par l'usure mécanique pour passer pratiquement inaperçues.

Des monuments aux morts particuliers

Comme dans toutes les communes de France, les monuments aux morts ont recueilli les noms des combattants tombés aux armées, mais parfois, également, les noms des victimes civiles de la guerre : fusillés de 1914, victimes des bombardements ou déportés des villages occupés par l'ennemi. La majorité d'entre eux se rattachent aux modèles connus, depuis le simple obélisque surmonté d'un coq ou orné d'une croix de guerre jusqu'aux combattants de bronze ou de fonte, parfois statufiés dans une posture mélodramatique qui ne rend pas hommage au véritable sens du sacrifice des combattants. Mais plusieurs de ces monuments du souvenir s'écartent de ces modèles. C'est le cas de **Châlons-en-Champagne** ❸⓪ où le monument aux morts, situé sur le flanc ouest de la cathédrale Saint-Étienne, représente les servants d'une pièce de mitrailleuse progressant vers l'objectif. C'est aussi le cas à **Reims** ❸ où le vaste monument aux morts formé d'un hémicycle de colonnes de pierre qui domine d'une butte fleurie toute la perspective des Hautes et des Basses Promenades, est orné d'un exemplaire en bronze du *Penseur* de Rodin. Plus modeste, mais sortant également de l'ordinaire, on peut distinguer le monument aux morts de **Rilly-la-Montagne** (au sud de Reims, à une quinzaine de kilomètres et au pied nord de la Montagne de Reims) qui représente une Victoire de bronze groupant à ses côtés, dans un même hommage, des soldats et des paysans, cependant que deux enfants présentent une corbeille de raisins. Cette allusion au vignoble se retrouve sur le monument aux morts de **Ludes** (à 3 km à l'est de Rilly-la-Montagne par la D26) où un soldat s'appuie sur un cep de vigne.

Le pont sur la Vesle, à Fismes.

Le département de la Marne ayant été balayé du nord au sud, puis du sud au nord par les deux batailles de la Marne et ayant connu, entre-temps, sur ses cantons du nord et du nord-est, une bataille dévastatrice de quatre années, il est assez difficile de présenter une visite chronologique des sites où sont inscrits les souvenirs du conflit. Il semble qu'il soit plus simple de proposer, dans chaque cas, une visite guidée par la topographie et les itinéraires habituellement praticables.

DE FISMES À REIMS

Sitôt franchie la limite du département de la Marne, sur la N31 en venant de Soissons, le voyageur rencontre sur sa gauche un obélisque de pierre portant, dans un cartouche de bronze, la référence à la 4e division de l'armée américaine avec la date de 1918 et l'insigne de cette grande unité : une croix formée de quatre feuilles autour d'un cercle. Il s'agit dans cette vallée de la Vesle, du souvenir de la seconde bataille de la Marne.

On le retrouve dans la petite ville de **Fismes ❶**, où le pont sur la Vesle, reconstruit en 1927 par les architectes T. Atherton et P. Cret, porte l'inscription suivante : "Ce pont dédié à la 28e division de l'armée américaine a été élevé par l'État de Pennsylvanie en mémoire de ceux qui donnèrent leur vie pour la libération de Fismes." Les piliers monumentaux qui ouvrent le pont supportent des statues emblématiques de la Paix et de l'Agriculture et portent les armes des États-Unis et de la Pennsylvanie. Une plaque scellée en 1994 renouvelle le pacte d'amitié entre la ville et la Pennsylvanie.

Passé le pont, sur la route de Beaurieux en un point qui domine la vallée de la Vesle, est érigé un obélisque de marbre dédié par les survivants du 109e R.I. (garnison de 1914 : Chaumont), à leurs 800 camarades qui tombèrent les 27 et 28 mai 1918 alors qu'ils tentaient d'interdire le passage de la Vesle à trois divisions allemandes.

Un peu plus loin, au nord du village de **Jonchery-sur-Vesle ❷**, se situe un **cimetière britannique** où reposent 366 soldats tombés en 1918. La croix centrale porte une épée de bronze, pointe en bas en signe de deuil. On pourra consulter la liste des morts déposée dans la petite construction, ainsi que le plan de la bataille gravé près du mur d'entrée.

En pénétrant dans **Reims ❸**, on rejoint la route de Dormans sur un rond-point où figurait, jadis, une borne marquant l'extrême avance des Allemands vers Reims le 1er juin 1918. On peut mesurer, en franchissant ce carrefour, l'importance de la menace qui pesa sur la ville à ce moment.

REIMS

Dans Reims même, les souvenirs monumentaux de la Grande Guerre sont peu nombreux. On notera cependant les trois bornes de granit rose qui ont subsisté et qui jalonnent sur les route de Laon, Charleville et Vouziers, cette poussée allemande de juin 1918 qui ne fut arrêtée qu'aux portes mêmes de la ville. Sur la route de Châlons à l'entrée de Reims, à côté du parc Pommery et sur un terrain offert par la famille de Polignac, est érigé un **monument de pierre** qui présente, sur une épaisse dalle horizontale, deux obélisques parallèles symbolisant l'union des combattants métropolitains et africains pour la sauvegarde de Reims en 1918, avec l'inscription suivante : "La France et la ville de Reims aux soldats africains tombés pour la défense de la liberté - 1914-1918." Ce monument récent remplace l'imposant groupe de bronze, baptisé par les Rémois le "Monument aux Noirs" qui représentait un groupe impressionnant de soldats du corps d'armée colonial et qui a été détruit par l'occupant durant la Seconde Guerre mondiale (la copie de ce monument disparu est érigée à Bamako, au Mali). À proximité de l'hôtel de ville, sur la place Léon-Bourgeois, un **fantassin de pierre** rappelle aux Rémois le souvenir des régiments d'infanterie dans les rangs desquels nombre de leurs

parents servirent et disparurent. Dans le **cimetière du Nord** un "carré militaire" rassemble les corps d'environ 350 soldats français tombés à Reims ou morts dans ses hôpitaux. Enfin, dans le **musée Saint-Remi** situé dans l'ancienne abbaye accolée à la basilique Saint-Remi et classé patrimoine mondial par l'Unesco, une salle militaire a été aménagée pour rassembler les souvenirs de l'importante garnison que Reims a toujours constituée et, parmi ceux-ci, on trouve l'évocation de la Grande Guerre.

- *Musée Saint-Remi de Reims*
  53, rue Simon
  51100 Reims.
  Tél. : 03.26.85.23.36.

Ouverture : tous les jours sauf certains jours fériés de 14 h à 18 h 30, 19 h le week-end.

Mais, en réalité, c'est toute la ville de Reims qui constitue un souvenir de la Grande Guerre, si l'on sait décrypter le message de ses monuments, de ses rues et de ses murs. En 1914, la ville offre encore un décor de maisons médiévales, de la Renaissance et des siècles classiques. Elle s'inscrit dans l'orbe des boulevards qui ont succédé à ses remparts disparus et, en dépit de la démolition de 28 sanctuaires sous la Révolution, elle possède un capital architectural incomparable. Les destructions vont peu à peu s'étendre à toute l'agglomération et, en octobre 1918, sur les 11 400 maisons, il n'en reste qu'une quinzaine d'habitables. Les dégâts ont une telle ampleur que l'on envisage tout d'abord un plan complet de reconstruction, traçant des rues droites à travers le noyau médiéval. De ces plans trop ambitieux, il ne demeure que quelques transversales, comme les rues Voltaire et Jean-Jacques-Rousseau, dont le tracé sacrifia maintes ruines vénérables et souvent réparables. Car une grande partie des dommages avait été causée par des incendies qui, tout en ravageant l'intérieur des immeubles, avaient plus ou moins respecté les façades par ailleurs atteintes par les obus. Devant la répugnance des Rémois à revenir s'installer dans une ville qui leur serait devenue tout à fait étrangère, on les autorisa à reconstruire leurs maisons comme ils le souhaitaient. Seule la largeur des rues fit l'objet de mesures d'alignement et d'élargissement mais, là encore, les immeubles jugés réparables purent longtemps déborder et faire bouchon dans des rues que l'on tentait de mettre au gabarit d'une circulation automobile en pleine expansion.

Les façades anciennes – ou du moins antérieures à 1914, et d'autant plus facilement identifiables que plusieurs portent les dates de leur construction à la fin du XIXe siècle – correspondent donc à des maisons entièrement ruinées à l'intérieur, mais reconstruites à l'identique, selon le souhait du propriétaire. L'œil les décèle aisément, d'abord par leur style, mais surtout parce que les façades présentent un damier de pierres venues boucher les dommages infligés par les éclats d'obus.

Au milieu de ces maisons anciennes reconstituées, isolées ou formant parfois des îlots entiers qui rappellent l'aspect de la ville disparue, on

trouve toutes les **constructions nouvelles** réalisées, pour la plupart, entre 1920 et 1930. Des milliers d'architectes participent, à Reims comme dans toutes les villes détruites du Nord, à de vastes chantiers qui sont essentiellement marqués par l'influence de ce qu'il est convenu d'appeler le style Art déco, en référence à l'exposition des Arts décoratifs qui influença les arts plastiques et l'architecture de toute une génération. Nulle part ailleurs, on ne trouve une telle juxtaposition de façades disparates aux riches décors floraux, surmontées de dômes, campaniles, flèches ou pilastres compliqués qui témoignent de l'imagination de leur créateur. Dans ce décor hétéroclite mais très plaisant à l'œil, tous les monuments publics survivants, reconstruits à l'identique avec minutie, peuvent paraître incongrus, à moins que ce ne soit l'inverse…

Le monument qui symbolise à lui seul la ville de Reims, la **cathédrale** du sacre des rois de France, fut la principale victime des bombardements. Son état paraissait si précaire à la fin des hostilités que certains proposèrent de le conserver en ruine, autant que faire se pourrait. Heureusement, il n'en fut rien et les travaux de restauration furent menés par Henri Deneux, architecte en chef des Monuments historiques, qui, avant la guerre, avait parcouru la cathédrale en tous sens et fait des relevés qui lui permirent de mener son œuvre à bien.

La cathédrale a tout d'abord subi l'incendie du 19 septembre 1914 qui détruisit complètement la toiture, mais calcina également les sculptures de la tour nord prisonnière d'un échafaudage en bois. Par la suite, l'édifice reçut des milliers de projectiles dont plus de 400 de gros calibre, et ses sculptures (plus de 2 300 statues) et ses vitraux subirent d'irréparables dommages. L'ange de la Visitation du portail ouest, surnommé l'*ange au sourire*, fut décapité comme le fut aussi le *Beau Dieu* du portail nord. Mais les fragments de la tête de l'ange au sourire, heureusement recueillis, permirent sa restauration. Les voûtes s'écroulèrent peu à peu et, en 1917, un obus de gros calibre qui heureusement n'éclata pas, vint frapper de plein fouet le pilier sud-est du transept. L'architecte de la ville, au péril de sa vie, parvint à colmater la brèche avec des matériaux de fortune pour sauver ce qui constituait l'ossature même de l'édifice.

On lit aujourd'hui malaisément dans les pierres des voûtes l'ampleur des démolitions et, donc, des restaurations qui furent menées sans relâche pendant vingt ans, puisque la cathédrale fut rendue solennellement au culte en 1938. C'est de cette époque que date la remise en place sur le faîtage du toit des fleurs de lys royaux disparues à la Révolution. Le remplacement des statues les plus détériorées par des effigies inspirées des anciennes est toujours en cours. Le chantier des tailleurs de pierre est installé dans les jardins du **palais du Tau**, ancien archevêché accolé à la cathédrale, lui aussi consumé en 1914 avec toutes les collections qu'il contenait. Restauré récemment, il a été transformé en musée national abritant la statuaire ancienne, les tapisseries et les objets du sacre qui avaient échappé au vandalisme révolutionnaire. Toutes les constructions anciennes qui cernaient de près la cathédrale ont disparu pour permettre d'admirer le vaisseau de la plus longue église de France sous tous ses angles et, en particulier, son remarquable chevet.

Les autres églises de Reims avaient subi des dommages comparables, en particulier la **basilique Saint-Remi** et l'**ancienne abbaye** attenante. La toiture et les voûtes de l'édifice, effondrées, nécessitèrent un très long travail de rénovation. L'ancienne abbaye (hôpital civil en 1914) fut transformée en musée lapidaire en attendant sa destination actuelle (**musée Saint-Remi**). Outre la salle militaire, on y trouve des documents, des photographies et des objets témoins des destructions de 1914 à 1918, en particulier un fragment du décor sculpté de la maison de "l'Enfant d'or" située sur la place du Forum et disparue dans la tourmente.

- *Musée Saint-Remi*
  53, rue Saint-Simon
  51100 Reims.
  Tél. : 03.26.85.23.36.

Ouverture : tous les jours sauf certains jours fériés de 14 h à 18 h 30, 19 h le week-end.

La destruction de milliers d'immeubles eut une heureuse contrepartie, la résurgence de **fragments d'édifices anciens** noyés dans les constructions qui avaient remplacé les édifices religieux disparus à partir de 1792. Ainsi en est-il de l'**église Saint-Julien** dont les ruines ont été dégagées derrière Saint-Remi, du **cloître des Jacobins** dont quelques fragments sont visibles dans la rue du même nom et, surtout, du **cloître des Cordeliers** dont les dernières arcatures ornent le charmant square des Cordeliers, rue Voltaire. Comme édifice civil, on peut citer les ruines de l'**hôtel Pluche**, à l'angle des rues Pluche et du Marc, seuls vestiges d'un opulent hôtel particulier du XVIIe siècle que son propriétaire, la société des Amis du Vieux-Reims, a concédé à la ville afin d'y aménager un jardin d'enfants. Ces ruines issues des ruines constituent un témoignage de la richesse architecturale passée de Reims.

Si l'on suit le grand axe qui traverse Reims du sud-ouest au nord-est, l'ancien "cardo" de la ville gallo-romaine, on peut constater que les constructions les plus récentes y côtoient des maisons restaurées d'avant-guerre et des édifices de la reconstruction en 1920-1930. Bien plus, les plans d'élargissement de ce grand axe se sont heurtés à des constructions réparables dont les propriétaires n'ont pas entendu céder leur bien à la ville, et les "avancées" de ces immeubles anciens réduisent, à leur hauteur, les trottoirs à leur plus simple expression et semblent inexplicables aux visiteurs non prévenus. Comme certains vestiges monumentaux, la **porte dite "du Chapitre"**, qui offre aujourd'hui encore ses encorbellements moyenâgeux au milieu de la rue Carnot, a fait l'objet d'une délicate opération de retrait pour s'aligner au niveau des immeubles neufs qui l'encadrent. Il s'agit du dernier vestige de l'enclos du chapitre des chanoines de la cathédrale, dont la maison du trésorier dite "**la maison du trésor**", aux ruines heureusement sauvegardées au pied de la tour nord de la cathédrale, abrite aujourd'hui l'office de tourisme.

- *Office de tourisme*
  2, rue Guillaume-de-Machault

51100 Reims.
Tél. : 03.26.77.45.25.

Sur la **place Royale** restaurée, la sous-préfecture dont l'ancien immeuble avait été complètement détruit fait bien entendu saillie au milieu de la grande voie rectiligne, mais elle indique assez bien la largeur de cette rue avant la Grande Guerre. Cette place et la rue Colbert qui mène à l'hôtel de ville Renaissance avec son campanile presque flamand, n'offraient plus, en 1918, que des façades aux fenêtres vides.

L'**hôtel de ville**, quant à lui, dévoré par un incendie en 1917 avec une partie de la bibliothèque et du musée qu'il abritait, était réduit aux pierres noircies de sa façade. L'intersection de la rue Cérès avec les boulevards implantés sur l'emplacement des anciennes fortifications est marquée par un **monument en forme de tour conique, dédié à la mémoire de toutes les infirmières** mortes en service commandé dans les services de santé des armées en 1914-1918. Il est situé dans un square que l'intense circulation automobile empêche d'atteindre. En revenant de cette place Cérès qui marque une des anciennes postes de la cité vers l'hôtel de ville et en suivant la rue Jean-Jacques-Rousseau, on constate que cette voie nouvelle a été tracée à travers l'ancien tissu urbain et que les maisons anciennes qui la bordent ont perdu qui, un pignon, qui tout ou partie de leur dégagement ou de leur jardin.

Revenez sur le grand axe formé par la rue de Vesle, les rues Carnot et Cérès et l'avenue Jean-Jaurès. À la hauteur du **palais de justice** néoclassique du XIXe siècle, s'ouvre une large voie ornée en son centre de parterres fleuris. C'est le cours J.-B.-Langlet qui a été, lui aussi, taillé à vif dans le lacis des ruelles les plus pittoresques de la vieille ville. De son extrémité que marque une fontaine du XVIIIe siècle, malheureusement sans eau, on a une vue remarquable sur la cathédrale encadrée dans la perspective des immeubles de la reconstruction. Sur la base de la fontaine figure **l'effigie du docteur Langlet**, courageux et énergique maire de Reims pendant la Grande Guerre, qui ne quitta finalement la ville que sur l'ordre des autorités militaires en 1918.

Par ailleurs, dans le **cimetière du Nord** (voir p. 358) se trouve un carré de sépultures militaires. Il en est de même au cimetière de l'Ouest, rue de Bezannes, qui renferme environ 500 tombes de soldats tombés en 1914-1918 et quelques autres tombés en 1939-1940.

On peut probablement donner comme exemple de la reconstruction réussie de Reims **la nouvelle bibliothèque municipale** située tout à côté de la façade du palais du Tau donnant sur les jardins. Dus à l'architecte rémois Sainsaulieu, son ordonnance classique interprétée dans l'esprit Art déco, son développement circulaire et son portique, ne sont pas sans faire référence à certaines architectures monumentales américaines, ce qui est d'autant plus justifié qu'elle porte le nom de Carnegie, mécène nord-américain qui l'offrit à la ville, comme Rockefeller avait supporté les frais de la nouvelle toiture de la cathédrale...

Reims : façade de la reconstruction au 40, rue Voltaire.

LES FORTS DE REIMS

Après la guerre de 1870, Reims avait été choisie, avec La Fère et Laon, pour constituer la seconde ligne de fortification chargée de défendre la nouvelle frontière du nord-est. À cette fin, on construisit, entre 1875 et 1885, un demi-cercle de forts protégeant la ville vers l'est et se rattachant, au nord, au massif de Saint-Thierry et, au sud, à la Montagne de Reims. Avec leur maçonnerie de pierre, leurs fossés à pont-levis, leur caserne enterrée et leurs canons installés en plein air sur les superstructures, ces forts très classiques appartenaient à la première génération du système dit "Séré de Rivières", du nom de son concepteur. Peu de temps après leur achèvement, ces forts furent jugés dépassés par l'invention des obus-torpilles à la mélinite et des nouvelles poudres sans fumée, qui supprimait l'emploi de la poudre noire. À cause des sommes considérables

nécessaires pour cuirasser tous ces ouvrages neufs, seuls ceux de la première ligne furent transformés et les autres déclassés et désarmés.

C'est ainsi qu'à l'aube de la Grande Guerre, la place de Reims fut déclarée ville ouverte et ses forts privés d'artillerie et de garnison. Abandonnés sans combat au début des batailles de la Marne par la 9e armée du général Foch, les forts furent occupés par l'ennemi qui s'accrocha dans la plaine au nord-est de Reims, et d'où il ne fut délogé qu'en octobre 1918. Seuls, au nord, le fort de Saint-Thierry et la redoute de Chenay furent repris et occupés de fin septembre 1914 à mai 1918, tandis qu'au sud, le fort de Montbré fut repris sans combat et que celui de La Pompelle, reconquis après une âpre lutte, demeurait sur la ligne de feu pendant toute la guerre. Tous ces ouvrages furent donc des témoins ou des acteurs des combats autour de Reims et, à ce titre, mériteraient de retenir l'attention si leur situation actuelle ne semblait condamner la majorité d'entre eux à la disparition.

Le **fort de Saint-Thierry**, assez difficile d'accès, cache dans les bois ses structures en partie démolies par un promoteur, pour réemployer les belles pierres de ses parements. Demeuré propriété privée mais abandonné, il présente maints dangers pour le visiteur téméraire qui devra être extrêmement prudent et ne pas essayer de monter sur ses structures aux nombreuses cheminées d'aération. La **redoute de Chenay**, qui était annexée à ce fort, est demeurée en très bon état, mais son propriétaire en interdit l'accès. Au nord de Reims, le **fort de Brimont**, demeuré lui aussi pratiquement intact, est aujourd'hui occupé par l'armée de l'Air, et les spécialistes de la fortification qui voudraient y jeter un coup d'œil doivent en faire la demande au commandant de la base 112 de Reims-Courcy. Ses deux batteries annexes sont ruinées et font partie de propriétés privées.

Les deux **forts de Fresnes et de Witry-les-Reims**, restés sans dommages à la fin des hostilités, ont été vendus à des promoteurs qui ont démonté toutes les maçonneries. Le **fort de la Vigie de Berru**, lui aussi demeuré en bon état, est encore propriété de l'armée qui y a installé un centre de transmission dont les imposantes antennes dominent tout le massif. Le **fort de Nogent-l'Abbesse**, très atteint par des destructions volontaires des Allemands en 1918, et des Français en 1940, est toujours gardé par l'armée de l'Air. Au sud, le **fort de Montbré**, très significatif et conservé pratiquement intact dans ses structures essentielles, appartient à l'armée de terre qui ne l'occupe pas. Des visites peuvent être envisagées sous certaines conditions, en sollicitant l'autorisation auprès du délégué militaire départemental (caserne Lochet à Châlons-en-Champagne).

Le fort de La Pompelle ❹

Cet ouvrage est le seul fort du système Séré de Rivières de la première génération qui fut soumis à l'épreuve du feu et, dans son état actuel, il constitue un témoin essentiel de l'acharnement des combats et de la puissance de feu de l'artillerie. Enjeu de nombreux affrontements, il a peu à peu pris son aspect actuel que l'on s'efforce de préserver. Classé Monument historique en 1921, il est devenu la propriété de la ville de Reims qui a entrepris d'y abriter un musée de la Grande Guerre.

À l'origine, il s'agit d'un ouvrage très modeste, le plus petit des forts de Reims, construit entre 1880 et 1883 pour surveiller la vallée de la Vesle, modeste affluent de l'Aisne dont le nom revient à maintes reprises dans les communiqués officiels. Il devait interdire à l'ennemi de s'approcher de Reims par cette vallée qu'empruntaient une route, une voie ferrée et un canal. Au début du XXe siècle, sa garnison atteignait 275 hommes qui servaient 6 pièces d'artillerie modernes, 4 pièces plus anciennes et des

Le fort de La Pompelle.

Musée du fort de La Pompelle : casques allemands.

petites pièces de défense rapprochée. À part les canons placés sur les hauteurs du fort, toutes les pièces d'habitation, les magasins, les casemates étaient enterrés sous une couche de terre protectrice d'environ 4 à 5 m. Mais ce fort n'était pas destiné à agir seul et n'avait pas été conçu pour supporter un siège, car seule sa face avant était très forte alors que sa face arrière, où s'ouvraient les casernements, n'était pratiquement pas protégée. Or, la grande majorité des coups qu'il essuya provenaient des forts de Berru et Nogent-l'Abbesse, d'où les batteries allemandes visaient son flanc nord et ses arrières. C'est ce qui explique l'effondrement accentué de ses ruines du côté exposé au nord.

Alors que les autres forts résistaient opiniâtrement à tous les efforts tentés pour les reconquérir après la libération de Reims le 12 septembre 1914, le fort de La Pompelle, attaqué à de multiples reprises à partir du 16 septembre, fut atteint dans la nuit du 23 au 24 septembre par le lieutenant Cazamian, du 158e R.I., qui y pénétra par escalade. Le fort fut alors submergé pendant trois jours par une contre-attaque allemande qui ne céda qu'aux assauts de deux divisions françaises. À partir de ce moment, les deux adversaires se crispèrent sur leurs positions respectives, la première ligne allemande à une cinquantaine de mètres au nord de la route actuelle de Reims à Châlons-en-Champagne. L'artillerie allemande, qui avait déjà pris Reims pour cible, se déchaîna dès lors sur le fort, point d'appui pour tout le secteur du front à l'est de Reims. Le 30 septembre 1914, la **ferme d'Alger**, située à l'emplacement actuel du monument au bord de la route, disparut dans l'explosion d'une mine allemande dont l'entonnoir n'a été comblé que très récemment.

En 1917, pour mettre les relèves à l'abri des coups de l'adversaire, on creusa sous le fort un tunnel d'accès qui fut prolongé vers la vallée en 1918. Dans ce tunnel éclairé par un groupe électrogène, circulaient des wagons sur une voie étroite. C'est sous la neige, à la fin du mois de février 1918, que les assauts contre le fort s'intensifièrent. Puis les 1er et 18 juin, le fort fut envahi par les troupes d'assaut qui utilisèrent des gaz asphyxiants et des lance-flammes pour tenter d'y pénétrer. Ils réussirent à entrer dans le tunnel d'accès, mais le commandant du fort en fit sauter les entrées, emprisonnant ainsi les assaillants à l'intérieur. Les derniers assauts avaient été appuyés par des chars dont les carcasses détruites sont demeurées, jusqu'en 1940, à proximité du fort d'où les Allemands les ont fait disparaître.

Aujourd'hui encore, on peut voir, dans le fort, l'emplacement du monte-charge qui communiquait avec le tunnel creusé à 10 m sous terre. À l'heure actuelle, l'aspect du fort peut paraître à certains quelque peu décevant. Après la guerre, il fit en effet l'objet de campagnes de déminage, puis d'opérations de nettoyages intempestifs qui firent disparaître réseaux de barbelés et barricades de sacs de terre, et consolidèrent les brèches ouvertes dans les voûtes par l'artillerie lourde. On a même, ces derniers temps, reconstruit un fragment de la façade des casernements pour accentuer le contraste avec l'aspect chaotique du reste de l'édifice, sacrifiant de la sorte une part de la vérité historique. Il n'empêche que l'aspect général du fort, dont on peut aisément faire le tour extérieur par un chemin très praticable, reste très impressionnant.

Le **musée de la Grande Guerre**, qui a été installé dans des salles du fort restaurées et très bien aménagées, présente des souvenirs très variés qui en font tout l'intérêt. Le visiteur peut assister à un spectacle audiovisuel de 25 mn qui retrace l'histoire du fort avec des documents peu communs. On s'est efforcé ensuite d'évoquer son passé avant la guerre, et on peut espérer que cet effort sera prolongé afin de présenter les souvenirs de la garnison de Reims qui comptait de nombreuses unités d'infanterie et de cavalerie. Dans les salles voûtées sont conservées des séries d'uniformes très caractéristiques de leur évolution au cours de la guerre, des armes nombreuses, des ustensiles de la vie quotidienne du soldat, des travaux réalisés pendant leurs loisirs et de nombreux souvenirs personnalisés de combattants. L'armement lourd est représenté par un canon de 75 français et un canon de 77 allemand (bavarois en l'occurrence) auxquels s'ajouteront, après leur remise en état, des véhicules hippomobiles et automobiles particulièrement rares. Un aspect très intéressant du musée est les "crapouillots", cette artillerie de tranchée à tir courbe qui était la seule capable, à courte portée, d'envoyer des projectiles dans les lignes adverses, et qui est présentée avec ses matériels, ses munitions très particulières, ses insignes et ses fanions. On peut également trouver

Le musée historique du fort de La Pompelle.

dans une vitrine les souvenirs de René Dorme, as français de l'aviation de chasse, abattu sur les lignes allemandes devant le fort.

La seconde partie du musée est consacrée à la présentation de la collection de coiffures militaires allemandes, jadis réunies par monsieur C. Friese, et qui fut acquise par l'État et la ville de Reims en 1971. Cette collection tout à fait unique montre la totalité des coiffures de l'armée impériale en 1914, ainsi que celles qui furent réalisées pendant la guerre. L'extraordinaire variété de ces casques et leur aspect presque redoutable permettent d'évoquer la prodigieuse machine de guerre que constituait l'armée de Guillaume II. Cette collection comporte également des uniformes, des armes et des souvenirs très divers.

- *Musée historique du fort de La Pompelle*
  Fort de la Pompelle
  51500 Puisieulx.
  Tél. : 03. 26.49.11.85.

Ouverture : tous les jours de 8 h à 19 h du 1er mars au 30 novembre, et de 10 h à 17 h le reste de l'année. Groupes sur rendez-vous.

Des cérémonies militaires ou organisées par des associations d'anciens combattants se déroulent périodiquement dans le fort. Le siège de la société des Amis du fort de La Pompelle, qui s'est donnée pour tâche de promouvoir ce musée et de sauvegarder le fort, se tient dans l'ancien collège des Jésuites,
1, place Museux
51100 Reims.
Tél. : 03.26.85.51.50.

De l'autre côté de la route (un passage souterrain a été établi à l'intention des piétons), remarquez une **stèle** consacrée à la mémoire des soldats tombés héroïquement pour la défense du secteur, de septembre 1914 à octobre 1918. Autour du monument sont fixées des plaques évoquant le souvenir de quelques-uns des 172 régiments et 28 bataillons qui ont combattu autour de La Pompelle. De chaque côté de l'escalier qui conduit à cette stèle sont placées des cloches d'observatoire en fonte aciérée ressemblant à de gigantesques heaumes de chevaliers. En face de ce monument, on trouve une borne commémorative de l'extrême avance allemande en 1918, mais elle est ici assez symbolique puisqu'elle ne tient pas compte des assauts qui ont submergé le fort à plusieurs reprises. Autour du fort est sauvegardée une zone de terrain en friche où se lisent encore les lignes de tranchées et les boyaux de communication. Il est recommandé de ne pas s'y aventurer, car les obstacles sont encore nombreux et d'autant plus dangereux qu'ils sont cachés par la végétation.

À quelques kilomètres du fort sur l'autre versant de la vallée, à l'entrée du village entièrement détruit et reconstruit de **Sillery** ❺, une vaste **nécropole** a recueilli les corps de 12 000 soldats français tombés dans le secteur de La Pompelle. On peut y voir également un **monument élevé à la mémoire de la 97e division d'infanterie territoriale et un mausolée** consacré à la mémoire des soldats qui n'ont pas de sépulture. Leurs adversaires tombés sur le même champ de bataille ont été regroupés dans le **cimetière allemand de Berru** ❻ situé à proximité de ce village, sur la route de Reims à Vouziers, dans une clairière (et ne figurant sur aucune carte !) où reposent dans un vaste ossuaire près de 18 000 corps.

DE BERRY-AU-BAC À REIMS

Pour le visiteur qui, venant de Laon par la N44, pénètre dans le département de la Marne en franchissant l'Aisne à **Berry-au-Bac** ❼, les souvenirs de la Grande Guerre sont trop nombreux pour ne pas attirer son attention. Il vient de passer, à 2 km au nord de la rivière, **le monument de la ferme du choléra** consacré au souvenir de la première attaque de chars français, le 16 avril 1917, et à leur chef le commandant Bossut. Aussitôt l'Aisne franchie, **un cimetière militaire français** occupe pratiquement la frontière du département. À l'est de la route, une hauteur couverte de buissons dépasse les constructions longeant le canal de l'Aisne à la Marne. Il s'agit de la **cote 108** dont le sommet est constitué par un cratère de mine datant de l'année 1915. C'est ici que les lignes françaises passaient avant de suivre approximativement la ligne du canal de l'Aisne à la Marne vers le sud, cloaque boueux, aux écluses détruites et aux abords marécageux. Le visiteur ayant la jambe alerte et le pied agile peut essayer de grimper dans la craie pulvérulente et les buissons épineux jusqu'au bord du cratère d'où la vue s'étend fort loin et qui est encore, avec ses 40 ou 50 m de diamètre, le plus important cratère de mine conservé. Cette escalade est facilitée par temps sec et en saison sans végétation exubérante…

Reprenez la N44. À la première bosse, empruntez vers le nord-est un chemin de terre qui se dirige vers la ligne d'arbres marquant le canal. Les derniers 100 m parcourus à pied conduisent dans une clairière assez dégagée où s'élève un mur, fragment de ruine consolidée, portant une croix et une plaque de marbre noir qui indique : "Ici fut **Sapigneul** ❽. À la mémoire des soldats inconnus qui y reposent et à la gloire de tous ceux qui y ont combattu, Français, Britanniques, Russes, 1914-1918." Au revers du mur, une inscription précise que ce monument fut inauguré en présence de Mgr Liénart, archevêque de Lille et ancien aumônier militaire.

Sur la route nationale, au niveau du carrefour conduisant à Cormicy, un **cimetière militaire national** ❾ abrite 6 000 tombes individuelles et 4 000 corps dans des ossuaires. À l'entrée du village de Cormicy, une petite stèle porte : "À la mémoire des vaillants de la 69e division d'infanterie tombés devant Cormicy en 1914, au général Rousseau, leur digne chef." Les numéros des régiments indiquent que ceux-ci étaient tous composés de réservistes de Beauvais (251e), de Compiègne (254e), de Soissons (267e), de Reims (332e) et de Châlons-en-Champagne (306e). Ces soldats sont tombés à l'extrême fin de la poursuite après la première bataille de la Marne, alors que les morts britanniques qui sont inhumés au **cimetière militaire d'Hermonville** ❿, à 6 km au sud de Corbény, appartiennent à la 21e division et sont tombés en mai-juin 1918 au cours de la seconde bataille de la Marne (400 sépultures). Sur la N44, à la hauteur de **Cauroy-les-Hermonville** ⓫, une **stèle** de pierre décorée d'un drapeau en haut-relief, est dédiée au souvenir des combattants des 119e et 319e R.I. (Paris) et du 20e R.I.T. Une plaque récente, apposée par des anciens combattants belges rappelle les combats du 119e R.I. devant Charleroi le 22 août 1914.

Au carrefour suivant, la route départementale 30 conduit le visiteur à **Loivre** ⓬, village placé en bordure du canal et dominé par la batterie annexe de Loivre, évoquée par ailleurs. À l'entrée du pays, un haut **obélisque de pierre**, surmonté d'un coq, porte un drapeau à l'un de ses angles et une frise en bas-relief représentant des soldats en marche. Il est dédicacé aux héros du 363e régiment (régiment de réserve de Marseille) morts pour la France le 9 octobre 1916 et il est accompagné de deux textes de citations de 1917 et 1918. Tout le pays reconstruit d'un seul bloc indique à quel point il a souffert de sa position en première ligne. À proximité de la mairie, un second monument plus important, que la commune a, par ailleurs, adopté comme **monument aux morts**, est dédicacé "Aux morts du 3e bataillon du 133e R.I. (Bellay), tombés en reprenant de haute lutte le village de Loivre le 16 avril 1917" (il s'agit de la limite sud de l'attaque dite du "Chemin des Dames"). Le monument mentionne également le 23e R.I. (Bourg-en-Bresse) et les 24e et 28e (Paris, Bernay, Évreux). Il est orné d'un profil de fantassin et, au revers, d'un mufle de lion, sans doute insigne régimentaire.

Bas-relief représentant des soldats en marche sur l'obélisque de pierre de Loivre.

Si le visiteur franchit le canal et suit le chemin indiqué pour se rendre au **cimetière allemand**, il doit emprunter un mauvais chemin de terre défoncé par les charrois sur plus de 2 km, avant d'arriver à ce cimetière boisé placé au centre des terres cultivées reconquises sur les tranchées et le terrain bouleversé par les combats. Les croix noires sur le gazon vert forment un décor funèbre pour les 4 312 soldats qui sont inhumés ici. Tout à proximité, avant d'arriver au cimetière, on distingue, au milieu d'un champ, une petite **stèle** à laquelle ne conduit aucun chemin. Son inscription, rongée par le gel et les mousses, permet encore d'évoquer le souvenir du capitaine Paul Malpas du 170e R.I. (Épinal) tombé à cette place le 11 mai 1917.

Au moment d'entrer dans l'agglomération rémoise, le visiteur peut constater que le canal qu'il traverse à La Neuvillette coule à l'est de la route entre deux levées de terre. Ces buttes longilignes, nommées les "**cavaliers de Courcy**", ont fait l'objet de combats incessants aux portes de Reims.

ENTRE SÉZANNE ET DORMANS

Il faut maintenant nous rendre dans le sud du département pour y rechercher les traces de la première bataille de la Marne qui se livra entre Meaux et Verdun, mais dont le point de rupture est situé dans cette région, là où la 9e armée du général Foch réussit à surmonter son adversaire après lui avoir tenu tête dans des conditions périlleuses.

Pour le voyageur qui arrive dans le département par la N4, la ville de **Sézanne** ⓭ offre une belle architecture sauvegardée, mais la bataille s'est jouée à proximité. Le cimetière de la ville abrite dans le carré militaire 555 Français et 127 Britanniques dont le souvenir est rappelé par un **monument** orné du haut-relief d'un soldat en grès rose veillant dans la tranchée. Si l'on suit vers l'est cette N4 qui pénètre dans la vaste plaine de Champagne, on peut visiter à **Connantre** ⓮ un **cimetière allemand** contenant 8 930 sépultures des morts de la bataille et qui recèle une très fine *Déposition de croix* en terre cuite. Un peu plus loin, à **Fère-Champenoise** ⓯, sur un terrain mitoyen du cimetière municipal et offert par sa propriétaire, sont ensevelis les restes de plus de 7 500 soldats français au milieu desquels le Souvenir français a fait ériger un monument.

Revenez sur Sézanne pour gagner par les D30 et 45, le petit village de **Mondement** ⓰ qui fut choisi par le maréchal Foch pour qu'y soit érigé le **monument commémoratif de la première bataille de la Marne.** Il s'agit d'un menhir de béton rose de 33 m de haut qui s'élève entre l'église et le château du village, haut lieu de combats acharnés, rendu célèbre par toute une iconographie. Le mémorial représente la limite sur laquelle est venue buter la poussée ennemie. Il est dédicacé "À tous ceux qui, sur notre terre, du plus lointain des âges, dressèrent la borne contre l'envahisseur." Un bas-relief représente le général Joffre entouré de ses principaux généraux et de ses soldats. Une victoire ailée traverse l'orage des combats pour venir couronner les vainqueurs. Dans le **cimetière** de la petite église, se trouvent une dizaine de tombes militaires et une plaque commémorative. Le château de Mondement, visible du mémorial, est une propriété privée. Au pied du mémorial, une **table d'orientation** permet d'identifier tous les points de l'horizon, au-delà des marais de Saint-Gond, qui firent en leur temps l'objet de récits parfois éloignés de la réalité.

L'association Mondement 1914 organise tous les ans, le second dimanche de septembre, une cérémonie commémorative au pied du mémorial de la première bataille de la Marne. Elle vient d'ouvrir dans l'ancienne école désaffectée du village, une **salle de musée** où l'on peut observer des armes et des uniformes, ainsi que des documents et des cartes expliquant la bataille.

Ouverture : dimanche de 15 h à 18 h en juillet et août; visites guidées sur rendez-vous.

- *Monument de la bataille de la Marne.*
  51120 Mondement-Montgivroux.
  Tél. : 03.26.80.16.57.

Visite guidée sur rendez-vous. Se renseigner auprès du président de l'association.

En se dirigeant vers le nord, par la D951, on ne tarde pas à traverser le petit village de **Soizy-aux-Bois** qui veille sur un **cimetière national** dont l'ossuaire abrite près de 1 300 soldats français. Prenez la D373 vers l'ouest en direction de **Montmirail**. Là encore, le cimetière du pays referme un carré militaire d'une centaine de tombes. Continuez votre route sur la D373. Pratiquement à la limite du département, deux monuments se font face. L'un a été élevé en 1914 pour commémorer le centenaire de la victoire de Napoléon sur les alliés en 1814, l'autre est une **stèle** de pierre gravée d'une épée de deuil et dédicacée "À la glorieuse mémoire des 233 saint-cyriens de la promotion de Montmirail 1912-1914, morts pour la France entre 1914 et 1915", avec une mention pour le général Hallier, initiateur du monument et pour la promotion "Marne et Verdun" 1937-1939, filleule de la promotion de Montmirail.

De Montmirail, par la D23 et à travers la Brie champenoise, on peut atteindre, au nord de **Margny**, un **monument** constitué par un obélisque en meulière orné d'une croix de bronze et entouré d'une chaîne reposant sur une douzaine d'obus de gros calibre. Il est dédicacé : "À la mémoire des 300 soldats des 24e et 28e R.I. (Paris) tombés glorieusement sur le plateau des Thomassets le 4 septembre 1914." Il s'agit des combats qui ont tenté de retarder l'avancée allemande au sud de la Marne. Sur la route qui conduit de Mareuil-en-Brie à Dormans, à la hauteur de Comblizy, on découvre une borne marquant l'extrême avance allemande au sud de la Marne en juin 1918.

Rejoignez **Dormans** ⓱ par la D18. Une chapelle y a été construite, qui constitue, avec son ossuaire et son cloître, le **monument des victoires de la Marne**. En effet, c'est à Dormans, en 1914 et 1918, que les forces allemandes franchissant la Marne firent peser sur Paris une menace directe. Le maréchal Foch, sollicité par la duchesse d'Estissac, a choisi l'emplacement où a été érigé cet édifice romano-gothique dont la flèche s'élève à 52 m. La décoration des différentes parties de l'édifice mêle les symboles chrétiens aux évocations militaires. On peut, grâce à une **table d'orientation**, se remémorer les phases de la seconde bataille de la Marne. La chapelle supérieure glorifie le sacrifice des soldats et leur victoire. De très nombreuses plaques dédicacées évoquent les chefs, les soldats et les associations du souvenir. Dans un ossuaire sont déposés les restes d'environ 1 500 soldats non identifiés. Tout cet ensemble est situé dans un parc très agréable.

- *Mémorial des victoires de la Marne et ossuaire de Dormans*
  Se renseigner à l'office de tourisme de Dormans.
  Tél. : 03. 26.58.21.45.

Ouverture : du 1er mai au 11 novembre, samedi de 14 h 30 à 18 h, et dimanche de 10 h à 12 h et de 14 h 30 à 18 h. Du 13 juin au 30 août, tous les jours de 14 h 30 à 18 h.

Dans la ville proprement dite est situé un **cimetière militaire franco-allemand** où ont été recueillis les restes de 2 000 Allemands et de 2 200 Français, ainsi que de 20 Britanniques.

En suivant la Marne vers l'est par la N3, on atteint **Port-à-Binson** ⓱ où l'on traverse la rivière pour gagner le **cimetière national** placé au pied du prieuré de Binson, et dans lequel reposent 2 500 soldats français. De là, on peut se rendre à Vandières pour voir le château (propriété privée) qui porte le souvenir du passage des Allemands et des combats.

De part et d'autre de la vallée de l'Ardre, qui prend naissance dans la forêt de la Montagne de Reims pour rejoindre la Vesle à Fismes, le nombre des cimetières militaires et l'ampleur des destructions subies par les villages défigurés témoignent de l'âpreté des combats qui se sont déroulés dans ce paisible pays pendant quelques semaines, au printemps de 1918. Des tombes sont demeurées autour de certaines églises, comme à **Fleury-la-Rivière** (76 tombes françaises et 2 britanniques), à **Saint-Imoges** (21 tombes françaises et 71 britanniques), à **La Neuville-aux-Larris** (où un très petit cimetière britannique, accolé aux tombes de la commune, contient 98 sépultures de soldats) ou encore à **Arcis-le-Ponsart** (64 tombes françaises et 3 tombes britanniques). À **Marfaux** ⓲, c'est un **cimetière militaire** qui renferme 1 100 tombes britanniques et près de 4 500 tombes allemandes.

Autour du petit village de **Bligny** ⓳ ont été regroupées 434 **tombes britanniques** et un vaste et très important **cimetière italien** où reposent 5 000 soldats. On y trouve également un **monument à la mémoire des volontaires garibaldiens** qui se sont illustrés en Argonne dès 1914. En face de la nécropole, une longue allée boisée conduit à une colonne romaine antique déposée en ce lieu par la ville de Rome. Plus loin, en se dirigeant vers Reims, c'est un **cimetière franco-allemand** qui domine tout le panorama de la vallée. 5 000 Français et 5 000 Allemands y sont inhumés. Enfin, à **Bouilly** et **Courmas**, plus de 400 tombes britanniques sont présentes dans deux petites nécropoles.

LES BATAILLES DE CHAMPAGNE ENTRE REIMS ET SUIPPES

La vaste zone où se sont affrontés les adversaires pendant la guerre de position, ou si l'on préfère la "guerre de tranchées", concerne tous les cantons nord de la Marne, de la vallée de la Suippe à l'Argonne, et il est difficile de proposer un itinéraire pour parcourir ces lieux dont les noms entrèrent tragiquement dans l'histoire entre les deux automnes de 1914 et 1918.

Dans la vallée de la Suippe dont tout le cours inférieur est aux mains de l'adversaire, le village de **Warmeriville** ⓴ a conservé deux canons lourds d'origine russe – capturés par les Allemands et qui encadrent aujourd'hui le **monument aux morts** – et un **cimetière militaire allemand** qui compte 3 000 sépultures.

Plus au sud, le petit massif des **Monts de Champagne** ㉑ composé du mont Cornillet, du mont Blond, du mont Haut, du mont Sans Nom, du Casque, du Téton et du mont Froid, n'offre que de modestes hauteurs qui dominaient toutes les positions françaises, et où les Allemands s'étaient puissamment fortifiés. Ce massif fut partiellement conquis par l'attaque du 17 avril 1917, mais finalement maîtrisé lorsque furent détruits les tunnels par lesquels les renforts ennemis passaient d'un versant à l'autre.

Tout ce terroir est demeuré à l'état inculte et constitue un camp militaire interdit d'accès dans sa majeure partie. Cependant, en parcourant la D64 entre les villages détruits de **Nauroy** et de **Moronvilliers** vers Dontrien, on traverse un terrain où se dessinent encore des tranchées et des fortifications de campagne. En longeant le mont Cornillet où se situe aujourd'hui un champ de tir par la D34 et la RD31, on poursuit à l'envers le chemin que durent parcourir les vagues d'assaut françaises parties de l'ancienne voie romaine (RD31) pour atteindre leur objectif. Au carrefour de la D34 et de la RD31 se trouve un **monument** ㉒ significatif : une table de grès rose décorée d'une tête de mort casquée portant l'inscription : "Aux héros et martyrs des offensives d'avril 1917", avec mention de plusieurs régiments, le 47e (Saint-Malo), le 85e (Le Puy), le 95e (Bourges). Juste à côté est placée une des bornes qui marquent l'extrême avancée allemande du 15 juillet 1918. En suivant la voie romaine, on remarque sur la petite route menant à **Prosnes**, une **stèle** de pierre encadrée par deux obus de fort calibre et dédicacée : "Aux morts du 27e régiment d'infanterie territoriale Prosnes - 31 janvier 1917." La voie romaine suit à peu près la ligne du front jusqu'à la Suippe. Entre Prosnes et Saint-Hilaire, un grand **cimetière militaire** ㉓ borde la route. Y sont enterrés des combattants polonais, allemands et français, soit plus d'une dizaine de milliers de tombes.

Entre la ferme de l'Espérance et Aubérive, une nouvelle borne marque le point extrême de l'attaque allemande de l'été 1918. Plus au sud, autour de la vallée de la Vesle, entre le village de Sept-Saulx et celui des Petites-Loges, un **cimetière national** accueille 3 000 tombes françaises, cependant que celui de **Villers-Marmery** ㉔ placé au milieu des vignes de champagne, au flanc du coteau de la Montagne de Reims, abrite 600 tombes françaises.

Sur la route de Prosnes.

Le visiteur qui gagne la crête de cette ligne de hauteurs, au-dessus de Verzy en se dirigeant vers Louvois, peut atteindre à pied par un excellent sentier la casemate-observatoire d'où le général Gouraud observa l'échec de l'offensive allemande de juillet 1918. Le panorama depuis ce point de vue couvre tout le champ de bataille de Champagne, entre Reims et Suippes. Une table d'orientation permet d'identifier tous les points marquants du paysage depuis cet **observatoire dit du Sinaï ㉕**.

Rejoignez la N44 et dirigez-vous vers Châlons-en-Champagne. À la hauteur du mont de Billy, le canal de l'Aisne à la Marne passe dans un tunnel avant de rejoindre la vallée de la Marne à Condé. C'est sous ce tunnel que s'abritaient, entre les tirs, les péniches armées de canons de marine qui combattaient les batteries allemandes installées à contre-pente des monts de Champagne.

Repassez au nord de la vallée de la Vesle par la D994 puis la D19 en direction du camp de Mourmelon ㉖, célèbre camp militaire créé par Napoléon III sous le nom de camp de Châlons. Toute la partie bâtie du camp est librement accessible. Sur son grand axe, au carrefour dit de la Pyramide, se trouve un **monument dédié à H. Farman**, pionnier de l'aviation française et constructeur des premiers avions français de la Grande Guerre. Sur la route ombragée menant de Mourmelon-le-Petit à Mourmelon-le-Grand, une allée boisée conduit à un **cimetière militaire** où sont inhumés 3 000 soldats français, morts pour la plupart dans les ambulances établies dans le camp.

En quittant Mourmelon-le-Grand vers Aubérive par la D21, on a la surprise de découvrir, dans un environnement de sapins et de bouleaux, une **église orthodoxe ㉗** toute blanche avec des bulbes bleu et or. Elle est située au milieu d'un **cimetière** où sont inhumés un millier de soldats russes appartenant aux deux brigades qui sont venues combattre sur le front français à partir de 1916, et dont la majorité continuera à servir dans une "Légion pour l'Honneur" après la révolution russe de 1917. En face de l'église, sur le terrain militaire, s'élève un **monument à la mémoire du 2e régiment spécial russe et de ses morts**. Sur l'une de ses faces, on lit l'inscription suivante : "Enfants de France, quand l'ennemi sera vaincu et quand vous pourrez librement cueillir des fleurs sur ces champs, souvenez-vous de nous, vos amis russes, et apportez-nous des fleurs." Une plaque de bronze rappelle les liens des combattants russes avec le 34e régiment d'aviation.

• Église orthodoxe et monument aux morts russes
Située sur la route entre Mourmelon-le-Grand et Aubérive, à Saint-Hilaire-le-Grand, l'église érigée en 1937 est classée Monument historique.

Ouverture : dimanche de 14 h à 18 h et les autres jours sur rendez-vous. Se renseigner au 03.26.66.17.25.

L'association du Souvenir du corps expéditionnaire russe en France est actuellement présidée par le prince Obolenski.
1, square de Chatillon
75014 Paris.
Tél. : 01.45.42.42.96.

Si l'on poursuit la visite autour du camp de Mourmelon par la RD31, on passe à **Jonchery-sur-Suippes ㉘** devant un **cimetière national** abritant les tombes de 7 500 soldats français. Sur la RD77 qui conduit de Suippes à Châlons-en-Champagne se trouve le **cimetière national de la Ferme de Suippes ㉙** contenant 10 000 tombes françaises ainsi qu'un **monument** élevé par le Touring Club de France à la mémoire des cinq villages disparus, actuellement inclus dans le camp militaire de Suippes (voir ci-après). Entre Jonchery-sur-Suippes et Suippes, à l'endroit où la route traverse une avancée du camp de Mourmelon, on peut encore discerner que le terrain a été bouleversé par des tranchées. Poursuivez vers le sud pour rejoindre le **cimetière national du mont Frenet** et ses 2 500 tombes françaises. Plus au sud, la ville de **Châlons-en-Champagne** ㉚ occupée quelques jours en septembre 1914 demeura ensuite assez loin du front pour ne pas subir de dommages, mais elle fut toujours le siège d'importants états-majors et d'hôpitaux. Dans le **cimetière de l'Est**, un imposant carré militaire abrite 4 500 tombes françaises.

Cimetière de Villers-Marmery.

ENTRE SUIPPES ET ARGONNE

Le terrain, qui fut le théâtre des grandes offensives du printemps et de l'automne 1915 et sur lequel les combats ne cessèrent jamais jusqu'à l'armistice de 1918, présentait après la guerre, un tel état de destruction et de désolation avec ses cinq villages entièrement disparus, qu'il ne fut jamais réhabilité ni rendu à la culture. Devenu le camp militaire de Suippes, ce terrain fut consacré – et l'est encore de nos jours – aux exercices de tir des unités d'artillerie (l'école d'application de l'artillerie étant à Châlons-en-Champagne), ainsi qu'aux tirs des unités d'aviation. Il est donc impossible d'y pénétrer.

• *Camp militaire de Suippes*
Tous les deux ans, en septembre, le commandement militaire organise une "journée des villages détruits" au cours de laquelle les familles peuvent se rendre sur l'emplacement des anciens villages et s'y recueillir.
Secrétariat du commandant du camp de Suippes
Camp de Suippes
51601 Suippes cedex.
Tél. : 03.26.69.37.03.

Eglise orthodoxe dans le cimetière russe de Saint-Hilaire-le-Grand.

Un village détruit.

Les abords du camp offrent d'imposants souvenirs des combats. À **Suippes** ❸❶ même, un **cimetière national** abrite plus de 4 000 tombes françaises. En empruntant la RD77 vers le nord, on rencontre d'abord le village de Souain-Perthes-les-Hurlus dont aucune maison n'est antérieure à sa reconstruction. À la sortie nord du village, on ne peut manquer d'être impressionné par deux des plus importantes nécropoles de la Champagne. En effet, dans ses sépultures individuelles et ses ossuaires, le **cimetière principal de Souain** ❸❷ a recueilli les restes de plus de 25 000 soldats français. Adossé au nord de ce cimetière, un **cimetière allemand** abrite 14 000 corps. Le visiteur y est accueilli par une stèle portant les vers suivants : "Dieu vous crée en armées grises/Et vous constitue gardes du temps/ Auprès de la limpide source des honneurs/ Et auprès des sombres puits des peines" (W. Flex).

De Souain, par la D19 vers Saint-Hilaire, après avoir dépassé la ferme des Wacques, lieu d'âpres affrontements, un médiocre chemin conduit à travers champs vers le **monument** de la 28e brigade dû à l'initiative du R.P. Doncœur, ancien aumônier de cette grande unité. Une grande croix de frêne est entourée de nombreuses croix plus petites portant les noms des morts des 35e et 42e R. I. (Belfort) et du 44e (Lons-Le-Saunier) tombés au cours des attaques des 25 et 28 septembre 1915. On peut obtenir sans difficulté, en s'adressant au commandement du camp, l'autorisation de se rendre à l'orée du camp sur le **monument aux morts de la Légion étrangère** ❸❸ dû à la générosité de la famille de l'un d'entre eux, l'Américain Henry Farnworth, tombé à la butte de Souain en septembre 1915 et qui repose ici avec ses camarades.

En reprenant la RD977 vers le nord, on aperçoit vite la monumentale **pyramide de la ferme de Navarin** ❸❹. Ce monument a été voulu par le général Gouraud, ancien commandant de la IVe armée, pour honorer tous les morts des armées de Champagne. C'est en même temps une chapelle et un ossuaire où reposent les corps de plus de 10 000 soldats de toutes nationalités, ainsi que le général Gouraud et son chef d'état-major, le général Pretelat. Sur le sommet du monument, le sculpteur Real del Sarte a donné à un groupe de trois combattants, les traits du général Gouraud, de l'un de ses frères tombé au Chemin des Dames et de Q. Roosevelt, mort pour la France. Sur la plate-forme au pied du groupe, des tables d'orientation permettent de découvrir tout le panorama du champ de bataille qui a été conservé avec ses vestiges de guerre.

- *Monument-ossuaire de Navarin*

Ouverture : de mai à octobre, mercredi, vendredi, samedi et dimanche, de 13 h 30 à 18 h. Pour d'autres visites, téléphoner au 03.26.70.02.60.

L'association du Souvenir aux morts des armées de Champagne organise chaque année une imposante cérémonie à Navarin, se renseigner au 03.26.70.93.60.

Poursuivant sa route sur la D977 vers le nord, le visiteur arrive à **Sommepy-Tahure** ❸❺. Dans ce village lui aussi totalement reconstruit, le souvenir de la Grande Guerre est évoqué par d'émouvants vestiges des églises et villages détruits réunis sur les flancs de la butte qui porte l'église, ainsi que d'autres témoins des combats. Une salle de la mairie est également transformée en musée de la Guerre.

- *Musée de la Guerre*
  Mairie
  51600 Sommepy-Tahure.
  Tél. : 03.26.66.80.04.

Présentation d'armes, d'uniformes, de cartes renseignées et de souvenirs divers.

Visites sur rendez-vous.

À peu de distance de **Sommepy**, en direction de Dontrien sur la D20, un **cimetière militaire français** renferme 4 000 tombes de soldats tom-

Musée de la Guerre installé dans la mairie de Sommepy-Tahure.

bés lors des offensives de 1918. Revenez sur vos pas. À l'est de Sommepy en direction d'Aure, la route est bordée par un **monument important** consacré à la mémoire des morts des 170e R.I. (Épinal) et 174e R.I. et de leur chef, le lieutenant-colonel Charlet, tombé à proximité en 1918. En s'approchant de la "frontière" nord du département de la Marne, sur la D320 à partir du même village de Sommepy, on découvre dans un bois d'épineux une volumineuse et haute tour de pierre de section carrée, portant la dédicace aux armées américaines et françaises unies dans les offensives de 1918. Ce **monument du Blanc Mont** ㊱ dû à des initiatives américaines, présente un décor sculpté et mentionne les 2e, 36e, 42e et 93e divisions américaines. En revenant sur ses pas vers Suippes, le visiteur peut lire, à côté du cimetière militaire, une **plaque** indiquant que c'est ici que fut donné, le 12 septembre 1914, l'ordre de repli à la IIIe armée allemande.

De retour à Suippes, empruntez vers l'est la RD931 en direction du village de **Somme-Suippe** avec son décor de maisons toutes reconstruites à la même époque et son **cimetière** militaire abritant 4 000 tombes françaises. Continuez vers **Somme-Tourbe** où vous prendrez vers le nord la D66. La route suit le cours de la Tourbe, affluent de l'Aisne, et parvient à **Saint-Jean-sur-Tourbe** ㊲ où le **cimetière national** contient 2 500 tombes et où, derrière l'église, un ancien abri

Monument-ossuaire de Navarin, voulu par le général Gouraud dont l'effigie figure au sommet du monument.

Tour dédiée aux armées américaines et françaises unies dans les offensives de 1918.

bétonné a été transformé en hangar agricole. À **Laval-sur-Tourbe**, un panneau indicateur en mauvais état engage le visiteur à se rendre dans un petit **cimetière** entretenu par le Souvenir français et qui rassemble plusieurs dizaines de tombes et de stèles commémoratives éparpillées sous les arbres d'un petit parc très agréable. Au-delà de **Minaucourt-le-Mesnil-les-Hurlus** (38), un vaste **cimetière national** rassemble, au pied de la colline dite "La Main de Massiges", plus de 20 000 tombes françaises. C'est sur La Main de Massiges et le mont Têtu qui ne sont pas inclus dans le camp de Suippes, qu'il est possible, lors d'une promenade pédestre, de parcourir un des lieux les plus disputés du champ de bataille de Champagne.

DE VITRY-LE-FRANCOIS À SERMAIZE-LES-BAINS

Tout le sud-est du département de la Marne, c'est-à-dire l'arrondissement de Vitry-le-François, fut balayé par le déferlement des armées allemandes dans les premiers jours de septembre 1914. Les armées Sarrail et de Langle de Cary leur tinrent tête avec efficacité, jusqu'à ce que l'effondrement de l'aile droite allemande précipitât le recul en chaîne du centre et de l'aile gauche. On retrouve aujourd'hui, sur la ligne d'affrontement de 1914, quelques signes de ces combats.

C'est d'abord à **Vitry-le-François** (39), ville mutilée en 1940, où un **cimetière militaire** rassemble plus de 2 000 tombes françaises autour d'un curieux monument constitué d'une sorte de phare, surmonté d'une coupole et couronné d'une statue de la Vierge. Si l'on se dirige ensuite au sud de la ville par la RD396 puis la D14 vers Courdemange, on peut accéder, par un assez bon chemin empierré qui serpente au milieu des cultures, au **monument du mont Moret** (40), obélisque de grès surmonté d'une croix de guerre et dédié au 326e R.I. (régiment de réserve de Brive), vainqueur du mont Moret, les 8, 9 et 10 septembre 1914. Une plaque de bronze porte le profil du colonel de ce régiment.

Revenez ensuite à Vitry-le-François et prenez vers l'est la RD395. À la hauteur du village du **Buisson**, une **stèle** peinte en blanc est dédicacée à la mémoire des morts de la 11e compagnie du 72e R.I. (Amiens) tombés le 6 septembre 1914 alors qu'ils tentaient de s'opposer à la poussée allemande. Dans le cimetière communal du village de **Bignicourt-sur-Saulx** reposent 37 corps de cette unité. À Pargny-sur-Saulx, il convient de prendre vers le sud la D61 pour se rendre à **Maurupt-le-Montois** (41). À la sortie de ce pays par la D16, on trouve, face à face, un **cimetière national** où sont enterrés plus de 500 morts (dont 450 dans un ossuaire) avec un calvaire "Aux morts du 5e corps d'armée" et une colonne commémorative en pierre avec des éléments dorés à la base et au couronnement : "À cet endroit a été brisé l'élan allemand. Aux vaillants soldats tombés dans les journées du 6 au 10 septembre 1914." Sur ce monument figurent également le célèbre ordre du jour du général Joffre du 5 septembre 1914, la liste des unités engagées et une phrase du général Toulorge : "Les vivants continuent les morts."

En repassant à Pargny-sur-Saulx, on découvre un petit cimetière militaire contenant quelque 300 tombes françaises. Poursuivez jusqu'à **Sermaize-les-Bains** (42) à l'extrême limite sud-est du département, une petite ville thermale dont le nom devint célèbre après le reflux allemand de septembre 1914 lorsqu'on apprit que cette cité avenante avait été volontairement et scientifiquement détruite et incendiée sans le moindre motif apparent. Ainsi, aux deux extrémités de la diagonale nord-ouest/sud-est du département, Reims et Sermaize-les-Bains connurent un sort identique et demeurent comme des symboles de la guerre destructrice de la culture.

ARGONNE

De Sermaize-les-Bains à Revigny (dans la Meuse), puis vers le nord par la D20, le visiteur suit la route suivie en septembre 1914 par les

Allemands en retraite et leurs poursuivants. Au-delà de Brizeaux, la route pénètre dans la forêt d'Argonne. Suivez la D2 jusqu'aux **Islettes**, qui possédait jadis une célèbre faïencerie. Ce fut l'un des objectifs des Allemands qui voulaient, en s'en emparant, couper les communications (route et rail) entre Sainte-Menehould et Verdun. Le **cimetière militaire** des Islettes contient les restes d'environ 2 500 soldats français appartenant à des unités dont les noms figurent au revers du calvaire dans le fond du cimetière. Aux Islettes, on se trouve au cœur de la forêt d'Argonne, très dense et très accidentée, où la guerre prit une forme très particulière puisque l'artillerie y joua un rôle très réduit et que les combattants étaient fort proches les uns des autres dans un sous-bois qui ne fut que très partiellement éclairci par les combats.

Par la N3, rejoignez **Sainte-Menehould** ❸, fort jolie cité reconstruite en partie au XVIIIe siècle et qui ne souffrit pas de la proximité du front entre 1914 et 1918. Le **musée de l'Argonne Viard-Morel** présente une salle consacrée au conflit. Au départ de Sainte-Menehould par la D85, on atteint **Florent-en-Argonne** où se trouve un **cimetière militaire** qui contient plus de 3 600 tombes françaises et quelques tombes allemandes. La ville de Sainte-Menehould y a fait ériger un **monument** "Aux défenseurs de l'Argonne, les 10e et 18e corps d'armée". Poursuivez votre route vers Claon, modeste hameau de forestiers d'où une excellente route forestière conduit à la **Haute-Chevauchée** ❹, chemin de crête de la côte est de l'Argonne. On se trouve alors sur le territoire du département de la Meuse.

Au carrefour de la Haute Chevauchée marquée par un calvaire, apparaît un **blockhaus** avec une plaque portant le nom du lieutenant de Courson de la Villeneuve, du 82e R.I. (Montargis), tombé en ce lieu le 9 septembre 1914, et premier des dix hommes de son nom morts pour la France de 1914 à 1945. En suivant la route de la Haute-Chevauchée vers le nord, on atteint en face d'une maison forestière un **cimetière militaire** où plus de 2 000 tombes françaises disparaissent sous des massifs d'hortensias exubérants. De part et d'autre de la route, on aperçoit des tranchées, des trous d'obus et tout un terrain bouleversé où la nature a cependant repris ses droits. Dans un coude de la route assez marqué, apparaît alors l'**ossuaire** qui est surmonté d'un obélisque de pierre terminé par un buste de soldat casqué. Le monument porte une dédicace "Aux 150 000 morts de l'Argonne". À proximité, on peut encore apercevoir un **entonnoir de mine** datant de l'hiver 1914-15. Des chemins plus ou moins bien balisés conduisent vers des **petits monuments commémoratifs** noyés dans la végétation. Autour du monument principal, on peut observer des vestiges importants des fortifications de campagne (tranchées, abris, trous d'obus) parmi lesquels le promeneur doit se déplacer avec une extrême prudence. La Haute-Chevauchée rejoint la D38 à peu près à la hauteur d'une petite route conduisant aux **abris bétonnés** encore entourés de tranchées d'où le Kronprinz, fils aîné de Guillaume II, conduisit les combats de la 5e armée en Argonne, avant de la jeter à l'assaut de Verdun en 1916.

En suivant la D38 vers l'ouest, on arrive dans une clairière au carrefour où se situait le hameau du Four-de-Paris, détruit et jamais reconstruit. Avant d'arriver à ce niveau, on a pu observer sur le bord de la route la borne de l'extrême avance allemande dans ce secteur. Prenez la D67 vers le **hameau de la Harazée** ❺ entièrement détruit et reconstruit où le **cimetière national** abrite les restes de 1 500 soldats français ainsi qu'un monument aux morts. À **Vienne-le-Château** ❻, des traces d'éclats d'obus sont encore visibles sur la façade de l'église en partie reconstruite. En empruntant la D63, on arrive au **cimetière national** qui rassemble plus de 10 000 corps de soldats français avec un monument aux morts représentant, sur un mur de pierre, une figure allégorique (le Souvenir ?). Sur la route qui rejoint Servon-Melzicourt, on dépasse trois stèles en assez mauvais état dont l'une est dédiée au caporal B. Citroën, avant de parvenir, quelques centaines de mètres plus loin et de l'autre côté de la route, à un autel de pierre élevé en souvenir du capitaine M. Delaval. Au nord-est du village de **Servon-Melzicourt** ❼, dans un terroir qui était occupé par l'ennemi, se trouve un **cimetière allemand** où sont regroupés les restes de près de 10 200 combattants.

Autour de la Première Guerre mondiale

Cette terre si lourde au soulier du soldat, sépulture étrangère pour des milliers d'entre eux, sait aussi se faire douce et généreuse.

Des coteaux ensoleillés où s'élabore le champagne, ce vin unique, aux vertes forêts d'Argonne ou de la Traconne, de la vaste plaine où prospère une agriculture de pointe, des villes au patrimoine exceptionnel jusqu'aux petits villages traditionnels, la Marne n'est qu'invitation à la découverte.

Les pierres de chaque ville de la Marne renferment ainsi de prestigieux souvenirs des siècles passés.

• Comité départemental du Tourisme de la Marne
2 bis, boulevard Vaubécourt
5100 Châlons-en-Champagne.
Tél. : 03.26.68.37.52.

Reims (51100)

Siège du sacre des rois de France, la cathédrale de Reims est l'une des plus célèbres de France. La porte Mars, vestige de l'époque gallo-romaine, la basilique Saint-Remi et son musée archéologique et médiéval, le palais du Tau, le musée des Beaux-Arts, la chapelle Foujita, le musée-hôtel du Vergeur ou l'ancien collège des Jésuites, entre autres, sont autant de témoignages de la richesse archéologique et culturelle de la ville.

• Office de tourisme
2, rue Guillaume-de-Machault
51100 Reims.
Tél. : 03.26.77.45.25.

Châlons-en-Champagne (51000), Sézanne (51120), Épernay (51200)

Le trésor de la cathédrale Saint-Étienne et le musée du cloître Notre-Dame-en-Vaux à Châlons, ainsi que la très célèbre avenue de Champagne à Épernay, où se côtoient les fastueuses demeures des maisons de champagne, méritent une visite.

D'autres lieux mythiques valent le détour. Vous découvrirez, entre Epernay et Sézanne, le **Mont-Aimé**, haut lieu de l'hérésie cathare, couronné de quelques ruines du château de la reine Blanche de Navarre, le **château d'Étoges** du XIIe siècle et son parc traversé de sources et de fontaines (château transformé aujourd'hui en hôtel), ainsi que le **château de Montmort**, "ravissant tohu-bohu de tourelles" selon Victor Hugo, qui étonne par son architecture Renaissance et son parc.

Tout à côté d'Épernay, le **château de Pierry**, est une demeure du XVIIIe siècle tout entière vouée au champagne. L'**abbaye de Trois-Fontaines**, une ancienne abbaye cistercienne du XIIe siècle, subsiste à l'état de ruines romantiques en pleine forêt, tandis que **la basilique gothique de l'Épine** "comme un buisson de rose épanouies" (Paul Claudel) surgit dans la plaine châlonnaise tel un phare pour les pèlerins.

• Office de tourisme de Châlons-en-Champagne
3, quai des Arts
51000 Châlons-en-Champagne.
Tél. : 03.26.65.17.89.
• Office de tourisme d'Épernay
7, avenue de Champagne
51200 Épernay
• Office de tourisme de Sézanne
Place de la République
51120 Sézanne.
Tél. : 03.26.80.50.43.

Lac du Der-Chantecoq

Si l'homme, au fil des siècles, a modelé la Marne et enrichi son patrimoine, il a su préserver son calme et ses espaces naturels, notamment autour du lac du Der-Chantecoq.

Chaque année, 40 000 grues cendrées s'arrêtent prendre des forces sur ce lac, le plus grand plan d'eau artificiel d'Europe. Sur le chemin de leur migration, elles se reposent quelque temps le long des 77 km de rives hospitalières. Ornithologues et observateurs amateurs peuvent surprendre, à l'affût, l'intimité des grues, oies et autres faucons pèlerins dans leur refuge, en prenant bien garde de ne pas perturber leur quiétude. La **Maison de l'oiseau et du poisson** permet, à l'abri d'une ancienne ferme à pans de bois, de découvrir, sous forme de maquettes et de dioramas, la vie des quatre saisons de la faune du lac.

Le **Circuit des églises à pans de bois** et vitraux du XVe siècle offre à l'amateur d'architecture la découverte de la plus grande concentration en France d'églises de ce type.

Le **village-musée de Sainte-Marie-du-Lac** regroupe quelques bâtiments typiques qui ont été sauvés des villages engloutis à la création du lac.

De plus, les 4 800 ha du lac permettent toutes les formes de tourisme nautique : baignade, voile, motonautisme...

• Office de tourisme
Maison du lac
51290 Giffaumont-Champaubert.
Tél. : 03.26.72.62.80.

Route du Champagne

Au fil de la Marne, le champagne pétille ! Terre de naissance du célèbre vin, la Champagne offre d'incomparables occasions de partir à la découverte du secret... des bulles. Sept circuits distincts permettent de percer l'alchimie secrète de l'élaboration du champagne : la Montagne de Reims, au départ de Reims (70 km environ); le massif de Saint-Thierry, au départ de Reims (80 km); la vallée de la Marne, d'Épernay à Dormans et de Dormans à Château-Thierry sur respectivement 90 et 120 km; la côte des Blancs et les coteaux du Sézannais; d'Épernay à Villenauxe-la-Grande (80 km); la côte des Bar, autour de Bar-sur-

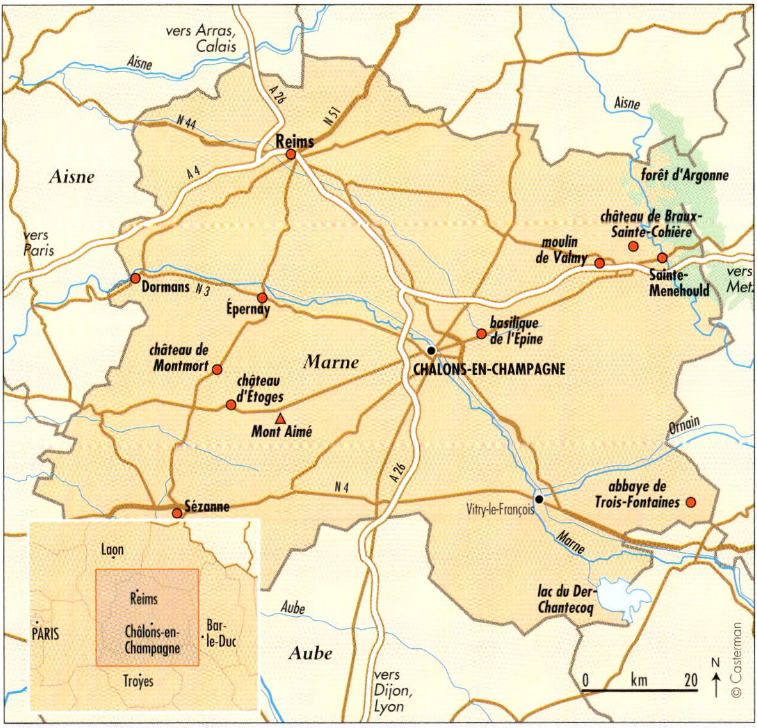

Aube et autour de Bar-sur-Seine (220 km pour chaque circuit).

De nombreuses fêtes, traditionnelles ou créées de toutes pièces, jalonnent cet itinéraire savoureux. Rendez-vous est pris pour la Saint-Vincent, patron de tous les vignerons, les vendanges, la Saint-Jean et... la fête de la Route du champagne en juillet dans la Vallée de la Marne !

• Renseignements :
Comité départemental de tourisme de la Marne
13 bis, rue Carnot
51000 Châlons-en-Champagne.
Tél. : 03.26.69.51.04.

L'Argonne

Loin des sentiers battus, la Marne buissonnière offre aux amoureux de nature et de tradition l'opportunité de rencontres insolites. Il en est ainsi de l'Argonne où les traces de la Grande Guerre sont par ailleurs les plus présentes. Le **Circuit de la forêt d'Argonne** constitue une promenade "nature" qui permet, à travers les gorges et étangs, de rencontrer arbres rares et classés, monuments historiques, artisans faïenciers, tourneurs sur bois, cordiers ou ferronniers, sites historiques, faune et flore typiques... Les 400 km de sentiers balisés offrent aux promeneurs d'innombrables randonnées. Les adeptes du VTT sportif ou en famille, pourront pédaler chacun à leur rythme.

Sainte-Menehould (51800)

"Capitale" de l'Argonne, elle présente, sur la place du général Leclerc, un bel ensemble architectural en brique rose à chaîne de "gaize", la pierre blanche du pays. Non loin de Sainte-Menehould, le **château de Braux-Sainte-Cohière** (ancienne commanderie de chevau-légers datant du XVIe siècle) abrite tout l'été concerts, expositions et animations culturelles.

Le **moulin de Valmy** a été reconstruit à l'image exacte de celui qui a été témoin de la célèbre bataille de 1792. Il offre un point de vue imprenable sur la forêt d'Argonne et la plaine de Champagne.

• Office de tourisme
15, place du Général-Leclerc
51800 Sainte-Menehould.
Tél. : 03.26.60.85.83.

VII. Les lieux de la Première Guerre mondiale en Argonne

Les forêts de l'Argonne sont au centre des combats de la Première Guerre mondiale. Traversées par les troupes françaises se dirigeant vers la Belgique en août 1914, elles sont le môle de résistance sur lequel bute la contre-offensive allemande. En 1915, l'Argonne forestière et la butte de Vauquois illustrent la dramatique guerre de grignotage. La région ne retrouve son rôle moteur que grâce à l'offensive américaine de 1918.

Les circuits proposés calqués sur l'histoire chronologique conduisent en Meuse, Meurthe-et-Moselle, Ardennes et Belgique.

Vestiges de tranchées dans la forêt d'Argonne.

La formation du front de l'Argonne en 1914

Le 2 août 1914, en annonçant à ses chefs d'armées son intention de prendre l'offensive en Lorraine annexée, le généralissime Joffre attribue aux trois armées françaises concentrées en Meuse et dans les Ardennes un rôle second mais non secondaire. La Ve armée est chargée d'engager l'action en direction de Thionville et Luxembourg, la IIIe armée confiée au général Ruffey est concentrée sur les Hauts de Meuse, à l'est de Verdun, face aux places de Metz et Thionville, tandis que la IVe armée constitue une réserve concentrée dans les régions de Toul et Sainte-Menehould.

L'offensive française

Pendant la première quinzaine de la guerre, alors que l'aile sud du dispositif de la bataille française passe à l'offensive dans les Vosges, les IIIe et IVe armées se concentrent. Le 20 août, les Ire et IIe armées françaises sont en difficulté en Moselle. Joffre ordonne aux armées meusiennes de passer à l'offensive vers la Belgique afin de desserrer l'étreinte. Très mal informé, le Haut Commandement français a complètement sous-estimé à la fois la force de l'adversaire et la direction de son attaque. Le 22 août, les soldats français attaquent sans mitrailleuse ou presque. À Éthe, Rossignol et Maissin, l'hécatombe est terrifiante. Ce dernier village et les bois environnants deviennent l'enjeu de combats acharnés. Attaques et contre-attaques se succèdent sous le feu des mitrailleuses et des obus des deux artilleries. Suivant le mouvement général de l'armée qui se reporte vers la frontière, le 11e corps du général Eydoux bat en retraite le 23 août, abandonnant à l'ennemi le champ de bataille avec les morts et les blessés intransportables. Des centaines de blessés reçoivent les premiers soins dans les villages de Transinne, Redu et Our où ils sont faits prisonniers par l'armée allemande. Au cours de cette journée, les pertes françaises s'élèvent à 4 500 hommes. À elle seule la 44e brigade, la plus éprouvée, perd 2 000 fantassins. Chez les Allemands, les pertes sont équivalentes et particulièrement dures pour la 25e division qui accuse 3 676 hommes hors de combat. Le régiment de la garde grand-ducale hessoise, le 115e grenadiers, perd 27 officiers et 760 fantassins. Pour les deux camps, les pertes se soldent en tout par environ 10 000 hommes hors de combat.

Retraite française et contre-offensive allemande

G. Bund, Attaque d'une patrouille de dragons allemands par des dragons français, août 1914.

Le 24 août, les IVe et IIIe armées font retraite derrière la Semoy, la Chiers, le Loison. Elles retrouvent la terre meusienne, mais l'envahisseur les talonne. Dans le nord de la Meuse, l'avance allemande est jalonnée par les incendies des fermes, des essarts et des villages. Les Français épuisés font retraite, régiments parfois confondus, mais en ordre. Le même jour, Woëcourt, Saint-Supplet, Bellefontaine, Pillon, Muzeray, Spincourt sont en feu. Rouvre, gros bourg de 500 habitants à quelques kilomètres d'Étain, est pillé et incendié : 57 villageois et 30 réfugiés sont massacrés. De nombreux faits d'armes – comme celui de Marville où une brigade de dragons charge sabre au clair et lance haute, dans le plus pur style des exercices de cavalerie – émaillent cette retraite.

Le 25 août, Étain est bombardée. Les civils en sont hâtivement évacués. Durant toute cette journée du 25, Maunoury fait front avec son armée de Lorraine à peine constituée. Combats d'une journée, combats brefs et intenses d'une violence que l'on n'avait jamais encore imaginée. Ces brèves empoignades rassurent cependant Joffre sur la cohésion et sur l'esprit offensif de son aile droite. Le 26, les Allemands entrent à Étain et s'infiltrent aux abords du camp retranché de Verdun. Dans la nuit du 28 au 29 août, enfin, le 13e corps allemand, après avoir passé la Meuse, prend Doulcon. La bataille de la Meuse prend fin sur une défaite française.

En attendant le moment de la contre-offensive, il est désormais nécessaire d'arrêter la retraite. Pour cela, Joffre change les hommes : Sarrail succède à Ruffey. Le nouveau chef reçoit l'ordre de contenir les Allemands tout en gardant intacte la cohésion des lignes françaises. Du 2 au 5 septembre, les Allemands poursuivent leur avance. Le 2 septembre, ils s'établissent entre Verdun et l'Argonne mais, en poursuivant l'armée Sarrail, ils étendent dangereusement leur dispositif entre Argonne et Meuse. Le 4 septembre, Clermont est prise et incendiée. Le 5 septembre, les Allemands sont à la hauteur de Souilly, Fleury-sur-Aire et Nubécourt. C'est alors que Joffre lance l'ordre du jour de ce qui allait devenir la bataille de la Marne : "... le moment n'est plus de regarder en arrière (...)".

La bataille de la Marne, sur le sol meusien

En Meuse, a bataille de la Marne offre un caractère particulier. D'abord parce que les positions de Sarrail sont étirées de Verdun à Révigny, selon un arc de cercle qui correspond à l'ouest à celui observé par l'armée de l'Ourcq. Ensuite, parce que la IIIe armée a une mission capitale : dos à la Meuse où elle risque d'être rejetée, elle doit maintenir, avec Verdun, le pivot est où s'arrime l'armée française toute entière. Face à Sarrail, le Kronprinz dispose d'un véritable bélier offensif de trois corps d'élite : les 6e, 13e et 16e. Du 6 au 12 septembre, la lutte sur un front de 50 km entre la vallée de la Saulx et la voie ferrée Verdun-Sainte-Menehould couvre de sang et de ruines six cantons du département de la Meuse regroupant une centaine de communes. Le sous-lieutenant Genevoix qui participe à ces assauts nocturnes et féroces devant La Vaux-Marie en est témoin : "À partir de trois heures, l'artillerie lourde allemande bombarde Rembercourt. À cinq heures, le feu prend à l'église. (...) Je suis resté des heures les yeux attachés à cet incendie, le cœur serré, douloureux (...)." Le lendemain et les jours suivants encore, les combats reprennent, impitoyables. L'effort principal porté par le Kronprinz sur la trouée de Revigny s'essouffle le 8 septembre.

Cette semaine sanglante en Meuse donne l'impression de mêlées sans aucune logique. Les combats sont acharnés, car le sort de l'aile droite de la bataille de la Marne est en jeu. Pendant ces journées de septembre, la bataille de l'Ourcq et de la Marne est suspendue aux engagements qui se déroulent de La Vaux-Marie à Souilly. La situation s'aggrave encore le 9 septembre par l'attaque dans la région de Saint-Mihiel du fort de Troyon. La résistance du fort et la retraite des armées allemandes dans la Marne oblige, le 11 septembre, à amorcer un mouvement de décrochage. L'armée Sarrail, épuisée, se contente de la suivre plutôt que de la poursuivre. Le 14 septembre, les avant-gardes françaises entrent à Varennes. La poursuite s'arrête au pied de Montfaucon sur une ligne Varennes, Montzéville, Brabant-sur-Meuse.

Septembre 1914-septembre 1918 : l'Argonne est un "verrou"

Vers le 15 septembre 1914, la Ve armée du Kronprinz impérial met fin à son repli à la hauteur de Montfaucon. La création d'un front continu entre la Champagne et la Meuse rend dès lors nécessaire une installation en Argonne. Le 24 septembre, les premiers éléments allemands pénètrent dans l'épaisse forêt. Par sa situation géographique, l'Argonne va constituer un trait d'union entre les deux zones majeures des combats que sont à l'ouest la Champagne et à l'est Verdun. Pour chacun des deux adversaires, l'Argonne permet d'assurer les liaisons entre les deux champs de bataille. De trait d'union, l'Argonne devient ainsi rapidement un "verrou". Que celui-ci saute et les Allemands déborderont par le sud les positions françaises ou, au contraire, les Français couperont par le nord les positions allemandes de leurs arrières. Les combats qui se déroulent en Argonne ont donc une importance capitale. À l'intérieur de l'ensemble de l'Argonnais, trois sites de combats s'individualisent : le bois de la Grurie, le Four-de-Paris et Vauquois. Aux deux premiers qui sont des sites forestiers s'opposent le troisième, un village situé sur une butte hors de la forêt.

La bataille dans la forêt

La forêt d'Argonne est formée de futaies de hêtres, de bouleaux, de charmes, de frênes et de chênes sous lesquels des arbustes de toutes sortes dressent des fourrés presque impénétrables. Elle abonde en coins délicieux ou sauvages ; les ravins étroits aux flancs abrupts couverts de taillis, alternent des vallées fraîches et leurs ruisselets, de petits étangs et des fontaines. La guerre de position prend, dans cette forêt, un caractère spécial. En dehors des layons et des sentiers, ce ne sont que fourrés presque impénétrables ; pas de glacis, pas de champs de tir commodes pour l'infanterie, à plus forte raison pas de vue pour l'artillerie à laquelle une épaisse fumée dérobe tout. Pas non

Mathurin Méheut, un peintre combattant

"C'est encore le meilleur témoignage d'amitié et d'admiration que je puis donner à mes braves soldats que de chercher à fixer sur les pages de mon album leurs gestes familiers et leurs attitudes héroïques", écrit Mathurin Méheut en 1916.

Artiste à la renommée encore limitée, Méheut parcourt d'octobre 1914 à février 1919 de vastes secteurs du front : Bergues dans le Nord, Dieue-sur-Meuse en Argonne, Montdidier dans la Somme, Saint-Quentin dans l'Aisne, pour s'arrêter près de La Capelle où ont lieu les préliminaires de l'armistice. Quel que soit le temps, l'intensité des combats auxquels il participe souvent en première ligne, le combattant qu'il est devenu reste fondamentalement un dessinateur et un peintre.

Pendant que d'autres, comme André Pézard, témoignent par la plume, Méheut s'exprime par le crayon et la peinture. Ces centaines de croquis, dessins, aquarelles et gouaches montrent l'évolution des champs de bataille, les boyaux qui deviennent fortins de béton et l'âpreté des combats avec leur cortège de blessés et de morts amis ou ennemis. Peintre de la vérité, il n'hésite pas à représenter une exécution capitale au nord d'Arras, le 5 juillet 1915. Dans cette œuvre foisonnante et riche, les dessins consacrés à la vie des soldats dans les tranchées du bois de la Grurie sont un témoignage capital du temps de l'Argonne en guerre.

Un musée présente l'œuvre multiple de Mathurin Méheut (1882-1958) dans sa ville natale de Lamballe (Côte-d'Armor).

Musée Mathurin Méheut
Place du Martrai
22400 Lamballe.
Tél. : 02.96.31.19.99.

Ouverture : tous les jours sauf dimanche et jours fériés de 10 h à 12 h et de 14 h 30 à 17 h (vacances de printemps), de 10 h à 12 h et de 14 h 30 à 18 h (juin à septembre) ; mardi, vendredi et samedi de 14 h 30 à 17 h (le reste de l'année). Fermé en janvier.

La Croix funèbre, *Bebrupt-en-Woëvre, 19 août 1917.*

plus de cheminement facile ; quelques grandes vallées entaillent bien le massif, mais s'y greffent des ravins étroits, des "barrabans" qui, en dehors des sentiers, forment des obstacles presque infranchissables.

L'humidité est très grande, les sources jaillissent partout ; la boue s'y forme facilement, rendant les pistes impraticables. Les tranchées, à peine creusées, sont envahies par l'eau et la boue que les soldats doivent évacuer sans relâche, parfois avec des moyens de fortune. Ces tranchées creusées sous le feu de l'ennemi, au petit bonheur, sont d'un tracé fort capricieux. Les tranchées françaises et allemandes s'enchevêtrent. La fusillade est continuelle. Les fusées ne cessent d'éclairer la nuit. Mais le fusil n'est que l'arme accessoire. À longueur de jour, les adversaires s'arrosent de grenades, de pétards et de bombes. En dehors de tout combat, il y a souvent des centaines de tués et de blessés par jour. Dans l'attaque ou dans la défense d'une tranchée, l'affrontement tourne tout de suite au corps à corps.

Devant la difficulté d'aborder ouvertement les tranchées de l'adversaire, on s'efforce de s'en approcher en poussant des sapes en avant, ou de les faire sauter à coup de mines. Sous terre, c'est de part et d'autre un creusement incessant de gale-

La relève dans le secteur du Four-de-Paris ravagé par les bombardements intensifs.

ries et de fourneaux de mines. Il faut faire sauter l'adversaire avant qu'il ne vous fasse sauter lui-même. Sur les tranchées éventrées, bouleversées par les mines, dans la fumée, sous la pluie de terre projetée par l'explosion, les soldats s'élancent pour occuper l'entonnoir ou le disputer à l'adversaire si celui-ci les a devancés ; on se bat à coup de grenades, à l'arme blanche, et de terribles combats aboutissent à un gain de quelques mètres de terrain. De la fin de 1914 à la fin mars 1915, entre le Four-de-Paris et la vallée de l'Aire, les sapeurs français exécutent plus de 3 000 m de galeries de mines, font exploser 52 fourneaux dont la charge a demandé 7 200 kg d'explosif. Plus tard, la guerre de mines prend un développement autrement considérable, et l'on voit sauter des fourneaux chargés de plus de 60 000 kg d'explosif.

Le bois de tous les dangers

Le bois de la Gruerie que les poilus appelèrent "le bois de la Tuerie" est, de septembre 1914 à la fin de 1915, un des secteurs les plus agités et les plus dangereux du front occidental. La guerre s'y fait dans des conditions particulièrement dures. Quelques secteurs sont plus disputés que d'autres comme le pavillon de Bagatelle, les vallées de la Fontaine-aux-Charmes et de la Fontaine-Madame. En décembre 1914, les Allemands attaquent par six fois à Fontaine-Madame, par trois fois à Bagatelle. En janvier 1915, les attaques et les contre-attaques sont presque quotidiennes ; du 16 au 26 janvier, quinze attaques allemandes se succèdent entre Fontaine-Madame et Saint-Hubert, qui se trouve au sud-est sur le ruisseau de la Fontaine-au-Mortier ; les Français ripostent par des contre-attaques immédiates, et ces luttes terribles aboutissent à des gains réciproques d'une centaine de mètres de tranchées. Le 27, les Allemands lancent trois attaques vers Bagatelle ; le 29, toute la 27e division wurtembergeoise se jette sur la même région. La lutte continue les jours suivants et, après des pertes sévères des deux côtés, les Allemands sont repoussés à plusieurs reprises jusqu'au 7 février 1915. Pendant qu'une offensive française se déroule dans la région des Hurlus en Champagne, les troupes d'Argonne attaquent l'ennemi pour l'empêcher de prélever des renforts dans la forêt. L'opération la plus importante est dirigée contre les positions allemandes de la croupe Blanleuil qui, située entre le ravin sec et le ravin de Fontaine-Madame, peut prendre d'enfilade le saillant de Bagatelle. Mais, à l'issue de deux heures d'attaques et de contre-attaques, les Français ont perdu 40 % de leurs effectifs et doivent regagner leur tranchée de départ.

Le 1er mars, un violent combat se livre de nouveau à Blanleuil, sans résultat. Le

Matraques de tranchées (Péronne, historial de la Grande Guerre).

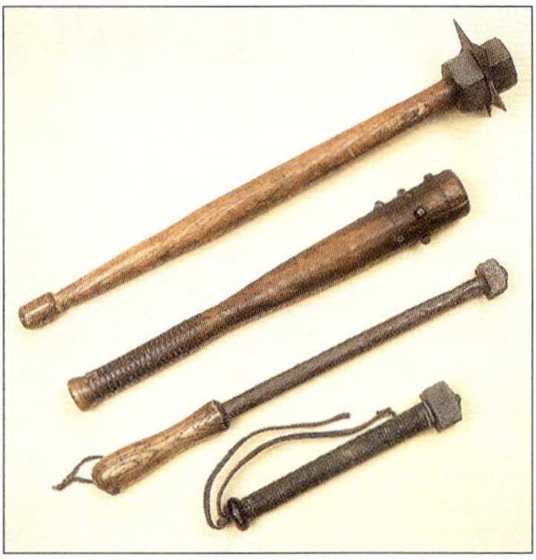

Carte postale évoquant l'engagement des Garibaldiens dans le conflit.

22 mars, à Bagatelle, après l'explosion de trois mines, deux compagnies françaises enlèvent une tranchée allemande et repoussent une forte attaque. À 500 m de là, l'ennemi fait aussi sauter des mines, se jette dans les tranchées françaises dans un combat au corps à corps avant d'être finalement battu et rejeté. Du 30 juin au 15 juillet, le secteur est affecté par l'offensive allemande menée entre le Four-de-Paris et la route de Binarville. Les 28 juillet, 4 et 17 août, trois tentatives allemandes sur la Fontaine-aux-Charmes échouent. Le 9 septembre, une nouvelle tentative plus puissante aboutit à une lutte acharnée.

À partir de 1916, le secteur se calme. Hormis le bombardement des tranchées, il est troublé de temps en temps par quelques luttes à la grenade, quelques coups de main de part et d'autre, mais ce n'est plus le combat continuel et féroce de 1915.

Le secteur de Saint-Hubert est également le théâtre de fréquents combats, d'octobre 1914 à septembre 1915. Le 2 août au cours d'une attaque, les Allemands se servent de liquides enflammés. Par la suite, le secteur s'apaise, comme le reste de l'Argonne. Non loin de Saint-Hubert, la position dite Marie-Thérèse forme un saillant prononcé de la ligne française. Bordé sur trois côtés par les lignes allemandes, ce saillant est difficile à tenir et les Allemands cherchent à s'en emparer à plusieurs reprises, sans grand résultat.

Le Four-de-Paris

C'est sur le secteur du Four-de-Paris que les Allemands portent principalement leurs efforts après leur retraite de septembre 1914. En deux jours, les 27 et 28 novembre, ils lancent sept attaques au nord du Four. Le 5 décembre, à trois reprises, leurs troupes reviennent à la charge au son des fifres et des tambours… sans succès. Le 18, après avoir fait sauter une tranchée, les Allemands attaquent encore. Du 29 juin au 15 juillet 1915, la bataille fait rage dans ce secteur, entrecoupée de terribles bombardements avec obus asphyxiants. En 1916 et 1917, comme dans le reste de l'Argonne, le secteur est presque calme. La bataille des mines continue, mais avec moins de fréquence. Les combats à proprement parler font place aux coups de main.

Certains sites voisins du Four-de-Paris sont également le théâtre de farouches combats en 1914-1915, tels Bolante, les Meurissons, la Haute-Chevauchée, la Fille-Morte, la Pierre-Croisée, Courte-Chausse. En décembre 1914, de nombreux engagements se succèdent dans ces secteurs où les troupes françaises progressent légèrement. C'est à l'est du bois Bolante, dans le ravin sauvage de la fontaine des Meurissons, que le régiment garibaldien reçoit le baptême du feu. Le 26 décembre 1914, le 2e bataillon garibaldien

A l'abri d'une tranchée, un soldat français fait feu sur les lignes adverses.

est chargé d'emporter une tranchée allemande. Le front d'attaque est restreint, 150 m environ, mais la position est solidement tenue et protégée par un épais réseau de fils de fer. Après une préparation d'artillerie qui dure de minuit jusqu'à l'aube, les compagnies garibaldiennes s'élancent, les unes derrière les autres, pour faire une brèche à tout prix, mais elles se brisent contre les fils de fer intacts. Le 5 janvier 1915, plus à droite, sur le plateau de Courte-Chausse, les 1er et 3e bataillons garibaldiens prennent leur revanche sur l'ennemi en réalisant une importante avance. Le 7 janvier, après une petite attaque allemande vite enrayée, les hommes du 46e de ligne français creusent des éléments de tranchées sur le plateau pour préparer une position de repli éventuel. Le général Gouraud, commandant de la 10e D.I., est venu examiner la position. Il est blessé à l'épaule d'une balle de mitrailleuse. Le lendemain, une violente préparation d'artillerie allemande commence avec l'aube. La ligne française rompue, les Allemands s'infiltrent jusqu'au ravin. Ils s'emparent du P.C. du régiment, blessant le colonel et ses adjoints. La 11e compagnie tient toujours. Vers 9 h 30, des secours arrivent : des éléments du 89e de ligne français et du 2e bataillon garibaldien chargent sous les taillis. Après une lutte au corps à corps, ils réussissent à dégager le 46e et à contenir l'ennemi qui évacue le ravin.

À partir d'octobre 1915, c'est dans cette région de l'Argonne que l'activité, bien que diminuée, se maintient le plus. En 1916, de fréquentes explosions de mines provoquent des luttes à la grenade autour des entonnoirs à la Fille-Morte, Bolante, la Haute-Chevauchée, Courte-Chausse. En 1917, la bataille des mines est presque abandonnée, mais les adversaires exécutent souvent, à tour de rôle, des coups de main pour faire des prisonniers, détruire les travaux et les abris.

Vauquois

Si, dans la forêt argonnaise, le front n'est jamais stable durant les deux premières années de la guerre, et si l'avance allemande est globalement continue, la situation est très différente à Vauquois. Dans ce secteur, ce sont les Français qui attaquent, et l'obstination des deux camps mène à une guerre microscopique où la prise d'un mur ou la capture d'un cratère de mine deviennent des victoires retentissantes.

La butte de Vauquois est un mamelon situé à environ 4 km à l'est d'un massif de l'Argonne. Dominant toute la région, Vauquois est considéré par les états-majors des deux camps comme un observatoire exceptionnel et un verrou stratégique. La butte est occupée par les troupes allemandes au début du mois de septembre 1914. Le 15 septembre, elle est reconquise par le 5e corps d'armée française avant de repasser aux mains des troupes allemandes le 24 septembre. Les Allemands décident de transformer cette position en une vraie forteresse. Des caves sont creusées dans le roc et reliées par des boyaux souterrains, les rues sont excavées pour que leurs soupiraux constituent des meurtrières à hauteur d'homme, les murs des maisons et des jardins sont crénelés, des tranchées sont établies en avant du village sur les pentes. Des ravins et des glacis offrant d'admirables champs de tir aux mitrailleuses entourent la butte et rendent son accès difficile. C'est cette forteresse que les troupes françaises tentent de reconquérir.

La reconquête française

Le premier assaut est donné le 28 octobre 1914. Les sections se déploient en lignes de tirailleurs, sans aucune préparation d'artillerie, sans même un coup de canon français tiré sur le village. Les hommes qui avancent par bonds sont fauchés par les tireurs allemands bien abrités. Au bout de trente minutes, ils sont presque tous hors de combat.

Le deuxième assaut est mené le lendemain, après une courte préparation d'artillerie qui ne lance sur Vauquois que quelques obus. C'est un nouvel échec avec de grosses pertes.

Le troisième assaut est lancé le 17 février 1915. L'opération manque de réussir. La préparation par pièces de 75, 95, 155 et 270 dure plus d'une demi-journée. Le 31e de ligne groupé sur le Mamelon blanc, en pleine vue de l'ennemi, joue *la Marseillaise.* Plusieurs musiciens tombent, tués ou blessés. Les survivants sonnent la charge. Les compagnies de tête escaladent les pentes, pénètrent dans Vauquois et atteignent les ruines de l'église, mais, sous les batteries de l'Argonne et de Montfaucon et sous les mitrailleuses de Cheppy, elles doivent reculer après de grosses pertes, redescendre le plateau et s'accrocher à mi-pente de la colline.

Un quatrième assaut, le 28 février, n'a pas plus de succès. C'est finalement le 1er mars qu'a lieu l'attaque décisive. La préparation a fait des progrès : un plan du village dont il ne reste que des ruines est distribué aux troupes, chaque compagnie a ses objectifs précis. Le bombardement commence à l'aube. Le départ des troupes est impressionnant. D'un bond, une ligne étincelante de baïonnettes se dresse sur le flanc de la butte. De son observatoire, le général Sarrail suit l'attaque. Deux fois, les troupes atteignent le plateau après avoir sauté de trou en trou. La deuxième fois, ils s'y maintiennent, enlèvent les maisons une à une et poussent jusqu'à l'église. Le village n'est plus que trous, amas de pierres, pans de murs, caves éventrées.

Les Allemands contre-attaquent sans pouvoir déloger les Français. Pendant quatre jours et quatre nuits, sous le pilon-

Un sapeur au travail.

nage incessant des percutants et l'arrosage des fusants ennemis, les troupes françaises tiennent sans ravitaillement, obligées de prendre des vivres sur les morts.

Le 4 mars dans l'après-midi, le 76e de ligne s'empare des tranchées allemandes à l'ouest de l'église et atteint le mur du cimetière. Le 5, une contre-attaque allemande est refoulée. La prise de Vauquois par les Français est définitive.

La guerre des mines

À partir du 6 juin 1915, le "combat en surface" cesse pratiquement pour faire place à une guerre souterraine, la guerre des mines. Celle-ci se déroule en plusieurs phases :

- en février et mars 1915 : petites mines inférieures à 50 kg pour préparer ou arrêter les attaques d'infanterie ;
- de mars 1915 à février 1916 : mines moyennes (50 à 1 500 kg) et peu pro-

Nous autres, à Vauquois

"Le calme et la chaleur s'étalent sur le dos de la butte. Notre secteur est un dédale d'éboulements pâles comme cendre, aussi désolés que le grand ciel rude. Les boyaux écrasés s'enchevêtrent tous semblables. Ils n'ont plus la force de s'enfoncer dans le sol ; à chaque pas, malgré le soleil qui sculpte crûment toute chose en morceaux de lumière et vous les fourre sous les yeux, on se croit égaré nouvellement dans ces coins de désert qui sortent les uns des autres, dans cette monotonie qui renaît d'elle-même. On se dirait ensablé dans un cauchemar sec et compliqué, dans des cercles de calculs abstrus, dans des combinaisons arides de lignes et de chiffres...

"Partout des pierres qui se désagrègent ; des boîtes de conserve tordues qui luisent ; des piquets qui branlent dans leur alvéole, la tête fendue et rouie par les coups de mailloches impuissants ; des franges et des cascades de loques couleur de zinc... des calottes métalliques plus gênantes qu'utiles sous le képi, à l'abandon maintenant, minces ferrailles rouillées et cabossées, au creux desquelles dorment deux ou trois grains de gravier ; des chevaux de frise hors d'usage dont les trois pieux croisés ne tiennent plus ensemble, dont les fils barbelés détendus et coupés s'embrouillent comme des démêlures ; des rouleaux de fil de fer tout rouges d'oxyde, des fusils cassés et tordus, des poignées de baïonnettes avec un tronçon de lame, des chargeurs allemands, des outils brisés, des rails, des rondins, des planches, des claies effondrées de travers sous la ruine des talus...

"Et de la terre, de la terre, et des pierres.

"Tout cela traîne au hasard et s'embrouille misérablement. C'est un désordre sale et maigre, que l'éclat du jour rend encore plus vulgaire ; on croirait voir, dans je ne sais quel terrain vague de banlieue, le jardin du chiffonnier, le coin du poulailler, avec ses terrines cassées... ses croûtes de pain et ses odeurs de fiente fermentée, d'urine aigrie au soleil.

"Mais le ciel flamboie autrement ici, sur la butte, ce grand corps de lépreux ; et la terre s'ensevelit sous la puanteur terrible des vieux morts, sous la puanteur de midi, dure et gluante comme un poison. Les fosses ignobles des feuillées, où clapotent deux planches instables, et certaines places vagues, mystérieuses, du sol effrité sont couvertes de fumées aux tourbillons vibrants : là, les grosses mouches jaunes ; ici, les grosses mouches bleues, gorgées de pourriture et de soleil."

Ces lignes sont extraites de *Nous autres à Vauquois*, le chef-d'œuvre d'André Pézard. Né à Paris en juin 1893, André Pézard est admis à l'École normale en juillet 1914. Mobilisé en août, il est nommé sous-lieutenant en décembre. Il rejoint le 46e R.I. de Fontainebleau en janvier 1915 et prend part aux attaques de Vauquois (février-mars) où il passe près d'un an et demi. En décembre, il est promu lieutenant et commande une compagnie. En septembre 1916, il participe à la bataille de la Somme près de Bouchavesnes où il a le genou brisé par une balle. Il reprend alors ses études, réussit l'agrégation et devient le "plus grand italianiste français". Il s'éteint en 1984. Alors que l'armistice n'est pas encore signé, il publie en août 1918 *Nous autres à Vauquois*.

Analysant cette œuvre, Jean-Norton Cru écrit : "Le livre de Pézard est un de ces chefs-d'œuvre dont le mérite n'est pas évident à la première lecture. Pézard demande à être découvert progressivement. La première lecture laisse le lecteur mal satisfait, peut-être irrité contre l'auteur qui ne s'est pas fait comprendre, qui ne révèle pas clairement ses intentions. Qu'on se garde bien de voir là un défaut, une faiblesse. Si le texte ne se laisse pas posséder dès le premier abord, la faute en est au manque de clairvoyance du lecteur qui s'attend à la simplicité là où il ne saurait y en avoir, à la clarté là où, pour la trouver, il faut la chercher assidûment. L'œuvre de Pézard est la plus ambitieuse de toutes les œuvres de guerre : si, comme les meilleures, elle prétend révéler la vérité, elle semble être la seule qui ait entrepris d'exprimer l'inexprimable, de dire l'indicible, de montrer cette vérité qui ne peut s'énoncer par des mots, celle qui est du domaine de l'intuition, du pur sentiment, cette vérité pourtant si évidente aux combattants qu'elle les tourmenta et leur fit dire que l'essentiel de la guerre est ce qui n'a jamais été dit parce que cela ne peut se traduire en paroles humaines."

Soldats américains participant à une attaque en octobre 1918.

fondes (5 à 15 m) ;

- de mars 1916 à juin 1917 : grosses mines (1 500 et 50 000 kg d'explosif) profondes (25 à 40 m).

- de juin 1917 à avril 1918 : diminution et arrêt d'utilisation des mines.

Pour mener cette guerre souterraine, la butte de Vauquois est transformée en une gigantesque termitière : outre les puits, galeries et rameaux de combat nécessaires à la mise en œuvre des mines, de véritables casernements y sont aménagés à des niveaux différents (jusqu'à moins 100 m du côté allemand) avec P.C., sanitaires, dépôts, centrales électriques et à air comprimé.

La mine la plus importante explose le 14 mai 1916 à l'ouest du village. Elle creuse un immense entonnoir de 32 m de profondeur et tue 108 hommes du 46e régiment d'infanterie d'André Pézard. Voici comment il la décrit : "Quatre heures. Énorme comme toute la terre, un monstre bondit et gronde : un monstre de tumulte, qui fait s'entrechoquer et tressaillir les entrailles de la butte ; le viol formidable d'une mine (...). Aussitôt, une tempête de torpilles et de marmites martelle les pentes comme des piaffements de bêtes géantes. On entend nos canons et nos mortiers commencer aussi leur vacarme. L'enfer vole et s'abat sur Vauquois."

L'explosion de la mine allemande, comme celle des dizaines d'autres mines qui labourent la butte, n'emporte aucunement la décision. En fait, le secteur de Vauquois a été jugé inadéquat pour des attaques massives, dès le milieu de 1915. Il n'y a ni vainqueur ni vaincu à Vauquois. Les deux ennemis se partagent une butte dévastée qui n'a plus d'intérêt tactique ni stratégique. À la fin de 1916, le secteur entre dans une sorte de léthargie dont il ne sortira qu'en septembre 1918.

L'offensive alliée de 1918

L'Argonne reste calme pendant le premier semestre 1918. Cependant, la bataille gagne de proche en proche, et le front de l'Argonne se rallume, à la date fixée par le maréchal Foch dans le vaste plan offensif qui amènera les Allemands à la capitulation.

Après la contre-offensive alliée du 18 juillet qui a ramené les Allemands sur la Vesle, les Alliés doivent marquer un temps d'arrêt sur le centre du front. La bataille se déplace alors sur les ailes. Les offensives se succèdent d'abord sur la gauche (offensive franco-britannique du 8 août), puis en Artois (offensive du 20 août), et enfin sur l'ensemble de la ligne Hindenburg que les Alliés attaquent le 1er septembre. Pour éviter que les Allemands ne se ressaisissent, Foch décide d'intensifier encore ses attaques. Un double mouvement offensif aux ailes est alors envisagé : à l'aile gauche, dans les Flandres, le groupe d'armées belge, française, britannique, sous le commandement du roi Albert Ier, s'ébranlera en même temps que frapperont, à l'aile droite, la IVe armée française (Gouraud) et la Ire armée américaine (Pershing). Dans ce but, le gros des forces américaines qui vient de réduire le saillant de Saint-Mihiel est très rapidement acheminé entre Meuse et Argonne, du 4 au 24 septembre. L'attaque combinée des deux armées franco-américaines a pour objectif de rejeter les Allemands au-delà de la Meuse.

L'attaque : du 26 septembre au 30 septembre 1918

De la Meuse à l'ouest de l'Argonne (la Harazée), les Américains ont en ligne trois corps d'armée. En face, les Allemands disposent de 11 divisions en ligne et de 7 divisions de réserve. Le 26 septembre 1918, la double attaque combinée se déclenche de part et d'autre de l'Argonne. À 5 h 30 du matin, après une préparation d'artillerie, les soldats alliés se jettent à l'assaut. Pendant que les Français enlèvent Servon et prennent pied sur les contreforts qui bordent la rive droite de l'Aisne, les Américains s'emparent d'un seul élan de la première position allemande. La 2e ligne est aussitôt abordée et une avance moyenne de 6 à 9 km obtenue. Le 27, la réaction ennemie s'accroît, ralentissant la progression alliée. Cependant, les redoutables hauteurs de Montfaucon sont conquises. Les 29 et 30, les Allemands contre-attaquent furieusement. Ils défendent âprement les abords de la *Kriemhilde Stellung* qui, de Saint-Juvin, atteint la Meuse dans la région de Brieulles. La première phase de l'attaque est terminée.

La phase d'usure : du 1er octobre au 31 octobre 1918

L'avance effectuée pendant la première phase de l'attaque a amené les Américains devant de nouvelles organisations allemandes puissamment défendues. Brisant définitivement la contre-offensive de flanc, les Français avancent dans la vallée de l'Aire. Le 4 octobre, Pershing déclenche une attaque sur tout le front de l'armée. Mais la résistance s'accroît avec l'arrivée de nombreux renforts. Le 9 octobre, les Français réalisent une importante avancée dans la forêt de l'Argonne. Ils franchissent l'Aisne en face de Termes dont ils se rendent maîtres, et occupent la station de Grandpré. Les Américains les rejoignent. Les renforts de plus en plus nombreux permettent à Pershing d'intensifier les opérations. C'est dans ces conditions qu'une attaque générale est déclenchée le 14 octobre. Une bataille sanglante se livre à Vouziers. À ces durs combats succède une période plus calme.

La poursuite : du 1er au 11 novembre 1918

Au nord, les Belges viennent de libérer leurs côtes et s'avancent au cœur de leur pays. Les Britanniques ont occupé Lille et brisé la ligne Hindenburg. Les Français, talonnant l'ennemi en retraite, ont pénétré dans Laon après avoir forcé le bastion de Saint-Gobain.

Le 1er novembre, l'armée Gouraud et la Ire armée américaine lancent une nouvelle offensive et progressent de plusieurs kilomètres. Le 3, menacée d'enveloppement, l'armée allemande lâche pied. En trois jours, elle a perdu plus de 6 000 prisonniers. Le 4 novembre, le 3e corps américain atteint la Meuse entre Villefranche et Stenay. Les Allemands se retirent sur la rive droite. Le 8, les Français entrent les premiers dans les faubourgs de Sedan et, le 9, ils sont à Mézières. Le 10 novembre, à l'extrême droite, l'ennemi est rejeté au pied des côtes de la Meuse, au sud de Stenay, par le 17e corps d'armée français.

Le 11 novembre, quelques dizaines de minutes avant que sonne l'armistice, les derniers combattants tombent à Vrigne-Meuse.

Chronologie de la Première Guerre mondiale dans l'Argonne

1914

20 août : Joffre ordonne aux armées meusiennes de passer à l'offensive vers la Belgique.

22 août : les Français attaquent sans mitrailleuses ou presque. Hécatombe à Ethe, Rossignol, Maissin.

23 août : les armées françaises battent en retraite. On compte 10 000 hommes hors de combat pour les deux camps.

24 août : les armées françaises font retraite au nord de la Meuse, talonnées par les Allemands.

25 août : Étain est bombardée. L'armée de Lorraine à peine constituée fait front.

26 août : les Allemands s'emparent d'Étain et s'infiltrent aux abords de Verdun.

29 août : les Allemands ont passé la Meuse. La bataille de la Meuse se solde par un échec français.

2-5 septembre : les Allemands poursuivent leur avance. Ils s'établissent entre Verdun et l'Argonne.

5 septembre : les Allemands sont à la hauteur de Souilly, Fleury-sur-Aire et Nubécourt.

6-12 septembre : le front s'établit sur 50 km entre la Saulx et la voie ferrée Verdun-Sainte-Menehould.

9 septembre : attaque du fort de Troyon.

10-13 septembre : bataille de la Marne. Les Allemands sont repoussés jusqu'à l'Aisne.

14 septembre : l'armée de Sarrail poursuit les Allemands jusque sur une ligne Varennes, Montzéville, Brabant-sur-Meuse.

15 septembre : arrêt de la retraite de l'armée du Kronprinz à la hauteur de Montfaucon. La butte de Vauquois, aux mains des Allemands depuis le début du mois, est reprise par les Français.

24 septembre : les Allemands reprennent Vauquois et pénètrent en forêt d'Argonne (située entre les zones de combats en Champagne à l'ouest et Verdun à l'est).

décembre : attaques allemandes principalement au Four-de-Paris.

28 octobre : premier assaut français à Vauquois. Échec.

29 octobre : deuxième assaut. Nouvel échec.

27 et 28 novembre : sept attaques allemandes au nord du Four-de-Paris.

26 décembre : le 2ᵉ bataillon garibaldien reçoit son baptême du feu au bois Bolante.

1915

Janvier : attaques allemandes et contre-attaques françaises se succèdent entre Fontaine-Madame et Saint-Hubert ainsi qu'à Bagatelle.

Février : les Français attaquent à Blanleuil. Échec.

17 février : troisième assaut français à Vauquois qui manque de réussir.

28 février : quatrième assaut à Vauquois.

1ᵉʳ mars : nouvel échec français à Blanleuil. Attaque décisive à Vauquois.

5 mars : prise de Vauquois par les Français.

22 mars : combats à Bagatelle.

À partir du 6 juin : la guerre des mines s'intensifie.

Du 30 juin au 15 juillet : la bataille fait rage entre le Four-de-Paris et la route de Binarville.

28 juillet, 4 et 17 août : tentatives allemandes à la Fontaine-aux-Charmes.

1916

Guerre des mines. Quelques coups de main de part et d'autre.

Octobre : fréquentes explosions de mines à la Fille-Morte, la Haute-Chevauchée, Courte-Chausse et au bois Bolante.

1917

La bataille des mines est presque abandonnée. Les coups de main continuent.

1918

Premier semestre : l'Argonne reste calme.

Du 4 au 24 septembre : des forces américaines sont acheminées entre Meuse et Argonne. La 4ᵉ armée française (Gouraud) et la Iʳᵉ armée américaine ont pour objectif de rejeter les Allemands au-delà de la Meuse.

26 septembre : double attaque franco-américaine de part et d'autre de l'Argonne.

27 septembre : malgré une réaction allemande, les hauteurs de Montfaucon sont conquises.

29 et 30 septembre : les Allemands ripostent vigoureusement.

4 octobre : Pershing déclenche une attaque sur tout le front.

9 octobre : importante avancée des Français dans la forêt de l'Argonne. Ils franchissent l'Aisne à Termes.

14 octobre : nouvelle attaque générale des Alliés à Vouziers.

1ᵉʳ novembre : nouvelle offensive alliée.

3 novembre : menacée d'encerclement, l'armée allemande lâche pied.

4 novembre : les Américains atteignent la Meuse entre Villefranche et Stenay. Les Allemands se retirent sur la rive droite.

8 novembre : les Français entrent dans les faubourgs de Sedan.

9 novembre : les Français sont à Mézières.

10 novembre : les Allemands sont rejetés au pied des côtes de la Meuse au sud de Stenay.

11 novembre : les derniers combattants tombent à Vrigne-Meuse.

À lire

PÉZARD (A.), *Nous autres à Vauquois*, La renaissance du livre, Paris, 1918.

BOUCHERON (G.), *L'Assaut - L'Argonne et Vauquois avec la 10ᵉ division*, Perrin, Paris, 1917.

MONQUEROL (général), *La Guerre en Argonne*, Payot, Paris.

La Guerre de 1914-1918 en Argonne (brochure éditée par l'association "Connaissance de la Meuse" en 1995).

À la découverte de la Première Guerre mondiale en Argonne

La présentation des lieux du souvenir dans l'Argonne suit les événements qui ont marqué la région : les offensives d'août et septembre 1914, les combats dans la forêt d'Argonne en 1914 et 1915 et l'offensive de 1918.

LES 25 PREMIERS JOURS DE LA GUERRE (20 AOÛT - 14 SEPTEMBRE)

L'offensive française en direction de la Belgique (20-22 août), la contre-offensive allemande en terre meusienne (22 août-5 septembre) et la version meusienne de la bataille de la Marne (5-14 septembre) se caractérisent par leur aspect extraordinairement meurtrier.

La trace de cette hécatombe est inscrite dans le paysage. 20 nécropoles françaises regroupent aujourd'hui les combattants tombés durant ces 25 premiers jours sur le front meusien-ardennais. Cimetières de regroupement pour la majorité, certaines de ces nécropoles présentent un intérêt historique et architectural. Le cimetière de **Pierrepont** ❶ dans lequel reposent 3 758 soldats abrite une imposante tour-lanterne, haute de plus de 30 m. Préexistante dans la commune, cette tour fut déplacée et reconstruite dans le cimetière en 1932 sur initiative de la commune qui souhaitait à la fois "honorer les morts glorieux de la Grande Guerre qui reposent sur son territoire" et "concurrencer le monument construit par les Allemands dans leur nécropole". Bien différent est le cimetière national de **Gorcy** ❷, où reposent 1 263 combattants français dont 1 215 en ossuaire. Ces combattants tués le 22 août 1914 avaient été inhumés par les troupes allemandes dans plusieurs fosses communes de la région de Musson-Gorcy. Le nouveau cimetière a été l'objet de soins particuliers. En 1922, un comité est créé dans le but d'ériger un monument. La présidente du comité est Mme la Maréchale Foch et la vice-présidente Mme Viviani (épouse de René Viviani, président du Conseil en août 1914). Parmi les combattants inhumés dans l'ossuaire, et dont le nom est inscrit sur le monument, figure en effet l'aspirant Germain Foch du 131e R.I., fils du maréchal.

Les cimetières français construits en Belgique présentent également certains centres d'intérêt. Vous découvrirez un important obélisque de pierre dans le cimetière d'**Houdrigny** ❸, un calvaire du XVIe siècle en provenance de la commune de Trehou (Finistère), qui commémore le sacrifice des Bretons du 11e corps dans le cimetière franco-allemand de **Maissin** ❹ ou encore, à **Rossignol** ❺, le soldat de pierre abrité sous un arc de triomphe prolongé d'une croix de Lorraine, garde vigilant de la nécropole à l'Orée de la forêt.

Nombreuses sont également les stèles et les plaques qui rappellent les 10 derniers jours du mois d'août 1914 en Belgique, dans les Ardennes et dans la Meuse.
Souvenirs des massacres civils : à **Éthe** ❻ (Belgique) dont le monument érigé sur les routes de Latour et de Gomery rend hommage aux 277 civils belges tués par les troupes allemandes ; à **Rossignol** (Belgique) où un mausolée, inauguré en 1920 par Sa Majesté la reine des Belges dans le cimetière communal, regroupe les corps des 120 civils fusillés en août 1914. À **Thin-le-Mouthier** ❼ (Ardennes), une modeste stèle rappelle : "Ici ont été fusillés le 26 août 1914 un vieillard de la commune et sept

La nécropole française de La Forestière à Lachalade (Meuse).

Les lieux du tourisme du souvenir en Argonne

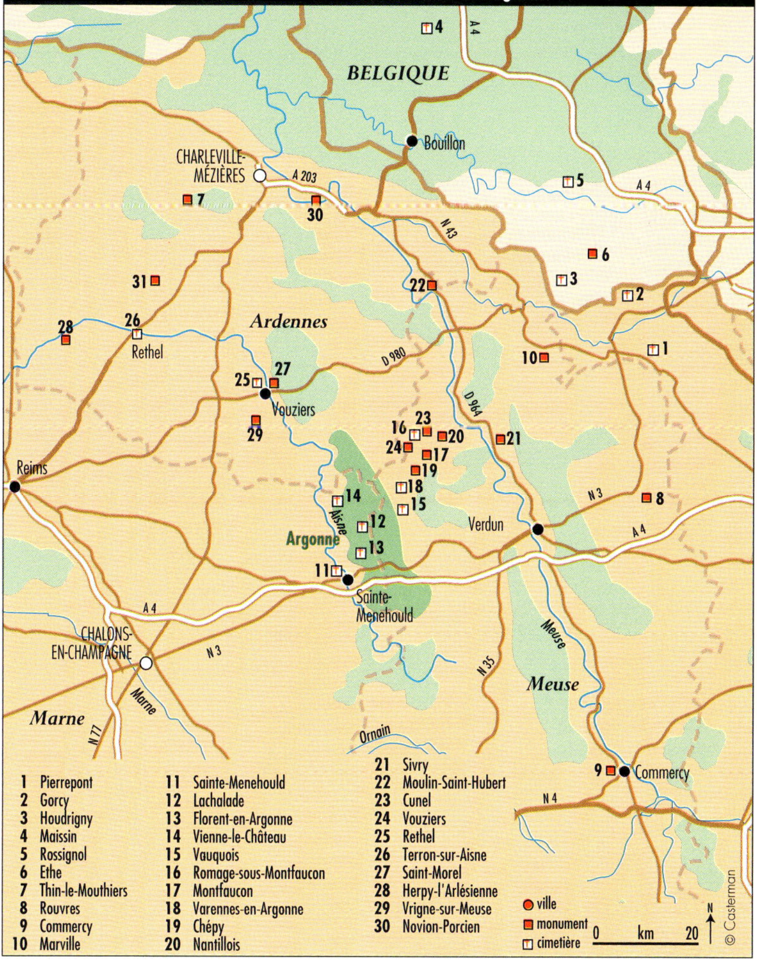

jeunes gens inconnus". À **Rouvre** ❽ (Meuse), la longue liste des 47 civils massacrés le 24 août 1914 est inscrite sur le monument aux morts qui rend hommage "Aux héroïques enfants morts pour la France" (la plaque d'origine sur laquelle étaient sculptés des soldats allemands fusillant des civils a été arrachée en 1940 et remplacée par l'actuelle plaque neutre).

Dans le département de la Meuse, le souvenir des combattants est illustré à **Commercy** par un monument qui rappelle le baptême du feu du régiment alors caserné dans la ville et à **Marville** ❿ où une plaque scellée au chevet de l'église évoque la retraite des troupes françaises.

En Belgique, à l'entrée sud du village de Rossignol, une modeste stèle rend hommage à Ernest Psichari, auteur des *Voix qui crient dans le désert.* La courte vie de ce petit-fils de Renan et ami de Péguy fut marquée par un triple engagement : l'armée, les colonies et la religion. Psichari fut, dans les dernières années de l'avant-guerre, le modèle d'une génération de jeunes intellectuels que le conflit "faucha" en grand nombre. Une génération qui, comme Psichari, avait écrit au début du moins d'août 1914 : "Je vais à cette guerre comme à une croisade, parce que je sens qu'il s'agit de défendre les deux grandes causes à quoi j'ai voué ma vie : la patrie et la religion".

LES COMBATS DE L'ARGONNE (1914-1915)

Ces lieux sont d'abord des nécropoles. Situées dans les départements de la Marne et de la Meuse, 8 d'entre elles ont recueilli, en tombes individuelles ou en ossuaires, les corps de 34 511 militaires français décédés au cours des combats de l'Argonne. Les nécropoles de **Sainte-Menehould** ⓫, La Forestière à **Lachalade** ⓬, **Florent-en-Argonne** ⓭ et La Harazée à **Vienne-le-Château** ⓮, furent créées pendant le conflit à proximité des formations sanitaires pour y inhumer les blessés décédés. Les autres le furent dans les années 1920, lors des regroupements des tombes isolées, des fosses collectives et des petits cimetières qui parsemaient la région des combats. Un monument-ossuaire, spécialement construit à Vienne-le-Château, reçut 8 609 corps relevés dans le bois de la Grurie, tandis que les ossuaires

Ossuaire de la Gruerie à Vienne-le-Château (Marne).

des cimetières nationaux de Vauquois, La Harazée, Saint-Thomas-en-Argonne, en recueillaient 5 736. En 1924, la nécropole nationale des Islettes regroupa 2 226 corps exhumés des cimetières de la région de la Biesme.

Mais, au-delà de ces étapes de recueillement, le souvenir des combats en Argonne s'incarne dans les champs de bataille de l'Argonne forestière, et dans ceux de Vauquois. "Sur les lieux-mêmes où ils sont tombés, dans le tragique décor qu'ont vu pour la dernière fois leurs yeux, doit s'élever, non pas seulement le monument consacré à célébrer l'inoubliable épopée (...) mais aussi l'ossuaire qui recueillera et abritera leurs funèbres dépouilles et devant lesquelles, enfin, pourront venir s'agenouiller leurs parents." C'est par ces quelques phrases qu'est lancée, en 1923, la souscription qui aboutit à la réalisation de la très belle statue féminine du sculpteur Lamourdedieu, surmontant l'ossuaire de la Gruerie à **Vienne-le-Château**, première étape de ce circuit. Rejoignez ensuite **Lachalade** (Meuse) où s'élève le monument aux Garibaldiens. Érigé en 1933 par l'Association nationale italienne des Volontaires de guerre, ce monument rend hommages aux volontaires garibaldiens. Par son style, il s'inscrit dans les œuvres architecturales de l'époque mussolinienne. Deux médaillons de bronze rappellent les traits de Constante et Bruno Garibaldi, petit-fils de Giuseppe Garibaldi (1807-1882) qui fut l'un des artisans de l'unification de l'Italie. Les textes inscrivent le combat de ces volontaires dans la grande histoire d'une Italie combattante. Particulièrement reconnaissant envers la France pour son soutien dans son action, Giuseppe Garibaldi vouait un véritable culte à sa "deuxième patrie", culte qui se perpétua chez ses descendants et chez ses partisans. C'est ainsi que son fils Riccioti, dès le 6 août 1914, offrit ses services à la France et leva une légion de volontaires italiens, "les Garibaldiens". Le 5 novembre était créé le 4e régiment du 1er étranger à base de volontaires italiens sous le commandement de Giuseppe, petit-fils de Garibaldi avec un encadrement mixte italo-français. Le 17 décembre, ils furent regroupés sur l'Argonne, plus précisément au Claon où ils séjournèrent jusqu'au 24 décembre. Ils montèrent en ligne la nuit même de Noël. Le 26 au matin, ils partirent à l'attaque des tranchées ennemies du bois de Bolante aux cris de "Viva Italia, Vive la France", la tunique verte déboutonnée laissant voir la légendaire "chemise rouge". Au cours de cet assaut et d'autres attaques dans le ravin des Courtes-Chausses, en janvier 1915, les unités garibaldiennes subirent de lourdes pertes. Le 8 janvier, les survivants de la légion garibaldienne étaient envoyés en renfort à la Haute-Chevauchée dans la zone des Meurissons, où la situation était critique : leurs charges héroïques permirent de rétablir la situation et de reprendre une partie du terrain perdu. Le 11 janvier 1915, les Garibaldiens, dont les effectifs avaient fondu tant à cause de la mort et des blessures que de la maladie, furent envoyés au repos. L'épopée garibaldienne en Argonne prenait fin. De retour dans leur pays, les Garibaldiens firent campagne pour l'entrée en guerre de l'Italie et, dès que celle-ci fut acquise, ils rejoignirent les régiments italiens et reprirent le combat, notamment dans la Marne.

Dans la même commune de Lachalade, le visiteur découvrira le monument principal du champ de bataille de l'Argonne. Il s'agit du monument-ossuaire de la Haute-Chevauchée. Inauguré le 30 juillet 1922 par Raymond Poincaré, il a été réalisé par l'architecte Bolloré et le sculpteur Becker, à l'initiative de la comtesse de Martimprey, en souvenir de son mari le capitaine Jean de Martimprey, et à la mémoire des 150 000 combattants français. Le monument en pierre de 9 m de haut, porte en son sommet le buste d'un poilu dont les mains s'appuient sur un glaive qui se confond avec une croix sculptée. Sur les flancs du monument sont gravés les numéros des 275 régiments français, de 18 régiments italiens et de 32 divisions américaines ayant pris part aux com-

bats d'Argonne. La crypte de l'ossuaire où reposent les ossements de plusieurs milliers de soldats inconnus a été inaugurée le 17 juin 1923 par le général Gouraud. Une stèle édifiée à quelques mètres du monument rappelle le lieu où celui-ci fut blessé au cours d'un combat, à la tête de la 10e D.I.
Situé dans la zone même des combats, ce monument est entouré de vestiges, en particulier de plusieurs entonnoirs de mine, dont l'un de 60 m de diamètre, de sapes et d'ouvrages fortifiés. Abandonné pendant près de 80 ans, ce champ de bataille est aujourd'hui l'objet d'un important projet de mise en valeur élaboré conjointement par l'Association "Connaissance de la Meuse" et l'Office national des Forêts. Un sentier d'interprétation permettra prochainement de découvrir à la fois la nature et l'histoire.

- *Association "Connaissance de la Meuse"
  84, boulevard de la Rochelle
  55 000 bar-le-Duc.
  Tél. : 03.29.45.18.18.*

Vauquois

À quelques kilomètres sur la D212, la nécropole de **Vauquois** ⓯ est située à 1 500 m au sud de la butte, à la sortie sud du village. D'une superficie de 14 000 m^2, ce cimetière de regroupement créé dans les années 1920 a accueilli les corps de 4 368 combattants dont 2 398 reposent en tombes individuelles et 1 970 en ossuaire. La tombe 1 396 est celle d'Henri Collignon, conseiller d'État, ancien préfet, ancien secrétaire général civil de la présidence de la République et traducteur d'Hansi. En 1914, il s'engage à 56 ans comme simple soldat puis porte-drapeau du 46e R.I. Il est tué par un obus à la ferme de la Cigalerie, près de Vauquois, le 16 mars 1915.

Le monument dédié "Aux combattants et aux morts de Vauquois" date de la même époque. Élevée au point culminant du plateau sur la lèvre sud des entonnoirs de mines, la construction en forme de pyramide tronquée repose sur un soubassement percé de meurtrières. Son sommet ajouré par les croisillons de quatre glaives, symboles de foi et de courage, abrite une lanterne des morts. Sur la face principale, une scène de tranchées évoque les durs combats d'infanterie de 1915 et symbolise l'opiniâtre défense de la Patrie menacée. Près d'un soldat harassé, un guetteur veille, grenade dans une main, fusil dans l'autre. Ce poilu de pierre demeurera éternellement le gardien de cette butte sacrée où des milliers d'hommes ont consenti l'ultime sacrifice. En représentant à mi-hauteur du monument un tronc d'arbre mutilé, l'artiste a voulu rappeler la sombre histoire du marronnier de Vauquois gravée dans la mémoire de tous les combattants du secteur. Cet arbre imposant, déjà mutilé et criblé d'éclats lors des combats de février-mars 1915, servait de point de repère à l'artillerie française. Sectionné par les mitrailleuses allemandes en mai 1915, il s'abattit, bornant les positions françaises. La zone fut irrémédiablement bouleversée le 27 février 1917 par l'explosion d'une énorme mine allemande. En 1926, lors de l'inauguration du monument, les pèlerins trouvaient encore trace de "l'arbre". Après une cérémonie au cimetière de la Maize, une foule imposante et recueillie de plus de 5 000 personnes s'achemine vers la butte. Avec émotion, les "anciens" la gravissent. Le président Poincaré est présent, assisté du général Gouraud, des généraux Simon et Cottez. La ville d'Orléans, marraine de Vauquois, est à l'honneur, comme la délégation des Garibaldiens avec la chemise rouge légendaire et, à leur tête, le colonel Santo Garibaldi.

Vauquois.

Au pied de la butte, à l'endroit où se trouve l'escalier menant au sommet, se dresse un second monument : une stèle dédiée à la mémoire d'Henri Collignon. Au pied d'un calvaire élevé dans une clairière située derrière la nécropole nationale, de très nombreuses plaques souvenirs ont été déposées par les familles.

Nécropole et monuments ne peuvent faire oublier l'extraordinaire qualité du site dans lequel ils s'intègrent. Depuis 1968, Vauquois est remis en valeur par les équipes de bénévoles de l'association des Amis de Vauquois et de sa région. Un circuit de visite en surface a été mis en place, des sentiers ont été balisés et un plan de visite publié. Parallèlement, l'association a inventorié et consolidé l'immense cité souterraine de Vauquois. C'est le seul site de la Première Guerre mondiale qui a vu disparaître un village de quelque 160 habitants. À partir de ses caves d'abord, puis en perforant la colline qui le portait, une immense cité souterraine s'est créée avec ses quartiers et leurs affectations. Les effectifs sur place pouvaient atteindre les 2 000 hommes : 800 Français dont 150 du génie, 1 200 Allemands dont 320 pionniers, ces unités opérant des rotations par tiers avec les camps de l'arrière. Les recherches et travaux menés de 1977 à 1991 ont permis de visiter, relever et inventorier 4 576,45 m de galeries, 184 salles (chambres, dépôts et divers), 3 observatoires, 4 blockhaus, 6 puits de communication, etc.

• *Visite du site en surface*
Accès libre et gratuit sur un circuit fléché et renseigné (Circuit des entonnoirs).

Visites guidées des galeries souterraines par l'association.

Ouverture : les premiers dimanches du mois de 10 h à 12 h; les 1er et 8 mai (portes ouvertes de 9 h à 18 h); en septembre lors des journées du Patrimoine et sur rendez-vous pour les groupes.

Renseignements :
Association des Amis de Vauquois et de sa région
1, rue d'Orléans
55270 Vauquois.
Tél. : 03.29.80.73.15.

La visite terminée, chacun s'en retournera au nouveau village de Vauquois dont la rue principale, rue d'Orléans, porte le témoignage d'une renaissance. En 1918, les habitants du village étaient impatients de revoir "leur Vauquois", mais cette zone du champ de bataille encore occupée par les troupes américaines, truffée de projectiles non éclatés, criblée de sapes profondes, de galeries dangereuses, restait interdite au public par mesure de sécurité. En mai 1919, après le déblaiement partiel effectué par les unités américaines du Kansas, une demi-douzaine d'habitants revinrent avec la ferme intention de s'installer. Rien n'était prévu pour les héberger, car l'administration estimait insensé, voire impossible, de reconstruire des habitations et de remettre en état les champs. La commune devait être classée en zone rouge. Faute d'abris, ce groupe obstiné de réfugiés s'installa à Boureuilles, à 2 km, dans des baraquements inoccupés. L'affaire tourna au scandale et les intrus furent menacés d'expulsion et de sanctions. Le général Deprez, un propriétaire de Vauquois qui a, paraît-il, la confiance de Clemenceau, accourut à l'appel de ses compatriotes. Il sollicita une aide financière des Américains et intervint rapidement auprès du préfet à Bar-le-Duc. En juin 1919, le problème semblait en voie de règlement. On installait à Vauquois, au pied de la colline bouleversée, quelques baraques en planches, et un détachement de prisonniers allemands remit en état les terres cultivables. Confiants, de nouveaux habitants rejoignirent Vauquois, et la présence d'une vingtaine de personnes nécessita de nouveaux bâtiments. Mais le génie rural refusa de fournir des baraques supplémentaires, prétextant que le village devait être exproprié. La réaction ne se fit pas attendre : le conseil municipal nouvellement élu adressa une vive protestation au préfet qui rassura immédiatement la population outragée. Vauquois était sauvé, mais les conditions de vie restaient précaires, faute d'argent. En août 1919, le général Deprez s'adressa à la ville d'Orléans qui cherchait à devenir marraine de guerre d'une ville sinistrée. Elle étudia, à la demande du général, les raisons d'adopter Vauquois : "Un grand nombre d'Orléanais sont enterrés à Vauquois et à Clermont-en-Argonne, notamment le colonel Fourest qui commandait le 131e R.I. Vauquois sera l'un des villages du front les plus visités par les habitants d'Orléans." Une souscription fut ouverte pour contribuer au redressement du village. En 1920, la vie reprenait. "Ce sont les cheminées de Vauquois, mais oui, du Vauquois nouveau, du Vauquois en planche qui remplace l'autre pour toujours aboli." Malgré ces difficultés, Vauquois fut donc plus chanceux que les neuf autres villages "morts pour la France", même si la trentaine d'habitants d'aujourd'hui sont loin des 168 de 1904.

L'OFFENSIVE DE 1918

Si les monuments commémoratifs élevés en souvenir de l'offensive de 1918 sont nombreux dans la Meuse et dans les Ardennes, ce sont les monuments américains qui s'imposent par leur monumentalité. Les lieux du souvenir américain peuvent se classer en trois grandes catégories, en fonction de leurs créateurs : l'État fédéral, les États, les amicales régimentaires.

Le cimetière de **Romage-sous-Montfaucon** (Meuse) ⓰ et le monument de Montfaucon ⓱ appartiennent à la première catégorie. Le cimetière Meuse-Argonne couvre une superficie de 52 ha, comporte une chapelle-mémorial et renferme 14 246 tombes. La plupart des morts qu'elles contiennent sont des soldats américains qui combattirent dans la région même. Mais on y relève également des sépultures de soldats alliés et de quelques civils américains qui appartenaient aux services auxiliaires de l'armée. Le cimetière est presque totalement entouré d'un mur de pierre de près de 2 km, percé d'entrées distantes de 500 m environ. Lors de sa création après la guerre, le terrain ne comportait que quelques arbres épars. L'atmosphère de paix et de tranquillité qu'on y goûte aujourd'hui est due à la composition du site orné de 65 variétés d'arbres et de fleurs. La réalisation de l'ensemble a été entreprise en 1929. Les haies de tilleuls qui encadrent les carrés des tombes réduisent l'immensité du cimetière en le divisant en zones distinctes.
La chapelle du cimetière est de style roman. Au-dessus de l'entrée principale se détachent deux sculptures qui représentent la *Douleur* et le *Souvenir*. Sur le mur frontal de la chapelle sont gravés les noms des lieux de la région où les Américains se sont battus. Sur les dalles de pierre qui ornent les murs des loggias sont gravés les noms de 954 soldats américains ayant pris part à l'offensive Meuse-Argonne, et qui reposent à présent dans des tombes ignorées. Figurent également les noms des morts inconnus du corps expéditionnaire américain qui combattit dans le Nord de la Russie et

Montfaucon : le monument américain.

ceux des services d'approvisionnement. Sur l'un des murs est fixée une grande carte de la région indiquant les lieux conquis par les divisions françaises durant l'offensive. À l'intérieur de la chapelle, derrière l'autel de marbre, les drapeaux des États-Unis et des principales nations alliées sont disposés en demi-cercle. Les écussons des divisions américaines et des unités supérieures de l'armée sont représentés dans les vitraux des fenêtres.

Depuis l'extrémité des loggias, on aperçoit au loin, vers l'ouest, le monument américain de **Montfaucon**. Érigé à 10 km au sud du cimetière Meuse-Argonne, ce monument présente un caractère imposant. Un large escalier de 234 marches, coupé de 4 paliers, mène à un mur de soubassement dans lequel s'ouvre la porte d'une crypte. Au-dessus s'élève une colonne de granit de style dorique surmontée de la statue d'un *Génie libérateur*. Derrière le monument s'étendent les ruines de l'ancien village. Des pans de murs et quelques arcatures montrent que l'ancienne église de Montfaucon était un vaste édifice de style gothique. Au milieu des ruines se dresse une sorte de tour construite avec les pierres du monument. Il s'agit de l'observatoire construit par les Allemands.

Trois monuments ont été érigés par des États américains en hommage à leurs combattants. Le mémorial de **Varennes-en-Argonne** ⓲ a été élevé par l'État de Pennsylvanie. Entre deux grands massifs décorés de pilastres, d'un style grec très sobre, s'étend une esplanade pavée au milieu de laquelle se dresse un trépied en bronze. Au nord, la vue s'étend sur la vallée de l'Aire. En dessous, sur la pente, se trouvent les restes d'abris bétonnés.

Le monument de **Chépy** ⓳ a été édifié par l'État du Missouri. Une statue de bronze qui représente une *Femme brandissant une couronne de laurier* se dresse sur un socle de granit. On peut y lire : "Érigé par l'État de Missouri, à la mémoire de ses fils morts en France pour l'humanité pendant la Grande Guerre 1914-1918."

Le monument de **Nantillois** ⓴ est dû à l'État de Pennsylvanie. Construit en pierre blanche, il représente une fontaine scellée dans un mur de pierre. Les armes de l'État dominent l'inscription dédicatoire.

À côté de ces monuments officiels, de nombreuses stèles et plaques ont été érigées et apposées par des divisions ou par les familles des disparus. Les monuments divisionnaires, souvent en bordure de route, commémorent des faits d'armes de grandes unités engagées dans l'offensive Meuse-Argonne. Certains monuments sont originaux.

Sur le territoire de la commune de **Sivry** ㉑, près de la ferme de Magenta, se dresse un grand monument "Érigé en 1928 à la mémoire des officiers et soldats du 316e régiment d'infanterie – 79e division de l'armée américaine – tombés en 1918 dans le secteur de Verdun".

Appelé aussi la borne de Cornouiller, ce signal blanc domine la vallée de la Meuse de près de 200 m en avant de la cote 377.

Au nord du village de **Moulins-Saint-Hubert** ㉒, au bord de la D964, dans le virage qui domine la vallée de la Meuse, se trouve un très petit monument. Sur une pierre brute, une étoile de ciment entoure une petite plaque de bronze qui évoque le souvenir de la 2e division américaine dont l'emblème était une tête d'indien.

Toutefois, la plupart de ces monuments sont des obélisques de béton armé décorés à la base d'un rectangle en creux posé sur une dalle. Des plaques métalliques reproduisent l'écusson de l'unité qui s'est illustrée sur le site et indiquent le nom du commandant, ainsi que le détail de l'opération qui s'est déroulée à cet endroit. Dressés dès les années 1920, ces monuments sont aujourd'hui très dégradés. Les plaques ont très souvent disparu.

Vous découvrirez ces obélisques :
- dans la Meuse à Cunel (sur la D15 vers Nantillois), à Bantheville (sur la D15 vers Cunel), à Villers-devant-Dun (sur la D164 vers Doulcon), à Doulcon (à côté du monument aux morts), à Mouzay (à la sortie sud du village sur la D964), à Louppy-sur-Loison (sur la D69 au nord du village), à Jametz ;
- dans les Ardennes à Monthois (sur la route entre Vouziers et Sainte-Menehould), à Saint-Juvin (au carrefour de la D946 et de la D54), à Vadelincourt (en bordure du chemin

départemental 6 en direction de Pont-Maugis).

Les stèles érigées par les amis ou les familles sont peu nombreuses. Adossée à l'église de **Cunel** 23, une fontaine a été élevée à la mémoire de trois amis d'université de Boston par leurs familles. Ces trois combattants morts sur la terre de France sont un aviateur, Robert Fitzgerald Clark, tué le 21 août 1918 à l'âge de 20 ans, deux lieutenants d'infanterie âgés de 22 ans, Charles Henry Fiske, tué le 24 août 1918, et Aaron David Weld, tué le 11 octobre 1918.

Parfois une simple plaque en bronze avec une inscription rappelle un combat. C'est le cas d'une plaque apposée sur un pilier d'une ancienne bâtisse du vieux village de **Montfaucon**, le château Leriche où le Kronprinz installa quelque temps son P.C. De même à **Gesnes-en-Argonne** où une plaque est fixée sur le mur de l'église. Enfin, le souvenir de l'offensive américaine de 1918 est présent grâce à des bâtisses à usage civil, édifiées par des États et offertes aux communes. C'est le cas de la salle des fêtes de **Nantillois** et de la maison de retraite de **Montfaucon**.

La prépondérance du souvenir américain laisse peu de place aux autres combattants qui ont participé à l'offensive de l'Argonne. Trois nécropoles ont recueilli les corps de ces morts du dernier mois : à **Semide** (Orfeuil), **Rethel** 25 et **Vouziers** 24 (Chestres). Dans ce dernier cimetière, 282 tombes sont occupées par des combattants tchécoslovaques. Transférée le 16 septembre 1918 sur le front de l'Argonne, la 1re brigade de chasseurs tchécoslovaques participe en octobre aux combats de libération des villes de Vouziers, Chestres, Vandy et Terron-sur-Aisne. 27 officiers et 1 157 hommes y trouvent la mort. Dès 1924, le gouvernement tchécoslovaque érigeait une stèle dans la nécropole de Vouziers-Chestres. Six années plus tard, il finança, avec la ville de Prague, la construction d'une école à **Vouziers**. Cet établissement porte aujourd'hui le nom du président de la République tchécoslovaque, Thomas Masaryk. La même année, en 1930, un important monument était érigé au croisement des routes de Vouziers à Ballay et de Vouziers à Vandy. Un soldat de pierre au visage déterminé, une grenade à la main, garde la route de Sedan. Enfin, en 1935, un dernier monument franco-tchécoslovaque est inauguré à **Terron** 26. Sur la façade, G. Bordier a sculpté deux soldats, l'un français, l'autre tchécoslovaque. Ils sont le symbole d'une amitié qui se veut éternelle.

Dans la même région ardennaise, deux autres sites méritent une visite attentive. Le premier, à **Saint-Morel** 27, matérialise le lieu où s'écrasa Roland Garros. La mort de ce combattant mythique a été décrite à de nombreuses reprises. Le 5 octobre 1918, Roland Garros qui avait rejoint *Spad 26* (escadrille 26) après son retour d'Allemagne décollait avec une patrouille sous les ordres du capitaine Sevin (fait prisonnier en avril 1915, Roland Garros s'était évadé en août 1918). Il ne devait jamais regagner sa base. Le corps disloqué du vainqueur de la Méditerranée, enchevêtré dans les débris de son *Spad*, a été inhumé au petit cimetière de Vouziers. Le 5 octobre 1918, Roland Garros est mort à guère plus d'un mois de la fin de la guerre. Mieux que dans ce site bien oublié de Saint-Morel, c'est à Paris, dans un temple du sport, que survit aujourd'hui le nom du grand aviateur.

Le deuxième monument s'élève à l'ouest de Rethel, sur la D926 entre les villages de **Herpy-L'Arlésienne** et Gomont et rend hommage aux Marsouins qui se sont distingués lors de la bataille du Moulin d'Herpy en octobre 1918. Le monument en forme d'ancre de marine a été inauguré en 1989. Il est érigé sur le site de l'ancien moulin détruit lors des combats. Une commémoration de la bataille victorieuse se déroule chaque année le 19 octobre.

Le troisième monument marque de manière symbolique l'aboutisse-

Varennes-en-Argonne : le mémorial américain.

Moulins-Saint-Hubert : un monument américain.

ment de toute visite de ces terres ardennaises. À **Vrigne-Meuse** ㉙, au lieudit Colline de l'Épine, au point exact atteint par les troupes françaises le 11 novembre 1918, une banale stèle de 2 m, inaugurée en 1929, rend hommage "Aux glorieux morts" de la 163e division. Ce monument évoque l'ultime combat de la Grande Guerre livré les 10 et 11 novembre pour forcer le passage de la Meuse, alors même que se négociait l'armistice à Rethondes. C'est avec pudeur qu'il marque aussi le souvenir du dernier "Mort pour la France" : Augustin-Joseph Trebuchon, né le 30 mai 1878 à Montchebrie en Lozère, est tombé là en ce 11 novembre à 10 h 40. Il est enterré dans une modeste tombe du petit cimetière de Vrigne-Meuse.

C'est à Varennes-en-Argonne et à Sainte-Menehould que le visiteur pourra visiter les deux musées principaux consacrés à la Première Guerre mondiale dans l'Argonne.

Un musée de la Guerre en Argonne 1914-1918 avait été créé en 1966 dans l'hôtel de ville de **Varennes** ⓲. Le musée actuel, installé près du mémorial américain de 1918 dans un bâtiment moderne, a été inauguré en juillet 1973.

La section "Guerre en Argonne 1914-1918", située au niveau inférieur, propose au visiteur une dizaine de vitrines rassemblant des collections présentées thématiquement : armée française, armée allemande, armée américaine en 1918. Chacune est évoquée par des armes, des uniformes, des coiffures, des pièces d'équipement. Plusieurs pièces d'artillerie de tranchée sont également visibles. La partie la plus originale est consacrée à la guerre des mines en Argonne, qui atteignit son paroxysme à la fin de l'année 1915. Des photographies et surtout une maquette encastrée dans le mur (coupe d'une sape en Argonne) évoquent les épisodes de cette "guerre des taupes".

- *Musée d'Argonne*
  55270 Varennes-en-Argonne.
  Tél. : 03.29.80.71.14.

Ouverture : de Pâques à la Toussaint, tous les jours sauf mardi de 10 h à 12 h et de 14 h à 18 h.

À **Sainte-Menehould** ⓫, un musée situé dans un bâtiment du XVIIe siècle présente une salle consacrée au conflit : la salle Raulet, du nom du collectionneur et érudit argonnais qui avait autrefois installé à Binarville, près de Sainte-Menehould, un petit musée de la guerre 1914-1918. Les collections comprennent de nombreux objets (équipement et matériel militaires), des pièces d'archives, des imprimés, une iconographie très abondante dont une importante collection de cartes postales présentées thématiquement.

- *Musée de l'Argonne Viard-Morel*
  Place du Général-Leclerc
  51800 Sainte-Menehould.
  Tél. : 03.26.60.85.83.
  (Office de tourisme)

Ouverture : samedi, dimanche et jours fériés de 15 h à 18 h du 15 mai au 11 novembre, ou sur demande au conservateur (Tél. : 03.26.60.84.07).

Par ailleurs, à **Novion-Porcien** ㉚ dans les Ardennes, un musée consacré à la bataille des Ardennes de la Seconde Guerre mondiale évoque la Première Guerre mondiale à travers une imposante collection (armes de tous pays, pièces d'artillerie, uniformes, nombreuses coiffures, matériel et pièces d'équipement).

- *Musée de la Bataille des Ardennes*
  08270 Novion-Porcien.
  Tél. : 03.24.23.20.13.

Ouverture : tous les jours de 9 h à 20 h.

THE GLORY

VIII. Les lieux de la Première Guerre mondiale dans le saillant de Saint-Mihiel

Lors de la Première Guerre mondiale, le saillant de Saint-Mihiel s'inscrit comme un reproche dans la ligne de front.

De 1915 à 1918, le Haut Commandement français n'aura de cesse qu'il n'ait réduit. Ces combats aux victimes innombrables ont pour nom Les Éparges, bois Brûlé, bois d'Ailly, bois le Prêtre... Enfin, en 1918, c'est là que s'illustrera la jeune armée américaine.

Les circuits parcourent les sites dans un ordre géographique – le fort de Troyon, Les Éparges, les trois bois – puis chronologique, avec les combats américains de 1918.

Cimetière américain de Saint-Mihiel.

Le saillant de Saint-Mihiel

Si l'on regarde une carte de la frontière franco-allemande de 1914 entre Nancy et Verdun, on remarque que, parallèlement à la frontière, deux fleuves, la Meuse et la Moselle, offrent une double ligne de défense. La Moselle est protégée par les côtes de Moselle, la Meuse est garantie par les Hauts de Meuse dont le versant oriental, face à l'Allemagne, forme une série de falaises abruptes.

Lorsque le général Séré de Rivières est chargé, en 1875, de fortifier cette frontière, il imagine de dresser sur les Hauts de Meuse une série de forts d'arrêt qui tiendraient sous leurs canons tous les ponts de la Meuse et permettraient à l'armée française de se concentrer derrière la rivière, vers Neufchâteau. Les trois forts du nord sont donc tournés vers la Meuse. L'inconvénient du plan Séré de Rivières est que la grande plaine de Woëvre, qui occupe la quadrilatère Stenay, Longwy, Toul et Nancy, est sacrifiée en cas d'attaque brusquée. Face à cette vaste plaine, le gouvernement allemand n'aura de cesse de transformer la région de Metz à Thionville en un immense camp retranché. C'est de ce camp que partiront toutes les offensives allemandes sur la plaine de Woëvre et sur Saint-Mihiel.

La formation du saillant de Saint-Mihiel : les premières offensives allemandes

Le 7 septembre 1914, les troupes du Kronprinz de Bavière prennent à revers la IIIe armée du général Sarrail sur les Hauts de Meuse. Le combat qui commence est une des parties décisives sur laquelle est construit le rétablissement stratégique tenté par Joffre sur la Marne. Le 8 septembre, l'armée allemande bombarde le fort de Troyon. Bien que construit uniquement en maçonnerie, le vieux fort résiste bien. Le 10 septembre, deux bataillons allemands se lancent à la conquête du fort. Ils sont repoussés et leurs pertes sont particulièrement importantes : 21 officiers et 600 soldats. La résistance inattendue de Troyon force le Kronprinz à lancer une nouvelle offensive entre Souilly et la ferme de La Vau-Marie. Le temps est détestable. Le choc des deux armées est terrible. Maurice Genevoix en donne un aperçu effrayant dans *Ceux de 14*. La bataille dure toute la nuit et, si les Allemands parviennent à emporter le village d'Heippes, ils sont en fait épuisés et décimés.

Dès le 11 septembre, les Français contre-attaquent en force. Ils dégagent complètement les abords ouest de Verdun. Mais la reconquête s'arrête sur une ligne

Au centre, le Kronprinz de Bavière, fils de Guillaume II.

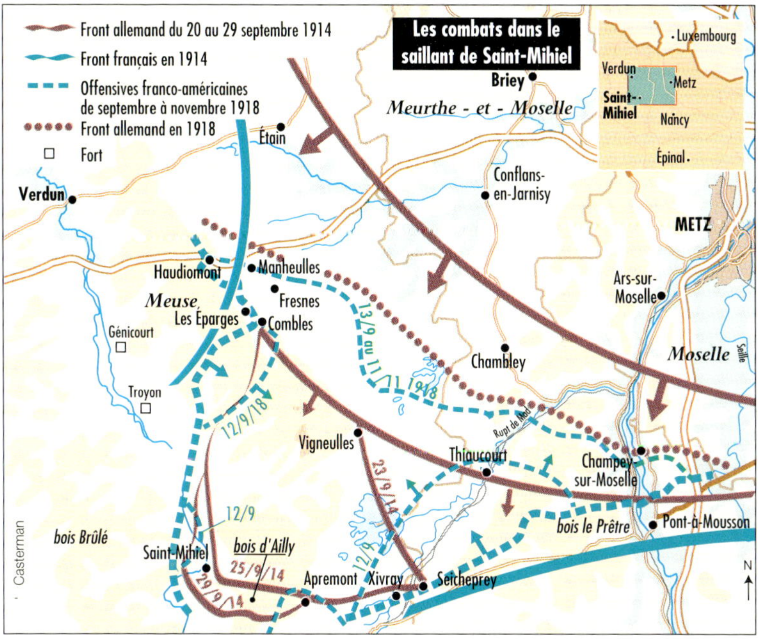

Varennes, Avocourt, Montzéville, Brabant-sur-Meuse. La IIIe armée ne peut déboucher au-delà, et les Allemands se sont installés dans des positions à la fois très bien situées et très bien défendues.

Les opérations de fin septembre 1914

À la mi-septembre, le front se stabilise à l'ouest de Verdun. Il n'en est pas de même entre la Woëvre et les Hauts de Meuse. Là s'étend une région non contrôlée, un grand no man's land, où s'affrontent les patrouilles des deux armées. C'est au cours d'un de ces affrontements que meurt Alain-Fournier le 22 septembre 1914. Ces actions locales échappant à une stratégie d'ensemble aboutiront cependant à la création du saillant de Saint-Mihiel. Vers le 19 septembre, les Allemands tentent de franchir les côtes en direction de la Meuse. Le 20 septembre, ils forcent le passage entre Trésauvaux et Creuë. Woël est pris, la collégiale d'Hattonchâtel (XIVe-XVe siècles) s'écroule en flammes sous les obus. Dans Vigneulles incendié ont lieu des combats de rue. Saxons et Bavarois prennent pied sur les hauteurs et déploient leur artillerie de siège. Celle-ci foudroie les forts de Liouville, des Paroches et du camp des Romains qui dominent et défendent Saint-Mihiel et l'accès de la vallée de la Meuse. Le 22 septembre, ils occupent les crêtes qui dominent la Woëvre, des Éparges à Montsec. Devant le danger, Sarrail a porté en toute hâte le 6e corps d'armée dans cette région des Hauts de Meuse pour empêcher l'effort ennemi de s'accentuer sur Verdun. De ces combats acharnés dans les belles forêts d'automne des Côtes de Meuse, Maurice Genevoix a laissé un récit précis dans les premières pages de *Ceux de 14*.

Repoussés in extremis sur les Hauts de Meuse au nord de la trouée de Spada, les Allemands restent cependant maîtres de Saint-Mihiel. Ils s'assurent du fort du camp des Romains qu'ils réduisent le 25 septembre au matin, après un bombardement suivi d'un assaut en règle. Assommée par des obus de rupture, asphyxiée par les grenades incendiaires, la garnison qui compte 50 morts en quelques heures doit se rendre. Le 26, l'ennemi renonce à pousser en direction de l'Aire et du plateau de Pierrefitte. Mais la poche, ou hernie de Saint-Mihiel, des Éparges à Chauvoncourt vers le bois d'Ailly est définitivement fermée. Cette hernie va désormais obnubiler les autorités françaises, du président de la République, Raymond Poincaré, dont la maison de campagne à Sampigny est sous les canons allemands, à l'état-major général qui décide de la réduire par tous les moyens.

Le saillant de Saint-Mihiel d'octobre 1914 à septembre 1918

Du 17 au 20 novembre 1914, les troupes françaises essaient de chasser l'ennemi de la tête de pont qu'il occupe en face de Saint-Mihiel, à Chauvoncourt. Dans un bel élan, elles le délogent du faubourg et des casernes de Chauvoncourt, mais celles-ci sont minées et sautent. Profitant du désarroi causé par l'explosion, les Allemands contre-attaquent et réoccupent Chauvoncourt. Cette attaque à la pointe du saillant ne se reproduira plus. Il n'y aura plus que des combats locaux d'un acharnement prodigieux dans la forêt d'Apremont (au bois d'Ailly et au bois Brûlé), au cours desquels les Français empêcheront les Allemands d'étendre la poche qu'ils ont creusée. C'est aux deux extrémités nord et sud du saillant, aux Éparges et au bois le Prêtre, que les Français lanceront des offensives dans l'espoir de resserrer le saillant et d'obliger les troupes allemandes à l'évacuer. Après plus de deux mois de combats terribles qui prendront fin le 9 avril 1915, la crête des Éparges sera finalement conquise. Mais toutes ces actions locales resteront insuffisantes. Peu à peu, la ligne se stabilisera. De part et d'autre, on creusera des tranchées que l'artillerie martèlera sans répit, tandis que les longs et durs travaux de sape mineront le sol. Les attaques seront localisées à un bois, une maison, un pont, un entonnoir, et il faudra l'assaut magnifique

Alain-Fournier

Qui n'a pas lu *Le Grand Meaulnes* ?

Depuis sa parution en 1913, ce roman fait partie intégrante de la culture française. Son auteur, Henri Fournier est plus connu sous son nom d'écrivain d'Alain-Fournier. Né le 3 octobre 1886 à la Chapelle-d'Angillon (Cher) de parents instituteurs, il entame des études supérieures à l'occasion desquelles il se lie d'amitié avec Jacques Rivières, qui épouse sa sœur Isabelle en 1909. Il "tâte" du journalisme puis accepte, grâce à son ami Charles Péguy, le poste de secrétaire particulier de Claude Casimir-Périer.

Mobilisé le 2 août 1914, il rejoint le 88e R.I. à Mirande avant d'être muté comme lieutenant au 288e R.I. Ce régiment appartient à la 67e D.I. du général Marabail qui opère autour de Verdun en août-septembre 1914. Le 22 septembre 1914, Alain-Fournier disparaît sur les Hauts de Meuse dans le bois de Saint-Remy. Pendant des décennies, Jacques Rivières n'aura de cesse que de retrouver le corps du grand écrivain.

En 1954, une haute croix de bois est élevée sur le site présumé de sa disparition dont l'énigme continue cependant à passionner certains admirateurs du *Grand Meaulnes* comme Michel Algrain. À partir de 1977, il se lance à la recherche du disparu et reconstitue peu à peu les éléments du combat du 22 septembre. Des documents retrouvés dans les archives allemandes lui ont permis de dresser avec précision la chronologie des faits.

Il ne restait donc plus qu'à localiser la fosse commune dans laquelle pouvaient être inhumés Alain-Fournier et ses compagnons. Occupé par les Allemands jusqu'en 1918, le lieu des combats n'avait connu aucun bouleversement. Un chantier de fouilles placé sous la responsabilité de la direction régionale des Affaires culturelles de Lorraine y est ouvert le 4 novembre 1991. Vingt et un squelettes sont mis à jour dont quinze sont formellement identifiés grâce à leurs plaques d'identité. Parmi ces six inconnus figurent un capitaine et un lieutenant du 288e R.I. Sachant qu'à cet endroit, seuls le capitaine de Gramont et le lieutenant Fournier sont tombés, le 22 septembre 1914, avec le sous-lieutenant Imbert et leurs hommes, et connaissant leurs tailles respectives, on peut estimer que le lieutenant est bel et bien Alain-Fournier. Tous les squelettes, à deux exceptions non formelles près, portent des traces de blessures par balle qui peuvent être attribuées au combat.

Cette découverte a donné naissance à un véritable lieu de mémoire qui s'articule autour de quatre espaces : la croix de 1954 ; les 21 tombes (Alain-Fournier et ses compagnons sont inhumés depuis le 10 novembre 1992 dans la petite nécropole nationale de Saint-Remy-la-Calonne); la stèle édifiée sur le site de la fosse commune (inaugurée le 26 septembre 1993, ce monument est une flamme de pierre au pied de laquelle reposent un képi du 288e R.I. de Mirande et un livre); la fosse, enfin, entourée d'un muret et recouverte d'une pyramide de verre.

Renseignements :
Association des Amis de Jacques Rivières
et Alain-Fournier
31, rue Arthur-Petit
78220 Viroflay.

Sur la crête des Éparges, un entonnoir de mine profond de 15 m.

mené par les Américains en septembre 1918 pour faire disparaître cette profonde entaille que les Allemands auront maintenue dans les lignes françaises pendant quatre ans.

Les Éparges

Au début de janvier 1915, le général Dubail nommé au commandement du groupe d'armées de l'est reçoit mission de dégager les Côtes de Meuse. Reprendre les Éparges apparaît comme un préalable à cette opération. L'éperon des Éparges, long de 1 400 m et haut de 346 m, termine la plaine de Woëvre. Ses flancs sont abrupts et glissants : c'est, comme on l'a appelé, "une montagne de boue". Il fait partie d'une série de hauteurs, mais sa crête est la plus importante. Véritable observatoire, le site permet à celui qui le possède de dominer les environs. "Qui a les Éparges tient toutes les routes sous son feu." Les Allemands qui se sont emparés des Éparges le 21 septembre 1914 y ont installé plusieurs lignes de tranchées entre le sommet et les vallées. Précédé d'une explosion de mines, le premier assaut, lancé le 17 février, débouche sur la crête ouest du massif. Les quatre jours suivants, de violentes contre-attaques allemandes reprennent presque tout le terrain conquis. Les pertes sont terribles. Toutefois, le commandement français est résolu à achever coûte que coûte la conquête de la position. Du 17 au 28 mars, les unités de la 12e division souffrent encore affreusement sur ce piton devenu un enfer.

À ce moment, l'offensive prévue en Woëvre, dont les Éparges ne sont que le prélude, se déclenche de Warcq à Marcheville. Le temps est affreux. Les hommes s'enfoncent dans une boue liquide. Dans les boyaux, véritables charniers fangeux, des blessés tombés s'enlisent. Partout, des cadavres qui, souvent, vont disparaître dans l'anonymat comme celui de Louis Pergaud, prix Goncourt et auteur de *La Guerre des boutons.* Ces combats du 5 au 12 avril marquent un sommet de la souffrance. Les 9 et 10 avril, un bataillon du 8e R.I. envoyé en renfort s'empare enfin de l'éperon est, le fameux point X, clé de la position qui commande toute la Woëvre. Le succès est relatif. La guerre des mines continue, crevant de vastes entonnoirs sur la ligne de crêtes et les pentes. Comme à Vauquois, les adversaires se résignent à se partager le contrôle de la colline. Mais, avant de se résoudre à cette décision et pour contraindre leur adversaire à relâcher un peu son effort sur les Éparges, les Allemands déclenchent une dangereuse attaque dans l'axe de la tranchée de la Calonne, en direction de Verdun. Le 24 avril à midi, von Strantz lance deux divisions des Eparges à la tranchée de Calonne. Dans un seul élan, la première ligne

Debout les morts de Jacques Péricard

Né en 1876, Jacques Péricard s'engage en 1915, au 95e R.I.

En avril 1915, il lance une phrase qui deviendra célèbre "Debout les morts !" en plein combat du bois Brûlé. Cette apostrophe et quelques ouvrages écrits sur et pendant la guerre lui apportent une popularité qui le conduit à d'importantes responsabilités au sein du mouvement des anciens combattants de l'après-guerre.

"Debout les morts !" est un mythe légendaire. En 1916, Jacques Péricard en donne sa version : "Debout les morts ! Coup de folie ! Non. Car les morts me répondirent. Ils me dirent : nous te suivons. Et, se levant à mon appel, leurs âmes se mêlèrent à mon âme et en firent une masse de feu, un large fleuve de métal en fusion… Ce qui s'est passé alors ? Je dois sincèrement avouer que je ne le sais pas. Il y a un trou dans mes souvenirs. Nous sommes deux, trois, quatre au plus, contre une multitude… par deux fois, les grenades nous manquent ; et, par deux fois, nous en découvrons à nos pieds des sacs pleins, mêlés aux sacs à terre… "

De ce cri, Barrès a fait une légende qui fait revivre les tués. Au lendemain de la guerre, cette légende est malmenée par Jean Norton-Cru qui force Jacques Péricard à revoir sa copie en 1930 : " Il est parfaitement exact que "Debout les morts" est un mensonge, non pas parce qu'il ne dit pas la vérité, mais parce qu'il déforme cette vérité. Par son coup de gong, par son tam-tam, il attire abusivement l'attention sur un homme et il laisse dans l'ombre d'autres hommes qui valent autant et peut-être plus que celui-là. Je n'étais pas seul à me battre, le 8 avril 1915 dans ma tranchée. D'autres volontaires m'avaient suivi pour reprendre la tranchée perdue. Des blessés ont continué à se battre, et les uns jusqu'à la mort. "

Cependant, grâce à "Debout les morts !" le bois Brûlé est toujours inscrit dans le souvenir collectif.

française est enlevée sur 4 km ; la seconde cède sur 800 m ; les positions des batteries sont atteintes et les pièces lourdes, qu'on n'a pas eu le temps d'enlever, sont capturées. Trois divisions françaises appelées en hâte doivent être mises en ligne pour enrayer l'assaut.

Le bois d'Ailly et le bois Brûlé

Pendant que s'intensifient les combats aux Éparges, le commandement français tente de réduire le saillant de Saint-Mihiel à partir de la forêt d'Apremont. De septembre 1914 à avril 1915, une série d'attaques est lancée. Insuffisamment préparés, mal soutenus, les assauts sitôt déclenchés sont brisés net par les Bavarois solidement retranchés. Dans les trois derniers mois de 1914, le 8e corps y perd la moitié de son effectif. La légende s'est employée à recouvrir l'histoire. C'est le 8 avril 1915, au bois Brûlé, que l'adjudant Péricard du 95e R.I., submergé, ne tenant plus la position qu'avec une poignée de survivants, crie : "Debout les morts !" La réalité est plus dure. Manquant de cadres, soumises à un bombardement infernal et mal ravitaillées, les unités connaissent des défaillances. À la 16e division, des abandons de poste et des actes d'indiscipline en octobre 1914 et avril 1915 sont sanctionnés par des condamnations à mort. La valeur et le courage des troupes ne sont pourtant nullement en cause.

Le bois le Prêtre

À 372 m d'altitude, le bois le Prêtre domine tout le sud de la plaine de Woëvre. D'octobre 1914 à mai 1915, ce secteur est le théâtre d'une lutte continue. Les Allemands s'installent dans le bois en septembre 1914. Le 30 septembre, les Français prennent pied aux lisières sud-ouest de la forêt. Un mois plus tard, le 29 octobre, ils enlèvent un poste allemand au saillant sud-est. Puis leur effort se concentre sur le ravin du Père Hilarion que, lentement, ils occupent après maints combats sous la pluie de novembre et la neige de décembre. À partir de janvier 1915, l'effort des Français se porte vers la partie ouest. Il faut prendre le terrain par lambeaux, 100 m par 100 m. Attaques et contre-attaques se succèdent. Le dernier assaut a lieu le 12 mai. Il livre les blockhaus et, au-delà de la crête, les pentes nord. Les Allemands restent encore accrochés sur les pentes est et ouest. Mais le bois est conquis et l'observatoire que constitue cette hauteur appartient désormais aux Français. Ce bois tragique avait été baptisé par les Allemands "bois de la Mort" ou "bois des Veuves".

L'offensive américaine de septembre 1918

À partir de 1916, le saillant est calme et, en dehors de quelques attaques locales et des canonnades intermittentes qui montrent de part et d'autre que les lignes sont gardées et que l'artillerie demeure à son poste, les communiqués n'ont rien à

signaler. Ce calme est mis à profit pour installer dans la région lorraine, à partir d'octobre 1917, les hommes de la 1re division américaine. Ils apprennent à connaître le terrain.

En 1918, Foch – qui a repris l'initiative des opérations générales par le brillant succès du 8 août sur l'Oise – est décidé à poursuivre son avantage. Il prépare une vaste offensive générale qui doit être précédée d'opérations locales et préparatoires. La réduction de la hernie de Saint-Mihiel rentre dans ce cadre. Foch assigne donc à la 1re armée américaine, forte de 55 000 hommes, la mission de réduire le saillant. Pershing considère cette opération comme le prélude à un effort plus vaste sur Mézières et Briey. Les effectifs et les matériels mis en œuvre sont imposants. Quatre corps d'armée sont engagés. Le 4e (Dickman) et le 1er (Ligget) ont comme base de départ la ligne sud, de Xivray à Pont-à-Mousson. Au nord, entre Spada et Haudiaumont, s'aligne le 5e corps (Cameron) à deux divisions renforcées d'une division française. Trois divisions sont tenues en réserve. Au centre du dispositif, face à Saint-Mihiel, se trouve le 2e corps colonial français à trois divisions. Douze divisions sont donc prévues au premier assaut : soit 160 000 Américains et

Foch.

48 000 Français en première ligne et 200 000 Américains en réserve.

En face, le détachement d'armée C du général Fuchs, relevant du groupe d'armée de von Gallwitz, est un ensemble assez hétérogène de douze divisions saxonnes et bavaroises plus une division austro-hongroise. Mais Fuchs s'appuie sur de solides positions fortifiées : ligne Michel de

Une compagnie américaine traverse le village de Nonsard, au nord-est de Saint-Mihiel.

Les bornes commémoratives du Touring Club de France

En 1921, Henri Defert, président du Touring Club de France associé au Touring Club de Belgique, proposa de matérialiser sur le terrain "la ligne de front d'où est partie l'offensive victorieuse de 1918". Les services de l'armée furent chargés de définir cette ligne de la mer du Nord à la frontière suisse. L'idée consistait à jalonner le front par des bornes distantes de 3 à 10 km, suivant l'importance historique du lieu de leur implantation.

Ces bornes ont 1 m de haut. Elles sont l'œuvre du sculpteur Paul Moreau-Vauthier. Prévues au départ en granit rouge d'Alsace, elles furent aussi taillées dans un grès clair, moins onéreux. Une couronne de laurier surmontée d'un casque est posée sur une sorte de pyramide tronquée, aux angles abattus. Sur le devant figure le nom du lieu d'érection et, en dessous, l'inscription suivante : "Ici fut repoussé l'envahisseur 1918." Des grenades surmontées de palmes décorent les angles. Sur une face latérale, un bidon, sur l'autre, un étui de masque à gaz dont les bretelles se croisent sur le devant. Suivant la nature des troupes qui tenaient le secteur, le casque coiffant la borne est français, anglais ou belge.

Une vaste souscription nationale fut lancée pour soutenir cette campagne. Achevée en 1926, elle permit seulement de mettre en place les bornes en Alsace et en Lorraine. Quelques autres furent érigées par la suite grâce à des dons, à Lens, Regdievelle et Neuilly-la-Poterie. Mais le projet ne put être achevé. La moitié des 24 bornes prévues fut réalisée. La première borne française fut inaugurée le 11 novembre 1921 à Château-Thierry, et la première borne belge le 5 juin 1922 à Dixmude.

Sept bornes sont encore en place dans la région de Verdun : Les Éparges, Haudiomont, Verdun, Bezonvaux, Le Chapitre, Beaumont et Samogneux.

Champey à Manheulles et ligne Kriemhild à la hauteur de Chambley. Le 12 septembre, l'assaut américain est une réussite totale. La tenaille se referme et, le 13 septembre au matin, les 4e et 5e corps américains font leur jonction près de Vigneulles. Les Allemands surpris en flagrant délit de mouvement laissent 16 000 prisonniers et 400 canons. Le 14 septembre, la 4e division américaine est à Fresnes-en-Woëvre ; le 15, les objectifs sont atteints et les sammies s'arrêtent juste à la limite de la ligne Michel (non sans que le mordant de ses troupes fasse regretter à Pershing de ne pouvoir poursuivre son élan. Mais, selon son accord du 1er septembre avec Foch, il lui incombe maintenant de passer sur l'Argonne).

Chronologie de la Première Guerre mondiale dans le saillant de Saint-Mihiel

1914

7 septembre : le Kronprinz de Bavière prend la IIIe armée française à revers sur les Hauts de Meuse.
8 septembre : les Allemands bombardent le fort de Troyon.
10 septembre : offensive allemande entre Souilly et La Vau-Marie.
11 septembre : contre-attaque française qui dégage les abords ouest de Verdun.
19 septembre : les Allemands tentent de franchir les côtes en direction de la Meuse.
20 septembre : les Allemands forcent le passage entre Trésauvaux et Creuë.
21 septembre : les Allemands s'emparent des Éparges.
22 septembre : occupation allemande des crêtes au-dessus de la Woëvre, des Éparges à Montsec.
25 septembre : le fort du camp des Romains est pris par les Allemands.
30 septembre : les Français prennent pied aux lisières sud-ouest du bois le Prêtre.
17-20 novembre : attaque française à la pointe du saillant, à Chavancourt, repris et reperdu.
Décembre : les Français occupent le ravin du Père Hilarion, après deux mois de combats sous la pluie et la neige.

1915

Janvier : Dubail reçoit mission de dégager les Côtes de Meuse. Attaques françaises et contre-attaques allemandes se succèdent au bois le Prêtre occupé par les Allemands depuis septembre 1914.
17 février : assaut français aux Éparges suivi de contre-attaques allemandes. Le terrain est repris.
17 février-28 mars : les combats continuent sur ce piton des Éparges.
5-12 avril : offensive française en Woëvre, de Warcq à Marcheville.
8 avril : les Français sont en difficulté au bois Brûlé. Jacques Péricard lance : "Debout les morts !".
9 et 10 avril : un bataillon du 8e R.I. s'empare de l'éperon est (le point X).
24 avril : von Stranz lance avec succès une attaque des Éparges à la tranchée de Calonne.
12 mai : le bois le Prêtre est conquis par les Français.

1916

Le secteur est calme.

1917

À partir d'octobre : les hommes de la 1re division américaine s'installent dans la région lorraine.

1918

Début septembre : Foch assigne à la 1re armée américaine commandée par Pershing la mission de réduire le saillant.
12 septembre : assaut américain devant Saint-Mihiel.
13 septembre : les 4e et 5e corps américains font leur jonction près de Vigneulles.
14 septembre : les Américains sont à Fresnes-en-Woëvre
15 septembre : les objectifs sont atteints. Les sammies s'arrêtent à la limite de la ligne Michel, de Champey à Manheulles.

À lire

BERTHAUD (J.), *1915 sur les Hauts de Meuse - Les Éparges*, éd. du Mémorial de Verdun, 1983.
ROUQUEROL (général), *Les Hauts de Meuse et Saint-Mihiel 1914-1918*, Payot, Paris, 1939.
PÉRICARD (J.), *Debout les morts*, éd. Baudinière, 1937.

L'église de Marbotte en 1916.

À la découverte de la Première Guerre mondiale dans la saillant de Saint-Mihiel

La densité des nécropoles militaires construites dans le saillant de Saint-Mihiel illustre tragiquement un extraordinaire gaspillage de vies humaines.

LE FORT DE TROYON

C'est à **Troyon** ❶, sur la D964 à 25 km au sud de Verdun, que commence le chemin du souvenir du saillant de Saint-Mihiel. La résistance opposée par le fort de Troyon entre le 8 et le 11 septembre 1914 est un élément capital de l'évolution de la Première Guerre mondiale en France. Si le fort était tombé le 9 septembre, comme le prévoyait le commandement allemand, la Meuse était franchie et Verdun encerclée. Troyon est donc un point fort du souvenir en terre meusienne. Deux monuments et une nécropole rappellent sur le site l'histoire de cette résistance. Au bord de la route, à l'entrée du chemin qui mène aux ruines du fort, le premier monument est une courte pyramide. Dominant la route actuelle sur une petite esplanade, le second est une stèle rectangulaire dressée "Aux défenseurs du fort de Troyon". La nécropole nationale créée en 1915 est située devant le cimetière communal. Ces marques du souvenir ont pallié pendant des décennies l'abandon du fort à la végétation. Depuis quelques années une association "Ceux de Troyon" a entrepris de sauvegarder les restes d'une architecture militaire d'une qualité incontestable de type "Séré de Rivières". Des visites guidées et commentées sont organisées régulièrement sur le site.

- *Fort de Troyon*
  55300 Lacroix-sur-Meuse.

Ouverture : de Pâques au 30 novembre de 14 h à 19 h et le matin sur rendez-vous. Samedi soir, visite aux flambeaux et dîner.

Association "Ceux de Troyon"
14, rue du Général-de-Gaulle
55300 Lacroix-sur-Meuse.
Tél. : 03.29.90.16.95
(le matin ou après 19 h)

LES ÉPARGES

Le secteur géographique des **Éparges** ❷ (qui dépend administrativement de plusieurs communes) est un lieu majeur du souvenir de la Grande Guerre. Des sentiers ont été aménagés par l'ANSBV dans le but de faciliter les visites (les plans des circuits sont diffusés par le mémorial de Verdun). L'épicentre du souvenir se situe sur les deux communes des Eparges et de Combres.

Au pied de la célèbre butte, la **nécropole du Trottoir** se détache sur un fond de sapins noirs. Elle regroupe 2 108 tombes et un ossuaire de 852 corps. En suivant la route qui mène au sommet, le visiteur rencontre un premier monument qui se détache sur les arbres, en haut d'un escalier. Cette œuvre du sculpteur Maxime Real Del Sarte a été élevée à la gloire des "Revenants du 106e R.I.". Elle se présente comme une pyramide informelle dominée par un masque mortuaire tournée vers le ciel. Des mains décharnées évoquent les souffrances de tous ceux qui ont connu les combats de cette butte sanglante. Sur le devant, un bas-relief de bronze montre une femme casquée qui soutient un soldat dans une pose qui rappelle les pietà anciennes. En arrivant au sommet, on trouve tout d'abord un **monument élevé à la mémoire des sapeurs** qui subirent de lourdes pertes durant la guerre des mines. Un double mur semi-circulaire porte d'un côté un texte qui rappelle la

Fort de Troyon.

Les lieux du tourisme du souvenir autour de Saint-Mihiel

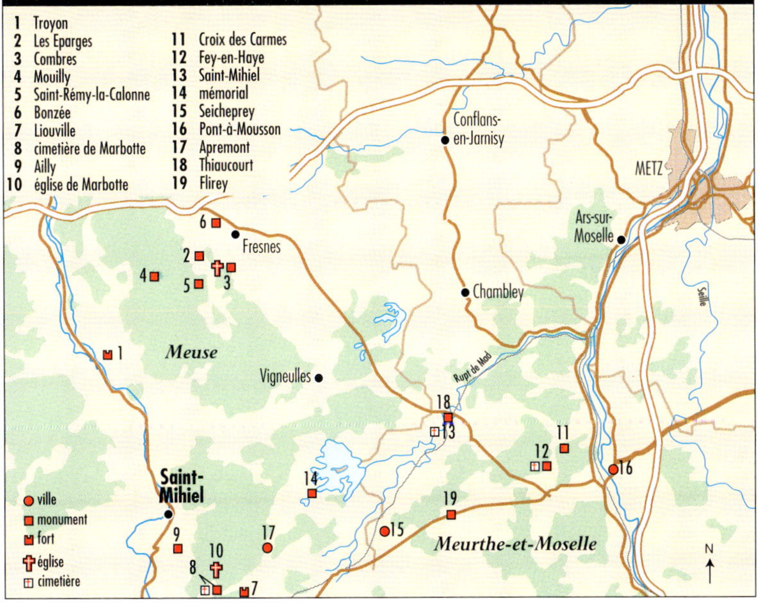

dédicace et, de l'autre, l'emblème du génie. Cet ensemble a été réalisé récemment.

Placé à l'extrémité est de la crête, qui domine la plaine de la Woëvre de plus de 100 m, se dresse le **monument du Point X**. Sur une face, une croix gravée au-dessus d'un autel ; sur l'autre, un bas-relief montrant un officier, tête nue, qui entraîne ses hommes au combat. Cette belle œuvre du sculpteur Fischer est dédiée "À ceux qui n'ont pas de tombe". Des bornes et des bancs complètent l'ensemble. Au-dessus du village de **Combres** se trouve le grand **monument du Point C** qui domine un vaste entonnoir de mine. Dû au sculpteur Lefebvre-Klein, il est composé d'un large socle et d'un obélisque surmonté d'un coq en bronze, d'où le nom qui lui est souvent donné : le monument du coq. Ce monument a été élevé à la gloire de la 12ᵉ D.I. qui s'est illustrée lors de la prise définitive de la crête en avril 1915. Des plaques de marbre reprennent le texte des citations qui lui ont été décernées. À l'extrémité nord de la rue principale du village se trouvait un **calvaire** dont il ne reste aujourd'hui que le socle ancien. Pendant quatre ans, il marquait la limite au-delà de laquelle la menace et la mort commençaient pour ceux qui montaient vers la crête. Cette croix émouvante, dont tous les écrivains combattants ont parlé existait encore à la fin de la guerre. Le calvaire primitif a été remplacé par un autel que domine une statue du Christ adossée à la croix. Au sud du village, au bord de la route, **une des bornes élevées par le Touring Club de France** marque la ligne du front au 18 juillet 1918. Elle porte le nom des Éparges. Un peu plus au sud, au bord de la route, se dresse une **grande croix noire** supportant un petit Christ. Sur le socle figure le nom du petit ravin qui monte derrière elle et qui servait d'abri aux troupes françaises, Friquevaux. Entre le village de Combres et la crête des Éparges s'élève un grand **calvaire de pierre**. La gloire qui entoure le centre de la croix est ornée de deux épées. Sur la base, une inscription rappelle le souvenir d'Eugène Parmentier, lieutenant au 67ᵉ R.I., tombé le 20 février 1915. Au bout d'une allée ombragée, une toute petite **chapelle de pèlerinage** dédiée à Notre-Dame-de-Bon-Secours, et qui fut reconstruite après la guerre, complète ces références au souvenir chrétien.

Dans un virage de la route qui descend vers **Combres** ❸, la façade d'un grand blockhaus qui s'enfonce sous la butte des Éparges marque l'entrée d'un tunnel où les Allemands avaient installé un petit chemin de fer à voie étroite. Ce tunnel porte le nom de Kronprinz, comme beaucoup d'ouvrages réalisés par les troupes de ce prince pendant la guerre, sans qu'il soit vraiment assuré que l'héritier du trône de Prusse l'ait parcouru.

De nombreux monuments ont également été construits dans les communes situées à la périphérie des deux communes. Le petit village de **Mouilly** ❹ a été entièrement détruit en 1915 par les bombardements. Dans leurs récits, les combattants évoquent leur passage dans ses ruines lorsqu'ils se rendaient du front à Rupt-en-Woëvre, premier village vivant de l'arrière. La commune est limitée à l'est par la tranchée de Calonne le long de laquelle se trouvent plusieurs monuments.
Au centre du village se dresse un **monument aux morts** original. Une sorte d'arc de triomphe, sur les piles duquel sont inscrits les noms des combattants de la commune, abrite un cénotaphe surmonté d'un casque. Au-dessus, entre deux urnes d'où s'échappent des flammes de pierre, est sculptée une femme ailée tenant une palme. En bordure de la tranchée de Calonne, dans la forêt domaniale des Éparges, deux **stèles**

rappellent le souvenir des deux sous-officiers tués en 1915. En descendant vers Mouilly par la D113, à partir de la tranchée de Calonne, un sentier permet de suivre la ligne de crête. Au bout de 1 km environ, on atteint le champ de bataille. Au milieu des trous d'obus et des restes de tranchées s'élève un calvaire qui porte, sur les cartes d'état-major, le nom de Claude Sauce.

Saint-Remy-la-Calonne ❺ est devenu, depuis la découverte des restes d'Alain-Fournier, un lieu de pèlerinage (voir p. 402). En 1915, ce village subit le même sort que les Éparges et fut détruit par les obus français. Dans un site tranquille, à côté de l'église, sommeille une petite **nécropole**.

À quelques kilomètres de Saint-Remy la commune de **Bonzée** ❻ regroupe quatre petites agglomérations : Bonzée, Villers-sous-Bonchamp, Mont-Villers et Mesnil-sous-les-Côtes. Ces deux derniers villages se trouvent au pied même des Côtes de Meuse. En 1915, au moment des combats les plus âpres, les soldats qui se battaient aux Éparges venaient s'y reposer. En 1916, à la suite du retrait volontaire français, ces villages se trouvèrent en première ligne. Toutefois, les affrontements n'y présentèrent jamais l'intensité qu'ils eurent ailleurs. Une petite nécropole nationale contient seulement 74 corps. Dans le village même, le **monument aux morts** communal rappelle le dévouement des infirmières pendant la Grande Guerre.

Au-delà de ces principaux repères du souvenir, chacune des autres communes du secteur des Éparges présente un intérêt. Outre les nécropoles militaires déjà signalées, les ouvrages et forts militaires souvent en ruine sont nombreux, à **Belrupt-en-Verdunois**, **Châtillon-sous-les-Côtes**, **Genicourt**, **Haudainville**, à **Moulainville**, **Sommedieue**, comme le sont les stèles et monuments : la tombe du commandant Bailly à Belrupt-en-Verdunois, le monument Louis Pergaud à **Fresnes-en-Woëvre**, la stèle Scharninger à **Watronville**, etc.

LES TROIS BOIS

Le bois Brûlé et le bois d'Ailly

Malgré le légendaire "Debout, les morts !", le souvenir des combats qui se sont déroulés dans la forêt d'Apremont, est moins matérialisé qu'aux Éparges. Un fort, une nécropole, un monument et surtout une église méritent cependant une visite.

Le **fort de Liouville** ❼ joua un rôle secondaire. Construit entre 1876 et 1878, il participa en août 1914 aux combats de résistance face à l'avancée allemande. L'écrasement total de son artillerie et la stabilisation du front le transforma, à partir de 1915, en un promontoire d'observation. Oublié pendant des décennies, le fort est aujourd'hui mis en valeur par une association active de bénévoles.

• *Fort de Liouville*
Visite guidée organisée tous les 3e dimanches de chaque mois, en matinée.

Renseignements :
Association pour la sauvegarde du fort de Liouville
Domaine de Marsoupe
Route de Woinville
55300 Saint-Mihiel.
Tél. : 03.29.89.02.70.

Cette association a créé le centre de documentation du saillant de Saint-Mihiel, inauguré le 28 avril 1996.

Le cimetière national de **Marbotte** ❽ regroupe 2 656 corps. L'ossuaire, inauguré le 1er septembre 1929, est une grande tombe de 15 x 10 m qui abrite les dépouilles d'un millier de soldats. Le monument du 8e corps d'armée domine tout le cimetière. Haut de 11 m, son soubassement forme l'autel où la messe est célébrée lors de la journée annuelle du Souvenir, le dernier dimanche d'août. La colonne porte les noms des secteurs compris entre Apremont et Kœurs. La croix de guerre, d'une hauteur de 1,90 m, pèse 5 t. Ce monument fut inauguré le 23 août 1931.
Le **monument d'Ailly** ❾ rappelle plus particulièrement le calvaire des 56e, 85e et 171e R.I. Il a été inauguré le 30 septembre 1923 par Raymond Poincaré. Le monument le plus remarquable de ce petit champ de bataille est cependant l'**église de Marbotte** ❿. Construite en 1781, elle resta debout au milieu du village détruit. En 1914, les soldats blessés y trouvaient refuge : "Marbotte ! Le chœur de la petite église. Je suis glacé d'effroi. Du sang tout le long des dalles jusqu'en bas de l'église." Et l'abbé Bringuer note le 24 octobre 1914 : "Souvenir d'une messe dans l'église de Marbotte. Je n'avais pas de servant ; l'assistance se composait de deux prêtres soldats étendus dans le sanctuaire sous un drap mortuaire et, dans la nef, les cadavres étaient si serrés qu'il m'avait fallu, pour aller au chœur, enjamber les bancs". Les dalles et les bancs ont été conservés en leur état. Aujourd'hui, l'église est devenue un temple du souvenir. Dans le chœur, l'autel du souvenir bénit en 1922 est le centre religieux du champ de bataille. Des croix semées sur les murs et le plafond convergent vers l'autel qui unit au sacrifice du Christ, celui des soldats représentés sur le bas-relief et celui des mères évoqué par la pietà. À gauche, un vitrail du Sacré-Cœur domine une vision de guerre. À droite, un vitrail de la Vierge des douleurs et, en dessous, le premier pèlerinage à la tombe de l'époux et du père. Dans la chapelle Notre-Dame-des-Hauts-de-Meuse, un autel domine un groupe spécialement créé pour l'église de Marbotte. En bas-relief, une *Mise au tombeau*. Sur le tabernacle un crucifix de cuivre qui, emporté d'une maison par un soldat, a été rendu à l'église en 1935. Dans la nef, deux grands tableaux d'honneur, l'un pour le bois d'Ailly, l'autre pour la forêt d'Apremont. Les vitraux évoquent le Marbotte ancien, qui fut une commanderie, et les épisodes du champ de bataille. Premier vitrail : les hospitaliers de Saint-Jean de Jérusalem reçoivent leur constitution définitive. Deuxième vitrail : "Debout les morts !". L'adjudant Péricard, du 95e R.I. sentant les hommes faiblir et ne voyant que des morts et des blessés autour de lui ranime les courages au cri de "Debout, les morts !". Troisième vitrail : la tranchée de la soif. Le commandant André et la 7e compagnie s'étant emparés du boyau allemand alimentant le secteur sont refoulés, encerclés et pris par la Garde de Berlin après 60 h d'une héroïque résistance, sans eau ni vivres, ni grenades (20-22 mai

1915). Quatrième vitrail : la prière dans l'église du souvenir. "Des milliers de cadavres, ramenés des lignes, ont reposé, en attendant leur sépulture, sur ces dalles qui furent imbibées de sang". L'église a recueilli d'autres reliques : les fanions offerts par des familles ou des amicales, de nombreuses inscriptions régimentaires et, sous verre, un fanion du Sacré-Cœur qui a reposé sur de nombreux soldats.

Le bois le Prêtre (1915)

Dans les premières années de l'après-guerre, le souvenir du bois le Prêtre s'est cristallisé autour du devenir de la **croix des Carmes** ⓫. En 1915, cette simple croix de bois s'élevait au milieu des lignes allemandes, dans un secteur où les combats étaient acharnés. En 1919, le transfert de cette croix dans le cimetière militaire du Pétant, à Montauville, fut l'occasion d'une véritable bataille du souvenir. Deux associations d'anciens combattants du bois le Prêtre se créèrent. L'une demanda que la croix fût définitivement placée dans le cimetière, la seconde qu'elle retournât sur son site primitif. Pendant quatre ans, la question divisa les plus hautes autorités de la Lorraine. Le combat cessa en 1923 par une décision "hardie" et une multiplication "des croix". À l'emplacement d'origine, une importante **croix** de granit de 7 m de haut fut inaugurée par Raymond Poincaré. Sur sa face principale, deux soldats, le "Poilu de 1914" et la "Marie-Louise de 1918" soutiennent une seconde croix de pierre et de céramique dans laquelle est enchâssée la véritable "Croix des Carmes".

Dans le proche petit village de **Fey-en-Haye** ⓬ (Meurthe-et-Moselle), totalement détruit en 1914-1918, l'**église** néogothique, reconstruite en 1924 par la coopérative de reconstruction des églises du diocèse de Nancy, fut appelée église de la Croix-des-Carmes. L'inauguration du monument évoqué précédemment est représentée dans cette église, sur l'un des huit vitraux. Ce vitrail présente la particularité de se lire sur ses deux faces. À l'extérieur, la dimension civile de cet événement est affirmée par la coloration tranchée des acteurs civils ; à l'intérieur, la thématique est inversée. De l'extérieur, le visiteur découvrira Raymond Poincaré prononçant son discours, le général Lardennelle, commandant le 6e corps d'armée, Reuten, président du Conseil des ministres du Luxembourg, Mgr de la Celle, évêque de Nancy et de Toul, Magre, préfet de Meurthe-et-Moselle, Louis Marin, vice-président de la Chambre des députés, ainsi qu'une foule d'anonymes.

Quelques années plus tard, en 1935, un troisième **monument** de pierre fut élevé dans le cimetière du Pétant afin de remplacer la croix de bois. Ce monument en granit des Vosges est une sobre pyramide sculptée d'une croix de Lorraine sur chaque face. Une seule inscription : "Aux héros du bois le Prêtre".

LE SOUVENIR DES COMBATS AMÉRICAINS

C'est par l'épisode de sa libération que le souvenir du saillant de Saint-Mihiel s'impose aux visiteurs. Cette volonté commémorative est essentiellement d'origine américaine.
On trouve à **Saint-Mihiel** le même type de monuments qu'en Argonne.

Bois le Prêtre : croix érigée sur l'emplacement d'origine de la croix des Carmes.

D'abord un grand **cimetière** ⓭ qui occupe une superficie de 4 ha et renferme 4 152 tombes. L'architecture du cimetière est classique dans sa conception. À l'entrée du cimetière, le pavillon d'accueil des visiteurs est construit en pierre d'Euville. Dans le cimetière proprement dit, des tilleuls taillés en carré bordent les allées principales ; leurs branches forment une voûte de feuillage.
Au centre du cimetière trône un grand aigle de pierre entouré de massifs de roses et d'un parterre de buis nains. Cette partie de l'ensemble architectural est, en réalité, un cadran solaire. Le long de l'allée de droite se dresse un monument représentant un soldat américain de la Première Guerre mondiale en tenue de combat, debout devant une croix de pierre. Sur l'allée de gauche, une urne ornementale posée sur une plate-forme semi-circulaire lui fait pendant.
Le **mémorial** de style classique est

Mosaïque représentant l'Ange de la Victoire dans la chapelle du cimetière américain de Saint-Mihiel.

en pierre de Rocheret. D'impressionnantes colonnes forment un péristyle au centre duquel se trouve une urne grecque voilée, portant une sculpture qui représente le cheval ailé, Pégase, symbolisant le voyage de l'âme immortelle jusqu'à sa dernière demeure dans l'au-delà. À l'entrée de la **chapelle**, on peut voir d'impressionnantes portes de bronze avec des étoiles décoratives et des têtes de soldats miniaturisées dans le même métal. L'intérieur frappe par sa sobriété. Au-dessus de l'autel, une mosaïque dorée représente l'*Ange de la Victoire* rengainant son épée après le conflit. Les *Colombes de la Paix* tenant un rameau d'olivier symbolisent la paix éternelle. L'autel proprement dit est, comme les clefs de voûte, en marbre blanc d'Italie. La salle d'information contiguë à la chapelle présente une carte des opérations militaires, indiquant les positions exactes et le terrain gagné sur les Allemands par les unités américaines et alliées au moment de la bataille pour le saillant de Saint-Mihiel. Sur les murs de cette salle sont inscrits en lettres dorées, ciselées sur marbre noir, les noms des 284 soldats américains portés disparus au cours des opérations dans ce secteur, et dont les corps n'ont jamais été retrouvés.

Un grand **mémorial** ⓮ est situé sur une colline isolée, à 18 km au sud-ouest du cimetière de Saint-Mihiel. C'est une colonnade circulaire classique, à l'intérieur de laquelle une carte de bronze en relief représente le saillant de Saint-Mihiel. Cette carte repose sur une plate-forme en pierre décorée de gravures représentant des éléments d'équipement militaire américain. Pour mieux comprendre les opérations militaires, et afin d'identifier plus aisément les villages qui y figurent, on se référera aux trois petites cartes rondes en porcelaine de Sèvres qui complètent la carte principale.

D'autres monuments ont été érigés soit par des États américains, soit par des régiments à la gloire des soldats américains.

Montsec : le mémorial américain.

Saint-Mihiel : le cimetière américain.

En matière architecturale, les Américains ont une prédilection particulière pour les fontaines, avec ou sans eau. Dans le saillant de Saint-Mihiel, trois monuments de ce type ont été construits : en Meurthe-et-Moselle, à **Seicheprey** ⓯ par l'Etat du Connecticut, à **Pont-à-Mousson** ⓰ par l'Américain Field Service, et dans la Meuse, à **Apremont** ⓱ par la ville d'Holyoke. Mais, plus que ces monuments au style déjà connu, trois autres méritent d'être signalés. Ils présentent tous trois la particularité d'avoir été érigés et financés par la France dans un geste de remerciement aux soldats américains.

À **Thiaucourt** ⓲ (Meuse), le **monument aux morts** communal présente deux combattants de bronze se serrant la main. L'un est Français, l'autre Américain. Dans la même localité se situe le musée de la Bataille du saillant de Saint-Mihiel

- *Musée de la Bataille du saillant de Saint-Mihiel*
  Rue Neuve
  54470 Thiaucourt.
  Tél. : 03.83.81.98.36.

Ouverture : ouvert tous les dimanches et jours fériés du 1er avril au 11 novembre. Visites de groupes sur rendez-vous.

Ce musée propose au visiteur de parcourir un demi-siècle d'histoire militaire avec, pour fil conducteur de cette évocation, une centaine de tenues d'époque, dont 80 sont exposés sur des mannequins. Des objets sont également présentés : engins de tranchées, boîtes de ration américaines, prototype de casque d'acier allemand, objets fabriqués dans les tranchées, porcelaines allemandes patriotiques.

Enfin, à **Flierey** ⓳ (Meurthe-et-Moselle), un **monument** offert par "La Lorraine aux États-Unis" commémore l'offensive du 12 septembre : le nom de tous les régiments ayant participé à cette offensive est gravé sur le socle. Dans la même commune, une **borne "Georges Washington"** marque le point de départ des soldats américains le 12 septembre.

VII. Les lieux de la Première Guerre mondiale dans la Meuse

Les sites des batailles de la Première Guerre mondiale dans la Meuse se répartissent entre l'Argonne, Verdun et les Hauts de Meuse. Verdun, grande victoire française en 1916, en est le lieu emblématique. Pendant dix mois, les deux tiers de l'infanterie française et quarante divisions allemandes s'engagent dans la bataille, si bien que peu de soldats en France ou en Allemagne échappent à l'horreur de l' "enfer" de Verdun. Cette gigantesque bataille d'artillerie coûte plusieurs centaines de milliers de morts. Le choix du soldat inconnu qui repose sous l'Arc de triomphe à Paris est effectué à Verdun.

Les circuits proposés concilient la géographie et la chronologie. Ils décrivent :

- la rive droite de la Meuse,
- la rive gauche de la Meuse,
- la ville de Verdun et ses quatre musées.

Ossuaire de Douaumont.

La bataille de Verdun

L'année 1915 a été, dans l'ensemble, favorable aux puissances centrales. En frappant un grand coup par une offensive victorieuse, l'Allemagne souhaite en finir sur le front ouest. À la fin du mois de décembre 1915, Falkenhayn se fait le porte-parole de ce projet auprès de l'empereur Guillaume II. Deux objectifs sont envisagés : Belfort et Verdun. Verdun a la préférence de Falkenhayn qui observe que la place n'est reliée à l'arrière que de façon précaire. Seuls la route départementale vers Bar-le-Duc et le chemin de fer local – le Meusien, à voie étroite et débit faible – alimentent la région fortifiée. Les grandes voies de chemin de fer vers Châlons et Lérouville sont coupées, l'une par le canon à la hauteur d'Aubréville, près de Clermont-en-Argonne, l'autre par l'occupation de Saint-Mihiel. "Falkenhayn justifie ce choix par le souci d'amener l'armée française à engager toutes ses réserves, à perdre tout son sang dans la bataille. C'est la fameuse espérance de "saigner à blanc" les divisions françaises" (Gérard Canini, *La Lorraine dans la Guerre 14-18).*

Le choix allemand est excellent car depuis le début de la guerre, la place a été singulièrement affaiblie. Avec Toul, Épinal et Belfort, Verdun avant la Grande Guerre est la plus importante des quatre places fortes qui jalonnent, des Hauts-de-Meuse aux Vosges et à la Haute-Moselle, la ligne de fortifications édifiée après 1874 et connue sous le nom du général Séré-de-Rivières. À l'ouverture des hostilités, Verdun est une place impressionnante dotée de 19 forts de premier plan, dont 14 sont cuirassés. La garnison, 14 000 hommes, aussi nombreuse que les civils, dispose d'une division mobile, qui peut intervenir au-delà des limites du camp retranché : Verdun est une place stratégique aux avant-postes du pays.

En septembre 1914, Verdun constitue le môle est où s'accroche l'aile droite de l'armée française pendant les combats décisifs de la Marne. Dégagée le 9 septembre, la place conserve sur le front une position en saillant qui réduit dangereusement ses possibilités de communications avec l'arrière. En 1915, ce secteur du front est calme. Les attaques meurtrières

La ligne de chemin de fer d'intérêt local reliant Bar-le-Duc à Verdun s'avère insuffisante pour assurer le transport des troupes. Elle est relayée par la Voie sacrée.

Le fort de Douaumont après un bombardement (janvier 1916).

se déroulent à Vauquois, en Woëvre, et surtout aux Éparges. Verdun, où 3 000 civils sont autorisés à rester, se trouve dans la zone des étapes où s'affairent services, permissionnaires et commerçants.

En cette année 1915, la fortification permanente est cependant tombée dans le plus grand discrédit depuis l'effondrement des ouvrages de Namur et de Liège. Le 5 août 1915, un décret déclasse les places fortes. Verdun, réorganisée sous le nom de région fortifiée de Verdun, est intégrée dans le dispositif général du front. Les garnisons des ouvrages sont dissoutes, et on récupère dans la place les matériels et approvisionnements nécessaires aux offensives de Champagne et d'Artois. Les prélèvements sont tels que le responsable de la R.F.V., le général Herr, s'en alarme et s'inquiète plus encore du fait que près de la moitié de ses bataillons en ligne soient des unités de territoriaux que l'on estime suffisants pour un front peu actif. C'est donc un "corps affaibli" qui sera attaqué le 21 février. Le manque d'effectifs et la conviction que Verdun n'était pas un objectif sérieux pour l'ennemi avaient conduit à négliger l'organisation des travaux de défense en rase campagne au moment même où l'on désarmait les forts et préparait leur destruction.

Le déroulement de la bataille devra cependant tenir compte de la géographie. Les plateaux où vont s'engager cet affrontement sont les dernières séries de hauteurs qui forment la cuvette du Bassin parisien. La Meuse, souvent débordée en hiver, les partage du nord au sud. La terrasse des plateaux de la rive droite, d'une dizaine de kilomètres de large, sépare la vallée de la Meuse de la plaine marécageuse de la Woëvre. De nombreux ruisseaux qui se jettent vers l'ouest dans la Meuse ou coulent vers l'est dans la vallée de la Woëvre, s'enfoncent de plus de 100 m en un très court trajet, creusant ainsi de profonds ravins qui donnent aux Côtes de Meuse un contour "dentelé, festonné, comme modelé au pouce dans une matière grasse". Sur la ligne de faîte non ébréchée se succèdent les points culminants (388 m), clefs du champ de bataille. Dans cette forteresse naturelle, le commandement allemand décide d'appliquer la méthode offensive dont la brutalité sera exacerbée par l'action de l'artillerie. Concentrer une énorme artillerie, couper par le canon la seule grande voie ferrée qui relie Verdun à la France, écraser les défenses françaises, isoler leurs occupants par des barrages de gros calibres, puis foncer droit sur la ville et supprimer les dernières résistances en lançant en avant, sans souci des pertes, des masses irrésistibles : tel est le plan que les Allemands mettent à exécution le 21 février 1916. La bataille de Verdun obéit à une stratégie d'écrasement qui oppose les infanteries, les artilleries, l'aviation – c'est la première bataille aérienne de l'Histoire – et les logistiques. Mais c'est aussi une bataille psychologique avec l'invention du système de la noria et la multiplication des visites officielles allemandes et alliées sur le front (Raymond

Raymond Poincaré, une mémoire meusienne

Président de la République de 1913 à 1920, Raymond Poincaré est intimement lié au département de la Meuse. Il est né le 20 août 1860 à Bar-le-Duc où il a commencé sa carrière politique en 1887. Il y est enterré. Plus qu'aucun autre homme politique, il s'est senti concerné par la bataille de Verdun. De 1916 à 1918, il multiplia les visites au front et de 1918 à sa mort (en 1934), il multiplia les présidences de cérémonies commémoratives. Le souvenir de Raymond Poincaré est matérialisé dans de nombreux lieux meusiens.

À **Bar-le-Duc**, au 35 de la rue du Docteur-Nève (ancienne rue des Tanneurs), une plaque apposée sur une maison bourgeoise à l'architecture du XVIIIe siècle fixe le début d'un destin : "Raymond Poincaré, président de la République pendant la Grande Guerre, est né dans cette maison le 20 août 1860. La Nation a déclaré qu'il "avait bien mérité de la Patrie". Place de la République, un ensemble monumental a été élevé devant la gare et inauguré le 23 juillet 1950 par Vincent Auriol. L'œuvre de Raymond Couvègnes se divise en deux parties : en avant d'un mur de granit, qui s'arrondit en une colonnade, se dresse une statue de l'homme d'État en bronze de 2,40 m de haut, qui représente Poincaré en tenue officielle de président de la République, à la veille de la bataille de Verdun.

À **Commercy**, un buste de bronze dû au même sculpteur est installé dans la mairie de la ville dont il fut le député.

À **Verdun**, le discours prononcé par Raymond Poincaré le 14 septembre 1916 est présenté comme le texte fondateur du Verdun rénové. Le texte est inscrit sur le monument de la Victoire et sur la porte Saint-Paul (voir page 441). Dans la mairie, une plaque présente le texte de la loi du 20 février 1920 qui reconnaît que Raymond Poincaré "a bien mérité de la Patrie". À **Vaux** (55) et à **Feyen-en-Haye** (54), la présidence des cérémonies est inscrite dans la pierre et dans le vitrail.

À **Nubécourt**, Raymond Poincaré est inhumé dans le petit cimetière du village. En bordure du chemin qui conduit au cimetière, un monument inauguré en 1952, composé d'un médaillon de bronze et d'une stèle en granit, rend hommage au grand Meusien et au grand Français.

À **Sampigny**, le clos Raymond-Poincaré bordé d'un parc fut élevé entre 1906 et 1909 sur les plans de l'architecte nancéen Bourgon. Bombardé par les Allemands en octobre 1914, il fut restauré et devint la résidence d'été de Poincaré. Transformé en musée en 1986, il abrite certaines reconstitutions (telle le cabinet de travail, la bibliothèque…) qui, ajoutées aux présentations sous vitrines, dynamisées par des montages audiovisuels, restituent tout à la fois le portrait de l'homme d'État, son environnement personnel et le contexte historique de son action.

Clos Raymond-Poincaré
Sampigny
55300 Saint-Mihiel.
Tél. : 03.29.90.70.50.
Ouverture : de juin à fin octobre, tous les jours de 14 h à 18 h sauf mardi ; le reste de l'année ouvert aux groupes sur demande.

Dans la même commune, un haut-relief représente l'homme d'État assis dans un fauteuil. Il rend hommage à "Raymond Poincaré, président de la République, membre de l'Académie française, bâtonnier de l'ordre des avocats de Paris, 1860-1934".

Poincaré vient à six reprises à Verdun en 1916).

De février 1916 à août 1917, la campagne connaît deux grandes phases, voire deux batailles.

La première bataille de Verdun : l'offensive allemande (février à août 1916)

Cette première bataille se divise en trois temps : l'attaque brusquée sur la rive droite de la Meuse (21-26 février), la bataille aux deux ailes (mars-avril 1916) et la guerre d'usure (avril-juillet 1916).

Le lundi 21 février, à l'aube, un obus allemand de 380 explose au pied de la cathédrale ottonienne de la vieille cité épiscopale de Verdun et fait apparaître le portail roman du Lion dont on ne soupçonnait plus l'existence. À 7 h 15, tout le front de Verdun s'enflamme. Des centaines de pièces de tous calibres (1 500 environ), depuis le 150 jusqu'au 420, se démasquent et tirent sans discontinuer. Ce martèlement insensé, le *Trommelfeuer*, encage les secteurs d'attaque et bouleverse avec une méthode furieuse les positions françaises. Une telle avalanche, qui ne laisse rien au hasard, ratisse tout le terrain à neutraliser. Les pauvres tranchées de première ligne, hâtivement consolidées dans les dernières semaines, s'écroulent. Les abris pulvérisés engloutissent leurs défenseurs. Au sud de Verdun, toute la vallée de la Meuse, avec ses ponts, est bombardée

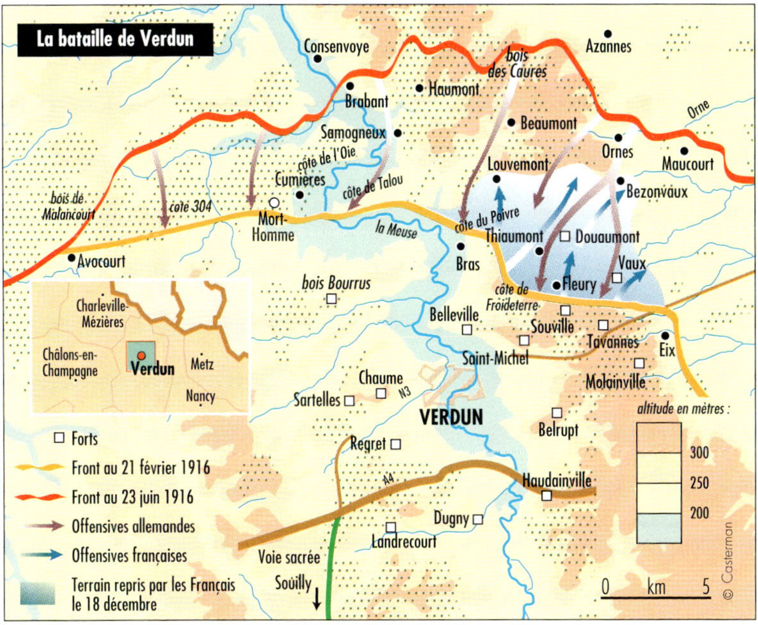

par des pièces à longue portée. À la nuit tombante, l'infanterie allemande cernée de rafales de neige surgit des *Stollen* et commence un assaut méthodique. Trois corps d'armées s'avancent sur un front de 11 km entre Brabant et Ornes. Isolés, livrés à leur seul courage, les survivants opposent aux vagues allemandes, précédées de lance-flammes, une résistance opiniâtre. Au bois des Caures, les chasseurs de Driant sont décimés au village d'Haumont. Même chose pour le 362e R.I. du colonel Bonviole. Mais l'assaillant n'a progressé que de quelques centaines de mètres. Le 22 février à midi, après un nouveau *Trommelfeuer,* les Allemands reprennent leur effort. Driant est tué. Le 23, de Samogneux à Ornes, les Allemands ont progressé de quelques kilomètres. Les 24 et 25 sont deux journées cruciales. Épuisé, l'assaillant doit relever ses troupes et redéployer son artillerie. Il piétine devant Bezonvaux-Louvemont – la côte du Talou et Champneuville. Les défenseurs qui ont perdu 20 000 hommes, soit 50 % de l'effectif engagé, en profitent pour se renforcer du 20e corps arrivé à marche forcée. Le champ de bataille est alors un chaos où la confusion est à son comble. Dans la nuit du 24 au 25 février, les positions n'existent plus, les renseignements qui parviennent sont confus et contradictoires. Le 25, Douaumont dépourvu de garnison est occupé sans coup férir. La situation se détériore d'heure en heure. La chute de Verdun, dont les Allemands ne sont plus qu'à quelques kilomètres, semble probable. Louvemont est pris, la côte du Poivre, à l'est de Vacherauville, est menacée et le village de Douaumont devient le théâtre de furieux combats. Malgré les sacrifices désespérés de la 37e D.I. à gauche et de la 51e D.I. à droite, le front semble prêt à s'écrouler. La ville est évacuée en catastrophe de ses derniers civils : “À travers champs, (...) des groupes de civils piétinent avec effort dans la neige. Lamentable caravane qui se détache sur la vallée pleine d'eau.”

Au grand quartier général de Chantilly, Joffre réagit et envoie le général de Castelnau avec les pleins pouvoirs. Celui-ci ordonne de tenir sur la rive droite. Parallèlement, il fait envoyer des renforts et des batteries lourdes et confie au général Pétain la direction de la bataille désormais inscrite dans le front de la IIe armée dont il a le commandement. Arrivé le 26 à Souilly où il installe son état-major, Pétain divise la ligne de bataille en quatre groupements et prend une série de mesures d'organisation. Les batteries sont regroupées sur la rive gauche afin de répondre

Pétain dans son quartier général de Souilly.

aux tirs de destruction allemands. Un réseau de tranchées est créé entre les forts. La route de Bar-le-Duc à Verdun par Souilly, appelée plus tard la "Voie sacrée", devient opérationnelle. Durant ces quelques jours où tout risque de basculer, l'idée la plus porteuse d'avenir que met en œuvre Philippe Pétain est celle de la noria. Alors que, du côté allemand, les divisions engagées à Verdun n'étaient pas relevées mais assuraient elles-mêmes leur propre relève par une rotation des régiments en première ligne, Pétain s'efforce, au contraire, de n'engager à Verdun qu'une seule fois chaque grande unité. Ce qu'il a appelé lui-même une noria fait monter successivement à Verdun la plupart des divisions françaises. Au 15 juillet, sur 95 divisions que compte alors l'armée, 70 ont été engagées dans la bataille de Verdun sur un front actif d'une trentaine de kilomètres, du bois d'Avocourt, à l'ouest de la cote 304, à celui de la Laufée, au sud-est du fort de Vaux.

Le 28 février, Falkenhayn se rend à l'évidence : la résistance sur la rive droite est tenace. Pour faire sauter ce verrou, il est contraint d'élargir le front d'attaque sur la rive gauche. Désormais, l'effet de surprise, le "hachoir" va fonctionner des deux côtés. À partir du 6 mars, l'armée allemande combine ses opérations sur les deux rives de la Meuse. Le 6, deux divisions attaquent de Béthincourt à Forges. Elles occupent ce dernier village mais se heurtent aux positions françaises de la côte de l'Oie. Le même jour, sur la rive droite, les armées allemandes poussent en direction de Vaux et réussissent à s'infiltrer dans les rues du village. Le 8 mars, une partie du village de Vaux est occupée. Le lendemain, l'armée allemande prend pied sur les pentes du Mort-Homme. Le 10, le bois des Corbeaux est enlevé par les Allemands et la ligne française se replie sur Béthincourt et Mort-Homme, au sud des bois des Corbeaux et de Cumières. La lutte continue au village et devant le fort de Vaux que les troupes françaises tiennent solidement.

Du 11 mars au 9 avril, la lutte prend un aspect différent. Aux attaques étendues succède une série d'actions locales, courtes, violentes et limitées. Le 14 mars, la cote 265 est enlevée, puis sont occupés successivement les bois d'Avocourt et de Malancourt, les villages de Malancourt, Vaux et Béthincourt. Le 9 avril, à midi, les Allemands lancent une furieuse attaque sur les deux rives. Sur la rive gauche, 5 divisions lancées à l'assaut échouent partout, sauf au Mort-Homme où elles s'installent sur les pentes nord-est. Sur la rive droite, l'offensive est menée sur la côte du Poivre, qui reste aux Français. Le lendemain, Pétain lance son célèbre : "Courage, on les aura !" Le 30 avril, Nivelle, jugé plus offensif, remplace Pétain à la tête de l'armée de Verdun. Durant ces vingt jours d'avril, si l'offensive allemande se poursuit, il est devenu évident à Falkenhayn que cette tactique est inefficace et coûteuse. Il

La Voie sacrée

Une large part des chances de résistance à Verdun tenait aux possibilités d'acheminer sur le front renforts, munitions et matériels, et d'évacuer les troupes relevées et les blessés. On ne pouvait compter sur aucune voie de chemin de fer, celle de Lérouville étant coupée à Saint-Mihiel et celle de Châlons à Aubréville. Quant au chemin de fer d'intérêt local reliant Bar à Verdun, son débit ne pouvait excéder 800 t par jour, alors qu'il fallait une capacité de transport au moins dix fois supérieure. Restait donc la route.

Les territoriaux sont chargés d'entretenir la Voie sacrée.

Le 19 février, devant les menaces qui se précisent sur le front de Verdun, l'état-major général confie le problème au capitaine Doumenc. Le 20 est créée la Commission régulatrice automobile. La maîtrise de la route est décidée. Seuls y ont accès les véhicules automobiles. Tout véhicule en panne, non remorquable, doit être poussé au fossé. Tout arrive par chemin de fer dans la région de Revigny, Bar-le-Duc et surtout à la gare de Baudonvillers, au sud de Bar, point de départ de cette route qui s'étend sur 75 km jusqu'au carrefour du Moulin-Brûlé. La Commission régulatrice est prête à fonctionner dès le 22 février. Son chef, le commandant Girard, fait ouvrir des carrières le long de la route où 1 200 territoriaux, chaque jour, jettent directement de la pierraille sous les roues à bandages pleins des véhicules qui, à la vitesse de 15 à 20 km/h, font eux-mêmes office de rouleau compresseur. Pendant la bataille de Verdun, près de 9 000 véhicules, dont 6 000 roulent sans cesse le long de cette noria, transportent, chaque semaine, 90 000 hommes et 50 000 t de matériel en couvrant au total 1 million de kilomètres.

Au début, les chauffeurs doivent tenir 18 h de volant par jour, souvent ils restent à leur poste, sans autre repos que quelques heures de sommeil au fond du camion, pendant plus de 10 jours d'affilée. Une fierté, une émulation particulière apparaît chez ces hommes qui font distinguer leurs groupes par des insignes : cygne, trèfle, coq, etc. et les sections par des couleurs. Le 15 janvier 1917, sa tâche accomplie, la Compagnie régulatrice est dissoute.

C'est Maurice Barrès qui baptise cette route du nom de "Voie sacrée" en avril 1916. Le 21 août 1922, Raymond Poincaré l'inaugure. Chaque kilomètre de la Voie est marqué par une borne spéciale. De même taille que les bornes normales jalonnant les routes françaises, chacune d'elles est peinte en rouge dans sa partie supérieure, comme sur toutes les nationales. Mais, en plus, elle est surmontée d'un casque lauré de couleur verte. La première borne est installée à Bar-le-Duc. Elle est placée au carrefour de la rue de Verdun et de la rue Ernest-Bradfer. C'est un petit monument, en forme d'obélisque, surmonté du même casque lauré. La dernière borne, celle de Verdun, a été incluse dans un monument à la gloire de la Liberté (voir page 441). Une tête, manifestement inspirée de *la Marseillaise* de Rude, est posée sur une stèle encadrée de deux bornes, celle de la Voie sacrée à gauche, et celle de la Voie de la Liberté, souvenir de l'année 1944, à droite.

En 1967, un mémorial a complété cet ensemble. Construit sur la commune de Nixeville, près de l'embranchement de la N3 au lieudit le Moulin-Brûlé, il rend hommage à l'ensemble des chauffeurs de la Voie sacrée.

La noria sur la Voie sacrée reliant Bar-le-Duc à Verdun.

Défense de Verdun en 1916.

va donc lui en substituer une autre. Finis les assauts à grande échelle. Un bombardement continu va désormais s'abattre sur les lignes françaises, et de fréquentes attaques locales seront lancées ici et là, afin de rejeter peu à peu les Français jusqu'à Verdun. De cette tactique naîtra bientôt l'expression : l'"enfer" de Verdun qui se caractérise par le caractère répétitif des bombardements, l'absence de grandes batailles et un renouvellement constant de combats locaux engendrant l'épuisement physique et moral des hommes. On meurt pour quelques mètres de tranchées, un ravin, un bosquet d'arbres déchiquetés, les ruines presque invisibles d'un village rasé. Au moment du départ de Pétain, l'armée française a déjà perdu devant Verdun 3 000 officiers et 130 000 hommes, tués et blessés. 40 divisions françaises se sont déjà succédées sur le champ de bataille…

Dans ce contexte de guerre d'usure, Joffre rêve d'une contre-attaque qui permettrait de reprendre le fort de Douaumont. Désormais, les offensives ont lieu dans les deux sens. Au mois de mai, l'armée allemande pousse ses opérations sur la rive gauche de la Meuse où elle se heurte au Mort-Homme. Étendant son front d'attaque vers l'ouest, elle assaille la cote 304, solide point d'appui et précieux observatoire. Perdue le 23 mai, cette cote est reprise le lendemain. Un mois de combats sanglants ne procure à l'ennemi que la crête du Mort-Homme et les pentes nord de la cote 304. L'armée française, quant à elle, attaque sur la rive droite. Le 22 mai, la 5e division du général Mangin se dirige sur le fort de Douaumont.

L'assaut débute le 22 mai 1916 à 11 h 50 sous un soleil magnifique. À droite, un bataillon du 74e R.I. atteint la face sud du fort mais y est décimé. À gauche et dans le secteur central, les fantassins français atteignent le sommet du fort. Mais, pris sous un déluge d'obus de l'artillerie de campagne allemande, ils sont perdus. Le 24 mai, la résistance des unités encerclées cesse. La première tentative de reprise du fort de Douaumont se solde par un sanglant échec. Alors qu'ils sont informés d'une attaque imminente sur la Somme, les Allemands mettent à profit cet échec pour reprendre l'offensive. Il est en effet bientôt trop tard pour espérer emporter la victoire à Verdun. La tactique de février est remise à l'honneur : l'attaque sera frontale et méthodique. Avant cela, il convient néanmoins de se débarrasser d'une épine importante sur le front d'assaut : le fort de Vaux. Le 1er juin, le fort est écrasé par 23 600 obus. Le 2, la superstructure est occupée mais, à l'intérieur du fort, les 600 hommes du commandant Raynal sont décidés à résister. La progression des Allemands est terriblement difficile et extrêmement lente, mais leur supériorité et l'absence de ravitaillement auront cependant le dessus. Le 4 juin, Raynal envoie son dernier message par pigeon : "Nous tenons toujours, mais nous subissons une attaque, par les gaz et les fumées, très dangereuse. Il y a urgence à nous dégager. Faites-nous donner de suite communication optique par Souville qui ne répond pas à nos appels… C'est notre dernier pigeon." À 6 h du matin, le 7 juin, Raynal capitule.

Tenant Douaumont et Vaux, l'armée allemande est désormais à pied d'œuvre pour rompre la barrière de Souville et arriver en vue de la cuvette de Verdun. C'est donc dans cette zone centrale que va se jouer la décision suprême. Le 21 juin, une préparation d'artillerie encore inégalée s'abat sur les lignes françaises. Le 23 juin, 50 000 hommes se ruent à l'assaut sur 6 km de front, de l'ouest du village de Douaumont au sud-est du fort de Vaux. Pour la première fois depuis février, le front est enfoncé aussi bien à l'ouest, sur la côte de Froideterre, qu'à l'est, vers le tunnel et le fort de Tavannes. Jamais depuis février, la victoire allemande n'est apparue si proche. Au centre, Fleury est débordé, Thiaumont, petit ouvrage au béton éclaté, submergé. Deux forts d'importance secondaire tiennent cependant : Froideterre et Souville. Le 11 juillet, 40 000 hommes tentent une dernière fois de s'emparer de cette seconde et modeste forteresse. Le 12, quelques voltigeurs allemands atteignent la superstructure des casemates éventrées. À 3 km de Verdun, ils devinent les tours de la cathédrale. La première bataille de Verdun est pourtant virtuellement terminée. Depuis le 1er juillet, l'offensive franco-britannique déclenchée sur la Somme absorbe les renforts allemands. Assiégée depuis cinq mois, Verdun est sauvée, même si sur le terrain les combats continuent autour de Thiaumont et Fleury. Il reste désormais aux Français à récupérer le terrain perdu ou, en tout cas, à dégager la ville. Pour cela, il faudra attendre la fin de l'offensive de la Somme ou plutôt son épuisement, un peu à la façon de l'offensive allemande sur Verdun…

La deuxième bataille de Verdun : le retour offensif français (août 1916-août 1917)

Après la reprise de Fleury en août 1916, trois offensives françaises, en octobre 1916, décembre 1916 et août 1917, reprennent l'ensemble du terrain perdu lors de l'offensive allemande.

Un pigeonnier automobile.

Une affiche pour soutenir l'effort français à Verdun : "Entassons les obus".

À la fin du mois d'août 1916, les généraux Hindenburg et Ludendorff, qui viennent de remplacer Knobelsdorf et Falkenhayn, font leur première visite sur le front de l'ouest. Ils sont effrayés par l'état de démoralisation de l'armée allemande. "Verdun, écrit Ludendorff, devenait comme une plaie béante qui rongeait nos forces et il eut été rationnel de retirer nos positions en deçà de la zone des entonnoirs." Autoriser un tel repli, ce serait reconnaître la défaite. Le front est donc stabilisé aux lignes atteintes le 11 juin. Cette situation ne convient pas au général Nivelle soucieux de dégager davantage son front vers le nord et le nord-est, et surtout de reprendre les forts de Douaumont et Vaux. Avec le retour offensif français commence une seconde bataille de Verdun qui diffère profondément des affrontements des premiers mois de l'année. Les opérations de dégagement, soigneusement montées par Mangin, font appel à un large apport de matériels pour épargner, autant que possible, le sang des hommes. Le contrôle définitif de Fleury (3-18 août 1916) permet la reprise de ce retour offensif français.

Une première offensive commence le 24 octobre. Dès le 21 octobre, la préparation d'artillerie se déclenche. Le 23, un incendie se déclare dans le fort de Douaumont. Le même jour, une fausse attaque d'infanterie permet de dévoiler de nouvelles batteries ennemies qui sont aussitôt contrebattues. Le 24, à 11 heures, dans une brume opaque, l'attaque réussit. Les 24 et 25 octobre, les Français font plus de 6 000 prisonniers et prennent 15 canons. Le 2 novembre, quand ils pénètrent dans le fort de Vaux abandonné par les Allemands, ils se retrouvent sensiblement sur leurs positions du 25 février. Le succès de cette offensive conduit le général Nivelle au commandement en chef des armées françaises. Le général Guillaumat le remplace à la tête de l'armée de Verdun.

Une seconde offensive est lancée du 15 au 18 décembre qui doit dégager Verdun à l'est de la Meuse. Un gros travail préparatoire est fourni. Le 15 décembre, à 10 heures du matin, les vagues d'assaut s'élancent derrière un rideau mouvant d'artillerie. Quelques-uns des objectifs sont atteints en quelques minutes, d'un

Les pertes françaises

- du 21 février au 30 novembre 1916 : 378 777 tués et blessés.

- du 21 au 26 février : 19 662 tués
- du 26 février au 30 avril : 48 400 tués
- du 30 avril au 15 juillet : 45 000 tués
- du 15 juillet au 30 novembre : 49 000 tués

Au total : 162 062 tués

Les pertes allemandes :

- 330 000 dont 143 000 tués

"Ce que nous avons fait, c'est plus qu'on ne pouvait demander à des hommes, et nous l'avons fait" (Maurice Genevoix).

Mort d'un fantassin à Verdun.

seul élan. Les bois et les ravins devant Douaumont sont plus longs à prendre. Le succès est grand : plus de 11 000 prisonniers dont 300 officiers. Le 18 décembre, l'ennemi a perdu tout le terrain qu'il avait mis cinq mois à conquérir.

La troisième offensive d'août 1917 ne répond pas seulement à la nécessité de dégager Verdun, elle s'inscrit aussi dans le cadre du redressement moral qui suit la crise des mutineries. Il faut rendre confiance à l'armée dans ses capacités offensives, mettre fin à la crise du doute, renouer avec la victoire. Ce sera le rôle de Verdun, puis de La Malmaison. Le général Pétain bénéficie à Verdun d'un prestige qui soutient le moral des troupes d'attaque. Son plan vise à obtenir le plus grand succès possible au prix des pertes les moins élevées possible. Le général Pétain choisit d'attaquer sur les deux rives, avec une masse considérable d'artillerie. Cette première offensive française depuis le 16 avril doit réussir pleinement et à tout prix. Aussi est-elle dotée d'une artillerie exceptionnelle : une pièce d'artillerie lourde courte et une pièce d'artillerie lourde longue pour 30 m. 2 t de munitions environ seront consommées par mètre courant. Par ailleurs, des forces aériennes sont envoyées en renfort. Quant à la tactique, elle rompt avec celle qui a prévalu jusqu'alors : la "ruée brutale" contre l'ennemi est abandonnée au profit de la manœuvre, en limitant le terrain à conquérir à la zone battue par les canons.

Commencée le 13 août, la préparation d'artillerie, menée très méthodiquement, bouleverse les travaux allemands. À l'aube du 20 août, 8 divisions s'élancent à l'assaut sous les yeux des officiers de la jeune armée américaine qui, de divers observatoires, suivent la bataille. Le Mort-Homme, la côte de l'Oie et la côte du Talou sont emportées, seule la cote 304 reste aux mains de l'ennemi. Les prisonniers et le matériel affluent. Plus de 10 000 occupants sont cueillis dans les tunnels du Mort-Homme. Le lendemain, Samogneux et Régneville sont enlevés, tandis que l'attaque de la cote 304, reprise méthodiquement, aboutit le 24 août. Verdun est complètement dégagée, les premières lignes françaises sont portées à 11 km au nord. La seconde bataille de Verdun se termine par un éclatant succès français.

Verdun… en France

Verdun n'est pas une bataille parmi les autres, elle est "la bataille" qui résume à elle seule la Grande Guerre.

Dès 1917, la commémoration de Verdun a été mise en œuvre dans toute la France. Sa forme la plus répandue consiste à donner le nom de Verdun à des places, des boulevards, des rues. La majorité des villes de France comptent une rue de Verdun. Paris, exemplaire dans ce domaine, n'en compte pas moins de quatre : une avenue dans le Xe arrondissement, une impasse dans le XIXe, une place dans le XVIIe et un square dans le Xe. Une commune va même plus loin. Le 12 avril 1917, la commune d'Allemagne, située à 5 km au sud de Caen, dans le Calvados, décide de changer son nom, difficile à porter, en celui d'un village héroïque du champ de bataille, Fleury, et devient Fleury-sur-Orne.

Durant l'entre-deux-guerres, cette vague commémorative se diversifie. De la terre de Douaumont est déposée au pied de nombreux monuments aux morts, et des exemplaires des bornes de la Voie sacrée viennent renforcer, dans de nombreuses communes, les références toponymiques. Ces bornes ont été, pendant de nombreuses années, des centres de rassemblement commémoratif.

Commémorer Verdun

C'est au lendemain de la guerre que la municipalité de Verdun prend la décision de célébrer l'anniversaire de la bataille qui s'était déroulée devant ses murs. Trois dates sont étudiées : le 21 février, que l'hiver meusien rend peu souhaitable, le 24 octobre, mais la reprise de Douaumont est peu représentative de la bataille, et le 23 juin, début de l'ultime offensive allemande. Cette dernière date est retenue. Elle s'est imposée. Depuis 80 ans, la cérémonie annuelle est organisée le dimanche le plus proche du 23 juin.

La géographie de la commémoration a connu deux temps forts. De 1920 à 1932, la ville est le lieu central de la commémoration. Un cérémonial est mis en place : réception des emblèmes des régiments ayant combattu à Verdun devant le monument aux morts de la commune, cérémonie centrale au "monument de la Victoire et aux soldats de Verdun", cérémonies cultuelles à la cathédrale, au temple et à la synagogue, réception à l'hôtel de ville et cérémonie au cimetière du Faubourg-Pavé. La volonté des anciens, qui veulent retrouver le champ de bataille et l'inauguration en 1932 de l'ossuaire de Douaumont, modifie cette tradition. Graduellement, l'habitude se crée de prolonger les cérémonies intra-muros par un transfert sur le champ de bataille. L'inauguration du mémorial de Verdun en 1967 conforte la place du champ de bataille qui s'impose désormais comme le lieu principal de la commémoration.

Les cérémonies du mois de juin sont systématiquement présidées par une personnalité. De 1920 à 1939, Philippe Pétain est l'invité d'honneur permanent ; de 1945 à 1952, les militaires président : de Lattre, Juin, De Gaulle ; enfin, depuis 1953, les civils s'imposent. À partir de 1956, chaque anniversaire décennal est placé sous la présidence du président de la République : Coty, De Gaulle, Giscard d'Estaing, Mitterrand et Chirac. Ces 71 commémorations permettent de souligner l'évolution du concept commémoratif. À la "victoire", commémorée entre 1920 et 1980, s'est substituée la "bataille" plus propre à être un support de réconciliation. Cette évolution s'est accompagnée d'une remise en cause de la date commémorative. Le 23 septembre 1984, en une journée banale, s'est déroulée la cérémonie symbolique qui a marqué la réconciliation franco-allemande.

Depuis 1993, un spectacle "Des flammes… à la lumière" apparaît comme une "autre manière" de commémorer. Une évocation de la bataille de Verdun à travers une fresque historique grandiose jouée par 300 acteurs français et étrangers qu'accompagne la projection d'images géantes. "Quatre-vingts ans après un des plus terribles combats de l'histoire de l'humanité, une jeune Belge, un jeune Français et un jeune Allemand évoquent la bataille de 1916, la souffrance, l'abnégation et le courage des hommes et prennent conscience du rôle que joue ce fait hors du commun dans leur propre aspiration à la paix."

"Des flammes… à la lumière"
Spectacle organisé par "Connaissance de la Meuse" (plusieurs représentations par an)
84, boulevard de la Rochelle
55000 Bar-le-Duc.
Tél. : 03.29. 45.18 .18.

À lire

Canini (G.), *Verdun : les commémorations de la bataille (1920-1986)*, Revue historique des armées, 1986/3.

Chronologie de la Première Guerre mondiale dans la Meuse

1914

Septembre : l'aile droite de l'armée française s'accroche à Verdun pendant les combats de la Marne.

9 septembre : Verdun est dégagée, mais conserve une position en saillie.

1915

Le secteur de Verdun est calme.

5 août : les places fortes sont déclassées par décret. La région de Verdun est intégrée dans le dispositif général du front.

1916

21 février : attaque allemande sur le secteur de Verdun. Le terrain est ratissé par le *Trommelfeuer* (bombardement intensif). L'infanterie allemande ne progresse que de quelques centaines de mètres. Au bois des Caures, les chasseurs de Driant sont décimés.

22 février : Driant est tué.

23 février : les Allemands ont progressé de quelques kilomètres, de Samogneux à Ornes.

24-25 février : les Allemands piétinent devant Bezonvaux, Louvemont, la côte du Talou et Champneuville.

25 février : le fort de Douaumont est occupé par les Allemands. Louvemont est pris. La côte du Poivre est menacée à l'est de Vacherauville. La bataille fait rage dans le village de Douaumont. Les derniers civils évacuent Verdun.

26 février : Pétain, à qui Castelnau a confié la direction de la bataille, arrive à Souville. Il met en œuvre le système de la noria. Les troupes se succèdent le long de la Voie sacrée pour se rendre à Verdun.

28 février : Falkenhayn élargit le front d'attaque sur la rive gauche de la Meuse.

6 mars : les Allemands attaquent de Béthincourt à Forges.

8 mars : une partie du village de Vaux est occupée par les Allemands.

9 mars : les Allemands occupent les pentes du Mort-Homme.

10 mars : les Allemands prennent le bois des Corbeaux. Le fort de Vaux est solidement défendu par les Français.

11 mars-9 avril : suite d'actions locales, courtes et violentes.

9 avril : offensive allemande sur les deux rives. Échec.

10 avril : Pétain lance son célèbre : "Courage, on les aura !"

30 avril : Nivelle remplace Pétain à la tête de l'armée de Verdun.

Mai : l'armé allemande pousse ses opérations sur la rive gauche.

22 mai : assaut français pour reprendre le fort de Douaumont. Échec.

7 juin : le commandant Raynal capitule au fort de Vaux.

23 juin : les Allemands enfoncent le front français. Ils sont à 3 km de Verdun. L'offensive de la Somme absorbe les renforts allemands. La première bataille de Verdun est terminée.

3-18 août : Fleury est repris aux Allemands.

24 octobre : première offensive française. Le fort de Vaux est repris. Le général Guillaumat remplace Nivelle chargé du commandement en chef des armées françaises.

15-18 décembre : deuxième offensive française. Tout le terrain conquis par les Allemands est repris.

1917

13-20 août : troisième offensive menée par Pétain sur les deux rives de la Meuse.

20 août : le Mort-Homme, la côte de l'Oie, la côte du Talou sont emportés.

21 août : Samogneux et Régneville sont repris.

24 août : la cote 304 est reprise. Verdun est complètement dégagée. Fin de la seconde bataille de Verdun.

À lire

BUFFETAUT (Y.), *Verdun, images de l'enfer*, éditions Tallandier.

CANINI (G.), *Combattre à Verdun*, PUN, Nancy, 1988 ; *La Lorraine dans la guerre 1914-1918*, PUN, Nancy, 1984.

GENEVOIX (M.), *Ceux de 14*, Flammarion, 1953.

MIQUEL (P.), *Mourir à Verdun*, Tallandier, 1996.

WERTH (G.), *Verdun, die Schlacht und der Mythos*, Bastei Lübbe, Bergisch Gladbach, 1987.

À voir

Verdun, visions d'histoire, de Léon Poirier, 1931.

J'accuse, d'Abel Gance, 1919.

La Vie et rien d'autre, de Bertrand Tavernier, 1989.

Les lieux de la Première Guerre mondiale dans la Meuse

Dans un espace aujourd'hui totalement boisé, plusieurs centaines de monuments et plusieurs dizaines de sites de combat sont à découvrir selon trois grands circuits : la rive droite de la Meuse, la rive gauche et la ville de Verdun.

LES CHEMINS DU SOUVENIR DE LA RIVE DROITE

Par l'étendue des zones de combat et par la diversité et l'importance des monuments qui y ont été construits, la rive droite de la Meuse est le centre du champ de bataille. La visite peut s'organiser autour de cinq pôles commémoratifs : le bois des Caures, le fort de Vaux, les villages meusiens "morts pour la France", Douaumont et Fleury-sous-Douaumont, Samogneux.

Le bois des Caures

Le 22 février 1916 à 16 h 30, le lieutenant-colonel Driant tombe au combat. "J'ai vu nettement le colonel Driant sur le rebord de ce trou d'obus étendre les bras en disant : 'Oh ! Là, mon Dieu !' puis faire demi-tour sur lui-même et s'affaisser en arrière, face au bois."

Cette mort héroïque va désormais symboliser la résistance du soldat de Verdun. Le 21 février, lorsque commence l'offensive allemande, le bois des Caures, au centre du front d'attaque, est défendu par 1 200 hommes des 56e et 59e bataillons de chasseurs à pied, placés sous les ordres du colonel Émile Driant. À 16 h, après 9 heures de pilonnage, il n'en reste plus que 350 survivants. La première ligne emportée, les chasseurs qui se battent avec acharnement sont rapidement isolés au milieu de la marée montante des soldats allemands. Le 22 février à 7 heures, Driant fait le coup de feu avec 80 survivants avant de rejoindre "ses" chasseurs. Cette disparition est très vite un événement international car, à 61 ans, Driant est une personnalité du monde politique français. Saint-cyrien, il a épousé la fille du général Boulanger. En 1906, il quitte volontairement l'armée et commence une carrière d'écrivain militaire et d'homme politique. Il publie de nombreux ouvrages où il tente de définir ce que seront les conflits futurs. En 1910, il est élu député nationaliste de Nancy. Le 1er août 1914, à 59 ans, il demande à reprendre du service actif. Député-soldat, il continue à travailler au sein de la Commission de l'armée et attire, en particulier, l'attention du président de la Chambre sur la situation périlleuse de la place de Verdun. Les faits lui donnent raison.

Un véritable site du souvenir s'est constitué autour des héros du **bois des Caures ❶**. Il est accessible en automobile et peut être parcouru grâce à un circuit pédestre. Ce circuit se structure autour de cinq étapes.

Le premier cimetière et le premier monument des chasseurs

Le groupe des bataillons de chasseurs à pied combat, dès 1914, dans la région de Verdun au nord de Vacherauville. À la sortie du village, sur le côté gauche de la route en direction de Consenvoye, une prairie recueille les premiers chasseurs morts que Driant va lui-même rechercher là où ils sont tombés. En novembre 1915, un monument est installé au centre du cimetière. Détruit par les bombardements en 1916, sa maquette est conservée à la mairie de Vacherauville. Après 1920, le cimetière militaire est désaffecté. Les tombes des chasseurs non réclamées par leur famille, gagnent le cimetière militaire de Bras. Les anciens chasseurs de Driant, regroupés en deux amicales, décident cependant de matérialiser ce premier emplacement. En 1926, une stèle toujours visible y est érigée.

Le P.C. de commandement du colonel

Le poste de commandement du colonel Driant a été classé monument

Bois des Caures : le P.C. du colonel Driant.

Les lieux du souvenir dans la Meuse

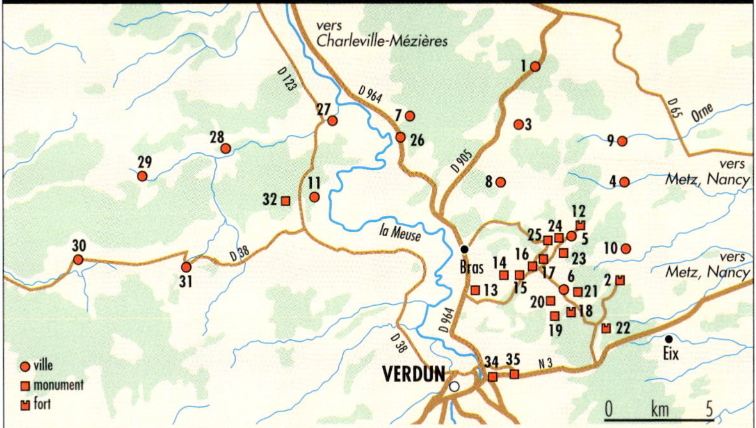

1 bois des Caures
2 Vaux
3 Beaumont
4 Bezonvaux
5 Douaumont
6 Fleury-devant-Douaumont
7 Haumont-près-Samogneux
8 Louvemont
9 Ornes
10 Vaux-devant-Damloup
11 Cumières
12 fort de Douaumont
13 Froideterre
14 l'abri des Quatre-Cheminées
15 PC 119
16 PC 118
17 Thiaumont
18 Souville
19 batterie de l'Hôpital
20 poudrière de Fleury
21 ouvrage D
22 Tavannes
23 ossuaire
24 nécropole nationale de Douaumont
25 tranchée des baïonnettes
26 Samogneux
27 Forges-sur-Meuse
28 Béthincourt
29 Malancourt
30 Avocourt
31 cote 304
32 Mort-Homme
34 nécropole de Verdun-Bevaux
35 nécropole de Verdun-Glorieux

historique en juin 1931. Construit pendant le premier conflit mondial, il a subi de violents bombardements d'artillerie qui ont provoqué l'affaissement d'une partie de l'ouvrage. Il se présente sous la forme d'une galerie enterrée accessible par des escaliers en béton. Ce site est conservé dans son état de 1918. À l'intérieur, de nombreuses plaques de type ex-voto ont été apposées par les familles des chasseurs. Devant l'abri, 32 bornes disposées en demi-cercle portent le numéro et l'insigne d'un des bataillons de chasseurs à pied qui ont supporté le premier choc du 20 février.

Le lieu où tomba le colonel Driant

À cet endroit, une petite stèle a été élevée. Le nom de Driant figure d'un côté et, de l'autre, une inscription grandiloquente : "Ils sont tombés silencieux sous le choc comme une muraille."

La tombe originelle de Driant

Le secteur où fut inhumé Driant ne fut plus jamais en première ligne jusqu'à la fin de la guerre. Le terrain n'ayant pas été bouleversé, le corps fut retrouvé après l'armistice et exhumé en 1922. L'emplacement de cette première tombe provisoire est marqué aujourd'hui par une simple croix.

Le monument des chasseurs

Un comité d'anciens chasseurs, présidé par le général de Castelnau, a fait ériger au bord de la route un imposant mausolée, bloc de pierre grise garnie d'une succession de petites croix en relief (sculpteur G. Calvet). Le corps du colonel y a été inhumé en octobre 1922. Conformément à sa volonté maintes fois exprimée, quelques tombes de chasseurs l'entourent. En 1932, le Souvenir français et la commune de Beaumont ont fait aménager les abords avec mur d'enceinte, escalier et mât avec drapeau.

Le fort de Vaux

Le fort de Vaux ❷ a été construit de 1881 à 1884 et renforcé en 1888 pour tenir compte du progrès des explosifs. De 1904 à 1906, il est doté d'une tourelle de 75 avec observatoire, de trois coffres de contre-escarpe et de deux casemates armées de deux pièces de 75. Moins vaste et moins puissant que le fort de Douaumont, il commande le plateau du sud du ravin de Vaux et prend le plateau de Douaumont à revers. De là son importance…

Du sommet de la superstructure du fort s'étend un vaste panorama qui permet de mieux comprendre les batailles dont il a été l'enjeu. Au nord s'ouvre le profond ravin du Brazil, au fond duquel miroite l'étang de Vaux. Le village de **Vaux**, qui s'allongeait plus à droite, a totalement disparu. À gauche, le terrain s'élève vers une crête : ce sont les pentes des bois de la Fausse-Côte et de la Caillette ; une bosse émerge sur la crête, c'est le fort de Douaumont. À droite, la plaine de Woëvre se déroule jusqu'à l'horizon. Par temps clair, on peut apercevoir la ligne bleue des hauteurs de la Moselle. Des croupes surplombent la plaine ; la plus proche porte la batterie de Damloup au pied de laquelle s'étalent les ruines du village de **Damloup** d'où part le ravin de la Horgne.

En mars-avril 1916, le fort de Vaux est la cible principale de la manœuvre dite "attaque aux ailes" en batterie. Entre le 9 mars et le 7 juin, le fort et ses abords ne reçoivent pas moins de 8 000 obus de gros calibre par jour. Le commandant Raynal, qui commande la place est enfermé sous terre avec ses hommes. Pour économiser les vivres et l'eau, il ordonne aux contingents

Monument au village détruit de Vaux.

en excédent de sortir. Bientôt, le fort ne peut communiquer avec les lignes que par pigeons et signaux optiques. Le 4 juin après-midi, le dernier pigeon est lâché. Cependant, le fort résiste toujours et refuse de se rendre. Dans la nuit du 6 au 7, des renforts essayent de le dégager, parviennent au fossé, mais se replient après voir perdu la plupart de leurs cadres. Refoulés dans les couloirs souterrains par les Allemands qui ont pris pied dans les ruines de l'étage supérieur, les défenseurs se battent encore à la grenade ou à la baïonnette. Le 8, à 16 heures, le radio allemand annonce que tout est fini, les défenseurs obstinés du fort ont été pris de vive force ; ceux qui ne sont pas blessés n'ont pas bu une goutte d'eau depuis deux jours. Le commandant Raynal qui a forcé l'admiration de l'ennemi, garde son épée en captivité et ses hommes héroïques bénéficient d'un traitement de faveur. Cinq mois plus tard, le 2 novembre, après la victoire de Douaumont, les Allemands évacuent le fort précipitamment.

Le fort de Vaux est ouvert à la visite (environ 45 mn), qui s'effectue sous la conduite d'un guide. Pour raisons de sécurité, seul le rez-de-chaussée est accessible au public qui verra ainsi successivement : le poste de commandement du commandant Raynal, la chambre du commandant, l'infirmerie du fort, le central téléphonique, le pigeonnier et une casemate. Une autre casemate a été transformée en un petit musée qui présente des objets classés thématiquement : armée française, armée allemande, vie quotidienne dans les tranchées, armée britannique, armée américaine, colombophilie (panier à pigeons, citation du pigeon de Vaux). Le fond de cette casemate a été aménagé en poste de mitrailleur. Deux plaques complètent cet ensemble : la plaque des Défenseurs du fort de Vaux et la plaque du dernier pigeon.

- *Fort de Vaux*
  55100 Verdun.
  Tél. : 03.29.84.18.85.
  (Office de tourisme de Verdun).

Ouverture : tous les jours du 1er février au 15 décembre de 9 h à 19 h (se renseigner hors saison).

Un circuit pédestre relie le fort au village. Considéré comme "Mort pour la France", le village de Vaux est caractéristique de ces agglomérations détruites : chapelle consacrée en 1933, cimetière, monument aux morts, monument au village détruit. Vaux présente cependant une importante particularité : depuis quelques années, des maisons y sont reconstruites. Le village renaît.

Les villages meusiens "Morts pour la France"

De nombreuses localités meusiennes détruites intégralement ou quasi détruites au cours de la Première Guerre mondiale ont lentement émergé de leurs ruines dans les années qui ont suivi la victoire. Certaines n'ont pu être réimplantées sur le site ancien : tel fut le cas de Vauquois (voir p. 392). Il n'en fut pas de même dans ce qu'on appelé la "zone rouge". La création de cette zone est la conséquence de la loi du 17 avril 1919 sur la réparation des dommages de guerre qui prévoyait que l'État serait obligé d'acheter à leurs propriétaires les terrains dont la remise en état nécessitait une dépense supérieure à la valeur du terrain supposé reconstitué. Tel était le cas d'immenses zones situées en Argonne, autour de Verdun et de Saint-Mihiel. On les avait signalées en rouge sur les cartes, peut-être en souvenir des événements sanglants, d'où leur nom. Évaluée à 20 000 ha au départ, la zone rouge, définitivement constituée en 1922, comprenait 9 villages complètement anéantis qu'on décida de ne pas reconstruire. Sur la rive droite : **Beaumont ❸**, **Bezonvaux ❹**, **Douaumont ❺**, **Fleury-devant-Douaumont ❻**, **Haumont-les-Samogneux ❼**, **Louvemont ❽**, **Ornes ❾**, **Vaux-devant-Damloup ❿** et, sur la rive gauche, **Cumières ⓫**.

En 1914, ces petits villages comptaient quelques centaines d'habitants. Quand ils tombèrent aux mains allemandes au cours de l'année 1916, la plupart de leurs habitants furent évacués en direction du Midi. Comme tous les villages de France, ils payèrent cependant un lourd tribut à la défense du pays en victimes tant militaires que civiles, ce dont témoignent leurs monuments aux morts. Les villages disparus se virent attribuer le titre de "Mort pour la France" et furent décorés de la croix de guerre avec palme. De plus, ils survécurent administrativement. 7 communes ont aujourd'hui un maire désigné par le préfet, deux (Douaumont et Vaux) ont un maire élu.

Chacune des 9 communes possède une chapelle-abri et un monument aux morts communal. Lorsque cela a été possible, le cimetière communal a été remis en l'état. Dans certains cas, quelques traces de l'ancien village émergeant de la végétation ont été consolidées. À **Louvemont** ❽, la chapelle est située au milieu d'un modeste cimetière. Construite selon un plan en croix grecque, elle est dominée par une lanterne basse. Le monument aux morts est un obélisque de granit classique. Le même schéma se retrouve à **Bezonvaux** ❹ avec une chapelle plus traditionnelle en croix latine et à **Haumont-les-Samogneux** ❼. À **Vaux-devant-Damloup** ❿, la chapelle est une véritable église en miniature. Le monument aux morts est un grand obélisque que surmonte le coq gaulois. La "France", une épée en main et une couronne dans l'autre, est fièrement campée devant l'obélisque. À ses pieds sont sculptés les mots célèbres "On ne passe pas !". À l'emplacement du village, une petite stèle a été implantée. À **Beaumont-en-Verdunois** ❸, le monument au village détruit a été construit devant la chapelle. L'ensemble est d'une grande sobriété. Dans l'ancien cimetière communal où subsistent quelques tombes antérieures à la guerre, se dresse le monument aux morts. Encadrant une croix de pierre, deux femmes semblent porter le deuil de leurs enfants et de leur village. Les traces du village d'**Ornes** ❾ sont plus importantes. Un sentier y a été aménagé afin de favoriser la visite. Les ruines de l'ancienne église paroissiale ont été consolidées. Les traces des anciennes ruelles et des tranchées se mêlent avec harmonie. La chapelle est surmontée d'un mur-clocher dans lequel se niche une statue de l'archange saint Michel. Le massif monument aux morts de granit est précédé d'un bas-relief de bronze représentant *la France consolant la veuve et l'orphelin*. Une stèle, élevée en souvenir du village détruit, complète l'ensemble. Seul village "Mort pour la France", situé sur la rive gauche de la Meuse, **Cumières** ⓫ ne présente aucune originalité. Dans un enclos trop grand pour les quelques tombes qui subsistent s'élève une toute petite chapelle dont la simplicité excessive peut faire douter de sa fonction sacrée. Devant l'entrée du cimetière, un obélisque – marqué d'une croix et protégé par quatre bornes réunies par des chaînes – rend hommage au morts de la commune.

En 1987, un syndicat intercommunal à vocation multiple a fédéré ces villages qui, 80 ans après leur disparition, doivent lutter quotidiennement contre un ennemi insidieux : la forêt qui les enserre et risque de les étouffer.

Douaumont et Fleury-sous-Douaumont

De retour sur la rive droite, **Douaumont** ❺ et **Fleury-devant-Douaumont** ❻ sont les deux derniers villages morts pour la France. Au cœur de la bataille de Verdun, ce secteur est aujourd'hui le lieu central du souvenir. À l'endroit des deux anciennes communes, le visiteur peut découvrir, aux côtés des traces majeures des combats (ruines de forts, emplacement des tranchées, entonnoirs de bombes…), plus de 40 monuments et stèles érigés en souvenir des villages détruits, des soldats morts pour la France ou des combattants héroïsés.

Douaumont : vestiges du fort.

Le **fort de Douaumont** ⓬ fut considéré par les deux adversaires comme la "pierre angulaire" de la défense de Verdun. Une signification matérielle et morale largement utilisée par la propagande s'attacha, dès février 1916, à sa possession. Construit à partir de 1885, constamment renforcé jusqu'en 1913, le fort de Douaumont, situé à la cote 388, est d'abord un excellent observatoire. En août 1915, dans une révision générale du rôle des fortifications, le fort est déclassé et en partie vidé de ses approvisionnements au profit des troupes en campagne. L'ouvrage n'a plus qu'une garnison de 57 territoriaux lorsque, le 25 février, la progression allemande amène une compagnie du 24e régiment d'infanterie de Brandebourg à occuper le fort sans combat. Celui-ci sert dès lors d'abri pour les troupes allemandes de passage et de base logistique. Malgré des tirs quotidiens d'obus français, la carapace de béton résiste en raison de sa masse et, probablement, de la couche de sable interposée entre le béton et la voûte en maçonnerie. Les occupants souffrent cependant beaucoup du manque d'eau, de la ventilation inexistante, de l'écho et de la résonance des explosions qui mettent les nerfs à rude épreuve. Après une première tentative, qui se solde par un échec, le fort est repris le 24 octobre 1916 par le groupement Mangin.

Classé monument historique en 1970, le fort de Douaumont est aujourd'hui ouvert à la visite. À l'intérieur, elle dure 45 minutes et se fait sous la conduite d'un guide. Le visiteur découvre la première casemate qui présente quelques pièces, des vestiges et des photos et dessins, puis plusieurs centaines de mètres de couloirs sur deux niveaux comprenant chambres, dortoirs, boulangeries, cuisines, une tonnelle de 155 à éclipse ainsi qu'une chapelle française et une chapelle allemande.

- *Fort de Douaumont*
  55100 Verdun.
  Tél. : 03.29.84.18.85.
  (Office de tourisme de Verdun).

Ouverture : tous les jours du 15 février au 15 décembre de 10 h à 12 h et de 14 h à 18 h. Fermé le lundi entre le 15 février et le 30 mars, le 15 septembre et le 15 décembre.

La chute du fort de Douaumont transforme la ligne de défense constituée par les **ouvrages de Thiaumont, Froideterre et Souville** en ultime barrière de défense de Verdun. Après trois mois de grignotage et d'usure, le temps presse soudainement pour l'armée allemande. L'attaque est lancée le 21 juin. Un bombardement sans précédent écrase la zone de Froideterre, Fleury, Souville, Tavannes. Le 23, les Allemands s'avancent sur les 5 km du front de bataille. Sur la côte de Froideterre, l'ouvrage de Thiaumont est submergé avec ses défenseurs. L'armée allemande tient Thiaucourt et Fleury. Le 11 juillet, elle tente une nouvelle fois de déborder le fort de Souville, mais c'est un échec... Les différents éléments de cette ligne de défense ont été dégagés et sont librement accessibles. Froideterre, les Quatre-Cheminées, les P.C. 119 et 118 et Thiaumont sont situés dans le secteur de l'ossuaire de Douaumont.

L'**ouvrage de Froideterre** ⓭ n'a jamais eu la puissance des grands organes de défense de la place. Il n'est constitué que d'une caserne bétonnée, d'une casemate de Bourges, d'une tourelle de 75 et de deux tourelles de mitrailleuses.

L'**abri des Quatre-Cheminées** ⓮ est situé à contre-pente sous le roc. Il fut utilisé comme P.C. de brigade et poste de secours pendant la bataille. Sa composition est classique. Il doit son nom aux quatre puits de ventilation qui marquent son emplacement. Les margelles de ces puits ont été restaurées et sont couvertes de cônes en zinc.

En bordure de la D913, **le P.C. 119** ⓯ borde l'abri des Quatre-Cheminées. Cet ouvrage est formé de maçonneries recouvertes de béton. Les ruines ont été consolidées, et une grande plaque en rappelle l'histoire. Sur le dessus se trouvent une table d'orientation et une stèle en forme de croix basque.

Plus proche de l'ouvrage de Thiaumont, le **P.C. 118** ⓰ est semblable au précédent. Dans un paysage dont la désolation est volontairement entretenue, il se présente sous la forme d'une masse informe de béton dominée par deux croix.

À mi-chemin entre le fort de Douaumont et l'ouvrage de Froideterre,

Au nord-est du fort de Souville, une casemate Pamart.

Douaumont : la chapelle.

l'ouvrage de Thiaumont ⓱ occupait une position stratégique importante. Simple cube de béton et de maçonnerie (la dalle de béton est aujourd'hui écroulée), il était doté d'une casemate avec deux pièces de 75, de mitrailleuses et d'un observatoire. Entre le 23 juin et le 8 août 1916, cet ouvrage change seize fois de mains avant d'être reconquis définitivement par l'armée française le 24 octobre.
Les ruines informes de l'ouvrage qui émergent du terrain pilonné donnent une image très évocatrice de l'intensité de la bataille. Sur le point le plus haut se trouve une table d'orientation.

La poudrière de Fleury, l'ouvrage D, la batterie de l'Hôpital et le fort de Souville sont situés dans la zone du mémorial. Les ruines du **fort de Souville** ⓲ sont inaccessibles. L'ouvrage a, en effet, particulièrement souffert. Au nord-est du fort, en bordure de la D913, se trouve une casemate Pamart, du nom de son inventeur. Il s'agit d'une petite cloche d'acier qui émerge à peine d'une butte artificielle. Des meurtrières permettent de balayer le terrain. Une seconde casemate du même type est implantée plus loin dans le bois. À l'est et à l'ouest du fort, quelques structures secondaires ont également contribué à la défense du site.
À l'est, à 700 m du fort, la **batterie de l'Hôpital** ⓳ était surtout formée de retranchements de terre. Quelques éléments maçonnés servaient au stockage des munitions. L'ensemble est aligné le long d'un chemin forestier. Ne faisant l'objet d'aucun entretien, la batterie est difficilement accessible.
À l'ouest, **la poudrière de Fleury** ⓴ était une construction souterraine présentant un plan en forme de U et deux entrées. Un système particulier de ventilation des maçonneries, établi sur le principe des drains, permettait d'éviter les infiltrations. Un bâtiment de garde, complètement ruiné, complétait cet ensemble dont la conception technique est intéressante. Les Allemands s'en emparent le 12 juillet 1916, mais ils en sont chassés le 20 juillet. Cet ouvrage est en très mauvais état.
Plus à l'ouest enfin, l'**ouvrage D** ㉑, difficilement accessible, ne présente que quelques vestiges dans les bois. En raison de sa forme particulière, il a été baptisé "le morpion" par les poilus.
Dans le même secteur, deux monuments marquent le point extrême de l'avance allemande : la **stèle Sainte-Fine** et le **Lion blessé**.

Situé à l'extérieur de la commune de Fleury-devant-Douaumont, le **fort de Tavannes** commandait l'arrière terrain de la ligne Vaux-Souville et la route d'Étain à Verdun. Fréquemment bombardé, ce fort n'a jamais été occupé par l'armée allemande. Il demeure de ce fait, comme le **tunnel de Tavannes** ㉒, un abri pour les munitions et les réserves du secteur Vaux-Souville. Dans cet ouvrage construit pour le chemin de fer en 1874, des couchettes sont installées sur trois étages, en travées de 100 à 150 m, que séparent des espaces vides où les hommes, trop nombreux, dorment sur les rails et les traverses. Dans la nuit du 4 au 5 septembre 1916, un dépôt de grenades prend feu. L'incendie se communique à une réserve d'essence. Il y aura plusieurs centaines de morts. Ceux-ci sont enterrés, non loin de là, dans le cimetière dit de "La Maisonnette". Des fosses communes ont reçu les restes des victimes non identifiées. Ce cimetière a été supprimé après la guerre, et les tombes individuelles ont été transférées à la nécropole de Dugny. La façade du tunnel a été reconstituée au moment du percement du nouveau tunnel en 1936.

En évoquant une chapelle disparue, la stèle Sainte-Fine (voir ci-dessus) s'inscrit dans le souvenir des villages détruits. L'évocation des communes disparues atteint ici une intensité inégalée.
À **Douaumont** ❺, la chapelle construite au milieu de l'ancien cimetière s'élève au milieu des pins noirs qui créent une sorte de décor théâtral.

Le monument au village détruit de Fleury.

Le monument aux morts est un grand obélisque couronné d'une urne et d'une flamme de pierre. Le monument au village détruit complète cet ensemble classique. Enfin, 100 m avant la chapelle, dans un virage, le plan du village d'origine est gravé sur un pupitre.
Plus que Douaumont, **Fleury ❻** s'est imposé comme le village-symbole par excellence. Aux côtés des éléments traditionnels, une véritable animation du site a été mise en place. En se promenant dans le sous-bois, le visiteur découvre l'emplacement matérialisé des principaux bâtiments du village primitif. Grâce au dynamisme de son maire, Fleury est désormais un acteur essentiel de la réconciliation franco-allemande.

L'hommage aux combattants morts pour la France
La matérialisation de l'hommage aux combattants morts pour la France domine ici tous les autres témoins du souvenir. À côté de quelques tombes oubliées lors du regroupement, cinq éléments majeurs évoquent le souvenir de tous les hommes tombés à Verdun.

L'ossuaire de Douaumont ㉓
L'initiative de construire un ossuaire à Douaumont revient à l'évêque de Verdun, Mgr Ginisty, qui aurait conçu ce projet le 22 novembre 1918, alors que, de retour dans sa cité, il parcourait les secteurs de Fleury, Vaux et Douaumont. Une souscription lancée le 16 février 1919. Une baraque en planches servit dès lors d'ossuaire provisoire. Les restes retrouvés sur le champ de bataille y furent déposés, par secteurs. Les touristes furent invités à venir rendre "un pieux hommage aux reliques de nos glorieux défenseurs".

L'ossuaire de Douaumont est, ainsi, l'œuvre d'une association privée présidée par l'évêque de Verdun. Par une médiation efficace, l'Église joue en effet un grand rôle dans la transformation de Verdun en lieu de mémoire ; c'est elle qui impose un culte pacifique. L'ossuaire fait donc office de monument funéraire et religieux, ouvert à toutes les confessions. La construction de l'ossuaire dura plus d'une dizaine d'années. La première pierre fut posée le 20 août 1920, et l'inauguration définitive eut lieu les 6-8 août 1932. Cette entreprise engagea en fait beaucoup plus que ses promoteurs qui, pour la mener à bien, mobilisèrent de larges concours en dehors de l'État. Des collectivités locales (122 villes françaises et 18 villes étrangères) participèrent au financement, tandis que des comités locaux se constituèrent à travers toute la France pour réunir les fonds nécessaires, en reprenant la tradition éprouvée des kermesses laïques ou des ventes de charité.

Monument à dimension nationale par son financement, l'ossuaire de Douaumont doit à son architecture une originalité qui le place à part dans la série des monuments funéraires de la guerre de 1914. Il n'a rien de commun avec les églises de Notre-Dame-de-Lorette ou de Dormans. On ne peut pourtant pas dire qu'il soit beau. En fait, le jury qui choisit le projet de Léon Azéma en 1923 fut surtout sensible à ses qualités fonctionnelles : volume intérieur assez vaste pour abriter des cérémonies importantes, distinction entre les lieux destinés aux cultes et ceux où seraient réunis les ossements et accueillis les visiteurs, structure modulaire qui autorisait une réalisation par étapes au gré des disponibilités, ce qui permit, d'ailleurs, d'amputer d'un tiers environ le projet quand les souscriptions s'essoufflèrent.

L'ossuaire de Douaumont est un monument inclassable, ni religieux, ni civil, ni militaire. Long de 137 m le cloître est en forme de voûte. Il contient 46 caveaux de 14 m ainsi qu'à chaque extrémité, sous un tablier de granit, une fosse de 150 m. Chaque caveau correspond à un secteur du champ de bataille dont le nom est inscrit au-dessus de chacun et contient les ossements recueillis dans ce secteur : 130 000 soldats inconnus reposent dans ces caveaux. La façade principale du cloître est décorée des armoiries des villes qui ont contribué à son érection. Au centre de la porte d'entrée en fer forgé figurent une épée, la pointe en bas, ainsi que le mot paix. Les pierres des tombeaux portent les noms des villes qui les ont offerts. Le sol du cloître est revêtu d'un dallage en mosaïque dont les motifs représentent les ordres nationaux : la croix de la Légion d'honneur au centre, la médaille militaire aux extrémités et, entre les deux, une suite de croix de guerre. De part et d'autre du portique d'entrée, une sculpture féminine, la tête couverte, impose "le silence et la résignation" tandis qu'un "soldat de Verdun" témoigne de son combat.

Au fond du porche principal, une porte donne accès à la chapelle catholique. Construite avec les offrandes spéciales des catholiques, elle est constituée d'une nef dont la voûte repose sur quatre groupes de colonnes. Les vitraux, œuvre du peintre Desvallières, sont de conception moderne et illustrent deux thématiques, celle du sacrifice (le Christ en croix embrassant un soldat, le blessé porté à l'ambulance, la messe dans la tranchée) et celle de la gloire et l'immortalité (le Christ en son Ascension, le soldat et l'infirmière portés au ciel par les anges). Les petites verrières du chœur représentent les multiples croix et l'aspect désordonné du champ de bataille. La pietà du maître-autel et les quatre statues sont dues au ciseau de Vezien. Le devant de l'autel porte, sur trois tables, les noms des prêtres tués au cours de la guerre. Enfin, deux tombeaux ont reçu les dépouilles de Mgr Ginisty et du chanoine Noël, premier chapelain de l'ossuaire.

La tour, enfin, dresse ses 46 m de hauteur sur le champ de bataille. Une croix en relief est sculptée sur chacune de ses quatre faces : à l'intérieur, un escalier de 200 marches permet d'accéder au sommet où se trouve une cloche en bronze de 2 300 kg ainsi qu'un phare de quatre feux tournant, alternativement blancs et rouges. La portée du phare est de 40 km. La tour contient également un petit musée et une table d'orientation.

- *Ossuaire de Douaumont*
  55100 Verdun.
  Tél. : 03.29.84.54.81.

Ouverture : ouvert tous les jours du 15 mai au 15 septembre de 9 h à 12 h et de 14 h à 16 h.

Les monuments israélite et musulman

Le projet originel de l'ossuaire prévoyait la construction de quatre lieux de culte : catholique, protestant, israélite et musulman. L'histoire contraria ces projets. Aucun monument protestant n'a été érigé sur le champ de bataille. Sur l'emplacement prévu a été construit un monument israélite. Constitué par un mur de 31 m de long sur lequel se détachent les tables de la loi, il est dédié "aux Français israélites morts pour la France 1914-1918". L'érection de ce monument est intervenue dans un contexte très particulier. Inauguré en 1938, il se voulait une réponse à l'inexorable montée de l'antisémitisme. Cette réponse fut malheureusement insuffisante, et le monument dut sa survie à la palissade de bois qui l'a soustrait à la vue du public de 1940 à 1944.

À une centaine de mètres de ce monument, la stèle dédiée "aux soldats musulmans morts pour la France" et érigée en bordure de la nécropole nationale tente de rappeler la place tenue par les troupes nord-africaines dans les combats de Verdun. Sa construction tardive, 1959, et sa faible dimension font régulièrement naître des projets ambitieux de transformation.

La nécropole nationale de Douaumont ㉔

La création de cette nécropole est directement liée à celle de l'ossuaire. Il n'y eut en effet jamais de cimetière du front sur ce site. La décision de création d'une nécropole a été prise en 1923. Une fois l'emplacement déterminé en façade de l'ossuaire, on nivela une parcelle de terrain de plusieurs hectares, puis on procéda à la réalisation des allées et des tombes. Les transferts des corps commencèrent en 1925. Dans les années qui suivirent y furent inhumés les corps que l'on continuait à découvrir dans la "zone rouge", jusqu'à 500 par mois, dont plus de la moitié identifiés. C'est le 23 juin 1929 qu'eut lieu l'inauguration en présence de Gaston Doumergue, président de la République. Dans l'axe de la nécropole se trouve la tombe du général Ancelin tué au combat le 24 octobre 1916 lors de la reprise du fort de Douaumont. Au-dessus a été scellée une plaque rappelant la rencontre entre le chancelier Helmut Kohl et le président François Mitterrand (voir p. 123). Sur 144 380 m², la nécropole regroupe 16 142 corps.

La tranchée des Baïonnettes ㉕

La tranchée des Baïonnettes est sans doute le monument le plus célèbre du champ de bataille. Il est aussi celui dont la réalisation a été la plus précoce, le président de la République Alexandre Millerand l'ayant inauguré le 8 décembre 1920. Dans ce monument, l'histoire se confond avec la légende. À l'origine, un fait exact : la résistance, sous un terrible bombardement du 10 au 12 juin 1916, de deux sections du 137ᵉ dont la plupart des hommes périrent. Sur ce fait incontestable va se greffer une légende. En janvier 1919, le colonel Collet, chef du 137ᵉ régiment d'infanterie, vint visiter les lieux où avait combattu son unité en juin 1916. Il constata avec surprise que des fusils émergeaient du sol et décida de faire ériger à cet endroit un petit monument commémoratif. La presse s'empara de cette affaire et lui donna une dimension patriotique telle qu'elle émut l'opinion et les pouvoirs publics. L'idée que des défenseurs de Verdun pussent reposer là – debout, l'arme à la main, face à l'ennemi, ensevelis vivants par le bombardement – enflamma les esprits impatients et satisfaits de trouver là matière à créer une mythologie de la Grande Guerre.

La tranchée des fusils devint la tranchée des baïonnettes. La différence est symboliquement essentielle : les soldats étaient morts alors qu'ils s'apprêtaient à attaquer la "baïonnette au canon". En fait, la légende de la tranchée des Baïonnettes est un pieux mensonge. Dans sa sécheresse, le rapport du général Bataille, le 3 août 1920, a fixé définitivement la vérité : "J'ai l'honneur de rendre compte que les exhumations sur le terrain sont terminées. Elles ont donné les résultats suivants : dans la tranchée même, ou plus exactement dans les trous d'obus, 7 hommes dont 4 identifiés (...) Les corps identifiés ont été réinhumés dans une rangée spéciale de Fleury.

Douaumont : la tranchée des Baïonnettes.

Les non-identifiés ont été réinhumés sur place. Aucun de ces sept hommes n'était debout..." Mais la légende ne pouvait pas mourir. En 1920, l'opinion publique avait soif d'héroïsme.

La création d'un monument fut menée tambour battant, financée par un mécène américain. L'ouvrage se compose d'une entrée massive, "monolithe percé d'une issue", d'un cheminement en escalier évoquant les boyaux qui reliaient les tranchées et du monument proprement dit. Le visiteur découvre un pignon plein orné d'une grande croix en relief derrière laquelle se développe une dalle épaisse et nue, soutenue par des colonnes sans base ni chapiteau. Cette dalle protège l'emplacement de la tranchée comblée, d'où émergent quelques baïonnettes et neuf croix de bois. Au-dessus de l'entrée close par une grille en fer forgé est gravée l'inscription suivante : "À la mémoire des soldats qui dorment debout, le fusil à la main, dans cette tranchée. Leurs frères d'Amérique." Cette construction en béton brut est une réussite esthétique.

L'hommage aux combattants héroïsés

Si l'ossuaire, la nécropole et la tranchée des Baïonnettes maintiennent les morts pour la France dans une stricte égalité, l'érection de stèles et de monuments donne à certains combattants et à certains régiments une identité héroïque.

Entre les Quatre-Cheminées et Thiaumont, cinq monuments participent à cette ambition. Près des ruines inaccessibles du fort de Souville, à quelques centaines de mètres du mémorial de Verdun, un second secteur concentre trois stèles et monuments d'héroïsation dont celui consacrant le souvenir d'André Maginot. Député de la Meuse depuis 1910, André Maginot se porta volontaire en 1914. Affecté au 44e territorial, il monta en ligne le 11 août 1914. Le 9 novembre, il fut blessé à Maucourt-sur-Orne (où un monument réimplanté en bordure de route marque le souvenir de cet épisode). Infirme, il reprit sa place au Parlement en 1916 en qualité de député de la Meuse. En 1920, il était nommé ministre des Pensions. et présida, à ce titre, les cérémonies du choix du soldat inconnu (voir p. 121). C'est cependant une autre décision que l'histoire a retenue : la présentation de la loi sur les fortifications de l'est de la France qu'il fait voter le 4 janvier 1930 et qui porte depuis lors son nom. **André Maginot** mourut en 1932. Ses compagnons d'armes décidèrent de lui ériger un important **monument**. Le sculpteur a choisi une forme symbolique à trois niveaux : à l'arrière, un épais mur de pierre rappelant les fortifications élevées pour défendre Verdun, mais aussi l'œuvre de Maginot, la fameuse ligne de l'Est, puis un bouclier de pierre suggérant la fermeté patriotique des combattants et, enfin, un groupe de bronze représentant, de manière réaliste, le sergent Maginot blessé, porté par deux camarades. L'image est celle de la fraternité du combat.

Le village de Samogneux ㉖

Dans ce village occupé par les troupes allemandes le 24 février 1916 et repris le 21 août 1917, où aucune bataille particulière n'est signalée ni aucun fort construit, deux monuments retiennent l'attention. Le premier, construit dans l'ancien cimetière, domine la route principale. C'est le **monument aux morts** du village. De conception réaliste, il évoque les attaques précédées d'émission de gaz : un jeune soldat de bronze a jeté son casque et enfile son masque. Le second est connu sous le nom de **monument du Père Barnabé**. Au bord de la même route, un haut-relief représente un vieux paysan appuyé sur son bâton. Derrière lui se trouve une pancarte signalant : "Ici était Samogneux." En dessous, une inscription donne l'explication : "Dû à la générosité de M. Horace Gray, le Père Barnabé symbole des réfugiés meusiens, d'après l'ouvrage d'Henri Fremont". Derrière sa résignation apparente, Barnabé symbolise les milliers de Meusiens, de retour sur leur terre en 1918 et 1919, découvrant leurs villages ruinés et leurs terres à l'abandon.

LES CHEMINS DU SOUVENIR DE LA RIVE GAUCHE

Sur la rive gauche de la Meuse, le souvenir de la bataille s'est concentré sur un espace plus restreint (7 communes) dont la découverte peut se faire en suivant un circuit en boucle.
La première commune visitée est **Cumières** ⓫, un des 9 villages "Morts pour la France", le seul sur la rive gauche. Aux côtés des monuments typiques de ces villages – la chapelle, le cimetière, le monument aux morts – le visiteur découvrira quelques traces d'importants tunnels. Pour fortifier leurs positions, les Allemands avaient l'habitude de réaliser d'importants terrassements en premières lignes. En particulier, ils creusaient de grands tunnels, non seulement pour amener plus facilement des renforts, mais aussi pour servir d'abris contre les bombardements. Dans ce secteur du front, sur le territoire de la commune de Cumières, furent réalisés les principaux tunnels, du moins ceux dont les communiqués parlèrent le plus. Toutes les entrées de ces tunnels ont été plus ou moins bouchées pour des raisons de sécurité. Toutefois, en ce qui concerne le tunnel du Kronprinz, si l'on suit les larges tranchées qui serpentent au nord de la ligne de crête, on découvre des excavations accessibles à son emplacement présumé.

À la veille du 6 mars 1916, le front passait à 1 km à peine de **Forges-sur-Meuse** ㉗. La forêt communale était occupée par les Allemands dont les troupes purent se concentrer à l'abri de ses couverts. Lorsque l'attaque se déclencha, le village fut enlevé dès le premier jour. Les ruines de Forges ne furent reprises qu'en septembre 1918 par les Américains. Après la guerre, le village fut reconstruit plus près de la Meuse, au nord-est de l'emplacement ancien qui est toujours occupé par des bois. **Quatre monuments cruciformes** rappellent le souvenir de ces combats : un grand calvaire sans inscription à l'emplacement du centre du village détruit, une croix hosannière dans le cimetière aujourd'hui trop vaste, un calvaire du "Christ noir" et, à vocation plus laïque, une croix de guerre qui surmonte le petit monument aux morts construit devant la nouvelle mairie.

Pris le 8 avril 1916 par les Allemands, le village de **Béthincourt** ㉘ était situé au centre des opérations sur la rive gauche et servait de base de départ à toutes les attaques contre la ligne de crête. L'offensive française d'août 1917 ramena le front au sud du village dont les maisons furent complètement détruites par le bombardement. Le village disparu a été reconstruit 400 m à l'est, le long de la route. Il est encadré par la forêt domaniale du Mort-Homme dont le terrain garde toujours les traces des tranchées et des abris. Au nord, ces vestiges correspondent au front avant l'offensive de 1916 et, au sud, à la ligne de feu en 1916 et 1917. Sur la place du village, trop grande pour la petite agglomération actuelle, trône le monument aux morts de la commune. À côté, sur un socle octogonal, est posée la cloche de l'ancienne église du village qui a été retrouvée dans les ruines. Elle est fêlée et percée de deux trous de projectiles de petit calibre.

Le village de **Malancourt** ㉙ fut conquis par les Allemands le 31 mars 1916, lors de leur attaque vers la cote 304, et ne fut repris que deux ans et demi plus tard, dans les premiers jours de l'offensive américaine. Si le bourg lui-même a été reconstruit à son emplacement d'origine, le village voisin d'**Haucourt** a par contre disparu. Outre **quatre monuments** qui rappellent le souvenir des combattants tombés sur cette terre, le visiteur découvrira, sur le bord de la route entre Malancourt et l'ancien village d'Haucourt, les ruines d'un **blockhaus**. Une croix les surmonte et différents vestiges, casques et obus, y sont scellés.

Fleury-devant-Douaumont : monument à André Maginot.

Tombe oubliée sur la cote 304.

La cinquième commune, celle d'**Avocourt** ㉚, marque la limite ouest de l'attaque allemande devant Verdun. Un réseau serré de tranchées entourait le village et, en avant, se trouvait un petit ouvrage dit "réduit d'Avocourt". Le 20 mars 1916, les Allemands s'emparèrent de celui-ci mais, le 29, une contre-attaque les en chassa. Une **nécropole** a été créée en 1921 à l'ouest du village, sur une hauteur. Elle contient 1896 corps. Une croix de fonte prolonge, sur l'autre côté de la route, ce lieu de recueillement.

En bordure de la commune de **Very**, quelques **vestiges d'abris** sont visibles. Comme beaucoup d'ouvrages de ce genre, ils sont formés de murs maçonnés, de tôles ondulées en coffrage perdu et d'une dalle de béton. Cet ensemble se compose de deux groupes disposés en équerre. Des trous dans lesquels les eaux de ruissellement disparaissent laissent supposer que des souterrains prolongent ces abris à un niveau inférieur.

La sixième commune, **Esnes**, est dominée par le premier haut lieu de la bataille : **la cote 304** ㉛. Les Allemands, n'ayant pu emporter le Mort-Homme lors de leurs premiers assauts, tentèrent de tourner l'obstacle par l'ouest. Ils se heurtèrent alors à cette nouvelle butte dont la conquête allait s'avérer tout aussi difficile. Les attaques menées les 20 mars et 9 avril 1916 échouèrent. Début mai, les soldats allemands, après un bombardement terrible, réussirent à s'accrocher aux pentes nord. Ils n'occupèrent le sommet que le 29 juin 1917 et, cloués sur place, n'atteignirent jamais le sud. Le 24 août, une puissante contre-attaque française reprenait le terrain perdu en seize mois. Sous le feu de ces combats continuels, le village d'Esnes fut détruit par le bombardement. Il fut reconstruit après la guerre, trop grand pour une population diminuée. Dans une clairière silencieuse, au sommet de la butte, se dresse un grand obélisque tronqué sur lequel se détache une croix. Inauguré le 7 juin 1934, il rappelle le sacrifice des "dix mille morts héroïques dont le sang imprégna cette terre". Sobre et impressionnant, ce monument s'élève à l'extrémité d'une longue allée de sapins noirs. Le souvenir des combats qui ensanglantèrent la cote 304 est également célébré par une **nécropole**, une **tombe oubliée** et deux **monuments**. La nécropole regroupe 3 417 tombes individuelles et deux ossuaires qui contiennent environ 1 500 corps chacun. Le **monument aux morts** de la commune construit avec des pierres provenant de l'ancienne église est décoré d'un bas-relief qui évoque les difficultés de renaissance des villages : un paysan sème sur une tombe.

Le circuit du souvenir se termine à **Chavancourt**. C'est sur le territoire de cette commune que se trouve le second pôle de la bataille : **le Mort-Homme** ㉜. L'attaque allemande avait débuté le 6 mars. En trois jours, l'ennemi était arrivé au pied de la célèbre butte. Il mit plus d'un mois pour en gravir la pente. Le 23 mai, il s'emparait enfin du sommet, mais ne put jamais redescendre vers le village. Le 20 août 1917, la 31ᵉ D.I. reprenait la position et reportait la ligne du front sur le ruisseau de Forges. Pendant ces longs mois de combats, Chavancourt fut la dernière étape avant l'ascension de la crête où tant d'hommes devaient disparaître. Aucune maison du village ne fut épargnée par le bombardement. Un étonnant **monument** rappelle ces épisodes. Il se dresse au sommet de l'ancienne cote 295 qui perdit 12 m de hauteur durant la bataille. Son aspect est très impressionnant. C'est un mort qui se tient debout au-dessus de sa tombe. De la main droite, il écarte son linceul et, de la gauche, il tient un drapeau. À ses pieds, quelques plaques évoquent la mémoire de soldats morts en défendant la position. En contrebas, un **monument** plus classique rappelle le sacrifice des soldats de cette division. Il se présente comme un obélisque de granit orné d'une baïonnette posée sur des boulets. Les corps de 1 724 de ces combattants sont regroupés dans la nécropole construite dans la commune. Sur le chemin qui y donne accès,

Chavancourt : le Mort-Homme.

une croix de pierre rappelle un souvenir peu fréquemment illustré, celui de Pierre Guilland, lieutenant au 38e R.A., observateur aviateur de la division marocaine, escadrille C34, mort en combat aérien le 20 août 1917.

LES CHEMINS DU SOUVENIR DE LA VILLE DE VERDUN

Tout itinéraire du souvenir de la bataille de Verdun conduit à **Verdun** même. Paradoxalement, la ville garde peu de traces de la bataille. Un seul monument rappelle la dureté des bombardements dont elle a eu à souffrir. Place d'Isly se dresse une sorte de **cairn en moellons**, surmonté d'une croix de guerre qui rappelle le bombardement d'un bâtiment aux vivres, le 3 avril 1916, et la mort de 375 territoriaux. Les pierres proviennent des ruines du bâtiment. Elles recouvrent quelques ossements anonymes, pieusement recueillis en ce lieu.

Le principal témoin historique de cette période demeure cependant les deux citadelles, et plus particulièrement **la citadelle basse ㉝**. Forée dans le roc entre 1886 et 1893, cette citadelle est constituée de 5 galeries orientées est-ouest, larges de 4 à 6 m, et reliées entre elles par 4 "écoutes" larges de 2,50 m, orientées sud-nord. À l'origine, elle devait jouer un rôle d'entrepôt. En 1916, elle devint une véritable ville souterraine. Moulins, machines élévatoires pour l'eau, boulangeries (qui livraient environ 40 000 rations par jour en 1916) y trouvèrent place, ainsi qu'une population militaire de 2 000 hommes. Soldats de passage, infirmeries, dépôts, mess d'officiers, états-majors, service de manutention, chapelle (Notre-Dame-des-Casemates), coopérative, poste, etc., faisaient de ces galeries une étonnante création, dont le mérite le plus évident était de procurer aux 3 à 4 000 hommes qui s'y pressaient en permanence une détente salutaire et un lieu de travail invulnérable aux obus. Ajoutons enfin que c'est dans ces galeries que furent reçues les personnalités officielles et les généraux venus, pendant le conflit, s'informer, réconforter, féliciter, récompenser les combattants : Poincaré, Clemenceau, Joffre, Pétain et tant d'autres. Sans compter les "chargés de mission" fantaisistes qui venaient se donner un air de héros mais qui, prudemment, ne dépassaient pas la salle à manger officielle de la citadelle basse. Enfin, la municipalité y maintint toujours, bien que la ville eut été totalement évacuée depuis 1916, une délégation officielle : conseiller municipal, commissaire ou agent de police, garde champêtre. C'est dans une de ces galeries que, le 10 novembre 1920, fut choisi le corps du soldat inconnu. Depuis 1984, la citadelle est aménagée et ouverte à la visite. Un musée y a été installé en 1984 par l'office de tourisme de Verdun, mais il a été fortement renouvelé en 1992. Plus que d'un musée, il s'agit d'un spectacle son et lumière à partir de tableaux fixes. Transporté dans des nacelles filoguidées électroniquement, le public est plongé dans l'histoire de la citadelle au fil de la découverte de 14 espaces autonomes.

- *Citadelle basse de Verdun*
  Office de tourisme
  55100 Verdun.
  Tél. : 03.29.86.14.18.

Ouverture : tous les jours de 9 h à 12 h et de 14 h à 17 h.

Plus que par des lieux historiques, c'est par la vénération du souvenir que Verdun s'impose dans tout circuit de visite. Verdun est le lieu où s'effectua, à partir des années 1920, l'héroïsation des combattants de la Grande Guerre.

Le héros de Verdun, c'est d'abord le "**poilu**" mort pour que vive la France. Dans cette grande cohorte, une figure emblématique s'impose : le **soldat inconnu**. C'est à Verdun que son corps fut choisi, c'est à Verdun qu'il partit pour son dernier voyage vers Paris, et c'est à Verdun que furent enterrés ses 7 compagnons que le sort n'avait pas désigné. Chacune de ces étapes est

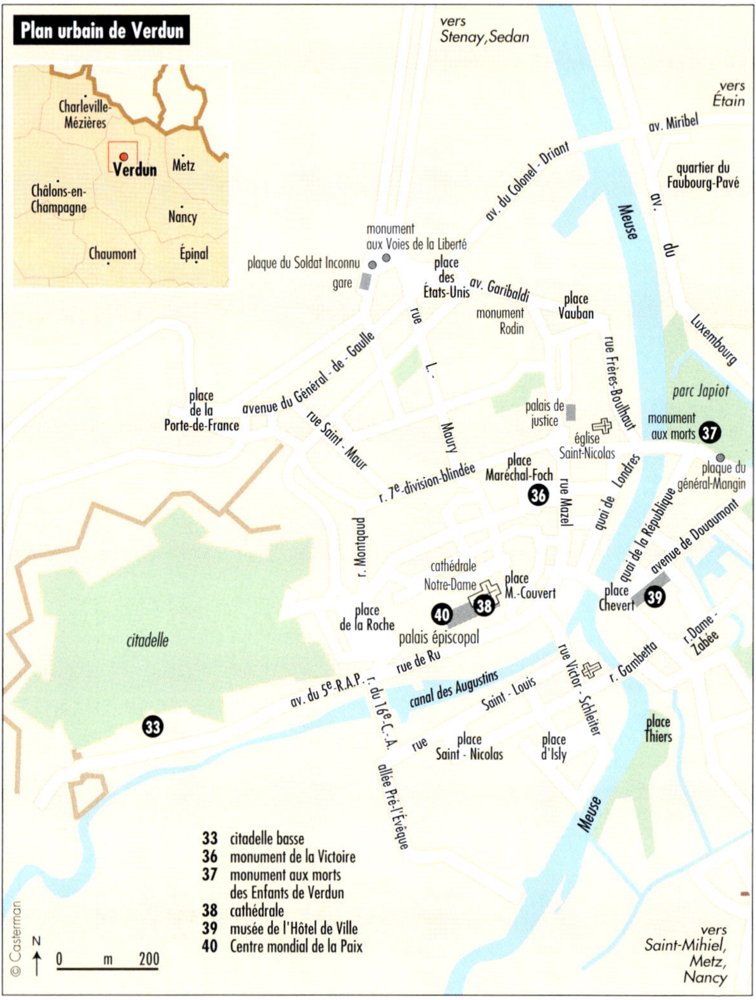

aujourd'hui matérialisée : la cérémonie du choix est reconstituée sur le lieu même où elle fut organisée dans la citadelle basse (voir ci-dessus) ; le dernier voyage est rappelé par une plaque apposée sur la gare de Verdun ; les 7 corps non choisis sont inhumés dans la nécropole militaire de Faubourg-Pavé. Situé en périphérie de Verdun, sur la nationale qui conduit aux champs de bataille, le **quartier du Faubourg-Pavé** est le lieu principal du souvenir funéraire. La **nécropole nationale** qui a été aménagée entre 1919 et 1926 regroupe 5 722 corps en provenance de divers petits cimetières. Au centre de cette nécropole, un enclos réunit les 7 tombes des "non choisis" autour d'une grande croix de pierre. Si, pendant la première décennie d'après-guerre, un hommage régulier fut rendu à ces "malchanceux du tirage au sort", ils sont aujourd'hui totalement oubliés. Près de l'entrée de la nécropole, un monument figuratif évoque les souffrances des fusillés. Sculpté par Cuvelle, il rend hommage aux victimes des deux conflits mondiaux. Enfin, entre la nécropole et la route, un jardin a été aménagé par le Souvenir français qui y a déposé plusieurs canons. Deux autres éléments renforcent cette zone funéraire. Dans le cimetière civil voisin de la nécropole nationale, 223 tombes de soldats morts pour la France, et généralement restitués aux familles, forment un carré communal. À l'entrée du site, un monument de granit rappelle une mémoire antérieure à 1914 ; celle de trois aviateurs Nieuport, Thierry, de Ville-d'Avray et Bresson, tués en service commandé en 1913. À ce souvenir est régulièrement associé celui des aviateurs français et alliés tombés dans le secteur de Verdun au cours des deux guerres.

Verdun est le site de deux autres nécropoles nationales situées, elles aussi, en périphérie de la ville : la **nécropole de Verdun-Bevaux** (3 592 corps) **34**, en bordure du boulevard Jean-Monnet en direction de Metz-Nancy, et **la nécropole de Verdun-Glorieux** **35** sur l'allée des Hayevaux, proche de la N3.

Les héros de Verdun sont aussi les "poilus" victorieux.
Cette affirmation, si souvent répétée depuis 1918, a trouvé sa concrétisation dans le paysage urbain de Verdun par la construction du **monument de la Victoire** ❸❻. La première pierre en fut posée le 23 juin 1920, sous la présidence d'André Lefèvre, ministre de la Guerre. Dans son discours, le président du comité d'érection, Albert Noël, exposa avec précision les grandes lignes du projet : "Ce n'est pas une gloire locale, ni un événement de guerre, que nous voulons célébrer, c'est la Victoire française, car le monde entier a donné toute son ampleur à la valeur de la résistance de Verdun."

Le 1er mars 1921, le projet de l'architecte Chesnay est choisi et le sculpteur Jean Boucher désigné. L'inauguration a lieu le 23 juin 1929 en présence du président de la République Gaston Doumergue, de 5 ministres, 10 ambassadeurs, 1 500 officiers d'active et 4 000 anciens combattants. Dans une brèche du vieux rempart, un escalier monumental aboutit à un palier. Une porte en fer forgé donne accès à la crypte semi-circulaire constituée de trois alvéoles garnies de mosaïques aux coloris variés à motif de grandes palmes. Dans chaque alvéole se dresse une stèle de marbre sur laquelle repose un des volumes du "livre d'Or". Dans le vestibule ont été apposées deux plaques où sont inscrites les lois du 17 novembre 1918 et du 20 février 1920 qui reconnaissent à Georges Clemenceau, Ferdinand Foch et Raymond Poincaré l'honneur d'avoir "bien mérité de la Patrie". La crypte est dominée par deux canons dont l'histoire reflète la grande histoire de la guerre. Enfin, à l'extérieur, à droite et à gauche de la porte d'entrée, deux grandes plaques de marbre reproduisent le texte de l'ordre général du 10 avril 1916 du général Pétain et deux extraits des discours prononcés par Raymond Poincaré, le 13 septembre 1916 dans la citadelle souterraine, et par André Maginot, ministre de la Guerre, le 27 août 1922, pour l'ouverture solennelle du "Livre d'or des médaillés de Verdun".

La crypte est ouverte de Pâques au 11 novembre de 9 h 30 à 12 h et de 14 h à 18 h.

Les héros de Verdun sont encore les chefs militaires
Certains ont leur statue, comme le général Sarrail, commandant de la IIIe armée en septembre 1914, en bordure de la Meuse (quai de la République), ou les maréchaux Gallieni, Franchet d'Esperey, Maunoury et Fayolle. Les statues de ces quatre grands soldats dont les liens avec Verdun sont ténus (Gallieni était cependant ministre de la Guerre au moment du déclenchement de la bataille) sont installées depuis 1971 dans les fossés des fortifications de la citadelle basse. Une dernière plaque s'inscrit dans ce registre des héros militaires. Non loin de la statue du général Sarrail, sur une partie conservée des anciennes fortifications, une plaque a été apposée à la gloire du général Mangin. Son portrait, sur un médaillon de bronze, surmonte la liste des lieux où il s'est illustré durant sa carrière.

À côté de ces grands, d'autres héros militaires ont dû se contenter de l'inscription d'un nom sur la plaque bleue d'une rue : Foch, Joffre, Nivelle, Boichut, Chrétien. Quant à celui que l'histoire a souvent désigné comme le vainqueur de Verdun, Philippe Pétain, sa place est fort mince dans cette politique du souvenir. Sa statue équestre envisagée n'a jamais été érigée, et son nom n'apparaît que furtivement sur une plaque qui reproduit, sur le monument de la Victoire, l'ordre du jour du 10 avril 1916 et sur celle qui, à l'ossuaire de Douaumont, donne la liste du comité de création de l'œuvre. Le souvenir négatif du chef de l'État de Vichy a fait disparaître, ici comme ailleurs, le souvenir positif du vainqueur de Verdun.

Les héros de Verdun sont enfin les chefs politiques
Deux plaques rendent hommage à Raymond Poincaré dont le discours prononcé le 14 septembre 1916 à la citadelle est l'acte fondateur du Verdun contemporain. Un premier extrait peut être lu sur le monument de la Victoire, et un second sur la plaque apposée sur la porte Saint-Paul. Poincaré a également droit à une troisième plaque dans la crypte du monument de la Victoire et à une plaque de nom de rue. Clemenceau, "Le Père La Victoire", qui, il est vrai, n'exerçait aucun rôle gouvernemental en 1916, se fait plus discret dans ce paysage : une plaque dans la crypte et le nom d'une avenue lui rendent hommage.
Les héros de Verdun, ce sont aussi les écrivains qui ont su, par leur œuvre ou par leur mort, donner leurs lettres de noblesse aux combats des "poilus". La toponymie urbaine a retenu les noms d'Henri Barbusse, de Roland Dorgelès, du "Grand Meaulnes" (Alain-Fournier) et de Maurice Genevoix. Le buste de l'auteur de *Ceux de 14* viendra sans doute compléter prochainement ce premier hommage.

Quatre monuments complètent cette grande série du souvenir. Le premier, situé en bordure du parc Japiot, est traditionnel. C'est le **monument aux morts des Enfants de Verdun** (1928) ❸❼ qui présente cependant une remarquable originalité. Cinq géants de pierre revêtus d'uniformes différents de l'armée française le constituent. En les adossant à un mur dont la hauteur arrive au niveau de leurs épaules, l'architecte Forest et le sculpteur Grange ont substitué les poitrines des hommes à la muraille. Sur le socle, de part et d'autre d'une croix, sont gravés les noms des morts natifs de Verdun. Le deuxième monument, situé à quelques pas de là, est une **stèle commémorative** qui rappelle les principales étapes de l'histoire de Verdun. Le troisième, le **monument aux Voies de la Liberté**, situé place Maurice-Genevoix, unit dans un même souvenir la Voie sacrée de 1914 et la Voie de la Liberté de 1944. De part et d'autre de la stèle, deux exemplaires des bornes qui jalonnent les deux voies ont été plantés (voir p. 421). Le **quatrième**, enfin, **devant la porte Saint-Paul**, est une œuvre d'art. D'après une maquette d'Auguste Rodin, il symbolise la défense héroïque de la cité. Il a été offert à la commune par la Hollande en témoignage d'admiration.

À ces monuments de lumière s'oppose un monument de l'ombre que bien peu de visiteurs découvrent. À Verdun, le souvenir de la Grande Guerre s'est aussi réfugié dans l'édifice le plus prestigieux de la cité : **la cathédrale** ❸❽. Dans l'entre-deux-guerres, lors de la restauration de la crypte, le sculpteur Le Bourgeois créa une série de chapiteaux modernes consacrés d'une part à l'église de Verdun et, d'autre part, pour 13 d'entre eux, à la bataille de Verdun. Les thèmes évoqués, simples et émouvants, font surgir de la pierre les épisodes de la vie des tranchées, la souffrance et la mort des poilus, les problèmes de l'artillerie, des forts, de l'évacuation des blessés. Cette sobre imagerie montre même, dans son impitoyable précision, l'exécution d'un soldat. À Verdun, art du souvenir et art roman ont réussi une extraordinaire symbiose.

MUSÉES DE LA BATAILLE DE VERDUN

La ville de Verdun présente l'exceptionnelle particularité de posséder 4 musées sur la bataille de Verdun. Marqué par la date de leur création, chacun d'entre eux traduit une "certaine idée" de l'histoire de la bataille.

Le musée de l'Hôtel de Ville ㊴

Créé en 1927, ce musée présente l'ensemble des 26 décorations reçues par la ville, divers drapeaux, dont celui qui flottait sur l'hôtel de ville lors d'une visite officielle de l'ambassadeur des États-Unis en 1917, ainsi que les livres d'or des médaillés de Verdun. C'est le musée de la Victoire de Verdun.

- *Musée de l'Hôtel de Ville de Verdun*
  Rue Raymond-Poincaré
  Tél. : 03.29.86.18.39.

Ouverture : à l'occasion de la journée du Patrimoine et lors des réceptions offertes par la municipalité.

Le mémorial de Verdun

Situé à Fleury-devant-Douaumont ❻, il a été inauguré en 1967. Construit sur l'emplacement de l'ancienne gare de Fleury-devant-Douaumont, le bâtiment a été dessiné par un architecte, ancien de 14-18, Charles Legrand. Les collections ont été réunies grâce aux dons d'anciens soldats de Verdun, ou de leur famille, et continuent de s'accroître régulièrement.

Le hall d'entrée retrace rapidement l'histoire des lieux mêmes où fut construit le bâtiment. La galerie supérieure propose au visiteur de découvrir la bataille et les combattants des deux camps à travers une présentation à la fois chronologique et thématique. L'étage inférieur est en majeure partie occupé par une reconstitution grandeur nature du terrain tel qu'il se présentait à l'époque de la bataille : parcouru de tranchées, éventré par les obus, parsemé de débris et de ferrailles tordues (environ 300 m, visibles depuis la galerie supérieure). La galerie du pourtour est réservée essentiellement au matériel lourd (camion Berliet utilisé pour transporter les troupes sur la Voie sacrée de Bar-le-Duc à Verdun, cuisine roulante, matériel de transmission, pièces d'artillerie françaises, etc.). Le mémorial présente systématiquement les combattants des deux camps. C'est le musée de la réconciliation franco-allemande.

- *Mémorial de Verdun*
  Fleury-devant-Douaumont
  55100 Verdun.
  Tél. : 03.29.84.35.34.

Ouverture : du 15 mars au 15 septembre, tous les jours de 9 h à 18 h; du 16 septembre au 14 mars : tous les jours de 9 h à 12 h et de 14 h à 17 h. Fermé entre le 15 décembre et le 15 janvier (se renseigner pour les dates exactes).

La Citadelle ㉝

Le troisième musée est installé dans la citadelle basse de Verdun (voir p. 437). C'est le musée du spectacle, du virtuel et des techniques modernes.

- *Office de tourisme de Verdun*
  Tél. : 03.29.86.14.18.

Ouverture : tous les jours de 9 h à 12 h et de 14 h à 17 h.
Durée du parcours : 30 minutes.

Le Centre mondial de la Paix

Le Centre mondial de la Paix ㊵ et des Droits de l'homme est installé dans l'ancien palais épiscopal de Verdun. Lancé en 1988, il a été officiellement inauguré par le Premier ministre Édouard Balladur le 30 juin 1994. Il présente une triple vocation :

- lieu international de rencontre,

Mémorial de Verdun.

Mémorial de Verdun : avion français Bébé Nieuport.

- centre culturel de recherche scientifique,
- musée de la Paix.

Le musée de la Paix a été mis en scène par un décorateur de cinéma : Guy-Claude François. Ni armes, ni uniformes, ni drapeaux, ni objets, mais d'énormes blocs de marbre fracturés à travers lesquels le visiteur circule pour regarder les écrans qui évoquent les traités de paix, le rôle de l'ONU et les conflits de cette fin de XXe siècle. Des expositions et des matériels pédagogiques, utilisés en Alsace entre 1870 et 1950, complètent ce musée présenté comme "le premier à échapper totalement à la fascination des combats". C'est le musée du temps de l'humanitaire et des droits de l'homme.

- *Le Centre mondial de la Paix, des Libertés et des Droits de l'Homme*
  Palais épiscopal
  55015 Verdun Cedex.
  Tél. : 03.29.86.55.00.

Ouverture : tous les jours du 1er juillet au 30 septembre de 9 h à 19 h, du 1er octobre au 14 novembre de 9 h à 12 h et de 14 h à 17 h, du 15 janvier au 31 mars de 9 h à 12 h et de 14 h à 17 h, du 1er avril au 30 juin de 9 h à 18 h. Fermeture annuelle du 15 novembre au 14 janvier.
Pour les groupes : visite sur rendez-vous.

Pour tout autre renseignement sur les sites et les manifestations liés au souvenir de Verdun, contacter les associations suivantes :

- Le Comité national du Souvenir de Verdun (CNSV)
  Mémorial de Verdun
  Fleury-devant-Douaumont
  55100 Verdun.

- L'Association nationale du Souvenir de la Bataille de Verdun (ANSBV)
  Mémorial de Verdun
  Fleury-devant-Douaumont
  55100 Verdun.

- "Ceux de Verdun"
  15, rue de Richelieu
  75001 Paris.

- Comité de l'ossuaire de Douaumont
  55100 Verdun.

- Comité de la Voie Sacrée et de la Liberté
  Mémorial de Verdun
  Fleury-devant-Douaumont
  55100 Verdun.

- "Connaissance de la Meuse"
  84, boulevard de la Rochelle
  55000 Bar-le-Duc.

Autour de la Première Guerre mondiale

• Comité départemental du tourisme de la Meuse
Hôtel du Département
55000 Bar-le-Duc cedex.
Tél. : 03.29.45.78.40.

Montmedy (55600), Stenay (55700)

Au nord du département dans un paysage de promontoires défendus par des citadelles silencieuses, Montmédy et sa majestueuse citadelle héberge un intéressant musée de la Fortification ainsi qu'une collection des œuvres du peintre meusien Jules-Bastien Lepage. Stenay, proche de l'abbaye belge d'Orval-en-Gaume où l'on fabrique des bières excellentes, est la cité du musée européen de la Bière consacré à ce breuvage traditionnel en Lorraine.

• Office de tourisme de Montmédy
Tél : 03.29.80.15.90.
• Office de tourisme de Stenay
Tél. : 03.29.80.64.22.

Verdun (55100), Dun-sur-Meuse (55110), Saint-Mihiel (55300)

Au centre du département, la vallée de la Meuse coule des jours paisibles au rythme des méandres du fleuve. Ses coteaux accueillent Verdun, la cité des évêques et du fameux traité (843) dont le magnifique palais épiscopal mérite une visite. Site de la plus sévère des batailles de la Première Guerre mondiale, elle abrite également le Centre mondial de la Paix, des Libertés et des Droits de l'homme. Sur le fleuve, Dun-sur-Meuse est le paradis des pêcheurs et possède une belle église fortifiée. Un peu plus au sud, Saint-Mihiel s'est développée autour d'une abbaye bénédictine fondée en 709. L'abbatiale reconstruite aux XVIIe et XVIIIe siècles renferme une fabuleuse bibliothèque et un musée. L'église Saint-Etienne abrite le *Saint-Sépulcre* de Ligier-Richier dont l'atelier de sculpture contribua à la renommée de la cité au XVIe siècle.

• Office de tourisme de Verdun
Tél. : 03.29.86.14.18.
• Office de tourisme de Dun-sur-Meuse
Tél. : 03.29.80.90.48.
• Office de tourisme de Saint-Mihiel
Tél. : 03.29.89.06.47.

Varennes-en-Argonne (55270)

A l'ouest du département, au creux des vallonnements prononcés du massif boisé de l'Argonne, les villages ont su préserver l'authenticité de leurs maisons à pans de bois et torchis. Varennes-en-Argonne est la cité où eut lieu en 1791 l'arrestation du roi Louis XVI. Le musée historique est consacré à cet événement crucial de l'histoire de France.

• Musée de l'Argonne
Tél. : 03.329.80.71.14.

La Woëvre

Au pied des côtes de Meuse, la plaine très fertile de Woëvre couverte d'étangs et de vergers fait partie du Parc naturel régional de Lorraine. Ces multiples vergers donnent à profusion les fruits à noyau, la délicieuse mirabelle en particulier, distillés selon des recettes ancestrales en fines eaux-de-vie. Les côtes de Meuse bénéficiant de climats et de terroirs remarquables, la production de vins blancs, rouges ou gris n'est pas en reste.

• Parc naturel régional de Lorraine
Domaine de Charmilly
Chemin du Clos
BP 35
54704 Pont-à-Mousson cedex.
Tél. : 03.83.81.11.91.

Bar-le-Duc (55000), Commercy (55200), Vaucouleurs (55140)

Le musée du Barrois est à découvrir à Bar-le-Duc, ancienne capitale du duché de Bar, où la Renaissance fut florissante comme en témoigne le très bel ensemble architectural de la ville haute. L'église Saint-Etienne (XVe siècle) recèle une statue funéraire dite *Le Squelette* due à Ligier-Richier. La ville est également réputée pour sa fameuse confiture de groseilles épépinées à la plume d'oie et dont Alfred Hitchcock raffolait. Célèbre pour sa "madeleine", pâtisserie chère à Marcel Proust, Commercy conserve au sein du fastueux château du bon roi Stanislas, une intéressante collection de céramiques et d'ivoires, tandis que Vaucouleurs, qui fut le point de départ de l'épopée de Jeanne d'Arc, possède un musée consacré à la Pucelle.

• Office de tourisme de Bar-le-Duc
Tél. : 03.29.79.11.13.
• Office de tourisme de Commercy
Tél. : 03.29.91.02.18.
• Office de tourisme de Vaucouleurs
Tél. : 03.29.89.68.49.

Le patrimoine architectural de la Meuse est d'une grande richesse. Au chapitre cultuel, la magnifique basilique d'**Avioth** et sa fameuse *Receveresse* constitue un édifice unique en France et un lieu de pèlerinage, tout comme l'abbaye de **Benoîte-Vaux** située au centre du département. L'église de **Mont-devant-Sassey**, chef-d'œuvre de l'art roman, vaut le détour ainsi que le village de **Marville** et son curieux cimetière. Par ailleurs, de nombreuses églises fortifiées ne manquent pas de surprendre. A **Vertuzey**, un puissant donjon carré couvre la moitié de la nef. A **Dagonville**, les pierres sont marquées aux armes des templiers. A **Ribeaucourt**, le clocher-tour est équipé de mâchicoulis et d'une tourelle d'escalier crénelée. L'église de **Saint-Pierrevillers** possède pour sa part un escalier à vis démontable. Certains clochers-tours sont surmon-

tés de défenses en bois : les hourds. On peut en observer dans les communes de **Woël**, **Pareid**, **Dugny-sur-Meuse**… De véritables châteaux de contes de fées complètent ce patrimoine architectural meusien : **Thillombois**, **Jean d'Heurs**, **Louppy-sur-Loison**.

En Meuse, les loisirs nautiques au **lac de Madine** mais aussi la chasse et la pêche (les poissons abondent notamment à l'étang de Lachaussée où une pêche au filet de longue tradition est encore pratiquée) sont privilégiés. En outre, du sud au nord du département, 250 km de canaux et de cours d'eau navigables s'offrent aux amoureux du tourisme fluvial.

• Madine accueil
55210 Nonsard.
Tél. : 03.29.89.32.50.

X. Les lieux de la Première Guerre mondiale en Lorraine et en Alsace

Hormis un premier succès en 1914 qui fait espérer une victoire rapide dans une région particulièrement sensible au cœur des Français, et les affrontements violents de 1915, le secteur est considéré comme un front calme.
À partir de l'été 1917, le Haut Commandement songe à lui donner un rôle stratégique déterminant dans la victoire finale, mais les circonstances en décident autrement. Sur cette terre, zone de guerre de positions et d'opérations limitées, les lieux du souvenir de la Première Guerre mondiale sont nombreux, mais souvent fort méconnus :
- champs de bataille,
- monuments,
- mémoriaux,
- nécropoles.

Les tranchées du champ de bataille du Linge.

L'espérance française (2 août 1914)

C'est sur les territoires alsaciens et lorrains que, selon le généralissime Joffre, le choc décisif de la guerre devait se produire. Tout incitait à estimer cette solution comme la plus logique et la mieux justifiée stratégiquement : l'ignorance du plan Schlieffen, l'obsession de la revanche et de la reconquête des terres perdues en 1870, ainsi que les efforts consentis par la nation pour doter cette frontière d'une ligne de forts articulés sur les quatre grandes places de Verdun, Toul, Épinal et Belfort.

Le 2 août, à Paris, Joffre réunissait ses chefs d'armée à qui il annonçait son intention de mener l'offensive au nord-est dès que la totalité des forces françaises aurait été rassemblée. Il prévoyait deux attaques, l'une à droite, en aval de Toul, entre les massifs forestiers des Vosges et de la Moselle, la seconde à gauche, au nord de la ligne Verdun-Metz. Pour réussir cette opération, 50 % des forces actives françaises étaient concentrées en Lorraine et organisées en quatre masses, deux ailes offensives, un centre soutenant ces deux ailes et une réserve destinée à renforcer l'une ou l'autre.

Le 1er août, parallèlement à l'ordre de mobilisation générale, le 20e corps (Foch) et le 21e corps (Legrand) prirent position sur la frontière de Lorraine et des Vosges. Afin de laisser l'initiative à l'ennemi, Joffre avait donné ordre de laisser un espace démilitarisé de 10 km le long de cette frontière. Les troupes allemandes exploitèrent cette situation. Elles organisèrent une série d'incursions en Lorraine française, dans le but d'entretenir la croyance en une forte concentration allemande dans le secteur, alors même que le plan Schlieffen était mis en œuvre. Le 2 août, le caporal Peugeot et le lieutenant allemand Meyer s'entretuèrent à l'occasion d'une de ces attaques organisées à Joncherey (Territoire-de-Belfort). Ce furent les deux pre-

Le caporal Peugeot et le lieutenant Meyer, premiers morts français et allemand de la guerre

Jules-André Peugeot est né le 11 juin 1893 à Étupes (Doubs). Il appartient à la 6e compagnie du 44e R.I. qui cantonne, avec les escadrons de dragons, dans le village de Joncherey (Territoire-de-Belfort), le 31 juillet 1914. L'escouade du caporal Peugeot est chargée d'occuper un petit poste de surveillance situé à la hauteur d'une ferme isolée, la ferme Docourt, à 500 m à l'est du village sur la route de Faverois.

Le caporal Peugeot.

"Il était environ 9 h 45. Deux fantassins venaient d'apporter la soupe. Le caporal achevait de se laver les mains ; trois soldats s'attablaient dans la cuisine. Soudain, la fille du fermier qui était allée puiser de l'eau à la source voisine, en avant de la maison, rentra précipitamment en criant : 'Voilà les Prussiens !'. Une patrouille de six Allemands commandée par un officier arrivait en effet au galop. Le caporal et les soldats se portèrent sur la route. L'officier tira coup sur coup trois balles de son revolver ; l'une atteignit Peugeot et lui traversa la poitrine. En même temps, celui-ci avait épaulé son fusil et tiré une balle qui atteignit au bas-ventre le lieutenant Meyer, du 6e chasseurs à cheval de Mulhouse. Les soldats du poste ont aussitôt riposté. Meyer est tué d'une balle à la tête et s'abat sur la route. Le caporal Peugeot ayant fait quelques pas s'affaisse, mort, sur le seuil de la ferme."

Jules-André Peugeot était instituteur au Pissoux, gros hameau du Haut-Doubs. À sa mère, elle-même institutrice, l'inspecteur d'académie écrivit : "Les petits écoliers du Pissoux (...), à qui votre fils enseigna à être prêts à verser leur sang pour la patrie, lui rendront cet hommage, supérieur à tout autre, que les paroles lui venaient du cœur, qu'elles étaient sur les lèvres, non seulement une exhortation, mais un engagement qu'il a tenu. Il avait la vertu supérieure de l'éducateur, la foi qui agit ! Il avait honoré toute la corporation." Quant à Camille Meyer, lieutenant de l'armée allemande, il était alsacien et fils d'un pasteur protestant. Ces deux premiers morts ont été inhumés dans des villages voisins. Le caporal Peugeot repose depuis le 9 août 1914 à Étupes (Doubs) et le lieutenant Meyer à Illfurth (Haut-Rhin). Hormis un monument élevé en son honneur à Etupes, le souvenir du caporal Peugeot se perpétue à travers une salle-mémorial dans la mairie et un groupe scolaire qui porte son nom.

Poteau-frontière renversé.

miers morts de la guerre. Le 3 août l'ordre de retrait des troupes françaises était annulé. Une action immédiate en Haute-Alsace était prescrite, en attendant la fin de la concentration des Ire et IIe armées.

Les offensives françaises en Alsace (du 7 au 20 août 1914)

Ces offensives furent lancées à partir des cinq cols principaux de Bussang, de la Schlucht, du Bonhomme, de Sainte-Marie, de Saales et de la trouée de Belfort. Le 7 août, les troupes françaises se dirigèrent en trois colonnes vers Masevaux et Mulhouse, Dannemarie et Altkirch, ainsi que vers Thann. Cernay et Thann furent atteints sans difficulté ; les poteaux-frontières furent renversés et enlevés. Les Allemands se retirèrent de Mulhouse vers la forêt de Hardt. Le 8 août dans la soirée, la 14e D.I. entra dans Mulhouse sans combattre. Cette action rapide provoqua une joie intense en France.

L'état-major allemand bien renseigné, autant par ses espions que par ses aviateurs, avait vite appris que les troupes prenant part à l'offensive étaient relativement peu nombreuses. Les Allemands lancèrent une double attaque dans la nuit du 9 au 10, l'une sur Mulhouse, l'autre sur Cernay. Ils tentèrent de couper la retraite vers l'ouest aux troupes françaises. Le 11 août, les Français se replièrent sur leur base de départ derrière la frontière. L'opération de Haute-Alsace devait donc être reprise sur de nouvelles bases. Le premier effort dans ce secteur fut porté sur un front moins étendu que la première fois. Le 14 au soir, Thann était repris. Le 18, le 7e corps attaquait Mulhouse. La lutte s'engagea et, le 19 au soir, les Français entraient de nouveau dans la ville.

En même temps que se déroulait cette action offensive en Haute-Alsace, le 21e puis le 14e corps reçurent mission de se rendre maîtres des débouchés vosgiens et du massif du Donon. Dans le sud des Vosges, les cols de Bussang et de la Schlucht furent enlevés aisément les 4 et 7 août. Au nord, l'occupation était plus difficile à cause des pentes escarpées des cols à l'ouest et des crêtes étroites et boisées. Le 7 août, le 21e corps occupait les cols du Bonhomme et de Sainte-Marie et, le 14, il enlevait le massif du Donon. Dans la vallée de la Bruche, les troupes alpines s'emparaient d'Urbès puis, le 14, de Sainte-Marie-aux-Mines, après de violents combats. De leur côté, le 152e et les bataillons de chasseurs alpins investissaient Guebwiller et Munster et débouchaient dans la plaine. Des patrouilles entrèrent à Colmar. Le 16 août, dans la vallée de la Bruche, Schirmeck était atteint et Villé occupé. Le devenir de ces victoires était cependant conditionné par

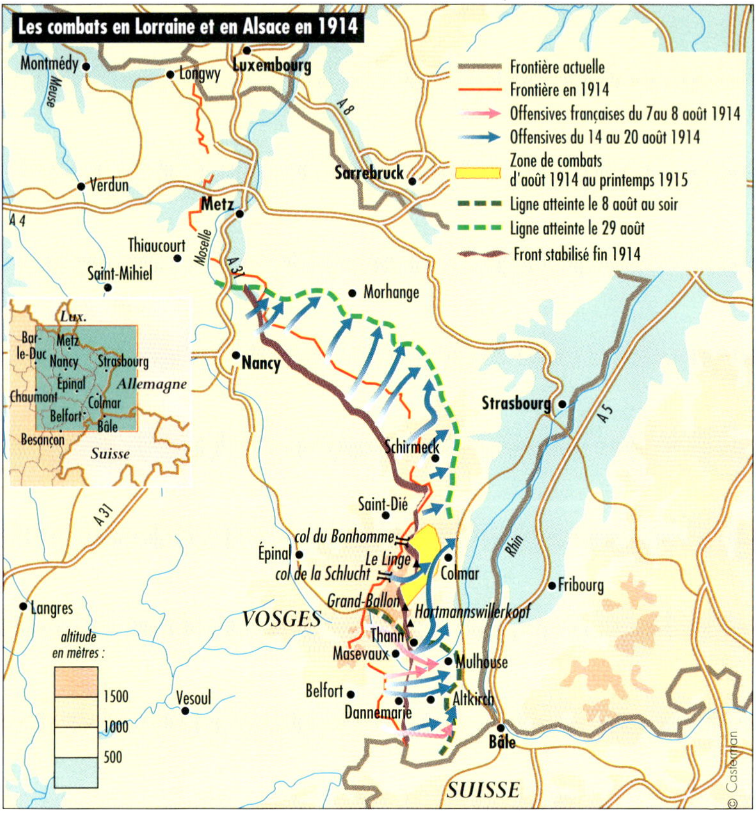

le résultat des offensives en préparation en Lorraine.

Les offensives françaises en Lorraine (du 14 au 20 août 1914)

Le 13 août, les opérations de concentration des armées de Dubail et Castelnau étaient terminées. Le 14 août, l'ordre d'offensive générale était donné. Les Ire et IIe armées se mirent en mouvement en direction de Morhange et de Sarrebourg-Fénétrange. Précédés de reconnaissances de cavalerie, les Français franchirent la frontière de Lorraine en chantant *la Marseille*. Le 17 août, Château-Salins était occupé, le 18, Sarrebourg et Dieuze.

Le 19 août, l'armée française était stoppée à Eich, Bidestroff et Pevange. Les Français venaient d'atteindre le champ de bataille choisi par les Allemands pour les arrêter et contre-attaquer. Les crêtes avaient été organisées en grand secret depuis le 1er août et d'une façon formidable : tranchées bétonnées précédées de réseaux de fil de fer et semées de mitrailleuses ; en arrière, batteries lourdes et légères d'artillerie dûment abritées. Le terrain en avant avait été repéré, mesuré, fouillé dans ses moindres replis. L'artillerie, l'infanterie et les aviateurs disposaient de plans quadrillés. L'emplacement des troupes et des batteries françaises était connu avec précision. Une énorme embuscade avait été préparée. La bataille de Morhange commençait.

La bataille de Morhange (20 août 1914)

Le 20 août, les troupes françaises partirent à l'attaque. Soudain, ce fut une pluie de projectiles : mitrailleuses, fusils, artillerie légère, artillerie lourde étaient en action. Sans pouvoir y répondre, sans même savoir d'où venait ce déluge de feu, les vagues d'assaut furent clouées sur place. Au soir du 20 août, sur l'ensemble du front, l'armée française se repliait, abandonnant sur le terrain des milliers d'hommes dont les sous-lieutenants Xa-

vier de Castelnau et Guy de Cassagnac. Mortellement atteint, celui-ci refusa d'être évacué afin de mourir en territoire reconquis.

La retraite française (du 21 au 24 août 1914)

La retraite dura quatre jours. Les deux armées françaises s'installèrent sur des positions successives de repli. Le 24 août, la Ire armée était devant la Mortagne (affluent de la Meurthe) face au nord, et la IIe en équerre devant Nancy et Charmes face à l'est. La retraite de Lorraine rendait impossible tout maintien des troupes françaises en Alsace. À partir du 23 août, elles se replièrent sur la frontière. Celles du Donon et de la vallée de la Bruche furent ramenées sur la Meurthe. Trois bataillons se retirèrent sur le col du Bonhomme, deux autres quittèrent les environs de Colmar pour occuper des positions plus à l'ouest devant Thann. À l'extrême sud, les forces restées à Belfort s'installèrent à 15 km de Mulhouse devant Seppois. Quelques communes alsaciennes demeuraient françaises autour de Thann et de Masevaux. Dans le reste de l'Alsace, l'autorité allemande se réinstallait. De nombreux civils allaient payer le soutien qu'ils avaient apporté aux armées françaises.

Les offensives allemandes (du 21 août au 11 septembre 1914)

La défaite de Morhange permit à l'aile gauche de l'armée allemande de se mettre en mouvement. L'opération d'encerclement des troupes françaises imaginée par Schlieffen pouvait commencer. La jonction entre les deux ailes devait avoir lieu sur la Marne. Pour cela, les armées allemandes de Lorraine devaient franchir la Moselle puis gagner Neufchâteau et Langres en évitant les villes fortes de Verdun, Toul et Épinal. Un site s'imposait : la trouée de Charmes, nom donné depuis 1874 à un "couloir d'invasion" laissé par le système fortifié Séré de Rivières, entre les camps retranchés de Toul et d'Épinal. À partir du 21 août, l'ensemble des armées allemandes de Lorraine convergeait vers ce couloir. Le 22 août, la frontière était franchie et Lunéville occupée.

Pour la France, l'enjeu était énorme. Joffre donna ordre aux deux armées françaises de résister. L'armée de Castelnau se retrancha sur le Grand-Couronné, couronne de hauteurs boisées aux pentes abruptes qui forme une ligne de défenses naturelles, en bordure de Nancy. L'armée de Dubail s'installa quant à elle le long du massif des Vosges, entre Celles et la côte d'Essey près de Rozelieures ; 225 000 soldats français faisaient face à 350 000 Allemands. Le 24 août, la bataille de Rozelieures s'engagea. Face à la poussée allemande, la résistance fut opiniâtre et, malgré de multiples offensives, les troupes du Kronprinz ne purent dépasser la ligne Romain, Einvaux, Clayeures. Castelnau décida d'amplifier cette première victoire défensive et lança, le 25 août, l'ordre du jour devenu célèbre :

Saint-Dié pendant l'occupation allemande : le dernier convoi de blessés évacuant la ville.

"En avant, partout à fond!". La contre-attaque devenait générale.

La bataille de Rozelieures donna un coup d'arrêt à l'avancée des troupes allemandes qui tentèrent de trouver un passage plus à l'est par Rambervillers. La bataille de la Mortagne se déroulait sur les pentes ouest des Vosges moyennes, terrain propice à la défense à cause de son relief extrêmement confus. La lutte prit la forme d'une succession ininterrompue de retraites partielles et de retours offensifs, flux et reflux d'adversaires qui recevaient chaque jour l'ordre d'attaquer. Lutte pied à pied, localisée, morcelée, acharnée et sanglante, faite de corps à corps dans la forêt où l'on s'affrontait souvent à l'arme blanche après s'être fusillé presque à bout portant derrière les souches et les taillis. Entre le 25 août et le 9 septembre, le col de la Chipotte changea cinq fois de mains. Occupée par les troupes allemandes le 27 août, Saint-Dié était reprise par les Français le 11 septembre. Ainsi, malgré l'acharnement des combats, la tentative allemande de percée, de front (Rozelieures) et de biais (la Mortagne), se soldait par un échec.

Sans renoncer à leur objectif, les Allemands décidèrent de changer de tactique. Au lieu de déborder Nancy par le sud, ils allaient l'attaquer de front et essayer d'enfoncer de vive force les défenses du Grand-Couronné. L'empereur Guillaume II en personne allait diriger les opérations. Le plan de l'état-major allemand consistait à attaquer Nancy tout à la fois par la plaine, que dominent les hauteurs et que barre la forêt de Champenoux, et par la vallée de la Moselle, après avoir enlevé Pont-à-Mousson. La bataille commença dans l'après-midi du 4 septembre par un bombardement violent. Les villages et les points d'appui disputés avec acharnement passèrent de main en main mais, devant la supériorité numérique allemande, les troupes françaises durent rétrograder.

Le lendemain, 5 septembre, un nouveau recul dut être effectué. Dans la même journée, le Grand-Couronné fut durement assailli, mais l'assaut d'infanterie ne se produisit que le lendemain. Pour échapper au désastre, Castelnau envisagea la retraite sur des avancées du camp retranché de Toul, mais ce recul aurait mis la Ire armée dans une situation critique en la découvrant et en la coupant de sa voisine. Dubail insista pour que l'on tînt devant Nancy, coûte que coûte. Le 7 septembre fut le point culminant de la bataille du Grand-Couronné. L'armée allemande déborda la couronne de hauteurs par le nord et le sud. La présence de l'empereur, qui devait faire une entrée triomphale à Nancy, galvanisait les soldats.

Dans la nuit du 7 au 8 septembre, les divisions de réserve de la IIe armée furent reconstituées, et le combat reprit avec acharnement le 8. Malgré la fatigue extrême des troupes, les débouchés sud de la forêt de Champenoux étaient maîtrisés. Les Allemands s'essoufflaient. Ils ne pouvaient plus avancer et bombardèrent Nancy le 9 septembre. Le 10, les Ire et IIe armées attaquèrent de nouveau. Le sort de la bataille était fixé, et Joffre pouvait écrire au général de Castelnau : "Depuis près d'un mois, l'armée que vous commandez a combattu presque tous les jours et a montré des qualités remarquables d'endurance, de ténacité et de bravoure. Quelque difficiles qu'aient été pour vous les circonstances, vous avez réussi à vous maintenir sur les hauteurs du Grand-Couronné, à repousser les attaques furieuses lancées contre vous et à empêcher l'ennemi de pénétrer dans Nancy. Je tiens à vous exprimer ma sympathie et vous prie de la transmettre aux troupes sous vos ordres."

Le 11 septembre, l'offensive allemande mollit. Le 12, les soldats impériaux commencèrent leur retraite. Vilaine, Buissoncourt, Réméréville, Courbesseaux furent reprises et la forêt de Champenoux reconquise. Le 13 septembre, la bataille du Grand-Couronné prit fin. Pont-à-Mousson et Lunéville étaient reprises sans combat et, ce même jour, Joffre pouvait expédier au gouvernement de Bordeaux le télégramme suivant : "Nos armées de Lorraine et des Vosges arrivent à la frontière." Du fait de l'épuisement des troupes et du manque de munitions, la poursuite s'était effectuée avec prudence jusqu'à la Seille où les Allemands s'étaient retranchés. Sur

Enterrement des premiers soldats américains tombés en novembre 1917 à Bathelémont.

la Meurthe, comme sur la Mortagne et devant Nancy, les batailles de Lorraine s'achevaient. Le front qui se stabilisait aux abords de l'ancienne frontière n'évolua plus jusqu'en novembre 1918. La Meurthe-et-Moselle et la région d'Épinal servirent, pendant quatre ans, de zones d'entraînement et de formation des troupes françaises et alliées.

Les zones d'entraînement

Une série de camps d'entraînement furent installés dans cette zone proche du front et néanmoins calme. En octobre 1917, les régiments de la 1re division américaine furent affectés dans le secteur de Lunéville. Les Allemands décidèrent de tester les qualités combattantes des sammies. Le 2 novembre, un bataillon allemand monta en ligne. L'artillerie allemande bombarda vigoureusement les tranchées franco-américaines, particulièrement la compagnie F (2e bataillon du 16e R.I.U.S.) qui avait pris position dans le village de Bathelémont, dominant le canal de la Marne-au-Rhin. Une compagnie allemande d'assaut sauta dans les tranchées, et ce fut le corps à corps dans la nuit et la boue. Après cette intervention dûment minutée (elle n'avait duré que trois minutes), les Allemands se replièrent, emportant leurs blessés et ramenant onze prisonniers (un sergent et dix hommes).

Cette simple attaque de bataillon était la première qu'essuyaient les troupes américaines. Trois soldats américains avaient été tués, les premiers du Corps expéditionnaire. "Ce furent les premières pertes de notre armée aux tranchées. Les Français se chargèrent des obsèques et fournirent un piquet d'honneur qui s'ajouta au nôtre. (...) De nombreux détachements français vinrent aussi de leur propre mouvement rendre les honneurs suprêmes. Cet hommage commun à nos morts, là sous le feu des canons, fut comme le symbole des sacrifices que nous devions faire en commun pour la même grande cause. C'était comme si la mort des nôtres eût scellé un nouveau pacte d'entente et de camaraderie entre les deux armées." (général Pershing).

Quelques semaines plus tard, à quelques dizaines de kilomètres de là, une autre armée commençait son entraînement. Le 16 décembre 1917, Raymond Poincaré et Georges Clemenceau signèrent le décret qui ratifiait la formation d'une armée tchécoslovaque indépendante en France. Des Tchécoslovaques de France, des États-Unis, d'Italie et de Roumanie s'engagèrent dans cette armée, dont le camp de formation fut installé à Cognac (Charente-Maritime). En janvier 1918, le 21e régiment de chasseurs tchécoslovaques était constitué, suivi en mai 1918 du 22^e^

Chasseurs alpins.

régiment de chasseurs. Au début du mois de juin, les deux régiments furent transportés dans les Vosges, à Darney, où la 1re brigade de chasseurs, forte de 7 000 hommes, était formée. Le 30 juin 1918, Raymond Poincaré se rendit à Darney. Il proclama solennellement le droit à l'indépendance des Tchèques et des Slovaques et remit à la brigade son drapeau orné d'emblèmes des pays tchèques et slovaques. Le 14 juillet 1918, un détachement du 21e régiment prit part à la revue des armées alliées à Paris. À la fin du mois, la brigade se familiarisait avec les combats sur le front d'Alsace. Le 16 septembre 1918, elle était transférée sur le front de l'Argonne et intégrée dans la 53e D.I. française. Du 19 au 25 octobre, elle participa à l'offensive française dans la région de Vouziers et contribua à donner une légitimité à la République tchécoslovaque proclamée le 29 octobre 1918.

Les combats de "grignotage" dans les Vosges (1915)

Pendant ce temps, les cols vosgiens étaient au centre des combats de grignotage. À la fin du mois de septembre 1914, les Allemands s'accrochaient à certaines positions. Ils tenaient le massif d'Ormont aux portes de Saint-Dié, le Violu et le Bernhardstein qui dominent le col de Sainte-Marie-aux-Mines ainsi que la Tête-des-Faux au-dessus du col du Bonhomme. Ils demeuraient sur les sommets du massif du Linge qui commandent les vallées de la Weiss et de la Fecht, et à Metzeral qui barre la haute vallée de la Fecht. Les boyaux et les tranchées furent progressivement creusés, parfois en plein roc. De janvier à décembre 1915, un affrontement acharné se livra pour la possession des points hauts. Cet acharnement, qui permit dans le meilleur des cas de grignoter quelques centaines de mètres dans les rochers, affichait la volonté française de reconquérir l'Alsace. Le bilan de ces opérations fut toujours tragique. Ainsi, entre le 21 décembre 1915 et le 8 janvier 1916, la 66e D.I. perdit à l'Hartmannswillerkopf 160 officiers et 7 300 hommes.

Durant l'année 1915, les opérations furent menées dans les Vosges sur trois secteurs principaux :

- devant Saint-Dié, au Ban-de-Sapt ;
- au-dessus des vallées de la Fecht et de la Weiss, dans le massif du Linge, autour de Metzeral ;
- dans les Vosges méridionales, autour de Steinbach et de l'Hartmannswillerkopf, entré dans l'histoire sous le nom de Vieil-Armand.

Devant Saint-Dié

À la fin de septembre 1914, les Allemands traversèrent de nouveau la frontière ; la ligne s'établit à l'ouest de Badonviller. Le 7 octobre, une attaque française s'empara des hauteurs (le Violu) dominant le col de Sainte-Marie-aux-Mines. Le 2 décembre, les chasseurs alpins prirent pied au sud du col du Bonhomme, sur la

crête de la Tête-des-Faux. Le vaste promontoire, le Ban-de-Sapt, est dominé par la cote 627 pour la possession de laquelle se déclenchèrent, en avril 1915, de violents combats. Le 18 juin, les Allemands étaient maîtres de la cote. Le 8 juillet, puis le 24, après de très violentes préparations d'artillerie, les Français réinvestissaient les retranchements bouleversés. Jusqu'à l'armistice, la région fut calme.

Au-dessus des vallées de la Weiss et de la Fecht

Ces vallées sont dominées par le massif du Linge qui se trouve entre elles, observatoire précieux sur Munster, Turckheim et la plaine d'Alsace. Les soldats allemands y étaient solidement retranchés. Le terrain présentait des obstacles inouïs : chaos de blocs accumulés, arbres abattus par les tirs d'artillerie qui formaient un enchevêtrement inextricable.

Du 14 au 21 juin 1915, les chasseurs alpins passèrent à l'attaque. Ils enlevèrent l'Hilsenfirst puis s'élancèrent à l'assaut des sommets et plateaux qui dominent directement Metzeral : le Braunkopf, Eichwald et la cote 830. Le 15 juin, les troupes atteignirent le Braunkopf et la cote 830. Enfin, le 21, les troupes abordèrent Metzeral, tandis que les Allemands se repliaient précipitamment, incendiant le village. Les lignes se stabilisèrent devant Metzeral jusqu'à l'armistice.

Les combats se concentrèrent sur le Linge. L'assaut fut donné le 20 juin, mais l'attaque fut rapidement bloquée. Elle reprit le 20 juillet 1915. Aux deux ailes, l'offensive réussit, et les sommets du Linge et du Baerenkopf furent atteints. Au centre, l'attaque se heurta à des positions de flanquement. Le 22, les Français franchirent les retranchements et atteignirent les crêtes. Les Allemands contre-attaquèrent. Après un nouvel effort les 26 et 27, le combat s'engagea sur toute la ligne du Linge et, le 29, une compagnie de chasseurs atteignait le réseau de fils de fer. La proximité des lignes ne permettant plus la destruction par le canon, les soldats se maintinrent à quelques mètres de la tranchée allemande sous un feu violent. Le 17 août, après cinq jours de lutte ardente, la crête du Schratzmannele fut atteinte, complétant ainsi la prise de possession du massif. Pendant la fin de l'année 1915, les Allemands vaincus continuèrent leurs assauts et parvinrent à s'accrocher vers les sommets du massif, mais leurs lignes se stabilisèrent près des crêtes en 1916, 1917 et 1918.

Autour de Steinbach et du Vieil-Armand

Steinbach est dominé par la cote 425

Crête ouest du Linge en 1919.

qui le sépare de Vieux-Thann et par le plateau de l'Oratoire. En décembre 1914, ces deux hauteurs étaient fortement tenues par les Allemands. Le 26 décembre, les Français lancèrent leur offensive. Au centre, les troupes devaient avancer, pas à pas, dans une vallée encaissée, hérissée d'obstacles. Dans le village de Steinbach, une lutte sans merci se déroula au milieu des incendies et des bombardements ininterrompus, sous la fusillade qui partait des soupiraux des caves, des toits, des murs crénelés. Il fallait faire le siège de chaque maison. Le 27 décembre, la 4e compagnie s'empara des décombres du Château-Brûlé et tenta de pousser plus avant, par une charge à la baïonnette. Arrêtés net par un grillage vertical en fil d'acier que les cisailles ne pouvaient entamer, les hommes en essayant de l'escalader tombèrent frappés à mort les uns après les autres. Le 28, l'attaque reprit. Le 30, la 7e compagnie forçait enfin l'entrée du village. Le 3 janvier, à minuit, Steinbach était entièrement conquise. Mais, presque aussitôt, une violente contre-attaque eut lieu. Le 152e défendit Steinbach avec l'énergie qu'il avait mise à la conquérir. Sous la neige, dans des tranchées envahies par une eau glacée qui montait jusqu'aux genoux, le régiment souffrit durement. Sur un effectif de 3 200 hommes, 1 800 durent être évacués pour pieds gelés. L'héroïsme que déploya le 152e à Steinbach valut à son drapeau sa première palme. La lutte se stabilisa ensuite jusqu'à la fin de la guerre.

Pierre Sellier, le "clairon de l'armistice"

Le 7 novembre 1918, les parlementaires allemands se présentèrent aux avant-postes français du 171e R.I. pour discuter des conditions d'armistice. Il était 20 h 30. Le convoi allemand comprenait cinq voitures. Le capitaine Lhuillier prit place dans la voiture de tête des plénipotentiaires. Il appela le caporal-clairon Pierre Sellier et lui donna l'ordre de sonner le *Cessez-le-feu*. Montant sur le marchepied, Pierre Sellier sonna ensuite le *Garde-à-vous* et joua les refrains du 171e R.I. La vie du caporal-clairon, matricule 1222, basculait. Il devenait le "clairon de l'armistice".

En 1925, l'*American Legion* lui offrit de faire une tournée dans les grandes villes des États-Unis. Quelques années plus tard, le clairon allemand Zobrowski lui proposa d'effectuer avec lui cette même tournée. Pierre Sellier refusa ces propositions et se contenta jusqu'en 1939 d'interpréter, chaque 11 novembre, dans de très nombreuses villes françaises, sa sonnerie légendaire.

Sa mort fut annoncée à la radio le 16 mai 1949. Il eut droit à des obsèques solennelles dans sa ville natale, à Beaucourt dans le Territoire-de-Belfort. En 1988, cette même commune a érigé une stèle en hommage au "clairon de l'Armistice".

Le clairon de Pierre Sellier.

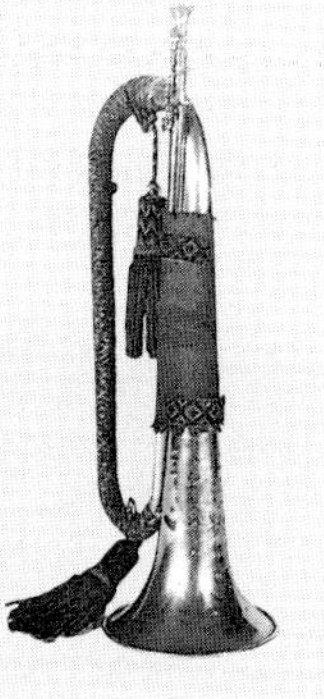

Le combat se déplaça sur le "Vieil-Armand". L'Hartmannswillerkopf est un éperon qui se dresse au-dessus de la vallée de la Lauch. Observatoire de premier ordre, il domine la Haute-Alsace, Mulhouse, la forêt de Hardt et le Rhin. Lorsqu'il fut perdu par les Français le 19 janvier 1915, tout fut mis en place pour le reconquérir. Après une préparation de plusieurs jours et une suite d'attaques qui les rapprochèrent peu à peu du but, les Français arrivèrent au point culminant le 22 mars. Le 25 avril, les soldats allemands tentèrent un grand coup pour ressaisir la crête, mais le "Vieil-Armand" resta français. La lutte se poursuivit cependant pendant de longs mois, et la position passa tour à tour aux mains des adversaires et des Français. Les 21 et 22 décembre, les Français tentèrent de dépasser le sommet et de rejeter l'ennemi sur le versant opposé : 48 officiers et 1 950 hommes y laissèrent la vie. Ce fut un échec. Pour la seconde fois, l'armée allemande prenait pied sur le sommet. Jusqu'au 11 novembre 1918, les adversaires continuèrent à se faire face.

La reconquête de l'Alsace-Moselle

Pendant quatre ans (de septembre 1914 à septembre 1918), la reconquête de l'Alsace-Moselle ne fut plus à l'ordre du jour. Elle ne l'était pas non plus lorsque fut lancée l'offensive générale des armées alliées le 26 septembre 1918. Il s'agissait d'envelopper l'essentiel du corps de bataille allemand et non de pénétrer, comme en août 1914, dans les terres

Entrée des troupes françaises à Metz en novembre 1918.

mosellanes et alsaciennes. Tout changea le 14 octobre lorsque le 2e Bureau français signala que les quatre-cinquièmes des divisions allemandes étaient engagés à l'ouest d'une ligne Anvers-Mézières-Verdun.

À l'est, sur le front lorrain et alsacien, il n'y avait qu'une vingtaine de divisions de valeur médiocre. Ces constatations, ajoutées au fait que la prochaine attaque américaine sur la région ardennaise devait rendre difficile le transfert des troupes allemandes de l'ouest vers l'est, redonnèrent à la Lorraine un rôle stratégique. Pétain demanda à Castelnau, commandant des armées de l'est (VIIe, VIIIe et Xe armées), d'être prêt le plus tôt possible. Le 20 octobre, Foch signa la directive générale : Mangin était chargé de l'effort principal entre Nomeny et Château-Salins, en direction de Sarrebruck. L'attaque devait être couverte à droite par la VIIe armée, et à gauche vers Metz par la IIe armée américaine.

Le 7 novembre, Mangin arriva à Tantonville, brûlant de lancer ses troupes et décidé à entrer le premier à Metz. Mais l'offensive de Lorraine n'eut jamais lieu. Le même jour, alors que la veille les Américains avaient franchi la Meuse au nord de Dun, les plénipotentiaires allemands passaient les lignes françaises. L'armistice du 11 novembre laissa les divisions de Mangin l'arme au pied. Elles entrèrent en Moselle et en Alsace sans combattre. Pour franchir la frontière, il fut cependant nécessaire d'attendre le 17 novembre à 0 h, date et heure définies par le texte de l'armistice. Cette longue attente de plus de 10 jours, depuis le début des négociations de l'armistice, créa une période d'incertitude dans de nombreuses communes alsaciennes et mosellanes.

En Moselle, l'autorité s'effrita. Les 8 et 9 novembre, les municipalités de Sarreguemines, Forbach et Saint-Avold se donnèrent des conseils révolutionnaires, et celle de Metz dut composer avec le sien. À Thionville, un soldat lorrain forma un soviet avec des soldats allemands. À Hayange, un conseil d'ouvriers et de soldats se créa pendant que la grève, avec occupation d'usines, s'étendait dans la région industrielle. En Alsace, la confusion était également perceptible. À Saverne et à Colmar, des conseils de soldats furent mis en place. La capitale alsacienne était, quant à elle, le lieu de grandes et de petites manœuvres politiques. Le 6 novembre, un tract en faveur de l'autodétermination et du statut de République neutre d'Alsace-Lorraine fut distribué. Le 7, le "cercle des étudiants" organisa la première manifestation de rue. Le 9, des conseils de soldats se formèrent dans les casernes. Le 10, Laurent Perrotes était élu maire de Strasbourg. Le 13, le drapeau rouge flottait sur la cathédrale. Le 21, le cercle des étudiants arrachait la statue de Guillaume Ier de son socle, et les dernières troupes allemandes quittaient Strasbourg.

En Moselle comme en Alsace, la situation confuse ne pouvait être dénouée que par l'arrivée des troupes françaises. Cette arrivée fut planifiée dans les moindres détails. C'est une armée à la tenue impeccable et à la discipline parfaite qui allait franchir la frontière le 17 novembre. Le nom des généraux chargés d'entrer à la tête des troupes dans chacune des principales villes fut décidé au G.Q.G. C'est de postérité dont il était question. À partir du 17 novembre 1918, les entrées militaires se succédèrent. Chacune était marquée par un défilé militaire et l'accueil du géné-

L'Alsace reconquise 1914-1918

Le 24 août 1914, l'armée française évacuait Mulhouse, réoccupée depuis 7 jours. La destruction du pont d'Aspach (25 août) et celle du viaduc de Dannemarie (26 août) marquèrent l'abandon de la stratégie offensive dans la plaine d'Alsace. Dans les cantons de Thann, Saint-Amarin, Cernay, Masevaux, Munster, Altkirch, Dannemarie, Hirsingue, 91 communes demeurèrent entre les mains des Français (62 527 habitants).

Après une délicate période d'adaptation – fermeture des usines, mobilisation et évacuation en France de plus de 3 000 hommes en âge de porter une arme (le *landsturm*) –, cette Alsace reconquise fut organisée et placée sous autorité militaire. En juin 1917 fut créée une mission militaire administrative civile de l'Alsace-Lorraine, dont le siège fut fixé à Marsevaux. Le généralissime Joffre donna des directives politiques et administratives dès le 23 novembre 1914 : "Nous devons avant tout veiller à ne froisser en rien les sentiments d'un particularisme et d'un traditionalisme qui ont assuré en Alsace – pendant 44 ans d'occupation allemande et malgré les procédés coercitifs employés par le vainqueur – le maintien de l'originalité de la race, de l'affection pour notre pays et de l'usage de notre langue. (...) L'erreur à éviter est celle d'une francisation hâtive et inconsidérée (...)." Le 24 novembre, Joffre déclarait à Thann : "Notre retour est définitif, vous êtes Français pour toujours. La France vous apporte (...) le respect de vos libertés, des libertés alsaciennes, de vos traditions, de vos convictions, de vos mœurs". Cette déclaration devint la référence des défenseurs du particularisme alsacien-mosellan (droit local, concordat, etc.) lors du débat qui s'ouvrit, dès 1918, quant au degré d'assimilation des provinces reconquises au sein de l'espace national français.

Malgré la proximité du front et les risques permanents des bombardements, la vie s'organisa. Dès 1915, l'école française était réintroduite. Les instituteurs-soldats furent chargés de mettre en œuvre les mêmes programmes scolaires qu'en "France de l'intérieur". Mais ce qui caractérisa essentiellement ces communes, ce fut leur rôle "d'avant-scène du monde libre". Thann, Masevaux, Dannemarie, Saint-Amarin furent les lieux où il fallait venir en pèlerinage et se montrer. La liste de ces visiteurs illustres est particulièrement longue. Raymond Poincaré vint à cinq reprises. Georges Clemenceau se rendit à Thann le 9 mai 1916 (avant sa nomination à la présidence du Conseil) et assista le 14 février 1918 à un concert d'orgue en l'église Saint-Martin de Masevaux. La photographie de ce militant anticlérical, entrant dans une église, s'imposa à la une de toute la presse française. De nombreux ministres prirent le chemin de cette Alsace reconquise. Pour eux comme pour les généraux, Thann était un passage obligé. Il l'était aussi pour les autorités spirituelles, comme Mgr Gauthey, archevêque de Besançon, mandaté par le Vatican pour faire une tournée de confirmation dans l'Alsace française. Les autorités protestantes ne furent pas en reste. Les "immortels" de l'Académie française non plus, dont Maurice Barrès ou Edmond Rostand. Les visiteurs alliés firent aussi le voyage, l'ambassadeur des États-Unis, le général Pershing, le prince Arthur de Connaught, membre de la famille royale d'Angleterre, et le roi Emmanuel d'Italie.

"Laboratoire" pour la future réintégration des territoires annexés dans l'espace français, les 91 communes furent aussi le lieu où s'imaginèrent les "entrées" des autorités françaises, militaires et civiles, dans les communes alsaciennes et mosellanes en novembre et décembre 1918.

Façade décorée à l'occasion de l'entrée solennelle des autorités françaises à Strasbourg, le 22 novembre 1918.

Place de la Concorde à Paris : la statue de la ville de Strasbourg décorée de drapeaux, couronnes et gerbes de fleurs après l'armistice.

ral ou du colonel par le maire de la commune. À Mulhouse, ce jour-là, la reconquête des cœurs atteignit son point d'orgue. En culotte rouge et dolman noir, le général Hirschauer, Mulhousien d'origine, entrait dans sa ville natale à la tête de la 168e division.

La cérémonie principale eut lieu à Colmar. C'est au général Messimy, ancien ministre de la Guerre, que fut attribué l'honneur de cette entrée. Le même jour, les troupes françaises firent leur entrée dans Metz. Le défilé militaire eut lieu sur l'esplanade devant le général Pétain, nommé maréchal le matin même. Sur un cheval blanc et dans son grand manteau bleu, Pétain se plaça devant la statue du maréchal Ney. Trois jours plus tard, le 22 novembre, arriva enfin ce que, dans son ordre du jour, le général Gouraud définit comme un jour de gloire : l'entrée solennelle dans Strasbourg. Monté sur son cheval, "de gris vêtu", le général Gouraud ouvrit le cortège suivi du général Vandenberg, commandant le 10e corps. L'enthousiasme touchait au délire. À 18 h, 100 000 personnes participèrent à la plus extraordinaire retraite aux flambeaux que Strasbourg eût jamais organisée.

Le cimetière national des prisonniers de guerre à Sarrebourg (Moselle)

Plus de 500 000 soldats français furent fait prisonniers par les troupes allemandes entre août 1914 et novembre 1918. Presque tous furent internés en Allemagne. Après l'armistice, le rapatriement des 477 800 prisonniers français vivants fut immédiat. Il ne restait plus outre-Rhin que les corps des 20 600 prisonniers décédés en captivité. En 1922, le gouvernement leur attribua la mention "Morts pour la France", les rendant égaux de droit avec leurs camarades tombés sur le front. La même année, le ministère des Pensions décida de rapatrier sur le territoire national l'ensemble des corps dont certains furent restitués aux familles.

Parallèlement, on créa un cimetière des prisonniers de guerre à Sarrebourg. Au centre du cimetière, on éleva le monument à la captivité, œuvre du sculpteur Freddy Stoll, lui-même ancien prisonnier. Lors de sa captivité en Bavière, il avait réalisé, pour le cimetière du camp, ce monument qui représente un guerrier accroupi et désespéré, symbole de la misère des prisonniers de guerre. En 1927, l'œuvre fut démontée, transportée en France et installée dans la nécropole de Sarrebourg. D'une superficie de 5,4 ha, celle-ci contient 13 319 corps réinhumés en tombes individuelles et en deux ossuaires.

Hansi

Un professeur de dessin, Jean-Jacques Waltz dit "Hansi", symbolisa pour la France entière, avant et pendant la Première Guerre mondiale, la lutte de l'Alsace contre l'Empire germanique. Par la plume et le pinceau, il s'attaqua avec raillerie aux Allemands qui occupaient l'Alsace-Moselle.

Il naquit le 23 février 1873 à Colmar où son père était bibliothécaire municipal. Après des études au lycée Bartholdi, il prépara les Beaux-Arts et devint professeur de dessin tout en entamant parallèlement une carrière d'écrivain. C'est surtout *Le Voyage d'Elsa à Mulhouse* qui fit connaître ses dons de conteur mordant. Les autorités allemandes firent interdire la diffusion de cet ouvrage. Cependant en France "de l'intérieur", Henri Collignon, secrétaire général de la présidence de la République, traduisit cet ouvrage en français sous le titre *Le Professeur Knatschke*. Hansi publia, dès lors, de nombreux dessins satiriques.

En 1914, à la suite d'une condamnation à 18 mois de prison par les autorités allemandes, Hansi se réfugia en France. Lorsque la guerre fut déclarée, il s'engagea et fut affecté dans les services du 2e Bureau en qualité de responsable de la propagande. À ce poste, il réussit un coup d'éclat en fabriquant un faux de la *Strassburger Post* qui fut diffusé dans les premières lignes allemandes. Le 18 novembre 1918, Hansi entra triomphalement aux côtés du général Messimy à Colmar.

Durant l'entre-deux-guerres, il publia de nombreux dessins et se spécialisa dans la reproduction du folklore alsacien. En 1939, Hansi se réfugia à Agen. Retrouvé par la Gestapo, il fut arrêté mais réussit à gagner la Suisse. En 1945, il retourna à Colmar où il fut nommé conservateur du musée d'Unterlinden. Il mourut le 10 juin 1951.

Hansi est inhumé au cimetière du Ladhof, à Colmar (sud, mur Protestant, N 165-166, à gauche en entrant). Une plaque a été apposée en 1968 sur la maison où il vécut à Colmar, 9, boulevard du Champ-de-Mars.

Sur le champ de bataille de Verdun, un monument rend hommage à Henri Collignon (premier traducteur d'Hansi en français), mort pour la France le 16 mars 1915 à Vauquois (voir p. 393).

Prisonniers boches, *dessin de Hansi.*

En cette journée du 23 novembre, la libération de l'Alsace s'achevait. Les troupes françaises montaient désormais la garde le long du Rhin. Mais le temps des entrées solennelles n'était pas terminé. Pendant plus d'un mois encore, visites, défilés et discours se succédèrent dans les provinces retrouvées. Le cycle se clôtura avec le voyage officiel du président de la République Raymond Poincaré et du Président du Conseil Georges Clemenceau. Le 8 décembre, Poincaré proclama à Metz le retour définitif à la France des provinces perdues. Le 10 décembre, les deux présidents étaient à Mulhouse et Colmar, le 12 à Strasbourg où prit fin le cycle des entrées triomphales. L'Alsace-Lorraine était redevenue française.

Chronologie de la Première Guerre mondiale en Lorraine et en Alsace

1914

1er août : les 20e et 21e corps d'armée prennent position sur la frontière de Lorraine et des Vosges.
4 août : le col de Bussang est enlevé par les Français.
7 août : les Français prennent le col de la Schlucht et lancent en même temps une offensive en Alsace.
8 août : les Français entrent dans Mulhouse.
9 août : double contre-attaque allemande sur Mulhouse et Cernay.
11 août : les Français se replient derrière la frontière.
14 août : nouvelle attaque française. Reprise de Thann, du massif du Donon et de Sainte-Marie-aux-Mines. Guebwiller, Munster et Colmar sont investis.
16 août : Schirmeck est atteint et Villé occupé.
18 août : Sarrebourg et Dieuze sont aux mains des Français.
19 août : les Français reprennent Mulhouse. L'armée française est stoppée à Eich, Bidestroff et Pevange.
20 août : bataille de Morhange. Les Français écrasés par l'artillerie allemande doivent se retirer.
21 août : les armées allemandes de Lorraine convergent vers la trouée de Charmes (entre Toul et Épinal).
L'armée française de Castelnau se retranche sur le Grand-Couronné de Nancy et l'armée de Dubail près de Rozelieures.
A partir du 23 août : les troupes françaises se replient sur la frontière et l'autorité allemande se réinstalle en Alsace.
24 août : la bataille de Rozelieures donne un coup d'arrêt à l'avancée allemande.
25 août : contre-offensive allemande sur les pentes ouest des Vosges moyennes.
25 août-9 septembre : succession de retraites partielles et de retours offensifs. La tentative allemande de percée du front se solde par un échec.
4 septembre : offensive allemande devant Nancy. Début de la bataille du Grand-Couronné.
5 septembre : les Français doivent reculer.
7 septembre : l'armée allemande déborde la couronne de hauteurs par le nord et le sud.
8 septembre : les Allemands s'essoufflent devant la résistance française.
9 septembre : bombardement de Nancy.
12 septembre : les Allemands commencent leur retraite.
13 septembre : fin de la bataille du Grand-Couronné. Pont-à-Mousson et Lunéville sont reprises. Les batailles de Lorraine s'achèvent. Le front se stabilise aux abords de l'ancienne frontière jusqu'en 1918.
Fin septembre : les Allemands traversent la frontière. Ils tiennent le massif d'Ormont aux portes de Saint-Dié, les hauteurs qui dominent le col de Sainte-Marie-aux-Mines et la Tête-des-Faux au-dessus du col du Bonhomme.
7 octobre : les Français s'emparent du Violu au-dessus de Sainte-Marie-aux-Mines.
2 décembre : les chasseurs alpins s'installent sur la crête de la Tête-des-Faux.
26 décembre : les Français lancent une offensive sur les hauteurs dominant Steinbach occupées par les Allemands.

1915

Combats de grignotage dans la forêt vosgienne. De janvier à décembre : affrontement acharné pour la prise des points hauts.
3 janvier : le village de Steinbach est conquis par les Français. Après une violente contre-attaque, la lutte se stabilise jusqu'à la fin de la guerre.
19 janvier : le Vieil-Armand est perdu par les Français.
22 mars : après une suite d'attaques, les Français reconquièrent la crête.
25 avril : contre-offensive allemande. Echec.
Avril : violents combats au Ban-de-Sapt.
14 -21 juin : les chasseurs alpins lancent l'offensive sur les sommets qui dominent Metzeral.
21 juin : le villlage est atteint. Les Allemands se replient.
20 juillet : les sommets du Linge sont atteints par les Français.
22 juillet : contre-attaque allemande.
24 juillet : les Français réinvestissent les retranchements de la cote 627 au-dessus du Ban-de-Sapt. Calme jusqu'à l'armistice.
26-27 juillet : le combat s'engage sur toute la ligne du Linge.
17 août : la totalité du massif est aux mains des Français.
21-22 décembre : les Allemands reprennent pied au sommet du Vieil-Armand.
Fin 1915 : les Allemands continuent leurs assauts mais leurs lignes se stabilisent près des crêtes jusqu'en 1918.

1917

Octobre : la 1ère division américaine est affectée dans le secteur de Lunéville.
2 novembre : attaque allemande d'un bataillon américain à Bathelémont. Premiers morts américains.

1918

20 octobre : Foch charge Mangin d'attaquer entre Nomeny et Château-Salins en direction de Sarrebruck.
6 novembre : les Américains franchissent la Meuse au nord de Dun.
11 novembre : signature de l'armistice. L'offensive de Lorraine n'a pas lieu.
17 novembre : les Français entrent en Moselle et en Alsace sans combattre. Les entrées militaires se succèdent, à Mulhouse, à Colmar.
22 novembre : entrée solennelle du général Gouraud à Strasbourg.
8 décembre : Poincaré proclame à Metz le retour définitif à la France des provinces perdues.
12 décembre : Poincaré et Clemenceau sont à Strasbourg.

A lire

Colin (F.) général, *Le Grand-Couronné à Nancy*, Payot, 1936.
Contamine (H.), *La Bataille de Lorraine en 1914*, Nancy, 1934.
Dulewanger (A.), *Le Drame du Linge*, éd. SAED, 1970.
Roth (F.), *La Lorraine annexée*, Nancy, 1976.

À la découverte de la Première Guerre mondiale en Moselle et Meurthe-et-Moselle

Dans les deux départements lorrains de la Moselle et de la Meurthe-et-Moselle, la matérialisation du souvenir a été précoce. Dès les premières années de l'après-guerre, des monuments et des stèles ont été édifiés, aujourd'hui bien oubliés. Les circuits proposés suivent le déroulement chronologique des événements.

OFFENSIVES FRANÇAISES EN AOÛT 1914

Le chemin du souvenir de la Première Guerre mondiale en Moselle commence dans le petit village de **Manhoué** où une stèle rappelle le nom des deux premiers soldats du 26e R.I. tombés en voulant pénétrer en terre annexée. Mais c'est autour de Sarrebourg et Morhange que sont concentrés les principaux monuments et nécropoles. Des monuments commémoratifs ont été érigés dans certaines nécropoles. À **Chicourt** (monument aux morts du 146e R.I.), **Conthil** (37e R.I.), **Vergaville** (15e C.A.), **Cutting** (15e et 16e C.A.) et **Riche** (20e C.A.).

Obélisque de Morhange.

À côté de ces monuments à base régimentaire, trois autres présentent un intérêt certain. L'**obélisque de Morhange** ❶ a été inauguré le 20 août 1921. Il se dresse sur le bord sud de la crête de Morhange d'où l'on aperçoit une grande partie du champ de bataille. Détruit par les Allemands en 1944, il a été reconstruit depuis avec des fonds de provenance allemande. **Le monument de Bidestroff** ❷, érigé en bordure de la D220 à Bidestroff, est d'inspiration religieuse. Il rend hommage aux 1 204 morts du cimetière militaire et offre "le sacrifice du 15e corps d'armée à Dieu par saint Michel". Ce monument a été inauguré le 16 août 1936. La **chapelle de Riche** ❸, transplantée en 1928 en bordure de la nécropole nationale de Riche, est de style gothique et date de 1847. Construite à l'origine dans le parc du château de Bathelémont, commune de Saint-Médard (Moselle), elle fut offerte par son propriétaire au curé de Riche. Une souscription, à laquelle participèrent de nombreuses familles de combattants tués lors de la bataille de Morhange, permit de financer le transfert de cette chapelle pierre par pierre. Les vitraux d'origine, brisés durant la Seconde Guerre mondiale, ont été remplacés par des vitraux historiés offerts par la ville de Nancy. Le vitrail de droite est dédié au maréchal Foch. Dans sa partie supérieure, Foch est représenté au milieu de ses troupes pendant la bataille de Morhange et, dans sa partie inférieure, en maréchal triomphant lors du défilé du 14 juillet 1919. Un deuxième vitrail est dédié au général. Dans le registre supérieur, le général de Castelnau salue la dépouille de son fils tué le 20 août 1914 ; dans le registre inférieur, il dirige la bataille du Grand-Couronné.

OFFENSIVES ALLEMANDES AOÛT-SEPTEMBRE 1914

Période de combats de retardement et de défaites françaises, le temps des offensives allemandes n'a laissé sur les sites que des matérialisations de moindre importance. Aucun mémorial, aucun grand monument ne marque, sur le terrain, ce temps où tout pouvait basculer.

Plus qu'ailleurs, les lieux du souvenir se sont concentrés dans les nécropoles. Treize d'entres elles regroupent les corps des combattants français tués entre le 21 août et le 10 septembre 1914 en

Les lieux du souvenir en Lorraine et en Alsace

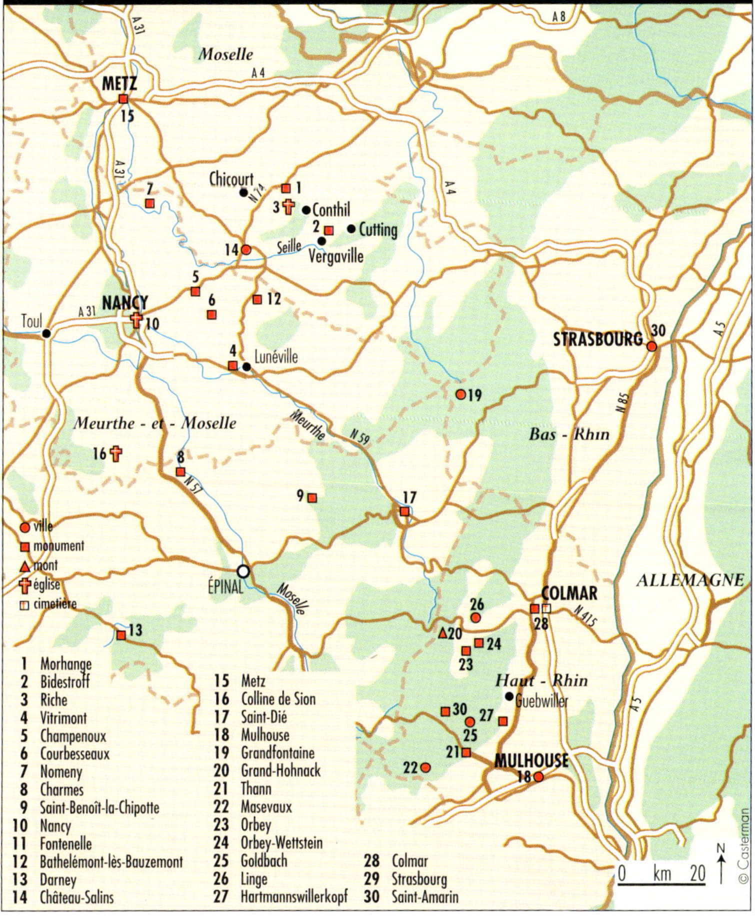

1 Morhange
2 Bidestroff
3 Riche
4 Vitrimont
5 Champenoux
6 Courbesseaux
7 Nomeny
8 Charmes
9 Saint-Benoît-la-Chipotte
10 Nancy
11 Fontenelle
12 Bathelémont-lès-Bauzemont
13 Darney
14 Château-Salins
15 Metz
16 Colline de Sion
17 Saint-Dié
18 Mulhouse
19 Grandfontaine
20 Grand-Hohnack
21 Thann
22 Masevaux
23 Orbey
24 Orbey-Wettstein
25 Goldbach
26 Linge
27 Hartmannswillerkopf
28 Colmar
29 Strasbourg
30 Saint-Amarin

Meurthe-et-Moselle et dans les Vosges.
Parmi les monuments qui se dressent dans ces nécropoles, trois méritent une visite. Le **monument de Vitrimont** ❹ a été érigé en 1925 par le Souvenir français. C'est un mausolée composé de quatre piliers reliés par quatre arcs en plein cintre supportant une corniche et une toiture de forme pyramidale ; la face principale porte deux écoinçons sculptés. Dans l'axe central, un socle supporte une statue de Poilu vainqueur en fonte bronzée. Également élevé par le Souvenir Français, le **monument de Champenoux** ❺ est beaucoup plus classique. C'est un obélisque sur lequel deux scènes classiques sont sculptées : *le Recueillement devant la tombe* et *la Mère endeuillée*.
Enfin, de réalisation beaucoup plus tardive (elle a été inaugurée le 23 août 1964 pour le cinquantième anniversaire des combats, à l'initiative des anciens combattants de Remereville, Courbesseaux et Cerceuil), **la stèle de Courbesseaux** ❻ dédiée au général de Castelnau, est constituée d'un simple bloc de granit gris avec deux inscriptions.

À côté de ces nécropoles, certains sites exaltent un souvenir matérialisé.
À **Nomeny** ❼ (Meurthe-et-Moselle), trois monuments rappellent le tribut payé par la commune entre le 20 et le 25 août 1914. Le premier, de facture classique, est un obélisque devant lequel vacille un soldat de bronze. Il rend hommage aux enfants de la commune morts pour la France. Le deuxième, inauguré en 1928, énumère les noms des 65 civils tués par les troupes allemandes. Sculpté par M. Bachelet, il préfigure les monuments élevés dans de nombreuses communes françaises au lendemain de la Seconde Guerre mondiale, en souvenir des fusillés et des massacrés. Le troisième monument, inauguré en 1934, rend hommage aux "héros" vendéens et angevins de la 59e division de réserve tombés pour la défense de Nomeny.
À **Charmes** ❽ (Vosges), les 19 t d'acier inoxydable du monument lorrain surplombent la ville. L'histoire de ce monument au matériau novateur est le reflet de l'histoire nationale : l'élan patriotique d'après-guerre (la première pierre est posée en 1925) , les difficultés des années 1930 (la souscription est insuffisante et le monument inauguré le 19 août 1934 par le président de la République Albert Lebrun ne mesure que 13 m au lieu des 26 m envisagés), l'occupation allemande (un

obus ennemi endommage le monument), la baisse d'intérêt pour la Première Guerre mondiale (de 1944 à 1968, le monument tombe en ruine), enfin le réveil de la mémoire (en 1968, il est rasé et remplacé par un monument à l'identique en acier inoxydable). Depuis le 25 décembre 1992, ce nouveau monument est éclairé chaque nuit. Une table d'orientation permet de situer les différents éléments du champ de bataille.
Autour du col de la Chipotte, deux nécropoles et trois monuments rappellent les combats meurtriers d'août à septembre 1914. À **Saint-Benoît-la-Chipotte** ❾, un obélisque de pierre rend hommage à la 2e brigade coloniale, tandis qu'un monument construit en grès rouge rend hommage à la 86e brigade de chasseurs.

Ce n'est donc que marginalement sur le champ de bataille, qu'on peut trouver la traduction de la résistance victorieuse des soldats français à Rozelieures et au Grand-Couronné, grâce à qui, pourtant, la victoire de la Marne a été possible. En l'honneur de cette résistance, le général de Castelnau a rendu hommage à Dieu au travers d'une plaque apposée en 1919 en l'église Notre-Dame-de-Bonsecours à **Nancy** ❿.

LE FRONT EN 1915

A partir de 1915, les champs de bataille de Lorraine rentrèrent, comme ceux d'Alsace dans une longue période de calme. Seuls, les combats de grignotage du Ban-de-Sapt animèrent le front. La nécropole de **Fontenelle** ⓫ avec ces 1 384 corps et son imposant monument dédié "Aux soldats des Vosges 1914-1918" en est un émouvant témoignage.

La période d'entraînement des troupes américaines et tchécoslovaques a également été matérialisée. À **Bathelémont-lès-Bouzemont** ⓬ (Meurthe-et-Moselle), un monument rappelle les trois premiers morts américains du premier conflit mondial. Ce monument, inauguré en 1955, a succédé à une première stèle érigée au lendemain de l'armistice. De style Art déco, elle était signée par le célèbre Louis Majorelle de l'école de Nancy. Le 6 octobre 1940, les soldats allemands la dynamitèrent. Si Barthelémont-lès-Bouzemont est aujourd'hui bien oubliée, la ville de **Darney** ⓭ (Vosges) est, par contre, un véritable lieu de référence de l'amitié franco-tchécoslovaque. Sur l'emplacement de l'ancien camp Kleber, un important monument a été élevé, qui a connu les mêmes vicissitudes que celui de Charmes (voir p. 63). Détruit en 1940, il a été réinauguré en 1968. Ce nouveau mémorial, constitué d'une flèche de métal haute de 20 m, surmonte un pentagone de ciment où sont gravés des textes de Poincaré, Masaryk et Benès. Dans l'hôtel de ville, un musée complète ce souvenir de pierre. Ses deux salles sont consacrées à l'histoire des relations franco-tchécoslovaques, de 1918 à nos jours.

- *Musée franco-tchécoslovaque*
  Hôtel de ville
  Place de l'Hôtel-de-ville
  88260 Darney.
  Tél. : 03.29.09.33.45.

Ouverture : tous les jours sauf dimanche et lundi de 10 h à 12 h et de 14 h à 16 h.

Toujours dans les Vosges, le musée municipal de **Saint-Dié** possède une section militaire. Plusieurs vitrines concernent les armées françaises et allemandes de 1914-18 (mannequins, armes, équipement, coiffures, etc.). L'une d'elles est consacrée au colonel Fonck, as de la chasse aérienne de 1914-1918, né près de Saint-Dié, député des Vosges de 1919 à 1924 ; des objets personnels (képi, archives), des photographies, des souvenirs de combats aériens (peintures sur toile d'avions abattus, croix de toile et mitrailleuse de l'as allemand Wissmann, vainqueur de Guynemer et abattu par Fonck) évoquent le célèbre aviateur. Des insignes et un appareil photographique de prise de vues aériennes complètent cette présentation.

- *Musée municipal*
  11, rue Saint-Charles
  88107 Saint-Dié.
  Tél. : 03.29.55.21.56.
  (bibliothèque municipale)

Ouverture : du mardi au dimanche de 14 h à 19 h (fermé les jours fériés).

RETOUR DE LA MOSELLE À LA FRANCE EN 1918

L'armistice du 11 novembre laissa les divisions du général Mangin l'arme au pied. C'est sans combat qu'elles rentrèrent en Moselle. La plaque apposée tardivement sur l'hôtel de ville de **Château-Salins** ⓮ traduit, dans sa formulation, le regret de cette victoire inachevée : "À la gloire de la division marocaine 1914-1918 qui délivra Château-Salins le 17 novembre 1918."

Plus que de délivrance, c'est d'entrée solennelle qu'il s'agit. Cette absence de combat a suscité l'invention de nouvelles célébrations. Le souvenir est d'abord inscrit dans le nom des rues. De nombreuses communes mosellanes et alsaciennes ont attribué à l'une de leur rue la date de l'entrée solennelle : Colmar, Mulhouse, Saverne, Forbach, Wissembourg, etc. ; d'autres, et parfois les mêmes, ont baptisé une rue du nom du général qui a présidé cette entrée solennelle (Castelnau à Strasbourg et à Thionville, Mangin à Saint-Avold et à Thionville, Gouraud à Guebwiller, etc.) ; d'autres enfin ont rappelé la visite officielle de Raymond Poincaré et Georges Clemenceau en décembre 1918. Des rues à Strasbourg, Mulhouse, Saverne, Sarrebourg, Thionville, Bitche, etc. ont reçu le nom de Poincaré. Certaines communes mosellanes ont amplifié cet hommage en élevant des statues aux généraux vainqueurs. Mangin, né à Sarrebourg, possède une statue à **Metz** ⓯ et une autre dans sa commune natale.

Mais c'est, sans doute, dans la **basilique de la Colline Inspirée de Sion** ⓰, chère à Maurice Barrès, que se trouve l'expression la plus forte de cette reconquête des provinces perdues sous la forme de deux ex-voto. Le premier, posé en 1873, comporte une croix de Lorraine brisée et une inscription "S'nam po tojo", c'est-à-dire en patois lorrain : "Ce n'est pas pour toujours." En 1920, une nouvelle inscription a été ajoutée "Ce n'ato me po tojo" : "Ce n'était pas pour toujours"...

À la découverte de la Première Guerre mondiale en Alsace

Sur les terres alsaciennes, les lieux du souvenir de la Première Guerre mondiale sont nombreux et souvent fort méconnus. Ils matérialisent quatre périodes de la Grande Guerre :

- l'offensive française d'août 1914,
- les représailles allemandes,
- les combats de grignotage dans les Vosges,
- l'entrée des troupes françaises en novembre 1918.

L'OFFENSIVE FRANCAISE D'AOÛT 1914

Les combattants français tués lors de cette offensive sont essentiellement inhumés dans 11 nécropoles nationales. 3 monuments rappellent le souvenir des régiments qui se sont illustrés durant ces combats dans les nécropoles de **Saint-Dié** ⑰, **Mulhouse** ⑱ et **Grandfontaine** ⑲. Situés en dehors de ces cimetières, trois monuments complètent cet ensemble : un monument dédié aux chasseurs tombés en août 1914 à Saint-Blaise (Bas-Rhin), une stèle qui marque au pied du **Grand-Hohnack** ⑳ l'ultime avancée des Français le 19 août 1914, et une autre élevée à Colroy-la-Roche (Bas-Rhin).

Par ailleurs, quelques monuments témoignent de la reconquête par les troupes allemandes des régions temporairement occupées par les troupes françaises (fusillades de civils) à Saint-Maurice et à Wisches où une stèle rend hommage au patriote Ohrel fusillé par les Allemands en 1914, mais surtout à **Bourtzwiller**. Dans cette commune devenue aujourd'hui un quartier de Mulhouse, un monument a été inauguré par Raymond Poincaré le 18 août 1919. Le discours prononcé ce jour-là par le président de la République est un vibrant hommage aux civils alsaciens tombés pour leur patriotisme.

L'ALSACE RECONQUISE (1914-1918)

Dans les communes des cercles de Thann et Dannemarie, quelques rares monuments rappellent le temps où 91 communes alsaciennes constituaient l'Alsace française.

À **Thann** ㉑, le texte fondateur du général Joffre est inscrit sur une très belle plaque de marbre posée dans l'hôtel de ville ainsi que sur un monument dédié à la 66e division de chasseurs : l'Alsacienne. Dans la même commune, une stèle rappelle le souvenir du sous-lieutenant Henri Chardon qui fut une des chevilles ouvrières de l'administration militaire de la cité.

Dans la ville voisine, **Musevaux** ㉒, sur la place des Alliés, une plaque rappelle le souvenir du séjour dans la cité d'un futur maréchal de France qui fut blessé en 1915 sur ce champ de bataille : de Lattre de Tassigny.

LES COMBATS SUR LE FRONT DES VOSGES (1914-1918)

12 nécropoles regroupent la majeure partie des soldats français morts pour la France dans les combats des Vosges : 3 dans le secteur géographique de Saint-Dié, 4 dans le secteur des vallées de la Fecht et de la Weiss et 5 dans le secteur du Vieil-Armand.

Des monuments commémoratifs méritent une visite dans certaines de ces nécropoles. À **Orbey** ㉓ (nécropole du carrefour Duchesnes), un monument-pyramide rend hommage au commandant Duchesnes du 215e R.I. tué le 3 décembre 1914, et une croix-autel élevée en 1962 rappelle le souvenir des "Diables bleus" (les chasseurs alpins). Dans **la nécropole d'Orbey-Wettstein** ㉔, le monument des chasseurs suscite l'émotion. Construit en granit du Linge, une croix de 13 m de haut jaillit d'un piédestal de 8 m de large devant lequel repose un gisant de bronze symbolisant un des chasseurs alpins morts au combat. L'inscription sur la branche transversale

Collet du Linge.

Champ de bataille du Linge.

de la croix, "Pax", apparaît compte tenu de la date de l'inauguration le 13 août 1939, comme un dernier appel incantatoire.

Au-delà de ces nécropoles, plusieurs monuments et stèles marquent sur le terrain un combat, une avancée ou une mort. Parmi ces monuments, signalons, à **Burnhaupt-le-Haut**, la stèle élevée en hommage à François d'Elbé, à **Golbach** ㉕ la chapelle du Sudel, au **collet du Linge** le monument aux chasseurs du 5ᵉ B.C.P. et à leur chef, le commandant Barberot, à **mi-chemin du Linge et du col du Wettstein** l'obélisque dédié aux hommes des 47ᵉ et 66ᵉ divisions alpines et de la 129ᵉ division d'infanterie.

En Alsace, deux lieux présentent un intérêt majeur pour la connaissance de la Première Guerre mondiale : Le **Linge** ㉖ et l'**Hartmannswillerkopf** ㉗.

Le Linge ㉖

À partir du col du Bonhomme, empruntez la route des Crêtes qui rejoint le col de la Schlucht. Cette route fut construite par les Français pour les besoins de la guerre. Jusqu'à l'achèvement de cet axe stratégique, l'accès aux premières lignes françaises se faisait depuis Gérardmer jusqu'au col de la Schlucht. De là, seuls des sentiers muletiers conduisaient aux positions. Ceci posait d'énormes problèmes d'approvisionnement et d'évacuation des blessés. La route rejoint le col du Calvaire d'où l'on peut gagner facilement la Tête-des-Faux. Pour visiter le champ de bataille du Linge, on quitte la route des Crêtes pour suivre la direction des lacs Blanc et Noir qui servirent aux Français de camp arrière. La D48 passe au col du Wettstein avec son immense cimetière des chasseurs alpins, puis la D11VI conduit à l'esplanade du mémorial du Linge. Classé monument historique en 1921, le champ de bataille du Linge a été abandonné jusqu'en 1968, où une association se constitua dans le but de "mettre en œuvre une politique de conservation". Les premières années ont été consacrées au défrichement, au débroussaillage et à la consolidation des tranchées. Au cours de ces travaux destinés à dégager le site de l'envahissement progressif de la végétation, les restes de plusieurs combattants français et allemands ont été mis au jour ainsi que des armes, des objets personnels, des documents. Depuis 1981, l'ensemble de ces objets est présenté dans un musée-mémorial.

Le site est aujourd'hui ouvert à la visite. Il comprend à la fois une partie du champ de bataille et ce musée.

Un circuit fléché depuis le collet du Linge emprunte le tracé des **tranchées** formant des couloirs qui se croisent en zigzaguant jusqu'au sommet (cote 986). Là, on découvre le **fortin sommital**, couvert de rails d'acier et coiffé d'une épaisse couche de béton. Une étroite galerie coupée par un escalier descend dans les entrailles du roc. Après le blockhaus, on débouche sur des postes d'observation bétonnés et des abris creusés à même le rocher. En contrebas, à peine distantes d'une trentaine de mètres, courent les lignes françaises presque effacées. Des pancartes au sol indiquent les points extrêmes d'avancée des premières lignes françaises et allemandes. Près de l'éperon nord où, sur le mur des tourelles, des guetteurs allemands ont gravé leur identité et leur unité, un panneau représente le panorama de la crête maîtresse des Vosges qui était alors la ligne-frontière depuis 1871. La vue est belle sur tout le site. A l'entrée de celui-ci, un autre panneau décrit en détail l'ensemble du champ de bataille.

Le **musée**, réparti sur deux niveaux, présente de très nombreux souvenirs récupérés lors des travaux : armement, équipements, objets personnels. Des pièces d'uniforme, des armes et de l'iconographie évoquent les unités de chasseurs à pied français (mannequins français de 1914 à 1916) et leurs adversaires allemands (mannequin d'un fantassin bavarois, armes et équipement). Une autre représente une tranchée française avec ses aménagements (fils barbelés, caillebotis, abris, poste de mitrailleuse). Plusieurs grandes cartes permettent de resituer la bataille dans les opérations du front français en 1914-18. Une salle de projection propose au visiteur des films d'archives sur les combats des Vosges et du Linge.

- *Musée-mémorial du Linge (près du col du Wettstein) Tél. : 03.89.77.29.97.*

Ouverture : tous les jours du 14 avril au 11 novembre de 9 h à 12 h 30 et de 14 h à 18 h. S'adresser 8, rue de la Graine-Champs, 68370 Orbey, tél. : 03.89.71.23.54.

- *Association du Mémorial du Linge B.P. 173 68003 Colmar Cedex. Tél. : 03.89.41.03.27 (président de l'association) ou 03.89.71.23.54 (vice-président).*

Depuis Le Linge, poursuivez sur la D11VI jusqu'au **cimetière allemand**. De là, on peut gagner les villages de la haute vallée de Munster, dont beaucoup ont été réduits en champs de ruines lors des combats. Par Sondernach, on remonte sur la route des Crêtes qui, par le Markstein (1 266 m) et le Grand-Ballon (1 424 m), mène au **Vieil-Armand** (nommé pendant la guerre HWK-abréviation de Hartmannswillerkopf) qui fut le champ de bataille le plus effroyable des Vosges.

L'Hartmannswillerkopf ㉗

Contrairement au site du Linge, celui du Vieil-Armand fut très tôt mis en valeur. Une grande partie du champ de bataille fut classée monument historique en 1921, l'année même où était lancé le projet de création d'un monument national. On lança une souscription nationale l'année suivante. Placé sous le haut patronage du président de la République et des 5 maréchaux de France, un comité fut chargé de gérer ce projet qui fut mené à son terme 10 ans plus tard (inauguration le 9 octobre 1932 par le président de la République, Albert Lebrun).

Le site s'est organisé à partir du **cimetière national du Vieil-Armand** qui contient 1 256 tombes et un ossuaire où reposent 384 combattants. En avant de ce cimetière, une tranchée de 80 m permet d'accéder de plain-pied à une **crypte**. À l'intérieur, on y trouve un ossuaire couvert d'un bouclier de bronze renfermant les restes de 12 000 soldats inconnus, une chapelle catholique surmontée d'une Vierge sculptée par Bourdelle et ornée d'inscriptions rédigées par Mgr Ruch, premier évêque de Strasbourg après 1918, un lieu de culte juif et un lieu de culte protestant. L'entrée de la crypte, fermée par une grille en fer forgé, est flanquée de deux *Victoires* de Bourdelle. Au-delà sont présentés des armes te des équipements provenant du champ de bataille, des photos et des sculptures. Puis, dans le long corridor qui conduit à la crypte sont fixées des plaques de bronze portant les numéros des 101 unités, régiments et bataillons qui se sont succédé sur le champ de bataille pendant 52 mois.

Sur l'esplanade située au-dessus de la crypte est construit **un autel de la Patrie** conforme à celui de 1790. Il symbolise la levée en masse des volontaires accourus aux frontières pour la défense de la Patrie et de la République. Cet autel comporte sur ses quatre bas-côtés les noms des villes qui ont contribué, par leurs souscriptions, à la construction de l'ensemble monumental. C'est du haut des gradins de l'autel de la Patrie que l'on comprend la symbolique du chef-d'œuvre conçu par l'architecte Danis, disciple et commentateur de Le Notre et Vauban. Rendu grandiose par la simplicité absolue des formes horizontales, cet autel s'intègre parfaitement dans le cadre magnifique des hautes montagnes environnantes.

Deux éléments complètent cet ensemble. Une **stèle** érigée à la mémoire du lieutenant Pierre Scheurer, tué le 28 avril 1915, et une **croix-monument**. Haute de 20 m et large de 5,25 m. À son sommet,

Souvenir d'un cimetière allemand au Lingekopf (1915).

Hartmannswillerkopf : la crypte.

une croix prolonge le mémorial vers les hauteurs des Vosges. Elle a été conçue dès l'origine comme pouvant être illuminée. La première illumination eut lieu dans la nuit du 10 au 11 novembre 1936, mais l'éclairage cessa de fonctionner en 1938. Depuis lors, le comité du monument national a entrepris à plusieurs reprises d'importants travaux, en particulier ces dernières années, pour restaurer cette croix lumineuse.

- *Mémorial de l'Hartmannswillerkopf au Silberloch 68700 Cernay. Tél. : 03.89.75.50.35.*

Ouverture : tous les jours du 1er avril au 31 octobre de 8 h 30 à 12 h et de 14 h à 18 h 30.

- *Comité du monument national de l'Hartmannswillerkopf 2/4, boulevard de l'Europe 68100 Mulhouse.*

Le champ de bataille s'étend tout autour du monument. Longtemps à l'abandon, il est depuis 1969 l'objet d'une mise en valeur par l'"Association des Amis de l'Hartmannswillerkopf". Cette section locale du Club vosgien a pris en charge l'entretien et la signalisation des chemins qui permettent de parcourir le champ de bataille. 45 km de sentiers et de tranchées sont aujourd'hui entretenus et balisés. Ils permettent d'accéder aux principaux centres d'intérêt du site – ouvrages français (Roche Mégard, Roche Sermet…), ouvrages allemands (*Aussichtsfelsen*, souterrain, *Krottenloch, Rohrburg Ziegelrücken*…), le cimetière, le monument du 152e R.I., les

Carte du champ de bataille du Vieil-Armand.

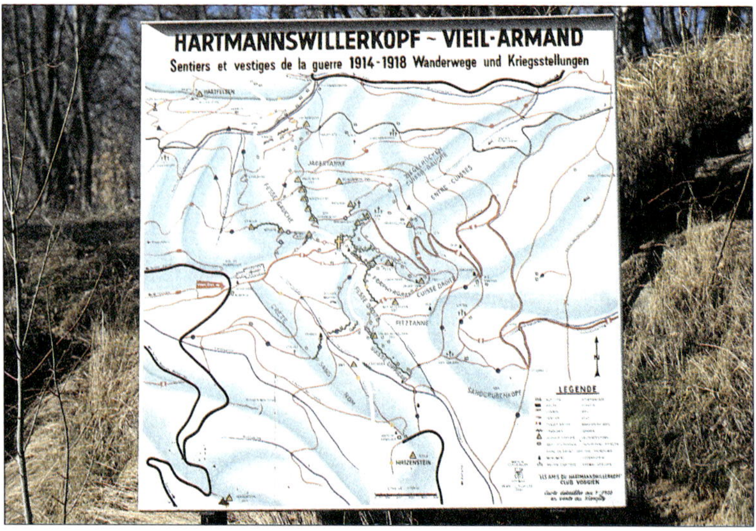

stèles (Serret et Chambaud...), les monuments allemands (monument allemand des chasseurs restauré en 1959) – ainsi qu'aux tranchées et au célèbre escalier dit du ciel de 560 marches.

L'association a édité un topoguide. Renseignements : "Les amis de l'Hartmannswillerkopf", 19, route de Cernay, 68500 Hartmannswiller. Tél. : 03.89.76.71.83.

LE RETOUR DE L'ALSACE À LA NATION FRANÇAISE

Comme en Moselle, le souvenir de ce retour s'est inscrit dans la toponymie urbaine. Mais c'est sans doute à **Colmar** ㉘ que cette victoire de la revanche est la plus sensible. Dans le **cimetière de Ladhof, le monument des Gardes nationaux** – également tombeau Voulminot et Wagner, du nom des deux combattants tués en 1870 qui y sont inhumés – est étonnant. Exécuté par Bartholdi, c'est une lourde dalle tumulaire qu'on dirait abattue sur les malheureux dont on n'aperçoit plus que les bras tendus, et qui semblent lutter pour sortir du tombeau et reprendre le combat. Durant la Grande Guerre, les Allemands enlevèrent ce monument afin de décourager ceux qui venaient continuellement le fleurir. Le 10 décembre 1918 à Colmar, Raymond Poincaré l'évoquait dans son discours : "Le soldat de votre compatriote Bartholdi a soulevé la dalle de son tombeau. Le voilà debout ; le voilà victorieux et, dans les rues charmantes du vieux Colmar, il est acclamé par les habitants libérés." Le 23 mars 1919, le monument était solennellement réinauguré.

Cette victoire de la revanche avait été payée au prix fort. Dans les communes de Moselle et d'Alsace, comme dans la "France de l'intérieur", les monuments aux morts communaux gardent la trace vigilante de ce tribut. Celui de **Strasbourg** ㉙ est le plus original. Sculpté par Léon-Ernest Drivier, il représente une femme assise, drapée, soutenant deux corps dénudés. En 1934, ce projet de monument a fait naître un véritable débat à Strasbourg. Devait-on représenter un ou deux corps ? La première esquisse proposée par le sculpteur représentait une femme penchée sur un seul homme expirant. Les promoteurs du monument exigèrent alors qu'il symbolisât "le sacrifice des soldats tombés sous le pli de deux drapeaux différents et rapprochés dans une même étreinte fraternelle", et la mère reçut deux enfants. En redevenant partie intégrante de la nation française, l'Alsace restait fidèle à son histoire.

Plaque commémorative du discours prononcé par Joffre à la mairie de Thann le 24 novembre 1918 : "Je suis la France, vous êtes l'Alsace ; je vous apporte le baiser de la France."

À **Saint-Amarin** ㉚, (Haut-Rhin), le musée Serret situé dans l'ancien tribunal consacre deux salles à la Première Guerre mondiale. La salle Serret évoque le général Serret, commandant en 1915 la 66ᵉ D.I., blessé le 29 décembre sur les pentes de l'Hartmannswillerkopf et décédé le 6 janvier 1916. La seconde salle retrace les combats des Vosges à travers un important matériel, des pièces d'équipement, d'uniformes, d'armement : boucliers de tranchée, fusils à visée périscopique, grenades, et artillerie de tranchée qui rappellent la guerre de tranchées.

- *Musée Serret*
  3, rue Clemenceau
  68550 Saint-Amarin.
  Tél. : 03.89.82.60.01.

Ouverture : de mai à septembre, tous les jours sauf mardi de 14 h à 18 h. Visites de groupes toute l'année (sur rendez-vous).

Dans le même département, **le musée du Chemin de fer**, installé à **Mulhouse** ⑱, présente quelques pièces concernant la Première Guerre mondiale : une locomotive 140 d'artillerie lourde sur voie ferrée (ALVF), un locotracteur électrique d'ALVF, un wagon couvert aménagé en transport de troupes, le wagon-salon utilisé en 1914-15 par le général Joffre et plusieurs modèles réduits, dont le wagon de l'armistice et une locomotive américaine de 1917.

- *Musée du Chemin de fer*
  2, rue Alfred-de-Glehn
  68200 Mulhouse-Dronach.
  Té. : 03.89.42.25.67.

Ouverture : tous les jours de 10 h à 17 h sauf les 1ᵉʳ janvier, 25 et 26 décembre.

ADRESSES UTILES

Archives et informations sur la Première Guerre mondiale :

Musée de l'Armée
Hôtel national des Invalides
75007 Paris.
Tél. : 01.42.73.19.22.

Musée d'histoire contemporaine
Bibliothèque de documentation internationale contemporaine (BDIC)
Hôtel national des Invalides
75007 Paris.
Tél. : 01.44.42.54.92.

Etablissement cinématographique et photographique des armées (ECPA)
Fort d'Ivry
94205 Ivry-sur-Seine cedex.
Tél. : 01.49.60.52.00.

Imperial War Museum
Lambeth Road
London SE 1 6 HZ
(Angleterre)
Tél. : 00.44.171.416.50.00.

Association internationale des Sites et Musées de la guerre 14-18
BP 63
80201 Péronne cedex.
Tél. : 03.22.83.14.18.

Information sur le tourisme du souvenir :

Gouvernement provincial de la Flandre occidentale
Domaine Bœverbos
41, Leopold II straat
8200 Saint-André-les-Bruges.
(Belgique)
Tél. : 00.32.50/40.31.11.

Comité départemental du Tourisme du Nord
15-17, rue du Nouveau-Siècle
59027 Lille cedex.
Tél. : 03.20.57.00.61.

Comité départemental du Tourisme du Pas-de-Calais
24, rue Desille
62200 Boulogne-sur-Mer.
Tél. : 03.21.83.32.59.

Comité départemental du Tourisme de la Somme
12, rue Ernest-Cauvin
80000 Amiens.
Tél. : 03.22.92.26.39.

Comité départemental du Tourisme de l'Aisne
1, rue Saint-Martin
BP 116
02006 Laon cedex.
Tél. : 03.23.26.70.00.

Conseil général de l'Aisne
Cellule de valorisation du Chemin-des-Dames
Hôtel du département
Rue Paul-Doumer
02013 Laon.
Tél. : 03.23.24.62.34.

Comité départemental du Tourisme de l'Oise
19, rue Pierre-Jacoby
BP 822
60008 Beauvais.
Tél. : 03.44.45.82.12.

Comité départemental du Tourisme de la Marne
13 bis, rue Carnot
51000 Châlons-en-Champagne.
Tél. : 03.26.68.37.52.

Comité départemental de Tourisme de la Meuse
Hôtel du département
55012 Bar-le-Duc.
Tél. : 03.29.45.78.40.

Office départemental du Tourisme du Haut-Rhin
1, rue Schlumberger
68006 Colmar cedex.
Tél. : 03.89.20.10.68.

Associations d'entretien des sites et de défense de la mémoire :

Commonwealth War Graves Commission
Rue Angèle-Richard
62217 Beaurains.
Tél. : 03.21.71.03.24.

Délégation à la Mémoire et à l'Information historique
Ministère des Anciens Combattants et Victimes de guerre
37, rue de Bellechasse
75700 Paris 07 SP.
Tél. : 01.44.42.10.00.

Volksbund Deutsche Kriegsgraberfursorge
9, rue du Pré-Chaudron
BP 5123
57074 Metz cedex 03.
Tél. : 03.87.74.75.76.

Commisario generale per le Onoranze ai Caduti di Guerra
Piazzale Don Luigi Sturzo, 23
00100 Roma.
(Italie)
Tél. : 00.39.6.591.36.32.

American Battle Monuments Commission
European Region
68, rue du 19 janvier
92380 Garches.
Tél. : 01.47.01.19.76.

INDEX DES SITES ET MUSÉES À VISITER

INDEX DES LIEUX

INDEX DES PERSONNALITÉS

CRÉDITS PHOTOGRAPHIQUES

Association pour la sauvegarde du fort de Liouville : 407.
Archives départementales de l'Aisne : 117 (h), 306, 309, 311 (h), 314, 316, 319.
Association des Amis du Vieux Reims : 344, 346, 352, 353 (b), 344 (h).
Association Soissonnais 14-18 : 285, 287, 288, 296, 298 (h).
Bibliothèque de documentation internationale contemporaine (B.D.I.C), musée d'Histoire contemporaine, université de Paris : 4, 34, 35, 38, 42, 43, 54, 63, 70, 77, 88, 99, 103 (b), 173, 181, 182, 187, 193, 198, 318, 383, 416, 424.
Délégation à la Mémoire et à l'Information historique, Paris, ministère des Anciens Combattants et Victimes de guerre : 411, 462.
Didier Cry : 112, 119, 120, 125, 126, 144, 146, 148, 149, 150, 152, 154, 156, 157, 158, 160, 161, 164, 180, 208, 210, 211, 212, 214, 215, 216, 217, 218, 219, 220, 221, 222, 223, 224, 225, 226, 228, 229, 230, 232, 233, 234, 235, 236, 237, 238, 239, 240, 241, 244, 259, 260, 261, 262, 263, 264, 265, 266, 267, 268, 270, 272, 273, 274, 275, 277, 278, 282, 290, 293, 294, 295, 297, 298 (b), 299, 302, 311 (b), 320, 322, 324, 325, 326, 327, 328, 330, 331, 332, 333, 334, 335, 328, 341, 352, 353, 356, 358, 362, 363, 364, 365, 368, 369, 370, 371, 372, 376, 390, 392, 393, 395, 396, 397, 406, 408, 411, 414, 430, 431, 433, 434, 436, 437, 438, 439, 442, 446, 465, 466, 467, 468 (b), 469.
Historial de la Grande Guerre : 14, 15, 20, 21, 61, 83, 87, 114, 115,116, 117 (b), 118 (b), 132, 133, 135, 136, 138, 139, 140, 141, 142, 169, 172, 176, 191, 200, 247, 253, 254 (g), 257, 313 (h), 382 (b), 384, 400, 423, 451.
Hôtel de la Monnaie : 92.
Claude Jacquot : couverture.
H. Manasse (American Battle Monuments Commission) : 413.
Musée de l'Armée, Paris : 49 (h), 55, 89, 104, 124, 378, 460.
G. Navaron (American Battle Monuments Commission Europe Office) : 398.
Roger-Viollet : 12, 13, 17, 19, 24, 27, 41 (g), 50, 51, 52, 53, 57, 58, 64, 71, 72, 86, 101, 103 (h), 106, 108, 203, 289, 307, 347, 351, 354, 403, 417, 455.

Imprimé en Belgique par Casterman à Tournai.

Dépôt légal : octobre 1996;
D. 1996/0053/344.